UTB 2436

W0194913

Eine Arbeitsgemeinschaft der Verlage

Böhlau Verlag · Köln · Weimar · Wien
Verlag Barbara Budrich · Opladen · Farmington Hills
facultas.wuv · Wien
Wilhelm Fink · München
A. Francke Verlag · Tübingen und Basel
Haupt Verlag · Bern · Stuttgart · Wien
Julius Klinkhardt Verlagsbuchhandlung · Bad Heilbrunn
Lucius & Lucius Verlagsgesellschaft · Stuttgart
Mohr Siebeck · Tübingen
C. F. Müller Verlag · Heidelberg
Orell Füssli Verlag · Zürich
Verlag Recht und Wirtschaft · Frankfurt am Main
Ernst Reinhardt Verlag · München · Basel
Ferdinand Schöningh · Paderborn · München · Wien · Zürich
Eugen Ulmer Verlag · Stuttgart
UVK Verlagsgesellschaft · Konstanz
Vandenhoeck & Ruprecht · Göttingen
vdf Hochschulverlag AG an der ETH Zürich

Grundkurs Politikwissenschaft

herausgegeben von
Hans-Joachim Lauth und Ruth Zimmerling

Bislang erschienen in der Reihe:

Behnke / Baur / Behnke:
Empirische Methoden der Politikwissenschaft UTB 2695

Becker / Schmidt / Zintl:
Politische Philosophie UTB 2816

Schmid / Buhr / Roth / Steffen:
Wirtschaftspolitik für Politologen UTB 2804

Korte / Fröhlich:
Politik und Regieren in Deutschland UTB 2436

Schimmelfennig:
Internationale Politik UTB 3107

KARL-RUDOLF KORTE / MANUEL FRÖHLICH

Politik und Regieren in Deutschland

Strukturen, Prozesse, Entscheidungen

3., aktualisierte und überarbeitete Auflage

FERDINAND SCHÖNINGH
PADERBORN · MÜNCHEN · WIEN · ZÜRICH

Die Autoren:

Univ.-Prof. Dr. Karl-Rudolf Korte
Professur für das politische System der Bundesrepublik Deutschland und moderne Staatstheorien am Institut für Politikwissenschaft der Universität Duisburg-Essen; Leiter der Forschungsgruppe Regieren; Direktor der NRW-School of Governance.
www.karl-rudolf-korte.de
www.nrwschool.de
krkorte@uni-duisburg-essen.de

Prof. Dr. Manuel Fröhlich
Professur für Internationale Organisationen und Globalisierung am Institut für Politikwissenschaft der Friedrich-Schiller-Universität Jena.
www.internationale-organisation.de
manuel.froehlich@uni-jena.de

Bibliografische Information der Deutschen Bibliothek

Die Deutsche Bibliothek verzeichnet diese Publikation in der Deutschen Nationalbibliografie; detaillierte bibliografische Daten sind im Internet über http://dnb.ddb.de abrufbar.

Gedruckt auf umweltfreundlichem, chlorfrei gebleichtem Papier (mit 50 % Altpapieranteil)

3. aktualisierte und überarbeitete Auflage 2009
(Verlag Ferdinand Schöningh GmbH, Jühenplatz 1, D-33098 Paderborn)
ISBN 978-3-506-99012-9

Internet: www.schoeningh.de

Printed in Germany.
Redaktion: Stefan Ipach, M.A., Jan Lemanski, M.A., Stephan Rößler, Dorothea Töpfer, Jan Treibel, M.A.
Herstellung: Ferdinand Schöningh, Paderborn
Einbandgestaltung: Atelier Reichert, Stuttgart

UTB-Bestellnummer: ISBN 978-3-8252-2436-3

Inhaltsverzeichnis

Vorwort der Herausgeber zur Reihe ‚Grundkurs Politikwissenschaft'

Mit der Reihe ‚Grundkurs Politikwissenschaft' bieten wir eine Lehrbuchsammlung an, die alle Teilbereiche des Grund- bzw. BA-Studiums in den Fächern Politikwissenschaft und Sozialkunde abdeckt. Die einzelnen Bände sind so konzipiert, dass sie das Basiswissen, das zum erfolgreichen Abschluss dieser Studiengänge verlangt wird, für den jeweiligen Teilbereich umfassend vermitteln. Wir haben uns in der Auswahl von den Standards deutscher Universitäten leiten lassen.

Herausgeber und Autoren der Reihe verfolgen einen doppelten Anspruch: Unser Ziel ist es, Studierenden der Politikwissenschaft/Sozialkunde Bücher zur Verfügung zu stellen, die sowohl *inhaltlich anspruchsvoll* als auch *didaktisch aufbereitet* sind, um die Bewältigung des Stoffs zu erleichtern. Die Bände sind deswegen auch je nach den thematischen Bedürfnissen im Layout variationsreich gestaltet. Außerdem ist jeder Band von zwei bis drei Autoren verfasst; die breite Expertise soll gewährleisten, dass verschiedene Themen innerhalb eines Teilbereichs auf durchgehend hohem Niveau behandelt werden. Die Autorenteams bestehen aus Dozentinnen und Dozenten mit langjähriger Lehrerfahrung zum betreffenden Teilbereich.

Die vollständige Reihe wird sieben Bände umfassen, entsprechend der Teilbereiche

- *Politisches System der Bundesrepublik Deutschland,*
- *Politische Philosophie,*
- *Politische Theorie,*
- *Analyse und Vergleich politischer Systeme,*
- *Internationale Beziehungen und Außenpolitik,*
- *Wirtschaft, Gesellschaft und Politik* sowie
- *Statistik und Methoden der empirischen Politikforschung.*

Sie deckt somit die gesamte Breite des politikwissenschaftlichen und sozialkundlichen Grundstudiums ab und bietet bezüglich des inhaltlichen und methodischen Kerns des Faches eine Orientierungshilfe, die gerade in Zeiten des universitären Umbruchs notwendig erscheint. Zwei thematische Besonderheiten unserer Reihe erleichtern diese umfassende Orientierung:

Erstens werden die Beziehungen zwischen Politik und Wirtschaft in einem eigenen Band behandelt (UTB 2804 Schmid u.a.). In den neuen BA-Studiengängen – insbesondere auch im Fach Sozialkunde – wird jedoch sozio-ökonomischen und wirtschaftspolitischen Zusammenhängen meistens eine größere Rolle eingeräumt. Dem wollen wir mit unserer Reihe heute schon Rechnung tragen.

Zweitens wird in dieser Reihe die politische Philosophie getrennt von der politischen Theorie behandelt (UTB 2816 Becker u.a.). Diese Trennung, die in den meisten Studienordnungen nicht ausdrücklich vollzogen wird, ist inhaltlich notwendig. Fragestellungen der politischen Philosophie erfordern eine eigenständige umfassende Darstellung und Diskussion. Der Band zur politischen Theorie dagegen wird dem allgemeinen theoretischen Rüstzeug gewidmet sein, das angehende Politologen und Sozialkundelehrer brauchen.

Vorwort zur 3., überarbeiteten und aktualisierten Auflage

Die erfreulich positive Aufnahme und hohe Nachfrage haben nach relativ kurzer Zeit dazu geführt, dass die beiden ersten Auflagen unseres Lehrbuchs vergriffen sind. Gleichzeitig liegt nun für die seit 2005 regierende Große Koalition unter Angela Merkel genügend Material für eine Einschätzung der Regierungspraxis vor. Deshalb finden sich in dieser dritten Auflage nicht nur Bezüge auf die Kanzlerschaften Helmut Kohls und Gerhard Schröders, sondern eben auch auf diejenige der ersten Bundeskanzlerin.

Im Vorwort zur zweiten Auflage hatten wir die gerade eben ins Amt gekommene Angela Merkel mit den Worten zitiert: „Das Amt des Bundeskanzlers verlangt eine unglaubliche Komplexität von Entscheidungen und Einschätzungen pro Zeiteinheit." (FAZ 22.11.2005). Diese, in betont sachlich-naturwissenschaftlicher Art formulierte Einschätzung, hat nicht zuletzt im Nachgang der weltweiten Finanzkrise eine besondere Dramatik erhalten. Politik steht mehr denn je unter der Herausforderung, in kurzer Zeit wichtige und grundlegende Entscheidungen zu treffen. Der Gestaltungsspielraum der Politik scheint sich (nicht zuletzt gegenüber der Wirtschaft) durchaus erweitert zu haben – gleichzeitig steigen aber auch die Erwartungen an und Risiken von Regierungshandeln. Verstärkte internationale Kooperation, Gesetzgebungsprozesse im Eilverfahren, neue Wege der Kommunikation im Echtzeit-Format aber auch bewusste Entscheidungen zur Entschleunigung von politischen und sozialen Prozessen kennzeichnen ein noch uneinheitliches Bild. Die Suche nach Mandat und Mehrheit ist durch die Ausdifferenzierung des Parteiensystems sowie die Schwankungen der Mediendemokratie zusätzlich erschwert worden.

Die Strukturmerkmale der Verhandlungs- und Wettbewerbsdemokratie wurden unter den Bedingungen der Großen Koalition neu akzentuiert. Die Relevanz der in diesem Lehrbuch eingenommenen Perspektiven auf Regierungshandeln ist jedoch – bei allem Wandel – auch bestätigt: Weiterhin ist das Verhältnis und die Ausgestaltung von Kanzler-, Koalitions-, Parteien- und Mediendemokratie entscheidend für die Vermessung von Politik und Regieren in Deutschland. Die von uns gewählte Schwerpunktsetzung auf die Rationalität des Politischen, die Strategien der Akteure, Kommunikations- und Entscheidungsprozesse sowie Handlungsarenen hat nichts von ihrer Relevanz verloren.

Umfassend aktualisiert wurden auch die Daten und Fakten der zahlreichen Schaubilder, Grafiken und Tabellen des Lehrbuchs. Unser Dank gilt dem Redaktionsteam aus Jena und Duisburg: Stefan Ipach, Jan Lemanski, Dorothea Töpfer, Stephan Rößler und Jan Treibel haben wichtige Arbeiten bei Koordination, Recherche und Aktualisierung der dritten Auflage geleistet. Für den Inhalt sind wir selbstverständlich allein verantwortlich. Anregungen, Ideen und Kritik nehmen wir gerne entgegen (www.forschungsgruppe-regieren.de).

Duisburg/Jena im Januar 2009
Prof. Dr. Dr. Karl-Rudolf Korte / Prof. Dr. Manuel Fröhlich

1. Politisches System und Regierungsforschung

1.1 Gegenstand und Fragestellungen

Wer regiert wie in Berlin? Wie nehmen die Wähler Einfluss auf die politische Führung? Wie steuert man Reformen in Staat und Gesellschaft? Wer diese Fragen beantworten möchte, sollte sich im Politikmanagement auskennen. Gemeint sind damit sowohl die Steuerbarkeit des politischen Systems als auch die Steuerungsfähigkeit der wichtigen politischen Akteure. Kenntnisse im Politikmanagement setzen detaillierte Informationen über Inhalte, Strukturen und Prozesse der Politik voraus. Die Regierungsforschung kann helfen, die eingangs gestellten Fragen zu beantworten. Allerdings liefert sie keine eindimensionalen Antworten. Denn das politische System der Bundesrepublik Deutschland ist hochkomplex. Viele miteinander verflochtene Akteure gestalten den politischen Prozess im Rahmen der institutionellen Strukturen.

Regierungshandeln erschöpft sich nicht nur in der Gesetzesinitiative oder in der Ausführung von Gesetzen. Regieren ist auch keineswegs nur opportunistische Anpassung an veränderte Stimmungen innerhalb der Bevölkerung. Ebenso wenig kennzeichnet ein alltägliches „Sich-Durchwursteln" der Politiker hinreichend das Regieren. Vielmehr können Routinehandlungen gleichermaßen beobachtet werden wie spontane Improvisation und grundlegende Strategieentwürfe. Alles zusammen bestimmt das Erscheinungsbild des Regierens. Viele Institutionen, unterschiedliche Interessenlagen, historische Erfahrungen und institutionelle Prägungen machen das politische System der Bundesrepublik Deutschland unverwechselbar und einmalig. Formal lässt sich das System jedoch einem Demokratietypus zuordnen, wie er häufig anzutreffen ist. Denn das politische System in Deutschland kann als ein repräsentatives, freiheitliches und parlamentarisches Regierungssystem charakterisiert werden. Nur der Bundeskanzler ist unmittelbar parlamentarisch verantwortlich und legitimiert. Er kann durch die Mehrheit des Bundestages gewählt oder mit dem Instrument des konstruktiven Misstrauensvotums abberufen werden. Das Merkmal der Abberufbarkeit der Regierung durch das Parlament macht das deutsche System zum Typus einer parlamentarischen Demokratie – im Gegensatz zum präsidentiellen Regierungssystem (Steffani 1979).

Parlamentarische Demokratie

Das Grundgesetz der Bundesrepublik Deutschland – besonders Artikel 20 – verdeutlicht die Kernmerkmale der Demokratie:

Artikel 20 GG

Art. 20 GG: Am 24. Juni 1968 wurde Absatz 4 eingefügt (in Kraft: 28. Juni 1968, 17. Änderung des Grundgesetzes, BGBl. I S. 709)

(1) Die Bundesrepublik Deutschland ist ein demokratischer und sozialer Bundesstaat.
(2) Alle Staatsgewalt geht vom Volke aus. Sie wird vom Volke in Wahlen und Abstimmungen und durch besondere Organe der Gesetzgebung, der vollziehenden Gewalt und der Rechtsprechung ausgeübt.
(3) Die Gesetzgebung ist an die verfassungsmäßige Ordnung, die vollziehende Gewalt und die Rechtsprechung sind an Gesetz und Recht gebunden.
(4) Gegen jeden, der es unternimmt, diese Ordnung zu beseitigen, haben alle Deutschen das Recht zum Widerstand, wenn andere Abhilfe nicht möglich ist.

Artikel 20 GG: Verfassung in Kurzform

Dieser Artikel legt die Demokratie als Grundlage und Rahmen der Verfassungsordnung fest. Er ist eine Verfassung in Kurzform mit den tragenden Strukturprinzipien Demokratie, Bundesstaat, Rechtsstaat und Sozialstaat.

Das Bundesverfassungsgericht hat die freiheitlich, demokratische Grundordnung in einem Urteil präzisiert:

„Zu den grundlegenden Prinzipien dieser Ordnung sind mindestens zu rechnen: die Achtung vor den im Grundgesetz konkretisierten Menschenrechten, vor allem vor dem Recht der Persönlichkeit auf Leben und freie Entfaltung, die Volkssouveränität, die Gewaltenteilung, die Verantwortlichkeit der Regierung, die Gesetzmäßigkeit der Verwaltung, die Unabhängigkeit der Gerichte, das Mehrparteienprinzip und die Chancengleichheit für alle politischen Parteien mit dem Recht auf verfassungsmäßige Bildung und Ausfüllung einer Opposition."[1]

Good Governance: „public contestation and the right to participate" (Dahl 1971: 5)

Solche Definitionen listen wichtige Bestandteile auf, präzisieren allerdings nicht die Qualität einer Demokratie. Folgen wir dazu einer Definition von Robert Dahl (Dahl 1971), dann liegen einer demokratischen Ordnung wissenschaftlich durchaus messbare Kriterien zugrunde (hierzu Merkel 2006; Lauth u.a. 2000): Es muss ein offener Wettbewerb um politische Ämter und Macht sowie gleichzeitig auch ausreichend Raum für die politische Partizipation aller Bürger gewährleistet sein. Die Qualität einer Demokratie hängt auch von der Qualität der Regierung ab. „Good Governance" – „gutes Regieren" – verweist auf den Zusammenhang von effek-

[1] SRP Verbotsurteil vom 23.10.1952, in: BVerfG 2, S. 1ff.

tiver Steuerung und der Stabilität des politischen Systems (König 2002: 11ff.).

Wenn wir davon ausgehen, dass in einer freiheitlichen Demokratie sehr unterschiedliche Interessen existieren und auch als legitim anerkannt werden, benötigen wir einen Mechanismus, um überhaupt Politik gestalten zu können. In der Bundesrepublik Deutschland gilt im Rahmen parlamentarischer Prozesse in der Regel das Mehrheitsprinzip als Grundlage für Entscheidungen. Ergänzt durch den Minderheitenschutz gehört das Mehrheitsprinzip zu den konstitutiven Bestandteilen einer repräsentativen Demokratie. Die Parlamentarier sind während ihrer Zeit als Abgeordnete nicht an Aufträge und Weisungen gebunden. Sie entscheiden mit Mehrheit. Dies bedeutet zugleich Herrschaft mit Zustimmung des Volkes, dem sich die Parlamentarier auf Bundesebene alle vier Jahre zur Wahl stellen. Zugrunde liegt diesem Demokratiemodell als parlamentarisches Regierungssystem ein institutionalisiertes Regelsystem zur gesellschaftlichen Konfliktbearbeitung.

Mehrheitsprinzip als Entscheidungsprinzip

Das Grundgesetz schreibt vor, dass es in Deutschland nur von parlamentarischen Mehrheiten getragene Regierungen gibt. Der Bundeskanzler, aber auch alle Ministerpräsidenten der Bundesländer verdanken ihr Amt einer Wahl durch das Parlament. Die Parlamentsmehrheit stabilisiert die Regierung und macht das Regieren mit Mehrheitsentscheidungen erst möglich. Die Parlamentarier wiederum verdanken ihr Mandat einer freien und geheimen Wahl der Bevölkerung. Unter den Bedingungen der Repräsentation ist „das Erfordernis einer lückenlosen Legitimationskette hoheitlicher Entscheidungen zurück zum Willen des Volkes“ (Dicke 2000: 19) zu wahren.

Politik und Regieren spielen sich somit in Deutschland in einem demokratischen Kontext ab, den zwar das Grundgesetz weitgehend fixiert, den jedoch die Bürger mit ihrem jeweiligen Partizipationsverhalten aktiv ausgestalten. Wie sich das Gesamtsystem historisch herausgebildet hat und wie es institutionell aufgebaut ist, soll nachfolgend nicht in den Mittelpunkt gerückt werden. Dazu liegen bereits einige politikwissenschaftliche Einführungen vor (siehe Randspalte). Vielmehr dient das in den nachfolgenden Kapiteln kurz charakterisierte institutionelle Arrangement der Bundesrepublik als Folie, um den Blick weiterführend auf die Möglichkeiten und Grenzen der Regierung und ihrer Instrumentarien zu richten. Im Sinne eines praxisnahen Leitfadens zu Politik und Regieren in Deutschland geht es der Darstellung insbesondere um die Kennzeichen und Handlungsoptionen modernen Regierens, unterschiedliche Politik- und Regierungsstile, Erklärungsvariablen für Machtstabilisierung

Rudzio 2006, Hesse/Ellwein 2004, Sontheimer u.a. 2007, Jesse 1997, Glaeßner 2006, Korte 2008

und Machterosionen sowie die Mechanismen der politischen Kommunikation. Dabei spielen die Innensichten der Politik mit ihren Verbindungen zwischen Sach- und Machtfragen eine elementare Rolle. Wir folgen damit auch der grundsätzlichen Forderung von Renate Mayntz, eine Darstellung der Steuerung von Politikinhalten mit politischen Machtprozessen zu verbinden (Mayntz 2001: 41). Unerlässlich ist dabei der Blick auf die politische Praxis: „Nur auf dem Boden eines Wissenschaftsbegriffs, für den die Praxis wissenschaftswürdig und -fähig bleibt, ist Zugang für eine Wissenschaft zum Regieren zu finden (...)" (Hennis 1965: 426).

Durch Verweise auf aktuelle Bezüge soll den Lesern eine Orientierung für die Verfahrensabläufe, Akteurskonstellationen und Instrumentarien im politischen Prozess der Bundesrepublik vermittelt werden, die neben notwendigem Faktenwissen eigenständige Analyse- und Urteilsfähigkeit vorbereiten und unterstützen soll. Dabei sind die anschaulichen Beispiele zumeist aus den Regierungszeiten Helmut Kohls (CDU), Gerhard Schröders (SPD) und Angela Merkels (CDU) entnommen. Theoretische Ansätze werden so an zeitgeschichtlichen Beispielen erläutert.

Hierzu Alt-Bundespräsident Richard von Weizsäcker: „In der politischen Wissenschaft haben wir schöne und bedeutende Spezialinstitute, zum Beispiel für den Fernen Osten oder den Orient, für Frankreich oder Amerika. Aber für das Kernstück der Politik, die Lehre und Praxis vom Regieren im modernen Staat, warten wir noch immer auf die notwendigen Angebote unserer großen Universitäten" (in: Die Zeit 10/2003)

Formale Institutionenkunde muss durch den Blick auf informelle Entscheidungsprozesse, politische Kommunikation, personalisierte Regierungsstile und Strategien ergänzt werden. Dadurch können Verfahren, Formen und Organisationen des Herrschaftszugangs, der Herrschaftsstruktur und der Herrschaftsweise offengelegt werden. Denn Regieren ist eine Manifestation politischer Herrschaft. Der Fokus des in diesem Buch gewählten Ansatzes besteht in der Ausrichtung einer modernen Regierungsforschung auf das Regieren im politischen System der Bundesrepublik Deutschland. Das Lehrbuch ist somit keine Verfassungskunde sondern eine Darstellung der Funktionsweise des Regierens.

Ganz bewusst haben wir uns dazu entschieden, die Exekutive in den Mittelpunkt zu rücken. Sowohl für den Bereich der Parlamentarismus- als auch für die Verwaltungsforschung liegen umfangreiche Darstellungen vor (z.B. Ismayr 2006, v. Beyme 1997; Grunow 1988; Grunow 2003). Aber auch inhaltlich spricht vieles für eine prioritäre Betrachtung der Regierung, denn es ist eine Grundintention und -these dieses Buches, die zunehmende Exekutivlastigkeit des politischen Prozesses nachzuweisen.

Zunächst sind einige zentrale Begriffe des Buches zu definieren. Sie sind für das Verständnis der weiteren Kapitel unverzichtbar, wenngleich sie in ihren jeweiligen thematischen Kontexten noch weiter ausdifferenziert werden.

Darstellungs- und Entscheidungspolitik

Darstellungspolitik ist medienvermittelte Politik, die sich dem Gesamtkomplex der symbolischen und öffentlich inszenierten Politik zuordnen lässt. In diesem Ausschnitt der politischen Wirklichkeit gelten die Wettbewerbsregeln der medialen Öffentlichkeit.

Entscheidungspolitik zielt hingegen auf die Verfahrensmerkmale der Politik, auf den konkreten Prozess der Gesetzgebung. Weitgehend unbeeinflusst von den Aufmerksamkeitsregeln der Medien erfolgt Entscheidungspolitik zumeist im Rahmen der Routine-Gesetzgebung (Sarcinelli 1998; Korte/Hirscher 2000; Sarcinelli/Tenscher 2003, Korte 2008a).

Governance

Der englische Begriff Governance, für den es im Deutschen keine griffige Übersetzung gibt, meint nicht nur die bloße Tätigkeit des Regierens, Lenkens, Steuerns und Koordinierens, sondern nimmt auch die Art und Weise dieser Tätigkeit in den Blick. Es geht also neben prozessualen auch um strukturelle, funktionale und instrumentelle Aspekte des Regierens (Benz 2004: 15, dazu auch Schmitt-Beck u.a. 2008). So bedeutet Governance Steuern und Koordinieren mit dem Ziel des Managements von Interdependenzen zwischen staatlichen und nichtstaatlichen Akteuren (Benz u.a. 2007). Es ist ein strukturorientiertes Konzept, bei dem die Koordination öffentlicher und privater Akteure bei der Herstellung öffentlicher Güter im Mittelpunkt steht. Gefragt wird nach der institutionellen Struktur kollektiver Regelungssysteme (Korte 2008a). Es können vier Formen von Governance unterschieden werden: Hierarchie, Netzwerk, Verhandlung und Wettbewerb.

Politik

Der Begriff der Politik folgt für die Zwecke dieses Lehrbuchs der klassischen Dreiteilung in *polity, politics* und *policy*: Polity ist in der Regierungsforschung die institutionelle Dimension, welche die politischen Formen und Strukturen ins Zentrum des Erkenntnisinteresses rückt. Mit politics rücken das „Wer?“ und das „Wie?“ – somit die Akteure und die Prozesse der Umsetzung von Politik – in den Mittelpunkt. Nach den Politikergebnissen fragt hingegen die Dimension der policy. Policy- oder Politikfeldanalysen untersuchen die Inhalte der Politik und deren steuerungspolitisches Zustandekommen: das Tun und Lassen von politischen Entscheidungsträgern wird erforscht (Faust/Lauth 2006; Schubert/Bandelow 2008).

Dimensionen des Politikbegriffs

Dimension	**Polity**	**Politics**	**Policy**
Erkenntnis-interessse	Rahmenbedingungen von Politik	Ausgestaltung politischer Prozesse	Inhalte von Politik
Ausrichtung	Institutionen-orientiert	*Input*orientiert	*Output*orientiert
Erscheinungs-formen	Verfassungen, Gesetze, Normen, formale und informale „Spielregeln“	Einstellungen, Interessen, Verhalten, Konflikte, Handlungspotentiale, Entscheidungsfindung und -durchsetzung	Ziele, Aufgaben, Einflussfaktoren auf Politikfelder, Tun und Lassen von Regierungen und anderen Akteuren, politische Steuerung, Ergebnisse
Untersuchungs-gegenstände	Verfassungsrecht, Staats- und Herrschaftsformen, Regimetypen, Regierungs-systeme, formale und informelle Institutionen	Parteien, Interessengruppen, Verbände, Wahlen, politische Kultur, politische Prozesse	Politikfelder (z. B. Wirtschafts-, Bildungs-, Umwelt-, Einwanderungspolitik); Staatstätigkeit

Quelle: Lauth/Wagner 2006: 21.

Politische Macht

Politische Macht ist zwar kein Attribut einzelner Akteure, doch wer Macht ausüben will, ist bei ihrem Gebrauch angewiesen auf andere Akteure. Folglich ist politische Macht weder statisch noch klar ableitbar von Herrschaftsbeziehungen (zum Beispiel einem Vorsitz in einer Partei oder der Chefposition am Kabinettstisch). Vielmehr verändert sich Macht je nach politischer Konstellation und ist nicht primär von Herrschaftspositionierungen abhängig (Korte/Diermann 2009: 27ff). Diese etablieren in der Regel nur eine formalisierte Machtstruktur der Über- und Unterordnung, wie sie in Organigrammen von Parteien oder Regierungszentralen abgebildet wird. Wer jedoch ein politisches Amt erhält, muss sich als „Machtjongleur“ täglich Macht durch Führung und Einflusssicherung erarbeiten. Einfluss wird dabei wesentlich durch Kommunikation gesichert. Macht zu besitzen, bedeutet heute, Kontaktstellen zu haben und Netzwerkezu pflegen (Langguth 2001: 7ff).

Bezugsgrößen von Macht

Besitzgröße	Beziehungsgröße	Relationale Größe
Grundlage der Macht sind Potenziale	Grundlage der Macht sind sozialpsychologische Beziehungen	Grundlage der Macht ist ein Vergleich relativer Positionen

Quelle: Pfetsch 2006, modifizierte Darstellung.

Bei der Frage nach Macht und Machterhalt muss der politische Akteur auch berücksichtigen, dass die ihm durch Wahlen übertragene Macht zeitlich begrenzt ist. Daher ist es für den politischen Akteur umso wichtiger, kommunikationsbereit gegenüber der Öffentlichkeit zu bleiben. So ist Kommunikative Macht als Kommunikation über Politik auch zugleich Politische Macht.

Politisches System

Eine präzise Definition dieses Begriffs birgt Schwierigkeiten in sich. In Lehrveranstaltungen werden oftmals die Begriffe „Parlamentarisches Regierungssystem", „Regierungssystem", „Politisches System" und auch „Innenpolitik" weitgehend synonym verwendet. Grundsätzlich kann jedoch zwischen einem engeren und einem weiteren Definitionsbereich dieses Begriffes unterschieden werden (hierzu Murswieck 1989: 149). Im engeren Sinne beinhaltet das politische System als wörtliche Übersetzung des angelsächsischen Begriffs „government" die Regierungslehre bzw. Regierungsforschung. Diese enge Definition umfasst die Verfassungsorgane eines Staates wie Parlament, Regierung und nachgeordnet die Rechtsprechung. Dies ist jedoch eine weitgehend formale Eingrenzung, welche die ökonomischen, sozialen und kommunikativen Bedingungen des politischen Systems nicht berücksichtigt.

Im weiteren Sinne des Begriffs „politisches System" wird die Analyse nicht auf den engeren staatlichen Bereich beschränkt. Ökonomische, soziale und gesellschaftliche Konstellationen werden berücksichtigt. Der Funktionszusammenhang zwischen den politischen Institutionen wird ausgeweitet, indem autonome öffentliche und private Organisationen (z.B. Verbände, Parteien, etc.), welche auf Politikformulierung und Politikvollzug einwirken, einbezogen werden.

Politikmanagement

Steuerbarkeit und Steuerungsfähigkeit

Der Begriff des Politikmanagements verbindet die Steuerbarkeit des politischen Systems mit der Steuerungsfähigkeit der wichtigen politischen Akteure.[2] Dabei sind stets Sach- und Machtfragen miteinander verwoben. Die Verwendung des Begriffs Management soll jedoch nicht implizieren, hier handle es sich um eine genuin ökonomische Tätigkeit. Der Wortursprung aus „manus“ und „agere“ deutet vielmehr auf die Gestaltung von und das richtunggebende Handeln in komplexen Strukturen hin. Die Eigengesetzlichkeiten der Politik erschöpfen sich gerade nicht in ökonomischer Rationalität.

Regieren

Regieren bedeutet die Herbeiführung und die Durchsetzung gesellschaftlich verbindlicher Entscheidungen. Der Begriff des Regierens soll das institutionelle Arrangement der demokratischen Herrschaft (der politischen Institutionen, durch welche Regieren im weitesten Sinne ausgeübt wird) ebenso problematisieren wie die akteursbezogenen und kommunikativen Konstellationen. Regieren erfordert somit eine Mischung aus Koordination und Steuerung, Leitung und Entscheidung sowie die Fähigkeit zur Durchsetzung der Politik (König 2002: 181ff.; Derlien/Murswieck 2001: 77ff.).

Regierung

Regierung (government) ist in parlamentarischen Systemen synonym mit dem Begriff der Exekutive (Regierungschef und Kabinett).

Regierungshandeln

Regierungshandeln im engeren Sinne ist das Tun und Lassen der Regierung im parlamentarischen Regierungssystem.

Regierungssteuerung

Mit Regierungssteuerung ist das strategische Regierungshandeln im Sinne der Erreichung materieller Politikziele zur Problemlösung gemeint.

Strategie

Strategiefähigkeit beruht auf der Verfügbarkeit von Orientierungswissen für offene Problemsituationen. Ziel ist es, mit dem Wissen ein Handeln für diese offenen Problemsituationen zu ermöglichen.

---

[2] Zur Differenzierung zwischen Steuerbarkeit und Steuerungsfähigkeit Mayntz 1987.

1.2 Systematische Zugänge der Regierungsforschung

Die Forschung zu Politik und Regieren in Deutschland problematisiert einen besonderen Akzent des politischen Systems. Vor allem vier Zugänge – nach systematischen Gesichtspunkten – bildeten sich bei der Analyse des politischen Systems heraus (Schuppert 2003):

- die politische Struktur: Ordnungspolitische institutionelle Ansätze (polity, Kapitel 1.2.1, weiterführend hierzu besonders Kapitel 3);
- der politische Prozess: Politikmanagement und Governance (politics, Kapitel 1.2.2, weiterführend hierzu besonders Kapitel 5);
- die politischen Inhalte: Politikfelder und soziokulturelle Bedingungen des politischen Systems (policy, Kapitel 1.2.3, weiterführend hierzu besonders Kapitel 4);
- die politische Kommunikation: Mediale Komponenten des Regierens und das Aufmerksamkeitsmanagement (Kapitel 1.2.4, weiterführend hierzu der Schwerpunkt in Kapitel 5.2).

1.2.1 Die politische Struktur: Ordnungspolitische und institutionelle Ansätze

Vor allem Wilhelm Hennis (Hennis 1965), aber auch Emil Guilleaume (Guilleaume 1966) und Thomas Ellwein (Ellwein 1976) arbeiteten in den sechziger Jahren daran, der politikwissenschaftlichen Regierungslehre – d.h. der bis dahin existierenden Verfassungs- und Demokratielehre – einen neuen Impuls zu geben.[3] Sie forderten als Lösung gesellschaftlicher Probleme übereinstimmend eine stärkere Beachtung des Regierungshandelns. Hennis wollte also eine Ausweitung der Forschung von polity und politics hin zu policies, ohne jedoch selber diese Begriffe zu benutzen.

Demokratielehre

Welche Aufgaben hat der Leistungsstaat zwingend zu erfüllen? Hennis kritisierte mit dieser Frage gleichzeitig die seines Erachtens nach zu einseitige Ausrichtung des Faches auf Willensbildungsprozesse und Partizipationsansprüche. Innerhalb des skizzierten Forschungsansatzes konnten jedoch die methodischen Probleme nicht zufriedenstellend gelöst werden. Eine vollständige Operationalisierung wurde nicht erreicht. Angesichts einer noch unsicheren Quellenbasis, die im Zusammenhang mit der Ablehnung empirischer Me-

3 Einen Überblick zur Entwicklung der Regierungsforschung bietet Hartwich (1990).

thoden stand, blieb das Handeln individueller und kollektiver Akteure weitgehend ausgeblendet. Eine Ausweitung der institutionellen Analyse auf Fragestellungen, die auf die ökonomischen und sozialen Voraussetzungen der Funktionsweise der Institutionen abhoben, wurde nicht thematisiert (Bleek 2001).

1.2.2 Der politische Prozess: Politikmanagement und Governance

Die Fragen nach den Funktionsweisen der Institutionen spitzten sich noch weiter zu, als es Ende der sechziger Jahre vermehrt um einen erhöhten Planungsbedarf ging.

Regierungs- und Verwaltungsstudien sollten die Planbarkeit der politischen Entwicklungen absichern

Die verwaltungswissenschaftliche Diskussion sollte Antworten liefern, um die vermeintlich organisierte Planbarkeit der politischen Entwicklungen zu steuern. Ein wichtiger Anstoß für den Aufschwung politikwissenschaftlicher Regierungs- und Verwaltungsstudien kam damit aus der politischen Praxis selbst, um den Planungs- und Gestaltungsbedarf zu befriedigen (Mayntz/Scharpf 1973). Als Reaktion hierauf entstand ein an modernen angelsächsischen Theorien und empirischen Methoden orientierter Ansatz, der die Funktionen und öffentlichen Aufgaben des politischen Systems sowie deren Realisierung in den Mittelpunkt rückte.

Das Zusammenwirken von politischen Strukturen wurde auf der Basis systemtheoretischer Konzepte als politisches System bezeichnet. Gelegentlich wurde auch mit dem Begriff des politisch-administrativen Systems operiert.

Systemtheorie

Durch den Einbezug der Systemtheorie gelang es, die Verbindung zwischen der Funktionsweise von Institutionen und ihrer Rolle im gesellschaftlichen Prozess herzustellen. Die Leitfragen der neuen Ausrichtung hießen nun: Auf welche Einflüsse reagiert das politische Entscheidungszentrum? Welche Interessen greift das politische System auf? Welche Rückwirkungen haben politische Entscheidungen?

Entwicklung von Systemmodellen

Die politische Wirklichkeit sollte in Form eines Systemmodells analytisch dargestellt werden. Die so konstruierte Vorstellung des politischen Systems löste zu Beginn der siebziger Jahre bisherige Ansätze im Kontext der Regierungslehre ab. Es war eine Antwort auf die Suche nach einem geeigneten Instrumentarium zur Analyse eines immer komplexeren Staatsapparates in hochmodernen Industriegesellschaften mit vielschichtigen, interdependenten Handlungsmöglichkeiten und Entscheidungsprozessen. Kritik wurde demgegenüber besonders daran geübt, dass die Systemtheorie über die Auflistung sich wechselseitig bedingender Faktoren innerhalb des politischen Systems nicht hinauskam. Die Funktionsleistungen des politischen Systems waren Gegenstand der Analyse, weniger jedoch die Frage, welchen Sinn sie eigentlich besaßen. Von dieser Fixierung auf Systemfunktionen lösten sich erst neuere systemtheoretische Ansätze, die mit Hilfe der Sinnfrage als dem entscheidenden Auswahlkriterium bei der Reduktion von Komplexität operierten.

Wo fallen die politisch wichtigen Entscheidungen? Wer setzt verbindlich Entscheidungen durch? Eine Richtung innerhalb der Regierungsforschung fragte seit den achtziger Jahren verstärkt nach der technischen Dimension des Regierens (nach der Organisation, den Instrumenten und dem Personal). Formelle und informelle Komponenten des Regierens konnten herausgearbeitet werden. Welche Spielregeln herrschen jenseits formaler Normen und Regeln? Sind Netzwerke der politischen Kommunikation erkennbar, die aus keinem Organisationsschema hervorgehen? Diese Blickrichtung auf die Aspekte des informellen Steuerns ergänzen Annahmen zum politischen System als Kommunikationsraum.

Formelle und Informelle Komponenten des Regierens

Literaturhinweis: Hirscher/Korte 2003, Grunden 2009

Die Fragen nach den Steuerungspotentialen des politischen Systems erhielten jedoch auch aus den Governance-Ansätzen (Campbell u.a. 1991, Benz 2004), den Forschungen zur Verhandlungsdemokratie (Czada/Schmidt 1993, Holtmann/Voelzkow 2000), dem Neo-Institutionalismus und des Politikmanagements neue Schubkraft. Diese Zugänge problematisieren staatliche Steuerung unter den Bedingungen von Souveränitätsverlusten und wachsender Informalität.

Frage nach dem Steuerungspotential des politischen Systems

Gemeint ist mit Souveränitätsverlusten zunächst der Verlust der inneren Souveränität. Immer neue und immer mehr Mitspieler sind beim Regieren zu berücksichtigen. Gerhard Lehmbruch hatte bereits in den 60er Jahren auf den Mischcharakter des politischen Systems der Bundesrepublik verwiesen: konkurrenzdemokratische (Modell des Parteienwettbewerbs) und konkordanzdemokratische (Modell des Aushandelns im Bundesstaat) Entscheidungsmechanismen prägen den Regierungsalltag (Lehmbruch 1999).

Staatliche Steuerung musste sich unter diesen Bedingungen weicherer Techniken der Kompromissbildung bedienen: verhandeln, moderieren, koordinieren. Neben der Zentralisierung von Institutionen konnte parallel auch eine Ausdifferenzierung und Informalisierung der politischen Institutionen beobachtet werden. Gesellschaftliche Selbstregulierung sowie ein Politikverbund zwischen den Regierungen und den betroffenen Verbänden und privaten Einrichtungen erwiesen sich besonders dort als leistungs-

Verhandeln, Moderieren, Koordinieren

fähig, wo dem Staat das zur Problemlösung notwendige Steuerungswissen fehlte.

Souveränitätsverluste durch Europäische Integration und Globalisierung

Autonomieverluste und Steuerungseinbußen hängen allerdings auch mit äußeren Souveränitätsverlusten durch die Europäische Integration und die wachsende Globalisierung zusammen (Kohler-Koch 1998, Sturm/Pehle 2006). Governance-Ansätze reagieren auf diese staatlichen Entgrenzungsprozesse ebenfalls mit Auswegen für das Regierungshandeln. Wenn die politischen Entscheidungsträger zunehmend an Handlungsautonomie einbüßen, ist politische Steuerung auf die Kooperation der politischen wie der gesellschaftlichen Akteure in Netzwerken und Verhandlungssystemen angewiesen (Korte 2000a).

Politikmanagement: Steuerbarkeit des politischen Systems verbunden mit der Steuerungsfähigkeit der politischen Akteure

Beim Politikmanagement wird sichtbar, dass die Steuerbarkeit des politischen Systems mit der Steuerungsfähigkeit der wichtigen politischen Akteure einhergeht. Dabei rücken drei ergänzende Aspekte ins Zentrum des aktuellen politikwissenschaftlichen Interesses im Bereich der Regierungsforschung: Politische Führung (Stile, Techniken, Instrumente individueller Akteure) (Grasselt/Korte 2008), Politische Strategie (Analyse, Strategiebildung, Strategische Steuerung) (Raschke/Tils 2007) sowie die Europäisierung des bundesdeutschen Regierens (Sturm/Pehle 2006; Delhees u.a. 2008) (mehr dazu in Kapitel 5.1).

1.2.3 Politische Inhalte: Politikfelder und soziokulturelle Bedingungen des politischen Systems

Die Politikfeldforschung oder Politikfeldanalyse ist Ausdruck des gewachsenen Interesses an der inhaltlichen Dimension von Politik (policy) – beispielsweise in der Sozial-, Umwelt- oder Arbeitsmarktpolitik (vgl. Faust/Lauth 2006). Die isolierte Betrachtung rein institutioneller oder prozessualer Aspekte des politischen Systems sollte zugunsten der Policy-Dimension überwunden werden. Vor allem im Bereich der Implementations- und Evaluationsforschung stand dahinter auch der Anspruch, gesellschaftskritisch zu wirken. Im Mittelpunkt der Politikfeldanalysen stehen die Inhalte staatlicher Politik, ihre Voraussetzungen und Einflussfaktoren sowie die Frage nach ihrer Wirkung (Héritier 1993). Obwohl solche Fragen bei der Analyse politischer Strukturen schon frühzeitig betont wurden, erfolgte die Etablierung der Policy-Forschung – auch im Sinne der Analyse von Staatstätigkeit – als eigenständiges Forschungsfeld erst seit Mitte der 70er Jahre.

Grundsätzlich zur Policy-Analyse: Héritier 1993, v. Prittwitz 1994, Schubert/Bandelow 2009

Leitfragen der Politikfeldanalyse

Leitfragen der Politikfeldanalyse lauten: Was tun und lassen Regierungen? Wie organisieren sie ihre Tätigkeiten? Welche Folgen hat ihr Tun und Lassen für Form, Prozess und Inhalt der Politik? Es konnte vergleichend herausgearbeitet werden, dass die Politik trotz objektiver Handlungsgrenzen über ein erhebliches Maß an Autonomie gegenüber Wirtschaft und Gesellschaft verfügt. Wie groß jedoch der autonome Handlungskorridor für die jeweilige Regierung ist, blieb strittig. Verfahrensregeln, Konfliktaustragung und Konsensbildung, historische Spielräume und gewachsene Arbeitsteilung zwischen Staat und Wirtschaft bedingen den jeweiligen Handlungskorridor. Je nach Themenfeld muss er neu vermessen werden.

1.2.4 Die politische Kommunikation: Mediale Komponenten des Regierens und das Aufmerksamkeitsmanagement

Politische Kommunikation als zentraler Aspekt für erfolgreiche Politik

Kommunikation ist wesentlich für die Handlungs- und Steuerungsfähigkeit der Regierung. Politische Kommunikation erscheint keinesfalls als Nebenschauplatz oder bloßes Attribut der Politik, sondern vielmehr als eine zentrale, konstitutive Bedingung für den Erfolg von Politik. Die Legitimation erfolgt über Kommunikation – folgt man diesem systematischen Ansatz, der seit den 90er Jahren das Forschungsfeld erweiterte (Sarcinelli 2009).

Kommunikative Macht ist nicht gleich Medienmacht

Kommunikative Macht benötigt der politische Akteur, um Mehrheiten zu sichern, um Sach- und Machtfragen zusammenzubringen. Häufig wird dies mit Medienmacht verwechselt. Der Spitzenpolitiker braucht die Medien, besonders die öffentliche Arena, um dosiert Aufmerksamkeit zu generieren. Medienmacht in diesem Sinne ist häufig eine „als-ob-Macht". Entscheidend ist dabei weniger, ob Medien tatsächlich Entscheidungsmacht haben. Wichtiger ist, ob allgemein angenommen wird, dass Medien Macht besitzen. Denn wenn dies so unterstellt wird, dann verhalten sich alle Akteure so, als ob die Medien Macht hätten. Kommunikative Macht ist für strategische Kommunikation von Akteuren unverzichtbar. Denn Medien bieten für die Akteure die Chance, Aufmerksamkeit im Tausch gegen Information zu erhalten (Sarcinelli 2005, Mertes 2003). Aufmerksamkeitsmanagement als Teil einer Strategie des Ringens um öffentliche Mobilisierung für Entscheidungsprozesse ist die moderne Machtprämie, die Medien den Politikern bieten können. Präsenz wird zur Machtwährung des Politikmanagements.

Aufmerksamkeit und Mobilisierungsfähigkeit gehören zusammen (Delhees u.a. 2008). Unter diesen Bedingungen ist nachvollziehbar, dass Medien auch wiederum auf die Politik Einfluss nehmen. Zwei Formen sind dabei charakteristisch (dazu Schmidt/Zohlnhöfer 2006: 20f.):

Direkter Einfluss

Direkte Einflüsse werden sichtbar, wenn Medien Agenda-Setting betreiben, wenn sie Stimmungen verstärken bzw. vergröbern und mithin als Stimmungssimulatoren agieren. Direkte Einflüsse lassen sich auch nachweisen, wenn beispielsweise öffentlich sichtbare Politikfelder wie Verbraucherschutz als Politisches Marketing (Karp/Zolleis 2004) geschaffen werden (Vowe 2006: 440, Kamps 2007).

Indirekter Einfluss

Indirekte Einflüsse sind erkennbar, wenn die politischen Akteure sich vollständig der Selektionslogik (Nachrichtenwerte – Aufmerksamkeit um jeden Preis) und der Präsentationslogik (Info- und Politainment – Vermischung von politischen Informationen mit Unterhaltungselementen) der Medien anpassen (Dörner/Schicha 2008). Politik wird zu einer anderen Form der Unterhaltung. Der politische Wettstreit wird entpolitisiert und das leise Verschwinden der Politik ist das Ergebnis: politics without policy. Politik und Geschäft der Politiker schrumpfen auf den politischen Betrieb zusammen: keine Kategorien, keine Inhalte, mit denen man die Urteilsfähigkeit schärfen und die Öffentlichkeit aufklären könnte. Bürger erkennen vielfach in Talkshow-Formaten nur noch ein rein taktisches Verhältnis der Politiker zur Politik: nur Machtfragen, keine Sachfragen.

Darstellungspolitik und Entscheidungspolitik

Politisches Handeln ist in der Mediendemokratie kommunikationsabhängiger geworden. Darstellungspolitik (der Soll-Wert der Politik) ersetzt zunehmend Entscheidungspolitik (der Nenn-Wert der Politik) (Sarcinelli 1998 u. 2005). Dieser Trend wird unterstützt durch Befunde der Wahlsoziologie (Korte 2009). Da sich die Traditionsbindungen der Wähler an bestimmte Parteien drastisch abgeschwächt haben, kommt der massenmedialen, situativen Informationsvermittlung eine besondere Dominanz zu.

Im Anschluss an diese systematische und entstehungsgeschichtliche Darstellung der verschiedenen Zugänge der Analyse des politischen Systems und der Regierungsforschung sollen theorieorientiert Erklärungsmodelle zum politischen Entscheiden vorgestellt werden (Kapitel 2). Anhand von vier heuristischen Modellen soll skizziert werden, wie die verschiedenen Akteure im Institutionengefüge agieren.

„Regierungssystem: Kernbereiche der Regierungsforschung" (Kapitel 3) vermittelt einen Überblick über die zentralen Verfassungsorgane, den Prozess der Gesetzgebung und das Zusammenspiel der Ebenen Kommune, Länder, Bund und Europäische Union. Fünf spezifische Strukturmerkmale des Regierens werden herausgearbeitet, um die Eigentümlichkeit des politischen Entscheidens in Deutschland sichtbar zu machen.

Das Wechselverhältnis zwischen Bürger und Staat erläutert Kapitel 4. Dabei spielen sowohl Vermittlungsagenturen im politischen Prozess wie Parteien und organisierte Interessen eine Rolle als auch Einstellungen (politische Kultur) und politisches Verhalten (Wahlen). Techniken, Stile und Instrumente des Regierens rückt Kapitel 5 ins Zentrum. Im Vermittlungsdreieck der Politik werden Steuerung, Kommunikation und Macht aufeinander bezogen und problematisiert. Dabei gerät die Machtressource Kommunikation immer stärker und unmittelbarer ins Erkenntnisinteresse der Regierungsforschung. Kapitel 6 fasst zentrale Ergebnisse des Lehrbuchs zusammen und bettet diese abschließend in den Kontext von Perspektivüberlegungen zu modernem Regieren in Deutschland ein.

Literatur

- Benz, Arthur (Hrsg.) (2004): Governance – Regieren in komplexen Regelsystemen, Wiesbaden.
- Delhees, Stefanie/Korte, Karl-Rudolf/Schartau, Florian/Switek, Niko/Weissenbach, Kristina (2008): Wohlfahrtsstaatliche Reformkommunikation. Westeuropäische Parteien auf Mehrheitssuche, Baden-Baden.
- Grasselt, Nico/Korte, Karl-Rudolf (2007): Führung in Politik und Wirtschaft, Instrumente, Stile und Techniken. Studien der NRW School of Goverance, Wiebaden.
- Hesse, Joachim J./Ellwein, Thomas (2004): Das Regierungssystem der Bundesrepublik Deutschland, 9. Aufl., Wiesbaden.
- Jesse, Eckhard (1997): Die Demokratie der Bundesrepublik Deutschland. Eine Einführung in das politische System, 8. Aufl., Baden-Baden.
- Kamps, Klaus (2007): Politisches Kommunikationsmanagement, Grundlagen und Professionalisierung moderner Politikvermittlung, Wiesbaden.
- Korte, Karl-Rudolf (2009): Das politische System der Bundesrepublik Deutschland, in: Mols, Manfred/Lauth, Hans-Joachim/Wagner, Christian (Hrsg.): Politikwissenschaft. Eine Einführung, 6. Aufl., Paderborn, S. 67-98.
- Lauth, Hans-Joachim (Hrsg.) (2006): Vergleichende Regierungslehre. Eine Einführung, 2. Aufl., Wiesbaden.
- Raschke, Joachim/Tils, Ralf (2007): Politische Strategie. Eine Grundlegung, Wiesbaden.
- Rudzio, Wolfgang (2006): Das politische System der Bundesrepublik Deutschland, 7., aktualisierte und erweitere Aufl., Wiesbaden.
- Sarcinelli, Ulrich (2009): Politische Kommunikation in Deutschland. Zur Politikvermittlung im demokratischen System, 2. Aufl., Wiesbaden.
- Schmidt, Manfred G./Zohlnhöfer, Reimut (Hrsg.) (2006): Regieren in der Bundesrepublik Deutschland. Innen- und Außenpolitik seit 1949, Wiesbaden.

- Schmidt, Manfred G. (2007): Das politische System Deutschlands. Institutionen, Willensbildung, Politikfelder, München.
- Schmitt-Beck, Rüdiger u.a. (Hrsg.) (2008): Governance and Legitimacy in a Globalized World, Baden-Baden.
- Sontheimer, Kurt/Bleek, Wilhelm (2007): Grundzüge des politischen Systems Deutschlands, völlig überarbeitete Neuauflage, München.
- Sturm, Roland/Pehle, Heinrich (2005): Das neue deutsche Regierungssystem. Die Europäisierung von Institutionen, Entscheidungsprozessen und Politikfeldern in der Bundesrepublik Deutschland, Wiesbaden.

2. Politische Entscheidungen: Akteure im Institutionengefüge

2.1 Erklärungsmodelle

Wer entscheidet?

Regierungshandeln lebt von der politischen Entscheidung. Sie ist im allgemeinsten Sinne ein intentionaler (absichtsvoller) Vorgang – eine Auswahl einer Handlung aus mehreren Möglichkeiten. Auch die Nichtentscheidung – der Verzicht auf bzw. das Verhindern einer Entscheidung – ist eine Handlung. Politische Akteure entscheiden in der Demokratie nach einem mehrstufigen Prozess der Informationsverarbeitung.[1] Für die Legitimität der staatlichen Autorität (z.B. der Regierung) ist es wichtig, wie diese Entscheidungen letztlich im Rahmen der Interaktion zwischen den aktiv am politischen Prozess beteiligten Akteuren zustande kommen. Wer ist überhaupt bei dieser Entscheidung beteiligt worden? Ebenso entscheidend ist, ob diese Prozesse wiederum so verknüpft sind, dass die Bürger, in welcher Form auch immer, partizipieren können (indirekt über das Repräsentationsprinzip des Deutschen Bundestages oder direkt in Form von Abstimmungen). Beispielsweise kann der Chefsachen-Entscheidung im Fachministerium ein langwieriger Aushandlungsprozess mit vielen zu beteiligenden Interessengruppen folgen, bevor ein Gesetzestext den Bundestag erreicht. Jede Entscheidung ist sowohl von der Interessenlage des politischen Akteurs als auch von seinem institutionellen Umfeld abhängig.

Regierungshandeln als politisches Handeln ist stets von einer Kombination von Entscheidungsstilen (d.h. wer entscheidet wie und wann?) und Steuerungsformen (d.h. in welchen Interaktionsformen wird der Prozess der politischen Herrschaftsausübung durchgeführt?) bestimmt. Moderne politikwissenschaftliche Theorien geben unterschiedliche Antworten auf die Fragen nach den Entscheidungsstilen und den Steuerungsformen. Grundsätzlich gilt auch im Bereich der Regierungsforschung der Dualismus „Akteur“ (Mikroebene) und „System/Struktur“ (Makroebene).[2] Die theoretische

Der Mikro-/Makro-Dualismus

[1] Dazu weiterführend Teilkapitel 5.1.3 „Information und Entscheidung“ in diesem Buch.

[2] Einführend zum Mikro-/Makrodualismus siehe Thiery 2006.

Grundfrage lautet: Bestimmen (a) eher die vorgefundenen gesellschaftlichen Strukturen, also konkret die Regierungsinstitutionen, das Handeln der Akteure oder ist es nicht gerade umgekehrt (b) das menschliche Handeln – die politische Entscheidung – aus der heraus sich die gesellschaftlichen Prozesse und Strukturen ableiten lassen, denn die Akteure schaffen sich zur Problemlösung durchaus auch immer wieder neue politische Entscheidungsinstitutionen?

Vereinfacht lassen sich aus diesem Mikro-/Makrodualismus drei Erklärungsmodelle für die Regierungsforschung ableiten (Schmidt 1992: 65ff.; Faust/Lauth 2006):

1. „Frauen und Männer machen Geschichte"

Individuelle, kollektive und korporatistische Akteure

Im übertragenen Sinne bedeutet dieses auf der Mikroebene angesiedelte Modell, dass die Akteure im Prozess des Regierungshandelns zentral sind. Die Interessenlagen und Präferenzen dieser Akteure bestimmen handelnd und steuernd das Regieren. Politische Führung setzt die Planbarkeit von politischen Prozessen in diesem Modell voraus. Akteursqualität können in diesem Zusammenhang haben (Scharpf 2000: 101):

- individuelle Akteure, d.h. einzelne Personen wie Politiker, Regierungschefs, Gewerkschaftsvorsitzende etc.;
- kollektive Akteure, d.h. Zusammenschlüsse von einzelnen Individuen mit einem geringen formalen Organisationsgrad, die ein gemeinsames Ziel verfolgen, wie z.B. Verbände. Kollektive Akteure sind von den Präferenzen ihrer Mitglieder abhängig;
- korporatistische Akteure, d.h. Zusammenschlüsse einzelner Individuen, allerdings mit einem hohen formalen Organisationsgrad, wie z.B. Ministerien oder Behörden. Entscheidungen werden hierarchisch gefällt, nicht durch Abstimmungen.

Aus handlungstheoretischer Sicht verfolgen die Akteure ihre Interessen, indem sie sich am politischen Entscheidungsprozess entsprechend ihrer unterschiedlichen Wertorientierungen, Ziele, Präferenzen und situationsspezifischen Möglichkeiten beteiligen. Schnell wird deutlich, in welchem Bereich die Schwächen eines solchen Erklärungsmodells liegen: Die Akteure „machen Geschichte", handeln aber unter dem Einfluss vorgefundener Bedingungen, im Rahmen von Handlungsschranken, Regeln und Geschäftsordnungen. Der individuelle Anteil an der Politikgestaltung, die Handlungsautonomie der Akteure, wird ebenso überschätzt wie die generellen Möglichkeiten der planerischen politischen Gestaltung.

2. „Die Macht der Verhältnisse"

Dieses auf der Makroebene angesiedelte Erklärungsmodell basiert auf der Annahme, dass Akteure kaum unabhängige Einwirkungsmöglichkeiten besitzen. Es dominieren in diesem Modell nicht die zielgerichteten Handlungen der Akteure, sondern die vorgefundenen institutionellen und strukturellen Verhältnisse. Daraus entstehen für jeden Akteur Handlungsbegrenzungen und nur sehr eingeschränkte Wahlmöglichkeiten. Die Staatstätigkeit wird vor allem durch sozialstrukturelle und ökonomische Faktoren bestimmt. Der Steuerstaat beispielsweise benötigt Geld – eine strukturelle Schranke, der sich die Akteure unterordnen müssen. Bezogen auf das Regierungssystem bedeutet das: institutionell und strukturell ist das Regierungssystem vorgegeben. Der Regierungsapparat, z. B. die Macht der Regierungsbürokratie, bestimmt die Politiksteuerung und die Politikergebnisse.

Machtlosigkeit der Akteure

3. „Politiker nutzen Handlungskorridore des Regierens"

Dieser dritte Erklärungsansatz versucht akteurszentrierte und institutionelle Ansätze miteinander zu verbinden. Im Zentrum steht der handelnde Akteur, der innerhalb eines institutionellen Kontextes entscheidet. Hintergrund sind Überlegungen, dass sowohl die Institutionenordnung auf den Akteur einwirkt als auch der Akteur sich aktiv der Routinen, Regeln und Geschäftsordnungen dieser Institution bedient bzw. diese erweitert, um so seine Handlungsmöglichkeiten auszuschöpfen. Die theoretischen Annahmen des Neoinstitutionalismus können hier genutzt werden (Kaiser 2006): Verhalten in Institutionen wird analysiert und die Wirkung bestimmter institutioneller Arrangements gewichtet. Die Institution ist nicht neutrale Bühne, sondern eröffnet für die Akteure Chancen bzw. Restriktionen. Institutionelle Arrangements generieren jeweils spezifische Handlungsoptionen oder Handlungsrestriktionen. Diese Arrangements determinieren die Perspektive des handelnden Akteurs stärker als andere Variablen.

Wechselwirkungen zwischen Akteuren und Institutionen

Ein Beispiel: Jeder Bundeskanzler verfügt als institutionelle Machtressource über das Kanzleramt. Wie er jedoch damit umgeht, d.h. ob er es primär als Behörde, Servicestelle, Generalsekretariat, Denkstube oder Regierungszentrale nutzt, hängt vom Führungsstil und den Machtkonstellationen des amtierenden Kanzlers ab. Die Institution eröffnet Handlungskorridore, kann jedoch – bei Missmanagement – auch Handlungsoptionen verbauen.

Die Wirkungsweise von Institutionen (Neo-Institutionalismus) im Regierungsapparat lässt sich verallgemeinernd folgendermaßen darstellen (Czada 1998: 54):

Institutionen:

- fördern oder hemmen bestimmte Eigenschaften von Entscheidungsprozessen
- erweitern oder begrenzen die Verfügbarkeit politischer Problemlösungen
- bedingen Chancen für die strategische Wahl politischer Entscheidungsalternativen
- beeinflussen die Qualität sozialer und ökonomischer Politikergebnisse

Neo-Institutionalismus

Wie so häufig ist das weiterführende Erklärungsmodell eine Synthese der beiden anderen. Akteure und Institutionen werden in einen sich wechselseitig beeinflussenden Gesamtkontext gebracht. Im Kapitel 5.1 „Politikmanagement" wird dieser Grundgedanke weiter ausgebaut. Grundsätzlich orientiert sich dieses Lehrbuch am dritten Erklärungsmodell.

Um die Komplexität des Untersuchungsgegenstandes weiter systematisch überschaubar zu machen, werden im zweiten Teil des Kapitels jedoch zunächst vier weitere Analysehilfen vorgestellt. Diese sind wichtig, um sich Regierungshandeln gedanklich vorstellen zu können. Es handelt sich um Zentralbegriffe, die für Entscheidungsanalysen hilfreich sind: das abstrakte Modell eines politisches Systems (2.2.1), der Policy-Zyklus (2.2.2), Policy-Netzwerke (2.2.3) und Veto-Spieler (2.2.4).

2.2 Ansätze der Entscheidungsanalyse

2.2.1 Das Modell des politischen Systems

Systemtheorie

Der Begriff des politischen Systems umfasst, wie im vorhergehenden Kapitel bereits im Rahmen der Begriffsbestimmungen erläutert, mehr als nur den Regierungsapparat. Politik und Regieren finden nicht nur in den staatlichen Institutionen statt, sondern werden maßgeblich auch durch das gesellschaftliche Umfeld und kommunikative Prozesse beeinflusst. Mit dem aus der Systemtheorie abgeleiteten Modell eines politischen Systems kann man die voneinander abhängigen Systembestandteile abstrakt charakterisieren und ihre wechselseitigen Funktionszusammenhänge sichtbar machen (Almond u.a. 2008; Easton 1981; Easton 1965).

Abstrakt lassen sich politische Systeme als die Gesamtheit von Strukturen (Institutionen) und Regeln (Verfahren) begreifen, die politische oder gesellschaftliche Akteure (wie Parteien, Gewerkschaften, Verbände, aber auch Individuen) in regelgeleitete Wechselbeziehungen (Interaktionen) zueinander setzen (vgl. Merkel 2006: 57ff.). Stabil ist ein solches System, wenn die Wechselbeziehungen zwischen den Strukturen und Akteuren so ausgerichtet sind, dass sie jeweils in der Lage sind, flexibel auf die Anforderungen der „Umwelt" (Wirtschaft, Internationale Beziehungen etc.) zu reagieren.

Das Schaubild zeigt die verschiedenen Systembestandteile, die im folgenden erläutert werden sollen:

Abb. 1: Modell eines politischen Systems

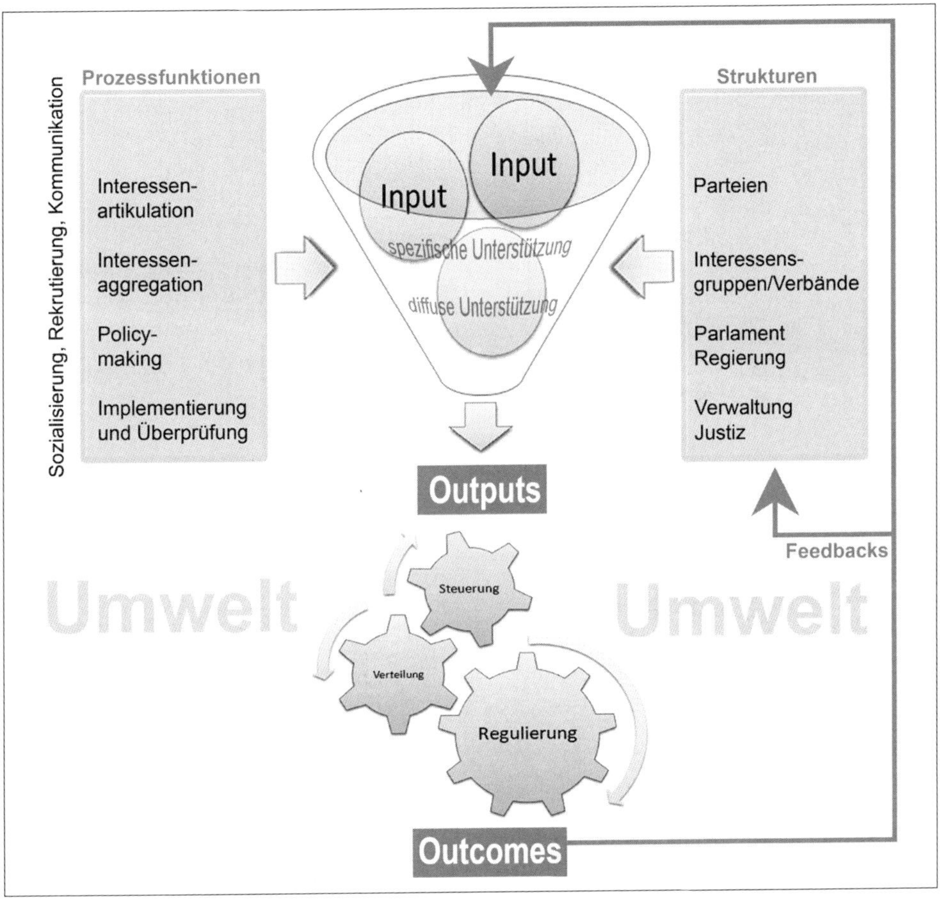

Quelle: Eigene Darstellung nach Merkel 1999:59.

Inputs
Für das Funktionieren des Systems ist ein sogenannter „Input" an aktiver und passiver Unterstützung notwendig. Spezifische Unterstützung gilt beispielsweise einzelnen Gesetzen (Weidenfeld/Korte 1991: 87ff.). Die Leistungen des Systems werden konkret bewertet. Diffuse Unterstützung kann hingegen die Massenloyalität zum Regierungssystem insgesamt sein. Sie bezieht sich auf die Fundamente der politischen Ordnung. Das System braucht diese Unterstützungsleistungen, um flexibel auf die Anforderungen der „Umwelt" so zu reagieren, dass sie in politische Entscheidungen münden.

Prozessfunktionen

Dies gelingt über sogenannte Prozessfunktionen: Interessenartikulation, Interessenaggregation (Interessenbündelung), Policy-Making (Politikformulierung), Politikimplementierung (Politikumsetzung). Diese Prozessfunktionen werden von verschiedenen Akteuren wahrgenommen, keineswegs nur von den politischen Parteien. Die organisierten Interessen sind daran ebenso beteiligt wie die Medien.

Systemfunktionen

Die Systemfunktionen wiederum leisten die Sozialisierung (das Einüben von Regeln), die Elitenrekrutierung (die Auswahl der politischen Akteure) und die gesellschaftliche Kommunikation. Die Systemfunktionen haben großen Einfluss auf die Effizienz, Transparenz und die Legitimität des politischen Systems.

Outputs/Outcomes

Außer den Input-Funktionen lassen sich auch noch output-Funktionen des politischen Systems analysieren: Regelsetzung (Legislative), Regelanwendung (Exekutive), Regelauslegung (Judikative). Der Output besteht somit aus hoheitlich durchgesetzten politischen Entscheidungen wie Gesetzen, Erlassen und Verordnungen. In Policy-Funktionen übersetzt bedeutet dies: Steuerung (das politische System benötigt Steuerung für die Aufgabenbewältigung), Regulierung (Regelung des Verhaltens der Bürger untereinander und zu den politischen Institutionen), Verteilung (verteilt werden materielle Güter, Dienstleistungen, Status und Lebenschancen innerhalb einer Gesellschaft). Während sich Output auf die Gesetze und Verordnungen bezieht, handelt es sich bei den Outcomes um tatsächliche Ergebnisse und Entscheidungen. Diese erzeugen möglicherweise Feedbacks. Damit sind die Rückkoppelungsprozesse zwischen Outputs und Inputs gemeint.

Abstraktheit des Systemmodells

Der funktionale Kontext und die Wechselbeziehungen markieren so ein abstraktes politisches Systemmodell. Doch wo fallen konkret die politischen Entscheidungen? Wie gestalten sich die Willensbildungsprozesse? Warum lassen sich bestimmte Problemlösungen politisch steuern und andere nicht? Was ist der institutionelle, was der akteursspezifische Anteil der Entscheidungsfindung? Wann reagiert das Regierungssystem auf die „Umwelt“ und wann nicht? Schnell zeigt sich die Begrenztheit des Systemmodells für die Fragestellungen einer Entscheidungsanalyse. Die Abstraktheit ist nützlich für den Vergleich und die Erarbeitung des Funktionskontextes, aber nur bedingt hilfreich für das Erkenntnisinteresse der Regierungsforschung.

2.2.2 Der Policy-Zyklus

Das abstrakte Modell eines politischen Systems informiert zwar schematisch über die möglichen Akteure des Regierungshandelns und deren funktionale Kontexte, nicht jedoch über die Dynamik eines spezifischen politischen Systems. Die Aspekte des politischen Prozesses kommen zu kurz. Auch bleibt beim systemtheoretischen Zugang offen, welche Akteure jeweils konkret beteiligt sind. Denn Akteure auf der Ebene der Strukturen, wie politische Parteien, im Sinne „lose verkoppelter Anarchien" (Wiesendahl 1998: 242), mit machtpolitisch äußerst heterogenen Flügeln und Gremien, die täglich um Einfluss ringen, weisen nicht notwendigerweise wirkungsmächtig eine hierarchische Strukturierung auf. Ob, wie und wann diese kollektiven Akteure im politischen Prozess agieren, darüber erhält man mehr Auskunft beim Modell des Policy-Zyklus (Policy-Kreislauf, Politikzyklus, Policy-circle). Es ist ein zu heuristischen Zwecken entwickeltes Modell der Policy-Forschung (Faust/Lauth 2006; Héritier 1993; Schubert/Bandelow 2009). Wie die politischen Akteure aktiv in den Institutionen handeln, kann in diesem Modell deutlicher sichtbar gemacht werden als beim abstrakten Systemmodell. Denn die Möglichkeiten der Einflussnahme der Akteure auf den politischen Prozess sind unterschiedlich groß. Zum einen sind sie von den einzelnen Phasen des politischen Prozesses und zum anderen vom machtpolitischen Status des jeweiligen Akteurs (z.B. Regierungspartei oder Opposition) oder der Akteurskonstellation (wie sieht der jeweilige Verhandlungskontext aus?) abhängig.

Lose verkoppelte Anarchien

Folgende Phasen des Policy-Zyklus lassen sich der nachfolgenden Abbildung (Abb. 2) entsprechend unterscheiden (hierzu auch Faust/Lauth 2006: 303ff.; Kevenhörster 2008: 340ff.):

Phasen des Policy-Zyklus

Problemwahrnehmung und Problemdefinition:
Inwieweit existiert ein Problem und ein Bedarf an Problemlösung? Wie lassen sich das Problem definieren, eingrenzen und die Ursachen-Wirkungskontexte analysieren?

Lösungsalternativen:
Im politischen Wettbewerb entstehen alternative Vorschläge zur Lösung des Problems, ohne dass gleichzeitig die Sicherheit steigt, dass die Vorschläge auch zur Problemlösung hilfreich sind.

Abb. 2: Policy-Zyklus

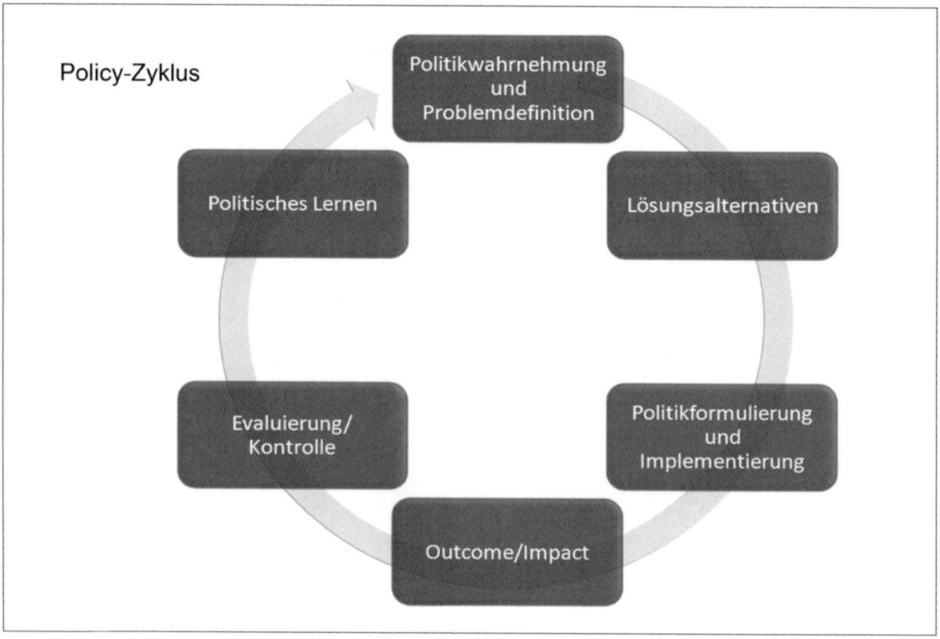

Quelle: Faust/Lauth 2001: 305.

Politikformulierung und Implementierung:
Konkret werden Problemlösungen dann in Form von Gesetzen, Verordnungen und Erlassen fixiert. Dabei werden durch die Interaktion vieler Akteure und Institutionen (Regierungssystem und Verwaltung) Abweichungen vom ursprünglichen Vorhaben sichtbar.

Outcome/Impact:
Hierbei können die intendierten und die nicht-intendierten Auswirkungen des Lösungsversuchs gemessen werden. Ist das Problem vollständig gelöst? Was hat sich konkret verändert? Sind unbeabsichtigte Nebenwirkungen erkennbar?

Evaluierung/Kontrolle:
Kommt es zu einer Überprüfung der Maßnahme, vielleicht sogar zur richterlichen Kontrolle? Wird überprüft, ob die Zielgröße erreicht wurde?

Politisches Lernen:
Idealtypisch folgt der Phase der Evaluation das politische Lernen. Durch das Lernen wird der Kreislauf zum rückgekoppelten Prozess. In der Konsequenz könnte die Optimierung der Maßnahme im Rahmen eines erneuten Policy-Zyklus erfolgen.

Vor- und Nachtoile des Policy-Zyklus-Modells

Die Vorteile eines solchen Modells sind einsichtig: Die differenzierte Phasenaufteilung zeigt die Komplexität des politischen Prozesses. Welche Akteure im Institutionengefüge wann beteiligt sind, kann operationalisiert werden.

Zugleich hat auch das Modell des Policy-Zyklus Schwächen: Die kausalen Beziehungen zwischen Rahmenbedingungen, Wirkungen, Ergebnissen und Phasen des Prozesses bleiben offen. Somit

Abb. 3: Phasenmodell der Entscheidungsanalyse

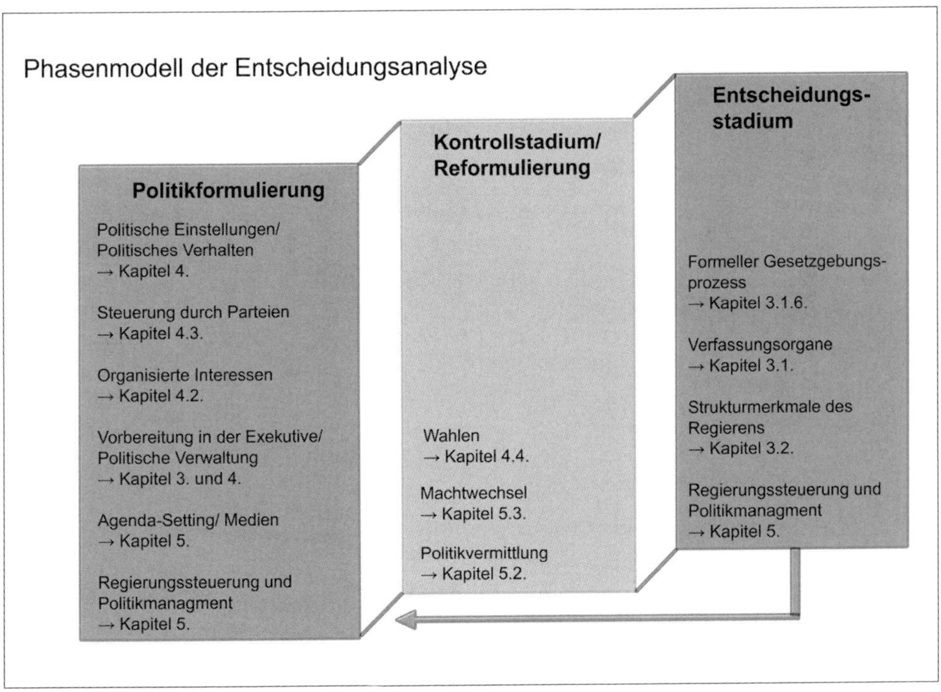

Quelle: Eigene Darstellung.

bleibt weitgehend unklar, welche Kräfte sich mobilisieren lassen, um die nächste Stufe des Phasenmodells zu erreichen. Fairerweise muss zum Phasenmodell hinzugefügt werden, dass es keineswegs strikt davon ausgeht, dass die eine Phase der anderen folgt. Es ist folglich kein Kausalmodell. Vielmehr sind die Phasen nicht immer funktional voneinander getrennt, sondern verlaufen häufig simultan oder teilweise auch in umgekehrter Richtung. Manchmal fehlen zudem einzelne Phasen im politischen Prozess.

Die Vorzüge und Nachteile des Policy-Zyklus sind sichtbar geworden. Die Komplexität und die Mechanismen der politischen Entscheidungsfindung können mit Einschränkungen durch dieses Modell dokumentiert werden. Für „Politik und Regieren" kann der Politik-Zyklus mit seinen Stadien, Akteuren und Institutionen mit Bezug zu den nachfolgenden Kapitel veranschaulicht werden (Abb. 3).

2.2.3 Policy-Netzwerke

Was sind Netzwerke?

Eine Weiterentwicklung stellt das dritte Modell dar – das Policy-Netzwerk (Jansen 2006). Es entstand aus den Mängeln der traditionellen Institutionenanalyse (Benz 1993: 185). Hierbei differenzieren sich nicht nur Phasen des Politikprozesses aus, sondern auch die Akteure. Der Forderung, handelnde Akteure im Institutionengefüge dynamisch interagierend zu analysieren und Handlungskorridore zu differenzieren, kommt die Vorstellung vom Policy-Netzwerk sehr nahe. Ein Netzwerk ist die Bezeichnung für ein Geflecht sozialer, wirtschaftlicher oder in unserem Beispiel politischer Beziehungen. Ein Netzwerk bildet sich aus einer begrenzten Anzahl sachthemenspezifischer Akteure, auch Advokativkoalitionen (Advocacy-Koalitionen) genannt (Sabatier 1993), welche aus sehr unterschiedlichen institutionellen Verankerungen kommen. Es sind Akteure (Politiker, Gewerkschaftsvertreter, Lobbyisten etc.) die ein Netzwerk knüpfen, das auf relative Dauer angelegt ist. Üblicherweise differenziert man die beteiligten Akteure nach drei Bereichen: Politik, Administration, Interessengruppen. Grundbedingung ist jedoch die freiwillige Teilnahme. Die Vorstellung, dass politische Entscheidungen auf *einer* Bühne oder in *einem* politischen Prozess ablaufen, wird dabei vollständig aufgegeben. Der Blick wird auf eine Vielzahl von Haupt- und Nebenbühnen sowie verschiedene Politikfelder gerichtet.

Abb. 4: Policy-Netzwerke: Das Beispiel Gesundheitspolitik

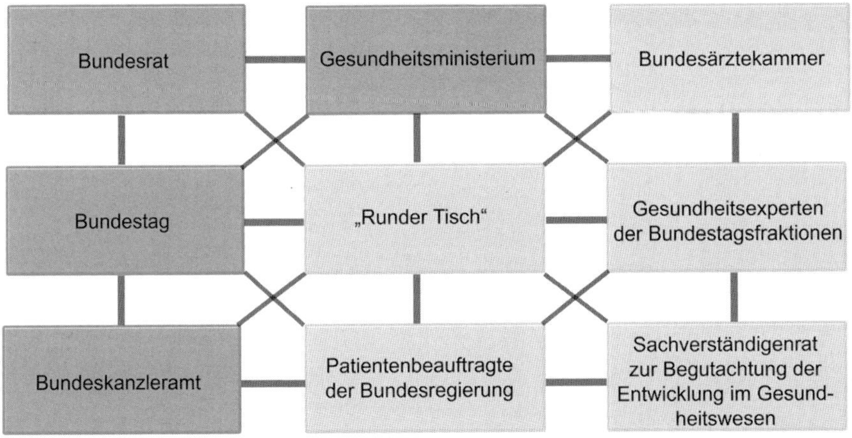

Quelle: Eigene Darstellung.

Entscheidungsinseln

Einer solchen Sichtweise liegt die Annahme zugrunde, dass sich je nach Policy-Bereich sehr verschiedene „Entscheidungsinseln“ bilden. So beschreibt das Policy-Netzwerk das Zusammenwirken diverser häufig sehr heterogener Akteure (individuelle, kollektive, korporatistische) bei der Entstehung und Durchführung politischer Entscheidungen zum Zwecke der politischen Steuerung. Interessenorientierte Akteure (deren Interesse kann beispielsweise in der Problemlösung, aber auch am Machterwerb/Machterhalt bestehen) werden in einen Handlungsspielraum aus Institutionen gesetzt. Fritz W. Scharpf nennt das „akteurszentrierten Institutionalismus“ (Scharpf 2000). Das Instrument zur politischen Steuerung besteht in diesem Konzept im Policy-Netzwerk. Durch zielorientierte Kooperation zwischen staatlichen und gesellschaftlichen Akteuren kann Steuerung und damit eine politische Entscheidung erfolgen. Es existiert somit weder die Annahme, dass allein eine Regierung hierarchisch steuert, noch dass gesellschaftliche Kräfte sich selbst organisieren und problemlösend agieren.

Das Aufdecken von Netzwerken in der Politik kann Auskunft über die Handlungsbedingungen der Akteure in diesen Netzwerken geben. Warum es zu einer Politik-Blockade kommt (vgl. dazu auch den nachfolgenden Vetospieler-Ansatz, Kapitel 2.2.4), kann ebenso gezeigt werden wie die Bedingungen eines Einigungsprozesses. Positiv betrachtet werden durch Netzwerke neue problemlösende Kooperationsformen und strategische Allianzen geformt. Negativ gewendet popularisieren Netzwerke Seilschaften der jeweiligen politischen Elite. Netzwerke geben Auskunft über die Prozesse der Informalisierung des Regierens. Sie lösen sich von der traditionellen Sichtweise des primär formalisierten Regierens mit Hilfe der formellen durch Verfassung, Recht und Gesetz definierten Dimensionen des Entscheidungsprozesses. Netzwerkanalysen sind hilfreich bei allen Fragen des „governance" (Campbell 1991) – der informellen Regelungen und der nicht-institutionalisierten Formen des Regierens. Seit dem Aufkommen der sogenannten „Governance-Perspektive" gelten die informellen – vielfach kooperativen – Komponenten des Regierens als notwendige Ergänzung der formellen – oftmals hierarchischen – Kanäle des Regierungshandelns (dazu auch v. Beyme 1997: 41ff.). In den Teilkapiteln der „verhandelnden Wettbewerbsdemokratie" (Kap. 3.2.1) und der „Handlungskorridore des Regierens" (Kap. 5.1.6) wird das Regieren mit Hilfe von Kommissionen, Runden Tischen und Räten entsprechend problematisiert. Am Beispiel der Zuwanderungskommission (Kap. 5.1.5) soll gezeigt werden, wie solche Policy-Netzwerke zur Politiksteuerung beitragen.

Netzwerke geben Auskunft über die Prozesse der Informalisierung des Regierens

Letztlich setzen die Netzwerke jedoch nicht die parlamentarischen Entscheidungsregeln außer Kraft, sondern stehen komplementär zu ihnen. Die Netzwerke dienen dazu, die sogenannten Entscheidungskosten (lange Zeitintensität, wenig effiziente Steuerung, faktische Kosten angesichts der offenen Problemkonstellation) zu verringern. „Netzwerke fördern den Interessenausgleich im Vorfeld der formalen Entscheidungen. Die Spannungen zwischen informellen Netzwerken, die zum Teil quer zu den Institutionen und den hierarchischen Organisationsstrukturen stehen, bleibt fruchtbar" (v. Beyme 1997: 45). Nachfolgend wird der Policy-Netzwerk-Ansatz der Entscheidungsanalyse dreifach verwendet:

Netzwerke senken Entscheidungskosten

1. als Methode, um Wertvorstellungen, Ressourcen und Strategien der Netzwerkakteure zu analysieren;
2. als empirischer Befund, durch die vergleichende Analyse von Kommissionen, Räten und Runden Tischen als Instrumente des Regierens;
3. als normativer Befund, in dem davon ausgegangen werden kann, dass durch Policy-Lernen Problemlösungen gerade durch Netzwerkhandeln ermöglicht werden.

2.2.4 Veto-Spieler

Aus der handlungsorientierten Netzwerkanalyse lässt sich nicht unmittelbar erkennen, welches Machtpotential die einzelnen Akteure einbringen. Auch die Stellung der verschiedenen Akteure zueinander ist für Fragestellungen der Entscheidungsanalyse von besonderer Bedeutung. Der Veto-Spieler-Ansatz (Tsebelis 2002) bettet die Akteure eines politischen Systems in einen handlungstheoretischen Kontext ein. Vetospieler sind nach Tsebelis all jene individuellen und/oder kollektiven Akteure, deren Zustimmung Bedingung für einen Politikwechsel ist. Mit Politikwechsel ist in diesem Kontext eine durch Regieren herbeigeführte Änderung gesellschaftlicher Zustände gemeint. Tsebelis unterscheidet drei Spielarten:

Das Machtpotential einzelner Akteure

1. Institutionelle Vetospieler sind Akteure, die im Bereich der Gesetzgebung formal institutionalisierte, d. h. konstitutionell gesicherte Vetorechte besitzen (vgl. nachfolgend Corissant 2002: 148ff.). In der Bundesrepublik gehören dazu etwa der Bundesrat oder das Bundesverfassungsgericht;
2. Parteipolitische Vetospieler sind in diesem Ansatz jene politischen Parteien und parteiähnlichen Gruppierungen, die Präferenzen einer Regierung für einen Politikwechsel blockieren können. Gemeint sind damit etwa die jeweiligen Koalitionspartner;
3. Sonstige Vetospieler mit institutionell gesicherter Vetomacht in spezifischen Politikfeldern können Verbände, Gewerkschaften, Zentralbanken etc. sein.

Abb. 5: Vetospieler nach Tsebelis

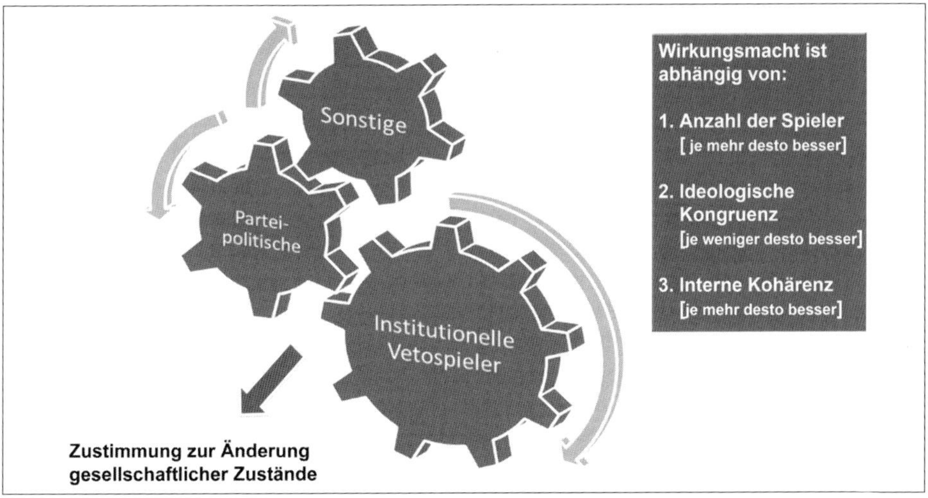

Quelle: Eigene Darstellung.

Wirkungsmacht von Vetospielern

Die Wirkungsmacht der jeweiligen Vetospieler hängt von drei Faktoren ab: Der Anzahl der Vetospieler, ihrer Kongruenz (gemeint ist die programmatische Nähe oder Distanz zwischen den einzelnen Spielern) sowie die interne Kohärenz (die programmatischen Differenzen innerhalb der kollektiven Spieler). Je größer die Zahl der Vetospieler ist, je geringer die ideologische Kongruenz zwischen ihnen und je größer die interne Kohärenz der einzelnen Spieler, desto höher ist der Grad an Machtstreuung. Das kann dann im Einzelfall bedeuteten, dass Blockademöglichkeiten zwischen den Akteuren bei Problemlösungen relativ häufig auftreten. Umgekehrt bedeutet dies jedoch auch, dass partikulare Interessen sich nicht ungefiltert und ungebremst durchsetzen lassen.

Nebenregierungen

Politik und Regieren sind in diesem Kontext von Vetospielern und deren institutionellen Arrangements abhängig. Ihre Zahl und machtpolitischen Fähigkeiten sind in jedem politischen System unterschiedlich. Inwieweit die Vetospieler in der Bundesrepublik Deutschland als sogenannte Nebenregierungen oder institutionelle Mitregenten Einfluss haben und wie sich das Regieren darauf eingestellt hat, zieht sich wie ein Leitfaden durch unser Lehrbuch.

Fazit

Ausgangspunkt unserer Überlegungen in diesem Kapitel war die politische Entscheidung als Teil des Regierungshandelns. Zielpunkt sollte eine theoretische Ausgangsbasis sein, die auch Möglichkeiten zur Operationalisierung des Regierens lässt. Dabei konnten drei Erklärungsmodelle nebeneinandergestellt werden, wobei die Betonung auf dem Modell „Politische Akteure nutzen Handlungskorridore des Regierens“ lag. Vier heuristische Modelle, alle basierend auf politikwissenschaftlichen Entscheidungsanalysen, zeigten anschließend Möglichkeiten und Grenzen auf:

- Das abstrakte Modell des politischen Systems verdeutlichte den funktionalen Kontext und die Interdependenzen.
- Der Policy-Zyklus differenzierte in einem dynamischen Kreislaufmodell phasenspezifische Abschnitte der Entscheidungsprozesse.
- Unter den Annahmen des akteurszentrierten Institutionalismus wurde der Ansatz des Policy-Netzwerkes skizziert. Er verdeutlichte darüber hinaus die Heterogenität der Akteure und die Informalisierung des Regierungshandelns.
- Der Vetospieler-Ansatz schließlich ermöglicht es, Handlungskorridore des Regierens aufzudecken. Denn das Regieren muss sich machtstrategisch auf die institutionellen Mitregenten einstellen.

Alle vier Zugänge bleiben für die weitere Darstellung und Analyse wichtig, da sie aufeinander aufbauend Erkenntnisgewinne für das Regierungshandeln bringen.

Literatur

- Almond, Gabriel A. u.a. (2008): Comparative Politics Today. A World View, 9. Aufl., New York.
- Benz, Arthur (Hrsg.) (2007): Handbuch Governance. Theoretische Grundlagen und empirische Anwendungsfelder, Wiesbaden.
- Beyme, Klaus von (1997): Der Gesetzgeber, Opladen.
- Faust, Jörg/Lauth, Hans-Joachim (2006): Politikfeldanalyse, in: Mols, Manfred u.a. (Hrsg.): Politikwissenschaft, 4. Aufl., Paderborn u.a., S. 289-314.
- Héritier, Adrienne (Hrsg.) (1993): Policy-Analyse. Kritik und Neubewertung, Opladen.
- Jansen, Dorothea (2006): Einführung in die Netzwerksanalyse, Opladen.
- Kevenhörster, Paul (2008): Politikwissenschaft, Bd. 1: Entscheidungen und Strukturen der Politik, 3. Aufl., Wiesbaden.
- Merkel, Wolfgang (2006): Systemtransformation. Eine Einführung in die Theorie und Empirie der Transformationsforschung, 2. Aufl., Opladen.
- Scharpf, Fritz W. (2000): Interaktionsformen. Akteurszentrierter Institutionalismus in der Politikwissenschaft, Opladen.
- Schubert, Klaus/Bandelow, Nils (Hrsg.) (2009): Lehrbuch der Politikfeldanalyse 2.0, 2. Aufl., München u.a.
- Tsebelis, George (2002): Veto Players: How Political Institutions Work, New York.

3. Regierungssystem: Kernbereiche der Regierungsforschung

Das politische System eines Landes wird durch die zentralen politischen Institutionen und ihr Zusammenspiel strukturiert. Das Grundgesetz etabliert folgende zentrale Akteure (vgl. grundsätzlich Text und Kommentar bei Hesselberger 2003): Den Bundestag, die Bundesregierung, den Bundespräsidenten, das Bundesverfassungsgericht und den Bundesrat. Zusätzlich zu diesen Verfassungsorganen sind analoge Strukturen, aber auch weitergehend Institutionen außerhalb der Bundesebene zu beachten: Kommunen, Länder und die Einbettung in das europäische Mehrebenensystem. Dabei stellt sich gleich zu Beginn die Frage nach dem Spielraum der Politik in Berlin. Lassen sich angesichts weltpolitischer Globalisierung und nationalstaatlicher Entgrenzung typische Merkmale des Regierens in Deutschland überhaupt herausarbeiten?[1]

Da sich die Probleme besonders im Arbeits- und Wirtschaftsbereich in den EU-Ländern zunehmend angleichen, soll vielfältiger Informationsaustausch mit dazu beitragen, Regierungshandeln effizienter zu gestalten. Trotz sehr unterschiedlicher konkreter systemischer Bedingungen des Regierens in den einzelnen Ländern ist die Koordination und wechselseitige Information hilfreich. Diese zeigte sich insbesondere unter den Auswirkungen der 2007 beginnenden Finanzkrise. So traf sich die Gruppe der 20 wichtigsten Industrie- und Schwellenländer (G-20) im September 2008 zu einem Sondergipfel in Washington (Weltfinanzgipfel), um über Auswege aus der Finanz- und Wirtschaftskrise und Maßnahmen gegen eine künftige Wiederholung dieser zu beraten. Dem Primat der Politik im Regierungshandeln soll wieder zu seinem Recht verholfen werden. Mit der Betonung des Primats der Politik rücken die Steuerungsaspekte des Regierens in den Mittelpunkt.

Primat der Politik

Die Diskussion politischer Steuerungsprobleme ist nicht neu. Obwohl sich eine explizite Theorie des Regierens nicht entwickelt hat, sondern vielmehr Anleihen aus vielen politikwissenschaftlichen Theorien existieren (Murswieck 1995; Wewer 1999), kehrt mit dem Begriff des „Modernen Regierens“ eine altbekannte De-

---

1 Zum internationalen Vergleich siehe Korte 2001b.

batte zurück. In den späten siebziger Jahren wurde der Begriff der „Unregierbarkeit" (Hennis u.a. 1977/1979) moderner Industriegesellschaften und damit auch des deutschen Modells salonfähig. Damals knüpfte allerdings die Diskussion an die Debatte über die Krisenerscheinungen der parlamentarischen Demokratie und den sich ausdünnenden Konsens im Vertrauensverhältnis zwischen Bürger und Staat an (Korte 2006). Generell stand zur Disposition, wie der moderne Staat auf die Anspruchs- und Erwartungshaltungen der Bürger angemessen reagieren sollte. Es öffnete sich eine Schere zwischen steigenden Erwartungen und offensichtlich abnehmender staatlicher Leistungsfähigkeit. Konservative Theoretiker sahen als zentrale Krisenprobleme des politischen Systems die überhöhten Ansprüche der Bürger und die daraus resultierende Überforderung des Staates. Aus linker Perspektive wurden dagegen die ökonomisch bedingten strukturellen Restriktionen staatlichen Handelns betont. Die Kritik erfasste dabei die Willensbildungs- und Entscheidungsstruktur des gesamten Regierungsapparates, des Parlaments und der Parteien. Die institutionelle Einflussnahme verschiedener Verbände und Interessengruppen auf politische Entscheidungen (Korporatismus) untergrub die demokratische Legitimation des politischen Systems und ließ die Grenzen desselben unscharf werden.

Unregierbarkeit

Der Vorwurf der Unregierbarkeit bündelte das Unbehagen über die Ineffektivität des Regierens und die mangelnde Unterstützungsbereitschaft der Regierten (Lehner 1979). Die aktuelle Variante der Debatte über „Modernes Regieren" greift den Steuerungsaspekt wieder auf, transferiert jedoch die Problembeschreibung auf ein systemübergreifendes Zentrum. Kernpunkt der Debatte ist die tatsächliche Handlungsfähigkeit des Staates in ökonomischen Politikfeldern. Ins Blickfeld rückt hier vor allem die Rolle multinationaler Konzerne, der sogenannten „global players". Verloren gegangenes nationalstaatliches Gestaltungspotential soll durch den Aufbau politischer Handlungsmacht – möglichst auf transnationaler Ebene – wiederhergestellt werden. „Regieren jenseits der Staatlichkeit" (Jachtenfuchs u.a. 1996) ist die Antwort auf die zunehmende Überlappung und Durchdringung lokaler und nationalstaatlicher Verhältnisse durch Prozesse, die sich im globalen Referenzrahmen vollziehen und nicht mehr in den Kategorien von Territorialität erfassbar erscheinen. Die Voraussetzungen eines „nach außen souveränen und nach innen hierarchisch integrierten Staates" (Scharpf 1992: 96; hierzu auch Wessels 2000) sind durch europäische Integration und Internationalisierung der Politik nicht mehr gegeben. In der Folge wandelten sich die Vorstellungen von politischer Steuerung. An die Stelle hierarchischer und eher statischer Steuerungsmodelle traten zunehmend Netzwerkmodelle. Konkret auf das politische System der Bundesrepublik bezogen bedeutet das: Nicht mehr der Bundeskanzler an der Spitze der Hierarchie, der seinem Kabinett die Entscheidungen vorgibt und sie anschließend im parlamentarischen Prozess umsetzen lässt, steht allein im Vordergrund. Ebenso rücken andere Akteure, Institutionen und Strukturen des politischen Systems gleichermaßen ins Blickfeld. Die Anzahl der Akteure hat zugenommen, womit allerdings keine Aussage über ihre jeweilige Bedeutung getroffen werden kann. Ein näherer Blick auf die Verfassungsorgane und die Strukturmerkmale des Regierens in der Bundesrepublik soll diese Zusammenhänge erhellen und die steuerungstheoretische Debatte an die konkreten Ausprägungen des politischen System rückbinden.

Netzwerkmodelle

3.1 Verfassungsorgane im politischen Prozess

Der Versuch, die Funktionsweise des politischen Systems der Bundesrepublik mit dem Blick auf die staatsrechtlichen Kompetenzen der Verfassungsorgane zu erklären, wird längst durch eine Reihe von Forschungsthesen hinterfragt (Prätorius 1997; Ismayr 2008). In unterschiedlicher Gewichtung werden neben den Organen des Grundgesetzes und an ihrer Stelle die politischen Parteien als eigentliche Akteure des politischen Geschehens ausgemacht (Weizsäcker 1992), der Einfluss der Medien auf das politische Geschehen als dominant nachgezeichnet (Meyer 2002; Dörner 2001) und grundsätzlich die „Auswanderung der Politik aus den Institutionen" (Schuett-Wetschky 2001; v. Blumenthal 2002) thematisiert. Waldemar Schreckenberger stellte in seiner Bestandsaufnahme zu informellen Verfahren der Entscheidungsvorbereitung in der Bundesregierung schon 1994 fest: „Die massenhaften Routinesachen verbleiben dem Kabinett, die wichtigeren politischen Maßnahmen werden von den Koalitionsrunden vorentschieden" (Schreckenberger 1994: 334). Die Journalisten Elisabeth Niejahr und Rainer Pörtner legten ein Buch vor, das zeigen sollte „wie Politik wirklich funktioniert" (Niejahr/Pörtner 2002) und welches weitestgehend ohne die Behandlung der Verfassungsorgane auskommt. All diese Relativierungen und Akzentuierungen des politischen Systems werden im Einzelnen noch zu entfalten sein. Dennoch wird schon hier deutlich, dass die bloße Nennung des Zuschnitts und der Kompetenzen einzelner Verfassungsorgane einen notwendigen, aber keinen hinreichenden Aspekt der Erfassung des politischen Systems darstellt. Dennoch stellen die verfassungsrechtlich vorgegebenen Verfahrensabläufe und Kompetenzverteilungen das grundlegende Webmuster von Politik und Regieren in Deutschland dar. In diesem Sinne tauchen sie wiederholt im Laufe der Darstellung auf. Sie sollen an dieser Stellen in einem ersten Durchlauf kurz vorgestellt werden.

Abb. 6: Die Verfassungsorgane

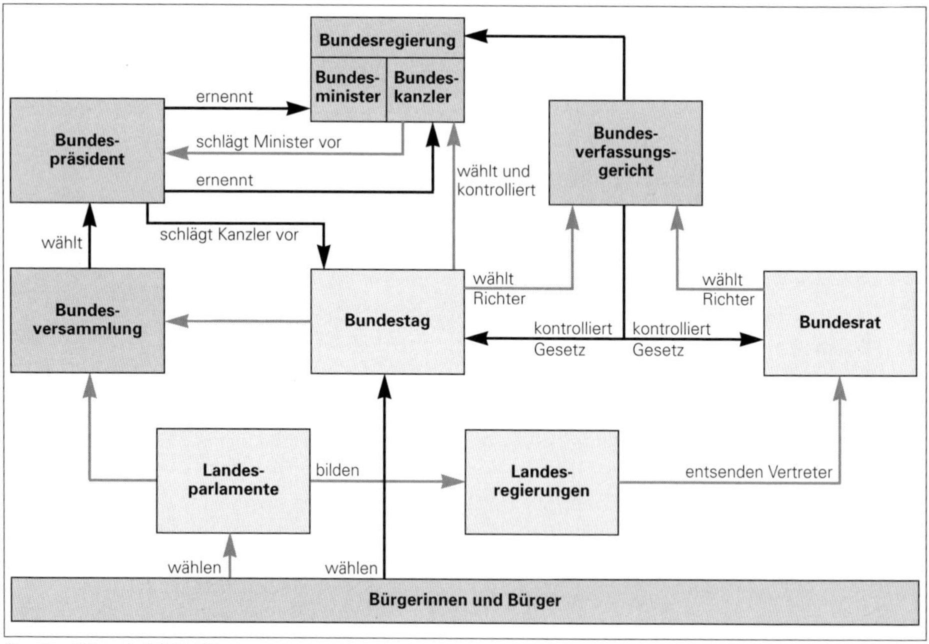

Quelle: Pötzsch 2003: 52.

Die Zuordnungen und das Wechselspiel der Organe untereinander sind relativ klar zu erschließen. Das Gesamtsystem funktioniert nach demokratischen Spielregeln. Die Abgeordneten des Deutschen Bundestages werden nach Art. 38 GG „in allgemeiner, unmittelbarer, freier, gleicher und geheimer Wahl" gewählt. Damit verfügt allein der Bundestag über die unmittelbare Legitimation durch die Bürger. Am Begriff des parlamentarischen Regierungssystems lässt sich deshalb verdeutlichen, dass den so gewählten Parlamenten im Gefüge des politischen Systems die zentrale Rolle zukommt (Oberreuter u.a. 2002). Die Gleichsetzung des Parlaments mit einer von der Regierung/Exekutive klar abzugrenzenden Legislative greift jedoch zu kurz.

Die Vorstellung einer klassischen Trennung zwischen Legislative und Exekutive (Gewaltenteilung) hat sich für die Analyse der Parlamentsrealität als unbrauchbar erwiesen. Vielmehr strukturiert der Gegensatz zwischen regierender Mehrheit und Opposition den Bundestag. „Regierung, Regierungsmehrheit und Spitzen der Ministerialbürokratie bilden eine politische Handlungseinheit" (Rudzio 2006: 200).

Das Gesamtparlament als ausschlaggebendes Gesetzgebungsorgan gerät bei dieser Sichtweise einer politischen Handlungseinheit etwas aus dem Blickfeld. Machthemmung und Machtkontrolle der Regierung übernimmt in weiten Bereichen nicht das gesamte Parlament, sondern die Opposition. Die modernen Neubauten der Landesparlamente bzw. des Bundestages verdeutlichen dies auch architektonisch. Die Regierungsbank ist den Parlamentariern nicht gegenübergesetzt. Die Regierung ist vielmehr meist durch eine rundförmige Sitzordnung in das Parlament integriert. Das parlamentarische Regierungssystem bringt somit im Bundestag drei Kraftpole hervor: Regierung, Mehrheitsfraktion und Opposition. Die Übereinstimmung zwischen Regierung und Mehrheitsfraktion muss jeweils durch Interaktion und Kommunikation erarbeitet werden, um wechselseitige Einbindungen und Profilierungschancen zur Geltung kommen zu lassen. In Anlehnung an den klassischen Aufgabenkatalog von Walter Bagehot (Bagehot 1963: 150f.; Ismayr 2006; Rudzio 2006)[2] lassen sich dem Parlament bestimmte Funktionen zuordnen und seine Leistungen dadurch untersuchen bzw. überprüfen.

3.1.1 Der Bundestag

Literaturhinweis: Ismayr 2006, v. Beyme 1997, Korte 2009

http://www.bundestag.de

Wahlfunktion

Danach trägt der Bundestag erstens zur Regierungsbildung bei: Die Abgeordneten wählen den Bundeskanzler und können ihn durch ein konstruktives Misstrauensvotum abberufen. De jure wird die Regierung vom Bundespräsidenten auf Vorschlag des Bundeskanzlers gebildet. Die Möglichkeit zur Abberufung des Bundeskanzlers – und mit ihm der Bundesregierung – ordnet die Bundesrepublik dem Typus des parlamentarischen Regierungssystems zu (Steffani 1979). Bei der Wahl des Bundeskanzlers ist der Bundestag letztlich an das Wählervotum gebunden. Neben der Wahlfunktion hat der Bundestag durch die Bereithaltung von Abgeordneten für die Besetzung von Ministerämtern eine Rekrutierungsfunktion inne. Zusammen mit Vertretern der Länder konstituiert der Bundestag die Bundesversammlung, die den Bundespräsidenten wählt.

Rekrutierungsfunktion

2 Eine empirische Studie unter Einbezug der aktuellen Methoden stammt von Herzog 1993.

Artikulations- und Repräsentationsfunktion

Der Bundestag hat neben seinen Funktionen bei Regierungsbildung und Wahlen eine Artikulations- bzw. Repräsentationsfunktion für die politische Öffentlichkeit. Dabei ist der Bundestag in seiner sozialen Zusammensetzung jedoch keinesfalls ein Spiegelbild der Bevölkerung. Der Unterrepräsentation von Frauen und Arbeitern steht die Überrepräsentation von Beamten und Akademikern gegenüber. Gleichfalls prägt ein Übergewicht von Juristen und ein geringer Anteil von Naturwissenschaftlern, Technikern und Selbständigen das Parlament.

Abb. 7: Der Bundestag

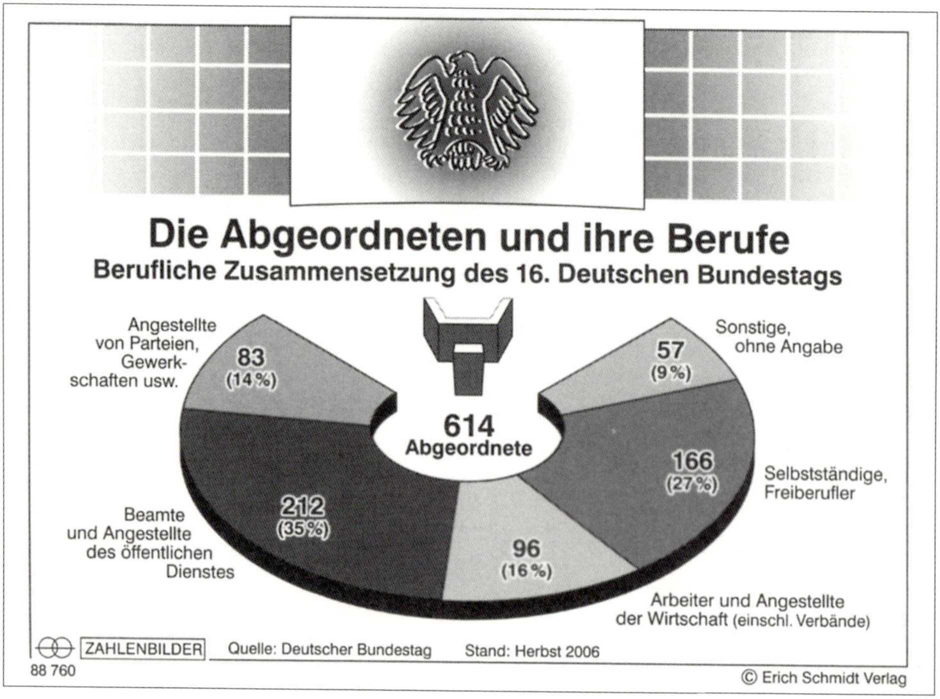

Quelle: Zahlenbild Erich Schmidt Verlag.

Doch niemand wird primär als Vertreter einer Berufsgruppe in den Bundestag gewählt. Der Weg führt immer über die Parteien. Im Willensbildungsprozess des Bundestages kommt den Fraktionen eine entscheidende Bedeutung zu. Bei der Artikulation politischer Interessen ist der Bundestag gleichwohl nur ein Faktor in der kommunikativen Vermittlung politischer Prozesse. Auf diesem Gebiet haben die Medien sowie andere gesellschaftliche Interessengruppen zunehmend an Bedeutung gewonnen.

Ohne die Beschlussfassung des Bundestages kommt kein Gesetz zustande, er übt die Gesetzgebungsfunktion aus. Die Gesetzesinitiative hat dabei weitgehend die Regierung übernommen. Durchschnittlich über 70 Prozent der verabschiedeten Gesetze entstammen der Feder der Regierung. Kritik taucht immer wieder auf, weil der Bundestag angeblich selbst zu wenig aktiv wird. Gesetze können nämlich Bundesregierung, Bundestagsabgeordnete (eine Fraktion oder fünf Prozent der Abgeordneten) und Bundesrat gleichermaßen einbringen. Die Gesetzesinitiativen, die unmittelbar aus dem Bundestag kommen, stammen meistens von der Opposition.

Gesetzgebungsfunktion

Gesetzgebung des Bundes: 14. (1998-2002) und 15. Wahlperiode (2002-2005)

	14. WP		**15. WP**	
Beim Bundestag eingebracht	**864**		**643**	
Regierungsvorlagen	443	51,27%	320	49,77%
Initiativen des Bundesrates	93	10,76%	112	17,42%
Initiativen des Bundestages	328	37,96%	211	32,81%
– SPD, CDU/CSU, Bündnis 90/ Die Grünen, FDP, PDS	4	0,46%	---	---
– SPD, CDU/CSU, Bündnis 90/ Die Grünen, FDP	10	1,16%	5	0,78%
– SPD, CDU/CSU, Bündnis 90/ Die Grünen	3	0,35%	3	0,47%
– SPD, Bündnis 90/Die Grünen, FDP	2	0,23%	1	0,16%
– SPD, Bündnis 90/Die Grünen	134	15,51%	105	16,33%
– CDU/CSU, FDP	2	0,23%	2	0,31%
– CDU/CSU	56	6,48%	46	7,15%
– FDP	59	6,83%	49	7,62%
– PDS	58	6,71%	---	---
Vom Bundestag verabschiedet	**559**		**400**	
Regierungsvorlagen	394	70,48%	281	70,25%
Initiativen des Bundesrates	22	3,94%	17	4,25%
Initiativen des Bundestages	108	19,32%	85	21,25%
– SPD, CDU/CSU, Bündnis 90/ Die Grünen, FDP, PDS	3	0,54%	---	---
– SPD, CDU/CSU, Bündnis 90/ Die Grünen, FDP	7	1,25%	5	1,25%
– SPD, CDU/CSU, Bündnis 90/ Die Grünen	3	0,54%	3	0,75%
– SPD, Bündnis 90/Die Grünen, FDP	2	0,36%	1	0,25%
– SPD, Bündnis 90/Die Grünen	93	16,64%	76	19,00%
Vereinigung und Abspaltung von Initiativen	34	6,08%	16	4,00%

Quelle: Zusammenstellung nach Stand der Gesetzgebung des Bundes (GESTA) für die 15. Wahlperiode unter http://dip.bundestag.de.

Abb. 8: Die Teilung der Staatsgewalt

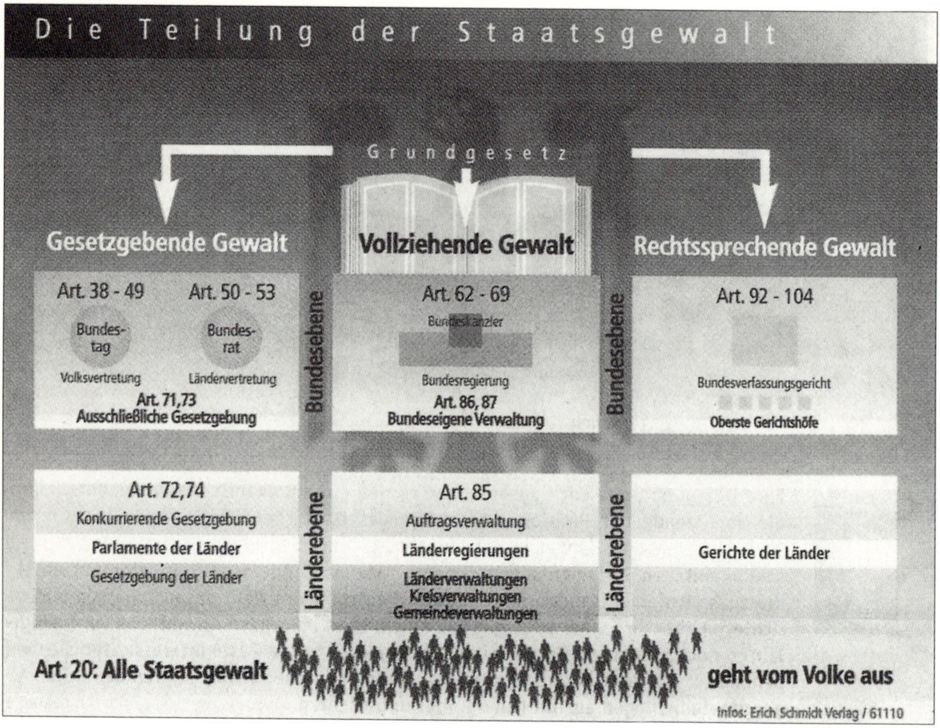

Quelle: Erich Schmidt Verlag.

Aber weder die Abgeordneten der Mehrheitsfraktionen noch die der Opposition sind bei den Gesetzesvorlagen nur Vollstreckungsgehilfen der Regierung. Sie sind in die Vorbereitung von Gesetzesprojekten integriert und verändern in den Bundestagsausschüssen die Gesetzesentwürfe meist sehr stark.

Kontrollfunktion

Seine Kontrollfunktion nimmt der Bundestag heute weniger im Nachhinein als vielmehr im Prozess der laufenden Regierungsarbeit wahr. Kontrollieren im weiteren Sinne bezeichnet dabei alle Prozesse der Informationsgewinnung, -verarbeitung und -bewertung sowie Stellungnahmen. Die institutionellen Kontrollmittel werden vornehmlich von der Opposition angewandt. Dazu zählen: Große Anfrage, Kleine Anfrage, Fragestunde, Aktuelle Stunde und in zunehmenden Maße auch die Arbeit in Untersuchungsausschüssen. Meist abseits der Öffentlichkeit finden allerdings auch innerhalb der Regierungsmehrheit Kontrollprozesse statt, denn die Parlamentarier der Regierungsparteien haben einen unmittelbareren Zugriff auf Verwaltung und Kabinett als dies der Opposition möglich ist. Dass sich die Mehrheitsfraktionen offen gegen Regierungsinitiativen aussprechen, gehört in diesem Kontext zu den Ausnahmen. In der Regel werden der Regierungschef oder die Minister aus Gründen des eigenen Machterhalts zunächst versuchen, die eigene Fraktion in ihre beabsichtigten Initiativen einzubinden. Kontroll- und Gesetzgebungsfunktion lassen sich oft nur noch theoretisch voneinander trennen. Denn die Veränderung von Regierungsvorlagen im Rahmen des Entstehungsprozesses kann als Regierungskontrolle, aber auch als Mitwirkung bei der Gesetzgebung interpretiert werden.

Rolle der Opposition: Kontrolle durch die Herstellung von Öffentlichkeit und Bereithalten für den Regierungswechsel

Die Opposition zielt vor diesem Hintergrund weniger auf die konkrete Änderung der Regierungspolitik als vielmehr auf das Herstellen von Öffentlichkeit. Opposition heißt deshalb: Gegenpositionen aufzeigen. Von ihr muss in einem gewaltenteilig angelegten System wie der Bundesrepublik öffentlich wahrnehmbarer Druck ausgehen, damit die Regierungsmehrheit ihre Politik öffentlich rechtfertigt. Dies geht mittlerweile nicht mehr ohne die Medien. Der Druck durch die Medien ist meist sogar stärker als der Druck durch die Opposition. Oftmals scheint es, als bliebe außer der Suche nach einem möglichen Koalitionspartner und dem geduldigen Warten auf den inneren Machtverfall der Regierung für die parlamentarische Opposition wenig zu tun. Die Regel bestätigt, dass Wahlen nicht von der Opposition gewonnen, sondern von der Regierung verloren werden (weiterführend dazu Kapitel 5.3 in diesem Buch). Gleichwohl kann die Opposition über die Wahl verschiedener Strategien nicht unwesentlich die politische Dynamik des Regierens beeinflussen (Helms 2002).

Typen von Oppositionsverhalten: Die Opposition zwischen Konflikt und Kooperation

Grundsätzlich kann man drei verschiedene Typen von Oppositionsverhalten unterscheiden (v. Beyme 1997: 263ff.; Oberreuter 1975: 20; Helms 2003; Sebaldt 2001):

1. Die issue-orientierte Ad-hoc-Opposition: Sie ist typisch für präsidentielle Systeme und variiert je nach Thematik, Taktik und aktuellen politischen Geschehnissen;
2. die kooperative Opposition findet man häufig in konkordanzdemokratischen Systemen, sie basiert auf gütlichem Einvernehmen und Kompromisssuche;
3. die kompetitive Opposition bezieht eine klare Gegenposition zur Regierungsentscheidung und ist vor allem in mehrheitsdemokratischen Systemen zu beobachten.

Diese Strategien sind Idealtypen und treten in der parlamentarischen Praxis oftmals in einem bestimmten Mischungs- oder Balanceverhältnis auf (v. Beyme 1997: 263ff.). Vorherrschend sind Wechsel zwischen kompetitiver und kooperativer Strategie. Oppositionsfraktionen haben dabei zu bedenken, dass die meisten Deutschen keine stark konfrontative Oppositionspolitik wünschen. Anders als in Konkurrenzdemokratien wie Großbritannien honorieren die Deutschen eher den Konsensstil. Umfragen belegen, dass zwei Drittel der Meinung sind, gute Oppositionsarbeit bestehe in der Unterstützung der Regierung. Nur ein Drittel meint, dass gute Oppositionsarbeit primär Kritik der Regierung bedeute (Bürklin/Jung 2001: 706). Der Regierung steht darüber hinaus als Gegenstrategie eine „Umarmungstaktik" und der Appell an die staatspolitische Verantwortung bzw. der Vorwurf parteipolitischer Blockadehaltung zur Verfügung. Fundamentalopposition ist deshalb keine dauerhafte Strategie der Fraktionen im Bundestag gewesen. Andererseits steigt jedoch im Falle unterschiedlicher Mehrheitsverhältnisse in Bundestag und Bundesrat die Einwirkungsmöglichkeit der Opposition auf die Regierungsarbeit, sodass man gelegentlich von informellen großen Koalitionen, Mit- oder Gegenregierungen sprechen kann. Der Bundesrat kann jedoch auch zur Aushebelung der Oppositionsposition im Bundestag benutzt werden, wie Bundeskanzler Schröder bei der Verabschiedung der Steuerreform 2000 unter Beweis stellte (Hennecke 2003: 194 ff.). Durch Eingehen auf konkrete Länderwünsche wurde die einheitliche Linie der unionsgeführten Länder aufgeweicht und schließlich hinfällig.

Oppositionsstrategien

Schließlich kann der Bundesrat Positionen der Opposition im Bundestag stützen, wenn dort eine Große Koalition dominiert, im Bundesrat jedoch die beiden großen Volksparteien auf die Zustimmung ihrer jeweiligen Koalitionspartner in den Landesregierungen angewiesen sind.

Einfluss der Opposition

Opposition ist aufgrund der systemischen Bedingungen in einer konsensualen Verhandlungsdemokratie schwierig, aber nicht wirkungslos. Auch wenn die Opposition ihre Handschrift nicht erkennbar in Gesetzestexte einbringen kann, so verfügt sie doch über ein nicht unerhebliches Potential zur Themensetzung im politischen Diskurs, welches ihr durchaus Perspektiven als „innovative Kraft" (Sebaldt 1992) erschließen und ihren – in den Worten Kurt Schuhmachers – „positiven Gestaltungswillen" (zit. nach Sebaldt 2001: 115) zum Ausdruck bringen kann. Die Fülle parlamentarischer Antrags- und Initiativrechte sowie die Besetzung der Ausschüsse des Bundestages eröffnen dabei eine Reihe von Einflussmöglichkeiten. Von Beyme wertet in diesem Zusammenhang die Zahl der Ordnungsmaßnahmen, der oppositionellen Gesetzesinitiativen oder den Einsatz parlamentarischer Kontrollgremien als besonders markante Indikatoren für den Grad oppositionellen Verhaltens (v. Beyme 1997: 268).

Aus den Umfragedaten lässt sich jedoch keine allgemeingültige Strategieempfehlung für die Opposition ableiten. Der Zusammenhang zwischen kooperativer bzw. kompetitiver Strategie und dem

Kontrolle im Deutschen Bundestag

Kontrolltätigkeit	**11. WP 1987-90**	**12. WP 1990-94**	**13. WP 1994-98**	**14. WP 1998-2002**	**15. WP 2002-05**	**1.-15. WP 1949-2005**
Große Anfragen	145	98	156	101	65	1260
Kleine Anfragen	1419	1382	2070	1813	797	12206
Mündliche Anfragen	4134	4215	3574	3309	2550	80014
Schriftliche Anfragen	16117	16665	14906	11838	11073	117168
Zahl der Fragestunden (seit 1952)	107	121	79	68	52	1684
Zahl der Aktuellen Stunden (seit 4. WP)	126	103	103	141	71	729
Zahl der Berichte aus Kabinettssitzungen und Regierungsbefragungen	32	44	41	61	42	231
Zahl der Regierungserklärungen	38	35	46	60	23	436
Anteil der Opposition an parlamentarischen Initiativen (in %)						
– Große Anfragen	86,2	85,7	89,7	95,1	100,0	
– Kleine Anfragen	98,5	98,1	89,1	99,1	99,7	
– Mündliche Anfragen	70,1	66,1	80,9	96,3	98,9	
– Gesetzinitiativen des BT	60,4	49,5	59,6	53,4	46,0	
– Herbeirufung von Regierungsmitgliedern	100,0	100,0	100,0	100,0	100,0	
– Missbilligungs- und Entlassungsanträge gegen Regierungsmitglieder	100,0	100,0	100,0	100,0	100,0	
Aktuelle Stunden	78,6	80,6	85,4	81,6	69,0	
Untersuchungsausschüsse	50,0	33,3	50,0	100,0	100,0	
Erklärung zur Abstimmung	296	525	515	412		
Namentliche Abstimmung	162	129	177	170	102	1455
Zählung der Stimmen („Hammelsprung")	4	4	6	6	4	513

Quelle: Feldkamp 2006: 16f.

oppositionellen Wahlerfolg ist nicht eindeutig. Sebaldt resümiert: „Parlamentarische Kooperation in Form eigener Gesetzesinitiativen oder aktiver Mitarbeit im Rahmen der Ausschüsse kann [die Opposition] kaum in politisches Wählerkapital umsetzen (…)" (Sebaldt 2001: 145). Über Instrumente wie die Veränderung der politischen Tagesordnung und die Artikulation latenter Problemfelder und Konflikte muss sie eher indirekt auf Regierungswechsel hinarbeiten und dabei zuvörderst die eigene Erkennbarkeit und Geschlossenheit wahren. Der Kitt des Zusammenhalts kann nur aus dem entschlossenem Willen zur Macht und der Absicht, die Regierung in naher Zukunft abzulösen, erwachsen. Doch die Rhythmen des Regierens in Deutschland sind desillusionierend. Im Schnitt hat sich bislang ein Machtwechsel nur alle 16 Jahre ereignet (vgl. auch Kap. 5.3 in diesem Buch; Korte 2001). Dies liegt wohl nicht zuletzt an der grundsätzlichen Stellung und Verfasstheit der Regierung in der Bundesrepublik.

3.1.2 Die Bundesregierung

http://www.bundesregierung.de

Literaturhinweis: Rudzio 2006: 239ff., König 2002, Busse 2001, Schmidt 2007

Die Bundesregierung besteht laut Art. 62 GG aus dem Bundeskanzler und den Bundesministern. Zu den besonderen Spezifika des deutschen Regierungssystems gehört die herausgehobene Stellung des Bundeskanzlers. Als einziges Regierungsmitglied wird er vom Bundestag gewählt. Die Wahl erfolgt dabei auf Vorschlag des Bundespräsidenten und erfordert die Mehrheit der Mitglieder des Bundestages (die so genannte „Kanzlermehrheit").

Wahl des Bundeskanzlers

Um die Regierungsbildung nach der Bundestagswahl auch im Falle unklarer Mehrheitsverhältnisse zu gewährleisten, sieht das Grundgesetz ausdrücklich Verfahrensweisen für den Fall vor, dass der vorgeschlagene Kandidat im ersten Anlauf nicht die Mehrheit der Stimmen der Mitglieder des Bundestages erlangt. Demnach kann der Wahlgang innerhalb von 14 Tagen nach erfolgloser Wahl beliebig oft wiederholt werden. Kriterium der Wahl ist jedoch auch hier die „Kanzlermehrheit". Kommt es auch nach 14 Tagen nicht zur Wahl eines Kanzlers, so gilt für den folgenden Wahlgang, dass auch die relative Mehrheit der Stimmen zur Wahl genügt. Allerdings kommt nun dem Bundespräsidenten ein Ermessensspielraum zu: Nur mit relativer Mehrheit gewählte Kandidaten kann er ernennen, er muss es jedoch nicht. Seine Entscheidung kann er eine Woche lang abwägen. Entscheidet er sich gegen eine Ernennung, muss er den Bundestag auflösen.

Kanzlerprinzip, Ressortprinzip, Kollegialprinzip: Drei Organisationsprinzipien der Bundesregierung

Wahl und Auswahl der Bundesminister, also der personelle Zuschnitt der Regierung, obliegt formell dagegen dem Kanzler: Bundesminister werden auf seinen Vorschlag hin vom Bundespräsidenten ernannt (und entlassen). Die Arbeit der Bundesregierung wird in Art. 65 GG strukturiert. Hier findet sich zum einen die Richtlinienkompetenz des Bundeskanzlers: „Der Bundeskanzler bestimmt die Richtlinien der Politik und trägt dafür die Verantwortung". Daneben wird die Eigenverantwortlichkeit der Bundesminister etab-

Abb. 9: Die Wahlen zum Bundeskanzler 1949-2005

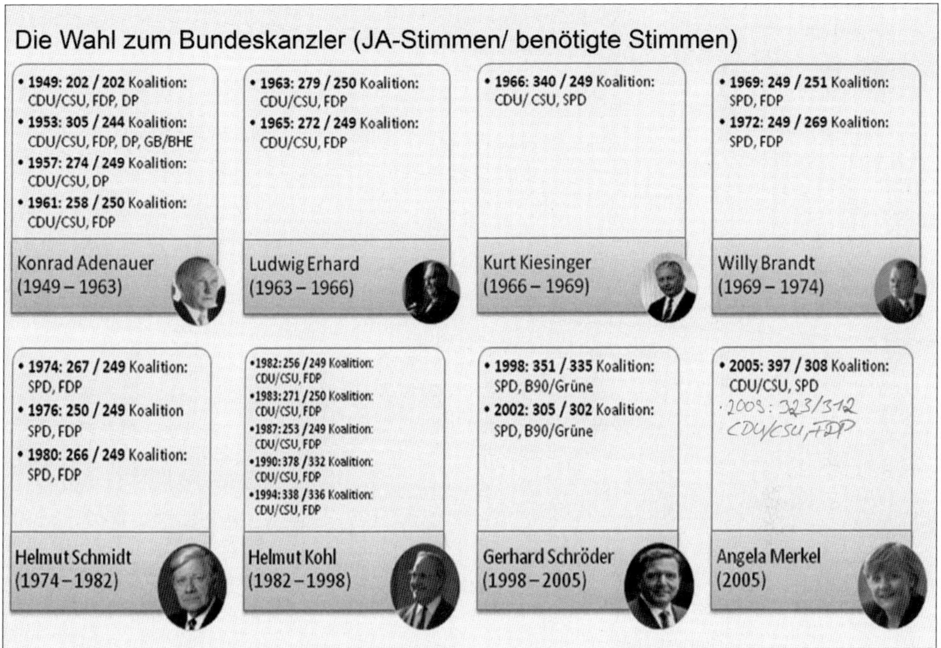

Quelle: Eigene Darstellung; Daten nach www.wahlrecht.de.

liert: „Innerhalb dieser Richtlinien leitet jeder Bundesminister seinen Geschäftsbereich selbständig und unter eigener Verantwortung." Schließlich beinhaltet Art. 65 GG die Regelung, dass die Bundesregierung als Ganzes über Meinungsverschiedenheiten zwischen den Ministerien entscheidet. Damit charakterisieren drei nicht notwendigerweise gegenseitig exklusive Organisationsprinzipien Arbeitsweise und Stellung der Bundesregierung: Das Kanzlerprinzip, das Ressortprinzip und das Kollegialprinzip.

Die Richtlinienkompetenz des Bundeskanzlers, die durch die Geschäftsordnung der Bundesregierung noch einmal festgeschrieben wird, ist eine Führungsbefugnis, nach der ein Bundeskanzler vorrangig in strittigen Fällen seine Vorstellungen durchsetzen kann. Sie ist vage und reicht von bloßer Koordinierung bis hin zur gesamten politischen Leitung (Eschenburg 1979: 365 u. 369). Dies erscheint zunächst als Widerspruch zu den anderen Prinzipien. Trotz der Richtlinienkompetenz soll die Bundesregierung schließlich als Ganzes über Meinungsverschiedenheiten zwischen den Ministern entscheiden. Kombiniert sind hier offenbar Kollegialsystem und Einzelführung. Der

Die Amtszeiten aller Kanzler der BRD:

- Konrad Adenauer: 15. September 1949 bis 16. Oktober 1963
- Ludwig Erhard: 16. Oktober 1963 bis 1. Dezember 1966
- Kurt Georg Kiesinger: 1. Dezember 1966 bis 21. Oktober 1969
- Willy Brandt: 21. Oktober 1969 bis 6. Mai 1974
- Helmut Schmidt: 6. Mai 1974 bis 1. Oktober 1982

– Helmut Kohl: 1. Oktober 1982 bis 27. Oktober 1998
– Gerhard Schröder: 27. Oktober 1998 bis 22. November 2005
– Angela Merkel: seit dem 22. November 2005

Richtlinienkompetenz des Bundeskanzlers

rechtliche Anspruch der Richtlinienkompetenz wird faktisch durch die Beachtung der weiteren Strukturmerkmale des Regierens (Kapitel 3.2) relativiert. Politische Führung durch den Bundeskanzler ist immer auch „Zusammenführung" existierender Interessen und Machtressourcen ohne die er seinen Erfolg schon mittelfristig nicht absichern kann, da die ebenfalls in der voraussetzungsreichen Richtlinienkompetenz angelegte Wirkung einer besonderen Autorität des Amtes eine begrenzte Ressource ist (vgl. zur Problematik auch Schuett-Wetschky 2007). Die starke Stellung des Bundeskanzlers rührt jedoch auch aus dem Umstand, dass die Möglichkeiten zu seiner Abberufung im Grundgesetz mit hohen Anforderungen versehen wurden. Neben der mit einer regelmäßigen Bundestagswahl verbundenen „Abwahl" des Kanzlers und damit der gesamten Regierung eröffnen Art. 67 GG und Art. 68 GG Möglichkeiten der Absetzung durch das Parlament und der Herbeiführung vorzeitiger Neuwahlen.

Konstruktives Misstrauenvotum: hohe Anforderungen an die Abberufbarkeit des Bundeskanzlers

Art. 67 GG etabliert das „konstruktive" Misstrauensvotum: Der Bundestag kann einem Bundeskanzler nur dann das Misstrauen aussprechen, wenn er mit der Mehrheit seiner Mitglieder einen Nachfolger wählt – eine Wahl, für welche die gleichen Erfordernisse gelten, wie bei der „normalen" Kanzlerwahl. Es muss also nicht nur die eigene Kanzlermehrheit aufgelöst, sondern zugleich eine fremde Kanzlermehrheit gebildet sein, um das Verfahren nach Art. 67 GG durchzuführen. Diese endet mit der Ernennung des neuen Kanzlers durch den Bundespräsidenten, der (ebenso wie bei der „normalen" Kanzlerwahl mit absoluter Mehrheit) bei einem erfolgreichen Misstrauensvotum keinen Ermessensspielraum hat.

Während das konstruktive Misstrauensvotum also gegen die Regierung initiiert wird, stellt die Vertrauensfrage nach Art. 68 GG die Möglichkeit der Bundesregierung dar, sich der politischen Zustimmung der Bundestagsmehrheit zu versichern und bei Mangel an politischer Unterstützung entweder dem Bundespräsidenten vorzuschlagen, den Bundestag vorzeitig aufzulösen, oder aber als Minderheitskabinett weiterzuregieren.

Letzteres würde jedoch wiederum auf die Möglichkeit eines konstruktiven Misstrauensvotums hindeuten. Misstrauensvotum und Vertrauensfrage verweisen so potentiell aufeinander. In klassischer Formulierung hat der Staatsrechtslehrer Karl Loewenstein diesen Zusammenhang (wenn auch unter Bezugnahme des nicht vorhandenen Rechts zur Parlamentsauflösung durch die Regierung) zum Ausdruck gebracht (siehe nächste Seite).

Zweimal kam es in der Geschichte des Deutschen Bundestages zum konstruktiven Misstrauensvotum und in diesem Kontext zur Auflösung des Bundestages (Korte 2009). Am 27. April 1972 scheiterte das Miss-

Abb. 10: Die Vertrauensfrage und das konstruktive Mißtrauensvotum

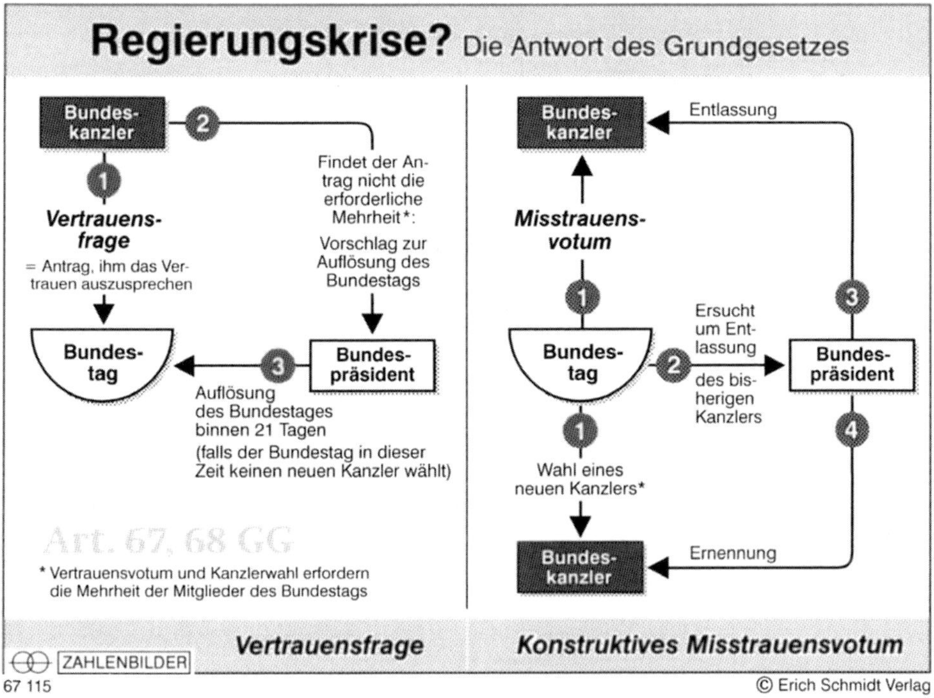

Quelle: Erich Schmidt Verlag.

> „Das Recht der Parlamentsauflösung und das Misstrauensvotum gehören zusammen wie Kolben und Zylinder einer Maschine. (....) Wie im Arsenal der Interorgan-Kontrollen das Misstrauensvotum die stärkste Waffe des Parlaments gegenüber dem Kabinett ist, so ist das Recht der Regierung zur Auflösung des Parlaments und zur Ausschreibung von Neuwahlen der gleichgewichtige Gegenschachzug der Regierung gegenüber dem Parlament. Innerhalb des Rahmens des echten Parlamentarismus gehören diese beiden Mittel zumindest seit der zweiten Hälfte des 19. Jahrhunderts zusammen wie Hand und Handschuh. Um diese beiden Einrichtungen kreist die Dynamik der politischen Macht. (...) Diese ultima ratio kommt jedoch in den parlamentarischen Staaten selten zum Zug." (Loewenstein 1959: 85 u. 217f.)

trauensvotum gegen Bundeskanzler Willy Brandt (SPD). Der Gegenkandidat Rainer Barzel (CDU) erhielt nicht die notwendige Mehrheit. In den folgenden Monaten entwickelte sich eine Pattsituation im Bundestag, was zu einer Lähmung der parlamentarischen Arbeit führte. Deshalb zog Brandt im Herbst 1972 die Konsequenzen und stellte die

Vertrauensfrage, die den Weg zu Neuwahlen freimachte, nachdem ihm die Mehrheit der Abgeordneten das Vertrauen verweigerte.

Am 1. Oktober 1982 wurde erstmals in der Geschichte der Bundesrepublik Deutschland das konstruktive Misstrauensvotum erfolgreich angewendet. Der Oppositionsführer, Helmut Kohl (CDU), wurde mit 256 Stimmen (die Kanzlermehrheit betrug im neunten Bundestag 249 Stimmen) zum sechsten Bundeskanzler der Bundesrepublik gewählt und Helmut Schmidt (SPD) gestürzt. Die Regierung Kohl/Genscher verfolgte von Anfang an das Ziel, im März 1983 Neuwahlen durchzuführen. So kündigte es Bundeskanzler Kohl in seiner ersten Regierungserklärung vor dem Deutschen Bundestag an. Der Kanzler stellte im Dezember 1982 die Vertrauensfrage, wobei er davon ausging, nicht die erforderliche Mehrheit zu erhalten. Sämtliche anwesenden CDU/CSU-Abgeordneten enthielten sich bei der namentlichen Abstimmung der Stimme. Der Bundespräsident löste daraufhin, nach heftigen öffentlichen Debatten, den Bundestag auf und ordnete für den 6. März 1983 Neuwahlen an. Das Bundesverfassungsgericht bestätigte diese Praxis jedoch als verfassungskonform, obwohl der Bundeskanzler de facto das Vertrauen der Mehrheit des Bundestages besessen hatte. Die Vertrauensfrage war also nur zum Zwecke der Herbeiführung vorzeitiger Neuwahlen gestellt worden.

Bundeskanzler Schröder bediente sich dieses Instruments zweimal während seiner Regierungszeit. Im Zusammenhang mit der Entschließung über den Einsatz deutscher Soldaten im Kampf gegen den internationalen Terrorismus betonte Schröder im November 2001 im Parlament:

Vertrauensfrage

> „Ich habe bewusst die Vertrauensfrage nach Artikel 68 des Grundgesetzes und den Antrag über die Bereitstellung deutscher Streitkräfte für den Kampf gegen den Terrorismus miteinander verknüpft. Denn der Bundeskanzler kann seinem Amt und kann seiner Verantwortung für das Gemeinwohl nur dann entsprechen, wenn seine Person und wenn sein Programm das Vertrauen und die Zustimmung der ihn tragenden Mitglieder des Hohen Hauses finden (...) Der Antrag nach Artikel 68, das ist mir wichtig zu betonen, ist in unserer Demokratie ein verfassungsrechtlich und übrigens auch verfahrenstechnisch eindeutig geregelter Vorgang im Verhältnis zwischen Bundeskanzler und Parlament." (Schröder 2001a)

Die politische Zulässigkeit der Verknüpfung einer Sachfrage mit der Vertrauensfrage wurde kontrovers diskutiert. Gleichwohl sprach das Parlament Schröder das Vertrauen aus: 336 Ja-Stimmen gegen 326 Nein-Stimmen. Schröder benötigte mindestens 334 Stimmen für die Zustimmung der Mehrheit der Mitglieder des Bundestages (Feldkamp 2002). Nach der Aussprache im Bundestag gab es mündliche und schriftliche Erklärungen zur Abstimmung, die dokumentieren sollten, dass die Abgeordneten dem Bundeskanzler das Vertrauen aussprachen, jedoch die Unterstützung zur Bereitstellung von Bundeswehrsoldaten für den Anti-Terror-Einsatz faktisch nicht unterstützten. Die Vertrauensfrage diente insgesamt der Disziplinierung der Mehrheitsfraktionen, wobei in der damaligen innenpolitischen Situation auch das Risiko des Scheiterns seitens der Regierung mit einkalkuliert sein musste.

Am 1. Juli 2005 stellte Schröder im Bundestag erneut die Vertrauensfrage. Diesmal war das erklärte Ziel Schröders jedoch nicht die Disziplinierung der Kanzlermehrheit sondern die vorzeitige Auflösung des Bundestages, um wie Helmut Kohl 1982 vorgezogene Neuwahlen zu erreichen. Wie erwartet sprach die Mehrheit des Bundestages Schröder nicht das Vertrauen aus. Lediglich 151 Abgeordnete stimmten mit Ja, 296 mit Nein bei 148 Enthaltungen. Bundespräsident Köhler löste am 21. Juli den Bundestag auf und setzte für den 18. September 2005 Neuwahlen an. Das Bundesverfassungsgericht entschied am 22. August mit 7 zu 1 Stimmen, dass die Auflösung des Bundestages dem Grundgesetz entspreche.

Artikel 68 GG

(1) Findet ein Antrag des Bundeskanzlers, ihm das Vertrauen auszusprechen, nicht die Zustimmung der Mehrheit der Mitglieder des Bundestages, so kann der Bundespräsident auf Vorschlag des Bundeskanzlers binnen einundzwanzig Tagen den Bundestag auflösen. Das Recht zur Auflösung erlischt, sobald der Bundestag mit der Mehrheit seiner Mitglieder einen anderen Bundeskanzler wählt.
(2) Zwischen dem Antrage und der Abstimmung müssen achtundvierzig Stunden liegen.

Kanzlerdemokratie

Die Machtkonzentration beim Bundeskanzler hat dem Regierungssystem der Bundesrepublik Deutschland die Bezeichnung Kanzlerdemokratie eingebracht, eine Kategorie, die noch ausführlich behandelt wird (Kapitel 3.2.2). Im Wesentlichen kann sich der Begriff auf die Richtlinienkompetenz des Bundeskanzlers stützen, zu deren Ausübung dem Bundeskanzler qua Amt wichtige Bedingungen mitgegeben sind:

„Unser Grundgesetz und die ergänzenden Verfassungs- und Geschäftsordnungsbestimmungen geben dem Bundeskanzler alle rechtlichen Chancen an die Hand, derer er bedarf, um von seiner Richtlinienkompetenz Gebrauch machen zu können. Er hat die Wahl der Mitarbeiter, er hat einen umfassenden Informationsanspruch, er hat das Recht, die Geschäftsbereiche festzulegen. Bei Bruch der Kabinettssolidarität und des

Kabinettsgeheimnisses stehen ihm alle erstrebenswerten Sanktionen zur Verfügung. Im Bundeskanzleramt, im Presse- und Informationsamt der Bundesregierung und in den Kabinettsausschüssen verfügt er über vorzügliche institutionelle Instrumente. Seine Amtsausstattung lässt nichts zu wünschen übrig. Im Moment seiner Wahl ist das Ross gesattelt und gezäumt, er muss nur reiten können" (Hennis 2000: 129).

Diese Formulierung von Wilhelm Hennis war nach der Erfahrung der Kanzlerschaft Adenauers auf dessen Nachfolger Ludwig Erhardt (CDU) gemünzt und deutet auch heute noch auf die persönlichen und kontextuellen Bestimmungsfaktoren der Kanzlerdemokratie. Schon an dieser Stelle kann jedoch festgehalten werden, dass die Bedingungen, die den ersten Bundeskanzler Adenauer zu seinem spezifischen Regierungsstil veranlassten, sich keinesfalls auf alle seine Nachfolger beziehen lassen. Ein kooperativer Führungsstil, der heute besonders die Koalitionspartner (Mehrparteienregierung) berücksichtigen muss (Stichwort „Koalitionsdemokratie"; Kapitel 3.2.4), macht eher die Schwäche der deutschen Bundeskanzler aus, die an der Spitze einer Koalitionsregierung stehen. Gerade den schon erwähnten Koalitionsrunden als einer Art außerkonstitutioneller Nebenregierung ist eine eigenständige Rolle zugewachsen. Dort wird über strittige Punkte der Gesetzgebung entschieden und der Inhalt der Regierungserklärungen festgelegt. Die Koalitionsrunde ist damit das dominante Entscheidungszentrum – nicht das Kabinett, nicht die Fraktion und nicht der Bundestag. Doch wie sonst sollte eine aus mehr als einer Partei bestehende Regierung ihre politischen Entscheidungen formulieren wenn nicht in Vorklärungen und Vorabsprachen? Zugleich lässt dieser Regierungsstil jedoch die Verantwortlichkeiten verschwimmen, wenn informelle Tischrunden und parteiübergreifende Pakte das politische Geschehen bestimmen. Es ist kein Zufall, dass inmitten dieser Kritik wiederholt ein weiteres Verfassungsorgan in den Blick gerät, das von einigen Beobachtern als mögliches Korrektiv betrachtet wird und als Ergänzung der Regierung auftreten könnte – der Bundespräsident: „Angesichts des raschen und verwirrenden Wechsels von Szenen, Themen und Köpfen muss ein Amt gewinnen, das nicht den Zwängen der ‚instant politics', des auf den Augenblick fixierten, des nicht mehr agierenden, sondern nur noch reagierenden politischen Handelns unterliegt" (Jäger 1994: 182).

3.1.3 Der Bundespräsident

Der Bundespräsident wird nach Art. 54 GG von der Bundesversammlung auf fünf Jahre gewählt und nur die einmalige Wiederwahl ist zulässig. Die Bundesversammlung ist zur Hälfte vom Bundestag und zur Hälfte über die Landesparlamente beschickt. Im ersten und zweiten Wahlgang benötigt ein Kandidat zur Wahl die absolute Mehrheit, im dritten Wahlgang nur noch die relative Mehrheit der Stimmen.

Literaturhinweis: Jochum 2000, Scholz/Süßkind 2004, Jäckel u.a. (1999)

http://www.bundespraesident.de

Die Wahl des Bundespräsidenten

Wahljahr	Gewählter Kandidat (Partei)	Stimmenzahl (Wahlgang)	Mitgliederzahl der Bundesversammlung	Hauptgegenkandidat (Partei)
1949	Prof. Theodor Heuß (FDP)	416 (2. WG)	804	Dr. Kurt Schumacher (SPD)
1954	Prof. Theodor Heuß (FDP)	871 (1. WG)	1018	(Prof. Alfred Weber)
1959	Heinrich Lübke (CDU)	526 (2. WG)	1038	Prof. Carlo Schmid
1964	Heinrich Lübke (CDU)	710 (1. WG)	1042	Ewald Bucher (FDP)
1969	Dr. Gustav Heinemann (SPD)	512 (3. WG)	1036	Dr. Gerhard Schröder (CDU)
1974	Walter Scheel (FDP)	530 (1. WG)	1036	Dr. Richard von Weizäcker (CDU)
1979	Prof. Karl Carstens (CDU)	528 (1. WG)	1036	Annemarie Renger (SPD)
1984	Dr. Richard von Weizsäcker (CDU)	832 (1. WG)	1040	Luise Rinser (für die Grünen)
1989	Dr. Richard von Weizsäcker (CDU)	881 (1. WG)	1038	Kein Gegenkandidat
1994	Prof. Roman Herzog (CDU)	696 (3. WG)	1324	Johannes Rau (SPD)
1999	Johannes Rau (SPD)	690 (2. WG)	1338	Prof. Dagmar Schipanski (für CDU/CSU)
2004	Dr. Horst Köhler (CDU)	604 (1. WG)	1205	Prof. Gesine Schwan (SPD)

Quelle: Scholz/Süskind 2004: 37ff.

Dem Bundespräsidenten obliegen laut Grundgesetz vornehmlich repräsentative Funktionen: Die völkerrechtliche Vertretung des Bundes, die Ernennung und Entlassung der Bundesrichter und Bundesbeamten sowie das Begnadigungsrecht. Die Ernennung und Entlassung des Bundeskanzlers und der Bundesminister fällt ebenso in seinen Zuständigkeitsbereich wie die Mitwirkung bei der Auflösung der Bundestages, wo ihm nach dem oben genannten Verfahren „eine gewisse Nothelferfunktion" (Jesse 2003: 57) zukommt. 1972, 1982/83 und 2005 war der Bundespräsident in dieser Funktion, wie oben beschrieben, gefordert. Die Unterstützung von Neuwahlen durch Bundespräsident Carstens 1983 und Köhler 2005 war zwar heftig umstritten, wurde letztlich in beiden Fällen aber auch vom Bundesverfassungsgericht anerkannt.

Bundespräsident als „Nothelfer"

Hauptsächlich jedoch handelt der Bundespräsident im Gesetzgebungsverfahren zusammen mit der Regierung. Anordnungen und Verfügungen des Bundespräsidenten bedürfen grundsätzlich der Gegenzeichnung durch die Regierung. Wo also lässt sich die eigenständige politische Rolle des Bundespräsidenten – immerhin das Staatsoberhaupt der Bundesrepublik Deutschland – verorten? Seine politische Bedeutung liegt größtenteils in der Kraft seines Wortes. Es sind die öffentlichen Reden des Bundespräsidenten, die dieser als Impuls in den politischen Prozess einspeisen kann und mittels derer er seinem Amt Relevanz verschaffen kann. Wie Dolf Sternberger zurecht feststellt, wird dieses zentrale Instrument des Bundespräsidenten im Grundgesetz mit keinem Wort erwähnt und doch gilt gerade angesichts der Amtspraxis der bisherigen Bundespräsidenten: „Auch Reden sind Taten" (Sternberger 1991: 52).

Bundespräsident im Gesetzgebungsprozess

Rede als Tat

Offen artikulierte politische Machtansprüche – etwa im Sinne der Reklamation einer außenpolitisch bedeutsameren Rolle, wie sie Walter Scheel zu Beginn seiner Amtszeit forderte – sind eher dazu geeignet, die „Schwäche" des Amtes zu offenbaren als seine Stärke zu mehren. Der Bundespräsident kann kein Ersatzbundeskanzler sein – er darf es auch nicht, da es ihm abseits parteipolitischer Legitimation und mehr noch als dem beständig in tagesaktuellen Konflikten verstrickten Bundeskanzler um die Integration der gesamten Gesellschaft gehen muss. Deutungen des Zeitgeistes, des Zustands der Republik, ihrer Vergangenheit, Gegenwart und Zukunft sind in diesem Sinne primär das Metier des Bundespräsidenten (vgl. auch Rensing 1996). Sternberger verglich die Reden des Bundespräsidenten mit einer Art weltlicher Predigt: „Sie will die Geister ergreifen, ein moralisch-politisches Gemeingefühl erzeugen. Ihre Wirkungen freilich sind nicht messbar" (Sternberger 1991: 58). Es ist allenfalls die mittelbare Wirkung auf die politische Kultur und die Tagesordnung der Politik, die einen Effekt haben und einen Stimmungswechsel bewirken kann. Insofern sind nicht wenige Wahlen zum Bundespräsidenten ihrerseits auch als Vorspiele zum Machtwechsel in der Bundesregierung zu deuten (Oppelland 2001). In der Regel

Erinnert sei an Theodor Heuss' Rede von der Kollektivscham der Deutschen, die Rede Richard von Weizsäckers zum vierzigsten Jahrestag des Kriegsendes oder die Berliner „Ruck-Rede" von Roman Herzog nehmen die Amtsinhaber jedoch im Amte eine möglichst parteiferne Haltung ein (ihre Parteimitgliedschaft ruht während der Amtsdauer), die sich im Falle von Richard von Weizsäcker sogar zu einer bemerkenswert deutlichen, allgemeinen Parteienkritik zuspitzte.

Die unterschiedliche Parteizugehörigkeit von Bundespräsident und Bundeskanzler scheint daher keine dominante Erklärungsvariable für den Stil des Bundespräsidenten zu sein. Noch stärker als im Amt des Bundeskanzlers schlägt das persönliche Temperament des Amtsinhabers im Amt des Bundespräsidenten durch. Literarische, intellektuelle, landsmannschaftliche und nicht zuletzt religiöse Prägungen haben die bisherigen Bundespräsidenten allesamt in ihre Amtspraxis mit eingebracht und dadurch den verfassungsrechtlich gesehen relativ interpretationsoffenen Bestimmungen ihren Stempel aufgedrückt. Einen dezidierten Einfluss auf die Regierungspolitik wollen die Deutschen dem Bundespräsidenten indes nicht zugestehen, wenngleich die Zustimmung zu einer aktiveren Rolle etwas gestiegen ist.

Abb. 11: „Der ideale Bundespräsident" 1959-1994

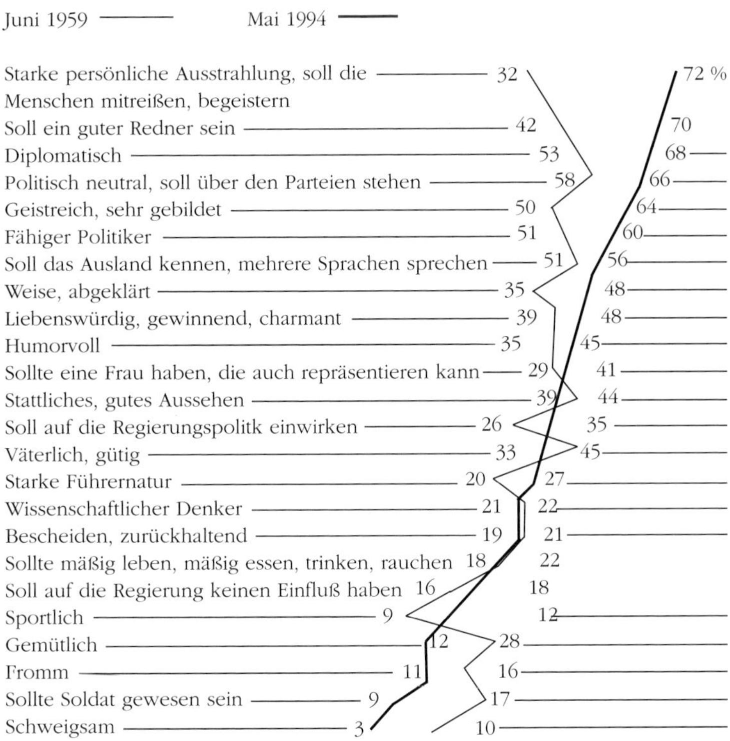

Quelle: Allensbacher Archiv, IfD-Umfragen 1032.5095; Basis: Westdeutschland

Gesellschaftliche Integration und politische Impulsgebung können denn auch durchaus in Konflikt geraten. In einer Studie zur Amtszeit Roman Herzogs verweist Michael Jochum darauf, dass gerade der Wechsel zwischen beiden Polen eine Erfolgsbedingung für eine gelungene Präsidentschaft ist: „In den integrationsbetonten Phasen häuft er Vertrauenskapital an, in den führungsbetonten Phasen gibt er es wieder aus, d.h. er investiert es in die Erreichung seines Führungsziels" (Jochum 2000: 10). Solchermaßen eingesetzte, „sanfte" Macht kann durchaus Regieren und Politik in Deutschland mitprägen. Es ist kein Zufall, dass einer der Amtsinhaber (Roman Herzog) dieses als un- und sogar überparteilich verstandenen Amtes zuvor Präsident des Bundesverfassungsgerichtes war.

3.1.4 Das Bundesverfassungsgericht

http://www.bundesverfassungsgericht.de

Literaturhinweis: Säcker 2003, Stüwe 1997, Wahl 2001, Limbach 2001, Schlaich/Korioth 2007

Auch das Bundesverfassungsgericht ist in der Konzeption auf Un- und Überparteilichkeit angelegt. Die Aufgaben des Bundesverfassungsgerichts werden in Art. 93 festgelegt.

Artikel 93 GG [Zuständigkeit des Bundesverfassungsgerichts]

(1) Das Bundesverfassungsgericht entscheidet:

1. über die Auslegung dieses Grundgesetzes aus Anlass von Streitigkeiten über den Umfang der Rechte und Pflichten eines obersten Bundesorgans oder anderer Beteiligter, die durch dieses Grundgesetz oder in der Geschäftsordnung eines obersten Bundesorgans mit eigenen Rechten ausgestattet sind;
2. bei Meinungsverschiedenheiten oder Zweifeln über die förmliche oder sachliche Vereinbarkeit von Bundesrecht oder Landesrecht mit diesem Grundgesetz oder die Vereinbarkeit von Landesrecht mit sonstigem Bundesrechte auf Antrag der Bundesregierung, einer Landesregierung oder eines Drittels der Mitglieder des Bundestages;

2. a. bei Meinungsverschiedenheiten, ob ein Gesetz den Voraussetzungen des Artikels 72 Abs. 2 entspricht, auf Antrag des Bundesrates, einer Landesregierung oder der Volksvertretung eines Landes;

3. bei Meinungsverschiedenheiten über Rechte und Pflichten des Bundes und der Länder, insbesondere bei der Ausführung von Bundesrecht durch die Länder und bei der Ausübung der Bundesaufsicht;
4. in anderen öffentlich-rechtlichen Streitigkeiten zwischen dem Bunde und den Ländern, zwischen verschiedenen Ländern oder innerhalb eines Landes, soweit nicht ein anderer Rechtsweg gegeben ist;

4. a. über Verfassungsbeschwerden, die von jedermann mit der Behauptung erhoben werden können, durch die öffentliche Gewalt in einem seiner Grundrechte oder in einem seiner in Artikel 20 Abs. 4, 33, 38, 101, 103 und 104 enthaltenen Rechte verletzt zu sein;

4\. b. über Verfassungsbeschwerden von Gemeinden und Gemeindeverbänden wegen Verletzung des Rechts auf Selbstverwaltung nach Artikel 28 durch ein Gesetz, bei Landesgesetzen jedoch nur, soweit nicht Beschwerde beim Landesverfassungsgericht erhoben werden kann;
5\. in den übrigen in diesem Grundgesetz vorgesehenen Fällen.

(2) Das Bundesverfassungsgericht wird ferner in den ihm sonst durch Bundesgesetz zugewiesenen Fällen tätig.

Aufgaben des Bundesverfassungsgerichts

Danach entscheidet das Gericht über so genannte Organstreitigkeiten zwischen Bundesorganen, über Streitfragen zwischen Bundes- und Landesrecht sowie bei Streitfragen zwischen Bürger und Staat, wenn eine Verletzung der Grundrechte geltend gemacht werden kann. Diesen Aufgaben fügt Art. 100 GG das Normenkontrollverfahren hinzu, in dem das Bundesverfassungsgericht bei Unklarheiten über die Verfassungsmäßigkeit bzw. Verfassungswidrigkeit eines Gesetzes entscheidet. Kurz gesagt: „Es hat dafür Sorge zu tragen, dass die Verfassungswirklichkeit weitestmöglich mit der geschriebenen Verfassung übereinstimmt" (Säcker 2003: 17f.). Bis Ende 1990 wurde statistisch gesehen jedes achte Bundesgesetz vom Verfassungsgericht überprüft (Billing 2003: 104). Den weitaus größten Teil der Arbeit (seit 1951 96,4% bei einer Erfolgsquote von 2,5%) machen die Verfassungsbeschwerden aus (siehe nächste Seite).

„Abstrakte Normenkontrolle":
– Überprüfung der generellen Vereinbarkeit von Rechtsnormen mit dem Grundgesetz bzw. Bundesrecht,
– antragsberechtigt sind Bundesregierung, Landesregierungen, 1/3 des Bundestages;

„Konkrete Normenkontrolle":
– am konkreten Fall Überprüfung der Vereinbarkeit von Rechtsnormen mit dem Grundgesetz,
– antragsberechtigt sind alle Gerichte (bei vorliegendem Zweifelsfall)

Die Mitglieder des Bundesverfassungsgerichtes werden je zur Hälfte von Bundestag und Bundesrat mit Zweidrittelmehrheit gewählt. Das Gericht ist mit je acht Richtern in zwei Senaten organisiert. Der Erste Senat beschäftigt sich primär mit Verfassungsbeschwerden und Organstreitigkeiten, während der zweite Senat unter anderem in Normenkontrollverfahren und über die Verfassungswidrigkeit von Parteien entscheidet.

Wenngleich das Bundesverfassungsgericht sich weitestgehend parteipolitischer Auseinandersetzung entziehen will und soll, muss jedoch angefügt werden, dass es in zunehmendem Maße mit genuin politischen Fragen beschäftigt wird und die Einschaltung des Gerichts von verschiedenen Seiten durchaus einen parteipolitischen Effekt haben soll: „Die deutsche Verfassungsgerichtsbarkeit öffnet sich ihrer Einbeziehung in den politischen Prozess ganz besonders, da es die abstrakte Normenkontrolle ermöglicht, anders als in den USA, einen politischen Konflikt durch die politisch unterlegene Minderheit unmittelbar in ein verfassungsrechtliches Verfahren zu transformieren" (Rudzio 2006: 289). In der Tendenz stellt sich die Anrufung des Bundesverfassungsgerichts eher als Handlungsoption der Opposition dar, was durchaus im Sinne des Schutzes der demokra-

Bundesverfassungsgericht: Verfahren seit 7. September 1951 bis 31. Dezember 2008

Anhängig wurden insgesamt:	175.880 davon:			
		169.592	(96,42%)	Verfassungsbeschwerden,
		3.501	(2,02%)	abstrakte[1] und konkrete[2] Normenkontroll-Verfahren,
		8	(0,01%)	Parteiverbots-Verfahren,
		2.682	(1,53%)	andere Verfahren, z.B. Bund-, Länderstreitigkeiten, Organ- und andere Verfassungsstreitigkeiten in Bund und Ländern,
		25	(0,01%)	frühere Verfahren, die bis 1960 geführt wurden
Erledigt sind insgesamt:	173.234 davon:			
		167.049	(96,43%)	Verfassungsbeschwerden; **davon 4.094 erfolgreich = 2,5%**
		3.501	(2,02%)	abstrakte und konkrete Normenkontroll-Verfahren,
		8	(0,01%)	Parteiverbots-Verfahren,
		2.651	(1,53%)	andere Verfahren,
		25	(0,01%)	frühere Verfahren, die bis 1960 geführt wurden
Noch anhängig sind:	2.646 davon:			
		2.543	(96,11%)	Verfassungsbeschwerden,
		72	(2,72%)	abstrakte und konkrete Normenkontroll-Verfahren,
		31	(1,17%)	andere Verfahren
	davon im:			
	Ersten Senat	1.533	(57,94%)	
	Zweiten Senat	1.113	(42,06%)	

[1] Art. 93 Abs. 1 Nr. 2 GG
[2] Art. 100 Abs. 1 GG

Quelle: http://www.bundesverfassungsgericht.de

tischen Minderheit begründet werden kann. Das Gericht sieht sich damit einerseits möglicher politischer Instrumentalisierung und andererseits der Bestimmung dessen ausgesetzt, was im Sinne der US-amerikanischen Verfassungsgerichtsbarkeit eine primär „politische Frage" ausmacht und deren Beantwortung dem Gericht nicht obliegt. In diesem Sinne hat das Bundesverfassungsgericht in einer Reihe von Entscheidungen seine Ausführungen mit einem deutlichen Appell zur konkreten Ausgestaltung seitens des Gesetzgebers versehen. Christine Landfried kommentiert mit Blick auf die Reform des § 218: „In einem solchen Fall wird das Gericht zu einem ‚Ersatz-Gesetzgeber'" (Landfried 1990: 88). Die Überbetonung einer solchen Rolle, inklusive der Möglichkeit von „vorauseilendem Gehorsam des Gesetzgebers" (Rudzio 2006: 292) wäre unter demokratie-theoretischen Aspekten zu hinterfragen. Bezüglich einer möglichen einseitigen politischen Grundrichtung, die das Gericht durch seine Urteile in die Politik einbringen könnte, stellt Rudzio hingegen mit Verweis auf das parteipolitische austarierte Besetzungsverfahren der Richter fest: „Diese Grundkonstellation erklärt die kompromissförmigen, nicht immer eleganten, aber friedensstiftenden Urteile, die das Bundesverfassungsgericht im Laufe seiner Geschichte gefällt hat. Es bewegt sich meist auf einer Linie der Mitte und fungiert quasi als ‚Vermittlungsausschuß' zwischen den großen politischen Kräften" (Rudzio 2006: 291f.). Kontinuierliche Themen des Gerichts sind nicht zuletzt Problemstellungen, die aus der vertikalen Ausdifferenzierung des politischen Systems in Länder und Kommunen einerseits und mit Blick auf die Europäische Union andererseits entstehen.

„Ersatzgesetzgeber"

3.1.5 Mehrebenensystem: Bundesrat, Kommunen, Europa

Ein Überblick der wichtigen Merkmale und Besonderheiten des parlamentarischen Regierungssystems in Deutschland wäre ohne die Erwähnung des Bundesrates unvollständig. Laut Art. 50 GG wirken die Länder durch den Bundesrat „bei der Gesetzgebung und Verwaltung des Bundes und in Angelegenheiten der Europäischen Union" mit. Damit nimmt er zwar bei der Gesetzgebung parlamentarische Funktionen wahr, ist allerdings von seiner Struktur her kein Parlament. Zwar hat er in funktionaler Hinsicht durchaus die Befugnisse einer zweiten Parlamentskammer, doch die Mitglieder des Bundesrates haben kein von ihnen persönlich zu verantwortendes, sondern ein imperatives Mandat: Art. 51 GG regelt, dass der Bundesrat „aus Mitgliedern der Regierungen der Länder" besteht, „die sie bestellen und abberufen". Der Bundesrat ist somit eine Versammlung von Mitgliedern der Landesregierungen, die als strukturelles Exekutivorgan auf Bundesebene die Kompetenzen eines gesetzgebenden Organs aus-

Literaturhinweis: Ziller/Oschatz 1998, Laufer/Münch 1997, Hartmann 1997, Jun 2001, Sturm/Pehle 2006

übt. Das Stimmenverhältnis innerhalb des Bundesrates wird nach einem an der Einwohnerzahl orientierten Schlüssel geregelt. Danach bekommt jedes Bundesland mindestens drei Stimmen. Länder, deren Einwohnerzahl größer als zwei, sechs oder sieben Millionen Einwohner ist, bekommen gestaffelt vier, fünf oder sechs Stimmen. Die Stimmen eines Landes dürfen jedoch nur einheitlich im Block abgegeben werden. Danach ergibt sich folgende Stimmverteilung:

Abb. 12: Der Bundesrat

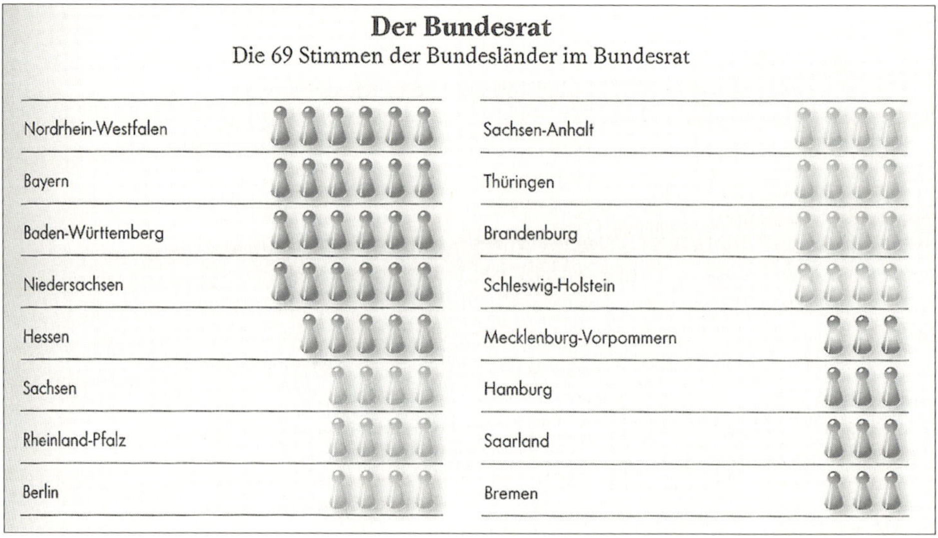

Quelle: Pötzsch 1995: 71.

Das Zusammenspiel von Bundesrat und Bundesregierung wird in Art. 53 GG geregelt. Danach haben Mitglieder der Regierung das Recht bzw. auf Verlangen die Pflicht, an Sitzungen des Bundesrates und seiner Ausschüsse teilzunehmen bzw. gehört zu werden. Zudem gilt: „Der Bundesrat ist von der Bundesregierung über die Führung der Geschäfte auf dem Laufenden zu halten." Im Dreiecksverhältnis von Bundesregierung, Bundestag und Bundesrat ist mit zwei möglicherweise unterschiedlichen Mehrheiten sowie verschiedenen Wahlverfahren, Abhängigkeiten und Interessenkonstellationen zu rechnen. Je nach parteipolitischer Ausrichtung ist die Regierung zu einer Art informeller großer Koalition mit einem oppositionell dominierten Bundesrat gezwungen (Lehmbruch 2000). Die Struktur des Bundesrates lässt weder eine ausschließlich parteipolitische noch eine ausschließlich am einzelnen Landesinteresse orientierte Politik zu (Rudzio 2006: 278f.). Zu einer langandauernden Blockadesituation zwischen Bun-

Blockademacht

destag und Bundesrat ist es nur in Ausnahmefällen gekommen. Meist siegte eine pragmatische Orientierung im Vermittlungsausschuss, dessen Verhandlungsergebnis Bundestag und Bundesrat dann nur noch unverändert annehmen oder verwerfen können.

Ausschließliche und konkurrierende Gesetzgebung

Wesentlich für die Mitwirkung des Bundesrates an der Gesetzgebung ist die Unterscheidung zwischen ausschließlicher und konkurrierender Gesetzgebung: Art. 73 und Art. 74 GG zählen hier relativ ausführlich die Gegenstandsbereiche auf, die ausschließlich durch den Bund geregelt werden (u.a. auswärtige Beziehungen, Staatsangehörigkeit, Währungsfragen) bzw. in Konkurrenz zu Regelungsbefugnissen der Länder stehen (u.a. Wirtschafts-, Arbeits-, Bodenrecht).

Diese Arbeitsteilung war und ist Gegenstand diverser Reformbemühungen, die in der Förderalismusreform 2006 eine konkrete Umsetzung erfahren haben:

Ziel der Föderalismusreform (auch Föderalismusreform I genannt) war es, den Anteil der zustimmungspflichtigen Gesetze, der zuvor bei weit über 50 Prozent lag und praktisch alle großen Gesetzesvorhaben betraf, „zu senken und damit die Einwirkungsmöglichkeiten der Bundesländer (und – bei entsprechender parteipolitischer Zusammensetzung des Bundesrates – auch den Einfluss der Opposition) auf die Bundesgesetzgebung wesentlich zu reduzieren". (Burkhart/Manow 2006). Neben der Abschaffung der Rahmengesetzgebung des Bundes (bisher Art. 75 GG) und der Übertragung der bisher konkurrierenden auf die ausschließliche Gesetzgebungskompetenz der Länder in Bereichen wie das Ladenschluss- und Gaststättenrecht, das Versammlungsrecht und das Besoldungs-, Versorgungs- und Dienstrecht der Landesbeamten sollte vor allem die Änderung von Art. 84 Abs. 1 GG die Zahl der zustimmungspflichtigen Gesetze senken. Nach Inkrafttreten der Föderalismusreform kann der Bund aufgrund Art. 84 den Ländern nun abweichende Regelungen vom eigentlich im Gesetz vorgegebenen Verwaltungsverfahren erlauben, wodurch das Gesetz dann zustimmungsfrei wäre. Ob und inwieweit die erhofften Wirkungen auf den Gesetzgebungsprozess durch die Föderalismusreform eintreten ist bisher noch nicht eindeutig zu beurteilen. In der aktuellen Forschung zeichnet sich jedoch Skepsis ab (vgl. Scharpf 2006; Herzog 2006; Reutter 2006; Burkhart/Manow 2006 sowie Zohlnhöfer 2009).

Politikverflechtung Bund-Land-Kommune

Blickt man über die institutionalisierte Form des Bundesrates hinaus auf die einzelnen Länder und ihre Regierungen, so wird deutlich, dass diese sich nicht nur durch gegebenenfalls unterschiedliche parteipolitische Zusammensetzungen auszeichnen, sondern in ihrer Struktur und jeweiligen Landesverfassung wiederum einige Spezifika aufweisen, die im Regierungsprozess sowohl auf Bundes- wie Landesebene zu bedenken sind. Stadtstaaten und ihre Senatsverwaltung weisen andere Strukturen auf als Flächenstaaten; plebiszitäre Elemente sind in einigen Landesverfassungen ausdrücklich vorgesehen, in anderen werden sie eng begrenzt. Im Inneren der Länder selbst zeigen sich vielfältige politische Ordnungsvarianten in den einzelnen Kommunalverfassungen, von der süddeutschen und norddeutschen Ratsverfassung über Magistrats- und Bürgermeisterverfassungen. Beide Ebenen – Land und Gemeinde – tragen zur Verflechtung der Regierungsprozesse bei (Rudzio 2006: 303ff. u. 334ff.). Oftmals ist dem Land die Umsetzung der Bundesvorgaben aufgegeben, was im Begriff des „exekutiven Föderalismus" (Rudzio 1997: 79) zum Ausdruck kommt. Die Besonderheit dieser Struktur zeigt sich nicht zuletzt in der finanziellen Ausstattung dieser Arbeitsteilung, die jeweils zwischen Bund und Land verhandelt wird. Nochmals ausdifferenziert wird das System durch den Länderfinanzausgleich.

Die Europäische Union

Eine Besonderheit des deutschen politischen Systems liegt schließlich in der engen Verzahnung von Verwaltungs- und Regierungsprozessen mit der europäischen Ebene (Korte 2002f: 100ff.; Axt 2000). Die Einbettung der Bundesrepublik in die Europäische Union ist entscheidend – auch und gerade für den Alltag des Regierens. Sturm und Pehle gehen sogar davon aus „dass es das ‚alte' deutsche Regierungssystem mit festen durch Staatsgrenzen markierten Grenzlinien politischer Gestaltung nicht mehr gibt" (Sturm/Pehle 2006: 359). Während die Verfassungsorgane (vielleicht mit der Ausnahme des Bundesverfassungsgerichts) noch nicht durchdringend von einer europäischen Perspektive bestimmt werden, lässt sich das für einige Politikbereiche umso deutlicher feststellen: Währungs-, Agrar-, Regional- oder Umweltpolitik werden in bestimmendem Maße auf der europäischen Ebene festgelegt. Abstimmungen und Treffen auf ministerieller und Beamten-Ebene gehören deshalb zum Alltag des Regierens. Die meisten Ministerien weisen eigene europapolitische Abteilungen bzw. Referate auf. Der Bundestag wiederum hat sich in erheblichem Maße mit Vorgaben aus Brüssel zu beschäftigen, sei es, indem er ihren Inhalt ratifiziert, diesen in nationales Recht umsetzt oder ihn bei der nationalen Gesetzgebung beachtet. Durch die Ergänzung der europäischen Ebene erhält das politische System der Bundesrepublik einen zusätzlichen Rahmen, innerhalb dessen die deutschen Verfassungsorgane einerseits europäisch agieren und mitwirken, andererseits aber stets um die Wahrung ihrer institutionellen und politischen Substanz bangen bzw. diese akzentuieren – einen Aspekt, den auch das Bundesverfassungsgericht in seinem einschlägigen Urteil zum Vertrag von Maastricht unterstrichen hat (Folz 1998). In jedem Fall verlängert bzw. verkürzt sich der politische Entscheidungsweg zwischen den Verfassungsorganen der Bundesrepublik in wesentlichen Feldern um die jeweiligen Entscheidungsverfahren der europäischen Ebene.

3.1.6 Der Gesetzgebungsprozess

Will die Analyse von Akteuren und Prozessen des Regierens über „blutleere Institutionenanalyse“ (Jäger 1994: 10) hinausgehen, muss sie gerade das Zusammenspiel (politics) der Organe (polity), das „Zwischen“ der Institutionen im politischen System in den Blick bekommen. Die Verfassungsorgane ordnen sich innerhalb eines politischen Prozesses anhand eines konkreten Politikfeldes (policy) zu typischen Konfigurationen von Machtausübung und Machtkontrolle. Dies wird in Kapi-

Abb. 13: Das Gesetzgebungsverfahren

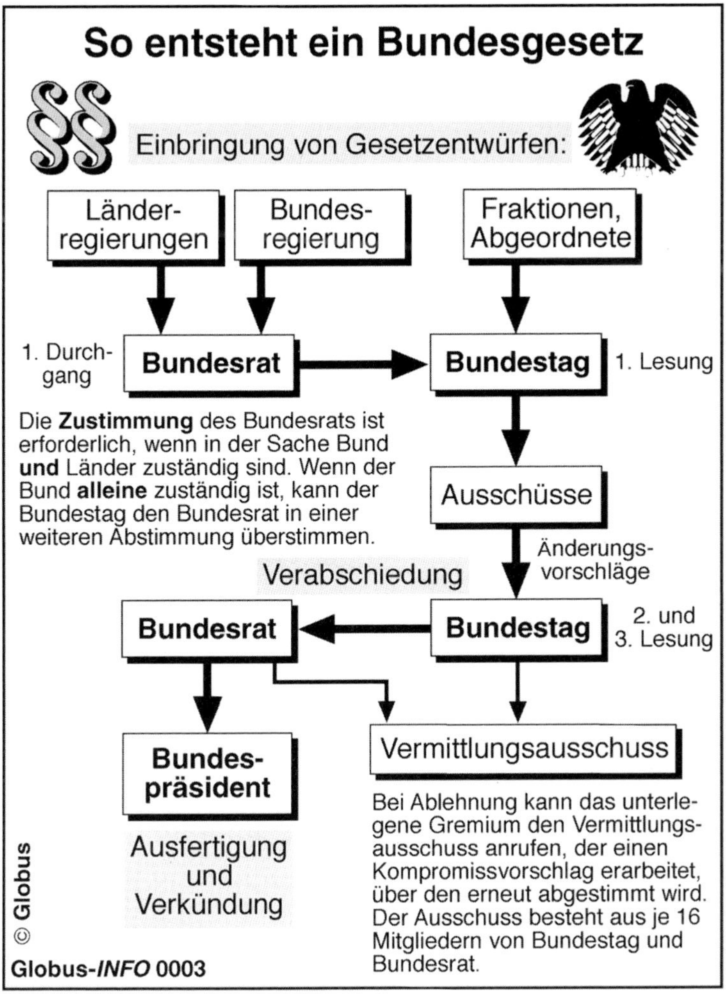

Quelle: Globus-Info.

tel 5 genauer beschrieben werden. An dieser Stelle soll jedoch schon einmal das Verfahren der Gesetzgebung näher illustriert werden. Wichtig ist auch hier der Hinweis, dass der schematische Blick auf die Gesetzgebung in der Regel nur einen Ausschnitt, nämlich das „Entscheidungsstadium“, des Politikzyklus darstellt (Abb. 13). Das „Entscheidungsstadium“ ist der „Politikformulierung“ nachgeordnet. Ihm folgen das „Kontrollstadium“ und die „Reformulierung“.

Gesetzgebungsprozess

Die weiteren Stadien werden im Laufe der Darstellung einzeln behandelt werden. Der Ausschnitt des „Entscheidungsstadium“ stellt sich bei genauerem Blick folgendermaßen dar: Gesetze können laut Art. 76 GG durch die Bundesregierung, „aus der Mitte des Bundestages“ oder durch den Bundesrat eingebracht werden. Das Grundgesetz bringt allerdings schon in der ersten Phase des Gesetzgebungsprozesses die Verfassungsorgane zusammen. So müssen Vorlagen der Bundesregierung vor der Einbringung im Bundestag dem Bundesrat zur Stellungnahme zugeleitet werden; umgekehrt bekommt die Bundesregierung Vorlagen des Bundesrates zu Stellungnahme zugeleitet. Abseits dieser Stellungnahmen kommt der Bundesrat im Falle sogenannter zustimmungspflichtiger Gesetze auch als unmittelbar mitwirkende Instanz im Gesetzgebungsprozess vor.

Das relativ klare Regelschema der Gesetzgebung mag jedoch über die Tatsache hinwegtäuschen, dass jedes Gesetz seine eigene Genese und Entstehungsgeschichte hat. Macht man sich die Mühe, nur die einzelnen Verfahrensschritte der Gesetzesentstehung konkret nachzuzeichnen, fällt auf, inwieweit jeder Pfeil auf dem Regelschema schon durch politische Abwägungen und nicht zuletzt die Frage des Timings bei der Einleitung einzelner Verfahrensschritte bedeutungsgeladen ist. Als konkretes Beispiel mag hierfür das Gesetz zur Reform des Staatsangehörigkeitsrechts (in Kraft ab 1. Januar 2000) dienen, das an dieser Stelle nicht inhaltlich diskutiert und erläutert werden soll (Überblick bei Busch 2003), sondern als „roter Faden“ den Verlauf des Gesetzgebungsprozesses aufzeigen soll. Der Fall ist einerseits keineswegs „typisch“, da sich hier eine Fülle von Besonderheiten (nicht zuletzt die Schnelligkeit des Verfahrens) nachweisen lassen. Andererseits ist der Fall aber symptomatisch, indem er zeigt, wie der Alltag der Gesetzgebung innerhalb des Spielraums des Regelschemas aussehen kann.

Gesetzgebungsverfahren am Fallbeispiel des Staatsbürgerschaftsrechts

Das Staatsangehörigkeitsrecht ist zunächst einmal Gegenstand ausschließlicher Gesetzgebung des Bundes. Zugleich umfasste die angestrebte Neuregelung jedoch Verfahrensvorschriften, die die Landeszuständigkeit betreffen. Hieraus ergibt sich die Notwendigkeit einer Zustimmung im Bundesrat. Am Beginn der Gesetzgebung steht jedoch zunächst keine politische Institution, sondern politischer Wil-

Startpunkt: Koalitionsvereinbarung

le und Zielvorgaben, die sich im politischen Wettbewerb und der parteipolitischen Entscheidungsfindung herauskristallisiert haben. Ein klassischer Ausgangspunkt für ein Gesetz ist in diesem Sinne zunächst eine Aussage aus der Koalitionsvereinbarung der Regierungsparteien. Die rot-grüne Koalition hatte in ihrer Vereinbarung vom 20. Oktober 1998 klar ausgeführt, sie wolle „die Schaffung eines modernen Staatsangehörigkeitsrechts" (Koalitionsvereinbarung 1998) in das Zentrum ihrer Integrationspolitik stellen. Dabei ging es unter anderem um die Erleichterung des Erwerbs der deutschen Staatsangehörigkeit für Ausländer. Das Abstammungsprinzips (ius sanguinis) sollte durch das Geburtsortsprinzip (ius soli) ersetzt werden, die Einbürgerungsfrist verkürzt und die doppelte Staatsbürgerschaft ermöglicht werden. Ganz im Sinne der oben angesprochenen europäischen Ebene des Regierens waren der Verweis auf die Praxis in den Nachbarstaaten wie auch das Argument einer fälligen „Anpassung" an europäische Standards von nicht unerheblicher Bedeutung für die politische Initiative und Umsetzung des Gesetzgebungsverfahrens.

Regierungserklärung als politische Vorgabe

Diese Zielvorgabe wiederholte und bekräftigte Bundeskanzler Schröder in seiner Regierungserklärung vom 10. November 1998: „Diese Bundesregierung wird (...) ein modernes Staatsangehörigkeitsrecht entwickeln. Es wird die Voraussetzungen dafür schaffen, dass diejenigen, die auf Dauer bei uns leben und deren Kinder, die hier bei uns geboren sind, volles Bürgerrecht erhalten können. Niemand, der Deutscher werden will, soll dafür seine ausländischen Wurzeln aufgeben oder verleugnen müssen. Deshalb werden wir eine doppelte Staatsbürgerschaft ermöglichen" (Schröder 1998). Damit war die politische Vorgabe regierungsamtlich und sollte früher oder später in ein Gesetz münden. Damit war aber zugleich auch die politische Diskussion um den Gegenstand und die Ausgestaltung des Gesetzes eröffnet, die keineswegs erst mit der parlamentarischen Beratung einsetzt, sondern oftmals schon weit vorher geprägt und geführt wird. Zuschnitt und Inhalt des Gesetzes waren schon im Wahlkampf und den Monaten seit Regierungsübernahme durch die rot-grüne Koalition Gegenstand großer Kontroversen. Breite öffentliche Aufmerksamkeit fand das geplante Gesetz nicht zuletzt im Kontext der Landtagswahl in Hessen am 7. Februar 1999. Nach dem Sieg der Union zog das Innenministerium einen bereits erstellten Arbeitsentwurf zurück.

Initiative

Der eigentliche Gesetzgebungsprozess begann jedoch erst mit der Einbringung eines Gesetzesentwurfes von Abgeordneten der SPD, Bündnis 90/Grüne und der FDP am 16. März 1999. Schon in der öffentlichen Debatte zuvor war deutlich geworden, dass die Koalitionsfraktionen auf Unterstützung aus Reihen der FDP (und einigen Abgeordneten der CDU/CSU) setzen konnten. Die Tatsache, dass der Gesetzesentwurf mithin nicht als Regierungsvorlage, sondern „aus der Mitte des Bundestages" eingebracht wurde, baute auf diesen politischen Konsens auf. Schon die Art der Einbringung eines Gesetzes ist also eine politische Entscheidung. Der Entwurf ging drei Tage später in die erste Lesung im Bundestag, wo er an die Ausschüsse verwiesen wurde: den Rechtsausschuss, den Ausschuss für Arbeit und Sozialordnung, den Ausschuss für Familie, Senioren, Frauen und Jugend sowie (als federführenden Ausschuss) an den Innenausschuss. Ebenfalls nicht ungewöhnlich ist die Tatsache, dass der Innenausschuss sich neben dem Entwurf vom 16. März 1999 auch mit weiteren, alternativen Anträgen der CDU/CSU zum gleichen Thema auseinandersetzte. Bei den Ausschussberatungen kam es zu teils heftigen Auseinandersetzungen zwischen Regierung und Opposition. Parallel dazu bekam der Bundesrat den Entwurf am 19. März 1999 zugeleitet. Der Bundesrat befasste sich in seiner Sitzung am 22. April 1999 zum ersten Mal mit dem Entwurf und überwies ihn an den Innenausschuss des Bundesrates. In der Sitzung am 30. April 1999 beschloss der Bundesrat seine Stellungnahme, die einige Anmerkungen und Klarstellungen enthielt. Zugleich entschied sich der Bundesrat mit Mehrheit gegen den Antrag des Landes Bayern, das die Ablehnung des Gesetzentwurfes beantragt hatte.

Erste Lesung und Ausschussberatung

Weiterleitung an den Bundesrat

Stellungsnahme des Bundesrats

Das Gesetzgebungsverfahren im Bundestag erreichte mit dem Bericht des Innenausschusses am 29. April 1999 eine neue Stufe. Darin sind auch diverse klarstellende Hinweise enthalten. Die durch Mehrheit im Ausschuss beschlossene Empfehlung an das Plenum des Bundestages lautete auf Annahme des Entwurfs vom 16. März 1999 und gleichzeitige Ablehnung der alternativen Entwürfe von CDU/CSU. Daraufhin wurde die parlamentarische Beratung noch einmal beschleunigt. In seiner Sitzung vom 4. Mai 1999 beschloss der Bundestag mit einfacher Mehrheit, die zweite und dritte Beratung des Staatsangehörigkeitsgesetzes zusammen am 7. Mai 1999 durchzuführen. Abgeordnete der PDS stellten am 6. Mai 1999 eine Reihe von Änderungsanträgen, die jedoch allesamt abgelehnt wurden. Besagte Sitzung am 7. Mai war bedeutsamerweise mit einem weiteren großen Thema befasst: Einer Regierungserklärung über die deutsche Beteiligung im Zusammenhang mit dem Kosovo-Konflikt. Der Einsatz deutscher Soldaten wurden an diesem Tage in namentlicher Abstimmung beschlossen. Für die Sitzung an diesem Tage wurden also die zweite und dritte Beratung des Staatsangehörigkeitsgesetzes als Zusatzpunkte auf die Tagesordnung gesetzt.

Beschleunigung des Verfahrens

Zweite Lesung

Die zweite Beratung stellt das eigentliche Herzstück der Plenardebatte dar. Die Bundestagsfraktionen hatten in einer interfraktionellen

Vereinbarung drei Stunden für die Aussprache vorgesehen. Bundesminister Schily eröffnete die Aussprache und nahm Kritik an der Eile der Beratungsfolge auf: Das Thema sei bereits seit geraumer Zeit ausführlich diskutiert worden. Nach kontroverser Debatte wurde die dritte Beratung unmittelbar an die zweite Beratung angeschlossen. Sie bestand nunmehr fast ausschließlich aus der Schlussabstimmung über das Gesetz. Weiter der politischen Intention folgend, das Gesetz nicht als bloße Regierungsvorlage oder Abstimmungsangelegenheit entlang der Parteigrenzen darzustellen, beantragte die SPD namentliche Abstimmung und unterstrich damit die jeweils persönliche Verantwortung der Abgeordneten bei der Stimmabgabe. Damit erhielt die Zusammenlegung der Beratung über das Gesetz mit der Abstimmung über den Auslandseinsatz einen ganz pragmatischen Hintergrund: An diesem Tag war sowieso garantiert, dass eine Höchstzahl an Parlamentariern im Plenum anwesend war; ein Umstand, den man an einem anderen Termin wieder eigens hätte koordinieren und organisieren müssen. Das Resultat der Abstimmung lautete: 365 Abgeordnete dafür, 184 dagegen und 39 Enthaltungen. Die Vorlage ging anschließend an den Bundesrat, der ihr am 21. Mai 1999 zustimmte. Formell folgte nun noch die Unterzeichnung des Gesetzes durch die Regierung (Bundeskanzler Schröder und Innenminister Schily als zuständiger Fachminister) sowie die Ausfertigung des Gesetzes durch den Bundespräsidenten, der es am 15. Juli 1999 unterzeichnete. Mit der Veröffentlichung im Bundesgesetzblatt war es dann schließlich verkündet. Sein Inkrafttreten zog sich aufgrund der komplexen Regelungsmaterie in drei Stufen hin, bis am 1. Januar 2000 alle Teile des Gesetzes in Kraft traten.

Dritte Lesung und Schlussabstimmung

Unterzeichnung, Ausfertigung und Veröffentlichung

Dieses Beispiel, das sich ausschließlich auf einen näheren Blick über die einzelnen Verfahrensschritte der Gesetzgebung beschränkte, leitet nun über zur Frage nach den Strukturmerkmalen des Regierens, wie sie sich kaum aus der bloßen Beschreibung der Organe und ihrer Zuständigkeiten ableiten lassen.

3.2 Strukturmerkmale des Regierens

Verbindung von System und Akteur

Welche Muster des Zusammenspiels der im vorhergehenden Kapitel vorgestellten Verfassungsorgane charakterisieren das alltägliche Regierungshandeln? Wer ist neben den genannten Institutionen als individueller, kollektiver oder korporatistischer Akteur am Prozess des Regierens beteiligt? Über die formale Funktion der Gesetzgebung hinaus stellt sich der politische Prozess in der Bundesrepublik Deutschland als vielschichtiger Politikzyklus mit einer Vielzahl von Nebenregierungen dar. Die diesem Prozess zugrundeliegende Dynamik kann nur erfasst werden, wenn die systemischen und akteursbezogenen Komponenten im deutschen Regierungssystem miteinander verbunden werden. Die politischen Akteure handeln in einem von der Verfassung und den Geschäftsordnungen, der jahrzehntelangen politischen Praxis und der politischen Kultur herausgebildeten Aktions- und Interessenfeld. Der Charakter des Regierens im deutschen politischen System ergibt sich aus einer spezifischen Mixtur verschiedener Strukturmerkmale. Innerhalb der durch diese Strukturmerkmale begrenzten Handlungskorridore wird im Prozess des Regierens Problemlösung – im Sinne der Erreichung materieller Politikziele, je nach Politikfeld unterschiedlich – betrieben.

Governance

Das Verhältnis von Regieren und Regierung, aber auch Regeln und Regulierungen, drückt der vieldeutige Begriff des „Governance" aus (Campbell 1991; Messner/Nuscheler 1996; Schmitt-Beck u.a. 2008; Benz 2007). Es geht dabei im Kern um ein koordiniertes Management verschiedener Akteursgruppen in Mehrebenennetzwerken: die politischen Entscheidungsprozesse sind mehrfach verschachtelt und verflochten. Alle beteiligten Akteure und Institutionen handeln dabei auf unterschiedlichen Ebenen, pflegen verschiedene Politikstile und Entscheidungsmechanismen. Statt Hierarchie (Amtsvorgesetzter, Vorsitzender etc.) muss die politische Führung zunehmend auf Verhandlung und Moderation setzen, um politische Steuerung zu ermöglichen und zu betreiben. Wie in einem solchen Szenario Regierungshandeln konkret möglich ist, soll in Kapitel 5 näher erläutert werden. Zuvor

Abb. 14: „Strukturmerkmale des Regierens"

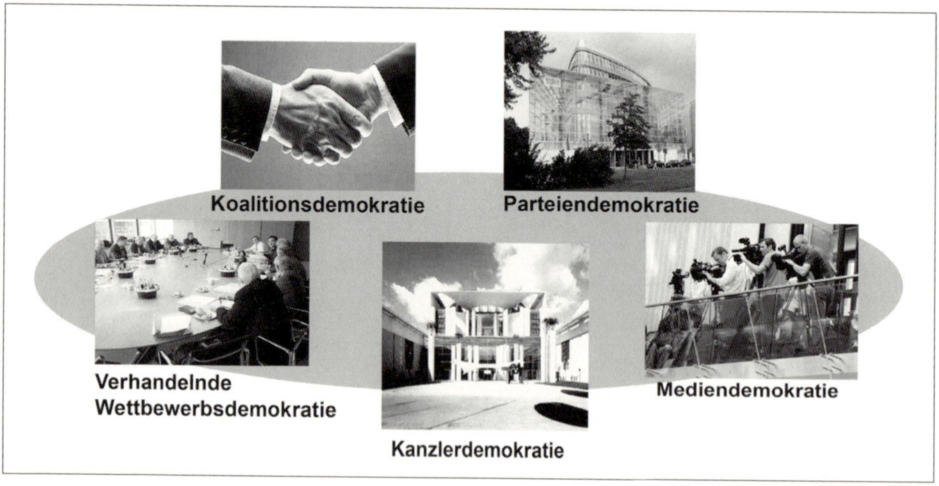

Quelle: Eigene Darstellung.

muss jedoch geklärt werden, welche Strukturmerkmale Regierungshandeln in Deutschland konstituieren (Korte 2001a: 515ff.).

Mit den fünf Schlüsselkoordinaten – den Strukturmerkmalen des Regierens – lässt sich eine politische Strukturperspektive des Regierens in Deutschland entwerfen[3] (Siehe Abb. 14).

3.2.1 Verhandelnde Wettbewerbsdemokratie

Politische Systeme können Merkmale von Verhandlungsdemokratien und Wettbewerbsdemokratien aufweisen (Lijphart 1999), wie sie hier gegenübergestellt werden:

„Verhandlungs- und Wettbewerbsdemokratie"

Politikmuster	***Wettbewerbsdemokratie***	***Verhandlungsdemokratie***
Begriff	Politisches System, das weitgehend auf einer strukturrelevanten Parteienkonkurrenz beruht; als Idealtypus entwickelt	Kennzeichnende Merkmale aus der historischen Entwicklung; als Realtypus herausgearbeitet
Basisannahme	Politisch-kulturelle Homogenität	Politisch-kulturelle Heterogenität
Entscheidungsregel	Mehrheitsentscheidungen	Verhandlungen
Merkmale	• Alternierende Mehrheitsherrschaft von zwei großen Parteien; • Hohe Ausprägung an Parteienstaatlichkeit; • Regierungsentscheidungen werden wesentlich von Parteipolitikern getroffen; • Siegerpartei bestimmt das Regierungsprogramm	• Erreichung einer maximalen Mehrheit; • Keine klare Unterscheidung zwischen Regierung und Opposition; • Herausbildung eines „Elitenkartells"; • Hoher Grad an Rollendifferenzierung; • Ausgeprägter Verbändestaat; • Starke Autonomie gesellschaftlicher Segmente; • Tiefe Konfliktintensität; • Reproduktion der gesellschaftlichen Interessen und Konfliktstrukturen im politischen System

3 Zum historischen Kontext vgl. Korte 2002.

Ziele	• Klare Unterscheidung zwischen Regierung und Opposition; • Großer Handlungsspielraum der Regierung	• Kompromissbildung zwischen unterschiedlichen Interessen
Stärken	• Hohe Effektivität des Entscheidungsprozesses; • Klare Zuordnung des Regierungs-/Oppositionsschemas für die Wähler; • Alternierendes Parteiensystem; • Ausgeprägte Regierungsstabilität	• Hoher Grad an Legitimation/Akzeptanz; • Geringe Tendenz zur Ausgrenzung; • Ausgeprägte Regierungsstabilität;
Schwächen	• Großer Handlungsspielraum für die Regierung; • Fixierung der relevanten Parteigruppen aufeinander; • Ausrichtung auf große und gut organisierbare soziale Interessen; • Gefahr der Ignorierung von Minderheiten	• Relativ geringe Effektivität des Entscheidungsprozesses; • Niedrige Fähigkeiten zur schnellen Anpassung an neue Problemlagen

Quelle: Luthardt 1997: 45.

Das politische System der Bundesrepublik Deutschland kann, wie ein Blick auf die Merkmalsausprägungen der Tabelle zeigt, als Mischform charakterisiert werden: Es handelt sich um eine Kombination von parlamentarischen Strukturen und Verhandlungssystemen (Holtmann/Voelzkow 2000). Als Unterscheidungsmerkmal dient dabei der Typus der Konfliktregelung. In den parlamentarischen Strukturen einer Wettbewerbsdemokratie wird über den Parteienwettbewerb und das Mehrheitsprinzip entschieden. Die politische Macht ist in repräsentativer Form bei der Parlamentsmehrheit und ihrer Regierung konzentriert, was eine weitgehende Machtausübung ohne besondere Rücksichtnahmen auf die Opposition erlaubt. Doch trifft dies auch auf eine schwarz-gelbe, rot-grüne oder eine schwarz-rote Bundesregierung zu? Rücken bei solchen Überlegungen nicht unmittelbar die Mehrheitsverhältnisse im Bundesrat ins Blickfeld, wo im Prinzip seit einigen Jahren eine Allparteien-Koalition agiert? Wurden von den Regierungschefs Kohl, Schröder oder Merkel nicht häufig gerade Minderheiten gezielt in diverse Runde Tische eingebunden, damit sich keine wirkungsvolle Opposition artikulieren kann? Konfliktregelung nach dem Muster der Wettbewerbsdemokratie im strikten Sinne einer Mehrheits- und Konkurrenzdemokratie – entsprechend dem britischen „Westminster-Modell“ – charakterisiert keinesfalls den klassischen Machtkreislauf der Berliner Republik.

Westminster-Demokratie

Aber trifft das Gegenbild einer Verhandlungsdemokratie zu? Hierbei entfalten Parteienwettbewerb und Mehrheitsprinzip bei Wahlen und parlamentarischen Prozessen in nur eingeschränktem Maße ihre Wirkung. Denn die Konfliktregelung erfolgt strikt durch Aushandlungsprozesse. Das gütliche, freiwillige, konsensuale, kompromissgeprägte und informelle Einvernehmen der beteiligten Akteure führt weitgehend ohne die Transparenz der Willens- und Entscheidungsbildungsprozesse zur Konfliktlösung. Es wird beispielsweise der Gesetzestext zum Atomausstieg bis in die kleinsten Einzelheiten mit den betroffenen Energieunternehmen ausgehandelt, bevor sich der Deutsche Bundestag formell damit befasst hat (Müller-Russell 2002).

Verhandlungsdemokratie

Dennoch lässt sich eine Vielzahl von konkreten politischen Entscheidungen anführen, in denen die Politik die Einbindung aller möglichen Interessengruppen (Korporatismus) zwar zulässt, sich dennoch der Mehrheitsregel verpflichtend am Ende des Prozesses gegen die Wünsche und Zielsetzungen machtvoller gesellschaftlicher Gruppen entscheidet. Die Bundesrepublik Deutschland ist somit weder eine reine Wettbewerbsdemokratie noch eine reine Verhandlungsdemokratie. Mehrheitsdemokratische und konsensuale Entscheidungsmodi haben nebeneinander Gültigkeit, so dass sich das Regierungshandeln in der Bundesrepublik primär am Modell der verhandelnden Wettbewerbsdemokratie orientiert. In diesem institutionellen Rahmen erfolgen Konfliktregelungen und Problemlösungen in gegenseitiger Abhängigkeit, die Verhandlungszwänge entstehen lassen.

Verhandelnde Wettbewerbsdemokratie

Die Überlappungen in den Ebenen Wettbewerb (Mehrheitsregel im Parlament), Hierarchie (Verwaltungshandeln bei der Ausführung und dem Vollzug von Gesetzen, Verordnungen etc.) und Verhandlung (Runde Tische für korporatistische Interessenartikulation) lassen die Schlussfolgerung zu, dass der sogenannte „verhandelnde Staat“ des Einsatzes von Steuerungsinstrumenten bedarf, die über den traditionellen politischen Prozess zwischen den Verfassungsorganen weit hinausweisen. Gleichgültig in welcher parteipolitischen Akteurskonstellation Deutschland regiert wird, die Kennzeichen der verhandelnden Wettbewerbsdemokratie gelten für alle. Welche konkreten „Nebenregierungen“ („Veto-Spieler“) können nun aus systemischen Gesichtspunkten heraus benannt werden? Wie gestaltet sich der institutionelle Pluralismus (Helms 2002)?

„Der verhandelnde Staat“

Nebenregierung und Veto-Spieler

Die nachfolgend dargestellten Nebenregierungen sind nicht alle im Verlauf der letzten Jahrzehnte linear stärker geworden; die Bundesregierung ist nicht kontinuierlich schwächer geworden. Der politischen Realität kommt eher ein Kurvenverlauf nahe. Zu benennen sind folgende Aspekte (Czada/Schmidt 1993a):

Koalitionsdemokratie

– Der Einigungszwang in der Koalitionsdemokratie: Stärke und Schwäche des Koalitionspartners hängen nicht nur von den Mehrheitsverhältnissen im Bundestag ab, sondern auch von persönlichen Prägungen und dem politischen Gewicht der verhandelnden Hauptakteure.

Politikverflechtung

– Die Macht der Ländervertretung, die Politikverflechtung zwischen Bund und Ländern und die gegenläufige Machtverteilung zwischen den Parteien in Bund und Ländern: Zeitweilig regierten die Kanzler mit der Unterstützung der Mehrheit auch im Bundesrat, in den Amtsperioden von Helmut Schmidt und Helmut Kohl zumeist gegen die Mehrheit im Bundesrat. Die Allianz der Ministerpräsidenten überdauert jede Bundestagswahl – gemäß der Losung: „Erst das Land, dann die Partei". Diese Erfahrung machte auch die rot-grüne Bundesregierung trotz der kurzzeitig gleichgerichteten politischen Mehrheitsverhältnisse in Bundestag und Bundesrat nach dem September 1998. Auch die Unionsparteien konnten bei der Steuer- und der Rentenreform der Jahre 2000/2001 ihre parteipolitisch motivierte Blockade im Bundesrat nicht aufrechterhalten, weil einzelne Ministerpräsidenten vorab finanzpolitische Geschenke der Bundesregierung für das jeweilige Land ausgehandelt hatten (Merkel 2003). Andererseits konnte nachgewiesen werden, dass in den 90er Jahren die Verbindung von Parteienwettbewerb und Bundesstaat nicht nur die staatliche Entscheidungsfähigkeit nicht behinderte, sondern sogar positiv zur Problemverarbeitungsfähigkeit der Bundesrepublik beigetragen hat: „Mehrebenenentscheidungsprozesse konnten erfolgreich abgeschlossen werden, weil ebenenübergreifende politische Parteien die Verfahren auf der Grundlage innerparteilicher Verhandlungen steuerten" (Renzsch 2000a: 54). Die Verflechtung führte somit nicht grundsätzlich zur Blockade von Politikprozessen. Vielmehr kamen Politikergebnisse gerade deswegen zustande, weil ein langwieriger Abstimmungsprozess auf unterschiedlichen Ebenen vorausgegangen war. Dies galt beispielsweise auch für die Agenda 2010.

Verbände und Gewerkschaften

– Mitwirkung organisierter Interessen: Neue Verhandlungsarrangements ergeben sich auch dadurch, dass Verbände, Gewerkschaften und andere organisierte Interessen an der Formulierung und Umsetzung bindender Entscheidungen mitwirken (dazu ausführlicher Kapitel 4.2). Regieren bedeutet in dieser Hinsicht, auch auf neokorporatistische Arrangements einzugehen.

- Die Verfassungsgerichtsbarkeit: Trotz zunehmender Verrechtlichung der politischen Entscheidungen und der zum Teil bewussten Entscheidungsverlagerung nach Karlsruhe, dem Sitz des Bundesverfassungsgerichts, sind gerade Beispiele auf dem Gebiet der Außenpolitik anzuführen, die eine parlamentarische Mitsteuerung – und damit den zentralen Ort der Gesetzgebung – wieder gestärkt haben.[4]

Bundesverfassungsgericht

- Die autonome Zentralbank: Die Bundesbank konnte bis zur Einführung der Europäischen Zentralbank (EZB) als weitere Nebenregierung aufgelistet werden. Doch Stärke und Einfluss der Bundesbank variierten sehr. Wie hoch war beispielsweise der Einfluss der deutschen Bundesbank im Prozess der Wiedervereinigung? Hier zeigten sich deutlicher als jemals zuvor politische Zwänge im Konflikt mit ökonomischen Regeln (Grosser 1998). Die Nebenregierung Bundesbank musste sich zumindest in dieser Phase durchaus den politischen Vorgaben beugen.

Europäische Zentralbank

- Das europäische Mehrebenensystem: Im Zentrum der Vernetzung steht das europäische Mehrebenensystem. Wie bereits thematisiert, kann kaum mehr in einem Politikfeld autonom in Berlin entschieden werden (hierzu auch Korte/Maurer 2001). Das deutsche Regierungssystem ist ein penetriertes politisches System, in dem die europäische Einmischung vertraglich verankert und legitimiert ist. Regierungshandeln verläuft in vielen Politikfeldern in zunehmendem Maß analog zur europäischen Entscheidungsfindung (Sturm/Pehle 2006: 12f.). Deutsche Europapolitik erfordert die hohe Kunst des außenpolitischen Multilateralismus, bei dem es gilt, Kooperationspartner in Aushandlungsprozessen zu finden. Entscheidungsspielraum kann nur bei Abgabe von Entscheidungssouveränität zurückgewonnen werden (Sturm/Pehle 2006).

europäisches Mehrebenensystem

- Äußerer Souveränitätsverlust: Seit einigen Jahren wird in der Literatur der Befund der „Nebenregierungen" durch den Aspekt des „äußeren Souveränitätsverlustes" ergänzt. In dem Maße, wie die Bundesrepublik seit 1990 auch völkerrechtlich souverän wurde, hat sie – vergleichbar mit den zentralen Phasen des außenpolitischen Prozesses der Bonner Republik – durch weitere Integration formal Souveränität abgegeben. Heute spricht man von „go-

Souveränitätsverlust

[4] Beispielsweise die Mitwirkung des Bundestags bei militärischen Auslandseinsätzen der Bundeswehr. Weitere Beispiele dazu bei Krause 1998.

Regieren jenseits der Staatlichkeit

vernance without government" (James Rosenau), „Regieren jenseits der Staatlichkeit" (Markus Jachtenfuchs), „government without statehood" (William Wallace) oder „postmodern state" (John Ruggie).[5] Im multidimensionalen Mehrebenensystem kann eine nationalstaatliche Regierung durch eine Politik der Entgrenzung zunehmend Entscheidungskompetenz verlieren. Dieser Prozess ist jedoch keineswegs zwingend. Durch den weiteren Ausbau der Wohlfahrtsstaatlichkeit konnte parallel nachgewiesen werden, wie der Gestaltungsspielraum der Nationalstaaten trotz Globalisierung erhalten blieb (Schmidt 2000: 306). Regieren wird heute unter dem Blickwinkel internationaler Verhandlungsprozesse mehr denn je zum Interdependenzmanagement. Diese Erkenntnis trifft insbesondere auf Deutschland zu, das im Vergleich mit anderen mehrheits- bzw. wettbewerbsdemokratischen Systemen wie beispielsweise Großbritannien weit weniger unabhängig agiert. Deutsche Akteure können auf der internationalen Bühne nicht so nachhaltig innenpolitische Vetorisiken für Verhandlungszwecke instrumentalisieren wie beispielsweise ihre britischen Kollegen. Premierminister Blair verfügte nicht nur im Unterhaus über eine übergroße Mehrheit. Er brauchte sich überdies nicht mit einem Koalitionspartner abzustimmen oder den blockierenden Widerstand einer zweiten Kammer zu fürchten. In der Folge waren Blairs innenpolitische Vetorisiken bei internationalen Verhandlungen einschätzbarer als diejenigen der Bundesregierung.

Regieren als Interdependenzmanagement

Auf einer zeitlichen Achse könnte man je nach Problemkonstellation und Akteursprofil Regierungshandeln der letzten Jahrzehnte unter den Bedingungen einer verhandelnden Wettbewerbsdemokratie einordnen (vgl. Czada/Schmidt 1993a: 12):

- begrenzte Kurskorrekturen (etwa in der Zeit der sozial-liberalen Koalition im Bereich der Innenpolitik ab 1973/74 oder unter der Regierung Kohl im Bereich der Deutschlandpolitik ab 1982/83);
- weitreichende Reformen (während der Großen Koalition 1966-69 oder auch bei der Herstellung der deutschen Einheit, der Erarbeitung und Umsetzung des Einigungsvertrages);
- verzögerte Entscheidungsprozesse (z.B. Steuerreformen, Asylgesetze, Zuwanderungsgesetz, umfassende Gesundheitsreform);
- komplette Blockaden (eher die Ausnahme; in unmittelbarer zeitlicher Nähe von Bundestagswahlen analysierbar, so auch die von Kanzler Kohl geplante Steuerreform 1997/98).

5 Ein Überblick zu diesem vor allem im politikwissenschaftlichen Teilgebiet „Internationale Beziehungen" diskutierten Themenfeld findet sich bei Kohler-Koch 1998 und Fröhlich 2005.

Die hier skizzierten Faktoren und Nebenregierungen der verhandelnden Wettbewerbsdemokratie sind typische Merkmale des Regierens in Deutschland, die nachfolgend weiter ergänzt werden sollen.

3.2.2 Kanzlerdemokratie

Der Parlamentarische Rat hatte sich 1949 konsequent für ein parlamentarisches Regierungssystem entschieden. Diese Konstruktion entsprach dem Gebot des Antitotalitären und dem Rückbezug auf das Weimarer System. Die Einführung des parlamentarischen Regierungssystems im Bundesstaat resultierte daraus ebenso wie die Stärkung des Regierungschefs. Der gesamte Exekutivbereich liegt in der Obhut der parlamentarisch verantwortlichen Regierung. Der Bundeskanzler ist parlamentarisch verantwortlich und legitimiert. Diese Primärlegitimation und die verfassungsrechtlich hervorgehobene Richtlinienkompetenz nach Art. 65 GG bewirken gemeinsam, dass vom Strukturmerkmal der „Kanzlerdemokratie" gesprochen werden kann (März 2002: 69ff.).

Kanzlerdemokratie

Der Begriff ist bislang nicht konsensfähig definiert. Er etablierte sich in der politischen Publizistik der Adenauerzeit.[6] Breitenwirkung erfuhr der Begriff durch Dolf Sternberger, der ihn mehrfach in der politischen Essayistik der fünfziger Jahre verwendete. Er nutzte den Begriff als Kurzcharakteristik der Kanzlerzentriertheit in der ersten Legislaturperiode (Sternberger 1953: 491). Karl Dietrich Bracher erschloss ihn für die Politikwissenschaft erstmals in den sechziger Jahren (Bracher 1964). Karlheinz Niclauß entwickelte ein Kriterienraster zur Problematisierung des Begriffs (Niclauß 2004; März 2002: 77ff.).

Die Kennzeichen des politischen Entscheidens im parlamentarischen System der Bundesrepublik Deutschland kommen besonders prägnant zum Ausdruck, wenn man dieses politische System als parlamentarisches Regierungssystem mit Kanzlerhegemonie bezeichnet. Der Handlungsverbund zwischen Regierung und Parlamentsmehrheit wird durch ein verfassungsrechtlich geschütztes starkes Kanzlersystem gekennzeichnet. Im Begriff der „Kanzlerdemokratie" bündeln sich (hierzu Hennis 2004; Niclauß 2000):

parlamentarisches Regierungssystem mit Kanzlerhegemonie

- Unterstellte personale Führungsqualitäten („Frauen und Männer machen Geschichte"): Hier kann das persönliche Prestige des

Frauen und Männer machen Geschichte

[6] Udo Wengst erwähnt, dass das Regensburger Tageblatt vom 4. September 1949 von einer zu erwartenden Kanzlerdemokratie spricht (Wengst 1986). Das scheint der älteste Beleg für die Verwendung des Begriffs zu sein.

Kanzlers bei zunehmend ausgeprägter Personalisierung der politischen Auseinandersetzungen angeführt werden. Auch das besondere persönliche Engagement in der Außenpolitik gehört in diese Kategorie. Der Führungsanspruch wird zumeist dadurch unterstrichen, dass es eine Personalunion zwischen Regierungschef und Parteichef gibt. Nur Helmut Schmidt (SPD) war als Kanzler nicht Vorsitzender seiner Partei.

Am Anfang war Adenauer

- Historische Bezugsaspekte („Am Anfang war Adenauer"): Die Begriffsprägung ergibt sich durch die Amtsführung des ersten Kanzlers Adenauer, der die historische Chance des Anfangs nutzte. Umstritten bleibt, ob der Entscheidungsstil der Adenauerzeit einem verallgemeinerbaren Regierungstypus entspricht. Dabei rücken immer deutlicher die Sonderbedingungen, die den ersten Bundeskanzler zu seinem spezifischen Regierungsstil veranlassten, in den Blickpunkt. Ein kooperativer und moderierender Führungsstil, der heute stärker die Koalitionspartner in der Parteiendemokratie berücksichtigen muss und hinter den Kulissen wirkt, fordert Koordinationskompetenz als Führungsleistung.

Top-Down-Modell

- Annahmen über hierarchisch ausgerichtete Steuerungsprozesse politischer Entscheidungen: Trotz funktionaler Differenzierung und transnationaler Verflechtung folgt die Konnotation des Begriffs „Kanzlerdemokratie" dem sogenannten Top-Down-Modell: Systemlogisch wird die Perspektive von oben nach unten, von der Machtspitze zum Vollzug unterstellt. Das hängt mit der starken verfassungsrechtlichen Stellung des Kanzlers zusammen. Er ist nur durch das konstruktive Misstrauensvotum (Art. 67 GG) zu stürzen, ihm obliegt die Ministerauswahl (Art. 64 GG) und er verfügt über die Richtlinienkompetenz (Art. 65 GG). Organisatorisch wird diese Spitzenstellung durch das Bundeskanzleramt und das Presse- und Informationsamt der Bundesregierung untermauert.

Die Entwicklung hin zur Kanzlerdemokratie ist keineswegs nur in Deutschland zu beobachten. Auch andere parlamentarische Regie-

Faktoren der Kanzlerdemokratie

1. Dominanz des Kanzlerprinzips über Kabinetts- und Ressortprinzip
2. Persönliches Prestige
3. Enge Verbindung zwischen Kanzlerschaft und Führung der größten Regierungspartei
4. Gegensatz zwischen Regierungslager und Opposition
5. Engagement des Bundeskanzlers in der Außenpolitik

Quelle: Niclauß 2004: 67-100.

rungssysteme geben dem Chef der Exekutive einen beständig anwachsenden Machtanteil. Während sich in Großbritannien die Entwicklung vom „Cabinet Government" zum „Prime Ministerial Government" aufgrund der gewandelten politischen Bedingungen und der zunehmenden Aufgaben des Staates fast automatisch ergeben hat, beruht die deutsche Entwicklung indes primär auf den Vorgaben des Grundgesetzes (Sontheimer u.a. 2007: 294f.; Sturm 2003; Hübner/Münch 1999; auch Murswieck 2003a).

Die politische Praxis der Kanzlerdemokratie ist dabei jedoch stark abhängig von einer wichtigen institutionellen Ressource des Bundeskanzlers, dem Bundeskanzleramt. Dieses auf den ersten Blick, gerade im Vergleich zu traditionellen Ministerien, eher als bloßes Verwaltungsanhängsel der Bundespolitik erscheinende „Amt" hat zentrale Bedeutung für Politik und Regieren in der Bundesrepublik. Ein näherer Blick auf seine Entwicklung, Funktionen und Aufgaben ist unerlässlich bei der Diskussion der Kategorie „Kanzlerdemokratie". Das soll nachfolgend mit Beispielen aus dem Bereich der deutschen Außenpolitik geschehen. Daran lässt sich besonders anschaulich das Zusammenspiel zwischen Kanzler- und Ressortprinzip dokumentieren.

Das Bundeskanzleramt

Bundeskanzleramt als Machtquelle des Kanzlers

Man kann die Errichtung des Bundeskanzleramtes auf den 16. September 1949 datieren (Busse 2001: 22ff.). Bundeskanzler Konrad Adenauer lehnte es ab, die Vorgängerin des Kanzleramtes, die Frankfurter Direktorialkanzlei des Verwaltungsrates des Vereinigten Wirtschaftsgebietes (Bizone) mit ihrem Personal zu übernehmen. Kraft seiner Organisationsgewalt formulierte Adenauer in seiner ersten Regierungserklärung am 20. September 1949: „Deutschland ist infolge von Besatzung, Ruhrstatut, Marshallplan usw. enger mit dem Ausland verflochten als jemals zuvor. Diese Angelegenheiten werden in einem im Bundeskanzleramt zu errichtenden Staatssekretariat zusammengefasst werden" (Korte 2002: 279; dazu auch Knoll 2004; Korte 2006). Deutsche Außenpolitik entstand inhaltlich und institutionell bis 1955 im Kanzleramt. Das lag auch darin begründet, dass der Bundeskanzler bis 1955 auch die Funktion des Außenministers übernahm. Am 5. November 1949 wurde das Palais Schaumburg (Bonn) zum Amtssitz des Bundeskanzlers bestimmt. Adenauer baute das Amt zusammen mit den Kanzleramtschefs Franz-Josef Wuermeling (1949-51), Otto Lenz (1951-53) und besonders Hans Globke (1953-1963) als zentrale Steuerungsinstanz aus (Baring 1969: 1ff.). Seit dem Frühjahr 2001 hat das Bundeskanzleramt seine neuen Diensträume in unmittelbarer Nähe des Berliner Reichstages bezogen. Für die deutsche Außenpolitik blieb das Kanzleramt politische

Führungszentrale, wenn auch nicht mehr in der nach außen sichtbaren Dominanz der ersten Nachkriegsjahre.

Im Vorwort zum Haushaltsplan des Bundeskanzlers und des Bundeskanzleramtes heißt es zu den Funktionen und Aufgaben: „Zur Durchführung seiner Aufgaben bedient sich der Bundeskanzler des Bundeskanzleramtes, das vom Chef des Bundeskanzleramtes geleitet wird. Das Bundeskanzleramt hat den Bundeskanzler über die laufenden Fragen der allgemeinen Politik und die Arbeit in den Bundesministerien zu unterrichten. Es hat die Entscheidungen des Bundeskanzlers vorzubereiten und auf ihre Durchführung zu achten" (BGBl.1 v. 7. Juni 1950: 199). Im Grundgesetz hingegen bleibt die Suche nach den Aufgabenbereichen des Kanzleramtes vergebens. Das faktische Aufgabenfeld reicht vom Sekretariat bis zur Regierungszentrale. „Führen, Koordinieren, Strippen ziehen" (Mertes 2001: 62; Mertes 2003; Gros 1998: 97ff.; König 2001) sind die Merkmale, die auch für die Außenpolitik des Kanzleramtes zutreffen.

Aufgaben des Kanzleramtes: Führen, Koordinieren, Strippen ziehen

„Führen"

Grundgesetz und Geschäftsordnung der Bundesregierung geben dem Kanzler eine starke Stellung. Dieser Führungsanspruch lässt sich aus dem Prinzip ableiten, wonach der Bundeskanzler die Richtlinien der Politik bestimmt. Kraftvoll wird es angereichert durch das Kabinettsbildungsrecht (Art. 64 Abs. 1 GG), die Leitungskompetenz (Art. 65 Satz 4 GG) und die aus beiden Elementen hergeleitete Organisationsgewalt des Bundeskanzlers. Doch wie der Kanzler die Richtlinienkompetenz ausübt, hängt von seiner konkreten und individuellen Führungsleistung, seinem Regierungsstil, ab. Der eigentliche Kern dieser Führungsleistung ist weder durch die Verfassungsnormen noch durch Geschäftsordnung oder Kapazität des Kanzleramtes zu erfassen. Längst ist man dazu übergegangen, stärker die strukturellen Fragen der Regierbarkeit zu betrachten. Schlagworte wie Parteien-, Medien- und Koordinationsdemokratie deuten auf die Gegenpole der Kanzlerdemokratie hin: die Eingebundenheit des Kanzlers, die ihn zumeist hinter den Kulissen moderieren lässt. Außenpolitischen Führungsanspruch dokumentierten die Kanzler häufig in ihren Regierungserklärungen. Adenauer verwies vor der Ernennung des ersten Außenministers Heinrich von Brentano 1955 ausdrücklich darauf, dass die Richtlinien in der Europapolitik sowie der Politik gegenüber den USA und der Sowjetunion weiterhin strikt beim Kanzler verbleiben sollten. In der Ostpolitik spielte das Kanzleramt unter Willy Brandt seine zentrale Stellung ebenso aus wie bei Helmut Schmidt im Bereich der Außenwirtschaftspolitik oder bei der Deutschland- und Europapolitik Helmut

Kohls. In der Amtszeit Gerhard Schröders zog das Kanzleramt während des historisch erstmaligen Kriegseinsatzes der Bundeswehr im Kosovo 1999 sowie bei der Unterstützung der USA in Afghanistan und bei den diplomatischen Auseinandersetzungen im Vorfeld des Irak-Krieges 2003 alle Führungsaufgaben an sich.

Dieses Verhalten des Kanzleramtes lässt sich auch für die Regierung Merkel feststellen. Unter den Bedingungen der Großen Koalition kam es erwartungsgemäß zu einer Reihe von Irritationen in der Europa-, Afghanistan- oder China-Politik, die durch die Nominierung des Außenministers Steinmeier zum Kanzlerkandidaten der SPD noch zusätzlich akzentuiert wurden.

„Koordinieren"

Die Koordinationsfunktion des Kanzleramtes besteht vor allem bezüglich der Zusammenarbeit der Fachressorts. Für die Außenpolitik kommen hierbei insbesondere dem Auswärtigen Amt (AA) und dem Bundesministerium der Verteidigung (BMVg) eine dominante Rolle zu. Nach § 11 der Geschäftsordnung der Bundesregierung (GOBReg.) hat das Auswärtige Amt zwar die zentrale Kompetenz bei der Führung der auswärtigen Angelegenheiten. Diese Generalkompetenz ist jedoch sachlich durch die verfassungsrechtlich starke Stellung des Kanzlers und seiner außenpolitischen Mitarbeiter im Kanzleramt sowie die Zuständigkeiten des Bundesministeriums der Verteidigung, Bundesministeriums für Wirtschaft und Arbeit, Bundesministeriums für wirtschaftliche Zusammenarbeit, Bundesministeriums für Bildung und Forschung und Bundesministeriums der Finanzen aufgeweicht. In der Regel ist die ursprüngliche Generalkompetenz des Auswärtigen Amtes in der Praxis zu einer Mitzeichnungskompetenz verkümmert (Krause/Wilker 1978: 40). Das Ressortprinzip kommt grundsätzlich darin zum Ausdruck, dass innerhalb der Richtlinien des Bundeskanzlers jeder Bundesminister seinen Geschäftsbereich selbstständig und unter eigener Verantwortung leitet (Art. 65 Satz 2 GG). Das ergänzende Kollegialprinzip bestimmt, dass bestimmte Entscheidungen der Bundesregierung als Kollegialorgan vorbehalten sind. Art. 65 Satz 3 GG erwähnt dabei explizit nur den Fall der Meinungsverschiedenheiten zwischen Bundesministerien. Weitergehend ist jedoch mit dem Kollegialprinzip gemeint, dass alle Angelegenheiten von Bedeutung – darunter auch die außenpolitischen Angelegenheiten – der Bundesregierung zur Beratung und Beschlussfassung zu unterbreiten sind (gemäß § 15 GOBReg.).

Kanzleramt zwischen Ressort- und Kollegialprinzip

„Strippen ziehen"

Operative Planung, taktisches Koordinieren und zentrale Steuerung nutzen dem politischen Generalstab des Bundeskanzlers wenig, wenn nicht auch Koalitions- und Parteiprinzip mitbedacht werden (Korte 2001a: 517ff.; Mertes 2001: 67f.; Gros 1998: 46ff.). Die Bundeskanzler sind Repräsentanten ihrer Parteien. Was als Kanzlermacht durch institutionelle Regelungen oder durch die „Mitregierungen“ an Machtpotential abhanden gekommen ist, kann durch Parteimacht im Zusammenspiel mit der Bundestagsfraktion kompensiert werden. „Strippen ziehen“ bezieht sich jedoch auch auf den kleineren – aber mehrheitspolitisch unentbehrlichen – Koalitionspartner. Dieser stellte nicht nur seit 1963 den Vizekanzler, sondern seit 1966 auch kontinuierlich den Außenminister (davon 29 Jahre durch FDP-Minister). Die Koalitionsdemokratie hat nicht nur die Regierungspraxis insgesamt stabilisiert. Sie hat auch die Wege der politischen Entscheidungsfindung geprägt. Informelle Entscheidungsmuster sind zum Kennzeichen des durch Kanzler und Kanzleramt organisierten Führungsstils geworden. Regelmäßige Koalitionsrunden konnten zum „quasi-staatlichen Entscheidungsorgan“ (Schreckenberger 1992: 13) aufsteigen. Die Intensität der außenpolitischen Arbeitsteilung zwischen Kanzleramt und Auswärtigen Amt hing in diesem Kräfteparallelogramm häufig von machtpolitischen Konstellationen ab, weniger von inhaltlich klar abgegrenzten Zuständigkeitsbereichen.

Das Kanzleramt als Drehkreuz des Kanzler-, Ressort-, Kollegial-, Partei- und Koalitionsprinzips

Das Bundeskanzleramt ist somit das Drehkreuz des Kanzler-, Ressort-, Kollegial-, Partei- und Koalitionsprinzips. Von hier aus erfolgt die Koordination der Exekutive, die immerhin rund 25.000 Beamte und Angestellte in den Bundesministerien und Bundesbehörden umfasst. Das Kanzleramt ist ein Sekretariat der Bundesregierung. Gleichzeitig stellt es gegenüber den Ressorts kein „Überministerium“ dar. Das Kanzleramt hat kein Weisungsrecht gegenüber den Fachministerien (Busse 2001: 53ff.). Diejenigen Chefs des Kanzleramtes, die nicht beamtete Staatssekretäre waren, sondern der Bundesregierung angehörten, titulierten sich stets als „Bundesminister für besondere Aufgaben“ ohne Portefeuille. Im Verhältnis zum Bundestag und zum Bundesrat hat die Bundesregierung ebenfalls das Recht zur Einbringung von Gesetzentwürfen gemäß Art. 76 GG. Für die Zuleitung dieser Gesetzesentwürfe der Bundesregierung ist das Kanzleramt zuständig.

Im Kanzleramt arbeiten zur Zeit etwa 500 Personen. Jeder politische Machtwechsel hatte personalpolitische Konsequenzen (König 2001: 15ff.). Zu einer sichtbaren Ausweitung und Partei-Politisierung des Personalbestandes kam es unter dem Kanzleramtschef Horst Ehmke (SPD) (1969-1972) in der ersten Amtszeit von Bundeskanzler Brandt. Von der Aufstockung des Personalbestandes um beinahe 100 Prozent erhoffte sich Ehmke eine striktere Planungsmöglichkeit des Regierens (Seemann 1976: 33ff.). Eine personelle Ausweitung setzte auch im Zuge der deutschen Einheit sowie nach dem Machtwechsel von 1998 ein (König 2001; Derlien/Murswiech 2001).

Leitungsbereich und Arbeitsebenen

Das Kanzleramt gliedert sich in einen Leitungsbereich und sogenannte Arbeitsebenen (S. Fröhlich 2001: 51ff.; Korte 1998: 31ff.; Bierling 1999: 37ff.). Zum Leitungsbereich gehören neben dem Bundeskanzler die jeweiligen Staatsminister beim Bundeskanzler sowie die ihnen zugeordneten Leitungsstäbe und persönlichen Büros (Busse 1994: 111ff.). Die Leitung des Bundeskanzleramtes nimmt der Chef des Bundeskanzleramtes im Schnittpunkt von Verwaltung und Politik wahr. An seinem Aufgabenbereich kann man die Doppelfunktion des Kanzleramtes ablesen: Zentrale und Sekretariat der Bundesregierung und des Kabinetts sowie gleichzeitig Behörde des Bundeskanzlers. Die §§ 16 und 21 der Geschäftsordnung der Bundesregierung beschreiben die Aufgaben des Chefs des Bundeskanzleramtes. Dieser nimmt eine wichtige Schlüsselstellung ein: Er bereitet die Kabinettsitzungen vor, an denen er auch selber teilnimmt und setzt die Tagesordnung fest. Beschlussfassung und Durchführung der Regierungsarbeit hat der Chef des Kanzleramtes zu organisieren. Er ist für die Gesamtkoordinierung der Regierungsaufgaben zuständig und fungiert als eine Art Frühwarnsystem für den Bundeskanzler: Je mehr der Chef des Bundeskanzleramtes auch in der Partei und in der Fraktion verankert ist, desto eher kann er den Bundeskanzler rechtzeitig darüber informieren, wann Themen politisch brisant werden und akuter Entscheidungsbedarf besteht. Kanzler Kohl rekrutierte nach 1984 systematisch die Ersten Parlamentarischen Geschäftsführer der Unionsfraktion im Deutschen Bundestag (Schäuble, Seiters, Bohl) für das Amt des Kanzleramtschef. Kanzler Schröder besetzte dagegen mit Bodo Hombach und ab 1999 Frank-Walter Steinmeier diese Position mit Nicht-Parlamentariern. Gleiches gilt für Angela Merkel, die mit Thomas de Maizière ebenfalls keinen Bundestagsabgeordneten aus ihrer Fraktion zum Kanzleramtschef ernannte. Die Parteienforscher Franz Walter und Kay Müller kommen in ihrer Studie über die Chefs des Kanzleramtes als sogenannte stille Elite in der Schaltzentrale des parlamentarischen Systems zu folgendem Ergebnis:

Chef des Bundeskanzleramtes

„Kanzleramtschefs sind ein besonderer, ziemlich ungewöhnlicher Typus der politischen Elite. Sie haben überdurchschnittlich viel Einfluss, aber die Öffentlichkeit nimmt sie kaum wahr. Das aber darf einen guten Kanzleramtschef nicht stören. Im Gegenteil, er muss gerade darin seine Befriedigung, den Eros des Politischen finden: Macht gleichsam intim, im

> Dämmerlicht auszuüben. Je verborgener und undurchsichtiger, je leiser und geräuschloser er agiert, desto besser. Gerät ein Kanzleramtschef in die Schlagzeilen, dann hat er etwas falsch gemacht.
> Ein guter Kanzleramtschef darf seinem Kanzler niemals die Show stehlen. Er muss graue Eminenz bleiben. Aber als Eminenz müssen ihn die relevanten politischen Zirkel der Macht schon wahrnehmen, achten und ein bisschen fürchten. Ein guter Kanzleramtschef verfügt über ein beträchtliches Insiderwissen und exzellente Verbindungen, die den Respekt fundiert, den man vor ihm haben sollte, damit er das schwierige Regierungsgeschäft in einer Arena voll von Interessendivergenzen, Rivalitäten, Eifersüchteleien und Eitelkeiten erfolgreich managen kann. Dabei helfen personelle Netze, die sich über die verschiedenen Zentren der fragmentierten Macht im bundesdeutschen Parlamentarismus spannen. Mittels dieser personellen Flechtwerke kann der Kanzleramtschef die politischen Stimmungen erhorchen, kann zum Frühwarnsystem des Kanzlers werden, kann die parzellierten Teile des Regierungslagers wirksam koordinieren. Aber eben: Leise hat das zu geschehen, unauffällig, behutsam." (Walter/Müller 2002: 500f.)

Abteilungen, Gruppen, Referate

Die sogenannte Arbeitsebene des Kanzleramtes besteht aus sechs Abteilungen. Diese sind jeweils in Gruppen und diese wiederum in Referate gegliedert. Der Aufbau orientiert sich sowohl spiegelbildlich an den jeweiligen Ressorts als auch querschnittsmäßig an ressortübergreifenden Fragen. Für die Außenpolitik ist die Abteilung 2 verantwortlich. Hier werden in drei Gruppen mit insgesamt neun Referaten die Bereiche Auswärtige Beziehungen, Entwicklungspolitik, Europapolitik und Sicherheitspolitik bearbeitet. Viele Mitarbeiter dieser Abteilung entstammen dem Auswärtigen Amt. Sie sind für begrenzte Zeit vom Auswärtigen Amt ins Kanzleramt versetzt worden. Dieses Rotationsverfahren wurde 1970 eingeführt (Busse 1994: 128).

Die außenpolitische Abteilung

Der fast spiegelbildliche Aufbau der Gruppen gegenüber dem Auswärtigen Amt weist auf die Notwendigkeit einer möglichst umfassenden Zusammenarbeit zwischen beiden Institutionen hin. Das vereinfacht Zugriffsmöglichkeiten auf Informations- und Organisationsstrukturen (Siwert-Probst 1998: 16). Die Abteilung 2 kann auf Grund der knappen personellen Besetzung keine selbständige Aufarbeitung aller außenpolitischen Sachverhalte leisten. Eine enge Verzahnung mit dem Auswärtigen Amt durch administrative Interaktionsprozesse ist daher zwingend erforderlich. Reibungspunkte ergeben sich häufig aus der personalpolitischen Konstellation zwischen dem Abteilungsleiter und dem Außenminister. Die Gründe dafür sind auf der machtpolitischen Ebene anzusiedeln. In der Regel wurde die Abteilung 2 mit einem erfahrenen Diplomaten aus dem Auswärtigen Amt besetzt. Doch die Loyalität dieser Spitzenbeamten im Kanzleramt gilt primär dem Bundeskanzler. Denn in der Riege der Abteilungsleiter im Kanzleramt kommt den außenpolitischen Chefs stets eine herausgehobene Rolle zu. Zumeist sind sie enge politische Berater des jeweiligen Kanzlers. Folgende Abteilungsleiter im Range außenpolitischer Kanzlerberater arbeiteten im Kanzleramt: Herbert Blankenhorn und ab 1960 Horst Osterheld (für Adenauer, Erhard, Kiesinger), Egon Bahr (für Brandt), Carl-Werner Sanne (für Schmidt), Horst Teltschik und Joachim Bitterlich (für Kohl), Michael Steiner und Bernd Mützelburg (für Schröder) und für Bundeskanzlerin Merkel Christoph Heusgen.

Zwei Sonderaufgabenfelder lassen sich für das Kanzleramt im Umfeld der Außenpolitik benennen: die Zuständigkeit für den Bundesnachrichtendienst und bis 1990 auch das operative Geschäft der Deutschlandpolitik (Weidenfeld/Korte 1999).

Deutschlandpolitik als operativer Bereich des Kanzleramts

Deutschlandpolitik war zu jeder Zeit Chefsache (Korte 1998a). Die Zahl der Akteure und vermeintlichen Mitgestalter in diesem Feld des Regierungshandelns war nie groß. Die Richtlinienkompetenz des Kanzlers erstreckte sich auch auf wichtige operative Details. Operativ und normativ gestaltete das Kanzleramt damit monopolartig die Beziehungen zur DDR. Es war Schaltzentrale und Hauptgesprächspartner der DDR. Das ausgeprägte Maß an hierarchischer Autorität der Regierungszentrale gegenüber den Ressorts blieb deutschlandpolitisch unangetastet. Durch Organisationserlass vom 25. April 1974 hatte Bundeskanzler Brandt gemäß § 9 der Geschäftsordnung der Bundesregierung angeordnet, dass die Zuständigkeit für die Ständige Vertretung der Bundesrepublik Deutschland in Ost-Berlin dem Chef des Bundeskanzleramtes zugewiesen wurden, dem damit auch deutschlandpolitisch eine herausragende Koordinationsaufgabe zufiel. In der Regel waren die Chefs des Kanzleramtes damit auch gleichzeitig innerdeutsche Topmanager des Kanzlers, was in besonderer Weise unter Kanzler Kohl – mit Schäuble und Seiters – sichtbar wurde. Sie führten nicht nur Geheimverhandlungen, sondern koordinierten auch die Treffen der sogenannten Bonner Vierergruppe – des Viermächte-Botschafterlenkungsausschuss (Korte 1998: 56f.) – zur Abstimmung mit den westlichen Verbündeten. Unter den Bundeskanzlern Brandt und Schmidt spielten dagegen die Bonner Ständigen Vertreter in Ost-Berlin (Gaus, Bräutigam) bzw. die Staatssekretäre beim Bundeskanzler (Bahr, Wischnewski) eine deutschlandpolitisch vergleichbar wichtige Rolle.

Auch die berlinspezifischen Fragen zog das Kanzleramt an sich. Nach dem Vier-Mächte-Abkommen sollte die Bundesregierung „in den Westsektoren Berlins bei den Behörden der drei Regierungen und beim Senat durch eine ständige Verbindungsbehörde vertreten sein". Das erfolgte nach dem Erlass vom 2. Juni 1972 durch den sogenannten Bevollmächtigen der Bundesregierung in Berlin (Korte 1998: 47). Der Bevollmächtigte war auch dem Kanzleramt zugeordnet.

Herausgehobene Stellung des Kanzlers in der Außenpolitik

Die herausgehobene Bedeutung des Kanzlers im systemischen und organisatorischen Umfeld der Bundesregierung wird besonders am Politikfeld der deutsche Außenpolitik sichtbar. Deshalb soll dies nachfolgend exemplarisch erörtert werden:

Die meisten Bundeskanzler starten als Innenpolitiker mit wenig außenpolitischer Erfahrung. Sie profilieren sich erst im Amt als Außenpolitiker und sind somit von Beginn an in höchstem Maße auf den internen Sachverstand des Hauses angewiesen. Spannungen zum Auswärtigen Amt resultieren jedoch nicht nur aus dieser Beraterkonstellation. Vielmehr pochen die Kanzler gerade in der Außenpolitik auf die Durchsetzung des Kanzlerprinzips gegenüber dem Ressortprinzip, um Steuerungsmöglichkeiten des Regierens freizusetzen. Hinzu kommt eine koalitionspolitische Herausforderung für den Kanzler, der in der Regel nicht dem kleineren Koalitionspartner das außenpolitische Terrain als Profilierungsfläche alleine überlassen will. Im Auswärtigen Amt blickt man häufig mit Misstrauen auf die eigensinnigen, zunehmend einflussreichen Ansprechpartner im Kanzleramt. Bundeskanzler Kohl brach 1982 mit der Tradition, einen Diplomaten aus dem Auswärtigen Amt zum Abteilungsleiter zu machen (Korte 1998: 37f.). Horst Teltschik war kein Berufsdiplomat, sondern Leiter des Bundestagsbüros von Kohl. Er organisierte für den Kanzler, häufig unabhängig vom Auswärtigen Amt, eigene internationale Netzwerke. Die Wahl Teltschiks war ein Signal, womit Kohl von Beginn an Anspruch auf ein außenpolitisches Eigenprofil erhob.

Konzeptionelle außenpolitische Weichenstellungen verbinden sich mit einigen dieser abteilungsleitenden Kanzlerberatern, so z.B. Egon Bahr in der Ost- und Deutschlandpolitik und Horst Teltschik in den Zwei-Plus-Vier-Verhandlungen. Für den außenpolitisch ebenfalls unerfahrenen Kanzler Schröder sicherte Michael Steiner zwischen 1998 und 2002 einen selbstbewussten und unbefangenen Stil in der deutschen Außenpolitik der Berliner Republik (Korte 1998b; Korte 2003).

Auch im Bereich deutscher Europapolitik tritt das Kanzleramt als zentraler Akteur auf (Bulmer u.a. 1998: 26ff.; S. Fröhlich 2001: 187ff.; Gaddum 1994; Sturm/Pehle 2006). Zum ersten spielt das Kanzleramt eine Schlüsselrolle bei allen bilateralen Beziehungen mit den

EU-Partnern, wie beispielsweise im Falle des „Blair-Schröder-Papiers" von 1999. Zum anderen besitzt das Kanzleramt strategische Bedeutung bei der Vorbereitung von Treffen der Staats- und Regierungschefs im Europäischen Rat. Das Kanzleramt unterstützt drittens europapolitische Initiativen, die der Kanzler ohne Rücksicht auf besondere Ressortzuständigkeiten immer wieder ergreift. Wie lässt sich vor diesem Hintergrund die Koordination außenpolitischer Regierungstätigkeit beschreiben?

Koordination außenpolitischer Regierungstätigkeit

1. Kabinettsebene: In der Regel findet einmal wöchentlich eine Kabinettsitzung statt. Dies sind Sitzungen der Bundesregierung als Kollegialorgan. Der Chef des Kanzleramtes legt in Abstimmung mit den beamteten Staatssekretären der Ressorts die Tagesordnung fest. Formal stellt das Kabinett das wichtigste Entscheidungsorgan der Exekutive dar. Jede Sitzung wird intensiv vorbereitet. Kabinettsreife erhalten Beschlussvorlagen nur, wenn alle der Koordinierung dienenden Konsultationen zwischen den Ressorts und den Koalitionspartnern im Vorfeld einvernehmlich abgeschlossen sind. Seit den achtziger Jahren hat sich ein spezifisches Umlaufverfahren (TOP-1-Liste) herauskristallisiert, wonach bestimmte Angelegenheiten nicht mündlich im Kabinett erörtert werden, sondern auf dem schriftlichen Wege eine Zustimmung der Regierungsmitglieder eingeholt wird. Das galt jedoch nur in absoluten Ausnahmefällen – wie Termindruck oder Beschlussunfähigkeit des Kabinetts – für die außenpolitische Agenda (S. Fröhlich 2001: 35). Außenpolitische Themen tauchen an zwei Punkten in den Kabinettsitzungen regelmäßig auf: Der wöchentlich auf der Tagesordnung stehende Punkt „Internationale Lage" gibt dem Kanzler die Möglichkeit einer außenpolitischen Lageeinschätzung, der sich im Grundsatz dann auch die Kabinettsmitglieder anzuschließen haben. Häufig wurde auch unter Punkt „Verschiedenes" die mündliche Erörterung deutschlandpolitischer Sachfragen vorgenommen (Korte 1998: 50). Das Kabinett ist zwar in erster Linie Beschlussorgan, aber besonders im außenpolitischen Umfeld dient es auch der politischen Sprachregelung innerhalb der Bundesregierung.

Bundeskabinett

2. Kabinettsausschüsse: Ursprünglich dienten die Kabinettsausschüsse dem Kanzler bei politisch prioritären Anliegen als ressortübergreifendes Koordinierungs- und Steuerungsinstrument (Schwarz 1976: 71ff.). Der Kanzler ist nominell Vorsitzender der Kabinettsausschüsse. Sie sind ein für die Kabinettsitzungen beratendes und vorbereitendes Gremium. Faktisch haben die Kabinettsausschüsse seit den 70er Jahren an Bedeutung verloren. Zwar

Kabinettsausschüsse

hat der Bedarf an Entlastung des Kabinetts nicht nachgelassen, doch fallen die ressortspezifischen Vorklärungen zunehmend in informellen Koalitionsgremien bzw. durch horizontale Selbstkoordinierung innerhalb der Ministerialbürokratie. Für die auswärtigen Beziehungen sind der Kabinettsausschuss für Europapolitik und der Bundessicherheitsrat zuständig. Die Beteiligung von zunehmend mehr Ministerien hat faktisch den 1973 gebildeten Kabinettsausschuss für Europafragen, dem im Kern zunächst die Minister für Auswärtiges, Finanz-, Wirtschafts- und Agrarfragen angehörten, durch eine je nach Problemlage zusammengestellte Ministerrunde verdrängt (Gaddum 1994: 72). Aufgewertet wurde hingegen der 1963 gebildete Ausschuss der Staatssekretäre für Europafragen als „Clearingstelle". Unter Bundeskanzler Kohl nahm der Staatsminister im Auswärtigen Amt in seiner Funktion als Vorsitzender dieses Staatssekretär-Ausschusses für Europafragen regelmäßig an den Kabinettsitzungen teil. Er besaß somit einen Sonderstatus, um den Kanzler über Europafragen zu unterrichten – unabhängig davon, ob gleichzeitig der Außenminister an den Kabinettsitzungen teilnahm oder nicht (S. Fröhlich 2001: 35).

Bundessicherheitsrat

Im Kanzleramt befindet sich auch das Sekretariat des Bundessicherheitsrates als eigenständige Unterabteilung (Gruppe 23) der außenpolitischen Abteilung. Besonders geheimhaltungsbedürftige außen- und sicherheitspolitische Fragen werden im Bundessicherheitsrat erörtert. Wer zu den ständigen Mitgliedern zählt, wurde noch einmal in einem Kabinettsbeschluss vom 16. Dezember 1998 festgelegt: der Bundeskanzler als Vorsitzender sowie die Bundesminister des Auswärtigen, der Verteidigung, des Inneren, der Justiz, der Finanzen, der Wirtschaft und der Entwicklungshilfe. Im Einzelfall kann der Bundeskanzler weitere Mitglieder der Bundesregierung hinzuziehen. Hinzu kommen drei Beamte, darunter der Kanzleramtsstaatssekretär und der Leiter der Abteilung 2.

Der Bundessicherheitsrat ist nicht zu verwechseln mit diversen Krisenstäben, welche die Kanzler je nach sicherheitspolitischer Herausforderung ad hoc bildeten (Busse 1994: 94). Im Krisenstab sollen möglichst schnell Entscheidungen koordiniert werden – wie beispielsweise militärische Entscheidungen nach den Terroranschlägen in den USA vom 11. September 2001. Diesem in keiner Geschäftsordnung geregelten Krisenkabinett – auch „Sicherheitskabinett" genannt – gehören derzeit an: der Bundeskanzler, der Bundesaußenminister, der Bundesverteidigungsminister, der Bundesinnenminister und der Chef des Bundeskanzleramtes, sowie – je nach Bedarf – weitere Fachbeamte.

Sicherheitskabinett

Entscheidend für die Bedeutung des Kanzleramtes als Machtquelle in der Außenpolitik ist nicht allein das außenpolitische Klima, das einmal zupackende und weichenstellende Entscheidungen oder ein anderes mal eher die stille Alltagsdiplomatie verlangte. Hinzukommen muss immer die besondere machtpolitische Konstellation innerhalb der Koalition. Ein doppeltes Spannungsverhältnis ist hier eingebaut: zum einen zwischen Bundeskanzler und Ressortminister, zum anderen zwischen den Koalitionsparteien (Haftendorn 1983: 3). Mal überließ das Kanzleramt fast unbeteiligt große Politikfelder wie z.B. den KSZE-Prozess (in der Ära Kohl) dem Außenministerium. Mal stellte das Kanzleramt, wie beim 10-Punkte-Programm zur deutschen Einheit (Weidenfeld u.a. 1998: 97ff.), den Außenminister vor vollendete Tatsachen und drängte ihn in eine Nebenrolle. Das Management der Macht zentrierten die Kanzler im Bundeskanzleramt. Dabei zogen alle Kanzler je nach Führungsstil (Korte 2001b: 3ff.) außenpolitische Berater aus dem Kanzleramt oder informelle Berater aus dem persönlichen Netzwerk zur Entscheidungsfindung hinzu.

Kanzlerdemokratie ist keine Alleinherrschaft

Abschließend bleibt festzuhalten, dass Kanzlerdemokratie trotz der verfassungspolitisch starken Stellung und der außenpolitischen Profilierung des Kanzlers keineswegs Alleinherrschaft bedeutet. Die Machtbalance ist sowohl institutionell mit „Barrieren gegen die Mehrheitsherrschaft" (Katzenstein 1987; Korte 1998a) als auch informell mit einer Vielzahl von verhandlungsdemokratischen Arrangements wie den bereits erwähnten Nebenregierungen abgefedert. „Am Anfang war Adenauer" (Baring 1969: 1), der als erster Bundeskanzler stilbildend dieses Amt prägte. Persönliches Prestige und ausgeprägte Personalisierung der politischen Auseinandersetzung sind seither wichtige Merkmale der Kanzlerdemokratie. Jeder der insgesamt acht Kanzler in der bundesdeutschen Geschichte prägte dieses Amt durch seine politischen Entscheidungen und seinen spezifischen Regierungsstil auf ganz persönliche Weise. Dabei standen sie jedoch auch immer im Wechselspiel mit den sie unterstützenden und tragenden Parteien.

3.2.3 Parteiendemokratie

Die Bundesrepublik Deutschland ist eine Parteiendemokratie: Für die demokratische Willensbildung sind Parteien unverzichtbar, für den Wahlakt unersetzbar, für die Regierungspraxis essentiell (Glaab/Kießling 2001; Kießling 1999; Glaab 2003). Während die Weimarer Verfassung die Parteien ignorierte, hat das Grundgesetz in Artikel 21 der zentralen Rolle politischer Parteien im demokratischen

Prozess Rechnung getragen. Das Parteiensystem ist in Deutschland von einem hohen Grad an Kontinuität und Konzentration geprägt. Dies wird institutionell durch das Wahlrecht und gesellschaftlich durch die Sozialmilieus der beiden großen Parteien unterstützt (ausführlicher hierzu Kapitel 4.4).

Zwei-Parteigruppen-System

Deutliches Kennzeichen der deutschen Parteiendemokratie ist die seit 1949 dominante Rolle der beiden großen Parteigruppierungen CDU/CSU und SPD sowie der kleineren FDP. Differenzierungsprozesse setzten erst 1983 und 1990 ein. Die Grünen konnten erstmals 1983 in den Deutschen Bundestag einziehen und damit das eingespielte Zweieinhalb-Parteiensystem entscheidend modifizieren. Nach der deutschen Einheit von 1990 kam die PDS als Bundestagspartei hinzu. Seit der Bundestagswahl 2005 existiert nun ein changierendes Fünfparteiensystem, das Wähler und Parteien vor ungewohnte, neue Herausforderungen stellt. Jenseits der Großen Koalition sind verlässlich keine Bündnisse entlang der tradierten parteipolitischen Lager mehr möglich. Bunte Zweier- und Dreier-Koalitionen – von Jamaika (schwarz-gelb-grün) bis rot-rot-grün – sind unter den Bedingungen von Vielparteien-Parlamenten und zeitgleich immer weiter schrumpfenden Volksparteien die Zukunft. Da sich die Sozialmilieus der großen Parteien seit den 80er Jahren in weiten Teilen aufgelöst haben, müssen die Parteien ein Höchstmaß an Anpassungsfähigkeit auf den neuen Wählermärkten zeigen (Korte 2000b).[7] Der Spielraum für strategisches Handeln hat sich dadurch für die Parteien erhöht: mehr inhaltliche Flexibilität bei gleichzeitig stetiger Unsicherheit über längerfristige Wählerbindungen.

Parteiendemokratie und Machtwechsel

Die Bundeskanzler sind Repräsentanten ihrer Parteien, folglich liegt eine parteiendemokratische Regierungspraxis vor. Durch die Personalisierung der Wahlkämpfe wird ein Regierungswechsel zunehmend als Austausch von (Einzel-)Personen wahrgenommen. Das bipolar gemäßigte Parteiensystem – wie es sich seit den 50er Jahren etabliert hat – hat sich selbst durch den Prozess der deutschen Einheit nicht grundlegend verändert (Kießling 1999). Machtwechsel finden zwischen den großen Volksparteien (CDU/CSU und SPD) des Zweierblock-Systems statt – entweder durch Austausch des Koalitionspartners oder wie 1998 durch einen vollständigen Austausch. Machtwechsel sind in der deutschen Parteiendemokratie somit nur als Wechsel der parteipolitischen Zusammensetzung einer Regierung denkbar. Die große und langandauernde Stabilität des Parteiensystems ist eine maßgebliche Variable für die Stabilität der Regierungen. Das Zweierblock-Parteiensystem mit Verhältniswahlrecht schmälerte bislang die Chancen zum Machtwechsel. Regieren ist in dieser Hin-

[7] Vgl. zum Aspekt der Milieusauflösung bzw. -veränderung auch Vester 2001.

sicht in Deutschland durch große Kontinuität geprägt, an der das Parteiensystem seinen Anteil hat. Die Wahrscheinlichkeit von Machtwechseln ist in angloamerikanischen Konkurrenzdemokratien wesentlich höher (Schmidt 1991a: 287).

Einfluss der Oppositionen

Wie bereits angesprochen, ist die Opposition im Bundestag dennoch nicht ganz machtlos. Sie hat in Deutschland beachtliche Mitwirkungs- und Vetorechte (Helms 2002: 40ff.). Haben Vorschläge der Opposition im Bundestag zwar kaum Aussicht auf Erfolg, so ergeben sich aus der parteipolitischen Beteiligung an den Mehrheiten der Bundesländer im Bundesrat zahlreiche indirekte Mitwirkungsmöglichkeiten.

Einfluss der Regierungsfraktion

Direkter sind die Einflussmöglichkeiten der Regierungsfraktionen. Vor allem in der ersten Phase der Regierungsbildung werden die Regierungen sehr stark von den Parteien und ihren Fraktionen kontrolliert (Niclauß 2001: 84ff.). Die Auswahl des Regierungschefs und die Bildung der Koalition mit den vorausgehenden Koalitionsverhandlungen bieten ausreichend Möglichkeiten für die Parteien, ihren Einfluss unmittelbar geltend zu machen. Nach Beginn des Alltages des Regierens lässt das Einflusspotential in der Regel wieder nach.

Parteienstaat

Der Parteienstaat ist, der einschlägigen Definition von Leibholz folgend, „seinem Wesen wie seiner Form nach nichts anderes wie eine rationalisierte Erscheinungsform der plebiszitären Demokratie oder – wenn man will – ein Surrogat der direkten Demokratie im modernen Flächenstaat“ (Leibholz 1974: 93f.). Obwohl die Parteiendemokratie in den zurückliegenden Jahrzehnten funktionierte und auch wesentlich zur Stabilität des politischen Systems beigetragen hat, ist ein Wandel in ihrer Einschätzung evident. Ämterpatronage, Herrschaft des Mittelmaßes, Verfilzung, Versagen der Urteilskraft, Machtversessenheit, Versorgungsmentalität, Parteispendenskandale, Korruption – die Partei- und Politikerverdrossenheit hat alle Bereiche des öffentlichen Lebens erfasst (Weizsäcker 1992; ausführlich hierzu Niclauß 2002: 296ff.). Dabei zeigte sich häufig eine Vermischung und Gleichsetzung von Parteien-, Politik- und Demokratieverdrossenheit.

Für die Analyse des Regierens bleibt unabhängig von dieser Bewertung der Parteien wichtig, dass ohne eine parteipolitische Verankerung der Regierung Regierungshandeln in Deutschland nicht vorstellbar ist. Die Regierungspartei ist eine zentrale Machressource und ein Stabilitätsanker des Kanzlers. Jede Sachrationalität zur Problemlösung muss sich allerdings an der Räson der Partei messen lassen. Jede Veränderung des Regierungshandelns ist programmatisch und machtpolitisch innerparteilich einzuwerben. Die Parteien dulden in der Regierungsverantwortung nur für begrenzte Zeit, dass sich die Regierungspolitik von Parteitagsbeschlüssen entfernt. Wie jedoch gestaltet der Regierungschef seinen Handlungsspielraum gegenüber seiner Partei, die er für den Machterwerb zwingend braucht und die er zum Zweck des Machterhalts einbinden muss? Diese Frage folgt einer politischen, keiner verfassungspolitischen Notwendigkeit. Denn formal sind die Parteiarbeit und die Regierungsarbeit strikt voneinander getrennt. Wahlkämpfe finanzieren offiziell die Parteizentralen, nicht das Kanzleramt oder die Staatskanzleien.

Ohne die Analyse der Parteiendemokratie kann man das politische System in Deutschland nicht hinreichend analysieren. Parteien sind im Kontext des Regierungshandelns aber nicht nur als Regierungsparteien relevant. Sie formieren ihre Macht im Deutschen Bundestag innerhalb der Fraktionen. Die Regierung geht aus dem Parlament hervor und die Mehrheitsfraktionen besetzen die Spitzenämter der Exekutive. Eine gouvernementale Mitverantwortung der Mehrheitsfraktionen beim Regieren ist erkennbar (Niclauß 2001a). Suzanne Schüttemeyer (1998) kommt in ihrer Studie über die Fraktionen des Bundestages ebenso wie Jürgen Gros (1998) zu folgendem Urteil: Die Regierungsfraktionen haben die politische und sachpolitische Führung an ihre Regierungsmitglieder delegiert. Dem engeren Fraktionsvorstand obliegt es, Regierungs- und Fraktionswille in Einklang zu bringen. Manfred Schwarzmeier spricht in diesem Zusammenhang in seiner Studie von einer „Mitsteuerung" (Schwarzmeier 2001: 49ff.). Die Regierung ist danach zwar Träger der primären Steuerungsfunktion, aber die Mehrheitsfraktionen können ihren Einfluss geltend machen, wenn ihre Vorstellungen von den Regierungsplänen abweichen.[8] Die Kontrollmöglichkeiten der Regierungsfraktionen haben demnach überwiegend informellen Charakter und müssen frühzeitig einsetzen, bevor die Weichenstellungen mit den Ministerien, den Interessengruppen und dem Koalitionspartner abgesprochen sind.

gouvernementale Mitverantwortung der Mehrheitsfraktionen

parlamentarische Mitsteuerung

3.2.4 Koalitionsdemokratie

Bislang ist es in der Geschichte der Bundesrepublik nicht vorgekommen, dass eine Partei allein die Regierungsgewalt auf Bundesebene ausgeübt hat. Vielmehr setzten sich die Bundesregierungen bislang immer aus Koalitionen zusammen (Kropp 2000; Korte 2000: 52). Unter Koalitionen versteht man Zusammenschlüsse von zwei oder mehreren Parteien, die unter der Führung derjenigen Partei, die als Wahlsieger aus den Bundestagswahlen hervorging, die Regierungsaufgaben wahrnehmen. Der Zusammenschluss wird von den Koalitionspartnern meist als Zweckbündnis auf Zeit wahrgenommen, das aber nichtsdestotrotz als Garant für Regierungsstabilität dient.

8 Dazu auch mit Fallbeispielen Müller-Russel 2002.

Das personalisierte Verhältniswahlsystem verhinderte in Deutschland absolute Mehrheiten – mit der Ausnahme von 1957, als die CDU/CSU die absolute Mehrheit an Sitzen und Stimmen errang. Doch auch in dieser Situation setzte Konrad Adenauer das Bündnis mit der DP (Deutschen Partei) fort. Es hatte sich nicht nur bewährt, sondern diente auch unter dem Gesichtspunkt der Stabilitätserhaltung dazu, die Kritik an der Alleinherrschaft einer Partei abzuschwächen. Regierungsstabilität und Integrationseffekte sollten durch diese Vorgehensweise idealtypisch zusammentreffen.

Tatsächlich muss mit dem Auszug eines Koalitionspartners aus der Regierungsverantwortung nicht automatisch das Ende einer Machtphase einhergehen. Trotz des Rückzugs der FDP 1956 gewann Adenauers CDU die Bundestagswahl 1957 triumphal. Andererseits gibt es hierzu auch Gegenbeispiele: Nachdem sich die FDP 1982 von Kanzler Schmidt getrennt hatte, war der Machtwechsel vom Oktober 1982 eingeläutet. Regierungswechsel erfolgten bis jetzt in der Regel über den Austausch eines Koalitionspartners. Die FPD war nur zwischen 1956 und 1961, 1966 und 1969 und seit 1998 nicht als Juniorpartner in der Bundesregierung vertreten. Hierin liegt eine Besonderheit des deutschen Regierungssystems. Die Koalitionsbildung mit der FDP als Partei der liberalen Mitte verweist auf einen extrem auf Kontinuität und Stabilität ausgerichteten Regierungstypus in Deutschland. Koalitionsdemokratie lässt sich sowohl durch Machtteilung als auch durch Machtbalance und die Beschränkung von Mehrheitsherrschaft kennzeichnen. Dass die Kosten des Ausstiegs aus der Koalition zumeist schwer kalkulierbar sind, trägt zusätzlich zur Bestandssicherung eines Bündnisses bei (Kropp 2000: 158).

Koalition und informelle Entscheidungswege

Die Koalitionsdemokratie hat jedoch nicht nur die Regierungspraxis stabilisiert. Sie hat auch die Wege der politischen Entscheidungsfindung geprägt. Informelle Entscheidungsmuster sind zum Kennzeichen der Bonner und Berliner Koalitionsregierungen geworden. Die Gesetze, Geschäftsordnungen und Spielregeln, nach denen im Bund regiert wird, haben sich über die Jahrzehnte nicht grundlegend verändert. Was sich änderte, liegt eher im informellen Bereich. Es lässt sich nachweisen, dass eine institutionelle Stabilisierung der bundesdeutschen Koalitionsdemokratie durch Prozesse der Informalisierung und Parteipolitisierung erfolgte (Manow 1997). Dabei haben sich die exekutiven Entscheidungsprozesse so verändert, dass die sogenannte „negative Koordination“ (d.h. reaktive, spezialisierte oder auf den Einzelfall bezogene Koordination zur Vermeidung von Wohlfahrtsverlusten) der bürokratischen Politik gezielt durch informelle Überlagerungen wie die Koalitionsarbeitsgruppen ausgeglichen wurde. Die Koalitionsrunde verdrängte weitestgehend die anfänglich einflussreichen Kabinetts- und interministeriellen Ausschüsse. Insgesamt schwächte die sektorale Ausdifferenzierung der Koalitionsgespräche langfristig das Ressortprinzip (Lehmbruch 2000: 57).

Kohls Koalitionsverständnis

Alle Kanzler waren auf die Koalition als Machtquelle angewiesen. Doch der Stellenwert, den die jeweiligen Kanzler dem Koalitionspartner zuwiesen, war nie ausschließlich von der Größenordnung der Mehrheitsverhältnisse im Bundestag abhängig. Trotz der überzeugenden Mehrheit, mit der Helmut Kohl 1983 gewählt wurde, avancierte für ihn die Koalition zur zentralen Entscheidungsarena. Kohl war über viele Jahre hinweg primär Koalitionskanzler. Kohl benötigte die FDP als starken Juniorpartner, denn er spielte häufig die CSU gegen die FDP aus und stiftete in der Rolle des Schlichters gleichzeitig CDU-Identität. Kohl brauchte die Koalition zur machtabsichernden Entscheidungsmoderation. Er nutzte die Koalitionsrunde als zentrales Führungsinstrument seines Regierungshandelns.

Schröders Koalitionsverständnis

Anders verhält es sich bei Gerhard Schröder, der seit dem Regierungsantritt 1998 auf schwache Koalitionspartner (Rudzio 2002) setzte. Gerade die derzeitige Vielfalt der Koalitionsbündnisse auf Länderebene verschaffte dem Kanzler Spielraum, um parteipolitische Blockbildungen durch interessenorientierte Netzwerke aufzubrechen: Sachkoalitionen ersetzten Parteibündnisse. Dieses Rollenverständnis von Koalitionen charakterisierte Schröders Politikstil. Seine Kanzlerschaft durchzog schon seit dem Ausscheiden von Oskar Lafontaine – dem Baumeister der rot-grünen Koalition – ein rein instrumentelles Verhältnis zum grünen Partner. Er beschrieb sein Koalitionsverständnis als „das Verhältnis zwischen Koch und Kellner" (Der Spiegel 44/1999). Der Koch ist unentbehrlich, er bestimmt Menü und Geschmack. Der Kellner ist leicht austauschbar. Er ist Zuträger, Botengänger und den Launen des Publikums ausgesetzt. Schröder war der erste Kanzler einer Koalitionsregierung, der den Titel des Koalitionskanzler zu Unrecht trug. Dieser Umstand hing nicht mit dem rechnerischen Abstand zur parlamentarischen Opposition zusammen, sondern mit Schröders Verständnis vom Regierungshandeln: Der Kanzler ist zuallererst Regierungschef, erst in zweiter Linie Parteiführer. Diesen Regierungsstil übertrug Schröder auch auf sein Verständnis vom Koalitionspartner. Den Kanzler verband kein großes parteipolitisches Reformprojekt mit den Grünen.

Schröder steuerte seine Regierung im Gegensatz zu Kohl nicht mit der wöchentlich tagenden Koalitionsrunde, sondern mit einem vierköpfigen Koordinationsgremium, das die Zusammenarbeit zwischen Partei (Scholz), Fraktion (Müntefering und Geschäftsführer Schmidt) und Kanzleramt (Steinmeier) stabilisierte. Erst öffentlich wahrnehmbare Krisen führten zur Einberufung einer Koalitionsrunde. Schröder war somit der Antitypus zur Koalitionsdemokratie, weil er Regieren primär als Chancen-Management und nicht als parteipolitische Kompromisssuche interpretierte (Helms 2001: 1497ff.).

Merkels Koalitionsverständnis

Angela Merkel musste unter den Bedingungen der großen Koalition mit den in etwa gleich starken Partnern CDU/CSU und SPD von Anfang an ein anderes Koalitionsverständnis zeigen als ihr Vorgänger Schröder. Im Koalitionsvertrag wurde die Einrichtung eines mindestens einmal monatlich tagenden Koalitionsausschusses vorgesehen, der „Angelegenheiten von grundsätzlicher Bedeutung“ zwischen den Koalitionspartnern zu regeln hätte. Tatsächlich wurden im Koalitionsausschuss eine Reihe von bedeutenden Einigungen wie die Föderalismusreform I, die Einführung des Elterngeldes oder der

Abb. 15: Informelle Entscheidungszentren

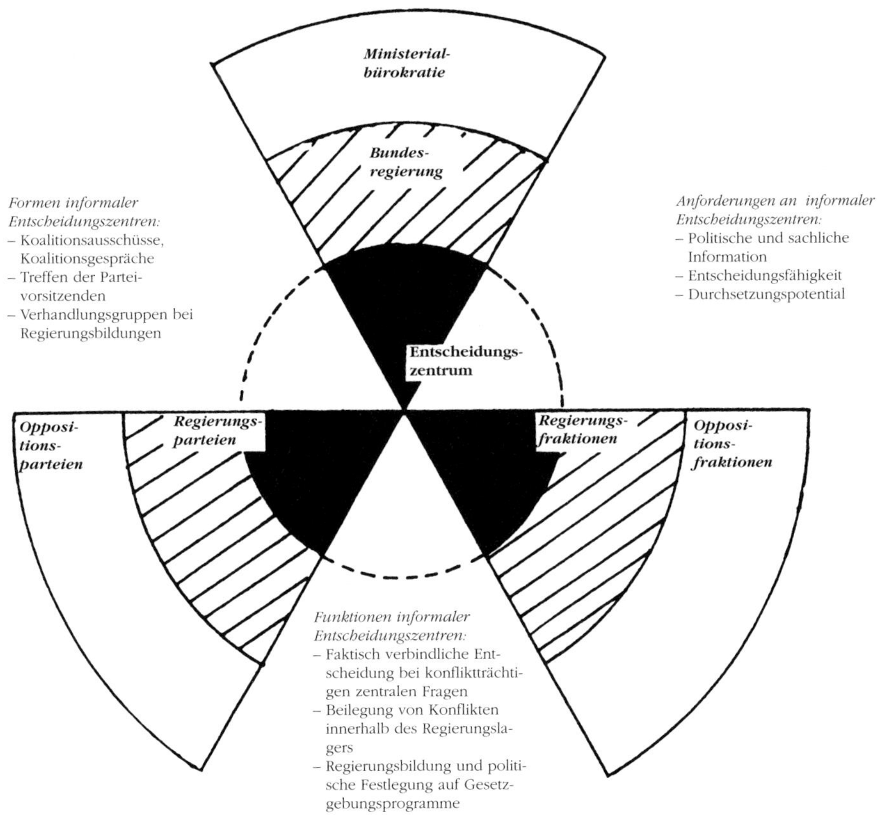

Quelle: Rudzio 2000: 298.

Anspruch auf einen Krippenplatz für Kleinkinder erziehlt. Ebenso häufig wird der Koalitionsausschuss aber auch von den Medien, der Opposition und Anhängern der CDU/CSU und der SPD für die als unbefriedigend empfundenen Ergebnisse kritisiert (Rudzio 2006).

Die Koalitionsdemokratie funktioniert nur im Zusammenspiel der Mehrheitsfraktionen des Deutschen Bundestages mit der Bundesregierung. Das relativiert gleichzeitig die permanente Behandlung des Koalitionspartners als „Kellner". Auch Juniorpartner werden zur Mehrheitsfindung wichtig – zumal bei einer knappen Mehrheit, wie im Falle Schröders nach 2002. In den 50er Jahren ließ sich sowohl eine deutliche Konzentrationstendenz hinsichtlich der Anzahl der Fraktionen als auch im Hinblick auf eine wachsenden Kohäsion der Fraktionen beobachten (Helms 1999: 153). Wie bereits erläutert stellen im parlamentarischen System Regierung und Parlamentsmehrheit einen Handlungsverbund dar. Dieser Handlungsverbund ist als Politiknetzwerk vorstellbar, das von jedem Kanzler extrem personalisiert und instrumentalisiert wird. Diese Netzwerke sind nicht das Entscheidungszentrum für die Gesetzgebung, aber sie dienen zur Reduktion von Transaktionskosten im Entscheidungsprozess. Als Entscheidungszentrum fungiert der Bundestag nur im Verbund mit der Regierung und verklammert durch die politischen Parteien der Koalition. Die konsensuelle Orientierung innerhalb der politischen Kultur der Bundesbürger hat nicht nur die institutionellen Vorgaben der Stabilitätssicherung immer wieder bestätigt. Vielmehr konnte ein „parlamentarisches Mitregieren" der Opposition in den vergangenen fünfzig Jahren als typisch deutsches Muster des Regierungssystems analysiert werden. Regieren gegen den Bundestag war für keinen Kanzler möglich (Sebaldt 2001; auch Helms 2002: 50ff.). Andererseits haben die Prozesse einer schleichenden Entparlamentarisierung durch die wachsende Rolle der Medien und die Ausdifferenzierung der Interessengruppen neue Arenen für die Kanzler geschaffen, in denen sie unabhängig von Parlamentsmehrheit und Koalitionszwängen, sozusagen im vorparlamentarischen Raum, Entscheidungsfindung betreiben können.

Handlungsverbund Regierung und Parlamentsmehrheit

3.2.5 Mediendemokratie

Regierungshandeln ist durch die Allgegenwart der Medien zunehmend kommunikationsabhängiger geworden (Korte/Hirscher 2000; Kamps 2007). Die Handlungsspielräume des Regierens haben sich in der Mediendemokratie verändert. Medienkompetenz einer Regierung gilt heute als politischer Machtfaktor. Stile, Techniken und Instrumente des Regierens haben sich seit der Durchsetzung und Intensivierung des dualen Rundfunkwesens drastisch verändert. Er ist

Politische Kommunikation ist selbst Teil der Politik

eine Ausdifferenzierung von Darstellungs- und Entscheidungspolitik zu beobachten, die in Kapitel 5 näher analysiert wird. Politische Kommunikation in der Mediendemokratie ist somit nicht nur vordringlich bei der Herstellung und Durchsetzung von Entscheidungen, sondern sie ist selbst Teil der Politik.

Strukturelle Bedingungen der Regierungskommunikation

Kennzeichnend für die Mediendemokratie der Bundesrepublik Deutschland sind die strukturellen Bedingungen der Regierungskommunikation: Die Professionalisierung der regierungsamtlichen Öffentlichkeitsarbeit lässt sich kontinuierlich nachweisen (Sarcinelli 1998). Auch völlig neue Formate der Vermittlung, wie z.B. Internet-Portale, sind seit den 90er Jahren entstanden. Trotz der strukturellen Gleichförmigkeit der Öffentlichkeitsarbeit durch das Presse- und Informationsamt der Bundesregierung formte jeder Regierungschef insbesondere über seine Vertrauensleute im Bundeskanzleramt gezielt die Medienpolitik.

Wechselwirkung zwischen Parteien- und Mediendemokratie

Markanter für die Mediendemokratie der Bundesrepublik sind jedoch die Wechselwirkungen zwischen Parteien- und Mediendemokratie. Vor allem durch das Fernsehen haben sich die Parteistrukturen in zweierlei Hinsicht verändert (hierzu ausführlicher Kapitel 4.3):

Schwächung der Delegiertenpartei

1. Die zunehmende Orientierung am politischen Meinungsklima und am vom Fernsehen vermittelten Bild der politischen Realität schwächte die etablierten Strukturen der Delegiertenpartei. Politikvermittlung erfolgt mittlerweile nicht mehr in Mitgliederversammlungen kollektiver Gesinnungsgemeinschaften, sondern – zugespitzt formuliert – über den Bildschirm. Fernsehadressierte Personalisierung mit TV-Prominenz zielt auf eine direkte Legitimation über die Öffentlichkeit unter Umgehung der Aktivisten, Funktionäre, Gremien und Delegierten. Als Dienstleistungs- und Fraktionenpartei versuchen die Parteien zunehmend die Diskrepanz zwischen ihrer eigenen Organisationslogik und der Fernsehlogik (Timing und professionelle Ausdifferenzierung etc.) zu überbrücken. In der Konsequenz führt diese Entwicklung zu einem Autonomiezuwachs für die Parteiführung und einem Machtverlust für die mittlere Parteielite.

Einfluss der Fernsehrealität

2. Im politischen Wettbewerb um Stimmenmaximierung bestimmt die wahrgenommene Fernsehrealität und nicht mehr vorrangig die programmatische Milieuverankerung der Parteien die politische Diskussion. Die Fernsehkommunikation verwischt die herkömmlichen programmatischen Unterschiede zwischen den Parteien. Sie spitzt die Unterschiede auf unterschiedliche Führungspersonen in den Parteien zu. Die Parteien versuchen den Mangel an Differenz durch ein Mehr an Show auszugleichen. Die Darstellungsebene bietet für den Machterhalt ein Differenzie-

rungspotential, das sich über die traditionellen Ideologien nicht mehr abrufen lässt.

„Amerikanisierung

Trotz dieser beiden Grundtrends, in denen eine sogenannte „Amerikanisierung“ (vgl. Gellner/Strohmeier 2001) der deutschen Parteiendemokratie tendenziell erkennbar wird, fallen die durch die Regierungssysteme bedingten Unterschiede noch immer ins Gewicht. Auf dem Weg von der Mitgliederpartei zur Kartellpartei sind die deutschen Parteien noch nicht so weit fortgeschritten wie die amerikanischen. In der Parteiendemokratie Deutschlands bleiben die Parteien dominante Akteure des politischen Prozesses. Die Rückbindung jedes Kanzlers an die Parteimacht ist essenziell. Gerade weil die Umwandlung in moderne Kartellparteien (Kapitel 4.3) noch lange nicht abgeschlossen ist, muss der Kanzler auch fernsehferne Mitgliederbedürfnisse befriedigen (etwa Rücksichtnahmen auf soziale Traditionsmilieus oder Vor-Ort-Mitgliederbesuche), um Zustimmung zu konservieren. Noch ersetzt die Talkshow nicht den Ortsverein. Die Mechanismen der Mediendemokratie gehören jedoch elementar zu den Strukturbedingungen des Regierens in Deutschland.

Die Talkshow ersetzt nicht den Ortsverein

Wie in Kapitel 5 weiter problematisiert wird, stellt sich das Thema der Mediendemokratie im Kontext des politischen Entscheidens als äußerst signifikant dar. In welcher Phase des Politik-Zyklus und bei welchen sachpolitischen Themen ist der Einfluss der Medien auf die Gesetzgebung konkret nachweisbar? Wann und wie wird somit das Regieren durch die Strukturen und Wirkungsmechanismen der Medien beeinflusst? Wie muss eine politische Botschaft kommuniziert werden, um Wirksamkeit zu entfalten?

Fazit

Verhandlungszwänge, Kanzlerdominanz, Parteienherrschaft, Koalitionsbindungen und medienadressierte politische Kommunikation kennzeichnen in unterschiedlicher Ausprägung das Regieren in Deutschland. Der fünffach strukturierte Querschnitt verdeutlicht sowohl Politikverflechtung als auch Machtverteilung in Deutschland. Die Kanzlermacht förderte durch gewaltenteilende Wirkungsmechanismen das Stabilitätsgebot in Deutschland. Alle vorgestellten Systemkennzeichen schränken zunehmend auch den Handlungskorridor für häufige Politikwechsel ein. Die Strukturmerkmale stellen – um im Bild zu bleiben – die „elastischen Wände“ dar, d.h. sie eröffnen den institutionell und machtpolitisch begrenzten Handlungsspielraum, den die politischen Akteure nutzen können.

Dem Gründergeist folgend sollte das politische System in Deutschland die Chancen für abrupte Wechsel minimieren und zu einem breiten Konsens parlamentarischer Mehrheiten beitragen. Sicherheit steht höher im Kurs als Innovation. Die spezifischen Gründungsbedingungen der Bonner Republik sowie die ökonomischen und politisch-kulturellen Entwicklungslinien fördern eine Kultur der Kontinuität (hierzu Kapitel 4.1).

Besaß das Regieren 1949 noch primär das Ziel, Einheitlichkeit ohne Zentralisierung herzustellen und somit eine stabile Machtbalance zu entwickeln, so stellen sich die Grundprobleme heute in einer anderen Dimension dar. Überverflechtung und Überkomplexität, Autonomieverlust und Vetosysteme gegen die Exekutivmacht deuten schon begrifflich an, dass sich das Regieren unter modernen Bedingungen gewandelt hat. Es bleibt im Kapitel 5.1.1 „Regierungssteuerung und Strategie" zu prüfen, welche Trends sich als moderne Strategien des Regierungsmanagements vor dem Hintergrund der systemischen Handlungskorridore abzeichnen.

Literatur

- Beyme, Klaus von (1997): Der Gesetzgeber, Opladen.
- Bleek, Wilhelm/Sontheimer, Kurt/Gawrich, Andrea (2007): Grundzüge des politischen Systems Deutschlands, München.
- Busse, Volker (2004): Bundeskanzleramt und Bundesregierung: Aufgaben, Organisation, Arbeitsweise, Heidelberg.
- Grunden, Timo (2009): Politikberatung im Innenhof der Macht. Zu Einfluss und Funktion der persönlichen Berater deutscher Ministerpräsidenten, Wiesbaden.
- Jäckel, Eberhard/Möller, Horst/Rudolph, Hermann (Hrsg.) (1999): Von Heuss bis Herzog. Die Bundespräsidenten im politischen System, Stuttgart.
- Knoll, Thomas (2004): Das Bonner Bundeskanzleramt. Organisation und Funktion von 1949-1999, Wiesbaden.
- Korte, Karl-Rudolf (2001): Regieren, in: Ders./Weidenfeld, Werner (Hrsg.): Deutschland-TrendBuch. Fakten und Orientierungen, Opladen, S. 515-546.
- Korte, Karl-Rudolf (2002): Das vereinte Deutschland 1989/90-2001, Landeszentrale für politische Bildung, Erfurt.
- Korte, Karl-Rudolf (2009): Wahlen in Deutschland, 6. Aufl., Bonn.
- Niclauß, Karlheinz (2004): Kanzlerdemokratie – Regierungsführung von Konrad Adenauer bis Gerhard Schröder, Paderborn.
- Rudzio, Wolfgang (2006): Das politische System der Bundesrepublik Deutschland, 6. Aufl., Opladen.
- Schlaich, Klaus/Korioth, Stefan (2007): Das Bundesverfassungsgericht. Stellung, Verfahren, Entscheidungen, 5. Aufl., München.
- Weidenfeld, Werner/Korte, Karl-Rudolf (1999): Handbuch zur deutschen Einheit 1949-1989-1999, Neuausgabe, Frankfurt a. M.

4. Bürger und Staat: Einstellungen, Interessen, Partizipation

Bürger legitimieren das Regieren. Der offene Wettbewerb um Ämter und Macht muss immer auch hinreichend Raum für politische Partizipation gewährleisten. Die Bürger sind nicht nur Objekte der Politik und des Regierungshandelns, sondern sind als aktive Teilnehmer in den Politikprozess eingebunden und üben somit direkten Einfluss aus. Erst durch das aktive Partizipationsverhalten der Bürger wird der im Grundgesetz fixierte institutionelle Rahmen ausgefüllt. Dies geschieht beispielsweise im Zuge institutionalisierter Partizipationsmöglichkeiten wie Wahlen, durch aktives politisches Engagement der Bürger in Parteien und Interessenverbänden, aber auch durch die Abhängigkeit staatlicher Strukturen von politischen Orientierungen und Einstellungsmustern der Bürger. Eine Darstellung von Politik und Regieren in der Bundesrepublik muss daher zwangsläufig auch das Verhältnis zwischen Bürgern und politischem System ins Blickfeld rücken. Der in den vorangegangenen Kapiteln dargestellte institutionelle Rahmen des Grundgesetzes sowie die Strukturmerkmale des Regierens dienen hierbei als Folie, um den Blick auf die Möglichkeiten und Grenzen der Regierung und ihrer Instrumentarien im Verhältnis zu den Bürgern zu richten. Folgende Aspekte stehen dabei im Vordergrund: Unter welchen gesellschaftlichen Rahmenbedingungen finden Politik und Regieren in der Bundesrepublik statt? Wodurch ist das Verhältnis zwischen Bürgern und staatlichen Institutionen und Akteuren gekennzeichnet? Welche Konsequenzen ergeben sich daraus für zentrale Elemente des politischen Systems wie die Parteien, organisierte Interessen im politischen Prozess und Wahlen sowie die Frage der Partizipation der Bürger an politischen Entscheidungsprozessen? Welche Folgen hat dies insgesamt für die Legitimität, Wirksamkeit und Akzeptanz von Politik und Regierungshandeln in der Bundesrepublik?

Gliederung

Hierzu ist zunächst der übergreifende Begriff der politischen Kultur zu erläutern; erste Charakteristika der politischen Kultur in der Bundesrepublik und ihre Bedeutung für Politik und Regieren werden nachgezeichnet (4.1). Darauf aufbauend folgt ein näherer Blick auf organisierte Interessen, ihre Rolle im politischen System und verschiedene Ansätze zu ihrer Analyse. (4.2) Abermals soll ein Fallbeispiel die dargestellten Zusammenhänge illustrieren und die gewonnenen Kategorien anwendbar machen. Eine herausragende Rolle innerhalb der vermittelnden Instanzen zwischen Bürger und Staat haben unzweifelhaft die politischen Parteien inne. Ihre Funktionen und ihre Organisation werden erläutert (4.3). Dieses Teilkapitel leitet dann fließend über in die Beschäftigung mit Wahlen und Wählerverhalten (4.4). Im Zentrum stehen dabei unterschiedliche Erklärungsansätze zum Wahlverhalten und die Frage, wie sich Politik und Regieren auf Veränderungen der Einstellungen, Interessen und des Partizipationsverhaltens der Wähler einstellen.

4.1 Politische Kultur

Politische Kultur bezeichnet grundsätzlich die Summe der politisch relevanten Einstellungen, Meinungen und Wertorientierungen einer Gesellschaft zu einem bestimmten Zeitpunkt. Enger gefasst kann auch von der Verteilung individueller Orientierungen auf politische Objekte gesprochen werden. Damit steht, anders als bei der Betrachtung institutioneller Strukturen, die subjektive Dimension des politischen Systems im Mittelpunkt (Glaab/Korte 1999: 642; Greiffenhagen/Greiffenhagen 1997a: 463). Im Unterschied zum angelsächsischen Ursprung der „political culture" ist der Begriff der politischen Kultur im deutschen Sprachgebrauch oftmals normativ aufgeladen. Der wissenschaftliche Begriff der politischen Kultur ist jedoch von diesem alltäglichen Gebrauch im Sinne „politischen Stils" oder „politischer Moral" abzugrenzen. Politische Kultur als heuristisches Konzept ist ein wertfreier Begriff ohne direkte normative Implikationen (Almond/Verba 1963; Greiffenhagen/Greiffenhagen 1997: 170; Schreyer/Schwarzmeier 2006: 77), aber mit großer Relevanz für alle Dimensionen des Politik-Begriffs, wie auch Gunnar Folke Schuppert betont: „Es ist [...] an der Zeit, das Konzept der Politischen Kultur von seinem subjektiven Kopf und den darin enthaltenen Meinungen und Einstellungen auf seine strukturellen und institutionellen Füße zu stellen" (Schuppert 2008: 15).

4.1.1 Was ist politische Kultur?

Die zentrale Frage politischer Kultur zielt auf die Bedeutung der politischen Werte, Einstellungen, Meinungen und Orientierungen der Bürger für das politische System (Schreyer/Schwarzmeier 2006: 77; Florack 2002: 16ff.). Zugleich wird von einem engen Zusammenhang zwischen politischer Kultur als der subjektiven Dimension des Politischen auf der einen und den objektiven Strukturen und realem politischen Geschehen auf der anderen Seite ausgegangen. Genau wie die „polity" einerseits kulturelle Muster erzeugt, beeinflusst und verändert, so wirken auch politische Orientierungen und Werthaltungen auf diese Strukturen zurück. Politische Akteure agieren somit innerhalb des institutionellen Rahmens („polity"), füllen diesen im Zuge des politischen Prozesses aus („politics") und werden wiederum von den politischen Strukturen auf der einen und der politischen Kultur der Bürger auf der anderen Seite beeinflusst. Insofern kann von einem zweiseitigen Prozess gesprochen werden (Thumfart 2001: 6; Greiffenhagen/Greiffenhagen 1997: 174). Politischer Kultur kommt damit gerade in demokratischen politischen Systemen eine besondere Bedeutung zu.

Lucian Pye (Pye 1991: 487) stellt zurecht fest, dass Kultur als sozialwissenschaftliches Modell zu den „Mega-Konzepten" der Sozialwissenschaften gehört. Von einer einheitlichen und unumstrittenen Definition oder gar einer Theorie der politischen Kultur kann jedoch nicht gesprochen werden. Vielmehr gleicht das Studium der politischen Kultur nach einem geflügelten Wort Max Kaases eher dem „Versuch, einen Pudding an die Wand zu nageln" (Kaase 1983). So liegt eine Vielzahl kulturalistischer Ansätze von großer Bandbreite vor, was sich auch in unterschiedlichen methodischen Zugängen widerspiegelt.

Politische Kultur als Bedingungsfaktor stabiler Demokratien

Zugleich ist politische Kultur ein relativ neues politikwissenschaftliches Konzept. Erst in den 1950er Jahren, unter dem wissenschaftstheoretischen Einfluss des Behaviorismus und einer zunehmend empirischen Forschungsorientierung der Sozialwissenschaften, fand das Modell Eingang in die Politikwissenschaft (Almond/Verba 1963; Berg-Schlosser/Schissler 1987: 12ff.). Einen entscheidenden Impuls für die politische Kulturforschung stellten nicht zuletzt zeitgenössische politische Entwicklungen dar. Die im Zuge der Dekolonisation fortschreitende Gründung neuer Staaten und die damit verbundene Demokratisierungswelle rückten die Frage nach den Bedingungsfaktoren stabiler demokratischer Systeme ins Blickfeld. Für die Bundesrepublik war in besonderem Maße die jüngere Vergangenheit – das Scheitern der Weimarer Republik und in der Folge die nationalsozialistische Machtergreifung – ein entscheidender Aspekt für die Etablierung dieser politikwissenschaftlichen Forschungsrichtung. Die Frage, warum andere demokratische Systeme stabil blieben, während die demokratischen Versuche in Deutschland 1933 zunächst scheiterten, bildeten somit den erweiterten politisch-historischen Hintergrund (Greiffenhagen/Greiffenhagen 1997: 168f.). Gerade für die Zukunftsperspektiven der noch jungen Demokratie der Bundesrepublik hatte die politische Kulturforschung somit konkrete politische Relevanz.

Ihre Entstehungsgeschichte weist zugleich auch auf die fortgesetzte Relevanz der politischen Kulturforschung in der Gegenwart und ihre aktuellen Fragestellungen hin. Mit der Etablierung neuer Demokratien in Europa nach dem Ende des Ost-West-Konflikts stellte sich, wie bereits in den 50er Jahren, erneut die Frage nach den Bedingungsfaktoren demokratischer Stabilität (Westle 2006: 270ff.). In diesem Zusammenhang nimmt die Bundesrepublik abermals eine Sonderstellung ein. Hier stellte sich mit der Wiedervereinigung 1990 die Frage nach möglichen Auswirkungen unterschiedlicher Einstellungsmuster in Ost- und Westdeutschland auf das politische System und seine Stabilität. Durch die Übernahme des fertigen Modells im Zuge des Vereinigungsprozesses rückte die Frage der Verwurzelung der Institutionen- und Werteordnung in den Mittelpunkt nicht nur des wissenschaftlichen, sondern auch des politischen und gesellschaftlichen Interesses. Zugleich muss ergänzend darauf verwiesen werden, dass auch bereits etablierte Demokratien jederzeit mit gesellschaftlichen Wandlungsprozessen konfrontiert sein können, die eine Herausforderung für ihre politischen Strukturen bedeuten (Westle 2006: 270ff.).

„A democratic form of participatory political system requires as well a political culture consistent with it." (Almond/Verba 1963: 5)

Den Ausgangspunkt der politwissenschaftlichen Kulturforschung stellte die im Jahr 1963 von Gabriel Almond und Sidney Verba veröffentlichte internationale Vergleichsstudie „The Civic Culture" dar. Bis dahin war die Politikwissenschaft vor allem auf Institutionen und Strukturen sowie politische Eliten und Entscheidungsträger konzentriert. Die Rolle des Bürgers innerhalb des politischen Systems wurde vernachlässigt. Die der Studie zugrundeliegende Hypothese lautete, dass eine Kongruenz zwischen politischer Struktur („polity") und politischer Kultur erforderlich sei, um den Bestand eines politischen Systems zu gewährleisten. Konkret: ein demokratisches System setze neben einem entsprechenden institutionellen Gefüge eine damit konsistente politische Kultur voraus (Almond/Verba 1963: 5).

Politische Kultur definierten Almond und Verba als "the specificially political orientations – attitudes toward the political system and its various parts, and attitudes toward the role of the self in the system." (Almond/Verba 1963: 13)

Darüber hinaus unterschieden Almond und Verba zwischen „kognitiven", „affektiven" und „evaluativen Orientierungen" (Almond/Verba 1963: 15). Politische Kultur umfasst damit „Kenntnisse und Meinungen über politische Realität, Gefühle über Politik und politische Werthaltungen" (Almond 1987: 29). Neben kognitiven Elementen wie Wissen und Kenntnissen über das politische System, seine Institutionen und seine Akteure, welche in höherem Maße von einer empirischen Überprüfung an der Wirklichkeit abhängig sind, umfasst politische Kultur somit auch emotionale und normative Aspekte. Diese zeichnen sich prinzipiell durch eine größere Stabilität als kognitive Orientierungen aus. Änderungen vollziehen sich dabei grundsätzlich in langfristigen Wandlungsprozessen.

Almond und Verba gingen davon aus, dass politische Kultur die „polity“ beeinflusst und beschränkt. Diese Beeinflussung wurde jedoch nicht im Sine einer strengen Determinierung sondern als zweiseitiges Kausalverhältnis zwischen politischer Struktur und Kultur verstanden.

Typen politischer Kultur

Sie identifizierten weitergehend drei Reintypen politischer Kultur:

- Die „parochial political culture“/Parochialkultur, d.h. das weitgehende Fehlen von Orientierungen gegenüber allen Aspekten des politischen Systems;
- Die „subject political culture“/Untertanenkultur, d.h. ein passives Politikverständnis, eine starke Output- sowie mangelnde Input-Orientierung der Bürger;
- Die „participant political culture“/Partizipationskultur, d.h. eine große Affinität zu allem Aspekten der politischen Systems und eine hohe Partizipationsbereitschaft der Bürger.

Der zentralen Hypothese der Studie folgend, dass zur Stabilität des politischen Systems eine der institutionellen Struktur entsprechende politische Kultur notwendig sei, gingen Almond und Verba davon aus, dass die Stabilität liberaler Demokratien den Typus der „Civic Culture“ voraussetze.

The Civic Culture

„In the first place, the civic culture is an allegiant participant culture. Individuals are not only oriented to political input, they are oriented positively to the input structures and the input process. In other words (...), the civic culture is a political culture in which the political culture and structure are congruent. More important, in the civic culture participant political orientations combine with and do not replace subject and parochial political orientations. Individuals become participants in the political process, but they do not give up their orientations as subjects nor as parochials (...). The maintenance of these more traditional attitudes and their fusion with the participant orientations lead to a balanced political culture.” (Almond/Verba 1963: 31)

Diese „Civic Culture“ – Zivil- oder Staatsbürgerkultur – ist insofern ein Mischtyp politischer Kultur, als dass sie alle Aspekte der Partizipationskultur beinhaltet, diese jedoch durch Elemente der Parochial- und der Untertanenkultur gemäßigt werden, woraus sich ein Höchstmaß an politischer Stabilität ergebe.

Sie umfasst darüber hinaus auch individuell abgelagerte Dispositionen des Geschichtsbewusstseins, tieferliegende Vorstellungen der Bürger von Politik und längerfristige historische Codes (Glaab/Korte 1999: 642f.).

Typen politischer Kultur im Überblick

Typ der politischen Kultur	Erwartungsorientierung gegenüber dem politischen System	Systemgefährdung
Parochialkultur	Keine Erwartung	Nicht vorhandene Entwicklungsfähigkeit
Untertanenkultur	Output-Orientierung	Unflexibilität gegenüber der Systemumwelt
Partizipationskultur	Input- und Output-Orientierung	Überforderung des Systems
„Civic Culture"	Input- und Output-Orientierung	Keine Gefährdung durch Ausgleich zwischen den Typen

Quelle: Schreyer/Schwarzmeier 2005: 80.

Politische Kultur eines demokratischen Rechtsstaates

Zuletzt versuchte Gunnar Folke Schuppert, dem Begriff der politischen Kultur neue Konturen zu verleihen und ihn damit auch für die Forschung handhabbarer zu machen (Schuppert 2008). Ausgehend vom Versuch einer definitorischen Eingrenzung nähert er sich unter den Themen „Politische Kultur als Kultur des Öffentlichen", „Erscheinungsformen der Politischen Kultur" und „Politische Kultur als rechtlich verfasste Kultur des Öffentlichen" dem Begriff, um schließlich Kriterien zu entwickeln, wie und woran man die politische Kultur eines demokratischen Rechtsstaates erkennen kann. Demnach kann man nach der Qualität der demokratischen Partizipationskultur oder der demokratiespezifischen Grundrechte wie z.B. der Meinungsfreiheit fragen. Eine andere Möglichkeit ist für Schuppert die Analyse des Umgangs eines Staates mit demokratisch und rechtsstaatlich sensiblen Bereichen, also die Beschäftigung mit Störenfrieden, Bedrohern der Sicherheit, mit politischen Dissidenten oder politischen Minderheiten (Schuppert 2008: 746ff).

Gegenseitige Beeinflussung von politischer Kultur und politischer Struktur

Die sozialwissenschaftliche Kulturforschung ging von der gegenseitigen Beeinflussung von politischer Kultur und politischer Struktur aus. Bezogen auf demokratische politische Systeme wie das der Bundesrepublik Deutschland bedeutet dies, dass sich die demokratischen Strukturen und eine demokratische politische Kultur entgegenkommen und in etwa auch entsprechen müssen. Andernfalls kommt es zu einer zunehmenden Entfremdung zwischen Bürger und Staat (Thumfart 2001: 6 u. 13; Westle 2006: 278; Merkel 2006). Politik und Regieren steht damit nicht alleine unter dem Einfluss institutioneller Rahmenbedingungen, sondern auch unter dem Einfluss dieser gesellschaftlichen und subjektiven Dimension des politischen Systems. Für eine Darstellung modernen Regierens in Deutschland ist daher die Frage nach Politik-, Partizipationsverständnis und Legitimitätsvorstellungen der Bürger von besonderer Bedeutung. Politik und Regierung in Deutschland müssen dem vorherrschenden Politikverständnis, den Partizipationswünschen und den Legitimitätsvorstellungen der Bürger genügen.

4.1.2 Entwicklungslinien und aktuelle Befunde der politischen Kultur in Deutschland

Die Frage nach dem demokratischen Selbstverständnis der Deutschen – ihre Haltung gegenüber den Traditionen der westlich-liberalen Demokratie – markiert eine zentrale Dimension der politischen Kulturforschung (Korte 1990; Greiffenhagen/Greiffenhagen 2002). In den 50er Jahren konnte von einer Staatsbürgerkultur noch nicht die Rede sein. Zwar gab es eine breite Unterstützung für das demokratische Parteiensystem, aber es herrschte eine deutliche Output-Orientierung vor, d.h. der Staat wurde vor allem als ein Leistungsproduzent angesehen und bewertet. Der Umgang mit Politik war legalistisch, etatistisch und konfliktfeindlich geprägt. Die Befunde der politischen Kulturforschung sprachen damit weitgehend für das Phänomen einer „Schönwetterdemokratie“ (Almond/Verba 1963; Glaab/Korte 1999: 643; Glaab/Kießling 2001: 572f.).

Pragmatische Demokratiezufriedenheit

Im Verlauf der 60er Jahre bis zu Beginn der 70er Jahre vollzog sich ein Wandlungsprozess. Diese Phase war von der Herausbildung einer „pragmatischen Demokratiezufriedenheit“ (Weidenfeld/Korte 1991: 139ff.) geprägt. Ausdruck dieser veränderten Einstellungsmuster war die grundsätzliche Befürwortung der politischen Ordnung, ihrer Institutionen, Verfahren und Normen. Die Institutionen des politischen Systems wurden unabhängig von ihrer konkreten Erscheinungsweise als selbstverständliche Bestandteile des politischen Systems akzeptiert und befürwortet (Glaab/Kießling 2001: 573).

Die Befunde der 70er und frühen 80er Jahre lassen die Bundesrepublik dann geradezu als Modell stabiler Demokratie im Sinne der „Civic Culture“ erscheinen. Folgende Ergebnisse der politischen Kulturforschung können zur Situationsbeschreibung angeführt werden (vgl. Glaab/Korte 1999):

- Die noch in den 50er Jahren dominierenden obrigkeitsstaatlichen Einstellungsmuster wurden zumindest in weiten Teilen von demokratischen und partizipatorischen Orientierungen abgelöst.
- Eine deutliche Zunahme der affektiven Bindung an das politische System war zu verzeichnen. Damit hatten sich die Deutschen in

zunehmendem Maße dem westlichen Typus nationaler Identität angenähert. Der durchaus emotional geprägte Stolz auf politische Systemmerkmale wie etwa die Freiheitsrechte des Grundgesetzes hatte sich deutlich verstärkt.

– Die politischen Orientierungen sind gekennzeichnet von einem im internationalen Vergleich hohen Maß an Demokratiezufriedenheit.
– Die Output-Orientierung ist zugunsten eines aktiveren Rollenverständnisses der Bürger zurückgedrängt worden. Die Bürger sehen ihre Rolle nicht mehr in ihrer Funktion als Wähler erschöpft, sondern befürworten ein deutlich aktiveres Rollenverständnis.

Zugleich rückten veränderte politische Einstellungsmuster ins Blickfeld, welche ein gewandeltes Politik-, Partizipations- und Legitimitätsverständnis der Bürger offenbarten (hierzu Glaab/Kießling 2001; Glaab/Korte 1999). Zu beobachten waren einerseits eine Pluralisierung der Lebensstile sowie andererseits die zunehmende Tendenz zur Individualisierung. Damit einhergehend nahm die Bindung des Einzelnen an traditionelle Milieus und soziale Gruppen ab. Das durchaus gewachsene politische Interesse stand auf diese Weise zugleich einer sinkenden politischen Bindungsbereitschaft im Rahmen intermediärer Institutionen wie Parteien gegenüber. Die Demokratiezufriedenheit war im internationalen Vergleich durchaus hoch, basierte aber weniger auf einer idealistischen als einer pragmatischen Zustimmung der Bürger zum politischen System.

„Partizipatorische Revolution"

Im Zuge der „partizipatorischen Revolution" (Max Kaase) der 70er Jahre stiegen außerdem die Partizipationsansprüche der Bürger. Diese Entwicklung war daher gekennzeichnet von der Suche nach Beteiligungsformen, die direktere und konkrete Einflussmöglichkeiten und Erfolge eröffnen konnten. Dazu gehörten unkonventionelle Beteiligungsformen wie Bürgerinitiativen, Demonstrationen, Unterschriftensammlungen und Boykotts, des Weiteren aber durchaus auch nicht legale Formen wie Verkehrsblockaden und Gebäudebesetzungen. Insgesamt erschien die Orientierung an Politik damit stärker punktuell und situativ (Glaab/Korte 1999: 645). Diese Entwicklung kann aber auch als Ausdruck eines gewachsenen politischen Selbstbewusstseins und einer steigenden politischen Sensibilität der Bürger gewertet werden. Die Grundloyalität zum Gemeinwesen sowie die grundsätzliche Demokratieakzeptanz und –zufriedenheit blieben zumeist unberührt. Zugleich gelang in den 80er Jahren zumindest in Teilen eine institutionelle Anpassung an die veränderte politische Kultur. Die Integration eines großen Teils der Bürgerbewegung in die Parteienlandschaft durch „Die Grünen" kann hier als Beispiel angeführt werden (Raschke/Hurrelmann 2001).

Zwei Politische Kulturen? – Unterschiede zwischen Ost- und Westdeutschland

Die deutsche Wiedervereinigung und der damit einhergehende politische Strukturwandel warfen zugleich die Frage nach einem Wandel der politischen Kultur auf. Im Kern ging es dabei um die Stabilität der politischen Ordnung angesichts eines möglicherweise grundlegend veränderten Verhältnisses zwischen Bürger und politischem System vor allem im Osten Deutschlands. In den Mittelpunkt des Interesses rückte die Frage, ob die Menschen in Ostdeutschland den strukturellen Systemwechsel auch im Bereich der politischen Einstellungen nachvollziehen konnten (Glaab/Korte 1999: 645ff.).

„Ungleichzeitigkeit der politischen Kulturen"

Trotz widersprüchlicher Ergebnisse ist eine Entwicklung durchaus deutlich geworden: die doppelte Geschichte hat eindeutig Spuren in der politischen Kultur hinterlassen. So kann man durchaus von einer „Ungleichzeitigkeit der politischen Kulturen" (Greiffenhagen/Greiffenhagen 1993) sprechen. Trotz großer Anpassungsleistungen sind weiterhin deutliche Unterschiede zwischen Ost- und Westdeutschland zu erkennen. Dies zeigt sich gerade im Bereich politisch-kultureller Werte. Folgende Unterschiede zur „westdeutschen politischen Kultur" sind daher zu verzeichnen:

- eine stärkere Trennung zwischen öffentlichem und privatem Leben;
- eine stärkere Betonung von Gleichheitswerten und eine geringere Bedeutung individueller Freiheitsrechte;
- eine größere Distanz zum und eine geringere affektive Bindung an das politische System bei gleichzeitiger prinzipieller Unterstützung demokratischer Werte und Normen;
- ein geringeres Vertrauen in die politischen Institutionen und Strukturen;
- eine im Vergleich verhaltenere Partizipationsbereitschaft;
- eine absinkende Demokratiezufriedenheit, so sind z.B. drei Viertel der Westdeutschen mit der Demokratie zufrieden, jedoch nur rund die Hälfte der Ostdeutschen.

Zusammenfassend kann man daher tendenziell von einem größeren Maß an „Etatismus, unpolitische[r] Innerlichkeit, Konfliktscheu, Formalismus [und] Sicherheitsbedürfnis" in den östlichen Bundesländern sprechen (Glaab/Korte 1999: 645).

Das aktuelle Profil der Deutschen

Trotz dieser weiterhin vorhandenen Unterschiede zwischen Ost und West lassen sich dennoch einige allgemeine aktuelle Befunde zur politischen Kultur herausarbeiten. Diese lassen sich unter den folgenden Stichworten zusammenfassen:

Gewandeltes Politikverständnis

Politik als „Event"

Das Politikverständnis der Bürger ist in abnehmendem Maße institutionenbezogen. Stattdessen wird Politik im dargelegten Sinne als punktuell, situativ, kontextabhängig, erlebnis- und betroffenheitsorientiert aufgefasst. Politik wird damit weniger als langfristiger Prozess als vielmehr als kurzfristiges „Event“ verstanden (Glaab/Kießling 2001: 574; Vester 2001). Damit etabliert sich auch ein in höherem Maße konsumorientiertes Politikverständnis, d.h. Politik wird vielfach als „Ware“ betrachtet (Korte/Weidenfeld 2001: 11). Projekt- und problembezogene Beteiligungen stehen damit im Vordergrund. Doch die Verweildauer ist gering. Der kommunikative Aufwand zur Problemorientierung hat sich vergrößert. Dieser Orientierungswandel korrespondiert dabei nur zum Teil mit der politischen Wirklichkeit. Viele politische Entscheidungen werden auch weiterhin in einem komplexen und langfristig angelegten politischen Prozess getroffen. Die politische Kultur hat sich damit in Teilen von der politischen Wirklichkeit und den institutionellen Gegebenheiten entkoppelt. Dies hat auch Auswirkungen auf das Regierungshandeln.

Die Renaissance des Sozialen

Sozialpolitischer Sicherheitskonservatismus

Ein gefühlter Links-Trend durchweht alle Parteien seit der letzten Bundestagswahl. Dieser lässt sich aber nicht mehr traditionell als Wunsch nach mehr Gleichheit, neuer Umverteilung, mehr Emanzipation oder dem Ausbau des Sozialstaats interpretieren. Der Links-Trend gründet sich auf der im Alltag erlebten Folgen der Globalisierung. Er ist weniger eine Bestätigung der Befreiungsrhetorik linker Ideologien als vielmehr Ausdruck eines sozialpolitischen Sicherheitskonservatismus: Der Wunsch nach staatlicher Verlässlichkeit (gegen weitere Deregulierung und Privatisierung), die Forderung nach einer Renaissance des Sozialen als Antwort auf elementare Gerechtigkeitsfragen und ein eingeforderter Primat der Politik gegen die Herrschaft des Ökonomischen über alle Lebensbereiche. Alle Parteien haben sich nach der Bundestagswahl in teils dramatischer Abkehr von den alten Wahlprogrammen diesen neuen Mobilisierungsthemen zugewandt (Delhees u.a. 2008: 209f.). Auch das ist ein weiteres Indiz für Konvergenz zur Mitte hin. Das Bemühen um die Mitte macht die Rechte und die Linke einander immer ähnlicher.

Wünsch-Dir-Was-Politik

Schwache politische Führung führt zu Populismus

Politik- und Wirtschaftsverdrossenheit nehmen in Deutschland seit Jahren zu. Bei fehlender Loyalität zum politischen Betrieb bleibt auch die Legitimität langfristig auf der Strecke. Ehemalige Wähler lassen durch Nicht-Wahl immer mehr die Demokratie im Stich. Bei zunehmender gesellschaftlicher Ungleichheit wird sich dieser Trend verstärken, denn wachsende Unterschichten und verunsicherte Mittelschichten wechseln in der Regel zunächst resigniert ins Nichtwähler-Lager. Protest-Wähler suchen sich zeitgleich Parteien an den Rändern. Die Qualität der Demokratie verändert sich leise aber stetig. Die etablierte Politik zieht sich auf sich selbst zurück und bleibt unter sich. Regieren nach Tages-Demoskopie ist eine taktische Reaktion auf stimmungsflüchtige Machtgrundlagen. Schwache politische Führung addiert das Populäre zum "Wünsch-Dir-Was"-Programm. Starke politische Führung sucht Mehrheiten auch für Unpopuläres und versucht den Grundkonsens auf die eigenen Werte bezogen zu verändern. Populistisches Regieren hat umso größere Chancen, je schwächer die Parteien sind. Populisten kommunizieren Nähe zum Volk und Distanz zur Partei. Das klingt wie ein Teufelskreis. Je mehr wir die Parteiendemokratie durch aktive Teilhabe und Teilnahme nicht stärken, desto kurzfristiger müssen sich die Politiker immer neue Mehrheiten im Minutentakt organisieren. Je tagesgetriebener und populistischer die Politik entscheidet, desto geringer der Grad an nachhaltiger Problemlösung. Wer somit die Distanz zur Politik kultiviert und den dramatischen Erosionsprozess der Volksparteien begrüßt, ist schneller als ihm lieb ist von Populisten umstellt.

Sehnsucht nach Sicherheit

Stabilitätserwartung und Innovationskritik

Die Sehnsucht nach Sicherheit ist ein prägnantes Kennzeichen der politischen Kultur der Deutschen. Das gilt nicht erst seit dem 11. September 2001, den Terroranschlägen in den USA. Dahinter verbirgt sich ein typisches, messbares Merkmal der politischen Kultur der Deutschen. Epochale Erfahrungen der Unsicherheit prägten viele Generationen in West- und Ostdeutschland. Stabilitätserwartungen sind deshalb ebenso ausgeprägt wie Innovationskritik. Das ist auch auf einen Generationsfaktor zurückzuführen. Bald werden über 50 Prozent der Wähler über 60 Jahre alt sein, was sich nicht nur auf die Wahl- und Politikthemen, sondern ganz grundsätzlich auch auf Rhythmen des Regierens auswirkt (Korte 2002: 28ff., vgl. Kapitel 5.3). Dabei existiert ein ausgeweiteter, komplexer Sicherheitsbegriff. Umfassend gehören dazu: die Sicherheit der Arbeitnehmer, die Sicherheit als Konsument und Verbraucher, die Sicherheit vor beschleunigten

Modernitätserfahrungen. Politik erscheint den Bürgern zunehmend als Risikofaktor, weil eine verlässliche Planungssicherheit fehlt. Die Sehnsucht nach Sicherheit spiegelt sich auch in der Suche nach Geborgenheit und Identität wider. Retro-Reflexe und eine Kultur des Attentismus gehören dazu: Primat der Politik, Renaissance des Nationalstaates, Sehnsucht nach Authentizität, der Wunsch nach politischer Führung und Entscheidern. Damit wachsen für das Regierungshandeln die Forderungen nach effizienter, vertrauensvoller und handlungsstarker Führung.

Sinkendes Vertrauen in die politischen Institutionen und die Etablierung einer „Misstrauensgesellschaft"

„Misstrauensgesellschaft

Vertrauen ist der „Kitt" einer arbeitsteiligen Gesellschaft. Die Bereitschaft zu gegenseitigem Vertrauen nimmt jedoch kontinuierlich ab. Dies wirkt sich über die gesellschaftliche und zwischenmenschliche Dimension hinaus auf die Politik und damit auch auf das Regierungshandeln aus. So sagen 52 Prozent der Bevölkerung, dass sie unzufrieden mit der Demokratie seien. Auch sinkt das Vertrauen in die etablierten politischen Institutionen. So haben 66 Prozent der Bevölkerung wenig bzw. gar kein Vertrauen mehr in die Bundesregierung. Und die Parteien rangieren mit einem Misstrauensvorschuss von 82 Prozent gar am unteren Ende der politischen Institutionen (Infratest Dimap 2008). Es zeichnet sich somit der Trend zu einer „Misstrauensgesellschaft" (Korte/Weidenfeld 2001a: 11) ab. Daraus folgt wiederum ein Mangel an gesellschaftlicher und damit auch politischer Orientierung. Vertrauen in die politischen Akteure und Strukturen sowie ein ausreichendes Maß an politischer Orientierung sind jedoch von grundlegender Bedeutung für Regierungshandeln. Nur bei einem Mindestmaß an Vertrauen kann Politik und Regierungshandeln noch Legitimität bei den Bürgern gewinnen.

Pragmatische Demokratiezufriedenheit

pragmatische Zustimmung zur Demokratie

Die politische Kultur ist weniger von einer idealistischen als von einer pragmatischen Demokratieakzeptanz gekennzeichnet. Die Zustimmung zur Demokratie ist in der Bundesrepublik im internationalen Vergleich zwar weiterhin hoch. Bei allgemeiner Demokratieakzeptanz zeigt sich jedoch zugleich ein Anstieg der Unzufriedenheit mit den konkreten Leistungen des politischen Systems sowie seiner Ausgestaltung in Form konkreter Institutionen und Akteure (Westle 2006: 284f.). Handlungsschwäche wird beklagt. Dies korrespondiert mit dem sinkenden Vertrauen in die Bestandteile des politischen Systems. Hinzu kommt, dass das politische System gerade in Ostdeutschland bisher nur über ein begrenztes affektives Legitimationsreservoir verfügt (Glaab/Kießling 2001: 588).

Gesteigertes Partizipationsbedürfnis bei sinkender politischer Bindungsbereitschaft

Verlagerung der politischen Beteiligung in den „vorpolitischen Raum"

Neben einem durchaus großen politischen Interesse ist zugleich auch der Wunsch nach erweiterten Formen der politischen Partizipation gestiegen. Eine passive Politikorientierung ist von einem aktiven Partizipationsverständnis abgelöst worden. Diese Diversifizierung der Partizipation begann bereits in den 80er Jahren und hat sich prinzipiell bis heute fortgesetzt. Zugleich korrespondiert mit diesem allgemeinen Wunsch nach erweiterten Beteiligungsmöglichkeiten ein abnehmender Grad konventioneller politischer Beteiligung und einer Ausweitung unkonventioneller politischer Partizipationsformen. Merkmale sind eine zwar im internationalen Vergleich weiterhin hohe, aber abnehmende Wahlbeteiligung, die sinkende Zahl von Parteimitgliedern, der abnehmende Organisationsgrad politischer Interessengruppen und traditioneller Großorganisationen (z.B. Gewerkschaften) sowie die geringe Bereitschaft der Bürger zur Übernahme eines politischen Amtes (Glaab/Kießling 2001: 575ff.; Schmitt-Beck 2003). Dahingegen hat sich die Neigung zur „situativen Beteiligung im vorpolitischen Raum" (Glaab/Kießling 2001: 579) durchaus erhöht. Das politische Aktionsrepertoire hat sich auf andere Formen der politischen Beteiligung ausgeweitet. Die Friedens- und Anti-Globalisierungsbewegung sowie „neue soziale Bewegungen" können hier als Beispiele angeführt werden. Der Wunsch nach einer Stärkung plebiszitärer Elemente in der Politik ist durchaus ausgeprägt, auch wenn der tatsächliche Umfang dieser Beteiligung im Vergleich relativ gering ist. Zugleich hat die politische Bindungsbereitschaft durchaus abgenommen. Die Bürger nutzen die ihnen zur Verfügung stehenden Partizipationsmöglichkeiten situationsabhängiger und zielorientierter aus. Mit diesem veränderten Partizipationsverständnis und -verhalten ist zugleich die Zahl derjenigen gestiegen, die ihren Einfluss auf politische Entscheidungen als wichtig erachten (Glaab/Kießling 2001: 574).

Krise der Repräsentation

Konstenz der grundlegenden politischen Werte und Wegfall öffentlicher Vertreter

Schließlich ist eine erstaunliche Konstanz der grundlegenden politischen Werte zu verzeichnen. Die Einstellungsmuster haben sich in dieser Hinsicht nur wenig verändert, die Mentalitätsorientierungen sind stabil geblieben (Vester 2001). Zugleich haben die Einstellungsgruppen jedoch vielfach keine öffentlichen Vertreter innerhalb des politischen Systems mehr. Wichtige Elemente der politischen Kultur und damit dominante Orientierung und Einstellungen sind daher nur noch unzureichend repräsentiert (Korte/Weidenfeld 2001: 10f.). Auch dies hat Implikationen für die Frage des Regierens in Deutschland. Denn es relativiert den traditionellen auf politische Repräsentation und Interessenvertretung ausgerichteten Politikstil.

4.1.3 Politische Kultur und Regieren

Prinzipiell hat sich das Regieren auf vier verschiedene politisch-kulturelle Typen einzustellen (Korte/Weidenfeld 2001):

„Vollkasko-Versicherer"

Kennzeichen sind die Sehnsucht nach Sicherheit und die Ausprägung von Retro-Reflexen. Dieser Typus favorisiert grundsätzliche die Ultrastabilität des politischen Systems in Deutschland. Änderungen und Reformen werden nur in einem sehr begrenzten Ausmaß und nur unter der Prämisse der Aufrechterhaltung individueller Sicherheit akzeptiert.

„Schnäppchen-Jäger"

Dieser Typus wählt wie er konsumiert. Individuelle Nutzenkalküle à la carte stehen im Vordergrund. Output-orientierte Legitimität setzt auf zeitlich begrenzte politische Allianzen und Koalitionen. Politiker werden als Pragmatiker des Augenblicks belohnt.

„Ego-Taktiker"

Sie sind grundsätzlich begeisterungsfähig. Ihnen fehlt jedoch angesichts der Krise der Repräsentation ein geeigneter politischer Ansprechpartner. Sie kritisieren das klassische auf Repräsentation angelegte Konflikt-Regulierungsmodell der Bundesrepublik Deutschland. Je nach politischem Milieu nutzen sie unterschiedliche, oftmals zeitlich und inhaltlich begrenzte Aktionsformen.

„Gelegenheits-Aktivisten"

Sie haben eine hohe Demokratiekompetenz. Statt konventioneller Beteiligungsformen suchen sie die situative Beteiligung im vorpolitischen Raum. Sie stellen ein unkonventionelles Partizipationsreservoir dar.

Fazit

Legitime Regierungssteuerung muss sich auf alle vier politisch-kulturellen Typen einstellen. Politik und Regieren findet, wie bereits oben näher ausgeführt, nicht alleine im Kontext institutioneller Strukturen, sondern auch unter dem Einfluss politischer Einstellungsmuster und Orientierungen statt: „Die Legitimität eines politischen Systems leitet sich zuerst aus der Frage nach der Konstituierung, Begründung und Durchsetzung von Herrschaft ab“ (Glaab/Kießling 2001: 571). Politische Kultur wirkt damit ebenso wie politische Institutionen als begrenzender Rahmen politischer Akteure. Angesichts der grundlegenden Hypothese der politischen Kulturforschung – einem sich gegenseitig beeinflussenden Verhältnis zwischen politischer Kultur und politischer Struktur – müssen politische Orientierungen damit auch Auswirkungen auf Regierungshandeln in der Bundesrepublik haben. Von besonderer Bedeutung sind in diesem Zusammenhang das Politikverständnis und das Partizipationsverständnis als Aspekte politischer Kultur.

Das oben beschriebene Politikverständnis der Deutschen entspricht oftmals nicht den durchaus komplexen politischen Entscheidungsprozessen. Entgegen der in den Medien häufig verschärft dargestellten Personalisierung und Verengung von Politik auf Ereignisse findet eine Vielzahl politischer Entscheidungen weiterhin in „Routinezusammenhängen“ statt. So stehen sich die politische Wirklichkeit und die politische Kultur nur in einem begrenzten Maße konsistent gegenüber. Zugleich bedarf politisches Handeln und Regieren in der Demokratie der Transparenz der Entscheidungsprozesse. Die fortgesetzte Diskrepanz zwischen Wahrnehmung der Bürger und politischer Realität kann daher dauerhaft zu Legitimationsproblemen führen (Greiffenhagen 1998).

Ähnliche Bedeutung hat das sich wandelnde Partizpationsverständnis (Greiffenhagen 1998: 358ff.). So rücken unkonventionelle Beteiligungsformen stärker in den Mittelpunkt, während das Interesse an konventionellen Beteiligungsformen zurückgeht. Zudem räumen die Bürger der Frage der Partizipation höhere Priorität ein. Dieses gewandelte Partizipationsverständnis zieht jedoch für das Regieren weitere Probleme nach sich. In diesem Zusammenhang muss auf das „Partizipations-Effizienz-Dilemma“ (Glaab/Kießling 2001: 586) verwiesen werden. Auf der einen Seite steht der Wunsch der Bürger nach verstärkter Partizipation. Auf der anderen Seite findet sich zwar eine fundamentale Demokratieakzeptanz, aber zugleich eine Unzufriedenheit mit den konkreten Leistungen des politischen Systems. Eine stärkere Beteiligung am Regierungshandeln führt tendenziell jedoch zu Effizienzeinbußen im politischen Entscheidungsprozess. Die stärkere Ausrichtung politischen Handelns an Effizienzgesichtspunkten wiederum widerspricht dem allgemeinen Politikverständnis und den gewünsch-

„Partizipations-Effizienz-Dilemma“

ten Partizipationsmöglichkeiten der Bürger. Mit dem gewandelten Politikverständnis und dem Wunsch nach mehr Partizipationsmöglichkeiten korrespondiert zugleich eine sinkende politische Bindungsbereitschaft der Bürger im konventionellen Rahmen: Abnahme der Parteibindung und des Engagements in Interessenverbänden sowie sinkende Wahlbeteiligung. Um die Möglichkeiten und den Stellenwert kollektiver Einstellungen, Interessen und Partizpation näher bestimmen zu können, ist nun ein Blick auf die verschiedenen vermittelnden Instanzen des politischen Systems notwendig.

4.2 Organisierte Interessen

Zwischen dem einzelnen Bürger und den staatlichen Institutionen finden sich die vermittelnden, intermediären Institutionen. Zu dieser sehr heterogenen Gruppe gesellschaftlicher Akteure gehören in einer weiten Definition politische Parteien ebenso wie Kirchen, Gewerkschaften oder Sportverbände. Bürgerliche Vereinigungen im Interesse liberaler Freiheitsrechte finden sich historisch gesehen ebenso darunter wie die um Gleichheit und Solidarität ringende Arbeiterbewegung oder die vielfältigen ökologischen und „postmateriellen" Interessen verfolgenden „neuen sozialen Bewegungen" (Klein/Legrand/Leif 1999), die gerade im Zuge der Globalisierung eine weitere Ausdifferenzierung und erhöhte Aufmerksamkeit erlangen. Gemein ist ihnen allen, dass sie über die Organisation gesellschaftlicher Interessen zu einer politischen Größe werden, ohne sich notwendigerweise selbst als Akteur mit primär politischer Wirkungsabsicht zu bezeichnen.

Ihr Ziel: Beeinflussung staatlicher Entscheidungen

Um die Vielgestaltigkeit solcher Akteure zu fassen, muss eine Definition organisierter Interessen notwendigerweise sehr breit sein. Man kann sie als freiwillig gebildete, soziale Einheiten mit bestimmten Zielen und arbeitsteiliger Gliederung (Organisationen) verstehen, die „individuelle, materielle und ideelle Interessen ihrer Mitglieder im Sinne von Bedürfnissen, Nutzen und Rechtfertigungen zu verwirklichen suchen" (v. Alemann 1989: 30). Den häufig synonym verwandten, etwas spezifischeren Begriff des Interessenverbandes definiert Schuett-Wetschky knapp als „eine auf Dauer angelegte Vereinigung, die – ohne politische Partei zu sein – sich darum bemüht, staatliche Entscheidungen in ihrem Sinne zu beeinflussen" (Schuett-Wetschky 1997: 9). Der Stellenwert, den organisierte Interessen im politischen Prozess einnehmen, ist in mehrfacher Hinsicht umstritten. Zum einen ist es überaus schwierig, den Einfluss organisierter Interessen auf die im engeren Sinne politischen und staatlichen Institutionen zu messen und zu bewerten. Zum zweiten gab und gibt es heftige Debatten um die grundsätzliche Rolle organisierter Interessen. Diese Debatten erhalten durch die abnehmende Organisations- und Bindungsbereitschaft der Bürger zusätzliche Relevanz (vgl. Kapitel 4.1). Grob unterteilt steht das Bild von Garanten eines sinnvollen Informations- und Entscheidungsflusses zwischen Bürger und Staat (also legitimen und notwendigen Erscheinungsformen einer demokratischen Gesellschaft und Politik) dem Bild der unzulässigen Überwucherung staatlicher Entscheidungsabläufe entgegen, in denen Verbände an den eigentlich legitimierten und mandatierten Entscheidungsträgern vorbei Politik machen. Die „Herrschaft der Verbände" (Eschenburg 1955) führt in dieser Hinsicht potentiell zur „Unregierbarkeit" (Hennis u.a. 1977/1979). Umgekehrt gibt es jedoch auch immer wieder Versuche, die großen Interessenverbände in die Politikgestaltung einzubeziehen.

Die demokratische Bedeutung von Interessengruppen

4.2.1 Theorieansätze zur Rolle organisierter Interessen

Die theoretische Bestimmung und Verortung von organisierten Interessen im politischen System ist in hohem Maße vom jeweiligen gesellschaftlichen Kontext abhängig. Dominierende gesellschaftliche Probleme und Konfliktlinien (vgl. Kapitel 4.4.2) prägen so die Struktur der organisierten Interessen: „In der Regel haben (...) neue gesellschaftliche Problemstellungen auch neue Formen der Interessenorganisation und -vermittlung hervorgebracht, ohne alle bisherigen Formen abzulösen oder auszulöschen" (v. Alemann 1989: 53). Die Genese und Geschichte organisierter Interessen kennt also eine Vielzahl von Konstellationen, die durch je unterschiedliche Interaktionen zwischen Verbänden und den staatlichen Institutionen geprägt sind (v. Alemann 1989: 145ff.). Hinter diesen wechselnden Interaktionen steht letztlich immer das Spannungsverhältnis von Partikularinteresse und Gemeinwohl (Schuett-Wetschky 1997: 12ff.): Inwiefern und in welchem Ausmaß ist die konsequente Artikulation und Berücksichtigung dezidierter Einzelinteressen aus der Gesellschaft für eine gemeinwohlorientierte, demokratische Politik sinnvoll? Die Wahrnehmung organisierter Interessen als berechtigte und effektive Akteure der Politikgestaltung in demokratischen Gemeinwesen geht dabei auf die Pluralismustheorie zurück, wie sie insbesondere Ernst Fraenkel in den fünfziger und sechziger Jahren entwickelt hat (Schuett-Wetschky 1997: 29ff.). Eine der Grundüberzeugungen Fraenkels ist dabei die Einsicht, dass Gemeinwohl allenfalls a posteriori – also im nachhinein, nach dem Austausch vor-

Literatur: v. Alemann 1989: 35-52; Schuett-Wetschky 1997; Weßels 2000; Czada 1994; Streeck 1994; Reutter 2000; Stoßner 2006

Pluralismus

handener gesellschaftlicher Standpunkte und Interessen – bestimmt werden könne und nicht als davon unabhängige Größe den staatlichen Institutionen schon a priori ersichtlich sei (Fraenkel 1991: 271ff.). Organisierte Interessen nehmen dabei also eine wesentliche Funktion ein: „Man könnte fast sagen, Pluralismus ist die Theorie organisierter Interessen überhaupt“ (v. Alemann 1989: 39).

Welchen Stellenwert dürfen organisierte Interessen haben?

Gleichwohl ist diese Bestimmung des Stellenwerts organisierter Interessen auch hinterfragt worden. Autoren wie beispielsweise Werner Weber äußerten eine „etatistische“ (Schuett-Wetschky 1997: 24ff.) Kritik an den Interessenverbänden und brachten etwa das Schlagwort von der „Kolonisation des Staates durch partikuläre Interessen“ (Weber 1985: 70) in die Debatte ein. Aber auch Fraenkel zeigt eine skeptische Zurückhaltung gegenüber der Rolle organisierter Interessen: „Die Pluralisten glauben, dass es nicht ausreichend ist, anzuerkennen, dass die Parteien bei der Bildung des Volkswillens mitwirken – ein Schritt, den das Grundgesetz unternommen hat, um einer politischen Verkrampfung entgegenzutreten, die Gustav Radbruch sehr zutreffend als Parteienprüderie bezeichnet hat. Gibt es aber heute nicht eine Interessenverbandsprüderie, die in der öffentlichen Meinung – und nicht nur in der Presse, sondern auch in Verlautbarungen hoher und höchster Instanzen und in Äußerungen wissenschaftlicher Autoritäten – zu einer Konfusion, inneren Unwahrhaftigkeit, ja geradezu zu einer Heuchelei geführt hat, die vergiftend auf unser öffentliches Leben wirken muss“ (Fraenkel 1991: 301ff.)? In der politischen Praxis jedoch haben die Verbände sich einen festen Platz erarbeitet: „Interessenverbände nehmen nicht nur als gesellschaftliche Organisationen von außen her Einfluss auf den Staat, sondern sind teilweise bereits an der förmlichen Setzung (Verwaltungsräte, Beiräte), Ausführung (etwa die Wohlfahrtsverbände in der Sozialhilfe) und verbindlichen Auslegung (Benennung der Beisitzer in Arbeits- und Sozialgerichten durch Arbeitgeberverbände und Gewerkschaften bzw. Kriegsopferverbände) von staatlichem Recht beteiligt“ (Rudzio 2006: 82). Innerhalb des bereits vorgestellten systemtheoretischen Modells übernehmen organisierte Interessen also wichtige Funktionen an der Schnittstelle von „Input“ und „Output“. Insbesondere die Interessenartikulation und –aggregation ist hier zu nennen. Von Alemann fasst diese Funktionen organisierter Interessen als Partizipation, Selbstregulierung, Veröffentlichung von Anliegen und Transformation der Gesellschaft zusammen (v. Alemann 1989: 192ff.).

Funktionen organisierter Interessen

Von einem Automatismus sich gegenseitig relativierender und begrenzender Interessengruppen kann jedoch nicht ausgegangen werden. Mehrfach ist darauf hingewiesen worden, dass unterschiedliche Organisationen je nach Betätigungsfeld und Mitgliederbasis eine jeweils unterschiedlich starke oder schwache Rolle spielen können. Gewisse Interessen sind besser vermittelbar, organisierbar als andere (Rudzio 2006: 57ff.). Staat und Regierung müssen vor diesem Hintergrund den Umgang mit und die Einbeziehung von organisierten Interessen politisch gestalten.

Korporatismus

Eine Ausprägungsform der Interaktion mit organisierten Interessen stellt dabei der so genannte Korporatismus (Schuett-Wetschky 1997: 45ff.; Reutter 1991) dar. Der Begriff hat sich zunächst im Kontext einer auf mittelalterlichen Vorbildern beruhenden Idee des „korporativen" Staates entwickelt, wie ihn der italienische Faschismus und der deutsche Nationalsozialismus verfolgten: Ein Staat, der streng und umfassend alle gesellschaftlichen Lebensbereiche und Einheiten in seiner politischen Struktur vereinnahmt (v. Alemann 1989: 151). Innerhalb der Gegebenheiten demokratischer Gemeinwesen konnte sich der Begriff jedoch dagegen als liberaler, demokratischer oder „Neo" – also „neuer" Korporatismus etablieren. Gemeint ist damit die geregelte und kontinuierliche Einbindung organisierter Interessen in Entscheidungsfindung und -durchsetzung. Von Alemann versteht darunter „ein ganz neues System der Interessenvermittlung durch Aushandeln bei gegenseitiger Interdependenz" (v. Alemann 1989: 158) und Glaeßner spricht von der Einbindung der Interessenorganisationen „in ein kartelliertes Netzwerk politischer Willensbildung." (Glaeßner 1999: 371). Dies kann bis hin zur „gesellschaftliche[n] Übernahme vermeintlicher Staatsaufgaben" (Schuett-Wetschky 1997: 49) gehen. Im bundesrepublikanischen System komme etwa den Tarifpartnern „eine quasi-öffentliche Rolle" (Rudzio 2006: 85) zu. Mag dies für den Bereich der Tarifverhandlungen noch als relativ zweckmäßig angesehen werden, so sind vergleichbare korporatistische Konstruktionen auf anderen (und weitreichenderen) Politikfeldern durchaus ambivalent: „Auf der einen Seite beinhalten sie Mitbestimmung von Betroffenen bzw. spezifisch Interessierten, Demokratisierung, Entlastung politischer Parteien und Regierungen – auf der anderen aber bergen sie Gefahren einer Mediatisierung und einer Einschränkung individueller Freiheit durch das Gewicht verselbständigter, privilegierter und womöglich übermächtiger Interessenorganisationen" (Rudzio 2006: 87). Die Konstellation „quasi-öffentlicher" Inkorporation ist jedoch nicht die einzige Form der Beteiligung und Handlung organisierter Interessen im politischen System.

4.2.2 Ausprägungen der Interessenverbände im politischen System

Einen Überblick über die verschiedenen Ausprägungen von Interessenverbänden zu vermitteln, ist nicht leicht. Die nachfolgende Auf-

Abb.16: Das Spektrum der organisierten Interessen

I. Interessenorganisationen im Wirtschafts- und Arbeitsbereich

1. Unternehmens- und Selbstständigenorganisationen

a) Branchenverbände:
- „Bundesverband der Dt. Industrie"(BDI) mit 36 Branchenv., u.a."V. Dt. Maschinen- u. Anlagenbau" mit 3.000, „V. der Chemischen Industrie" mit 1.600, „Zenralv. Elektrotechnik- u. Elektronikindustrie" mit 1.441 und „V. der Automobilindustrie" mit 576 M.
- „Zentralv. des Dt. Handwerks" mit 117 Unterorg. sowie örtl. Handwerkerinnungen. Handwerksverbände wie der Elektro- u. Informationstechnischen Handwerke, der Augenoptiker, Zahntechniker u.a.;
- „Dt.Bauernverband" mit 65 assoziierten Unterverbänden (z.B. der „Dt. Imkerbund" mit 85.000 M.) und rd. 1 Mill. M.
- Verbände der Freien Berufe, darunter der Ärzte (u.a. „Hartmannbund" mit 61.899 M.), Ingenieure, Architekten u. Anwälte
- „Hauptv. des Dt. Einzelhandels" mit 46 Einzelv. u. 100.000 M., „Bundesverband des Dt. Groß- u. Außenhandels" mit 80 Einzelv. und 124.000 M.
- Verbände der Banken („Bundesv. Dt. Banken" mit 290 M.), Sparkassen, Handelsvertreter, Reeder, Makler, Hoteliers
- „Arbeitsgemeinschaft Selbstständiger Unternehmer" (ASU) mit 6.000 M.
- „Bundesv. mittelständische Wirtschaft" mit 40 Organisationen und 52.000 M.
- „Bundesv. WindEnergie" mit 17.200 M.

b) Kammern:
Regionale Industrie- u. Handelskammern, Handwerks und Landwirtschaftskammern, Berufskammern der Ärzte (insgesamt 388.201 M.), Notare, Tierärzte u. Zahnärzte (letztere mit 17 Unterorg. u. 78.579 M.)

c) Arbeitgeberverbände:
- „Bundesvereinigung der Dt. Arbeitgeberverbände" mit 67 Mitgliedsv. u. rd. 1.000 Arbeitgeberv.

2. Arbeitnehmerverbände

a) „Dt. Gewerkschaftsbund" (DGB) mit acht Einzelgewerkschaften u. insgesamt 6.779.000 M. , darunter in den Gewerkschaften:
- Bauen, Agrar, Umwelt 392.000
- Bergbau, Chemie, Energie 749.000
- Transnet 260.000
- Erziehung u. Wissenschaft (GEW) 252.000
- Vereinte Dienstleistungsgewerkschaft (Verdi) 2.359.000
- Metall (IGM) 2.376.000
- Nahrung, Genuß, Gaststätten (NGG) 216.000
- Polizei (GdP) 175.000

b) Sonstige Gewerkschaften und Arbeitnehmerverbände:
- „Dt. Beamtenbund u. Tarifunion" mit 56 Unterverb. (wie „Dt. Polizeigewerkschaft" mit 85.000 M.) u. insgesamt 1.270.000 M.
- „Christlicher Gewerkschaftsbund" (CGB) mit Unterv. u. 302.743 M. (dar. „Dt. Handels- u. Industrie-Angestellten-Verband" (DHV mit ca. 80.000 M.)
- „Bundesv. der Katholischen Arbeitnehmer-Bewegung" mit 300.000 M.
- „Bundesgrenzschutzv." mit 11.000 M.
- „Dt. Journalistenv." mit ca. 40.000 M.
- „Dt. Bundeswehr-Verband" mit 230.000 M.
- „Vereinigung Cockpit" mit 6.000 M.

3. Verbraucher- und Kundenorganisationen

- Bundesv. mit 38 „Verbraucherzentralen"
- „Pro Bahn" mit 4.600 M.
- „Allgemeiner Patientenverband" mit 1.588 M.
- „Dt. Verband für Post- und Telekommunikation" mit 1.500 M.

4. Berufsverbände

Zahllose V. wie „Verein Dt. Ingenieure" (126. 000 M.), „Dt. Hochschulv." der Professoren (18.500 M.), „Berufsv. der Dt. Chirurgen" (14.000 M.)

II. Verbände im sozialen Bereich

1. Kriegsfolgenverbände

- „Sozialverband Deutschland" (500. 000 M.)
- „Sozialverband Verband der Kriegs- u. Wehrdienstopfer, Behinderten u. Rentner" (VdK) mit ca. 1.400.000 M.
- „Volksbund Dt. Kriegsgräberfürsorge" (270.000 M.)
- „Verband der Heimkehrer, Kriegsgefangenen u. Vermisstenangehörigen Dtlds." (56.000 M.)
- „Bund der Vertriebenen" mit 41 Unterv. und „Landsmannschaften" (z.B. Schlesien mit 250.000, Sudetendeutsche Landsmannschaft mit 250.000 M.) u. insgesamt 2 Mill.M
- „Verband deutscher Soldaten" mit 60.000 M..

2. Wohlfahrtsverbände

- „Dt. Rotes Kreuz" mit 5 Mill. M.
- „Arbeiterwohlfahrt" mit 450.000 M. (500 Untergliederungen)
- „Arbeiter-Samariter-Bund" mit 1.135.013 M.
- „Dt. Caritasverband" mit 607 Unterorg. wie „Malteser-Hilfsdienst" u. 650.000 M .
- „Diakonisches Werk der Evangel.Kirche in Dtld." mit 122 Organisationen
- „Volkssolidarität" mit 360.000 M. und ca. 500 Begegnungsstätten

3. Sonstige Sozialverbände

- „Bund der Steuerzahler" mit 428.000 M. (2002)
- „Dt. Mieterbund" mit rd. 1,3 Mill. M.
- „Haus und Grund Dtld." mit ca. 1 Mill. M.
- „Arbeitslosenverband Dtlds." (7.500 M.)
- „Dt. Elternverein" (20.000 M.)
- „Dt. Gesellschaft für Humanes Sterben" (40.000 M.)
- „Weisser Ring" (70.000 M.)
- „Dt. Kinderschutzbund" (48.750 M.)
- „Dt. Gesellschaft für Humanes Sterben" (40.000 M.)
- „V. alleinerziehender Mütter u. Väter" (9.000 M.)
- „V. der Reservisten" (138.000 M.)
- „V. der Kleingärtner..." mit 25.000 M.

III. Bürgerinitiativen

Überwiegend örtl. Gruppen, meist raumbezogene Interessen vertretend. „Bundesverband Bürgerinitiativen Umweltschutz" (BBU) mit 150 Org. und 200.000 M.

IV. Vereinigungen im Freizeitbereich

- „Dt. Sportbund" (DSB) mit Spartenv., darunter Fußballbund (6,3 Mill. M.)., Schützenbund.(1,6 Mill. M.), Turnerbund; ins ges. 26,9 Mill. aktive u. passive M.
- „Dt. Sängerbund" mit 1,813 Mill. M.
- „Allgemeiner Dt. Automobil-Club" (ADAC) mit 14,358 Mill. M.
- „Automobilclub von Deutschland" (AvD) mit 1,4 Mill. M.
- Studentische Verbindungen wie „Cartellverband der Kathol. Dt. Studentenverbindungen" (CV) mit 31.613 M.
- „Dt. Alpenverein" mit 686.472 M.

V. Politische u. ideelle Vereinigungen

- „Naturschutzbund Dtld." (390.000 M.)
- „Greenpeace" (517.000 M.)
- „amnesty international" (35.000 M.)
- „Internationale Gesellschaft für Menschenrechte" (3.046 M.)
- „Gesellsch. für bedrohte Völker" (8.200 M.)
- „Dt.-Israelische Gesellschaft" (5.000 M.)
- „Dt. Friedensgesellschaft-Vereinigte Kriegsdienstgegner" (6.175 M.)
- „Dt. Vereinigung für Politische Wissenschaft" mit ca. 1.400 M.
- „Mehr Demokratie" mit 3.800 M.

VI. Verbände öffentlicher Gebietskörperschaften

- „Dt. Städte- u. Gemeindebund" mit kreisangehörigen Mitgliedsgemeinden
- „Dt. Städtetag" mit kreisfreien und anderen Städten
- „Dt. Landkreistag" mit den Landkreisen als Mitgliedern

Quelle: Rudzio 2006: 59ff.

stellung (Abb. 16), erstellt auf Grundlage des Bundesanzeigers 2005, gibt einen ersten Überblick über die beim Deutschen Bundestag registrierten Verbände. Die gängigste Unterteilung der Interessenvereinigungen folgt dabei der Frage nach ihren jeweiligen Anliegen und Arbeitsschwerpunkten (so auch v. Alemann 1989: 71).

Insgesamt dominieren Interessenverbände aus dem Wirtschafts- und Arbeitsleben das Bild

Insgesamt dominieren Interessenverbände aus dem Wirtschafts- und Arbeitsleben das Bild. Nicht zuletzt vor dem Hintergrund der für die politische Kultur relevanten gesellschaftlichen Strukturen sind jedoch auch die Kirchen und Religionsgemeinschaften als Organisationen mit beständigem Einfluss und Einwirkungsmöglichkeiten unterschiedlicher Art zu erwähnen (Willems 2001; Keppeler 2007). Beim Deutschen Bundestag sind 2.062 bundesweite Verbände registriert, die Interessen gegenüber Parlament und Regierung vertreten (Rudzio 2006: 72). Setzt man diese Zahl ins Verhältnis zu den aktuell 612 Abgeordneten im Parlament, so kommen annähernd drei Interessenverbände auf einen Abgeordneten. Geht man dann realistischerweise von nochmals höheren Mitarbeiterzahlen auf Seiten der Lobbyisten aus, so entsteht dadurch ein erhebliches Potential für vielfältige Interaktionen zwischen organisierten Interessen und der Politik. Ihre Aufgabe sehen die Vertreter der Verbände primär im wirksamen Lobbying, das heißt in der Einbringung ihrer Verbandsinteressen in den politischen Prozess über die dafür zuständigen Personen und Strukturen. Hierzu stehen eine Reihe möglicher Adressaten und Methoden zur Verfügung:

Abb. 17: Adressaten und Methoden der Einflussnahme von Verbänden

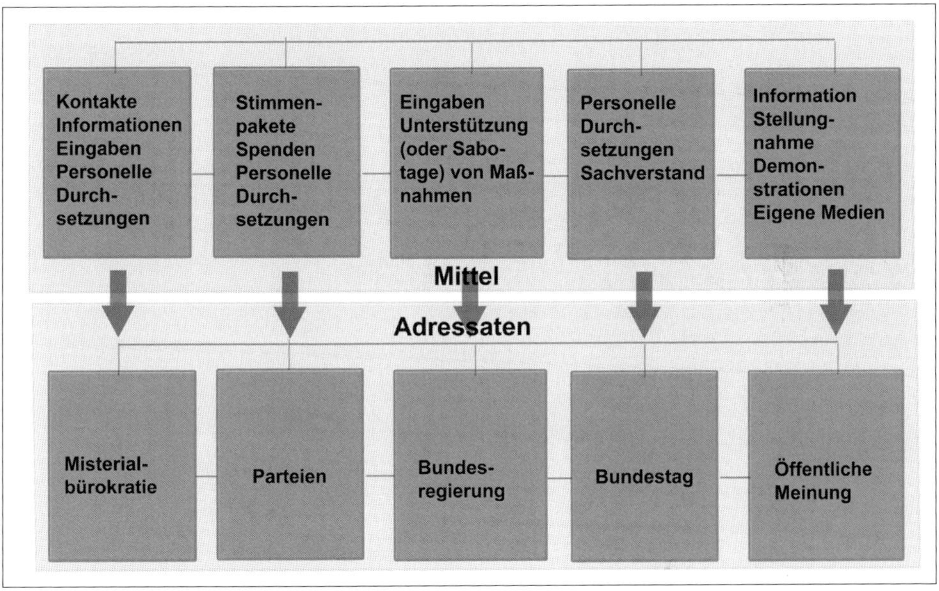

Quelle: Rudzio 2006: 79.

Einfluss im „vorparlamentarischen" Raum

Im Zentrum der Bemühungen der Interessenverbände stehen dabei die Regierung und ihre Ministerien sowie die Fachausschüsse des Parlamentes. Rudzio verweist darauf, dass die Versuche zur Einflussnahme zeitlich gesehen regelmäßig im „vorparlamentarischen" Raum stattfinden: „Dort im Regierungsbereich suchen daher Interessengruppen auf den Inhalt künftiger Gesetze und Verordnungen bereits im Entstehungsstadium, dem ‚Referentenstadium', einzuwirken, d.h. wenn die zuständigen Ministerialbeamten an ersten Entwürfen arbeiten und diese noch relativ leicht veränderbar erscheinen" (Rudzio 2006: 76). Umgekehrt haben jedoch auch die Ministerien ein Interesse an Informationen und Urteilen derjenigen Organisationen, die wesentlich durch die Materie eines neuen Gesetzes tangiert sind. Dieser – zunächst unverbindliche – gegensei-

Viele Politiker kommen aus Interessengruppen

tige Informationsaustausch ist bei einigen Ministerien in der Form von „Beiräten" institutionalisiert (Rudzio 2006: 76). Informell kann sich daraus ein Netz kontinuierlich bemühter Kontakt- und Austauschwege entwickeln. Die Interaktion zwischen den staatlichen Institutionen und den organisierten Interessen wird nicht zuletzt dadurch geprägt, dass eine Reihe von Politikern selbst in diversen Verbänden organisiert ist. Die nachfolgende Tabelle (Abb. 18) gibt einen Überblick zur „Verbandsfärbung" der Mitglieder des Deutschen Bundestages – verstanden als hauptberufliche oder ehrenamtliche (frühere oder aktuelle) Funktion in den jeweiligen Verbänden.

Abb. 18: Verbandsfärbung des 16. Deutschen Bundestages

Funktionsträger, auch ehemalige, in Verbänden:	Bundestag	CDU/CSU	SPD	FDP	B90/Grüne	L/PDS
DGB-Gewerkschaften[a]	6,0	–	11,3	–	–	22,2
Beamtenbund, CGB	0,2	0,9	–	–	–	–
Bauernverband	1,3	3,5	–	–	–	–
Mittelstandsorganisationen	0,5	1,3	–	–	–	–
Unternehmensorganisationen	2,0	4,4	–	3,3	–	–
Soziale Hilfe und Interessen[b]	6,5	4,4	9,9	6,6	3,9	3,7
Evangelische Organisationen	3,6	4,4	4,1	1,6	3,9	–
Katholische Organisationen	2,9	6,6	1,4	–	–	–
Vertriebenenverbände	0,7	1,8	–	–	–	–
Umwelt-/Naturschutzorganisationen	1,6	0,4	1,8	1,6	7,8	–
Frauenorganisationen[c]	0,7	–	1,4	–	2,0	–
Sport, Freizeit, Kultur	4,9	8,0	3,2	8,2	–	–
Hier: Mitglieder in DGB-Gewerkschaften	28,8	3,1	58,6	1,6	15,7	57,4

a Einschließlich freigestellter Betriebsräte
b Wohlfahrts-, Rentner- und Beschädigtenverbände, Mieterbund, Haus und Grund u.a.
c Einschließlich Kinderschutzbund, Pro Familia

Quelle: Rudzio 2006: 75.

Einzelne Parteien zeigen dabei unterschiedliche Schwerpunkte. So ist (erwartungsgemäß) der Anteil etwa für katholische Organisationen besonders hoch bei der CDU/CSU, während die Gewerkschaften stark in der SPD und der Linken vertreten sind. Geht man von dem engen Kriterium der Funktionsübernahme zur bloßen Mitgliedschaft, so sind bei der SPD-Fraktion fast 76 Prozent der Abgeordneten Mitglied einer Gewerkschaft (Der Spiegel 47/2002: 24f.). Diese Zahl verringerte sich nach der Bundestagswahl 2005 nur unwesentlich auf 75 Prozent (Focus Nr. 47 v. 21.11.2005). In einer Titelstory des Spiegel zum Einfluss der Gewerkschaften in der Wirtschafts- und Sozialpolitik der damaligen Bundesregierung wird zudem auf die starke Präsenz von ehemaligen Gewerkschaftsfunktionären und -mitarbeitern in der

„zweiten Reihe" verwiesen: Der Leiter der Abteilung Soziales, Umwelt und Gesundheit im Bundeskanzleramt, der parlamentarische Staatssekretär im Bundesministerium für Wirtschaft und Arbeit sowie beide Staatssekretäre im Bundesministerium für Soziales und Gesundheit arbeiteten vormals bei Gewerkschaften. Damit ist jedoch keineswegs schon ein unmittelbarer Einfluss auf die Politik nachgewiesen. Politiker und Ministerialbeamte definieren sich sicher nicht exklusiv über eine Verbandsmitgliedschaft. Umgekehrt gilt, dass bei der Auswahl des Spitzenpersonals Verbandsfunktionäre und -mitarbeitern in der Regel auch besondere Expertise und Erfahrung mit einem gegebenen Arbeitsfeld zugerechnet wird. Neben möglichen, indirekten Einflussnahmen und Interaktionen steht die direkte Einbindung von organisierten Interessen in die Politik. Im Sinne des vorgestellten korporatistischen Ansatzes soll am Beispiel des Bündnisses für Arbeit die Interaktion zwischen Staat und organisierten Interessen sowie die Abwägung von Einzelinteressen und Gemeinwohl erläutert werden. Wie gestaltete die Regierung die Interaktion von Staat und organisierten Interessen, von Einzelinteresse und Gemeinwohl?

4.2.3 Konsens und Konflikt (Beispiel Bündnis für Arbeit)

Das Bündnis für Arbeit

Vgl. zum Folgenden grundsätzlich Schroeder/Esser 1999; Fröhlich 2000; Fröhlich 2000a, Heinze 2002 , Heinze 2003, Arlt/Nehls 1999, Berthold/Hank 1999

Die Idee eines Bündnisses für Arbeit wurde in der Bundesrepublik erstmals im Juni 1995 vom damaligen IG-Metall Vorsitzenden Klaus Zwickel vorgeschlagen. Tatsächlich kam es zu Beginn des Jahres 1996 unter der Regierung Kohl zu einigen Treffen. Das Angebot der Lohnzurückhaltung seitens der Gewerkschaften traf auf Verpflichtungen zu Steuer- und Sozialbeitragssenkungen sowie zur Arbeitsplatzschaffung seitens der Wirtschaft. Bereits im April 1996 traten die Gewerkschaften jedoch aus dem Bündnis aus, nachdem die Bundesregierung die Lohnfortzahlung im Krankheitsfall gekürzt hatte. Bezüglich des Problems der Arbeitslosigkeit hatte dieser erste Versuch zu einem Bündnis kaum Wirkung. Die Oppositionsparteien sahen denn auch im Scheitern des Bündnisses eine fahrlässig vertane Chance zur konsensualen Organisation effektiver Reformen von Wirtschaft und Arbeitsmarkt – zumal die Bevölkerung laut Umfragen bei der Durchsetzung von Reformen auf Konsens und nicht auf Konflikt setzt: 62 Prozent der Bundesbürger meinten, „alle gesellschaftlichen Gruppen sollten an einem Strang ziehen, um Reformen durchzusetzen" (Welt v. 14.10.1999); die Austragung von harten Interessengegensätzen fand dagegen nur bei einem Fünftel der Befragten Befürworter.

Nach dem Machtwechsel von 1998 formulierten die neuen Regierungsparteien in ihrer Koalitionsvereinbarung: „Zur Bekämpfung der

Arbeitslosigkeit wird die neue Bundesregierung alle gesellschaftlichen Kräfte mobilisieren. Wir wollen ein Bündnis für Arbeit und Ausbildung. Gemeinsam mit Gewerkschaften und Unternehmen werden wir konkrete Maßnahmen vereinbaren, um die Arbeitslosigkeit abzubauen und allen Jugendlichen einen Ausbildungsplatz zu sichern. Zu diesem Bündnis für Arbeit und Ausbildung haben alle Beteiligten in fairem Geben und Nehmen ihren Beitrag zu leisten“ (Koalitionsvereinbarung 1998: 4). Am 7. Dezember 1998 kam es zu einem ersten Treffen des Bündnisses, bei dem Struktur und Themen vereinbart wurden. Die Federführung des Bündnisses lag beim Chef des Bundeskanzleramtes. In der Steuerungsgruppe fanden sich die Staatssekretäre bzw. Abteilungsleiter der betroffenen Ministerien und die Geschäftsführer bzw. Generalsekretäre sowie Abteilungsleiter der Spitzenverbände zusammen. Regelmäßige Spitzengespräche mit den Verbandsvorsitzenden und dem Bundeskanzler waren auf zwei bis drei pro Jahr angesetzt (insgesamt kam es zu neun solcher Treffen). Auch für die unterstützenden Arbeitsgruppen galt die tripartistische Struktur des Bündnisses: Es fanden sich jeweils Vertreter der Regie-

Abb. 19: Bündnis für Arbeit, Ausbildung und Wettbewerbsfähigkeit

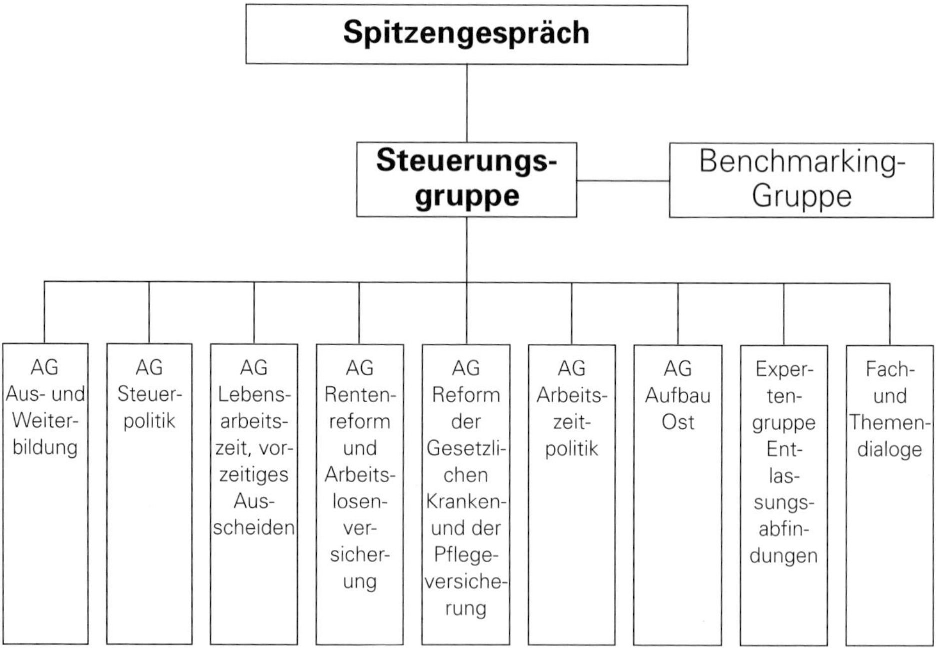

Quelle: Schroeder/Esser 1999: 8.

Spitzengespräche			Steuerungsgruppe
Bundesregierung	Wirtschaft	Gewerkschaften	
Bundeskanzler Gerhard Schröder (Leitung) Bundesminister Bodo Hombach Bundesminister Hans Eichel Bundesminister Dr. Werner Müller Bundesminister Walter Riester Bundesministerin Andrea Fischer	Hans Olaf Henkel, Präsident des BDI Dr. Dieter Hundt, Präsident des BDA Dieter Philipp, Präsident des ZDH Hans Peter Stihl, Präsident des DIHT	Dieter Schulte, Vorsitzender des DGB Roland Issen, Vorsitender der DAG Klaus Zwickel, Vorsitzender der IG Metall Hubertus Schmoldt, Vorsitzender der IG Bergbau, Chemie, Energie Herbert Mai, Vorsitzender der Gewerkschaft Öffentliche Dienste, Transport und Verkehr	Bundesminister Bodo Hombach (Leitung) Benchmarking-Gruppe Bundesminister Bodo Hombach AG Aus- und Weiterbildung Bundesministerin Edelgard Bulmahn AG Steuerpolitik Staatsekretär Prof. Dr. Heribert Zitzelsberger AG Lebenarbeitszeit Bundesminister Walter Riester AG Rentenreform Bundesminister Walter Riester AG Reform der Ges. KV Bundesministerin Andrea Fischer AG Arbeitszeitpolitik Bundesminister Walter Riester AG Aufbau Ost Staatsminister Rolf Schwanitz Expertengruppe Entlassungsabfindungen Bundesminister Walter Riester

Quelle: Eigene Darstellung, Stand Mai: 1999.

rung, der Gewerkschaften und der Wirtschaft. Eine „Benchmarking-Gruppe“ sollte zudem Vergleichsdaten und „best practices“ aus anderen Ländern in den Prozess einspeisen.

Da die Regierung selbst die Bekämpfung der Arbeitslosigkeit zur wesentlichen Meßlatte ihres Erfolges gemacht hatte, ist das Bündnis sowohl als Resultat wie als Signum der Regierungspolitik zu verstehen, als das „Renommierprojekt der neuen rot-grünen Bundesregierung“ (Heinze 2002: 91). In der Informationsbroschüre zum Bündnis schreibt der Kanzler: „Dieses Bündnis versteht sich weder als Nebenregierung noch als Reparaturwerkstatt. Es muss eine Scharnierfunktion bei der Politik des Wandels übernehmen und durch strategische Allianzen neue Handlungsoptionen bei der Bekämpfung der Arbeitslosigkeit eröffnen“ (Schröder 1999: 6). Diese Bemerkung führt bereits ins Zentrum der Frage nach der Rolle organisierter Interes-

Gerhard Schröder: „Das Bündnis soll keine Nebenregierung sein“

sen. In einer solchen Zielbestimmung schimmert die Analyse von Anthony Giddens durch, der in seinem programmatischen Buch zum „Dritten Weg" die Sozialdemokratie ermahnt, aufgrund der zunehmenden Auflösung traditioneller Wählermilieus und Parteibindungen „neue Allianzen aus den losen Enden vielfältiger Lebensformen" (Giddens 1999: 59) zu knüpfen. Solche Allianzen müssen also nicht notwendigerweise von einer primären Bindung etwa an die eigene Partei ausgehen, sondern sind offen für vielerlei Gruppen in unterschiedlichen Konstellationen und Problemlagen.

Schröder hatte dieses Funktionsprinzip des Bündnisses schon in seiner Regierungserklärung 1998 unterstrichen: „Wir streben eine große gesellschaftliche Koalition an. Eine Koalition aller Kräfte, die den Wandel gestalten wollen. Wir bieten nicht nur ein Bündnis für Arbeit an, sondern ein Bündnis für die Zukunft" (zit. n.: Korte 2002: 448). Hinter diesen Sätzen deutet sich ein verändertes Selbstverständnis der Politik an. Schröder hat dies in einer Rede für die Buchpräsentation von Giddens prägnant zusammengefasst: „[Das Bündnis für Arbeit] ist auch Metapher für das, was Politik, zumal sozialdemokratische Politik, heute bewegen kann: gemeinsam mit den Akteuren Problemlösungen entwickeln, diese in die Gesellschaft hineinzukommunizieren, damit sich die Gesellschaft über Ziele einig wird, welche die Politik dann wiederum umsetzt" (Schröder 1999a: 13). Die Politik gibt sich bemerkenswert zurückhaltend: Sie organisiert und moderiert im wesentlichen gesellschaftlichen Dialog (vgl. Kapitel 5.1.6). „Gemeinwohl" ist – ganz im Sinne der oben skizzierten pluralistischen Grundauffassung – allenfalls a posteriori zu bestimmen. Direkt das dargelegte Spannungsfeld von Einzelinteresse und Gemeinwohl aufnehmend formuliert der Kanzler an anderer Stelle: „Diese Regierung hat nicht die Aufgabe, die einzelnen Forderungen aus den Verbänden zu addieren und durchzusetzen, sondern sie hat die Aufgabe, das Gemeinwohl in Deutschland sozial gerecht und wirtschaftlich stark zu organisieren. Das ist der Leitfaden – nicht die Forderungen aus Interessenverbänden, Gemeinden oder einzelnen Bundesländern" (Schröder zit. nach Streeck 2001: 87). Die Steuerung des Bündnisses wird damit sogar zur „Chefsache" deklariert: „Wenn die Suche nach Konsens über eine neue nationale Wirtschafts- und Sozialpolitik nicht Chefsache ist, hat sie keine Chance. Autonomie der Tarifpartner und politische Führung durch die Bundesregierung schließen sich nicht gegenseitig aus. Aufgabe der Regierung ist es, die Tarifpartner an ihre Verantwortung für den Arbeitsmarkt zu erinnern und deutlich zu machen, dass sie notfalls im Wege der Gesetzgebung allein handeln wird" (Schröder 1999b: 51). Genau jenes Maß an Vorgabe und Steuerung durch die Regierung war beständiges The-

Die Politik gibt sich bemerkenswert zurückhaltend: Sie organisiert und moderiert im wesentlichen gesellschaftlichen Dialog

ma sowohl der Gewerkschaften wie auch der Wirtschaft, die beide die Aufgabe einer bloßen Moderatorenrolle forderten – letztlich zugunsten ihrer jeweiligen Interessen. Im „Spiegel" hatte der Kanzler diesbezüglich ausgeführt: „Meine Erfahrung ist, dass sich die Partner noch nicht als Partner begreifen, sondern immer noch als Tarifpartner, die von mir immer ein Machtwort erwarten – und zwar jeweils das ihnen genehme Machtwort" (Interview in: Spiegel 52/1999: 88). Angesprochen auf seine Rolle im Bündnis sagte Schröder im Dezember der „Woche", dass er gedenke, diese auszubauen: „Aber jeder muss wissen, dass er nicht seine Position mit meiner Hilfe durchsetzen kann, sondern dass es ein gemeinsames Ergebnis werden muss" (Interview in: Die Woche v. 03.12.1999). Wie fällt vor diesem Hintergrund die Bilanz des Umgangs mit den organisierten Interessen durch die Bundesregierung aus? Diese Frage beinhaltet neben der Beurteilung des korporatistischen Ansatzes auch die Frage nach den Rückwirkungen des Bündnisses auf Parlament und Parteien.

Der mit dem Bündnis verfolgte konsensorientierte Ansatz, wonach alle wesentlichen Akteure gleichermaßen zu beteiligen waren bzw. deren Teilhabe garantiert war, barg gleichzeitig eine Gefahr in sich: Die Struktur des Bündnisses stattete die widerstreitenden Interessengruppen jeweils mit einer über ihre bereits vorhandene Rolle in der Gesellschaft hinausgehenden Form des institutionalisierten Vetorechts aus. Dieser Umstand wurde noch dadurch verschärft, dass die Problembearbeitung im Bündnis ständig auf der Ebene der Letztinstanzlichkeit stattfand. Als negative Konsequenz daraus stellten sich periodisch artikulierte Austrittsdrohungen ein. Die Grenze zwischen gleichberechtigter Arbeit am Konsens und gegenseitiger Blockade war dabei fließend. Die von Schröder als Grundlage des Bündnisses unterstellte „gemeinsame Problemanalyse" (Schröder 1999: 49) war selbst mit einer gemeinsamen Erklärung von BDA und DGB vom Juli 1999 nicht gegeben, da die Organisationen und Interessenvertreter im Bündnis zunächst ihrer Klientel verantwortlich waren und eben nicht dem gesamtgesellschaftlichen Anliegen – als Perspektive blieb da höchstens „antagonistische Kooperation" (Schroeder/Esser 1999: 9).

Das Bündnis für Arbeit gab den Tarifpartnern zusätzliche Vetomacht

Während die Arbeitgeberseite peinlichst genau darauf achtete, den auf ihr Drängen hin erweiterten Titel „Bündnis für Arbeit, Ausbildung und Wettbewerbsfähigkeit" auszubuchstabieren, kam insbesondere die letzte Zielrichtung den Arbeitnehmervertretern nur selten über die Lippen. Claus Leggewie verweist in diesem Kontext auf eine strukturelle Schwäche korporatistischer Ansätze: „Korporatistische Interessenregulierung ist (...) selektiv, asymmetrisch und demokratisch schwach legitimiert, weshalb auch eine höchst effiziente Lösung, die ein Verhandlungsnetzwerk gefunden hat, demokratiepolitisch zweifelhaft sein kann – und scheitern kann. Sie ist nämlich nicht nur beteiligungsfeindlich, sie neigt aufgrund einseitiger Information auch zum Strukturkonservatismus und zur systematischen Marginalisierung sozialen Innovations- und Vertrauenskapitals" (Leggewie 1999: 16). Tatsächlich gingen die Spitzengespräche schon vor der Krise des Bündnisses relativ schleppend und mit eher unverbindlichen Verabredungen voran. Wiederholt gesellte sich zum Streit über eine mögliche Themenliste das Eingeständnis und die Ernüchterung, keine sinnvoll zu bearbeitenden Anliegen angehen zu können. Olaf Henkel bezeichnete das Bündnis in diesem Sinne tendenziell als „eine Veranstaltung zur Verschleppung und Verhinderung von Reformen" (Henkel, Interview in: Die Welt v. 28.12.2000).

Über die Themenliste bestand selten Einigkeit

Der Ruf nach Führung kommt auf

An dieser Stelle kommt also der klassische Ruf nach Führung abseits der Konsensorientierung auf. Schröder selbst hatte beansprucht, die gesamtgesellschaftlichen Anliegen als ausgleichendes Element innerhalb des Bündnisses zu repräsentieren. Hätte er jedoch abseits einer Moderatorenrolle über deutliche inhaltliche Vorgaben in die Diskussionen eingegriffen, hätte er die institutionelle Struktur des Bündnisses aus dem Gleichgewicht bringen können. Diese Ambivalenz konnte aus strategischen Gesichtspunkten der Machterhaltung zugleich effektiv sein: Relevante Gruppen, die auch als mögliche Kritiker des Regierungskurses hätten auftreten können, wurden auch ohne schon ein Ergebnis gefunden zu haben eingebunden und diszipliniert. Ähnliche Wirkungen hatte das Bündnis zudem auch auf die Partei des Kanzlers.

Schröder war schon vor der Bundestagswahl 1994 mit provokanten Thesen zur Modernisierung der Wirtschaftspolitik aufgefallen. Nun hatte er zwar den Parteivorsitz inne, aber kaum Aussicht darauf, die einst ohne große Rücksichten formulierten Thesen zum Programm der Partei zu machen. Wirtschaftliche Modernisierung, die sich jedoch aus dem direkten Meinungsaustausch zwischen Gewerkschaften und Arbeitgebern ergab, ließ sich vor diesem Hintergrund plausibler darstellen und effektiver umsetzen. Ohne das institutionelle Gleichgewicht zwischen Arbeitgebern und Gewerkschaften im Bündnis und das selbstauferlegte „Enthaltsamkeitsgebot" der Regierung hätte zumindest der linke Flügel der SPD erwartet, dass ein SPD-Kanzler hin und wieder auch offen für die Positionen der Gewerkschaften Partei ergreift. In der schonungslosen Direktkonfrontation der Interessengruppen setzte der Kanzler über den Umweg des Bündnisses auch wesentliche Teile seiner Partei dem wirtschaftlichen Modernisierungs- und Anpassungsdruck aus. Leggewie spricht dementsprechend von der „Katalysatorenfunktion bei der ‚Modernisierung' der Sozialdemokratie" (Leggewie 1999: 24), die das Bündnis übernahm.

Schröders Kanzleramtschef, Frank Walter Steinmeier, hat diesen Zusammenhang in der Süddeutschen Zeitung auf den Punkt gebracht, als er schrieb, bei der Konsenssuche im Bündnis ginge es „nicht [um] die Sehnsucht nach einer gesellschaftlichen Kuschelecke, in der man Schutz vor dem rauhen Wind des Wandels findet“ (Steinmeier 1999). Statt dessen gehe es darum, „sich dem Wind gemeinsam auszusetzen, um mit frischem Kopf neue Lösungen zu finden.“ Das Bündnis sei mithin „Motor der gesellschaftlichen Modernisierung“ – eine Formulierung, die Schröder in seiner Berliner Parteitagsrede vom Dezember 1999 übernahm. Der Kanzler führte dort weiter aus: „Modernisierung, liebe Genossinnen und Genossen, ist kein Geschwätz. Ohne Modernisierung werden wir Gerechtigkeit nicht durchsetzen können. Die Menschen in unserem Land spüren doch, dass das, was wir mit Hilfe der Politik gerechter gestalten wollen, zunächst produziert werden muss. Das ist der Grund, warum Sozialdemokraten das Thema ‚starke Wirtschaft‘ als Voraussetzung vernünftiger Sozialpolitik neu entdecken müssen“ (Schröder 1999c). Damit war das Bündnis für Arbeit auch und nicht zuletzt ein Motor zur Modernisierung der SPD. Die Interaktion zwischen Regierung und organisierten Interessen strahlte auf die Parteiebene aus.

Das Bündnis für Arbeit: „Keine Kuschelecke sondern Motor der Modernisierung“

Die Interaktion zwischen Regierung und organisierten Interessen strahlte auf die Parteiebene aus

Der klassische Vorwurf gegenüber korporatistischen Lösungen richtet sich jedoch gegen die mögliche Untergrabung der staatlichen Institutionen und Verfahren. Auch das Fallbeispiel des Bündnisses für Arbeit wirft die Frage auf, welche Rolle überhaupt noch dem Parlament und der repräsentativen Demokratie bei einer solchen Konstellation zukommt: Welche Partei oder Fraktion könnte sich denn noch ernsthaft einer im Bündnis gefundenen Lösung entgegenstellen? Die normative Kraft des Verabredeten würde jeweils einen ganz eigenen Anspruch haben. Im „Woche“-Interview sagte Schröder, angesprochen auf die Regierungshaltung zur Rente mit 60 im Dezember 1999: „Wenn die Tarifparteien das wollen und uns ein Modell vorlegen, dann werden wir die gesetzlichen Voraussetzungen schaffen. So einfach ist das.“ (Schröder, Interview in: Die Woche v. 03.12.1999). Erneut tritt der zentrale Stellenwert organisierter Interessen hervor – die Politik konzentriert sich auf die Ermöglichung und Organisation gesellschaftlicher „Teilhabe“ in einem „aktivierenden Staat“ – wie zwei Schlüsselbegriffe der Politik der „Neuen Mitte“ lauten (Fröhlich 2000a).

Welche Rolle bleibt noch dem Parlament?

Dem aktivierenden Staat hat der Kanzler in einem Beitrag für die Süddeutsche Zeitung sein Konzept einer „zivilen Bürgergesellschaft“ (Klein/Schmalz-Bruns 1997) zur Seite gestellt. Diese realisiere ihr Potential eigenverantwortlich und entlaste staatliche Institutionen von überbordenden Aufgaben, die auch ohne politische Vorgabe

Schröders Vorstellung einer „zivilen Bürgergesellschaft“

organisiert werden könnten. Leitvorstellung von Schröders ziviler Bürgergesellschaft ist dabei die These, dass durch mehr Eigenverantwortung, Selbstbestimmung und Subsidiarität Gemeinwohl befördert werde: „Eine der großen Illusionen, vor allem in der sozialdemokratischen Gesellschaftspolitik, ist die Vorstellung, ‚mehr Staat' sei das beste Mittel, um mehr Gerechtigkeit zu erreichen. Aber die Aufwendung oder gar Ausweitung der ‚klassischen' Interventionsmittel Gesetz, Gewalt und Geld kann in einer Gesellschaft, ‚in der das Bewegen so wichtig geworden ist, wie das Ordnen' (Alain Touraine), nicht mehr ausreichen. In Wirklichkeit führt ein immer größerer ‚Verantwortungs-Imperialismus' des Staates gegenüber der Gesellschaft geradewegs zur Abschaffung des Politischen" (Schröder 2000: 19). Nochmals erscheinen gerade die organisierten Interessen hier als zentrale Elemente einer funktionierenden politischen Gemeinschaft. Öffnet sich eine solche Politik auch der theoretisch damit einhergehenden Kritik der Dominanz der Verbände?

Am Beispiel des Bündnisses lässt sich durchaus die Frage formulieren, ob sich der Gestaltungsanspruch von Politik wirklich nur noch auf die Moderationsrolle beschränken kann. Eine Reform der wirtschafts- und arbeitspolitischen Grundlagen, des Gesellschaftsvertrages, wird sinnvollerweise und in Fortführung des „rheinischen Kapitalismus" eines „Modells Deutschland" (Schroeder/Esser 1999) zunächst einmal nur konsensual im Einvernehmen mit allen Beteiligten zu erreichen sein. Die „Teilhabe" der Verbände im Bündnis markierte aber um so deutlicher den Ausschluss insbesondere der Opposition, die nahezu völlig von dieser Art der Diskussion abgeschnitten war. Insofern konnte gerade die Union „froh sein", dass sich das Bündnis weitgehend in symbolischer Politik erschöpfte. Konkrete Vereinbarungen hätten zu einer Marginalisierung der Opposition führen können. Grundsätzlich müssen außerparlamentarische Gremien zwar nicht zur Kompetenzauszehrung des Parlaments führen (Müller-Russell 2002). Je hochrangiger und letztinstanzlicher die außerparlamentarischen Gremien jedoch angesetzt werden, desto schwieriger ist es, angemessenen Einfluss zu sichern. Ein weiteres Beispiel mag diesen Sachverhalt illustrieren: Beim sechsten Spitzentreffen des Bündnisses am 10. Juli 2000 drängte die Regierung auf einen gemeinsamen Appell der Beteiligten für eine rasche Verabschiedung der Steuerreform, wie er sich dann auch in der Schlusserklärung findet – eine solche Äußerung nimmt potentieller Kritik der Opposition erheblich den Wind aus den Segeln.

Die Opposition blieb ausgeschlossen

Vernebelung der demokratischen Verantwortlichkeitsstrukturen

Solche Konstellationen können dann in der Tat zu einer Vernebelung der demokratischen Verantwortlichkeitsstrukturen führen. Die Bundesregierung kann, mandatiert durch den Konsens, ihren

Handlungsanspruch erhöhen und gleichzeitig bei einem Scheitern auf die anderen Beteiligten verweisen (und umgekehrt). In der Summe ist festzuhalten, dass die Interaktion mit organisierten Interessen nie getrennt von anderen politischen Prozessen gesehen werden darf. Auch geht es – selbst bei korporatistischen Modellen – politisch gesehen nicht notwendigerweise „nur" um ein vorgegebenes Verhandlungs- oder Regulierungsziel. Eine Vielzahl von Nebeneffekten können aus einem Modus von Politik und Regieren Politik selbst machen. So ist die Einschätzung von Alemanns zu verstehen: „Das Bündnis für Arbeit von Bundeskanzler Gerhard Schröder ist sicherlich kein System, nicht einmal eine Strategie: es ist nichts anderes als politische Taktik. Vielleicht klug, sicher sinnvoll und plausibel, auch rational, aber nicht epochal." (v. Alemann 2000: 3) Oben wurde auf die Wandelbarkeit organisierter Interessen und ihres Verhältnisses zu den staatlichen Institutionen hingewiesen. Auch das Bündnis für Arbeit zeigt, dass sich korporatistische Modelle aufbrauchen können – ohne jedoch die Ratio ihrer Einrichtung selbst im Nachhinein in Frage zu stellen. Als das Bündnis am 3. März 2003 offiziell scheiterte, lieferte der offensichtliche Beweis des Misserfolgs das Mandat zu einer neuen Handlungsweise (vgl. dazu auch Kapitel 5.1.6).

4.3 Parteien

4.3.1 Definition, Rolle und Funktionen von Parteien

Innerhalb eines weiten Verständnisses des Begriffs organisierter Interessen nehmen Parteien eine Sonderstellung ein. Im Zuge der Modernisierung von Staat und Gesellschaft haben sie sich in liberaldemokratischen politischen Systemen eine herausgehobene Stellung erarbeitet. Parteien fungieren in modernen politischen Systemen als Vermittlungsinstanzen zwischen Bürgern auf der einen und staatlichen Strukturen auf der anderen Seite. Sie operieren damit auch im Spannungsfeld zwischen der im voranstehenden Kapitel näher erläuterten politischen Kultur und der politischen Struktur („polity") – oder prägnanter: sie schwanken zwischen „Vergesellschaftung" und „Verstaatlichung". Sie nehmen dabei aufgrund ihrer strukturellen Bedeutung für das politische System einen herausragenden Platz unter den Vermittlungsagenturen zwischen Staat und Gesellschaft ein.

Vgl. v. Alemann 2003, Glaab 2003, Niclauß 2002, Eith 1999, Mair u.a. 1999, Decker/Neu 2007, Jun u.a. 2008, Korte 2009, Schmid/Zolleis 2005, Wiesendahl 2006

Der Parteienwettbewerb um Wähler, Anhänger und Mitglieder integriert die Bürger unmittelbar in das politische System und schafft über diese Form der Partizipation direkte Legitimation für staatliches Handeln. Somit sind Politik und Regieren nicht zuletzt über die Parteien mit den Bürgern rückgekoppelt. Die Legitimität des politischen Systems und konkreter von Regierungshandeln konstituiert sich auf diese Weise, da die Zufriedenheit der Bürger mit den Ergebnissen von Regierungshandeln in hohem Maße von der Effizienz der Parteien in Regierungs- und Oppositionsfraktionen abhängt. Zugleich leisten Parteien einen wichtigen Beitrag zur politischen Sozialisation der Bürger, indem sie z.B. diese als Wähler mobilisieren, politische Bildung betreiben und Interpretationen politischer Prozesse bereitstellen (Eith 1999: 617). In diesem Sinne sind Parteien nicht nur Akteure, sondern auch politische Strukturen, welche auf die politische Kultur zurückwirken.

Zugleich verweist diese grundsätzliche vermittelnde Funktion darauf, dass Parteien in Anlehnung an Sorauf (1967) als aus drei Teilen bestehende Institutionen zu verstehen sind. So ist zu unterscheiden zwischen:

1. Parteien als Organisation
2. Parteien an der Regierung
3. Parteien im Elektorat

Definition

Allgemein kann eine politische Partei als „eine Gruppe gleichgesinnter Personen, die sich in unterschiedlicher organisatorischer Form an der politischen Willensbildung beteiligt und danach strebt, politische Positionen zu besetzen und ihre Ziele in einem Gemeinwesen durchzusetzen“ bezeichnet werden (Winkler 2002: 214). Neben dem Grundgesetz definiert das Parteiengesetz die politischen Parteien und ihre Stellung im politischen System:

> „Parteien sind Vereinigungen von Bürgern, die dauernd oder für längere Zeit für den Bereich des Bundes oder eines Landes auf die politische Willensbildung Einfluss nehmen und an der Vertretung des Volkes im Deutschen Bundestag oder einem Landtag mitwirken wollen, wenn sie nach dem Gesamtbild der tatsächlichen Verhältnisse, insbesondere nach Umfang und Festigkeit ihrer Organisation, nach der Zahl ihrer Mitglieder und nach ihrem Hervortreten in der Öffentlichkeit eine ausreichende Gewähr für die Ernsthaftigkeit dieser Zielsetzung bieten."
> (§ 2 Abs. 1 Parteiengesetz)

> (1) Die Parteien wirken bei der politischen Willensbildung des Volkes mit. Ihre Gründung ist frei. Ihre innere Ordnung muss demokratischen Grundsätzen entsprechen. Sie müssen über die Herkunft und Verwendung ihrer Mittel sowie über ihr Vermögen öffentlich Rechenschaft geben.
> (2) Parteien, die nach ihren Zielen oder nach dem Verhalten ihrer Anhänger darauf ausgehen, die freiheitliche demokratische Grundordnung zu beeinträchtigen oder zu beseitigen oder den Bestand der Bundesrepublik Deutschland zu gefährden, sind verfassungswidrig. Über die Frage der Verfassungswidrigkeit entscheidet das Bundesverfassungsgericht.
> (3) Das Nähere regeln Bundesgesetze. (Artikel 21 GG [Parteien])

Parteien unterscheiden sich also von Interessenverbänden dadurch, dass sie dem Gemeinwohl verpflichtet sind, ihre Ziele und Interessen mehr oder weniger direkt im politischen System umsetzen können, das politische Personal rekrutieren und politische Ämter besetzen. Im Gegensatz zu anderen Vermittlungsagenturen im politischen System übernehmen die Parteien hierdurch konkrete politische und personelle Verantwortung. Voraussetzung dafür ist die regelmäßige Teilnahme an Wahlen und die daraus hervorgehende Legitimation durch die Wähler bzw. Bürger. Wenn auch herausgehoben unter den Vermittlungsagenturen, sind die Parteien andererseits aber auch keine Verfassungsorgane. Vielmehr bezeichnet das bundesdeutsche Parteiengesetz von 1967 sie als „verfassungsrechtlich notwendigen Bestandteil der freiheitlich demokratischen Grundordnung". Eben diese Einordnung in den Kontext der freiheitlich-demokratischen Grundordnung begründet auch die Möglichkeit des Parteiverbotes durch das Bundesverfassungsgericht.

Parteien übernehmen konkret politische und personelle Verantwortung

Die Rolle politischer Parteien innerhalb des politischen Systems orientiert sich also an den von ihnen zu erfüllende Funktionen. Dabei sind die Funktionen nicht immer klar von Leistungen, Leistungserwartungen und Aufgaben zu trennen. Zugleich wird nicht immer eindeutig zwischen empirischen und normativ erwünschten Funktionen unterschieden. Darüber hinaus orientiert sich der Funktionskatalog nicht zuletzt an der jeweiligen Form des Regierungssystems (Winkler 2002: 219). Für liberale und demokratische politische Systeme lassen sich jedoch grundsätzlich die folgenden Funktionen politischer Parteien herausarbeiten, die weitestgehend identisch mit dem im Parteiengesetz genannten Funktionskatalog sind (Korte 2005: 9):

www.spd.de
www.cdu.de
www.csu.de
www.liberale.de
www.gruene.de
www.die-linke.de

Funktion		**Erläuterung**	
Personalrekrutierung		Auswahl von Personen zur Besetzung politischer Ämter (Übernahme politischer Verantwortung)	
Interessenvertretung	Interessenselektion, Interessenaggregation	Auswahl von Interessen, Zusammenfassung bzw. Bündelung von Interessen	Vermittlungsagenturen zwischen gesellschaftlichem und politischem System
	Interessenartikulation	Äußerung von Interessen und Einspeisung in das politische System	
Programmfunktion		Integration verschiedener Interessen zu einem Gesamtprogramm	
Partizipation		Bereitstellung konventioneller Verbindungen zwischen Bürgern und politischem System; Kommunikation und Verbesserung der Informationsflüsse zwischen Bürgern und Staat	
Legitimation und Integration		Verankerung der politischen Ordnung im Bewusstsein der Bürger und der gesellschaftlichen Kräfte	

Quelle: Schreyer/Schwarzmeier 2005: 125.

Vgl. zum Konzept der Volkspartei Delhees u.a. 2008: 165ff.

Trotz dieser grundsätzlich alle Parteien umfassenden Funktionen lassen sich dennoch unterschiedliche Typen politischer Parteien identifizieren. Die Parteienforschung hat schon früh damit begonnen, sie entlang bestimmter Merkmale zu klassifizieren. Eine solche Typologisierung kann sich dabei nach verschiedenen Merkmalen richten. Zu nennen sind beispielsweise die politisch-ideologische Grundausrichtung, die Stellung zum politischen System, die Organisationsstruktur, die soziale Herkunft der Mitglieder und Wähler sowie der Einzugsbereich politischer Parteien. Daraus ergibt sich beispielsweise folgendes Typologisierungsschema:

Klassifikationsmerkmal	Parteitypen
Struktur der Mitglieder und Wähler	Interessenpartei Klassenpartei Volkspartei
Soziale Herkunft der Wähler	Arbeiterpartei Bauernpartei Mittelstandspartei
Organisationsstruktur	Honoratiorenpartei Kaderpartei Massenpartei Kartellpartei Mitgliederpartei
Gesellschaftliche Ziele	Wählermaximierungspartei Ämtermaximierungspartei Policy-orientierte Partei
Politisch-ideologische Grundausrichtung	Rechtsextreme, konservative, christliche, liberale, grüne, sozialdemokratische, sozialistische, kommunistische Parteien
Stellung zum politischen System	Systemkonforme (z.B. SPD, CDU) und systemfeindliche Parteien (z.B. NPD, KPD)
Herrschaftsanspruch	Demokratische, autoritäre und totalitäre bzw. Staats- und Einheitsparteien

Quelle: Schreyer/Schwarzmeier 2005: 127.

4.3.2 Das Parteiensystem

Im Gegensatz zur empirischen Parteienforschung richtet die Parteiensystemforschung ihr Augenmerk nicht auf einzelne Parteien oder verschiedene Parteitypen, sondern auf die Gesamtheit der Parteien eines Landes, ihre Eigenschaften und die zwischen den Parteien sowie zwischen den Parteien und der sozialen Umwelt bestehenden Beziehungen (Nohlen 2007). Zu den Klassifikationsmerkmalen eines Parteiensystems gehören beispielsweise die Anzahl der Parteien bzw. die „effektive" Anzahl der Parteien, programmatische und ideologische Distanz innerhalb des Systems und die Existenz und Stärke von Parteifamilien. Eine der einflussreichsten Typologisierungsversuche stammt von Sartori (1976), der grundsätzliche zwischen Ein-, Zwei- und Vielparteiensystemen unterschied. Zudem schlüsselte er Vielparteiensysteme in begrenzt pluralistische und extrem-pluralistische Systeme auf. Vielparteiensysteme mit geringen ideologischen Distanzen kennzeichneten zudem einen moderaten, solche mit großen ideologischen Distanzen den Typ des polarisierten Pluralismus. Diesem Modell entsprechend könnte das derzeitige Parteiensystem der Bundesrepublik als begrenzt- und moderatpluralistisches Parteiensystem bezeichnet werden.

Entwicklung des Parteiensystems

Das bundesdeutsche Parteiensystem zeichnet sich durch grundsätzliche Wandlungs- und Entwicklungstendenzen aus (hierzu v. Alemann 2003). So war es zu seiner Anfangszeit durch eine große Zahl politischer Parteien geprägt. In den 50er Jahren setzte dann ein Konzentrationsprozess ein. Sowohl die Einführung der bundesweiten 5%-Klausel als auch die Verbote der KPD und der SRP trugen dazu bei. Zudem wurden zahlreiche kleinere Parteien von CDU und CSU aufgesogen, die damit in hohem Maße systemstabilisierende Integrationsfunktionen erfüllten. Man kann daher für die 50er Jahre von der Dominanz einer Partei sprechen.

Abb. 20: Die 1950er Jahre: Dominanz einer Partei

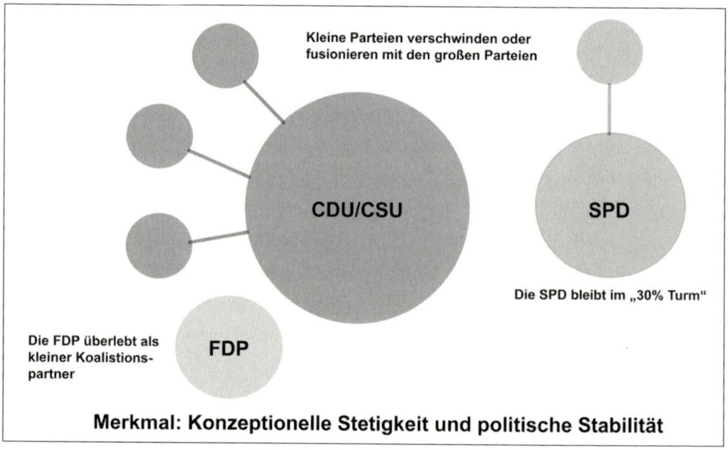

Quelle: Eigene Darstellung nach Kielmansegg 2002.

Diese Dominanz bröckelte in den 60er Jahren mit der programmatischen Neuausrichtung der SPD. Mit der Verabschiedung des Godesberger Programms 1959 hatte sie den Grundstein für den Wandel zu einer Volkspartei vollzogen. Eine Volkspartei zeichnete sich, dem Volksparteikonzept von Kirchheimer (1965) entsprechend, dadurch aus, zugunsten einer möglichst breiten Wählerschaft auf eine ausgeprägte ideologische Grundausrichtung zu verzichten.

Merkmale des Volksparteikonzeptes

Funktionale Kriterien	Volksparteikonzept	Strukturelle Merkmale
– „entideologisiertes" Programm – interner Ausgleich verschiedener Interessenslagen – soziale Heterogenität der Wählerschaft – Stimmenmaximierungsprinzip	Weitere Begriffe: → „catch-all-party" oder „Allerweltsparteien" (Kirchheimer) → „multi-policy-party" (Downs)	– demokratische Struktur des Parteiensystems – starker Parteiapparat und starke Parteiführung – differenzierte Organisation – untergeordnete Rolle des einzelnen Mitglieds

Quelle: Schreyer/Schwarzmeier 2005: 128.

„Symmetrisches Drei-Parteiensystem"

Damit war der Grundstein für das „symmetrische Drei-Parteiensystem" (Kielmansegg 2002) der 60er und 70er Jahre aus CDU/CSU, SPD und FDP gelegt. Es zeichnete sich durch die prinzipielle Koalitionsbereitschaft aller drei Parteien, politischen „Zentrismus" und ein ungefähres Gleichgewicht der beiden großen Volksparteien aus. Zugleich entschied die FDP als „Zünglein an der Waage" über die Zusammensetzung der Bundesregierung. Diese Rolle behielt sie prinzipiell bis 1998, als sie zum ersten Mal nicht mehr an der Regierung beteiligt war.

Abb. 21: Die 1960er/1970er/1980er Jahre: Symmetrisches Drei-Parteiensystem

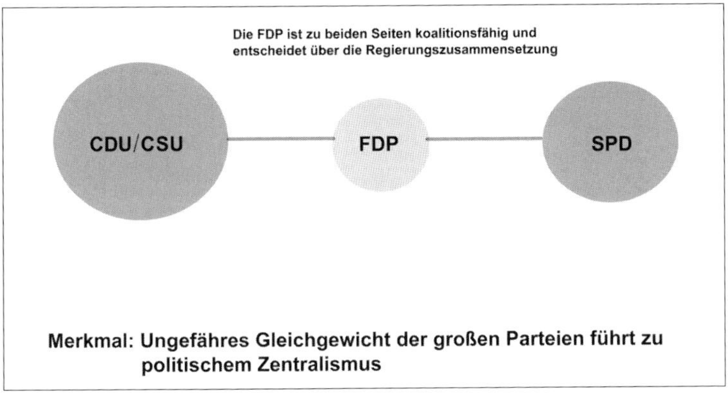

Quelle: Eigene Darstellung nach Kielmansegg 2002.

Der Einzug der Grünen in den Bundestag läutete 1983 die Phase der Lagerpolarisierung ein: Mit CDU/CSU und FDP einerseits sowie SPD und Grünen andererseits konkurrierten zwei alternative Regierungsbündnisse um die Macht. Auch die Etablierung der PDS in den 90er Jahren änderte an dieser Gegenüberstellung im Grundsatz nicht viel. Zwar wandelte sich das deutsche Parteiensystem de facto zu einem Fünf-Parteiensystem und in den ostdeutschen Ländern bildete sich durch den Aufstieg der Sozialisten zu einer regionalen Volkspartei ein eigener Parteienwettbewerb heraus (Decker 2007). Doch auf die Mehrheitsbildung im Bund und in den westdeutschen Ländern hatte das keinen nennenswerten Einfluss.

Erst seit der Bundestagswahl 2005 existiert ein asymmetrisches, „changierendes Fünfparteiensystem" mit weitreichenden Konsequenzen sowohl für die Regierungsbildung im Bund als auch in den westdeutschen Ländern (Niedermayer 2007: 130). Die neue Qualität des Parteienwettbewerbs besteht darin, dass jenseits der Großen Koalition keine Bündnisse entlang der tradierten parteipolitischen Lager mehr möglich sind. Bunte Zweier- und Dreier-Koalitionen – von Jamaika (schwarz-gelb-grün) bis rot-rot-grün – sind unter den Bedingungen von Vielparteien-Parlamenten und zeitgleich immer kleiner werdenden Volksparteien die Zukunft (Korte 2008). Genau das macht den tiefgreifenden Strukturwandel des deutschen Parteiensystems seit 2005 aus (Mielke/Eith 2008). Vielparteien-Parlamente können zwar noch wie in Hamburg (schwarz-grün), Hannover (schwarz-gelb) oder Bremen (rot-grün) zu Zweierkoalitionen führen, aber weniger verlässlich als zu früheren Zeiten. Sogenannte Lager- oder Traditionskoalitionen werden durch neue Varianten zur Regierungsbildung ersetzt: neue parteipolitische Zusammensetzungen (z.B. schwarz-grün), neue Regierungs- bzw. Koalitionstypen (z.B. Große Koalitionen), neue Regierungsformate (z.B. geplante Minderheitsregierungen wie in Hessen).

Wer nicht nur rechnerische Mehrheiten, sondern belastbare politische Mehrheiten sucht, muss sich zukünftig auf dem Koalitionsmarkt auf Braut- bzw. Bräutigamschau begeben. CDU/CSU und FDP sind auf die Grünen angewiesen, wollen sie eine „kleine", eine „Minimum-Winning"-Koalition bilden. Ein Mitte-Links-Bündnis wird ohne die Linke als Koalitionspartner in absehbarer Zeit keine Machtperspektive mehr haben. Die Grünen sind dabei in einer komfortablen Sandwich-Lage (Korte 2008b): Sie können sich aus ihrer Abhängigkeit von der SPD befreien und die ehemalige Rolle der FDP als „Zünglein an der Waage" einnehmen. Ohne die Grünen würde dann keine Regierungsbildung mehr möglich sein. Sie sind der Gewinner im Wettbewerb eines asymmetrischen und fluiden Fünf-Parteiensystems – vorausgesetzt Wähler und Basis ertragen die Rolle ihrer Partei als strategischem Mehrheitsbeschaffer zwischen zwei so genannten bürgerlichen Parteien (Union/FDP) und zwei linken Parteien (SPD/Linke).

Perspektiven der SPD

Doch auch für die beiden Volksparteien eröffnen sich neue Chancen. Wenngleich die SPD langfristig nicht mehr über Wahlergebnisse von 30 Prozent hinaus kommt und deutlich seltener den Regierungschef wird stellen können, so ist es durchaus möglich, dass sie öfter und länger Regierungsverantwortung tragen wird als in den vergangenen Jahrzehnten. Denn die Sozialdemokraten sind prinzipiell eine Multioptionspartei. Seit Beginn der 90er Jahre hat sie auf Landesebene mit allen etablierten Parteien schon mindestens einmal koaliert. Die rotroten Bündnisse in Berlin und Mecklenburg-Vorpommern haben zudem gezeigt, dass auch mit der PDS bzw. der Linken unpopuläre Haushaltssanierungen möglich sind und trotzdem Wahlen gewonnen werden können, wenngleich auf niedrigerem Niveau. Doch noch liegt das Potential der SPD als Multikoalitionspartei auf Eis. Regierungsbündnisse mit der Linken im Bund und in westdeutschen Ländern sind bis 2009 ein Tabu. Die langfristigen Machtfragen der SPD hängen zurzeit an der Tabuisierung der Zusammenarbeit bzw. Enttabuisierung der Kontaktsperre zwischen SPD und Linken. Aber das Tauwetter hat schon begonnen. Nach den nächsten Bundestagswahlen wird die SPD als Regierungspartei in allen erdenklichen Koalitionsformen wirken können: in Großen Koalitionen, als Partner von FDP, Grünen und Linken, sogar als Junior-Partner der Linken in ostdeutschen Ländern.

Perspektiven der CDU

Auch für die Union ergeben sich neue Machtperspektiven: Jenseits der Großen Koalition war die FDP bisher fast der einzige mögliche Partner in Bund und Ländern (die einzige Ausnahme war die

Abb. 22: Die 1990er Jahre bis heute: Asymmetrisches Fünf-Parteiensystem

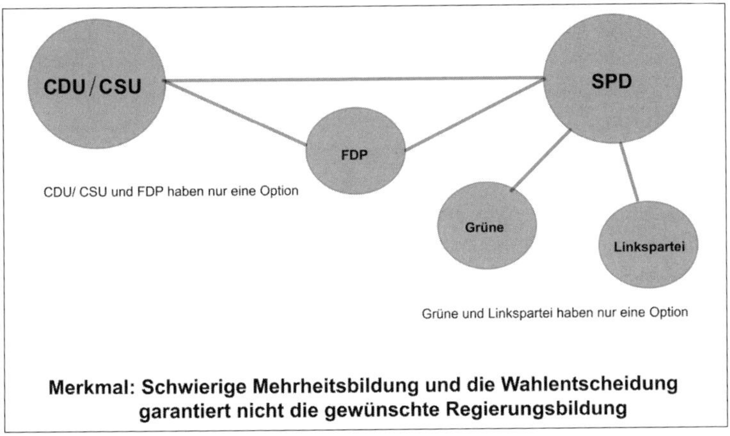

Quelle: Eigene Darstellung nach Kielmansegg 2002.

Koalition mit der Schill-Partei in Hamburg). Durch die schwarz-grüne Landesregierung in Hamburg (2008) kann die Union zukünftig auch ihre Mehrheitsoptionen deutlich ausbauen. Sie hat damit immer noch quantitativ weniger potentielle Bündnispartner als die SPD, aber eine qualitativ bedeutsame Machtoption hinzugewonnen.

4.3.3 Aufbau und Organisation

Zu den zentralen Funktionen politischer Parteien gehört die Mitwirkung der Parteien am Willensbildungsprozess im „demokratischen und sozialen Bundesstaat" (Art. 21 GG). Die Parteien sind zugleich auch verfassungsrechtlich zur Einhaltung demokratischer Regelungen ihrer inneren Ordnung verpflichtet. So fordert Artikel 21 Abs.1 GG von den Parteien explizit innerparteiliche Demokratie ein: „Ihre innere Ordnung muss demokratischen Grundsätzen entsprechen."

Beide Bestimmungen des Artikel 21 GG gemeinsam verpflichten die Parteien nach der dominanten Verfassungsinterpretation zu demokratischen Parteistrukturen: zusätzlich zum expliziten Erfordernis „demokratischer Grundsätze" erfordert auch die Mitwirkung der Parteien am Willensbildungsprozess ihrerseits indirekt demokratische Strukturen im Inneren. Die innerparteiliche Demokratie ist damit gleichsam doppelt gesichert (v. Alemann 2003: 131f.).

Das Parteiengesetz

Das Parteiengesetz von 1967 konkretisiert diese allgemeinen Vorschriften des Grundgesetzes. Die Paragraphen 6 bis 16 beinhalten die Grundsätze des demokratischen innerparteilichen Aufbaus. Sie verpflichten die Parteien zu:

- Vertikalem Aufbau: Der Aufbau der Parteien erfolgt grundsätzlich von unten nach oben, d.h. von der Mitgliederbasis zur Führungsspitze. Die Mitglieder- bzw. Delegiertenversammlung ist dabei das oberste Organ mit Kompetenzen in Grundfragen der Parteien.
- Funktionalem Aufbau: Dies beinhaltet die Verantwortlichkeit gewählter Gremien gegenüber den Mitglieder- bzw. Delegiertenversammlungen, ihre Abberufbarkeit sowie die Existenz unabhängiger Parteischiedsgerichte.
- Regionalem Aufbau: Parteien sind föderal aufgegliedert, die nachgeordneten Parteigliederungen besitzen eigenständige Kompetenzen.
- Wahrung der Grundrechte der Mitglieder: Grundrechte der Parteimitglieder wie gleiches Stimmrecht, Freiheit der Meinungsäußerung und Gleichberechtigung werden garantiert.

Zugleich gibt es zwei weitere externe Bedingungen innerparteilicher Demokratie, welche die internen Regelungen ergänzen (v. Alemann 2003: 132):

- Transparenz der Parteien gegenüber der Öffentlichkeit: Durch Veröffentlichung von Satzung, Programm, Offenlegung der Parteifinanzen etc.
- Die demokratische Nominierung von Kandidaten der Parteien für Bundestags- und Landtagswahlen durch Wahlkreis- und Landesdelegiertenkonferenzen.

Parteien sind in ihrem Aufbau vielfach untergliedert und orientieren sich weitgehend an der Struktur der öffentlichen Gebietskörperschaften. Die Vielzahl unterschiedlicher Gremien verbürgt ihre demokratische Binnenstruktur: „Der satzungsrechtliche Aufbau der Parteien ist insofern demokratisch, als sich alle Parteiorgane vom Mitgliederwillen ableiten, Mitgliederversammlungen bzw. Parteitage jeweils den anderen Organen übergeordnet und judikative Funktionen von anderen getrennt sind" (Rudzio 2006: 142). Somit lassen sich grundsätzlich vier Organisationsebenen der Parteien unterscheiden, die generell „mehr nebeneinander und ‚relativ isoliert'" arbeiten (Rudzio 2006: 138):

Die vier Organisationsebenen der Parteien

- Ortsverbände (bzw. Stadt- und Gemeindeverbände; bei der SPD „Ortsvereine"): Nicht in jeder Gemeinde stehen genügend Mitglieder für die Bildung solcher Ortsverbände zur Verfügung. In großen Städten wiederum untergliedern sich diese oftmals in mehrere Ortsverbände (ausführlicher v. Alemann 2003: 135).
- Kreisverbände: Diese umfassen mehrere Ortsverbände und entsprechen Stadt- und Landkreisen. Gerade bei den kleineren Parteien wir der FDP und den Grünen bilden diese Kreisverbände die unterste Organisationsebene.
- Landesverbände: Diese entsprechen weitestgehend der Einteilung der Bundesländer.
- Bundesverband: Dieser ist die oberste Organisationsebene innerhalb der Bundesrepublik Deutschland.

Dieses formelle Schema (Abb. 23) bezeichnet nur die vergleichbare Grundstruktur der Parteien. Unterschiedliche Parteien in verschiedenen politischen Kontexten zeigen daneben eine teils sehr differenzierte Praxis der politischen Willensbildung. So stehen Regierungsparteien in der beständigen Konkurrenz mit Regierungsgremien. Und Parteitage stehen nicht selten unter dem Druck medialer Aufmerksamkeit, die insbesondere in Wahlzeiten geschlossenes

Auftreten einer Partei honoriert, während harte Auseinandersetzungen bezüglich Personal und Themen als „zerstrittenes" Bild wahrgenommen werden (dazu auch Kapitel 4.4.3).

Abb. 23: Parteiorgane und ihre Wahl

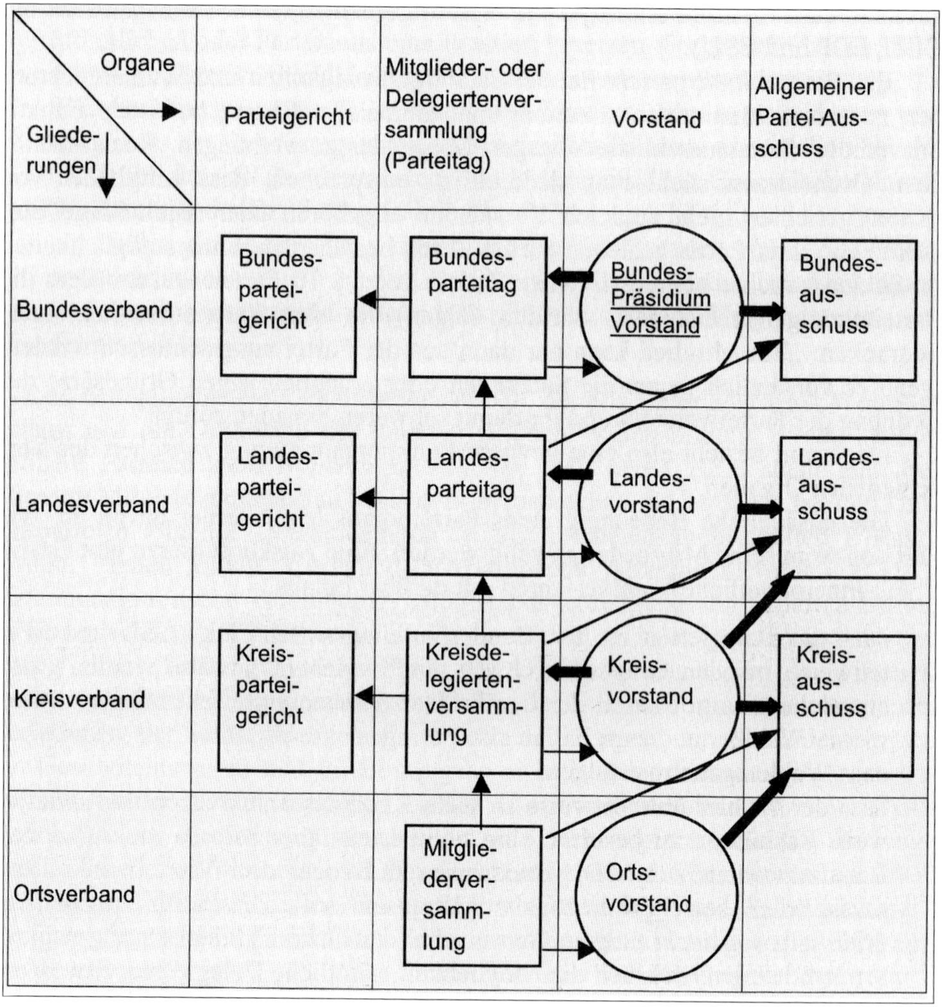

Quelle: Rudzio 2006: 139.

4.4 Wahlen und Wählerverhalten

4.4.1 Wahlen zum Deutschen Bundestag

Der Parlamentarische Rat begnügte sich bei seinen Verfassungsberatungen zu einer Ausgestaltung des Wahlsystems 1948/49 mit dem Artikel 38 GG. Eine Entscheidung über das konkrete Wahlsystem sollte dem künftigen Gesetzgeber überlassen bleiben. CDU und CSU konnten sich mit ihrem Vorhaben nicht durchsetzen, ein relatives Mehrheitswahlrecht einzuführen. Die kleineren Parteien und die SPD wehrten sich dagegen, weil sie sich davon nur Nachteile erwarteten (Korte 2009).

Man fand einen Kompromissvorschlag, nach welchem ein Teil der Abgeordneten nach relativer Mehrheitswahl in Einpersonenwahlkreisen gewählt, der Mandatsteil jedoch ausschließlich nach einer Methode der Verhältniswahl ermittelt wird. Dieses Wahlrecht wurde aber nur für die erste Wahl zum Deutschen Bundestag 1949 angewandt. Im Gegensatz zu allen späteren Wahlen hatten die Wähler nur eine einzige Stimme, mit der sie gleichzeitig ihren Direktkandidaten und die Landesliste seiner Partei unterstützten. Von größerer Bedeutung war aber bereits bei dieser Wahl der Teil der Stimmen, der die Parteienpräferenz zum Ausdruck brachte, da der Bundestag schon damals nach dem Verhältnis der Zweitstimmen der Parteien besetzt wurde und die erreichten Direktmandate einer Partei von den ihr zustehenden Mandaten abgezogen wurden.

Fünfprozenthürde

Bereits 1949 hatte der Parlamentarische Rat die sogenannte „Fünfprozenthürde" beschlossen, um die destabilisierende Wirkung von Splitterparteien zu verhindern. Damals war es aber noch relativ einfach, diese Schranke zu umgehen, weil die für den Bundestagseinzug benötigten fünf Prozent der Stimmen nur in einem einzigen Bundesland erreicht werden mussten. Die Fünfprozenthürde entfiel völlig, wenn es einer Partei gelang, ein Direktmandat zu gewinnen. Im Jahre 1953 wurde im Zuge einer Wahlrechtsreform die Fünfprozentklausel verschärft. Fortan mussten die fünf Prozent im gesamten Bundesgebiet gewonnen werden und ab 1956 wurden die für die Umgehung der Sperrklausel notwendigen Direktmandate von eins auf drei erhöht.

Wahlrechtsreform 1953

Wahlgesetz von 1956

Das Wahlgesetz von 1956 gilt in seinen Grundzügen bis heute fort. Auch an der Fünfprozenthürde ist bis heute festgehalten worden – trotz bisweilen heftiger Diskussion um eine Verzerrung des Wählerwillens. Das lag auch daran, dass sich eine Parlamentsmehrheit, welche die Höhe der Sperrklausel durch einfaches Gesetz erhöhen könnte, dem Vorwurf aussetzen würde, sich kleinerer Parteien auf diese Weise bewusst zu entledigen, um die eigene Macht zu sichern.

Sonderwahlrecht 1990

Die nächsten Änderungen am Wahlgesetz fanden 1985 statt, als das bisher verwendete Verrechnungsverfahren nach d'Hondt von der Methode Hare/Niemeyer abgelöst wurde. Für die ersten Wahlen 1990 galt folgende Sonderregelung: Die westdeutschen Länder und ehemalige DDR galten als getrennte Wahlgebiete. Das hatte zur Folge, dass die kandidierenden Parteien nur in einem Gebiet mit ihren Stimmen die Fünfprozenthürde überschreiten mußte, um in den Bundestag einziehen zu können. Ursprünglich gedacht für Parteien, die nur in den neuen Bundesländern kandidierten, wurde diese Ausnahmeregelung zum Rettungsanker für Bündnis 90/Die Grünen. Da Bündnis 90/Die Grünen in Ost und West keine Listenverbindung eingegangen waren und die West-Grünen im Gegensatz zu ihren ostdeutschen Parteifreunden die Fünfprozenthürde nicht überspringen konnten, war die Bundestagspolitik von Bündnis 90/Die Grünen ausschließlich eine Sache der ostdeutschen Abgeordneten. Das deutsche Wahlrecht, als „personalisierte Verhältniswahl" hat sich als krisenfest erwiesen. Auch in ökonomisch schwierigen Zeiten hatten radikale Parteien auf Bundesebene keine Chance.

Das personalisierte Verhältniswahlrecht

Jeder Wähler hat zwei Stimmen zu vergeben. Der Deutsche Bundestag zählt – ohne Überhangmandate – 598 Abgeordnete. Die Hälfte von ihnen, also 299 Abgeordnete, wird nach relativer Mehrheitswahl direkt in Wahlkreisen gewählt. Diesen Direktmandaten gilt die Erststimme. Die Erststimme macht den „personalisierten" Teil des Wahlsystems aus, weil der Wähler damit eine bestimmte Person seines Wahlkreises wählt.

Die Zweitstimme ist wichtiger als die Erststimme

Mit der Zweitstimme werden Parteien gewählt. Die Zweitstimme entscheidet über die Zusammensetzung des Bundestages. Sie ist daher eindeutig wichtiger als die Erststimme. Die meisten Parteien (die CSU als Regionalpartei ausgenommen) sind zwar bundesweite Organisationen, treten aber zur Wahl mit Landeslisten an. Die Wähler ein und derselben Partei kreuzen daher in unterschiedlichen Bundesländern verschiedene Landeslisten an (grundsätzlich Nohlen 2007).

Wie kommt es nach den Wahlen nun zur konkreten Zusammensetzung des Deutschen Bundestages (hierzu Korte 2005: 9):

Rechenbeispiel der Mandatsverteilung für das Bundestagswahlergebnis 2005

1. Schritt

Parteien, die nach Anwendung der Fünfprozentregel berücksichtigt werden	Sitze insgesamt	Zweitstimmen der Partei	Summe der Zweitstimmen der beteiligten Parteien	Ganzzahliger Restanteil	Sitze nach größtem Rest	Sitze insgesamt
SPD		16.194.665		**213**,170	0	213
CDU		13.136.740		**172**,919	1	173
CSU		3.494.309		**45**,996	1	46
Grüne	598 x	3.838.326	:45.430.378	**50**,524	1	51
FDP		4.648.144		**61**,184	0	61
Linke		4.118.194		**54**,208	0	54
Insgesamt		45.430.378		**595**	3	598

2. Schritt

Länder in denen die CDU kandidierte	Zahl der Mandate, die der CDU im BT zustehen	Zahl der Zweitstimmen der Landeslisten	Gesamtzahl der Zweitstimmen der Partei	Ganzzahliger Restanteil	Sitze nach größtem Rest	Sitze insgesamt
Schleswig-Holstein		624.510		8,224	0	8
Hamburg		272.418		3,588	1	4
Niedersachsen		1.599.947		21,070	0	21
Bremen		82.389		1,085	0	1
Nordrhein-Westfalen		3.524.351		46,413	0	46
Hessen		1.131.496		14,901	1	15
Rheinland-Pfalz		877.632		11,558	1	12

Länder in denen die CDU kandidierte	Zahl der Mandate, die der CDU im BT zustehen	Zahl der Zweitstimmen der Landeslisten	Gesamtzahl der Zweitstimmen der Partei	Ganzzahliger Restanteil	Sitze nach größtem Rest	Sitze insgesamt
Baden-Württemberg	173x	2.283.085	:13.136.740	30,066	0	30
Saarland		191.067		2,516	1	3
Berlin		408.715		5,382	0	5
Mecklenburg-Vorpommern		293.316		3,863	1	4
Brandenburg		322.400		4,246	0	4
Sachsen-Anhalt		357.663		4,710	1	5
Thüringen		372.435		4,905	1	5
Sachsen		795.316		10,474	0	10
Insgesamt		13.136.740		166	7	**173**

Quelle: Korte 2009.

1. Ausschluss kleiner Parteien durch die Fünfprozentklausel:
Zunächst werden alle Zweitstimmen zusammengezählt, die eine Partei über die Landesliste erhalten hat. Das ist die Anzahl ihrer Zweitstimmen. Wird sie durch die Gesamtzahl der gültigen Zweitstimmen geteilt, ergibt sich ihr Anteil an Zweitstimmen aller Parteien. Dieser muss mindestens fünf Prozent betragen, sonst scheidet sie für die Vergabe von Sitzen grundsätzlich aus. Allerdings gilt dabei folgende Ausnahme: Eine Partei erringt mindestens drei Direktmandate (Grundmandatsklausel).

2. Feststellung der Mandatszahl jeder Partei:
Nun wird nach dem Verfahren Sainte-Laguë/Schepers berechnet, wie viele Mandate jede Partei im Bundestag erhält. Dabei werden nur noch die Zweitstimmen für Parteien berücksichtigt, die an der Mandatsvergabe überhaupt teilnehmen, indem sie die Fünf-Prozent-Hürde geschafft oder mindestens drei Direktmandate errungen haben.

> Das Stimmenverrechnungsfahren nach Sainte-Laguë (Korte 2009):
> Das Verfahren geht auf den französischen Mathematikprofessor Jean-André Sainte-Laguë und den Direktor des Staatswissenschaftlich-Statistischen Seminars der Universität Berlin, Ladislaus von Bortkiewicz zurück. Weiterentwickelt wurde es von Hans Schepers, einem Mitarbeiter der Gruppe Datenverarbeitung im Dienste des Deutschen Bundestages.
>
> Die Umsetzung kann sowohl nach dem Höchstzahl-, dem Rangmaßzahl- oder dem Divisorverfahren erfolgen: Beim Höchstzahlverfahren werden die Stimmen der Parteien zunächst durch 0,5 - 1,5 - 2,5 - 3,5 etc. dividiert und die Sitze in der Reihenfolge der größten sich ergebenen Höchstzahlen zugeteilt. Dabei können ebenso gut die ungeraden Zahlen 1, 3, 5, 7, 9 ... benutzt werden. Bei der Bestimmung der Ausschussbesetzung im Deutschen Bundestag werden aber anstelle der Höchstzahlen deren Kehrwert bzw. Rangmaßzahlen berechnet und die Sitze in der Reihenfolge der kleinsten Rangmaßzahlen zugeteilt. Zudem können die Stimmen der Parteien auch nach dem Divisorverfahren bestimmt werden: In diesem Fall werden die Stimmen durch einen geeigneten Divisor (Stimmen pro Sitz) dividiert und nach der Standardrundung gerundet. Falls im Ergebnis zu viele Sitze verteilt wurden, muss die Berechnung mit einem größeren Divisor wiederholt werden, im umgekehrten Fall mit einem kleineren Divisor.
>
> Das Verfahren hat den Vorteil, dass weder große noch kleine Parteien tendenziell bevorzugt werden. In den meisten Fällen ergibt sich eine identische Verteilung zum Verfahren Hare/Niemeyer.

3. Aufteilung der Sitze auf Landeslisten:
Nachdem feststeht, wie viele Sitze eine Partei insgesamt im Bundestag hat, werden sie auf die verschiedenen Landeslisten aufgeteilt. Jedes Bundesland erhält entsprechend dem Anteil der Zweitstimmen für ihre Landesliste Mandate. Die Berechnung erfolgt auch hier nach dem Verfahren Sainte-Laguë/Schepers.

4. Berücksichtigung der Direktmandate:
Von der Anzahl der Sitze, die auf eine Landesliste im Bundestag entfallen, wird die Anzahl der Direktmandate abgezogen. Die einer Partei verbleibenden Sitze werden mit Listenkandidaten besetzt. Es kommt vor, dass eine Landesgruppe mehr Direktmandate gewonnen hat, als ihr Mandate zustehen. Es ziehen trotzdem alle erfolgreichen Direktkandidaten in den Bundestag ein. Die Mandate, die „zu viel" vergeben werden, heißen „Überhangmandate". Die Anzahl der Bundestagsabgeordneten nimmt um die Überhangmandate zu. Ein proportionaler Ausgleich zugunsten von Parteien, die keine Überhangmandate erringen, findet bei Bundestagswahlen nicht statt.

Überhangmandate

Das Bundesverfassungsgericht hat mit seinem am 2. Juli 2008 gefällten Urteil zur Rechtmäßigkeit der Überhangmandate eine Reform des Wahlrechts erzwungen. Es sieht die Gleichheit der Wählerstimmen nicht mehr gewährleistet und fordert eine Änderung der gesetzlichen Bestimmungen bis spätestens Mitte 2011. Welchen Weg die Politik bei der Umgestaltung einschlägt, ist allerdings noch unklar.

Das bundesrepublikanische Verfahren wird häufig missverstanden und als Mischung von Mehrheitswahl und Verhältniswahl dargestellt. Das ist nicht richtig. Zwar werden die Direktkandidaten nach relativer Mehrheitswahl bestimmt. Wie viele Sitze eine Partei im Bundestag erhält, hängt aber allein (Ausnahme: Überhangmandate) vom Anteil der Zweitstimmen ab. Das bundesdeutsche Wahlrecht ist daher eindeutig ein Verhältniswahlrecht. Durch die direkte Wahl von Abgeordneten in Einpersonenwahlkreisen mit der Erststimme soll die Verbindung zwischen Abgeordneten und Wählern gestärkt werden. Ob das wirklich gelungen ist, bleibt fraglich. Denn auch bei der Vergabe der Erststimmen orientieren sich die Wähler häufig an der Parteizugehörigkeit der Kandidaten. Doch gegenüber der Weimarer Republik, wo ein reines Verhältniswahlrecht galt, ist das Wahlsystem der Bundesrepublik eindeutig stärker auf Personen zugeschnitten. Es wird daher als „personalisierte Verhältniswahl" bezeichnet. Doch wie „verhalten" sich die Wähler bei der Wahl?

4.4.2 Wählerverhalten: Vier Erklärungsansätze im Vergleich

Der soziologische Erklärungsansatz

(a) Die mikrosoziologische Perspektive

Wählerverhalten ist Gruppenverhalten

Der mikrosoziologische Ansatz betont die verhaltensrelevante Bedeutung des sozialen Umfelds. Paul F. Lazarsfeld (1968) untersuchte die Meinungsbildungsprozesse im Vorfeld der amerikanischen Präsidentschaftswahlen von 1940 und stellte fest: Wählerverhalten ist Gruppenverhalten (Eith/Mielke 2006; Korte 2005: 88ff.; auch Bürklin/Klein 1998). Weniger der ursprünglich angenommene Einfluss der Massenmedien oder der Wahlpropaganda als vielmehr die Zugehörigkeit zu verschiedenen sozialen Gruppen mit festen politischen Verhaltensnormen bestimmte demnach die individuelle Wahlentscheidung. Das Zusammenspiel der verschiedenen Gruppenzugehörigkeiten konnte mit Hilfe der Merkmale sozioökonomischer Status, Konfessionszugehörigkeit und Größe des Wohnortes in hohem Ausmaß nachgewiesen werden. Überlagerten sich beim Wähler jedoch einander widersprechende Loyalitätsforderungen

(„cross-pressures“), reagierte er im Allgemeinen mit der Reduzierung des politischen Interesses und der zeitlichen Herauszögerung der Wahlentscheidung. In diesem Fall musste zuerst eine Entscheidung darüber fallen, welche Gruppenzugehörigkeit denn jetzt als wichtigste – und damit als verhaltensrelevant – angesehen werden sollte.

Bis zu den jüngsten Wahlanalysen konnten auch neuere Untersuchungen immer wieder den großen Einfluss des sozialen Umfelds auf den individuellen politischen Meinungsbildungsprozess nachweisen. Die Mitgliedschaft in einer Gewerkschaft oder eine starke Bindung an die katholische Kirche hat einen hohen Vorhersagewert für die Wahlentscheidung. So wählten bei den Bundestagswahlen vom September 2005 über 60 Prozent der regelmäßigen Kirchgänger die CDU, während fast die Hälfte der Gewerkschaftsmitglieder für die SPD votierten.

Das mikrosoziologische Erklärungsmodell sieht das Individuum idealtypisch im Mittelpunkt konzentrischer, sich gegenseitig verstärkender sozialer Einflusskreise und veranschaulicht aus dieser Perspektive in besonderer Weise ein stabiles, über einen längeren Zeitraum hinweg konstantes Wahlverhalten. Kurzfristige Änderungen der Wahlentscheidung können auf diese Weise hingegen nur unzureichend erklärt werden.

(b) Die makrosoziologische Perspektive

Die Grundgedanken des mikrosoziologischen Erklärungsansatzes lassen sich auch auf die Analyse der Herausbildung und Entwicklung von Parteiensystemen übertragen. Diese makrosoziologische Perspektive und Erweiterung zielt ab auf längerfristig stabile Allianzen zwischen bestimmten Bevölkerungsgruppen und politischen Parteien, wie sie in Westeuropa seit dem 19. Jahrhundert zu beobachten sind. Trotz aller wahlrechtlichen und institutionellen Unterschiede in den verschiedenen Ländern, finden sich in nahezu allen Parteiensystemen christdemokratische, sozialdemokratische oder sozialistische, liberale und neuerdings auch grüne Parteien mit jeweils eigener Wählerschaft. Seymour M. Lipset und Stein Rokkan (1967) entwickelten das Cleavage-Modell, mit dessen Hilfe sich die Ausprägungen und auch Veränderungen von Parteiensystemen in ihren Grundzügen erklären lassen (Eith/Mielke 2006: 326ff.; Korte 2005: 89f.; Beiträge in Eith/Mielke 2001). Demnach hängt die Herausbildung des westeuropäischen Parteiensysteme eng mit dem Demokratisierungsprozess im 19. und im 20. Jahrhundert zusammen. Idealtypisch betrachtet waren jeweils vier grundlegende Probleme zu bewältigen:

Das Cleavage-Modell

1. das Verhältnis von Zentrum und Peripherie im Zuge der nationalen Staatengründung;
2. der Konflikt zwischen Kirche und weltlicher Macht um die politische und kulturelle Vorherrschaft;
3. die bei der beginnenden Industrialisierung auseinander strebenden Interessen von ländlich-agrarischen und städtisch-handwerklichen Gebieten;
4. die Auseinandersetzungen zwischen Kapital und Arbeit.

In all diesen Fällen koalierten politische Eliten mit den betroffenen, politisierten Bevölkerungsgruppen, um die jeweiligen Interessen mit Nachdruck vertreten zu können. Diese zunächst losen Verbindungen entwickelten sich zu stabilen Parteiorganisationen und verankerten so die genannten Konfliktlinien („cleavages") dauerhaft in den nationalen westeuropäischen Parteiensystemen. Liberale, christdemokratische und auch sozialistische Parteien gehen in ihren Wurzeln auf diese tief greifenden Auseinandersetzungen zurück. Die vier genannten klassischen Konfliktlinien haben sich im Laufe der Zeit modernisiert. So kann heute zwischen einem Gegensatz von Managern und Arbeitnehmern bzw. Marktliberalen und Sozialstaatsbefürwortern (alt: Kapital und Arbeit), konservativ und modern (alt: Kirche und Staat, Zentrum und Peripherie, ländlich-agrarisch und städtisch-handwerklich) sowie materialistisch und postmaterialistisch ausgegangen werden (Geiling/Vester 2007: 468).

Lipset und Rokkan haben mit diesem Ansatz ein Modell entwickelt, das dem Handeln politischer Eliten – ihren Fähigkeiten, politische Projekte zu formulieren und sich dafür dauerhafte Unterstützung von Seiten der Wählerschaft zu sichern – sowie auch der Bereitschaft der Bevölkerung zur aktiven politischen Teilnahme und Auseinandersetzung für die Ausprägung und für die Veränderung von Parteiensystemen einen hohen Stellenwert beimisst.

Der individualpsychologische Erklärungsansatz

Einen deutlichen Perspektivenwechsel nimmt der zweite klassische Erklärungsansatz vor: Wahlverhalten ist Ausdruck einer individuellen psychologischen Beziehung zu einer Partei (Eith/Mielke 2006: 328ff.; Korte 2005: 90ff.) In ihren Untersuchungen der amerikanischen Präsidentschaftswahlen der fünfziger Jahre entwickelten Angus Campbell und seine Mitarbeiter (1964) einen neuen, dynamischeren, zu Prognosezwecken weitaus geeigneteren Erklärungsansatz des Wählerverhaltens: Kernstück des sogenannte „Michigan-Modells" bildet die individuelle Parteiidentifikation, eine längerfristige emotionale Bindung des Wählers an seine Partei. Sie

Individuelle Parteiidentifikation und „Issue-Orientierung"

wird erworben bei der politischen Sozialisation durch Elternhaus, Freundeskreis oder Mitgliedschaft in politischen Gruppen und beeinflusst die Wahrnehmung sowie die Bewertung politischer Ereignisse in hohem Maße. Neben dieser langfristigen Parteiidentifikation existieren zwei weitere Einflussfaktoren: die Bewertung aller Kandidaten und die Einstellungen zu aktuellen politischen Streitfragen („Issue-Orientierung"). Die individuelle Wahlentscheidung resultiert nun aus dem spezifischen Zusammenspiel dieser drei Faktoren (vgl. Abb. 24):

- Parteiidentifikation
- Kandidatenorientierung
- politische Streitfragen

Abb. 24: Die Bestimmungsfaktoren bei der Wählerentscheidung

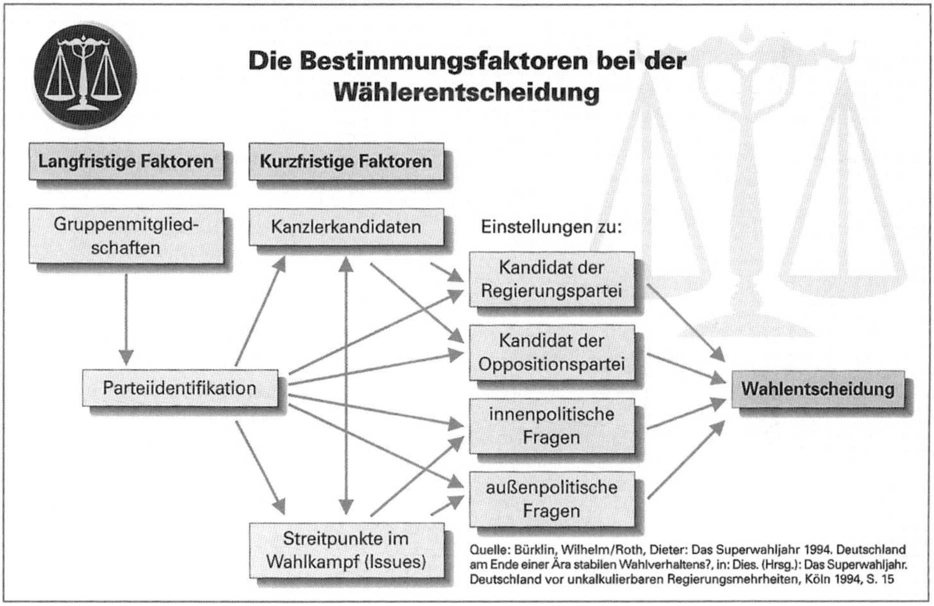

Quelle: Korte 2009.

In der Regel erfolgt die Wahlentscheidung entsprechend der langfristig stabilen Parteiidentifikation. Allerdings kann es bei einzelnen Wahlen durchaus auch zu kurzzeitigen Dissonanzen zwischen den drei Variablen kommen. Subjektiv als entscheidend empfundene Personal- und Sachfragen lassen dann die Wahlentscheidung auch entgegen der langfristig wirksamen Parteiidentifikation ausfallen.

Das individualpsychologische Modell verbindet die soziale Verankerung des Wählers mit situativen Momenten der Wahlentscheidung. Zudem sind die Modellaussagen empirisch überprüfbar. Seit mehr als 20 Jahren stehen hierzu miteinander vergleichbare Umfragereihen zur Verfügung. Neben der Parteiidentifikation werden u.a. regelmäßig Daten zur Beliebtheit der Spitzenpolitiker, zur Rangfolge der wichtigsten Kompetenzzuschreibungen, zur Zufriedenheit mit dem politischen System und mit der wirtschaftlichen Situation sowie die so genannte „Sonntagsfrage" nach der Wahlentscheidung erhoben.

Das Modell des rationalen Wählers

Der maximale persönliche Nutzen bestimmt die Wahlentscheidung

Mit seiner ökonomischen Theorie der Demokratie konzentriert sich Anthony Downs (1974) ganz auf die Analyse individueller Entscheidungskalküle. Die persönliche Wahlentscheidung wird bestimmt durch ihren maximal zu erzielenden politischen Nutzen. Der Wähler ordnet zuerst seine Handlungsalternativen bezüglich seiner vorgegebenen Ziele und kommt bei gleichen Rahmenbedingungen stets zum gleichen Ergebnis. Ein rationaler Wähler entscheidet sich demnach für diejenige Partei, von deren Politik er sich den größten Vorteil verspricht (Eith/Mielke 2006: 330ff.).

In der wissenschaftlichen Wahlforschung wird rationales Wahlverhalten im Allgemeinen mit der Orientierung des Wählers an aktuellen politischen Streit- und Sachfragen („issue-voting") gleichgesetzt. Der Wähler ermittelt seine Wahlentscheidung, indem er ein sogenanntes „Nutzendifferential" aufstellt. Hierzu vergleicht er die Arbeit der Regierung in der Vergangenheit mit dem vermuteten Ergebnis der Opposition, wäre diese an der Macht gewesen. Er entscheidet sich dann für diejenige Partei, von der er glaubt, dass sie seine individuellen Ziele am ehesten zu verwirklichen vermag. Soziale Loyalitäten oder längerfristige emotionale Parteineigungen spielen aus dieser Perspektive nur eine untergeordnete Rolle.

Das Erkenntnisinteresse der ökonomischen Theorie der Demokratie hat zu einer großen Anzahl detaillierter Studien zur Wirkungsweise kurzfristiger Sachfragen bei der Wahlentscheidung geführt. Allerdings hat auch das rationale Erklärungsmodell seine Grenzen. Innerhalb seiner engen Modellannahmen lässt sich die Frage, warum jemand überhaupt zur Wahl geht, nicht schlüssig beantworten. Die Wirkung der eigenen Stimme, also der Nutzen einer Beteiligung, ist verschwindend gering gegenüber den entstehenden Kosten, den Mühen einer Teilnahme. Ebenfalls unbefriedigend bleibt die Erklärung der Wahlentscheidung zugunsten kleiner Parteien, die keine Chance auf eine Regierungsbeteiligung haben.

Das Modell der sozialen Milieus

Seit den 1980er Jahren ist ein neuer Zugang zur Erklärung von Wahlverhalten entwickelt worden: Die Einteilung der Wähler in sozial-moralische Milieus. Das SINUS Institut hatte 1984 eine von der SPD in Auftrag gegebene Studie vorgelegt, die den Anspruch erhob, veränderte Verhaltensweisen und Einstellungen der bundesdeutschen Bevölkerung vor dem Hintergrund eines sich vollziehenden Wertewandels zu beschreiben und vorherzusagen. Die Untersuchung wurde 1992 aktualisiert und auf das Wählerverhalten übertragen.

Der Begriff der sozialen Milieus wird hier in zweierlei Hinsicht von herkömmlichen Definitionen abgegrenzt. Soziale Milieus entsprechen nicht zwangsläufig ökonomisch-definierten sozialen Schichten. Sie sind auch keine Milieus im traditionellen Sinne, die sich durch gemeinsames Agieren oder gemeinsame Kommunikation auszeichnen.

Die Einteilung der Gesellschaft in soziale Milieus erfolgt durch die Identifikation fundamentaler Wertorientierungen, die Lebensstile und Lebensstrategien bestimmen. Einstellungen zu Arbeit, Familie oder Konsum werden dabei genauso einbezogen, wie Wunschvorstellungen, Ängste oder Zukunftserwartungen. Soziale Milieus sind demnach gesellschaftliche Einheiten, die sich durch gemeinsame Grundwerte und Lebensweisen auszeichnen. Den Vorteil des Milieukonzepts sehen seine Entwickler darin, dass es den politischen Parteien ermöglicht, zielgruppengerechter zu agieren und so neue Wählerpotentiale zu erschließen.

Soziale Milieus sind gesellschaftliche Einheiten, die sich durch gemeinsame Grundwerte und Lebensweisen auszeichnen

4.4.3 Wählerverhalten und Parteiensystem: Parteien auf komplexen Wählermärkten

Nachfolgend sind drei Auswirkungen der zurückliegenden Bundestagswahlen, insbesondere der von 2005, in Augenschein zu nehmen, die in Zusammenhang mit den Erklärungsansätzen für die Wahlentscheidung stehen:

a) Wahlbeteiligung: Nichtwähler und Protestwähler;
b) Sozialstruktur und Milieus: Stammwähler;
c) Parteiidentifikation, Kandidatenorientierung und politische Streitfragen.

a) Wahlbeteiligung: Nichtwähler und Protestwähler
Die Beteiligung der Bürger der Bundesrepublik an den Wahlen hat seit 1949 auf allen Ebenen des politischen Systems tendenziell abgenom-

men: In den letzten 14 Jahren hat sich die Zahl der Nichtwähler mehr als verdoppelt. Im internationalen Vergleich ist die Wahlbeteiligung in Deutschland immer noch relativ hoch, für bundesdeutsche Verhältnisse jedoch ungewohnt niedrig. Wählen gilt nicht mehr als „Bürgerpflicht", Parteibindungen nehmen ab. Die Zahl derer, die sich unabhängig und kurzfristig entscheiden, steigt von Wahl zu Wahl. Bei der Bundestagswahl 2005 lag der Anteil der Nichtwähler bei 22,3%. Die Wahlbeteiligung erreichte damit einen historischen Tiefstand (Korte 2009).

Abb. 25: Die Anteile von Nichtwählern bei den Bundestagswahlen 1949-2005

Quelle: Erich Schmidt Verlag.

Niedrige Wahlbeteiligung: Protest oder Zufriedenheit?

Die Diskussion über die Gründe für die sinkende Wahlbeteiligung ist in der Literatur keineswegs entschieden. Die einen sehen in der mäßig sinkenden Quote eine zunehmende Delegitimierung der Parteien bzw. des gesamten politischen Systems. Sie interpretieren die sinkende Wahlbeteiligung in den alten Bundesländern als Ausdruck von Protest. Als Ursachen werden u.a. Parteien- und Politikverdrossenheit, Unzufriedenheit mit dem politischen System sowie soziale und wirtschaftliche Unzufriedenheit genannt (Renz 1997). Für andere wiederum ist eine niedrige Wahlbeteiligung ein Zeichen für Zufriedenheit, wenn gleichzeitig der „system support" insgesamt stimmt. So spiegelt die sinkende Wahlbeteiligung – folgt man dieser Argumentation – einen Normalisierungstrend wider. Die demokratietheoretische oder normative Diskussion erschließt sich recht gut über die jeweils zugrunde liegenden Positionen: Zum einen geht es um den Grundkonflikt repräsentative oder direkte Demokratie, zum anderen um den Gegensatz reformorientiert (Grundstimmung eher unzufrieden) oder status-quo-orientiert (Grundstimmung eher zufrieden). Abhängig von der eigenen normativen Ausrichtung lassen sich die Daten dann interpretieren.

Die empirischen Befunde bewegen sich dabei auf zwei Ebenen. Zunächst zeigt der Vergleich mit der Situation in anderen Demokratien, dass die deutschen Beteiligungsquoten keineswegs in bedrohlicher Weise abgenommen haben. Im Allgemeinen wird vielmehr hervorgehoben, dass inzwischen auch die Deutschen ihre „Untertanenmentalität" der 50er Jahre abgebaut (Wahl-„Pflicht") und alte Werte an Bedeutung verloren haben. Die Modernisierungs- und Individualisierungsprozesse schlagen auf das Wählerverhalten durch. Nichtwahl, Protestwahl und Parteienwechsel werden durchaus zu akzeptierten Alternativen. Inzwischen ist es ansatzweise gelungen, Typen von Nichtwählern zu identifizieren und vorsichtig zu quantifizieren (Eilfort 1994). Neben den verdrossenen, mit der Politik unzufriedenen Wählern existieren Gruppen, in deren Leben Politik kaum oder nur eine geringe Rolle spielt, etwa saturierte Mittelschichten, junge Individualisten oder auch gesellschaftliche Randgruppen. Insbesondere bei ökonomisch erfolgreicheren, politisch jedoch ungebundeneren Gruppen stieg der Anteil der Nichtwähler in den vergangenen Jahren an. Nach Befunden von Kleinhenz (1995) spricht vieles für die Wirkung von Periodeneffekten: Politik ist zur Zeit „out", wohlwollendes bis eher kritisches Desinteresse kennzeichnet große Teile der Nichtwähler. Der Ansehens- und Attraktivitätsverlust der Politik ist eine wichtige Ursache für die Massenenthaltung bei Wahlen.

Nichtwahl, Protestwahl und Parteienwechsel werden zu akzeptierten Alternativen

b) Sozialstruktur und Milieus: Stammwähler

In der Vergangenheit konnten Wahlanalysen in der Tradition des soziologischen Ansatzes ihre Bedeutung immer wieder unter Beweis stellen. Auch für die Bundestagswahl von 2005 lässt eine entsprechende Analyse wichtige Rückschlüsse auf die Existenz unterschiedlicher Stammwählerschaften der Parteien zu. Unter der Oberfläche des Gesamtergebnisses verbergen sich jedoch eine Reihe regionaler Unterschiede.

Geradezu entgegengesetzte Zusammenhänge kennzeichnen die Wahlergebnisse in Ost und West.

Bundestagswahlergebnisse seit 1949

	CDU/ CSU	SPD	FDP	Die Grünen	Bündnis 90/Die Grünen	DIE LINKE. PDS[1]	Sonstige
2005	35,2	34,2	9,8		8,1	8,7	4,0
2002	38,5	38,5	7,4		8,6	4,0	3,0
1998	35,2	40,9	6,2		6,7	5,1	5,9
1994	41,5	36,4	6,9		7,3	4,4 *	3,5
1990	43,8	33,5	11,0	3,8	1,2	2,4	4,3
1987	44,3	37,0	9,1	8,3			1,3
1983	48,8	38,2	7,0	5,6			0,4
1980	44,5	42,9	10,6	1,5			0,5
1976	48,6	42,6	7,9				0,9
1972	44,9	45,8	8,4				0,9
1969	46,1	42,7	5,8				5,5
1965	47,6	39,3	9,5				3,6
1961	45,3	36,2	12,8				5,7
1957	50,2	31,8	7,7				10,5
1953	45,2	28,8	9,5				16,5
1949	31,0	29,2	11,9				27,9

[1] ab 2005: DIE LINKE

* 4 Direktmandate (§6 VI 1, 2.Alt. BWG)

Quelle: http://www.bundestag.de/wissen/glossar/w/wahlergebnisse.html

Grundsätzlich sind die traditionellen Wählermilieus noch nicht verschwunden und haben nach wie vor eine gewisse Bedeutung für die Parteien. Insbesondere bei Reformschritten wie der Agenda 2010 sind die jeweiligen Stammwähler besonders zu pflegen (Korte 2009). Dies sind immer noch die basisverwurzelten und extrem enttäuschungsresistenten Aktivisten. Wer sich nur tagesorientiert an Wechselwählern ausrichtet, verliert am Ende auch die sesshaften Stammwähler. Doch gerade sie wären bereit, unpopuläre Entscheidungen mitzutragen, wenn man sie einbindet und überzeugt. Zeitgleich wird die Gewinnung von Wechselwählern immer wichtiger. Deutliche Veränderungen gehen von der sinkenden Zustimmung der Wähler zu den Volksparteien aus. Hiervon können die kleinen Parteien profitieren, insbesondere die Linke im Osten als Alternative zur SPD, aber auch die FDP, die der Union 2005 in Süddeutschland viele Stimmen abnahm.

c) Parteiidentikfikation, Kandidatenorientierung und politische Streifragen

Es gibt also noch ein erhebliches Maß an Parteiidentifikation und Stammwählerschaften. Zu ihrer Analyse hilft die Perspektive des individualpsychologischen und der rationalistischen Erklärungsmodells, indem sie Parteibindung, Kandidaten- und Parteiimages untersuchen. Verschiedene Befragungen seit der deutschen Einheit haben übereinstimmend ergeben, dass nach wie vor zwei Drittel der deutschen Wähler eine stabile persönliche Bindung an eine Partei besitzen. Sie gehören damit eher zu den Stamm- als zu den Wechselwählern, deren Anteil gleichwohl zugenommen hat. Wer bei zwei aufeinander folgenden gleichen Wahlen für verschiedene Parteien gestimmt hat, wird zu den Wechselwählern gerechnet. Die Parteiidentifikation von rund zwei Dritteln der deutschen Wählerschaft wirkt im Sinne der zugrunde gelegten Modelle als Filter bei der persönlichen Wahrnehmung und bei der Bewertung von politischen Ereignissen (Weßels 2000a). Die stabile Bindung an Parteien stellt eine Art Orientierungshilfe bei der Wahrnehmung des gesamten politischen Systems dar. Wichtige Variablen sind dabei die Ausstrahlung und die Führungsqualitäten der einzelnen Kandidaten sowie die Problemlösungskompetenz von Regierung und Opposition. Durchgängig erscheinen dabei verständlicherweise die eigene Partei und ihr politisches Personal in einem günstigeren Licht. Allerdings hat das Ausmaß dieser Parteiidentifikation während der letzten Jahre abgenommen, im Osten sogar deutlicher als im Westen. Dieses Phänomen wird durch den deutlichen Mitgliederschwund in den Parteien seit den 70er Jahren verschärft. Zugleich ist eine Abnahme der Parteiidentifikation auf Seiten der Bürger zu verzeichnen. Parteiidentifikation meint die „stabile, gefühlsmäßige Bindung von Individuen an bestimmte politische Parteien" (Schmitt-Beck/Weick 2001: 1). Die Zahl derjenigen Wähler, die sich auf diese Weise mit einer politischen Partei identifizieren, sinkt. Die Bindungen zwischen Bürgern und Parteien als Interessenvermittlungsagenturen nehmen ab, der von den Parteien bereitgestellte Kompass geht verloren (Fröhlich 2003).

Nach wie vor sind zwei Drittel der Wähler Stammwähler

Dieses „dealignment" vollzieht sich bei den kleinen Parteien schneller als bei den großen Volksparteien SPD und CDU/CSU. Zudem ist ein deutliches Altersgefälle zu verzeichnen. Während die Parteiidentifikation der älteren Bürger noch relativ stabil ist, sind gerade die jüngeren schneller bereit, sich von einer politischen Partei abzuwenden. Während die Basis der großen Parteien noch relativ breit ist, haben die kleinen Parteien kaum eine Kernanhängerschaft mit starker Parteiidentifikation, welche das Überschreiten der 5-Prozent-Klausel garantiert (Schmitt-Beck/Weick 2001: 2).

„Dealignment"-Prozesse

Wiederum lassen sich Unterschiede zwischen Ost und West feststellen. In den westlichen Bundesländern ist eher eine allmähliche Abschwächung längerfristiger Parteibindungen zu beobachten. Zum einen bildet sich bei einem Teil der Wähler eine zunehmend distanzierte Haltung gegenüber den Parteien aus. Zum anderen hat sich aber auch die Angebotsstruktur geändert. Das Aufkommen neuer Parteien und Koalitionsoptionen hat fast zwangsläufig zu einer Umorientierung auf dem Wählermarkt geführt. Traditionelle Loyalitäten, wie sie sich besonders in der Frühphase der Bundesrepublik Deutschland ausgebildet hatten, verlieren damit tendenziell ihren bislang beherrschenden Einfluss auf die Wahlentscheidung. Im Osten hingegen entwickelten sich solche Beziehungsmuster zwischen Parteien und Wählern noch nicht bzw. gar nicht. Es besteht kein Zweifel daran, dass vorhandene Parteibindungen in den östlichen Bundesländern weniger fest sind. Entsprechend schwächer ist ihr Einfluss auf die individuelle Wahlentscheidung.

Kandidatenimage und Wahlkampfausrichtung als besondere Effekte

Obwohl die wahlsoziologischen Erklärungsmuster (soziologischer Ansatz) eine langfristige Veränderung der deutschen Wählerschaft signalisieren, traten bei den Bundestagswahlen 1998 und 2002 auch besondere Effekte durch das Kandidatenimage und die Wahlkampfausrichtung ein. Gerade die Wahl von 1998 ist vielfach als Paradebeispiel einer Persönlichkeitswahl und einer erfolgreichen Wahlkampagne der SPD nach amerikanischem Vorbild interpretiert worden (Noelle-Neumann 1999). Das Gleiche gilt unter etwas anderen Vorzeichen für den Bundestagswahlkampf 2002. Dieser Faktor wird zwar nicht zuletzt in den Medien grundsätzlich überschätzt. Festzuhalten bleibt jedoch, dass die Person des Kandidaten auf das Wahlverhalten gerade in den neuen Bundesländern wegen der dort fehlenden sozialisierten Bindungen an die Parteien größeren Ausschlag gibt als im Westen.

Bundestagswahl 2005

Bei der Bundestagswahl 2005 profitierten zunächst die kleinen Parteien von der Schwäche der großen Volksparteien. FDP und Linke/PDS legten deutlich zu, die Grünen stabilisierten sich auf dem Niveau von 2002 (Korte 2009). Deutlicher als jemals zuvor stehen sich nun zwei konträr konturierte Politikmodelle im Bundestag an den Rändern gegenüber: altsoziale Besitzstandswahrung bei der Linken/PDS und neoliberale Marktbefreiung bei der FDP. Zum Triumph der Kleinen bei der Wahl gehörte der Konzentrationsprozess der Großen. Die erste Große Koalition im Bund von 1966 konnte noch 86,9 Prozent der Wähler auf sich vereinigen. Nach der vergangenen Wahl waren es nur noch 69,4 Prozent. Dahinter steht nicht nur eine Schwächung der Volksparteien auf dem komplexen Wählermarkt. Wichtiger ist der Erosionsprozess der Volksparteiendemokratie, der zeitgleich damit einhergeht. Denn die Schwächung der Volksparteien hängt nicht primär mit abnehmender Mitgliederzahl und Kampagnenfähigkeit angesichts zunehmender Vergreisung zusammen. Vielmehr sind die Volksparteien weitgehend basislos geworden und damit immer weniger gesellschaftlich verankert. Ihnen fehlt die notwendige Repräsentativität, um konfliktsensibel agieren zu können. Sie sind immer weniger Bindeglied in der Funktionslogik des repräsentativen parlamentarischen Systems, kein Resonanzraum für Stimmungen. Solche Organisationen sind ohne eigenen Standort Spielball für alles, witterungsabhängig (Schmid/Zolleis 2005). Auch das verstärkt den Wettbewerbsdruck, unter dem die Parteien leiden. So bleibt immer weniger Zeit, um Entscheidungen mit immer längeren Wirkungen zu treffen. Solche Parteien sind extrem risikoanfällig. Sie sind als Machressource für die politische Führung nur schwer kalkulierbar, wie die letzten eruptiven Prozesse innerhalb der SPD-Führungsspitze im Spätsommer 2008 beispielhaft zeigten. Insofern krankt die Umsetzung des Wählerwillens nicht primär daran, dass beide großen Volksparteien sich erst aus der Duldungsstarre der neuartigen Verhandlungen in einer Großen Koalition befreien mussten, sonder vielmehr daran, dass beide Volksparteien an strategischer Unsicherheit über ihr jeweiliges Zukunftsprofil und ihre Identität leiden.

Ergebnisse der Bundestagswahl 2005

Bislang einzigartig in ihrer Wirkung ist die Bundestagswahl 2005 auch deshalb, weil sie zu folgenden Ergebnissen geführt hat (Hilmer/Hilmer-Müller 2006; Korte 2005):

- Zum ersten Mal steht an der Spitze der Bundesregierung eine Frau, die zudem auch noch aus Ostdeutschland stammt. Allerdings wird sie auch zum ersten Mal von der stärksten Fraktion mit den niedrigsten Zustimmungswerten in der Geschichte der Bundesrepublik getragen. Die Unionsparteien erzielten mit 34,2 Prozent der Stimmen ihr schlechtestes Bundestagswahlergebnis, lässt man die erste Wahl 1949 außer acht.
- Gleichzeitig mit der Union erzielt auch die SPD eines ihrer schlechtesten Bundestagswahlergebnisse. Niemals war die Zustimmung zu den Volksparteien so gering wie 2005.
- Zum zweiten Mal in der Geschichte der Bundesrepublik Deutschland regiert eine Große Koalition, allerdings unter den Bedingungen der genannten, geringeren Abdeckung der Gesamtwählerschaft.
- Die Bildung der Großen Koalition verdeutlicht zudem, dass sich die Bundesrepublik Deutschland zu einem Fünf-Parteien-System entwickelt hat. Die fast identische Größe der beiden gegensätzli-

chen Lager hat dazu geführt, dass klassische Zweier-Koalitionen seltener werden, was auch die der Bundestagswahl folgenden Landtagswahlen gezeigt haben. Eine Dreierkoalition ist bisher nicht gebildet worden, und auch Zweier-Koalitionen abseits der üblichen Bündnisse wie Schwarz-grün in Hamburg sind selten.

4.4.4 Wahlen, Parteien und Regieren

Komplexe Wählermärkte

Parteien sehen sich zunehmend mit „komplexen Wählermärkten" (Mair u.a. 1999: 11ff.) konfrontiert, deren Komplexität mit der veränderten Sozialstruktur und der Befindlichkeit der Wählerschaft zusammenhängt. Von einer fast symbiotischen Beziehung und fester gegenseitiger Unterstützung zwischen bestimmten gesellschaftlichen Gruppen und politischen Parteien – z.B. zwischen der Arbeiterschaft und der SPD – kann zunehmend nicht mehr die Rede sein. Die Zahl der „verfügbaren" Wähler steigt damit an. Der Trend eines „strukturellen Dealignment" ist zu beobachten. Soziale Gruppen verlieren ihre Kohäsion, ihren inneren Zusammenhalt. Das klassische Recht-Links-Schema verliert an Bedeutung. Zudem zeigt sich eine Verwischung der Gegensätze zwischen Regierung und Opposition, d.h. die Parteien sind mit flexiblen Rollen konfrontiert und müssen auf diese flexibel reagieren. All dies zusammen fügt sich zur Beobachtung einer Erosion der Volksparteiendemokratie (Korte 2002a). Die Wähler sind wählerischer geworden: Immer weniger Wähler sind parteipolitisch gebunden, wechseln immer schneller ihre Parteipräferenz und vollziehen politische Wechsel in immer kürzeren Abständen, sodass sich „erdrutschartige" Siege bzw. Niederlagen bei Wahlen seit den 1990er Jahren in einer Intensität häufen, wie sie zuletzt in den 1950er Jahren messbar waren.

Der politische Kompass geht verloren

Die Erosion der Volksparteien führt jedoch nicht bloß dazu, dass ehemals kleinere Parteien an Stärke zulegen oder Protestparteien eine Chance erhalten. Vielmehr lässt sich aus dem Abschmelzungsprozess schließen, dass grundsätzlich der individuelle politische Kompass bei der subjektiven und objektiven Lageeinschätzung seine elementare Funktion verloren hat (Kießling 1999; Korte 2000b; Glaab 2003). Die durch Schichtzugehörigkeit und Bildungsgrad sozialisierte Parteibindung diente über viele Jahrzehnte nicht nur als markentreues Zeichen bei Wahlen. Wesentlicher als der Wahlakt war die Kompass- und Filterfunktion der Parteiidentifikation. Sie schirmte Individuen gegenüber den möglichen Einflüssen der Medien oder anderen Personen in ihrer politischen Lebenswelt ab und ermöglichte ihnen, sich in der unübersichtlichen Welt der Politik besser zu orientieren. Die „Parteibrille" funktionierte als Bewusstseinsfilter,

Orientierungs-Nomaden

sie strukturierte die politischen Einstellungen bei den Wahlen auch gegenüber den Kandidaten und den aktuellen Themen. Durch die Bindungsverluste und den Zerfall von Großgruppenzusammenhängen werden neue Politikmodelle „jenseits von rechts und links" (Giddens 1997) möglich. Viele Wähler sind Orientierungs-Nomaden.

Erschwerend kommt hinzu, dass auch die Mitgliedschaft in den Parteien an Attraktivität verloren hat. Knapp vier Prozent der Deutschen sind Mitglieder in Parteien. Und ein Großteil der Mitglieder zeigt sich nur einmal im Jahr aktiv auf den Mitgliederversammlungen. Die Parteien sind somit einem doppelten Druck ausgesetzt: weniger Mitglieder und geringe Parteiidentifikation.

Im Juli 2008 verlor erstmals in der Geschichte der Bundesrepublik Deutschland die SPD ihre Rolle als mitgliederstärkste deutsche Partei an die CDU. Während die SPD 529.994 Mitglieder zählte, benannte die CDU die Zahl ihrer Mitglieder mit 530.755. Anzumerken bleibt jedoch, dass beide Parteien an Mitgliedern verloren haben; der Wechsel ist allein dem höheren Rückgang an SPD-Mitgliedern geschuldet (SZ v. 25.07.2008; FAZ v. 28.07.2008).

Abb. 26: Die Entwicklung der Mitgliederzahlen in den Parteien des Deutschen Bundestages 1949-2008

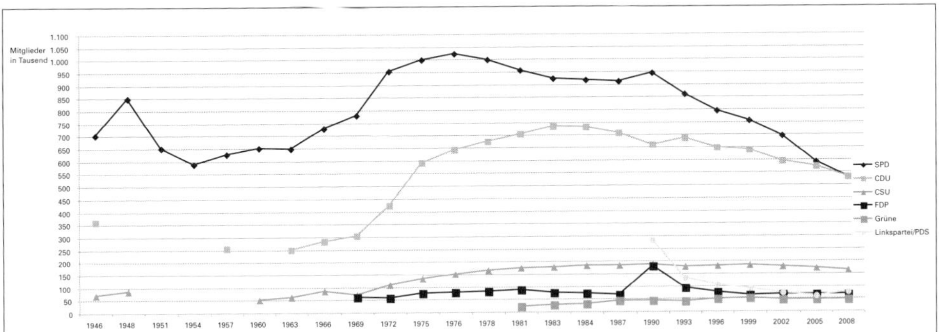

Quelle: Eigene Darstellung nach Dossier der Bundeszentrale für Politische Bildung 2007; Studie auf statistica.de; Daten für CSU 2008 nach Auskunft der Parteizentrale vom März 2009.

(http://www.bpb.de/themen/NW8VAW,0,Mitgliederentwicklung.html), Studie Statistika.de (http://de.statista.com/statistik/daten/studie/1339/umfrage/mitgliederzahlen-der-politischen-parteien-deutschlands)

Eine entscheidende konventionelle Partizipationsmöglichkeit der Bürger am politischen Prozess wird damit in zunehmend geringerem Maße genutzt. Die sinkende Parteimitgliedschaft ist ein Ausdruck der Krise der Repräsentation – hat sie doch nicht zuletzt Implikationen für den Anspruch und die Legitimität der Parteien als Interessenvermittlungsagenturen. Neben politischem Desinteresse konkurrieren alternative Formen politischer Artikulation, Bürgerinitiativen u.ä.m. Gerade die Langfristigkeit einer Parteibindung mindert in dieser Perspektive die Attraktivität der Parteien als Mitgliederorganisationen. Aus Sicht der Parteien ist kein Verlass mehr auf das Stammpublikum: die Wähler sind unberechenbar, ungebunden und offenbar auch undankbar.

Wähler als „Schnäppchen-jäger"

Nimmt die Parteibindung ab, wachsen rationale und eben nicht sozialstrukturelle Kalküle – wie Bildung, Einkommen, Alter – des Wählervotums. Dies entspricht dem Typus des „Schnäppchen-Jäger" (vgl. Kapitel 4.1.3.): Die Wähler kreuzen dort den Stimmzettel an, wo kurzfristig die Chancen für individuelle Selbstverwirklichung am größten erscheinen. Politik rückt in die Nähe einer Ware, mit der man je nach Bedarf und Situation fast schon spielerisch umgeht und von der man sich ebenso selbstbewusst auch wieder abwendet, ganz den Eingebungen des Augenblicks folgend. Bei derartigen modernen Aufregungsdemokratien bleibt jede Stimmung eine Momentaufnahme mit baldigem Verfallsdatum. Die hohe Wankelmütigkeit der Wähler, ihre „Volatilität" (Flüchtigkeit) korrespondiert mit Pragmatismus, Nützlichkeitsdenken und traditionsvergessener Innovationsbereitschaft – immer dramatisiert durch die Handlungslogiken der fernsehvermittelten politischen Kommunikation. Verschiedene Reaktionen der Parteien auf die komplexen Wählermärkte lassen sich nachweisen (hierzu auch Mair u.a. 1999: 19ff.).

Pragmatismus und politisches Marketing

Professionalisierung der Wahlkämpfe

Besonders in Wahlkampf-Zeiten lässt sich ein Trend zur Professionalisierung beobachten. Parteien greifen auf Marketinginstrumente zurück, die bisher primär von Wirtschaftsunternehmen genutzt wurden (vgl. Kapitel 5.2.). Die Durchführung von Wahlkämpfen unter Mithilfe von Marketingagenturen ist hier ein offensichtliches Beispiel für das „outsourcing" von Marketingressourcen außerhalb der Parteien. Diese Professionalisierung zeigt sich ebenfalls an der Fähigkeit und Bereitschaft der Parteien, tagessensibel auf politische Entwicklungen zu reagieren. Der taktische Vorteil, welche Parteien durch die zunehmende Professionalisierung gewinnen, ist zugleich auch ein Nachteil. Parteien werden durch diese Formen der Professionalisierung zunehmend risikoanfälliger und verwundbarer. Zudem sind sie der Gefahr ausgesetzt, die gesellschaftliche Bodenhaftung sowie die Rückbindung an die Basis und die sozialen Milieus zu verlieren. Die zunehmende Professionalisierung bedroht die gesellschaftliche Verankerung der Parteien insgesamt. Auf die wählerischen Wähler reagieren die Parteien aber auch im Regierungsalltag. Wenn die Wähler ihre Parteizuneigungen vom täglichen Marktgeschehen abhängig machen, dann muss sich die Regierung um strategische Marktbeobachtung und Management von Öffentlichkeiten kümmern. Sie sucht den Wählerauftrag für die Tagesentscheidungen. Die Schrumpfung der Wählerbasis für die großen Volksparteien fördert somit einen auf die Mitte zentrierten Populismus als Regierungsstil der Amtsinhaber, der auf Mobilisierung und Konsenssicherung, weniger auf die Umsetzung politischer Konzepte achtet (Korte: 2003b). Die Regierung ist dabei mithin immer weniger an Koalitionsaussagen gebunden. Ein vom Tageserfolg gestricktes politisches Koordinatensystem ermöglicht Koalitionen über das gesamte Spektrum der traditionellen Links-Rechts-Achse hinaus. Auf der Ebene der Spitzenakteure fördert der komplexe Wählermarkt populistische Elemente im Regierungsstil.

Strategische Marktbeobachtung

Gewichtsverschiebungen in der Parteiorganisation

Parteien werden insofern professionelle Machterwerbsorganisationen. Sie zeigen sich vor allem, wenn es um die Regierungsbildung geht. Sie sind jedoch schwach, sobald dieses Ziel einmal erreicht ist (Niclauß 2001: 86ff.). Zugleich können Parteien als „lose verkoppelte Anarchien“ (Wiesendahl 1998: 242) beschrieben werden. Sie zeichnen sich durch das weitgehende Fehlen einer klaren Hierarchie aus. Sie stellen vielmehr ein fluides Machtgefüge dar, welches sich je nach der politischen Gesamtkonstellation verändert. Daraus resultieren anarchische Strukturen mit geringer Bindung der einzelnen Subsysteme und weitgehend ohne einheitliche Zielsetzung. Die Hierarchien in den Parteien und die Seilschaften werden nicht nach formellen politischen Kategorien gebildet, sondern kommen durch Sympathie und durch informelle Formen der Kommunikation zustande. Auch hier wirkt sich die Bedeutung der Medien aus (hierzu Sarcinelli 1998a; v. Alemann/Marschall 2002; Meyer 2001). Angesichts der fortgesetzten Bedeutung der „Parteiendemokratie“ (Kapitel 3.2.3) kann man zwar nicht von der vollständigen „Marginalisierung“ (Meyer 2001: 554ff.) der Parteien sprechen, doch zeigen sich aufgrund der Mediatisierung der Politik erhebliche innerparteiliche Veränderungen. So verstärken sich im Zuge der medienzentrierten Personalisierung die Tendenz zur Präsidialisierung der Parteien und damit innerparteiliche Autonomiezuwächse für die Parteiführung.

Parteien als „lose verkoppelte Anarchien“

Autonomiezuwächse für die Parteiführung

Der „Primat der Parteigremien“ verliert an Bedeutung, da die Legitimation von Politik und Regieren dieser mediendemokratischen Logik verstärkt über die Medien erreicht wird (Sarcinelli 1998a: 295). Innerparteilich wirkt sich das vor allem zu Lasten der mittleren Parteiebenen aus. Zugleich wird die „Parteibinnenkommunikation“ aufgrund der fortschreitenden „Professionalisierung der medienzentrierten Parteiaußenkommunikation“ geschwächt (Sarcinelli 1998a: 294).

Reformvorschläge für die Parteiorganisation

Diesem schleichenden Prozess können verschiedene Reformstrategien entgegengestellt werden. Zu diesen Formen der „internen“ Reaktionsmöglichkeiten gehören auch Veränderungen bei der Aufstellung von Kandidaten für politische Ämter. Grundsätzlich kann in diesem Zusammenhang zwischen drei verschiedenen Reformansätzen unterschieden werden (v. Alemann u.a. 2001: 30f.):

1. Plebiszitäre Ansätze, oder: ‚Alle Macht den Wählern', d.h. beispielsweise Vorwahlen bei der Auswahl von Parteikandidaten nach amerikanischem Vorbild sowie Kumulieren und Panaschieren;
2. Basisdemokratische Ansätze, oder: ‚Alle Macht den Mitgliedern', d.h. die Rolle der Funktionäre gegenüber den Mitgliedern wird beschränkt, Urwahlen und ähnliche Mechanismen werden in zunehmendem Maße eingesetzt;
3. Elitäre Ansätze, oder: ‚Alle Macht den Funktionären', d.h. die Parteien setzen in diesem Sinne auf mehr Professionalisierung, die Mitglieder und die mittlere Funktionärsebene werden zunehmend unwichtig.

Transformation des Parteicharakters

Eine weitere Reaktion – im Sinne eines bereits vorhandenen Trends – betrifft die Ausrichtung der strategischen Antworten gegenüber der Wählerschaft (Mair/Müller/Plasser 1999; Korte 2000a). So können die Parteien an neue Wählergruppen appellieren und ihr Augenmerk verstärkt auf neue gesellschaftliche Gruppen richten. Daneben ist auch eine Neupositionierung gegenüber den anderen politischen Parteien möglich, d.h. es werden neue Gegner und neue Verbündete festgelegt. Schließlich können Parteien ganz im Sinne ihrer Programm- und Zielfindungsfunktion inhaltliche Positionen verändern und damit auch das Parteiverständnis verändern. So ging mit der inhaltlichen Neuausrichtung der SPD in den 1950er Jahren zugleich ein Wandel zur Volkspartei einher. Katz und Mair (1995) haben seit Beginn der 1970er Jahren eine grundlegende Weiterentwicklung der Parteien als Reaktion auf diese veränderten und komplexen Wählermärkte identifiziert. Der vorherrschende Typus der

Von „Allerweltsparteien" zu „Kartellparteien?"

Volkspartei – oder auch „Allerweltspartei"/„catch-all-party" (Kirchheimer 1965) – hat sich diesem Ansatz entsprechend zu einer „Kartellpartei" weiterentwickelt (Helms 2002: 28f.). Dieser Parteityp entspricht weitgehend dem der „professionalisierten Wählerpartei" (Panebianco 1988). Diese Kartellparteien sind eine deutliche Fortentwicklung der Volksparteien. So ist vor allem ein stark intensiviertes Verhältnis zwischen Parteien und Staat zu verzeichnen. In dem Maße, wie sich die politischen Parteien stärker auf staatliche Ressourcen stützen und je weniger sie als Vermittlungsagenturen zwischen Bürger und Staat fungieren, desto mehr entwickeln sie sich diesem Modell entsprechend zu quasi staatlichen Institutionen. Im Zentrum steht damit nicht mehr primär die Vermittlungsfunktion, sondern es bildet sich ein Parteityp mit einer deutlichen Stärkung der Berufspolitiker heraus, die eine parteiübergreifende politische Klasse bilden. Daneben zeichnen sich Kartellparteien durch ein stark kooperatives Verhältnis der Parteien untereinander aus. Dies ergibt sich aus der perzipierten Notwendigkeit, sich gemeinsam gegen die sinkende Parteiidentifikation und das wechselhafte Wahlverhalten der Bürger abzusichern. Daraus folgt zugleich ein Zusammenrücken von Regierungsmehrheit und Opposition. Statt der Konkurrenz um gleiche Wählergruppen können also auch bewusste Kooperationsstrategien der Parteien greifen (Helms 2002: 28f.).

Die Parteien reagieren in ihrem Wahlkampfszenario sowie beim Regieren und Opponieren kommunikativ auf die Herausforderungen komplexer Wählermärkte (Korte 2002). Zielgruppenorientiert werden die persönlichen Kompetenzen des Spitzenkandidaten zur Problemlösung der wichtigsten Streitthemen besonders in der heißen Schlussphase medienadressiert vermarktet. Der Einsatz neuer Kommunikations- und Informationsmedien ermöglicht die zielgerichtete Orientierung auf Wählergruppen und deckt das Informationsbedürfnis spezieller Zielgruppen (Sarcinelli 1998a: 295). Der Kampf um die Wählergunst bedarf weniger ausgefeilter Parteiprogrammatik als kompetenter Telepolitik: Darstellungspolitik soll Entscheidungspolitik beeinflussen und im Idealfall deckungsgleich sein. Diese Aspekte stehen im Zentrum des nächsten Kapitels.

Literatur

- Alemann, Ulrich von (2003): Das Parteiensystem der Bundesrepublik Deutschland, 3. Aufl., Opladen.
- Almond, Gabriel A./Verba, Sidney (1963): The Civic Culture. Political Attitudes and Democracy in Five Nations, Princeton.
- Bürklin, Wilhelm/Klein, Markus (1998): Wahlen und Wählerverhalten, 2. Aufl., Opladen.

- Decker, Frank/Neu, Viola (2007) (Hrsg.): Handbuch der deutschen Parteien, Wiesbaden.
- Gabriel, Oscar W./Niedermayer, Oskar/Stöss, Richard (Hrsg.) (2002): Parteiendemokratie in Deutschland, 2. Aufl., Bonn.
- Glaab, Manuela (Hrsg.) (2003): Impulse für eine neue Parteiendemokratie. Analysen zu Krise und Reform, München.
- Hilmer, Richard/Hilmer-Müller, Rita (2006): Die Bundestagswahl vom 18. September 2005: Votum für Wechsel und Kontinuität, in: Zeitschrift für Parlamentsfragen, Heft 1/2006, S. 183-218.
- Korte, Karl-Rudolf (2008b): Neue Formeln zur Macht. Parteienwettbewerb in Deutschland, in: Die Politische Meinung. Monatsschrift zu Fragen der Zeit Nr. 465, August 2008, S. 5-9.
- Korte, Karl-Rudolf (2009): Wahlen in Deutschland, 6. Aufl., Bonn.
- Mielke, Gerd/Eith, Ulrich (2008): Im Versuchslabor. Der Strukturwandel des deutschen Parteiensystems, in: Blätter für deutsche und internationale Politik, Nr. 4, S. 94-103.
- Niclauß, Karlheinz (2002): Das Parteiensystem der Bundesrepublik Deutschland. Eine Einführung, 2. Aufl., Paderborn/München.
- Nohlen, Dieter (2007): Wahlrecht und Parteiensystem, 5. Aufl., Opladen.
- Schuppert, Gunnar Folke (2008): Politische Kultur, Baden-Baden.
- Wiesendahl, Elmar (2006): Mitgliederparteien am Ende? Eine Kritik der Niedergangsdiskussion, Wiesbaden.
- Westle, Bettina (2006): Politische Kultur, in: Lauth, Hans-Joachim (Hrsg.): Vergleichende Regierungslehre, 2. Auflage, Wiesbaden, S. 270-288.

5. Handeln im Vermittlungsdreieck: Steuerung, Kommunikation, Macht

Wir kennen nun die handelnden Akteure und die Institutionen im deutschen Regierungssystem. Ihre wechselseitigen Verflechtungen und die Rahmenbedingungen des Regierens sind vorgestellt worden. Wie daraus Regierungshandeln erwächst, soll das fünfte Kapitel erörtern. Dazu werden in einem Dreischritt die Grundlagen und Ressourcen des Regierens erläutert, welche die Politik steuerbar, vermittelbar und umsetzbar machen: Politikmanagement, politische Kommunikation und Macht. Wie eng diese drei Bereiche miteinander verzahnt sind, mag ein Runderlass des damaligen Regierungssprechers Béla Anda aus dem Juni 2003 verdeutlichen. Vor dem Hintergrund sinkender Zustimmungswerte zur Arbeit der Bundesregierung und Vermittlungsschwierigkeiten mit der Agenda 2010 werden darin alle Ministerien aufgefordert, zu ihren wichtigsten Projekten und Vorhaben gleichzeitig die dazu passenden Kommunikationskonzepte mitzuliefern: „So sollen die PR-Leute der Ressorts dem Regierungssprecher künftig etwa die ‚Einschätzung der Problemlage in der Bevölkerung' inklusive Daten aus der Meinungsforschung, die ‚Darstellung möglicher kommunikativer Probleme und Gegenpositionen' und eine ‚Definition und Begründung der Ziele, Kernaussagen, Medien und Zielgruppen' vorlegen, und zwar ‚spätestens vier Wochen vor der geplanten Kabinettsbefassung'" (zit. in: Spiegel 27/2003: 19). Solche Vorgehensweise und Überlegungen führen unmittelbar in das Vermittlungsdreieck aus Steuerung, Kommunikation und Macht.

Das Vermittlungsdreieck der Politik

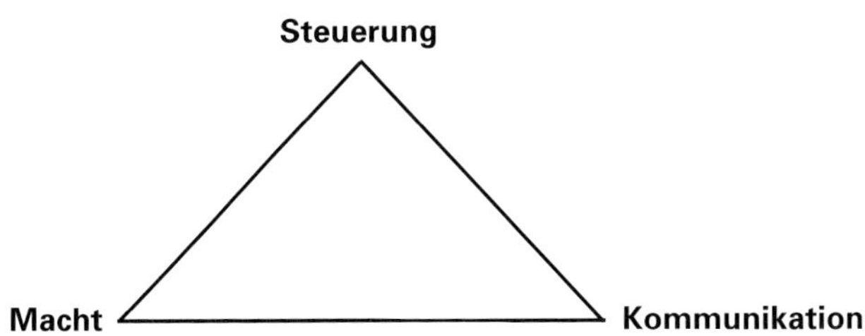

Die politikwissenschaftliche Orientierung in diesem Dreieck stößt auf eine Reihe von Schwierigkeiten. Für alle Eckpunkte des Vermittlungsdreicks gilt, dass sowohl die Bildung von vergleichs- und analysefähigen Kategorien wie auch die Überprüfung dieser Kategorien auf eine möglichst genaue Nachzeichnung und Beobachtung konkreter Politik angewiesen ist. Diese Rekonstruktion politischer Prozesse wird sicherlich nicht den „Arkanbereich" vollends transparent machen oder erschließen können. Die Gewinnung aussagekräftiger Informationen über aktuelle Beispiele des „Politikmanagements" ist jedoch möglich.

Das Kapitel beleuchtet zunächst die begrifflichen Grundlagen: Wer agiert im politischen Prozess? Welche Intentionen und Strategien verfolgen die Akteure? Was heißt politische Steuerung und welche Steuerungsmodi lassen sich unterscheiden (5.1.1)? Ein Strategiemodell soll diese Fragen strukturieren. Neben vielfältigen Aussagen aus der Policy-Forschung und Entscheidungsanalyse lassen sich zudem in der politischen Realität eine Reihe unterschiedlicher Führungs- und Politikstile zeigen, die anhand konkreter Beispiele aus verschiedenen Kanzlerschaften systematisiert und die theoretischen Befunde vervollständigen werden (5.1.2). Der Blick auf Verhaltensweisen und Handlungsstile führt dabei zwangsläufig zur näheren Beschäftigung mit den Fragen der Informationsbeschaffung und -verarbeitung der Hauptakteure. Die internen Routinen, Arbeitsabläufe sowie Abstimmungsmechanismen in den Administrationen und politischen Lenkungsgremien kommen damit erneut unter der Perspektive der Strategie in den Blick: Was macht den (alltäglichen) Arbeitsrhythmus der Regierung aus? Welche Rolle haben die Mit- und Zuarbeiter aus der „zweiten Reihe" (5.1.3)? Auch hier eröffnen sich vielgestaltige, informelle Arbeitsabläufe, die zum Verständnis von Politik und Regieren notwendig sind und auf eine spezifisch politische Rationalität verweisen (5.1.4). Auf dieser Grundlage schält sich unter Hinzuziehung der Erkenntnisse über die Strukturmerkmale des Regierens (3.2) ein Steuerungstrilemma heraus, das anhand der Zuwanderungsgesetzgebung exemplifiziert werden soll (5.1.5). Der erste Teilschritt endet mit der Darstellung von Auswegen aus diesem „Trilemma", den acht Handlungskorridoren des Regierens (5.1.6): Optionen für politische Entscheidungen in einem immer komplexer werdenden Regierungssystem.

Wesentlich für die Handlungs- und Steuerungsfähigkeit der Regierung erweist sich dabei immer wieder der Aspekt der politischen Kommunikation, deren besondere Merkmale und Eigengesetzlichkeiten dargestellt werden (5.2.1). Politische Kommunikation erscheint mithin keinesfalls als Nebenschauplatz oder bloßes Attribut der Politik, sondern vielmehr als eine zentrale, konstitutive Bedingung für die Effektivität und den Erfolg von Regierungspolitik. Der Stellenwert der Medien ist dabei nicht zu unterschätzen – Trends hin zur sogenannten „Mediokratie" oder gar „Amerikanisierung" sind zu diskutieren. Der Wettbewerb um die Macht ist nicht zuletzt ein Wettbewerb um die erfolgreiche Reklamation und „Besetzung" politischer Begriffe. Gerade in der herausgehobenen Situation des Wahlkampfes wird dies deutlich. Dimensionen politischer Sprache, eine Reihe von typischen Argumentationsformen und Sprachstrategien werden dazu herausgearbeitet (5.2.2). Eine herausgehobene Stellung im Kontext politischer Sprache hat schließlich die Regierungserklärung des Bundeskanzlers. Hier werden die Möglichkeiten, Mechanismen und das Kalkül politischer Sprache besonders erkennbar. Das Ringen um Begrifflichkeiten und die einzelnen administrativen und politischen Stationen der Entstehung der Regierungserklärung werden dazu systematisch aufbereitet. Mit einem konkreten Beispiel zur Entstehungsgeschichte der Regierungserklärung Gerhard Schröders vom 14. März 2003 („Agenda 2010") wird dieses Kapitel zusammengefasst.

Politische Kommunikation als zentrale, konstitutive Bedingung für Effektivität und Erfolg

Besetzung politischer Begriffe

Der letzte Eckpunkt des Vermittlungsdreiecks bezeichnet die Kategorie der Macht. Im Zentrum des Kapitels stehen dabei die Grundlagen von Machterwerb und Machterhalt unter den spezifischen Bedingungen von Politik und Regieren in Deutschland (5.3). Dazu werden anhand der Geschichte der Bundesrepublik politische Zyklen und Rhythmen des Regierens identifiziert (5.3.1), verschiedene Typen von Machtwechsel unterschieden und nicht zuletzt ein Versuch unternommen, Vorboten des Machtwechsels zu systematisieren und erkennbar zu machen (5.3.2). Der Bezug zu den Handlungskorridoren ist auch hier herzustellen, um neben konkreten Beispielen auch die Analyse- und Prognosefähigkeit der gewonnenen Kategorien auf die Probe zu stellen.

Macht

5.1 Politikmanagement

Nachfolgend sollen in sechs Ausdifferenzierungen wichtige Faktoren des Politikmanagements dargestellt werden. Der Begriff des Politikmanagements – so wurde er eingangs bereits definiert – verbindet die Steuerbarkeit des politischen Systems mit der Steuerungsfähigkeit der wichtigen politischen Akteure. Sach- und Machtfragen sind dabei stets miteinander verwoben.

5.1.1 Regierungssteuerung und Strategie

Steuerung des politischen Prozesses

Wir erinnern uns an die Modelle der Entscheidungsanalyse, die im zweiten Kapitel vorgestellt wurden. Ob aus der Problemwahrnehmung am Ende die Lösung des Problems erfolgt oder überhaupt vorgesehen ist, hängt maßgeblich von der Steuerung des politischen Prozesses und der Strategie der beteiligten Akteure ab. Dabei sind wiederum akteursspezifische Akzente von den institutionellen Konstellationen zu differenzieren. Regierungshandeln ist Teil des öffentlichen Handelns. Am öffentlichen Handeln sind, wie im vierten Kapitel erörtert wurde, eine Vielzahl von gesellschaftlichen Gruppen beteiligt. Rückkoppelungsprozesse sind wiederum durch die kommunikativen, zumeist medial vermittelten politischen Prozesse notwendig und in einer demokratisch legitimierten Ordnung auch systemfunktional (dazu Kapitel 5.2). Denn Regierungshandeln ist öffentlich zustimmungsabhängig sowie begründungs- und rechenschaftspflichtig.

Regierungshandeln ist in der Regel kein ungesteuerter Prozess. Vielmehr ist das öffentliche Handeln darauf ausgerichtet, mit öffentlich legitimierten Mitteln (Instrumente und Mittel des Regierens) zur Verwirklichung allgemeiner Interessen (Problemlösung) beizutragen (v. Prittwitz 1994: 48ff.). Üblicherweise agieren im politischen Prozess eine begrenzte Anzahl individueller, kollektiver oder korporatistischer Akteure, wie Regierungsmitglieder, Ministerien, Parteien, Verbände, Forschungseinrichtungen oder Gewerkschaften (Scharpf 2000: 24).

Merkmale von Akteuren

„Für Akteure und Akteurshandeln sind fünf Faktoren von zentraler Bedeutung:
Ein Akteur hat Interessen und er verfolgt Ziele.
Ein Akteur hat Orientierungen (Wertorientierungen, kognitive Muster etc.).
Ein Akteur verfügt über Ressourcen, um seine Ziele verfolgen zu können (Mitglieder, Unterstützer, Geld, Personal, Einfluss, Macht etc.).
Ein Akteur verfügt über eine Strategie, die es ihm ermöglicht, Mittel und Ziele miteinander zu kombinieren.
Ein Akteur versteht sich selbst als Akteur und wird von anderen als solcher anerkannt."

Quelle: Jarren/Donges 2006: 55

Akteure handeln zweckgerichtet, wobei das Ergebnis ihres Handelns das Resultat ihrer einzelnen Entscheidungen ist. Die Akteure sind sich ihrer Interdependenz (wechselseitigen Abhängigkeit) dabei durchaus bewusst. Sie agieren und reagieren reziprok (wechselseitig), versuchen mithin die Schritte des anderen bereits zu antizipieren (vorwegzunehmen). Die Akteure handeln stets absichtsvoll, wobei keineswegs eine in sich schlüssige Strategie unterstellt werden sollte. Das Absichtsvolle bezieht sich auf den politischen Kontext der Aktion, in der jede politische Handlung – auch die Nicht-Handlung, das Abwarten, die fehlende Entscheidung etc. – als intentionale Interaktion interpretiert werden kann. Das macht die Essenz des politischen Raumes aus: Jede Handlung wird interpretiert. Das ist das Spezifische der Politik.

Interdependenz der Akteure

Politische Akteure handeln antizipierend

Ein Beispiel im Zusammenhang mit der Diskussion über die Agenda 2010 innerhalb der SPD: Jede Silbe, die der damalige Fraktionsvorsitzende der SPD-Bundestagsfraktion, Franz Müntefering, zum Thema Kündigungsschutz artikulierte, wurde umgehend einem Prüfungsprozess unterzogen. Wie passt die Äußerung zu den Vorhaben von Wolfgang Clement, dem „Superminister" für Wirtschaft und Arbeit? Wie hat sich der Bundeskanzler dazu eingelassen? Liegen aktuelle Beiträge der Gewerkschaften und Arbeitgeberverbände dazu vor? Warum äußert sich Müntefering gerade jetzt? Aus dem Prüfvorgang können Rückschlüsse mit Blick auf Konsens- oder Konfliktstrategien des Fraktionsvorsitzenden gezogen werden. Münteferings Äußerungen waren wiederum – so die Wahrnehmung der Beobachter – absichtsvoll gewählt: Clement und Schröder waren die Adressaten, erst in zweiter Linie die eigene Fraktion. Diese sollte durch seine Festlegungen diszipliniert werden. Münteferings Standortfestlegung zum Themenfeld Kündigungsschutz war somit mehr als nur eine Tagesmeldung. Er war sich – soweit seine Äußerung unter professionellen Gesichtspunkten gefallen ist, was bei einem Politikprofi wie Müntefering zu unterstellen ist – seiner Wirkung bewusst. Er wollte mit seiner Äußerung einen Beitrag für kommende Verhandlungsrunden leisten. Jede Äußerung entsprach der eigenen gesellschaftlichen Konstruktion der Wirklichkeit. Es war seine Wahrnehmung des politischen Problems, sein Bild von der Realität, das er damit der öffentlichen Diskussion aussetzt. Diese Wahrnehmung und nicht die Sache selbst macht den Kern der Politik aus (Berger/Luckmann 1966). In einem Brief an die Fraktionsmitglieder des Bundestages warnte Müntefering vor einer „Kakophonie" (FAZ v. 27.02.2003). Mit seiner Warnung wollte er den Prozess innerparteilicher Willensbildung in geordnete Bahnen lenken. Er verwies in dem Schreiben darauf, die Vorhaben zur Reform

Die gesellschaftliche Konstruktion der Wirklichkeit

des Arbeitsmarktes und des Gesundheitswesens sowie zur Finanzausstattung der Gemeinden zu einem späteren Zeitpunkt in der Fraktion „vorzudiskutieren". Erst danach komme die „Entscheidungsphase". Er schrieb weiter: „Für alle Ideen, Vorvorschläge, Ratschläge und Meinungen, die vorher von einzelnen verbreitet werden, gilt: auf eigene Gefahr, am besten gar nicht. Entschieden wird in geordneten Verfahren, nicht eher." Hinter dieser Mahnung steht die Auffassung des Fraktionschefs, dass Vorschläge und Meinungen aus den Reihen der Fraktion, aber auch aus den Ministerien, in der Regel als Festlegungen verstanden würden. Gegenteilige Positionen würden dann als deren Rücknahme interpretiert, was insgesamt zu einem unklaren Bild der Koalitionsarbeit führen könnte.

Die Akteure agieren intentional und antizipativ

Die Akteure agieren somit intentional und antizipativ, wobei sie sich der institutionellen Rahmenbedingungen (hier die Größe und Heterogenität einer Bundestagsfraktion) bewusst sind. Michael Eilfort, der langjährige Büroleiter des ehemaligen CDU/CSU-Bundestagsfraktionsvorsitzenden Friedrich Merz, urteilte in diesem Kontext folgendermaßen: „Eine Fraktion zu führen, heißt, ein Rudel von Alpha-Tieren mit ständigem guten Zureden, überzeugenden Argumenten und der Aussicht auf für alle vorteilhafte Entwicklungen möglichst unmerkbar in eine gemeinsame Richtung zu steuern. Mithin verwendet der gewählte Vorsitzende einen beachtlichen Anteil seiner Arbeitszeit darauf, enormen zentrifugalen Kräften entgegenzuwirken und die Eigeninteressen wie unterschiedlichen Sichtweisen der Fraktionsmitglieder, so gut es eben geht, zu einem positiven Gesamtbild des großen Ganzen zu bündeln." (Eilfort 2003: 100)

Eingrenzung des Begriffs „Regierungssteuerung"

Wie kann man nunmehr von dem Spezifischen der Politik und der Akteure auf die konkrete Regierungssteuerung und die Strategie schließen? Dazu hilft nochmals ein Blick auf die Policy-Forschung. Sie fragt generell: Wann, warum, wie, über welche Materien und mit welchem Effekt treffen politische Instanzen verbindliche Entscheidungen über die Verteilung begehrter Güter und Werte? Dieser allgemeine Zugang soll anschließend auf den Steuerungsaspekt (Regelungsprozess) begrenzt werden, konkret auf die Regierungssteuerung (Görlitz/Burth 2001).[1]

– Regierungssteuerung ist von der Gesellschaftsteuerung zu trennen, d.h. allen Prozessen des gesellschaftlichen, nicht-staatlichen Handelns (zum Steuerungsbegriff siehe Görlitz 2002).

[1] Zum Zusammenhang zwischen Regierungsstil und Steuerungsfähigkeit am Beispiel von Bundeskanzler Schröder siehe Thomas 2003.

- Regierungssteuerung soll nachfolgend auch von der administrativen Steuerung (Ministerialbürokratie, politische Verwaltung) abgegrenzt werden. Bei dieser exekutiven Steuerung steht das Verwaltungshandeln im Zentrum des Interesses. Wie organisiert die Politik die Effizienz und Effektivität des politisch-administrativen Systems, konkret der Ministerialbürokratie?
- Mit Regierungssteuerung (Raschke/Hurrelmann 2001: 102ff.) ist nachfolgend das strategische Regierungshandeln gemeint: Wie setzt die Bundesregierung politische Entscheidungen zur politischen Problemlösung durch?

Regierungshandeln zwischen Allmacht und Ohnmacht

Zwei extreme Konzeptionen waren dabei in den zurückliegenden Jahrzehnten zu beobachten: Allmacht und Ohnmacht. Zur Allmachts-Vorstellung gehörte die Planungseuphorie der späten 60er/frühen 70er Jahre. Das Kanzleramt sollte die zentrale Steuerungsinstanz darstellen. Aufgaben, Ressourcen und Programme sollten mit einem „Vorhaben-Erfassungs-System" gezielt durch Kanzleramt und Planungsabteilungen für die gesamte Bundesregierung erfasst und einer Aufgabenplanung zugeführt werden, was zu einer Aufblähung des gesamten Verwaltungsapparates führte, ohne dem Ziel der strategischen Steuerung näher zu kommen.

Ohnmacht – als Gegenpol – spricht aus der soziologischen Annahme, dass jeder Versuch einer politischen Steuerung dysfunktionale Konsequenzen hat. In einem unüberschaubaren Prozess, in dem alles mit allem zusammenhängt und verflochten ist, muss jede Form von hierarchischer Steuerung scheitern, weil die Folgen letztlich doch mannigfaltig und unkalkulierbar sind. Im „Supervisionsstaat" (Willke 1992) existiert höchstens eine Anleitung zur Selbstorganisation. Individuelle Akteure sind nicht mehr erkennbar. Politik und Gesellschaft steuern sich selbst, da es in dieser konzeptionellen Vorstellung von der Ohnmacht des Staates einen Primat der Politik gar nicht mehr gibt.

In der Mitte beider Annahmen, zwischen Allmacht und Ohnmacht, liegt das Regierungshandeln der Bundesregierung heute. Viele Prozesse können von der Politik nur koordinierend begleitet werden, das allermeiste verläuft als Routinearbeit des administrativen Apparates. Von der Medienöffentlichkeit wird nur ein kleines Segment der Regierungssteuerung überhaupt wahrgenommen (dazu Kapitel 5.2). Die Bundesregierung kann jedoch gerade in diesem Bereich strategisch den Regierungsprozess vorantreiben.

Politische Steuerung

Entsprechend dieser eher mittleren Einschätzung zwischen Allmacht und Ohnmacht ist auch politische Steuerung zu definieren. Politische Steuerung bedeutet nicht Steuerung der gesamten Gesellschaft, sondern immer nur Steuerung in der funktional differenzierten Gesellschaft, also in Teilbereichen und mit wechselnden Steuerungsinstrumentarien. Die Steuerungsfähigkeit der Bundesregierung nach Wahlen ist angesichts der hohen politischen Legitimation durch die Mehrheit der Bevölkerung in der Regel intensiv ausgeprägt. Dennoch kann es Steuerungsprobleme geben, weil die Steuerbarkeit der Prozesse Schwierigkeiten bereitet: das kann am noch nicht eingespielten Regierungsteam wenige Wochen nach den Wahlen ebenso liegen, wie an fehlender Kooperation der zahlreichen „Nebenregierungen".

Unter dem Gesichtspunkt der Policy-Forschung bedeutet Steuern das Erreichen materieller Politikziele oder die Änderungen von Zuständen, die gesellschaftliche Probleme erzeugen (Benz 2000: 99; Schmidt 2002: 28). Im Abwägungsprozess einer Regierung zwischen Steuerbarkeit und Steuerungsfähigkeit können verschiedene Steuerungsformen unterschieden werden (dazu Scharpf 2000: 90ff.; Benz 2007):

Abb. 27: Politikmanagement zwischen Steuerbarkeit und Steuerungsfähigkeit

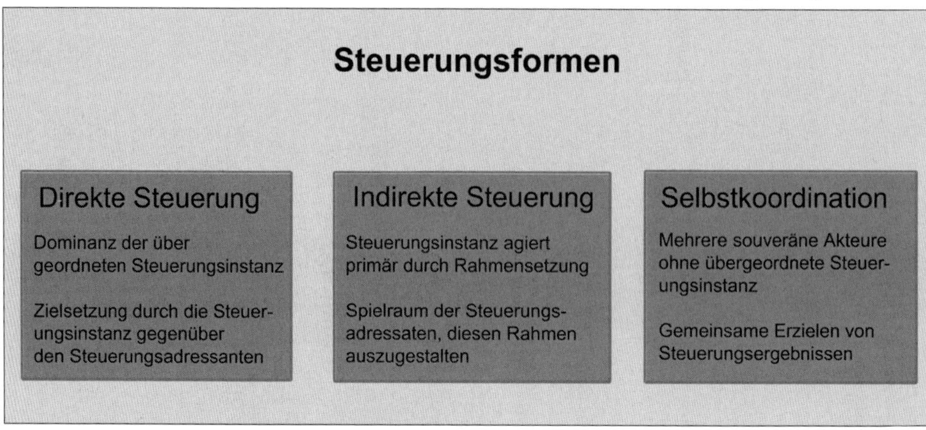

Quelle: Eigene Darstellung.

Steuerungsformen

– Direkte Steuerung
Bei der direkten oder vertikalen Steuerung dominiert die übergeordnete Steuerungsinstanz. Sie gibt den Steuerungsadressaten die jeweiligen Ziele vor, z.B. verordnet die Regierung eine Promillegrenze für Autofahrer.

– Indirekte Steuerung
Bei der indirekten Steuerung agiert die Regierung nicht mit bestimmten verhaltensbezogenen Steuerungsimpulsen, sondern ver-

sucht eher die Rahmenbedingungen derjenigen zu verändern, die als Adressaten vorgesehen sind. Zum Beispiel werden eine Vielzahl ordnungspolitischer Rahmenbedingungen von der Bundesregierung gesetzt, wie etwa die Einführung der Pflegeversicherung oder der Riester-Rente. Innerhalb der geschaffenen Rahmenbedingungen bleibt ein gewisser Spielraum zur Ausgestaltung.

– Selbstkoordination
Treten im politischen Raum mehrere legitimierte Akteure auf (wie beispielsweise die Tarifpartner mit ihrer Tarifhoheit), so wird die Steuerungsform der Koordination gewählt. Alle Beteiligten wissen, dass sie zusammen ein bestimmtes Steuerungsergebnis erzielen müssen. Eine übergeordnete Steuerungsinstanz liegt nicht vor.

Je nach Steuerungsformen liegen unterschiedliche Prozesse der Entscheidungsfindung bzw. der Konfliktlösung vor. Auch hierbei können systematisch einige Formen unterschieden werden:

Abb. 28: Prozesse der Entscheidungsfindung und Konfliktlösung

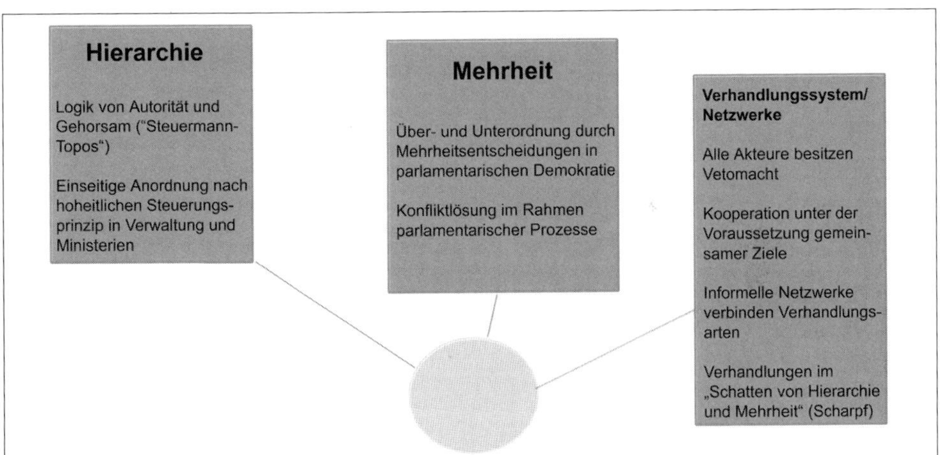

Quelle: Eigene Darstellung.

Prozesse der Entscheidungsfindung und Konfliktlösung

– Hierarchie
Die Konfliktlösung erfolgt nach der Logik von Autorität und Gehorsam („Steuermann-Topos"). Einseitige Anordnung nach hoheitlichem Steuerungsprinzip charakterisiert maßgeblich Verwaltungen (Döhler 2007). Beispielsweise erfolgt so die Steuerung der Ministerien mit vertikaler Kompetenzstruktur. Das Bundeskanzleramt maßt

sich häufig zur Ressortsteuerung eine übergeordnete hierarchische Autorität an, die es formal nicht besitzt. Allerdings beruht die Richtlinienkompetenz des Kanzlers auf den Vorstellungen von hierarchischer Konfliktlösung.

– Mehrheit
In parlamentarischen Mehrheitsentscheidungen drückt sich durch das von allen anerkannte Mehrheitsprinzip eine Über- bzw. Unterordnung aus, die mit dem hierarchischen Entscheidungstyp verwandt ist. Die Konfliktlösung erfolgt jedoch nicht aufgrund autoritativer Schlichtung oder Anordnung sondern im Rahmen parlamentarischer Prozesse.

– Verhandlungssystem/Netzwerk
Hierbei erfolgt die Entscheidungsfindung weder nach dem hierarchischen noch nach dem Mehrheitsprinzip, denn alle Beteiligten haben sogenannte Vetomacht (Benz 2007). Sie sind bei ihren Entscheidungen souverän, keiner der Beteiligten kann zu einer bestimmten Entscheidung gezwungen werden. Die Kooperation erfolgt unter der Voraussetzung gemeinsamer Ziele. Konfliktregelung erfolgt über freiwillige Vereinbarungen und Paketlösungen (ein Geben und Nehmen). Informelle Netzwerke verbinden verschiedene Verhandlungsbereiche. Beim Netzwerk zur Gesundheitsreform können Abgeordnete (parlamentarischer Bereich) mit Regierungsvertretern (Regierungsbereich) sowie mit Gesundheitsexperten der entsprechenden Verbände (policy-Bereich) an einem Tisch sitzen. In jedem Bereich wird unterschiedlich und unabhängig voneinander entschieden, je nach Entscheidungsmodi und Geschäftsordnungen. Im Verhandlungssystem sitzen alle Vertreter von Einzelinteressen an einem Tisch, ohne dass dies den formellen parlamentarischen Entscheidungsprozess ersetzen könnte. In diese Kategorie gehört die Vielzahl von Konsensrunden bzw. Runden Tischen. Hier sind Verhandlungen „im Schatten von Hierarchie und Mehrheit“ (Scharpf 1992a: 25) möglich.

Renate Mayntz hat diese Grundgedanken folgendermaßen zusammengefasst (Mayntz 1993): „Sowohl die Hierarchie als auch der Markt implizieren dysfunktionale Konsequenzen, die destabilisierend wirken, weil sie Protest bei Mitgliedern oder relevanten Außengruppen auslösen; die Hierarchie tut das, weil sie Unterwerfung bedeutet, der Markt, weil er nicht imstande ist, die Produktion von negativen Externalitäten [externe Effekte z.B. soziale Kosten; die Verf.] zu kontrollieren. Demgegenüber scheint das Netzwerk zumindest potentiell in der Lage zu sein, beide Dysfunktionalitäten zu vermeiden, indem es die für Marktteilnehmer typische Autonomie mit der Fähigkeit von Hierarchie kombiniert, bewusst Ziele zu verfolgen und ihre Handlungen im Hinblick auf ihre antizipierten Folgen bewusst zu kontrollieren." Regieren stellt sich somit als eine Mischung aus Hierarchie und Verhandlung dar.

Die steuerungstheoretischen Vorstellungen bezüglich des modernen Staates gehen heute übereinstimmend von sogenannten weicheren Steuerungsformen aus, die Vorrang vor harten Steuerungsformen haben (Braun 1997: 844f.). Dabei steht die indirekte Steuerung der Bedingungen (die Möglichkeit von Selbstorganisation) vor der direkten Steuerung über Geld und Recht. Konnte man Regieren früher tendenziell mit hierarchisch koordinierter Steuerung umschreiben, so gleicht es heute eher einem zu moderierenden Interdependenzmanagement. Staatliche Politik wird heute in Verhandlungen zwischen formal und funktional interdependenten Akteuren und Institutionen formuliert und implementiert (Grande 1995: 327ff.). Kapitel 4 hat einen kleinen Einblick in die Vielzahl der Interessen und beteiligten Akteure vermittelt. Die wachsende Zahl von Verhandlungssystemen bringt die gesteigerte Binnenkomplexität Deutschlands zum Ausdruck:

Regieren ist Interdependenzmanagement

- erstens durch eine Intensivierung und Verdichtung der Beziehungen zwischen den vorhandenen staatlichen Akteuren und Institutionen („mehr und verflochtener");
- zweitens durch die Entstehung und Etablierung zusätzlicher neuer Akteure, Institutionen und Handlungsebenen („Ausweitung und Mehrebenen").

Regierungssteuerung ist somit nicht durch einfache Top-Down bzw. Bottom-Up Modelle zu erklären. Kommunikation und Lernprozesse, Angleichung von Interessen, Ideen und Normen in Austausch- und Verhandlungssituationen geraten in den Vordergrund. Für die Regierungen bedeutet die notwendige Koordination der politischen Prozesse zwischen verschiedenen föderativen Ebenen („Mehrebenenverflechtung"), dass sie grundsätzlich drei typische Probleme der Regierungssteuerung zu berücksichtigen haben (Mayntz 1997: 285):

Probleme der Regierungssteuerung

- die Gefahr der Entscheidungsblockade – besonders in der zeitlichen Nähe von Wahlen (auch Zohlnhöfer 1999);
- die Gefahr der Einigung auf suboptimale Kompromisslösungen bzw. die Einigung zu Lasten Dritter (viele Entscheidungen im Segment der Arbeitsmarktpolitik haben die Interessen der Arbeitnehmer verfestigt, jedoch die Arbeitslosigkeit nicht beseitigt);

- die Gefahr der fehlenden Bindungswirkung getroffener Entscheidungen (wenn beispielsweise der Euro-Stabilitätspakt, den die Bundesregierung vor Einführung des Euros durchsetzte, von Berlin selbst in Frage gestellt wird).

Verhandlungsdemokratisches Regieren

Andererseits enthalten die Mechanismen der verhandelnden Wettbewerbsdemokratie auch Optionen, flexibel auf neue Herausforderungen plebiszitärer Politikformen einzugehen. Denn die Willensbildung verläuft in verhandlungsdemokratischen Arrangements weder von unten nach oben noch von oben nach unten, sondern sie findet bereichsspezifisch in kommunikativen Beziehungen unterschiedlicher staatlicher und gesellschaftlicher Akteure statt, so z.B. in den Mediationsverfahren beim Ausbau von Flughäfen. Eine solche Aushandlung dauert zumeist länger als im klassischen Gesetzgebungsverfahren. Dennoch kann das Arrangement von Verhandlungssystemen zu einer Diffusion von Verantwortung bzw. Zurechenbarkeit von Politikergebnissen führen. Wenn viele daran beteiligt sind, ist unklar, wer für das Ergebnis verantwortlich ist. Doch im Dreieck von Demokratie, Entscheidungsmacht und Partizipation kommt dem verhandlungsdemokratischen Regieren eine wichtige ergänzende Rolle zu (Czerwick 1999). Denn der Prozess der Gesetzgebung wird damit nicht umgangen, sondern modifiziert. Klassischer Ablauf: Referentenentwurf, Regierungsentwurf, Stellungnahme des Bundesrates, drei Lesungen im Bundestag, Abstimmung im Bundesrat und eventuell noch Vermittlungsausschuss. Die mit den Netzwerken und Verhandlungssystemen prinzipiell gewachsene Anzahl weiterer Vetospieler (Bürgerinitiativen, Mediationsverfahren, Runde Tische, Bürgerforen etc.) treibt einen Selbstregulierungsprozess voran, der wie ein Sensor mit zusätzlicher Verstärkerfunktion zum Regierungsalltag wirkt. Höchst ambivalent enthält somit die verhandelnde Wettbewerbsdemokratie Strukturelemente sowohl von Selbstregulierung bzw. Selbstorganisation als auch von Politikblockaden. Offenbar hilft nur eine richtige Mischung aus den verschiedenen Steuerungsformen Hierarchie und Verhandlung, um Regierungssteuerung effizient zu organisieren. Dazu ist ein ausgewogenes Verhältnis zwischen Führung und Konsens unverzichtbar, das im nächsten Teilkapitel erörtert werden soll.

Zunächst ist jedoch der zweite Schlüsselbegriff des Kapitels, die Strategie, zu klären. Trotz des Bewusstseins, dass die Binnenkomplexität zugenommen hat und weichere Steuerungsformen das Regieren möglich machen, ersetzt dies allein noch keine politische Strategie (Raschke 2002: 207ff). Vielmehr ist heute ein immer größeres Bedürfnis nach politischer Strategie zu konstatieren. Denn je komplexer und instabiler die Bedingungen der Politik sind, desto schwieriger aber gleichzeitig notwendiger wird die Anwendung von politischer Strategie (Raschke/Tils 2007: 11). Strategien sind demzufolge „situationsübergreifende, erfolgsorientierte Ziel-Mittel-Umwelt-Kalküle“. Der Strategiebegriff kann ferner in drei Teilaspekte aufdifferenziert werden: Demnach kann eine politische Strategie nur untersucht werden, indem die Strategiefähigkeit, die Strategiebildung und die strategischer Steuerung einbezogen wird (Raschke/Tils 2007: 273ff.; vgl. dazu auch Hirscher/Korte 2003 und Grasselt/Korte 2008).

Strategiefähigkeit beruht auf der Verfügbarkeit von Orientierungswissen für offene Problemsituationen. Damit ist weitaus mehr gemeint als in den spieltheoretischen Szenarien über das Handeln unter Ungewissheit (Braun 1999: 81ff.). Vielmehr ist mit dem Handeln für offene Problemsituationen die Dimension der individuellen Akteursdisposition ebenso integriert wie eine policy-orientierte Ausrichtung. Strategie verweist in dieser Definition über das Ziel der Steuerung hinaus, verbindet den Führungsaspekt mit Inhalten und macht die Planung sowohl von individuellen als auch von persönlichen Faktoren abhängig. Dies lässt sich in folgendem Schema verdeutlichen:

Abb. 29: Politische Strategie: Handeln für offene Problemsituationen

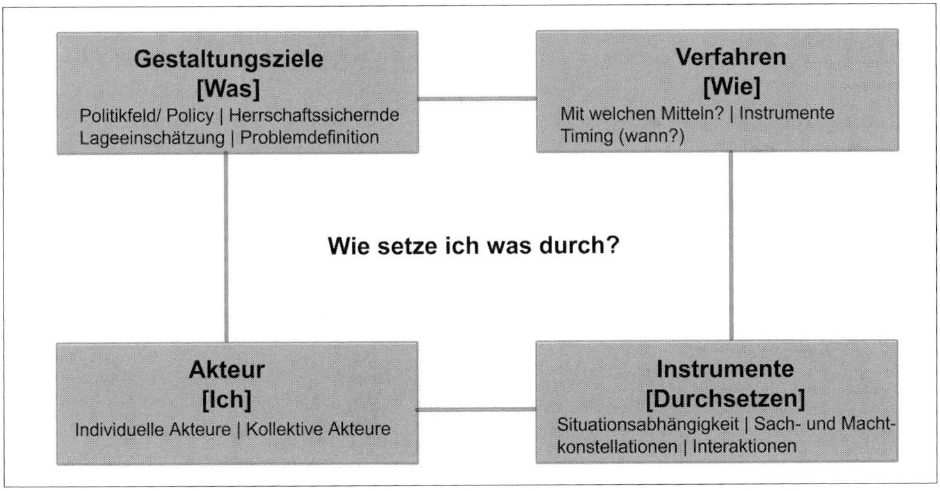

Quelle: Eigene Darstellung.

Die strategische Fragestellung lautet dabei für den politischen Akteur: Was setze ich wie mit dem Ziel der Konfliktregelung und Problemlösung durch? (siehe Abb. 29)

Eine klare Rangfolge dieser Komponenten ist erkennbar: Das „Was" ist der Ausgangspunkt für die Strategie. Mit dem „Was" ist der Inhalt des politischen Problems gemeint, im übertragenen Sinne die politische Lageeinschätzung, die Problemdeutung, die Wahrnehmung der Realität. Das kann sowohl ein inhaltliches Problem (Gestaltungsziel) sein als auch eine herrschaftssichernde Machtfrage. Sach- und Machtfragen sind nicht voneinander zu trennen. Als Schlüssel zum Erfolg definieren politische Spitzenakteure die permanente Beantwortung der Frage: Wie ist die politische Lage? Stabilisieren oder destabilisieren mich als Akteur die möglichen Konsequenzen aus der akuten Lageanalyse? Die Definition der Lageeinschätzung (Problemdeutung und Problemerkennung, Informationsverarbeitung, Risikoeinschätzung, Nutzenmessung, Präferenzordnung der Akteure) dient als politisches Frühwarnsystem der politischen Führung (Korte 1998: 220ff.). Politische Sensibilität ist für die Wahrnehmung derartiger offener Problemsituationen zu entwickeln. Denn der Zeitpunkt, zu dem ein politisches Problem auf dem Wege des Frühwarnsystems den politischen Akteur erreicht, ist der Augenblick, um darauf strategisch zu reagieren.

Frühwarnsystem und Lageeinschätzung

Politische Entscheidungssituationen als Strategiemomente sind inhaltlich durch Problemdefinitionen charakterisiert, die zum Gegenstand politischer Prozesse werden und mit denen sich bestimmte Erwartungen hinsichtlich der Entscheidungsoptionen und Politikergebnisse verbinden. Für die Auswahl von Strategien und Entscheidungsstrukturen sind jene Elemente einer Situation relevant, die angeben, was Politik zu leisten hat. Aus der Analyse der offenen Problemsituation (Problemdefinition) erfolgt somit die Ableitung der notwendigen politischen Entscheidung (Entscheidungsoption), der Positionsfindung. Wie nehme ich dies wahr? Wie und von wem wird die Problemdefinition gefiltert? Wie wird sie kommuniziert? Jede politische Führungsperson hat dies im Spitzenumfeld seines Amtes unterschiedlich organisiert (systematisch dazu Kap. 5.1.3). Auch die Handhabung variiert nach personalen Gesichtspunkten. In den Kapiteln über die Strukturmerkmale des Regierens sowie die Handlungskorridore sind beispielhaft solche individuellen Führungskomponenten ausgearbeitet, ebenso im nachfolgenden Teilkapitel über die politische Führung.

Problemdefinition und Positionsfindung

Auf der Grundlage der Problemdefinition erfolgt die Auswahl: Wann greifen Routinemechanismen, wann Krisen-Konstellationen? Wie schmiede ich Sach- und Machtkoalitionen in welchem Netzwerk, um auf die politische Lage angemessen zu reagieren?

Auswahl der Maßnahmen

Die Strategie der Regierungssteuerung besteht nicht darin, Unvorhersehbares vorhersehbar zu machen, sondern das Vorhersehbare zu ergründen. Dies geschieht in der Regel durch Hierarchisierung

Abb. 30: Regierungssteuerung und Strategie

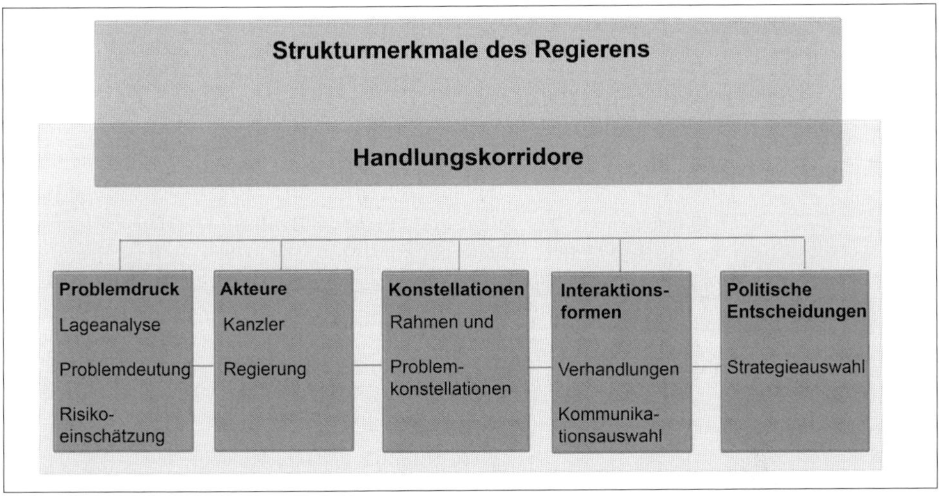

Quelle: Eigene Darstellung.

und Klassifizieren des strategisch interessanten Ziels: situationsübergreifend, Ziel-Mittel-kalkulierend und auch erfolgsorientiert (Rascke 2002: 210f.) rückt das Politikfeld, das „Was" prioritär in den Vordergrund. Wie lerne ich politisches Handeln für offene Problemsituationen? So lautet die Strategiefrage für die Politik, die sich daraus ableiten lässt. Erst durch die Definition einer „policy" wird ein Problem entscheidungsfähig und damit zu einer Aufgabe der Politik und der Regierungssteuerung.

Strategische Handlungsfähigkeit

Ob der politische Akteur wiederum überhaupt in der Lage ist, strategiefähig zu werden, ist nicht nur von seiner persönlichen Prädisposition oder der politischen Lernfähigkeit abhängig. Zur strategischen Handlungsfähigkeit gehören ergänzend: ein machtstrategisches Zentrum (Kapitel 5.1.3), kommunikative Kompetenzen im Sinne der Vermittlung strategischer Überlegungen (dazu Kapitel 5.2) und eine grundsätzliche Netzwerkfähigkeit, um zur Problemlösung auch jeweils adäquate Verbündete auf Zeit zu finden (Kap. 5.1.4).

Notwendigkeit eines machtstrategischen Zentrums

Wie setze ich was durch? Diese strategische Fragestellung lässt sich eben nur beantworten, wenn ein machtstrategisches Zentrum, in der Regel die Leitungsebene der Ministerien bzw. des Kanzleramtes, vorhanden ist. Formal gehört die Leitungsebene zur Organisationsstruktur solcher Häuser. Ob sie jedoch effizient und effektiv funktioniert, ist von den Personen ebenso abhängig wie von den Arbeitsverknüpfungen zwischen den verschiedenen Abteilungen solcher Häuser. Sichtbar werden in der Regel Koordinationsdefizite zu Beginn einer Amtszeit, in der die Spielregeln der Kooperation neu festgelegt werden. Ein treffendes Beispiel ist das Koordinationschaos zur Beginn der Regierung Schröder/Fischer 1998, das etwa sechs Monate andauerte (Hennecke 2003: 178ff.). Doch im Vergleich zum Start seines Vorgängers Helmut Kohl (1982/1983) bekam Kanzler Schröder das Kanzleramt schneller in den Griff (Korte 1998: 31ff.). Der erste Chef des Kanzleramtes unter Kanzler Schröder, Bodo Hombach, schrieb in einem Vermerk an den „Herrn Bundeskanzler" (Schreiben v. 23. Februar 1999; CHBK Hombach; St Dr. Steinmeier) selbstkritisch:

„Ausgelöst vor allem von Kritik aus den eigenen Reihen beginnt sich eine Diskussion über Fehlleistungen der ersten Monate Regierungsarbeit zu verselbständigen, die zu der Frage nach den Ursachen wesentlich auf Koordinierungsdefizite im Kanzleramt verweist. Auch wenn die instrumentelle Absicht dieses Vorwurfs häufig auf der Hand liegt, sollte diese Diskussion nicht sich selbst überlassen werden, weil bei falscher Diagnose kein richtiges Handeln möglich ist. Um es klar zu sagen: Eine Koordinierungsaufgabe besteht, ihre Erfüllung ist zu optimieren und wechselnden Anforderungen anzupassen. Nicht zugelassen werden darf jedoch, dass sie unter der Hand zur zentralen Entlastungsfunktion für unmittelbare Ressortverantwortlichkeiten und persönliches Fehlverhalten mutiert."

Koordination der Regierung

Es folgen dann konkrete Vorschläge zur Verbesserung der Koordination der Regierung unter der Vorbemerkung: „Klassische Koordinierungsaufgabe. Erfolgreiche Koordinierung der Ressortaktivitäten ist insbesondere von der Kabinettsdisziplin und den Voraussetzungen der Qualität der politischen Gesamtplanung durch das Bundeskanzleramt abhängig. Für letzte Aufgabe ist unter direkter Leitung ChefBK (Chef des Bundeskanzleramts) ein Arbeitsstab eingerichtet worden." Erkennbar wird aus diesen Sätzen durchaus das Bemühen, politisch aus den Koordinationsfehlern zu lernen. Im Kapitel „Handlungskorridore" (5.1.6) sind weitere Details zur Straffung des Kanzleramtes unter Kanzler Schröder thematisiert, die auf institutionelle Machtzentralisierung hinauslaufen. Denn ohne ein kraftvolles Machtzentrum kann keine Vermittlungsleistung der Politik erfolgen, kann keine Strategiefähigkeit erreicht werden. Diese Grundeinsicht prägte auch die Entwicklung des „Strategietools für politische Reformprozesse" (vgl. Fischer u.a. 2008), das als Orientierungsvorgabe und Analyseraster zur Erfassung komplexer Politikprozesse dienen kann. Im Mittelpunkt steht dabei zunächst die Herausbildung einer strategiefähigen Kernexekutive. Hier, wie auch beim Durchlaufen der miteinander verbundenen Phasen „Agenda-Setting", „Politikformulierung und Entscheidung", „Politikumsetzung" sowie „Erfolgskontrolle" gilt es immer drei strategische Dimensionen im Blick zu behalten – Kompetenz, Kommunikation und Durchsetzungsfähigkeit: „Eine zentrale Grundaussage des Tools lautet, dass die Erfolgsaussichten der treibenden Reformakteure deutlich steigen, wenn es ihnen gelingt, diese Dimensionen über den gesamten politischen Prozess hinweg in ein ausgewogenes Verhältnis zueinander zu setzen." (Fischer u.a. 2008a: 10)

Strategietool für Reformprozesse

	Strategiefähige Kernexekutive	**Agenda-Setting**	**Politik-formulierung und Entscheidung**	**Politik-umsetzung**	**Erfolgs-kontrolle**
Kompetenz	Innovations-kultur fördern	Zukunfts-themen aufgreifen	Reformkonzept formulieren	Ergebnis-qualität sichern	Kontroll-mechanismen effektivieren
Kommunikation	Kommunikations-kapazitäten stärken	Reform-bereitschaft fördern	Vertrauen aufbauen	Bürgernähe herstellen	Responsivität gewährleisten
Durchsetzungs-fähigkeit	Strategisches Machtzentrum etablieren	Erfolgs-aussichten kalkulieren	Mehrheiten sichern	Umsetzungs-akteure aktivieren	Handlungs-spielräume bewahren

Quelle: vereinfachte Darstellung von Fischer u.a. 2008

So ausdifferenziert und abstrakt man politische Prozesse auch erfassen mag, laufen sie doch nicht nach Fahrplan ab (dazu Delhees u.a. 2008). Dennoch belegt nicht zuletzt eine Defizitanalyse von gescheiterten Reformprozessen – wie etwa dem Versuch zur einer Großen Steuerreform 1998 (Fröhlich/Schneider 2008) – dass neben allen Kontingenzen und Eigengesetzlichkeiten des Politischen die Beachtung der genannten Dimensionen Regierungssteuerung und Strategie optimieren kann.

Zwischenfazit

Regierungssteuerung und Strategie sind Teile des Politikmanagements. Das Politikmanagement der Akteure muss stets die Verbindung von Sach- und Machtfragen einkalkulieren. Es gehört zum Grad der Professionalität des Politikers, die Verschränkung der Interessen und Interdependenzen der Machtverhältnisse bei der Lageanalyse zu erfassen (vgl. Buchheim 1976: 185). Die Wechselwirkungen, in denen Menschen und Mächte agieren, müssen situativ und schnell von Politikern analysiert werden. Nuancen sollten registriert und eingeordnet werden. Es bedarf dazu einer geistigen Präsenz, die stets von einer neuen Lagebeurteilung ausgeht und daraus schlussfolgernd Entscheidungen trifft.

5.1.2 Politische Führung und politischer Stil

Zum Politikmanagement gehört neben der Problematisierung des Steuerungs- und des Strategiebegriffs auch der eng damit verwandte Aspekt des Führens. Führung ist ein Teilaspekt des Regierens und stellt eine relevante Größe im Hinblick auf das Politikergebnis dar. Individuelle politische Führung ist somit relevant für das strategische Politikmanagement (Glaab 2007; Grasselt/Korte 2007: 95ff.). Politische Führung manifestiert sich in unterschiedlichen gesellschaftspolitischen Kontexten. Nachfolgend wird der Akzent bewusst auf die Variable der politischen Führung als Aufgabe der Regierung gelegt. Politische Führung ist erst in letzter Zeit wieder politikwissenschaftlich untersucht worden (Glaab 2007; Korte 2001a; Korte 2001c; Helms 2000; Holtmann/Patzelt 2008; Fliegauf u.a. 2008), auch in Abgrenzung zur Führung in anderen gesellschaftlichen Bereichen wie der Wirtschaft (Grasselt/Korte 2007). Politische Führung zeichnet sich demnach vor allem dadurch aus, dass sich eine „unbeschränkte Mehrheitsherrschaft“ nicht nachweisen lässt. Dies führt zu einer Beschränkung der Machtausübung. Es wird vor allem Kompromissbereitschaft abverlangt, da Interessen und Bedürfnisse von Minderheiten berücksichtigt werden müssen. Authentisches Handeln im Politischen ist mit Einschränkungen verbunden. Die Wähler müssen nicht nur davon überzeugt sein, dass sich ein politischer Akteur für die Führungsaufgabe eignet. Auch Führungshandeln in der Politik wird an der effektiven Umsetzung von Programmen und Maßnahmen gemessen. Diese sachliche Umsetzung von Politik wird vor allem durch externe Faktoren beschränkt. In der Durchsetzung der eigenen Ziele gegen die Widerstände anderer zeigen sich der Wille und die Befähigung eines Akteurs zur politischen Führung. Machtausübung wird erst zur politischen Führung, wenn es Führungskräften gelingt, effektive Problemlösungen authentisch zu vermitteln (Grasselt/Korte 2007: 28f.).

politische Führung als Aufgabe der Regierung

Persönliche Führungsstile entscheiden zunehmend über Sieg und Niederlage bei Wahlen. In allen sozialen Milieus ist der Bedarf an demokratischer Führung gewachsen. Gerade weil politische Gewissheiten an Prägekraft verlieren und sich die Muster von politischer Gefolgschaft verändern, steigt die Sehnsucht nach politischer Führung. Sie lässt sich telegen personalisieren. Mediencharisma ist hilfreich, aber nicht absolut entscheidend. Die Führungsperson erscheint als Problemlöser, als verlässlicher Lotse im Alltag. Macher-Image ist die Grundbedingung für Erfolg in der Politik.

Politische Führung und Führungsstile als politikwissenschaftliches Problem haben eine sehr lange Tradition (dazu Helms 2000), wenngleich es erst in letzter Zeit zur Wiederentdeckung dieses Phänomens gekommen ist. Ideengeschichtlich kann dabei an die systematische Entwicklung der technischen Grundlagen von politischer Führung in Machiavellis „Principe" an der Schwelle zum 16. Jahrhundert erinnert werden. Grundsätzlich lassen sich zwei große Richtungen differenzieren: normative Ansätze (good governance, Fürstenspiegel) und empirische Ansätze der Leadership-Forschung (personenzentrierte Ansätze, z.B. bei Max Weber; strukturelle Ansätze, die der „Macht der Verhältnisse", den institutionellen Sachzwängen mehr Gewicht beimessen als personalen Faktoren; interaktionistische Ansätze, die der Grundannahme des Neoinstitutionalismus folgen; gute Übersicht dazu bei Glaab 2007).

Drei Faktoren politischer Führung

Drei Faktoren sind unabhängig von den Ansätzen stets wirkungsmächtig und in einen Kontext zu bringen (dazu auch Blondel 1987: 5 und 80ff.; Elgie 1995):

- personale Faktoren („Personality")
- politisch-institutionelle Faktoren („Institutions")
- zeitbedingt-strukturelle Umfeldfaktoren („Environment").

Führungstile im Vergleich

Politische Führung ist in der Berliner Republik ebenso notwendig wie in der Bonner Republik. Da sich die Strukturmerkmale des politischen Systems und des Regierens in den Kanzlerschaften Helmut Kohls, Gerhard Schröders und Angela Merkels nicht grundlegend verändert haben, ist der Wandel eher im Stil als im System zu verorten. Rezepte für gute Führung hat die Politikwissenschaft in Deutschland weitgehend den Betriebswirten überlassen. Deren Handbücher suggerieren eine Erfolgsstrategie gemäß ökonomischer Rationalitäten (Green/Power 2001). Politische Führung muss jedoch immer darauf aus sein, täglich Mehrheiten aus sehr unterschiedlichen Interessengruppen zu schmieden. Es gilt die Sachrationalität der geplanten Maßnahme mit der politischen Vermittlungs- und Durchsetzungsrationalität abzuwägen. Politische Führung ist deshalb häufig mehr pragmatische Moderation als hierarchische Steuerung.

Die Mischung von unterschiedlichen Instrumenten und Techniken des Regierens sowie die öffentliche Darstellung von Führungsverhalten charakterisieren den Führungsstil. Dazu einige Beispiele: Bundeskanzler Konrad Adenauer ging auch an Wahlabenden zu gewohnt früher Zeit ins Bett. Auch Ludwig Erhard blieb in den Stunden der

Abb. 31: Politische Führung

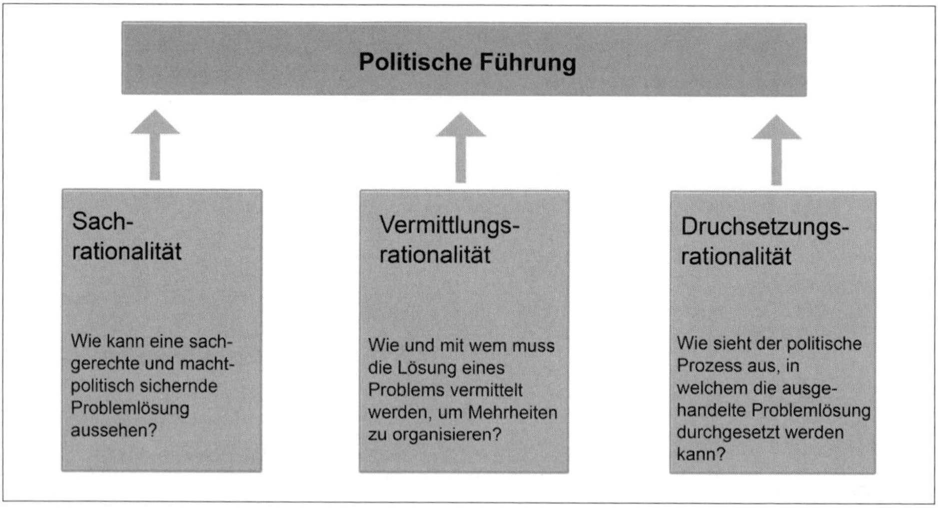

Quelle: Grasselt/Korte 2007.

Entscheidung bei seiner abendlichen Gewohnheit und trank sein Glas Wein. Kanzler Kurt Georg Kiesinger jedoch wurde von einer düsteren Vorahnung getrieben. Er war der erste, der am Wahlabend (1969) lange im Palais Schaumburg ausharrte und sich eine Lagekarte im Kanzler-Bungalow anbringen ließ. Helfer sollten nach dem Eingang der Wahlkreisergebnisse die deutsche Landschaft auf der Karte schwarz und rot einfärben (Spiegel 39/1996). In majestätischer Gelassenheit dozierte Kiesinger dennoch bis spät nach Mitternacht gegenüber Journalisten, wie er sich die Regierungsbildung vorstellen könne. Überliefert ist indessen, dass bereits gegen 22.30 Uhr des gleichen Abends, des 28. September 1969, Willy Brandt von der SPD-Baracke aus Walter Scheel (FDP) anrief, um ihn zu fragen, ob sie gemeinsam mit den Freien Demokraten die nächste Bundesregierung bilden wollen (zum Hintergrund Baring 1984: 169).

Ein Zeitsprung ins Jahr 1998: Das SPD-Fest vor dem Ollenhauer-Haus in Bonn am Wahlsonntag, dem 27. September, startete mit dem Auftritt des Gewinner-Duos Schröder-Lafontaine um 19.15 Uhr. Der Wahlsieg stand bereits nach Auswertung der ersten Prognosen gegen 15.00 Uhr fest. Der inoffizielle Trend sickerte im politischen Bonn schnell durch, so dass Kanzler wie Kandidat genügend Zeit hatten, um sich auf die Interpretation des Wahlergebnisses am Abend einzustellen.

Wandel durch moderne Kommunikationstechnik

Politikstile an Wahlabenden und mithin eben auch Führungsstile sind durch die modernen Kommunikationstechniken maßgeblich verändert worden. Das belegen die Beispiele anschaulich. Sieger und Besiegte stehen in der Regel nicht nur schneller fest als in früheren Zeiten. Die Veränderung betrifft auch die Inszenierung des Ergebnisses im Fernsehen. Der Zuschauer ahnte 1998 längst vor dem Wahltag, wer siegen wird. Der Neuigkeitswert lag nicht in der Nachricht des Ergebnisses, sondern in der visuellen Inszenierung der zu erwartenden Auftritte. Wie und in welcher Pose treten Schröder und Lafontaine auf? Wer wird in der unmittelbaren Nähe der beiden stehen? Welches Timing wird gewählt? Ebenso galt das für die Verlierer: Wie professionell kann der „ewige Kanzler" Kohl verlieren? Wer wird außer Schäuble erste Kommentare zur Niederlage abgeben?

Ähnliches war auch am Wahlabend der Bundestagswahl 2005 zu konstatieren. Gerhard Schröders Auftritt in der „Elefantenrunde" und seine heftige Kritik an den Medien und Umfrageinstituten ließ beim TV-Publikum den Eindruck aufkommen, er und die SPD hätten die Wahl gewonnen (Ditz 2005). Die eigentliche Siegerin, Angela Merkel, geriet durch das forsche Auftreten zudem stark in die Defensive. Auch wenn Schröder durch diese Inszenierung das Ende der rotgrünen Koalition und seiner Kanzlerschaft letztlich nicht verhindern konnte (und mittelbar auch die Geschlossenheit der CDU/CSU stärkte), wurde zumindest das Selbstbewusstsein der SPD für die anstehenden Koalitionsverhandlungen mit der Union deutlich gestärkt.

Taktische Überlegungen, wann und wer als erster vor die Kameras an Wahlabenden tritt, sind nicht völlig neu. Kiesinger trat 1969 zur Überraschung von Brandt sehr früh im Fernsehen auf, verspielte jedoch diesen politisch-psychologischen Effekt dadurch, dass er im Fernsehen erklärte, dass die Regierungsbildung Zeit habe. Der sichtbar neue Politikstil des Wahlabends der Bundestagswahl von 1998 lag somit nicht allein im taktisch verfeinerten Raffinement, sondern eher in einer ästhetischen Sphäre (Precht 1998; Kämmerlings 1998). Der visuelle Neuigkeitswert reichte bereits als politische Option. Die beste Inszenierung prämierten die Wähler. Die Zuschauer suchten am Wahlabend die Bestätigung.

Drei Schlussfolgerungen sind daraus für die Themenstellung ableitbar:

a. Die Analyse von Führungsstilen zielt auf die Darstellungsebene von Politik. Mit der Veränderung der Kommunikationskultur hat sich auch der Führungsstil gewandelt.
b. Führungsstile der Bundeskanzler oder der Kanzlerkandidaten entfalten sich nicht erst nach Bundestagswahlen. Die Stile der Kanzler bzw. der Kandidaten haben sich längst vor dem Wahltag

verfestigt bzw. werden als feste Größe imagemäßig vom Zuschauer verortet.

c. Tendenziell scheint unter dem Diktat der Mediendemokratie das Marketing der Politik zur Diskussion zu stehen, weniger die Substanz. Die personalisierte Politik in der Mediengesellschaft belohnt den Sieger im Kampf um die öffentliche Aufmerksamkeit, nicht unbedingt den, der konkrete Problemlösungen anbietet. Die Phänomene des „Neo-Bonarpartismus" zeigen sich unabhängig von der Verfasstheit der politischen Systeme.

Wenn man sich jedoch die Geschichte der deutschen Bundeskanzler ansieht, fällt ein weiterer Befund auf, der eine andere Dimension der Themenstellung eröffnet. Haben sich nicht häufig gerade in Wahlkämpfen Kanzlerkandidaten von den jeweiligen Amtsinhabern bezüglich des Führungsstils explizit distanziert? Welche Möglichkeiten zur Differenzierung bleiben heute noch, wenn auf der Darstellungsebene die Unterschiede immer nachhaltiger verwischen, weil sich alle politischen Spitzenakteure am gleichen Gebot inszenatorischer Details orientieren? Dazu ein Zitat von Bundeskanzler Ludwig Erhard vom Juli 1965: „Ich weiß, dass viele glauben, der Politiker müsste mit Taktiken und Praktiken arbeiten und müsste in allen Schlichen bewandert sein. Das ist nicht mein Stil, ich sage es ganz offen, und ich glaube, wir werden auch in Zukunft nicht mehr damit zurechtkommen. Jedenfalls ich werde es nicht tun, und wenn ich weiterwirke, dann wird sich vor allem dieser Stil wandeln" (Die Zeit v. 23.07.1965). Es verwundert nicht, dass ein großer Teil der Presse in diesem Stilwandel das Charakteristische und Begrüßenswerte des Kanzlerwechsel von Adenauer zu Erhard sah (Böhm 1963; Morkel 1966: 122). Wenige – wie beispielsweise Ludwig Erhard – machten den Stilwechsel ausdrücklich zu Programmpunkten der Kanzlerschaften.

Abgrenzung vom Stil des Vorgängers

Noch ein weiteres Beispiel: Gerhard Schröder sagte kurz vor der Bundestagswahl 1998 in einem Interview: „Kohls Begriff von der Politik besteht vor allem darin, zu schauen, wie sich die Dinge entwickeln. Das macht er auch, weil er befürchtet, in der Auseinandersetzung Schrammen abzukriegen. Ich glaube nicht, dass das der Stil ist, der dem nächsten Jahrhundert angemessen ist. Die Regierung muss sich einmischen (...). Der Kanzler sollte nicht wie Kohl Nebenpräsident mit politischer Macht sein, so ist er ja in den letzten Jahren aufgetreten, sondern leitender Angestellter der Nation, wie es Helmut Schmidt einmal für seine Rolle als Kanzler ausgedrückt hat. Und das heißt auch, für Entwicklungen aktiv Verantwortung zu übernehmen. Und wenn man das will, erwirbt man sich auch das Recht, solche Entwicklungen anzustoßen" (FAZ v. 10.09.1998). Sowohl Erhard als auch Schröder kritisieren mit der Umschreibung des Führungsstils nicht die Darstellung der Politik, sondern primär die Umsetzung der Politik des jeweiligen Amtsvorgängers bzw. Amtsinhabers. Beide verweisen mit dem Stilargument inhaltlich auf die Art und Weise des Regierens, des Regierungsstils, der Techniken des Regierens oder allgemeiner formuliert: dem Herstellen von Entscheidungen. Erhard lehnte insbesondere eine weitere Informalisierung der Entscheidungsprozesse und damit einen drohenden Formverlust der Politik ab. Schröder favorisierte anfangs den agierenden und entscheidungsfreudigen Staatsmann (Vorbild Schmidt) und lehnte den seiner Einschätzung nach bloß taktisch-reagierenden Amtsinhaber (Modell Kohl) ab.

Folgende Schlussfolgerungen lassen sich ziehen:

Kanzlerwechsel = Stilwechsel

- Die Analyse von Führungsstilen zielt in diesen Zitatbeispielen auf die Umsetzung der Politik durch die Bundeskanzler. Ein Wechsel im Amt des Bundeskanzlers bedeutete somit auch Stilwechsel – immer unterstellt, dass die Umsetzung der Politik den avisierten neuen Formen folgte.
- Während die materielle Politikgestaltung gerade beim Kanzlerwechsel von Kontinuitätsversprechen in der ersten Phase getragen war (sogar bei der ersten Regierungsabwahl in der Geschichte der Bundesrepublik Deutschland dominierte der Slogan: „Vieles besser machen, aber nicht alles anders." Schröder kündigte an, dass seine Regierung zwar „veränderte Inhalte" anstrebe, doch wolle er „alles andere als eine Revolution" (FAZ v. 30.06.1998)), kommt der Stilwechsel auf der Ebene der Umsetzung der Politik einem Kontinuitätsbruch gleich. Die Distanzierung vom Amtsvorgänger ist, wie das Beispiel Erhard zeigt, nicht an das Konfliktmuster Regierung/Opposition gebunden. Die einschneidendsten Stilwechsel auf der Ebene der Umsetzung der Politik lagen vermutlich zwischen Adenauer und Erhard, Brandt und Schmidt sowie Schröder und Merkel vor. Die Vorstellungen von effizienter Regierungsarbeit durch Herstellen von Entscheidungen trennten die vorgenannten Kanzler-Paare maßgeblich.

Wenn somit der Führungsstil nicht im normativem Sinn gebraucht werden soll („guter oder schlechter Stil"), kann man in einem analytischen Konzept die beiden herausgearbeiteten Dimensionen verwenden (vgl. dazu auch Sarcinelli/Tenscher 2008):

Entscheidungspolitik

a. Umsetzung der Politik (Entscheidungspolitik): hierzu zählen die Entscheidungsmerkmale der Politik. Wie verläuft das politische Entscheidungsmanagement zur Problem- oder Konfliktbearbeitung? Erste genannte Befunde deuten auf gravierende Unterschiede zwischen den Kanzlerschaften hin.

Darstellungspolitik

b. Darstellung von Politik (Darstellungspolitik): hierzu zählen Darstellungsmerkmale der Politik. Wie stellt sich der Bundeskanzler in der Öffentlichkeit dar? Sprache, Gestik und das Gesamtspektrum von symbolischer Politik können untersucht werden. Erste genannte Befunde deuten auf eine Zunahme des Bedeutungsgehaltes dieser Dimension im zeitlichen Verlauf der Kanzlerschaften hin.

Die notwendige Verbindung beider Merkmale – Entscheidung und Darstellung – ist ein Kennzeichen von politischen Führungstechniken und Führungsstilen (Murswieck 1991). Das Begriffspaar Entscheidungs- und Darstellungspolitik wird auch im Kapitel 5.2 wieder für die Analyse aktiviert.
Folgende Prämissen gelten ferner für die Anlage von Führungsstilanalysen:

Führungsstilanalyse

- Ziel der Führungsstilanalyse ist es, ein dauerhaftes, auf die Person des Kanzlers bezogenes Handlungsmuster herauszuarbeiten, das den persönlichen Stil relativ unverwechselbar macht (Naßmacher 1991: 189ff.) – die „personale Handschrift" des Kanzlers (Korte 1998a). Unterstellt wird, dass der Politikstil eines Bundeskanzlers – von einer anfänglichen Lernphase des Regierens einmal abgesehen – im Blick auf die Verfahrens- und auf die Repräsentationsmerkmale während seiner jeweiligen Amtsdauer relativ konstant bleibt.
- Der Führungsstil der Kanzler ist in unserer Analyse abhängig von den beiden Variablen „Entscheidung" und „Darstellung" (im Sinne von öffentlicher Darstellung der Politik).
- Damit wird klarer, dass eine Führungsstilanalyse weder auf feste Großkategorien (Richardson 1982) noch auf nationale Politikstile (Feick/Jann 1988) oder Typologien (wie patriarchalisch, populistisch etc.) zielt. Vielmehr verbindet die Führungsstilanalyse spezifische Verfahrens- und Repräsentationsmerkmale der Kanzlerschaften, die ein dauerhaftes Handlungsmuster abbilden.

Der individuellen Entfaltung von Führungsstilen nach Wahlen sind Grenzen gesetzt. Zum einen wird der persönliche Politikstil fortgesetzt: vom Amtsinhaber im Falle einer weiteren Legislaturperiode oder vom Kandidaten im Falle seiner Kanzlerwahl. Kohl übertrug das Mainzer Modell auf Bonn. Schröder mischte Stilelemente aus

Hannover mit denen des machtpolitischen Erfolgsmodells Kohl. Angela Merkel wiederum setzte ihren als CDU-Fraktionsvorsitzende etablierten Politikstil im Kanzleramt fort. Den Wahlbürger erwarten zunächst nur wenige Überraschungen. Zum anderen regelt das Grundgesetz Abfolge und zeitliche Dimension der Konstituierung des jeweils neuen Bundestages, der Kanzlerwahl sowie der Regierungsbildung. Größere Spielräume verbleiben in der Startphase in den Bereichen, die im Kontext der Organisationsprinzipien des Bundeskanzlers (z.B. Machtkonstellation des Kanzleramts) oder der Regierungserklärung selbst anzusiedeln sind.

Führungsstile und Macht

Führungsverhalten ist grundsätzlich nicht statisch. Führungsstile sind abhängig von politischer Macht. Politische Macht wiederum verändert sich je nach politischer Konstellation, sie ist in der Regel nicht hierarchisch oder funktional ableitbar. Eine Mannschaft braucht einen Kapitän. Die Würde der Kapitänsbinde lebt von der Größe der Hausmacht, über die der Kapitän verfügt. Seine Führung drückt sich nicht in Befehlen aus. Er sichert seinen Einfluss durch Leistung und Seilschaften ab. Führungsanspruch in der Politik zeigt viele Parallelen zum Sport. Selbst wenn der Machterwerb einer Partei zu klaren Mehrheitsverhältnissen führt, ersetzt dies nie die mühsame Tagesarbeit der Machtstabilisierung. Erst durch den Aufbau von persönlichen Netzwerken werden Regierungsarbeit und Machterhalt gesichert. Politische Führung muss immer darauf aus sein, Mehrheiten aus sehr unterschiedlichen Interessengruppen zu schmieden. Gleichzeitig ist bei jeder politischen Handlung die eigene Wiederwahl zu berücksichtigen. Auch politische Führung ist deshalb häufig mehr pragmatische Moderation als strikte hierarchische Steuerung.

Wolfgang Nowak, ehemaliger Abteilungsleiter im Kanzleramt, charakterisiert den Umgang mit Politischer Macht aus seinen praktischen Erfahrungen folgendermaßen:

> Wolfgang Nowak, ehemaliger Abteilungsleiter Grundsatz und Planungschef im Bundeskanzleramt, zum Begriff der Politischen Macht:
> „Man geht zum Beispiel beim Chef des Bundeskanzleramts durch eine ganze Flucht von Zimmern, die sagen: Du trittst ein in das Reich des Mächtigen. Wenn man in das Vorzimmer kommt, sitzen da ausgewählte Sekretärinnen, Referenten flüstern, und alles führt zu der einen Tür, hinter der der eine sitzt. Wenn Sie in sein Zimmer kommen, wissen Sie sofort, wie die Macht zu Ihnen steht: Steht Kaffee auf dem Tisch, ist die Macht Ihnen gnädig gestimmt. Werden Sie entlassen, gibt es nicht mal Wasser. So wird der Eindruck von Macht erzeugt, Macht ist ja auch ein Schein (...). Jeder Mächtige verliert irgendwann den Kontakt zur Realität. Die Realität setzt sich aus persönlichen Referenten und Abteilungsleitern zusam-

men und aus gelegentlichen Auftritten, wo einem alle zujubeln. Deswegen wäre es klug, Spitzenämter auch in Deutschland auf zwei Legislaturperioden zu beschränken. Dann hätten wir mehr gesunde Politiker. Ob jemand einen Machtkoller hat oder nicht, kann man übrigens sehen, indem man sich seine Mitarbeiter anguckt. Die Mitarbeiter, die jemand sich auswählt, entstellen ihn zur Kenntlichkeit. Schwache Chefs multiplizieren sich selbst, sie fördern das Unwesen von schwachen, intriganten Subchefs, die umso erfolgreicher sind, je besser sie die Neurosen ihrer Chefs widerspiegeln, buckelnde Zwerge, deren Ziel es ist, alles vom Chef zu wissen (...). Sie sehen sofort, wer der Chef ist. Er sitzt oben, und er sitzt da alleine (...).
Bei den Männern ist es so, dass immer erst mal alle wiederholen, was das Alphatier gesagt hat. Eine Frau tut das nicht, die sagt ihre Meinung. Frauen machen sich nicht so wichtig" (Aus: Die Zeit 17/2005).

Ausgeprägter Wunsch nach politischer Führung

In Deutschland ist der ausgeprägte Wunsch nach politischer Führung – gerade in erwartbar schwierigen Zeiten – messbar. Auf die Frage, ob „starke Führung nötig sei", antworteten rund 54 Prozent der Deutschen im Jahre 2001 mit „stimme voll zu" (1997 waren es rund 50 Prozent). „Stimme eher zu" rangierte abgeschlagen mit rund 28 Prozent dahinter (Korte 2001a: 538). Diese Zahlen bestätigten sich bei einer Umfrage im Jahr 2007 auch für die Europäische Union. Demnach wünschen sich 58 Prozent der Deutschen eine stärkere politische Führung in der EU (Bertelsmann Stiftung 2007). Dieser Wunsch hat keineswegs einen durchgehend autoritären Hintergrund. In vielen politischen Milieus ist der Bedarf an politischen Entscheidern stark ausgeprägt (Vester 2001). Hinter dieser Fassade nehmen die Bürger allerdings sehr verschiedene Persönlichkeiten wahr. Abgestuft werden weitere Eigenschaften durchaus vom Wähler belohnt. So favorisiert der Osten Führung eher väterlich gemildert, aber entscheidungs-, willens- und durchsetzungsstark. Die ehemaligen Ministerpräsidenten Vogel, Stolpe und Biedenkopf entsprachen vollständig diesem Wunsch. Schröders kraftstrotzendes, mitunter fröhliches Rebellentum kam hingegen ebenso an wie Stoibers strebsame Prinzipienfestigkeit. Bei all der Vielfalt der Macher-Typen muss eins gewährleistet sein: authentisch zu bleiben.

Authentizität

Nur wer unverstellt vor einer inzenierten Medien-Fassade wirkt, punktet als Macher beim Wähler.

Die Erwartungshaltungen der Bürger gegenüber den Regierenden sind nicht nur gestiegen, sondern auch wesentlich unkalkulierbarer geworden (Glaab/Kießling 2001). Die mittlerweile weitgehend fernsehvermittelte politische Kommunikation schuf für das Regieren einen Resonanzraum fluider Öffentlichkeit, der einer Publikumsgesellschaft gleicht (Meyer 2001; hierzu Kapitel 5.2). Die Konsequenz für die politische Führung lautet: kooperatives und kommunikatives Regieren tritt an die Stelle traditionell geplanter hierarchischer Aufgabensteuerung. Politische Führung ist somit im Laufe der Zeit immer verflochtener, anspruchsvoller, kommunikationsabhängiger, zeitaufwendiger, unkalkulierbarer und komplizierter geworden.

Politische Führung ist im Laufe der Zeit immer verflochtener, anspruchsvoller, kommunikationsabhängiger, zeitaufwendiger, unkalkulierbarer und komplizierter geworden.

Der zweite Chef des Bundeskanzleramtes unter Gerhard Schröder – Frank-Walter Steinmeier – äußerte sich ausführlich zu seinem Verständnis von Regieren unter Kanzler Gerhard Schröder:

„(...) Die Notwendigkeit schneller Reaktionen liegt auf der Hand: Bei Zukunftstechnologien wie E-Commerce und Biotechnologie sind die Zeitfenster für die Entwicklung von rechtlichen und institutionellen Rahmenbedingungen knapp bemessen. Der ritualisierte Weg über Expertenrunden, Enquete- und Programmkommissionen, Parteitagsbeschlüsse und langwierige Gesetzgebungsvorhaben kann sich schnell als zu lang erweisen, wenn es darum geht, Chancen zu ergreifen (...). Diskussionen in Partei und Gesellschaft, Gespräche mit betroffenen Unternehmen und Verbänden, Abstimmungen mit den europäischen Partnern und legislative Arbeit müssen dazu in neuer Weise miteinander verknüpft werden. Die von der rot-grünen Bundesregierung initiierten Konsensrunden und Foren – vom Bündnis für Arbeit über die Initiative D 21 bis hin zur Einwanderungskommission oder der geplanten Ethik-Kommission zu Fragen der Gentechnik – sind Beispiele für eine neue, ergebnisorientierte Dialogkultur zwischen Politik, Wissenschaft, Wirtschaft und kritischer Öffentlichkeit.

Konsens und Führung

Sie sind reform- und ergebnisorientiert und zielen auf einen, innovativen Konsens' jenseits der traditionellen ideologischen Gräben (...). Konsenssuche wird hier zu einem dynamischen Prozess, in dessen Verlauf man traditionelle Blockaden überwindet und dafür sorgt, dass sich in komplexen Entscheidungsprozessen die Waagschale im richtigen Momenten zugunsten der Erneuerung senkt.

Gerade wo, wie in Deutschland, viele Akteure mit ihren jeweiligen Eigeninteressen an der Formulierung politischer Entscheidungen mitarbeiten, ist dies oft die einzige Art, starre ideologische Fronten aufzubrechen (...). Wer meint, dies funktioniere als nette ‚Kaminrunde', es ginge ohne Konflikt und die Bereitschaft zum Streit, dem fehlt die Phantasie für den Verlauf solch dialogischer Prozesse. Der Atom-Konsens etwa (...) ist das Ergebnis von über einhundert Stunden direkter Verhandlungen, in denen sich die Gesprächspartner nichts geschenkt haben (...).

Die von der Bundesregierung initiierten Konsensrunden werden in aller Regel für eine begrenzte Zeit eingesetzt (...). Es geht nicht um die Schaffung von parallelen Entscheidungsstrukturen, sondern um temporär wirksame Instrumente, die die politische Willensbildung beschleunigen

und auf eine möglichst breite gesellschaftliche Grundlage stellen (...). Der Charakter politischer Führung hat sich verändert. In der modernen, hochkomplexen Gesellschaft verfügen Regierung und Parlament nicht mehr a priori über das notwendige Wissen (...) um sachadäquate Entscheidungen zu treffen, vielmehr müssen sie die notwendigen Lernprozesse selbst organisieren (...). Der Gegensatz von Macher und Moderator, so griffig er klingt, ist in Wahrheit konstruiert. Er wird dem Charakter politischer Prozesse zunehmend weniger gerecht. Auch die Suche nach Konsens braucht Visionen, Vorgaben und politische Führungsstärke, vielleicht sogar mehr als entrücktes, hoheitliches Handeln (...).
Wir haben die Politik dialogfähig gemacht und einen Stil des Regierens kreiert, der den Menschen wieder das Gefühl gibt, mit ihren Sorgen, Wünschen und Erwartungen ernst genommen zu werden. Das ist unsere Antwort auf die Politikverdrossenheit: Führung im Konsens, Führung zum Konsens, und das ganze ohne Scheu vor dem immer auch notwendigen Konflikt." (Steinmeier 2001)

Aus den Worten des ehemaligen Kanzleramtschefs können mehrere verschiedene Rollenprofile des Kanzlers abgeleitet werden, die in der nachfolgenden Synopse aufbereitet sind und im abschließenden Teilkapitel „Handlungskorridore des Regierens" erneut aufgegriffen werden:

Führungsstile individueller Akteure

Rollenprofil des Kanzlers	Konstellationen	Mittel Instrumente	Interaktionsformen
Verwalter und Organisator	Routine	Gesetzgebungs-maschinerie Koalition/Fraktion Stilles Regieren	Mehrheits-entscheidungen Kooperativer Föderalismus
Anwalt und Feuerwehr	Krise	Institutionalisierung Personalpolitik Verordnung	Markt Intermediäre Organisationen
Macher und Vordenker	Chefsache	„Machtwort" Telepolitik Demoskopie	Hierarchische Koordination Führung Autoritative Schlichtung
Moderator und Konsensstifter	Verhandlungs-systeme	Runde Tische Bündnisse	Netzwerke im Schatten von Hierarchie und Mehrheit

Quelle: Eigene Darstellung.

Politische Führung besteht somit aus der Auswahl (Sach-, Durchsetzungs-, Vermittlungsrationalität) verschiedener Rollenprofile. Nachdem für die Regierung Schröder der Kanzleramtsminister seine Strategien der politischen Führung erläutert hat, soll abschließend noch ein Abschnitt über die Führungstechniken des 16 Jahre amtierenden Bundeskanzler Helmut Kohls folgen, aus dem die spezifischen Instrumente und Techniken der politischen Führung und des politischen Stils anschaulich werden.

Fallbeispiel: Die Kanzlerschaft von Helmut Kohl

Helmut Kohls Führungsstil (grundsätzlich Murswieck 1991; Korte 1998) als Bundeskanzler konstituierte sich bei der Regierungsübernahme 1982. Unabhängig von Zeitläufen und Politikfeldern blieb er dem persönlich geprägten und personenzentrierten Stil seiner Herrschaftspraxis treu. Als abhängige Variable blieb die Kunst des Machterhalts durch Konzentration auf Partei und Koalition. Als unabhängige Variable kann man die verschiedenen Themenfelder und Herausforderungen ansetzen, wobei inhaltlich zwei „Visionen"[2] von Beginn an die Kohl-Ära charakterisierten: Europäische Einigung und deutsche Einheit. Dabei trafen weder europäische Binnenmarkt-Details noch innerdeutsche Vertragsmodalitäten auf sein unmittelbares Interesse. In geradezu Adenauerscher Gelassenheit blieb Kohl beim Arsenal der immer wiederkehrenden Grundbegriffe und Sprachbilder, zu denen Europa und auch die Nation gehörten (Fröhlich 1997). Sein Ziel war die deutsche Einheit in Freiheit, im Westen verankert, in Europa integriert. Mit der dabei mitschwingenden emotionalen Botschaft, die ohne verbindliche Präzision war, traf er, innenpolitisch angetrieben, durchaus auf breite Zustimmung innerhalb der Bevölkerung (Glaab 1998).

Kohls zwei Visionen: Europäische Einigung und deutsche Einheit

Helmut Kohl erwies sich bereits bei seiner Regierungsübernahme 1982/83 als ein Enkel Adenauers (Jäger 1988; ders. 1994; zu Adenauer vgl. Koerfer 1988). Das betraf nicht nur die langfristigen Visionen sondern auch Aspekte des machtbewussten Führungsstils. Frühzeitig schaltete Kohl potentielle Mitkonkurrenten wie Franz-Josef Strauß, Walther Leisler Kiep und Ernst Albrecht aus oder band sie in die Regierungsdisziplin ein (Gerhard Stoltenberg, Heiner Geißler). Kohl zeigte sich relativ unbeeindruckt vom selbstbewussten CSU-Vorsitzenden Strauß, was auch die zügigen Koalitionsverhand-

Kohl als Enkel Adenauers

[2] Zur Rolle und Kraft der Ideen in der internationalen Politik: Goldstein/ Keohane 1993; zur Kraft der Ideen im politischen Konzept von Kanzler Kohl vgl. Paterson 1998; dazu auch die Kontroverse zwischen Helmut Kohl und Helmut Schmidt: „Kanzler trifft Altkanzler", in: Die Zeit v. 05.03.1998.

lungen bewiesen. Mit Hans-Dietrich Genscher konnte Kohl den CSU-Vorsitzenden in seinem Wirkungsfeld relativieren. Kohl war Motor der politischen Wende. Mit Hartnäckigkeit hatte er sich durchgesetzt, Strauß, den Antipoden im eigenen Lager, von der Regierungsbank ferngehalten und ihn auf das Ziel des Neuwahltermins erst im Frühjahr 1983 verpflichtet. Mit ausgeprägtem Gespür für Gefährdungen der Alleinherrschaft hatte Kohl den Bayern ausmanövriert. Kohls Kampf ums Kanzleramt galt primär der Konsolidierung der Finanz- und Haushaltspolitik sowie der Durchsetzung des Nato-Doppelbeschlusses. Diese klare Programmatik, in der auch Einschnitte im sozialen Netz mit angekündigt und soziale Disziplin eingefordert wurde, bestimmten den Regierungswechsel. Zeitnot drängte die Koalitionäre zu raschen Antworten auf die ökonomische Krise. Ein Regierungsprogramm der ersten hundert Tage lag jedoch nicht in den Schubladen (Korte 1998). Zwischen Amtsübernahme im Kanzleramt und der ersten Regierungserklärung lagen genau zehn Tage. Kohls Mannschaft war nicht darauf vorbereitet, schon im Herbst 1982 ins Kanzleramt einzuziehen. Von einem überlegt vorbereiteten Zugriff auf die Bonner Machtzentrale konnte zu diesem Zeitpunkt nicht gesprochen werden. Dennoch wurde modellhaft in den ersten Tagen Kohls Führungsstil als Kanzler sichtbar:

Kohls Führungsstil

a. Hierarchieunabhängige Integration von loyalen Machtakteuren in einem Kommunikationsrahmen, wobei es sich um dienstliche Berater, externe Ratgeber sowie Machtakteuren mit Außenbezug zur Partei, den Medien und der Wirtschaft handelte. Dadurch sicherte sich Kohl nicht nur einen Informationsvorsprung vor den amtlichen Kanälen des Regierungsapparates, sondern auch seine Unabhängigkeit gegenüber den Vereinnahmungsversuchen von Partei und Administration.

b. Moderation der Konflikte im Vorfeld der Entscheidungsgremien – auch durch Einbindung wichtiger Strömungen aus den Unionsparteien, der FDP und den Koalitionsfraktionen – bei gleichzeitiger Vermeidung von persönlich vertretenen, inhaltlich konkreten Festlegungen.

c. Machtabsicherung seiner Richtlinienkompetenz durch die unbestreitbare Herrschaft über die CDU, die Kohl vom Wahlsieg 1983 an systematisch vorantrieb und seinem spezifischen Modell von einer Kanzlerdemokratie im Parteienstaat entsprach.

Der Führungsstil ergibt sich nicht nur aus dem Persönlichkeitsprofil des Kanzlers Kohl. Vielmehr müssen auch die Entscheidungs- und

Entscheidungs- und Verhandlungsprozesse

Verhandlungsprozesse selbst berücksichtigt werden. Erst dann wird der Einfluss des Kanzlers auf die konkrete Politikgestaltung sichtbar. Um die informellen Kraftfelder Kohlscher Informations- und Entscheidungsprozeduren im einzelnen und mit einiger Aussicht auf paradigmatische Aussagekraft zu beurteilen, ist es ratsam, sich auf ein Politikfeld mit einiger Bedeutung zu konzentrieren. Dabei ist das Beispiel der Deutschlandpolitik in den 80er Jahren ein besonders lohnendes Politikfeld (Zimmer 1992; Plück 1996), da deutsch-deutsche Politik über die operative Schaltstelle des Kanzleramtes abgewickelt wurde und immer auf den Kanzler zentriert war. Wie erkämpfte sich Kohl auf diesem Feld seinen Führungsanspruch und welchen unverwechselbaren Führungsstil prägte er dabei?

Wer sich näher mit dem Regierungsstil des Kanzlers Kohl beschäftigt (Helms 1996; Clemens/Paterson 1998), erkennt, dass Kohl seinem einmal etablierten Regierungsstil kontinuierlich treu geblieben ist, sozusagen mit monumentaler Unbeirrbarkeit. Geändert hat sich hingegen die Wahrnehmung seiner Kanzlerschaft. Die ausgleichende Moderation des Konflikts erscheint mal als moderne Unternehmerleistung, ein anderes Mal als Ausweis von Führungsschwäche. Viel ist von der vollkommenen Machtdurchdringung des „Systems Kohl" (hierzu Dettling 1994) die Rede. Unterstellt wird dabei, dass der Bundeskanzler ausschließlich auf die Balance der Machtarchitektur achtete, bei vollkommender Vernachlässigung der programmatischen Dimension des Regierens. Diese Argumentation stimmt nur in Teilaspekten. Sicher war das „System Kohl" geprägt von der Kunst des Machterhalts. Die Prozesse der Machtbildung und Machtsicherung hatten für den Bundeskanzler zumeist einen höheren Stellenwert als die Durchsetzung von Programmsätzen. Das soll jedoch nicht bedeuten, dass die politische Macht für den Bundeskanzler ausschließlich zum Selbstzweck geriet. Zielvorgaben, für die er die Macht verwenden wollte, ließ er erarbeiten. Doch Rekorde in der Amtsdauer einer Kanzlerschaft sind ohne eine Ökonomie des Kräfteeinsatzes, die vor allem der Machterhaltung dient, nur schwer vorstellbar. Machterwerb und Machterhalt sind in dieser Perspektive Voraussetzungen und Ziele der Politik. Demokratische Macht – und nur um die geht es dabei – ist viel schwerer zu erhalten als Macht durch Demagogie oder Gewalt. Dieses Eingeständnis wird oft abgelehnt, weil man in Deutschland zur Dämonisierung der Macht neigt (Thaysen 1996). Aber wie erkämpfte sich Kohl diese Machtposition? Sein System musste er sich erst aufbauen. Sein deutschlandpolitischer Führungsanspruch war institutionell, wenn auch mit Einschränkungen, vorgegeben. Doch seine machtpolitischen Herausforderer und Rivalen hatte Kohl keineswegs bereits zu Beginn seiner Amtszeit hinter sich gelassen. Weder Amtsbonus und

Kunst des Machterhalts

Charisma noch deutschlandpolitische Reputation halfen ihm, seine Macht bis 1989 zu stabilisieren. Am Anfang stand nicht die machtvolle, zielbewusste und in hoher Staatskunst gefällte persönliche Entscheidung wie dann im Falle des Zehn-Punkte-Programms[3], sondern eher die Machtbeschränkung durch Rivalen, die eine deutschlandpolitische Wende einforderten.

Vertrauen und Loyalität:

Kohls personenbezogene Arbeitsweise

Alles zentrierte sich auf die Person des Kanzlers. Er pflegte eine unorthodoxe, personenbezogene Arbeitsweise. Das war Teil seiner Herrschaftspraxis. Doch Kohl regierte vor allem vermittelt durch Personen seines Netzwerkes. Er begriff Politik gänzlich personal. Gremienarbeit ersetzte für Kohl nie den direkten Dialog, das Gespräch, kleine Arbeitszirkel oder das Telefonat. An den Schlüsselstellen der Politik positionierte er nicht nur Personen, die sein besonderes Vertrauen besaßen und von deren persönlicher Loyalität er überzeugt war. Vielmehr bestand auch zwischen ihm und diesen Personen, seiner „politischen Familie", eine Deckungsgleichheit im Koordinatensystem sonstiger politischer Themen, die im konkreten Fall von Prozessen der Entscheidungsfindung keiner permanenten Rücksprache über Einzelregelungen bedurfte. Das war perfekte Arbeitsteilung. Politik drückte sich somit zuallererst in geschickter Personalpolitik aus. Dabei wird nicht unterstellt, dass Kohl dies von Beginn seiner Kanzlerschaft an beherrschte. Es lässt sich nachzeichnen, wie er einige Jahre brauchte, um über das Instrument der Personalauswahl politische und administrative Richtungsentscheidungen zu treffen. Das personelle Arrangement der Akteure bestimmte immer der Kanzler. Dabei bevorzugte Kohl eine hierarchieunabhängige Auswahl. Das informelle Moment der persönlichen Nähe war wichtiger als administrative Zuständigkeiten. Der eigene Anteil des Kanzlers an Programmatik und Konzeption verschwimmt vor dem Hintergrund dieser extrem personalisierten Form des Regierungshandelns.

Kohl als Wahlkämpfer:

Innenpolitische Machtsicherung

Kohls innenpolitische Machtsicherung lief zuerst stets über sein parteipolitisches Mandat. Die parteipolitische Unterstützung blieb seine Machtressource. Auch deshalb erforderte die Beachtung deutschlandpolitischer Konfliktlinien und Kontroversen der eigenen Partei seine anhaltende Aufmerksamkeit. Weil für ihn Erwerb und Erhalt der Macht so dominant waren, musste er die Basis dieses Machtpotentials immer im Auge behalten. Seine Stärke hing von der effektiven Steuerungs-

[3] Zum internationalen Kontext Weidenfeld u.a. 1998.

leistung des Parteiapparates ab. Regieren verstand er als Kunst des Machterhalts, was permanent unterstellte Wahlkampfkonstellationen bedeutete (Korte 2009). Es lässt sich an Brennpunkten vor allem der innenpolitischen Diskussionen sowie an Kohls Entscheidungsverhalten bei Vertragsverhandlungen zeigen, wie der Kanzler sein Regieren zunächst an den Prozessen der Machtbildung und Machtsicherung ausrichtete und daran das inhaltliche Regierungshandeln koppelte. Dieses Merkmal des „Systems Kohl" hatte mehrere Varianten. Es konnte sich beispielsweise im Festhalten an den deutschlandpolitischen Grundpositionen ebenso zeigen wie bei der Zurückhaltung in den Diskussionen über die polnische Westgrenze. Auch der Verzicht auf persönlich vertretene, eindeutige Zielvorgaben bei den Vertragsverhandlungen ließ sich so interpretieren. Unter dem Gesichtspunkt der Machtwahrung blieb der Kanzler damit erfolgreich, zumal er seine Macht für die Erreichung seiner „Visionen" instrumentalisierte.

Machtbewusste Moderation als Methode des „stillen Regierens": Kohl war Moderator, Koordinator, Amtsinhaber und Meister der leisen Töne in dem Maße, indem es ihm gelang, koalitionspolitisch und innerparteilich sein Regierungshandeln abzusichern. Insofern folgte auch die Deutschlandpolitik den Zeichen, Zwängen und Strukturbedingungen der Koalitionsdemokratie. Dies setzte zwangsläufig alle Formen des stillen Regierens in Form informeller Abstimmungsmodalitäten auf allen Ebenen voraus. Gegenpositionen innerhalb des Regierungslagers hat Kohl nicht frontal bekämpft, sondern sie aufgenommen, gewürdigt und abgeschliffen. Zum Erfolgsrezept des stillen Regierens gehörte auch eine Art von Verflüssigung der Richtlinienkompetenz: Auswanderung der Entscheidungsprozesse aus institutionellen in informelle Verfahren und relative Offenheit des Kanzlers in Sachfragen. Auch das erklärt, warum es zum Erfolgsgeheimnis des „Systems Kohl" gehörte, keine explizite politische Langfriststrategie zu verkünden, die über das hinausreichte, was den Leitlinien des Präambelgebots des Grundgesetzes entsprach. So drängte sich den Beobachtern häufig der Eindruck auf, dass der Politik des Dialogs, der Verhandlungen und schrittweisen Verbesserungen das „Grand Design" fehlte, unabhängig davon, ob dies eher zur staatlichen Vereinigung geführt hätte. Das stille Regieren war zudem auch Ausdruck seines von hohem Misstrauen, übervorsichtigem Abwägen und der Scheu vor offenen Kampfsituationen geprägten Charakters.

Stilles Regieren

Kohl agierte vorsichtig, tastete den Handlungsspielraum ab, den ihm die Partei oder die Mehrheitsfraktionen ließen und entschied, wenn seine Machtposition nicht mehr gefährdet erschien. Erst nachdem die Entscheidung austariert war, verkündete er sie. Kohl entwickelte zusammen mit dem Koalitionspartner Genscher einen feinen Sinn für den Bedarf der FDP, ihr Profilierungsfeld zu finden und Wähler zu mobilisieren. Der Streit zwischen Genscher und Strauß hatte etwas Rituelles, manchmal trug er sogar Merkmale eines koalitionsinternen Zwanges. Der Zwist der Bündnispartner versprach Wiedererkennungswert zum wechselseitigen Nutzen. Kohl ließ sich in diesen Streit nicht hineinziehen. Er sah darin eine Profilierungsfläche für politische Schlichter. Doch insgesamt schadeten diese Auseinandersetzungen dem Bild eines führungsstarken Kanzlers.

Kohls Führungsmittel

Um das Räderwerk hinter den Kulissen am Laufen zu halten, bediente sich Kohl subtiler Mittel: Das Zusammenführen der Kontrahenten unter Einigungszwang; Zeitstrategien durch Druck auf Terminplanung; Stellvertreter-Reden von Gesinnungsgefährten als Testballons für inhaltliche Positionierungen; rhetorische Mittel des einerseits-andererseits; Entschärfung des Konfliktes im Wege von Vertagung, der Verlagerung in Gremien oder der Überbrückung des Disputs in Harmonieformeln. Häufig hatte er ein Gefühl für den Minimalkonsens. Hier zeigte sich das eigentliche Metier des Helmut Kohl: Die Notwendigkeit und Aufgabe der Integration ganz unterschiedlicher Interessen und Temperamente, die Zusammenfassung von Ergebnissen. Wenn er als Schlichter des Konflikts auftreten konnte, bewies er Führungsstärke. Wenn es nichts mehr oder noch nichts zu schlichten gab, sah er sich mit dem Vorwurf der Führungsschwäche konfrontiert. Oft hing das stille Regieren vom angemessenen Timing ab: Seine Entscheidungen fielen zu einem Zeitpunkt, den er selbst bestimmte. Dabei ließ er sich oft vom Prinzip leiten: Nichts erhöht die Autorität mehr als Schweigen.

Informationsmonopol als Frühwarnsystem:

Kohls personifiziertes Frühwarnsystem

Kohl entwickelte Prozeduren, mit denen es ihm gelang, wichtige Interessenlagen seiner Partei in Erfahrung zu bringen, ohne dabei auf öffentliche Auseinandersetzungen angewiesen zu sein. Dazu war ein ausgefeiltes Netzwerk an Informationszuträgern aus allen Ebenen der Partei erforderlich. Diese Zuträger arbeiteten als personifiziertes Frühwarnsystem. Ihre Ergebnisse bildeten stets eine Entscheidungsgrundlage des Kanzlers, die er neben die der Administration setzte. So konnte er sich sein eigenes Bild von der jeweiligen Lage machen. Dieser Basiskontakt war überaus zeitaufwendig und bedurfte der permanenten Pflege. Deuteten die Signale auf parteiinternen Widerstand oder auch abgeschwächter auf dringenden politischen Regelungs- und Handlungsbedarf, versuchte er selbst auf die Einbindung der Widersacher hinzuwirken – oder er ließ seine Unterhändler Kompromisse vermitteln. Auf jeden Fall bedeutete jede alarmierende Meldung über die Kanäle des Frühwarnsystems genau die Gemengelage, an der ein sachlicher Routinevorgang politisch brisant wurde. Trotz der Etablierung des Frühwarnsystems können auch Beispiele dargestellt werden, in denen das System versagte (Korte 1998: 376ff. und 438ff.). Es war keineswegs vollkommen, schon gar nicht im Blick auf die Analyse der Vorgänge in der DDR.

Moderne und zeitadäquate Führungsstile?

Fazit: Regierungsstile

Jeder Kanzler prägt einen eigenen Führungsstil. Insofern kommt es durchaus auf die Person des Kanzlers an. Die persönliche Handschrift sowohl in der Verhandlungsführung als auch in machtpolitischen Organisationsfragen ist unverkennbar. Doch dieser Stil ist immer von den jeweiligen politischen Machtkonstellationen abhängig. Mit der möglichen Charakterisierung eines kooperativen Führungsstils Kohls gegenüber dem Koalitionspartner wird nicht deutlich, dass Kohl zeitgleich patriarchalisch das Kanzleramt lenkte. Für die personalen Komponenten des Führungsstils bleibt ein Korridor, der sich allerdings an den Rahmenbedingungen mit eigener Wirksamkeit zu orientieren hat. Die Veränderungen durch die Medien und die Kommunikationskultur zwingen jedem Kanzler einen Führungsstil auf. Dieser ist durch die Beachtung der Kategorien inszenatorischen Denkens charakterisierbar, was Ähnlichkeiten im Führungsverhalten – unabhängig von der Parteifarbe – zur Konsequenz haben wird. Systembedingt muss jeder Kanzler darüber hinaus auf seine tägliche Integrationsleistung gegenüber der eigenen Partei-Machtbasis bauen. Die von diesem Muster abweichenden plebiszitären Versuche sowohl von Kanzler Helmut Schmidt als auch von Ludwig Erhard scheiterten gerade an der Ignoranz dieses Sachverhalts, trotz dokumentierter Führungsbereitschaft im und durch das Kanzleramt.

5.1.3 Information und Entscheidung

In den vorangegangenen Kapiteln wurden verschiedene Techniken, Instrumente, Stile und Steuerungsmuster vorgestellt, die ein erfolgreiches Politikmanagement ausmachen. Dabei ist auch deutlich geworden, dass für die Auswahl und den tatsächlichen Erfolg von Handlungsstrategien die Informationsgrundlage der Akteure von elementarer Bedeutung ist. Ohne eine realistische Lageanalyse ist jeder Versuch effektiver Regierungssteuerung zum Scheitern verurteilt. Aus diesem Grund rückt nun das Informations- und Kommunikationsmanagement der politischen Führung in den Mittelpunkt (Hirscher/Korte 2003; Delhees u.a. 2008; Korte 2008c). Gleichzeitig können anhand der formalen und informellen Kommunikations-

und Beratungsprozesse weitere wichtige Techniken und Instrumente des Regierens veranschaulicht werden.

Das weite Feld zwischen Information und Entscheidung soll im Folgenden durch drei Leitfragen erschlossen werden:

- Auf welcher Informationsgrundlage entscheiden politische Spitzenakteure (wie z.B. Kanzler, Ministerpräsidenten oder Minister)?
- Wie gestalten die Spitzenakteure ihr Informationsmanagement?
- Welchen Anteil haben dabei systemische, administrative und personelle Faktoren?

Systemische Faktoren:

Informationsmanagement

Gegenstand und Struktur eines effektiven Informationsmanagements sind zunächst von den kulturellen und institutionellen Rahmenbedingungen des politischen Systems abhängig. Systemische Faktoren geben Auskunft über Gestaltungskompetenzen, Handlungsarenen der Entscheidungsfindung und über politische Kommunikationsmuster. Das Politik- und Informationsmanagement in präsidentiellen Systemen muss anderen Koordinaten folgen als in der Westminsterdemokratie Großbritanniens oder der parlamentarischen Demokratie deutschen Zuschnitts. In Kapitel 3 sind die Charakteristika des politischen Systems der Bundesrepublik Deutschland bereits dargestellt worden: die machtvolle Stellung des Bundeskanzlers, die vielen Verhandlungszwänge in der Mehrebenendemokratie, der Zwang zu Koalitionsregierungen oder die Besonderheiten der politischen Kultur.

Administrative Faktoren:

Die administrativen Faktoren beziehen sich auf die verschiedenen Arten von bürokratischer Rationalität (Czerwick 2001). Gemeint ist der Einfluss auf die Regierungssteuerung, der sich auf die Zuarbeit der Ministerialbürokratie, der politischen Verwaltung bezieht (Gebauer 1994 Bogumil/Jann 2009). Die sogenannte Exekutivsteuerung oder auch politische Verwaltungsführung (v. Beyme 1997: 146ff.) ist vielschichtig und folgt dem Modell einer Informationspyramide, die in der zumeist zweiseitig kondensierten Entscheidungsvorlage in der Kanzlermappe auf dem Tisch des Kanzlers – der sogenannten „Turbo-Vorlage“ (Nowak 2002) – gipfelt: einer zugespitzten handlungsanleitenden Kurzfassung (Schreckenberger 1992: 611). Sie dient der letzten, jeweils aktuellen Vorbereitung des Kanzlers für die nächste Runde der Besprechungen.

Politische Verwaltungsführung

Mit politischer Verwaltungsführung ist aber auch gleichzeitig der gesamte Prozess einer politischen Verwaltung mit kodifizierten Regeln und Richtlinien, hierarchischen Kompetenzstrukturen, geregelter Arbeitsteilung und exakt definierten Verfahrensweisen für die Erfüllung der öffentlichen Aufgaben gemeint (Grunow 1994). Den Alltag bestimmen dabei Routineabläufe, in welche die Spitzenakteure nur selten persönlich eingebunden sind. Die Vereinnahmungsversuche der Bürokratie sind Legion. Sie sind besonders intensiv beim Amtseintritt eines Ministers in sein Ministerium. Manche Abteilungen schreiben dann zum Beispiel Vorlagen für Projekte, die sonst nie auf einem Ministertisch gelandet wären. Andere verzögern wichtige Unterlagen und senden die Papiere strategisch geschickt erst einen Tag vor dem Termin nach „oben" (an die Leitungsebene), damit der Minister keine Gelegenheit mehr hat, die vom Referenten ausgetüftelte Position zu verändern. Das ist bürokratische Fingerhakelei und Trickserei um Macht und Einfluss. Die Bedeutung administrativer Faktoren und damit auch das Gewicht administrativer Rationalität für Agenda-Setting und Entscheidungsfindung ist insgesamt von vier Faktoren abhängig: Erstens ist der Einfluss der Bürokratie umso größer, je umfangreicher ihre Wissensressourcen im Vergleich zu den politischen Akteuren sind und desto mehr die systemischen Faktoren eine Zentralisierung von Entscheidungsprozessen ermöglichen. Zweitens hängt der Einfluss der Bürokratie von der Politisierung der Führungsebene im Regierungsapparat ab. Je größer das personelle Patronagepotential des Regierungschefs ist, desto mehr Schaltstellen können mit ideologisch zuverlässigen Mitarbeitern besetzt werden, die eine programmatische Kontrollfunktion ausüben. Die Voraussetzung dafür ist aber drittens, dass die politische Führung tatsächlich über einen programmatischen Orientierungsrahmen verfügt. Je diffuser die politischen Zielvorstellungen der Spitzenakteure sind, desto umfangreicher sind die Möglichkeiten des bürokratischen Apparates, Agenda-Setting zu betreiben und Entscheidungen zu beeinflussen. Der vierte Faktor ist der individuelle Führungsstil des Regierungschefs und sein Vertrauen gegenüber der Ministerialbürokratie. Wenn er sich kaum auf die Expertise seines Hauses verlässt und alternativen Beratungs- und Informationsquellen Priorität einräumt, sinken die Einflusspotentiale der Bürokratie (Schnapp 2001; Derlien 1996: 149ff.).

Agenda-Setting und Entscheidungsfindung

a. Bürokratisches Agenda-Setting

Zeit ist für politische Akteure immer eine sehr knappe Ressource. Parlamentarier oder Regierungsmitglieder sind jeden Tag mit einer Vielzahl von Einzelfragen konfrontiert, über die sie zu entscheiden haben. Der Entscheidungsbedarf reicht von der großen Steuerreform bis zu Detailfragen bei Haltung von Nutztieren. Nicht alles kann gleichermaßen wichtig sein. Politische Akteure müssen deshalb

Prioritäten und Verfahrensabläufe festlegen, um zu entscheiden, in welcher Reihenfolge und mit welcher Intensität sie sich den Problemen widmen wollen.

Eigenständigkeit und Indifferenz gegenüber politischer Führung

Ein Qualitätsmerkmal moderner Verwaltung ist deshalb ein Mindestmaß an Eigenständigkeit und „Indifferenz" gegenüber der politischen Führung (König 2002: 260-278). Die Verwaltung muss auch ohne direkte Anweisungen „von oben" funktionieren können. Schließlich genießen nicht alle Sachfragen die gleiche politische Priorität oder stehen schon auf der Agenda der politischen Akteure. In solchen Fällen ist es die Ministerialbürokratie, die ein Thema setzt. Sie widmet sich eigenständig und ohne Auftrag der politischen Leitungsebene einem Problem und erarbeitet Vorlagen für mögliche Lösungsstrategien.

Die Leitlinien, die dem bürokratischen Agenda-Setting zugrunde liegen, können sehr unterschiedlich sein. Mögliche Referenzen sind der Koalitionsvertrag oder die Regierungserklärung des Bundeskanzlers. Oft ist es aber auch das traditionelle programmatische Rollenverständnis der nicht-politischen Beamten, das ihre Vorlagen prägt. „Egal wer dirigiert, wir spielen immer die Neunte", wird ein langjähriger Abteilungsleiter im Wirtschaftsministerium zitiert (Niejahr/Pörtner 2002: 123). Letzen Endes ist es aber doch der Dirigent, sprich der Minister oder Bundeskanzler, der den Spielplan bestimmt – wenn er denn will. Entscheidend bleibt, wie der Spitzenakteur sein persönliches Informations- und Kommunikationsmanagement tatsächlich ausgestaltet.

b. Bürokratischer Einfluss während der Politikformulierung

Auch wenn ein Gesetzgebungsprojekt durch die politische Führung oder die Mehrheitsfraktionen im Parlament initiiert wurde, verbleiben der Bürokratie Einflusspotentiale. Zum einen liefert die Ministerialbürokratie den politischen Akteuren politikfeldspezifische und juristische Fachexpertise. Durch die gezielte Selektion dieser Informationen (Betonung, Vernachlässigung oder Auslassen einzelner Aspekte) kann einem Gesetzgebungsprojekt in der Formulierungsphase noch eine bestimmte Richtung gegeben werden, um Instrumente und Ziele des Gesetzes zu verstärken, abzuschwächen oder zu ergänzen. Diese Einflussmöglichkeit besteht über den gesamten Verlauf des Politikzyklus hinweg: vom Referentenentwurf (dessen vorzeitige Veröffentlichung schnell auch das Aus für ein Projekt bedeuten kann) über die parlamentarische Debatte bis hin zur Implementation.

Ein anderes Einflusspotential besteht in der Aktivierung von so genannten Verwaltungs- oder Policy-Netzwerken: Fachpolitiker der

Fraktionen, Beamte und auch Lobbyisten gehen Bündnisse ein, um die politischen Intentionen eines Gesetzgebungsprojekts zu unterlaufen oder abzuändern. Berüchtigt sind die so genannten „Fachbruderschaften" zwischen den Beamten der Fachressorts und den Fachpolitikern der Fraktion während der Haushaltsberatungen. Finanzierungswünsche, die der Finanzminister während der administrativen Phase der Haushaltsaufstellung noch abwehren konnte, versuchen die Fachressorts während der parlamentarischen Phase über die Abgeordneten wieder einzuschleusen (Kropp 2001). Je größer die personelle Kontinuität und je politisch homogener diese Netzwerke sind, desto größer ist ihr Einfluss. Doch beide Kriterien sind gerade unter den Bedingungen von Koalitionsregierungen nicht immer erfüllt. In jedem Fall verlangt das Management solcher Netzwerke, sei es um ihren Einfluss zu forcieren oder zu verhindern, geschicktes Taktieren und gut funktionierende informelle Informationskanäle.

Festzuhalten gilt: Das dualistische Bild von politischen Akteuren (Führung) auf der einen und der Verwaltung (Ausführung) auf der anderen Seite führt in die Irre. Verwaltung ist nicht nur passiver Resonanzraum. Bürokratie gewährleistet im Modell des politischen Systems nicht nur „throughput" (nach dem „input" der politischen Führung), sondern auch einen „withinput" mit nicht zu unterschätzendem Gestaltungsspielraum (vgl. Kapitel 2).

Personale Faktoren:
Für unseren Kontext bleibt wichtig, dass Regierungsbürokratien einen nicht zu unterschätzenden Einfluss auf die Entscheidungsfindung ausüben können. Der Einfluss ist sicherlich am größten im Bereich der Routineabläufe und am geringsten in der tagespolitischen Programmgestaltung. Regierungssteuerung ist somit in Abhängigkeit von den formalisierten, administrativen Prozessen des Informationsmanagements zu bewerten, die als Politikberatung von innen bezeichnet werden sollen. Wie sich jedoch der Spitzenakteur auf diese formalisierten Wege der Informationsverarbeitung eines „Hauses" (dem Ministerium, dem Kanzleramt) einlässt, ist von seinem persönlichen Führungsstil abhängig. Das Beziehungsfeld zwischen Information und Entscheidung ist somit auch auf den Faktor des handelnden Akteurs zuzuspitzen.

Die Entscheidungsvorbereitung lebt vom Einfluss der personalen Faktoren. Für das Informationsmanagement der Spitzenakteure sind persönliche Berater mit Maklermacht (beratender Vermittlungsmacht), die nachfolgend ausdifferenziert wird, unverzichtbar. Für die Optimierung des Informationsmanagements ist nicht die Selek-

Die Entscheidungsvorbereitung lebt vom Einfluss der personalen Faktoren

tion der Informationsflut (administrative Aspekte) oder die Organisation des „Hauses" (systemische Aspekte) entscheidend, sondern vorrangig die Arbeitsteilung zwischen Spitzenakteur und Makler. Auf die Politik (policy) einer Regierung haben die Personen mit Maklermacht großen Einfluss. Dieser liegt weit über der aus dem Organigramm (dem Organisationsschema) ersichtlichen Stellung des Maklers. Diese Thesen gilt es nachfolgend zu untermauern.

Die Bedeutung von Machtmaklern

Was kennzeichnet Politikberatung von innen? Zunächst ist sie von allen Beratungsformen zu unterscheiden, die von außerhalb des engeren politischen Systems an politische Spitzenakteure herangetragen werden. Derartige Beratungsformen sind z.B.:

- wissenschaftliche Politikfeldberatung, wie z.B. durch Sachverständigenräte oder Enquetekommissionen,
- kommerzielle Politikfeldberatung, wie z.B. durch Unternehmensberater, die Empfehlungen für Effizienz- und Effektivitätssteigerungen in der öffentlichen Verwaltung geben,
- korporatistische Beratung durch „Runde Tische" oder „Bündnisse für Arbeit". Im Mittelpunkt stehen hier nicht nur Politikfeldentscheidungen, sondern vor allem die Durchsetzung und Akzeptanz anvisierter Policyziele,
- Lobbyismus und organisierte Interessen, die Auskunft über Erfordernisse, Auswirkungen und die Implementation von Gesetzgebungsvorhaben bereitstellen,
- kommerzielle PR-Beratung für Öffentlichkeits- oder Aufklärungskampagnen,
- Hintergrundgespräche mit Journalisten, die als Resonanzboden für Ideen oder Begriffe von Spitzenpolitikern dienen.

Politikberatung von innen wird dagegen aus dem politischen System selbst gewonnen:

- Informationen aus dem parteipolitischen Umfeld, z.B. von Fachpolitikern der Fraktion oder in Form von Vorschlägen zur Programmentwicklung aus Teil- bzw. Unterorganisationen,
- administrative Beratung in Form von Entscheidungsvorlagen und Vermerken der Ministerialbürokratie,
- Beratung im personellen Umfeld von Regierungschefs: „Graue Eminenzen", „Küchenkabinette" oder „Machtmakler".

Das Informationsmanagement ist wichtig für den Spitzenakteur, weil Information zu den zentralen Machtressourcen gehört. Die Information kann sich sowohl auf die policies beziehen – im Sinne einer problemlösenden Argumentationskette – als auch auf herrschaftssichernde

Indikatoren: Welchen machtpolitischen Stellenwert hat die Information, wer ist dafür, wer dagegen? Die Maxime lautet: nicht wie man Entscheidungen trifft, sondern wie man sie machterhaltend vorbereitet ist wichtig. Sachfragen sind immer mit Machtfragen verbunden. Zielpunkt sollte sein, die Vielfalt an Informationen bis zum Spitzenakteur durchlässig zu halten. Nur wer sich langfristig die Unabhängigkeit sichert, alternative Beratungsquellen zur Entscheidungsvorbereitung nutzen zu können, kann die Ressource Information zur Machtstabilisierung einsetzen. Politische Macht bedeutet immer auch, Entscheidungsalternativen zu haben. Alternative Beratungsquellen neben den aufbereiteten schriftlichen und mündlichen Vorgängen der eigenen Verwaltung können persönliche Berater ebenso sein wie Telefonate mit wichtigen Parteimitgliedern. Auch gilt es wieder die Sachrationalität der geplanten Maßnahme mit der politischen Vermittlungs- und Durchsetzungsrationalität abzuwägen.

Sachfragen sind immer mit Machtfragen verbunden

Politische Macht bedeutet immer auch Entscheidungsalternativen zu haben

Abstrakt kann man sich dieses permanent ablaufende Informationsmanagement der Politikberatung von innen in einem dreistufigen Strategieprozess vorstellen, der verschiedene Teilrationalitäten miteinander verbindet (Grunden 2009: 19ff.):

- Sachrationalität: Welche objektiven gesellschaftlichen Probleme stehen zur Lösung an? Welche politikfeldspezifischen Konzepte sind geeignet, die Probleme zu lösen (Policy-Output und Impact)? Welche Auswirkungen haben diese Konzepte auf andere Politikfelder (Policy-Outcome)?
- Administrative Rationalität: Sind die notwendigen Gesetzgebungskompetenzen vorhanden? Stehen ausreichende administrative und finanzielle Ressourcen zur Verfügung? Wie wird das Ziel der Gesetzgebung administrativ operationalisiert (Implementationswissen)?
- Machtrationalität: Wie können für die anvisierte Gesetzgebung in Partei und Parlament Mehrheiten organisiert werden? Welche Auswirkungen hat das Gesetzgebungsprojekt auf die Wiederwahl? Wie muss das Projekt kommuniziert werden, um öffentliche Zustimmung und Unterstützung zu mobilisieren? Welche Reaktionen ruft die Gesetzgebung bei wichtigen Interessenverbänden hervor?

Konkret hat das informelle Informationsmanagement aus Sicht des Spitzenakteurs folgende Funktionen (vgl. auch Grunden 2009: 390ff.; Korte 2008c):

informelles Informationsmanagement

- Komplexitätsreduktion: Das Politikmanagement eines Regierungschefs muss sich über verschiedene Handlungsarenen mit jeweils eigenen Akteurkonstellationen, Regelsystemen und

Funktionslogiken erstrecken (Kapitel 5.1.5) Diese Arenen konfrontieren Regierungschefs mit unterschiedlichen, z. T. widersprüchlichen Handlungsrationalitäten. Die öffentliche Arena folgt z.B. anderen Regeln als die parlamentarische Arena. Für jede Handlungsarena müssen Regierungschefs Handlungsstrategien festlegen und deren Vorteile mit möglichen Nachteilen in anderen Arenen abwägen. Politikmanagement ist somit immer auch Komplexitätsmanagement und Politikberatung von innen ein Instrument zur Komplexitätsreduktion.

– Policyakzentuierung durch Gewinnerthemen: Es gilt Chefsachethemen zu finden, die die Identifikation von Partei, Fraktion und Wählern mit der Person des Bundeskanzlers festigen und/oder andere unpopuläre Entscheidungen kompensieren. Welche Themen sollten Chefsache sein und welche sollten besser durch andere Akteure repräsentiert werden? Wie weit muss sich der Regierungschef festlegen, um dem Entscheidungsprozess in seinem Sinne zu kanalisieren?
– Geistiges Fitnesstraining: Der Regierungschef muss sich einem geistigen Fitnesskurs unterziehen: Sachkenntnisse, Argumentationsmuster und Gegenpositionen müssen genauso angeeignet werden wie organisatorische Details.
– Geschlossenheit herstellen und Unterstützung mobilisieren: Wie verläuft die Meinungsbildung in Partei und Fraktion, bei Medien und Interessenverbänden? Wie können Meinungsbildungsprozesse beeinflusst werden? Wo gibt es noch Koordinations- und Steuerungsbedarf? Konfliktpotentiale innerhalb oder zwischen Teilakteuren der Regierungskoalition müssen frühzeitig erkannt und wenn möglichst geräuschlos geschlichtet werden. Es gilt Kompromisse auszuloten und die Konfliktlösung vorzubereiten.
– Herrschaftswissen teilen und streuen: Netzwerke müssen aktiviert und gebildet werden (entweder über formalisierte Dienstwege oder durch informelle ad-hoc-Gruppen). Das Ziel ist die Inklusion oder Exklusion wissender Personen. Zudem muss das Prestigebedürfnis der „Höflinge" befriedigt werden. Alle sollen das Gefühl haben, an der Entscheidungsvorbereitung beteiligt zu sein. Die Rivalität im eignen Haus oder zwischen den Ressorts kann so auch produktiv genutzt werden (Mertes 2000: 78).

Personen mit Maklermacht

Entscheidend bleibt, wo die Informationen wann zusammenlaufen. Idealtypisch bündeln sie sich beim Spitzenakteur (Informationspyramide). Faktisch erfolgt dies in der Regel vermittelt über Personen mit Maklermacht im unmittelbaren Umfeld des Spitzenakteurs. Um ein Beispiel zu geben, was konkret Maklermacht kennzeichnet, soll eine Äußerung von Wolfgang Schäuble aus dem Jahre 1996 herangezogen werden. Schäuble war als enger Vertrauter von Bundeskanzler Helmut Kohl von 1984 bis 1989 Chef des Bundeskanzleramtes, danach bis 1991 Bundesinnenminister bevor er Vorsitzender der CDU/CSU-Bundestagsfraktion wurde. Das Zusammenspiel zwischen Kohl und Schäuble galt über viele Jahre als vorbildlich, weil es geräuschlos und effizient ablief. Schäuble besaß gegenüber Bundeskanzler Kohl Maklermacht:

> „Wir [gemeint sind Schäuble und Kohl; d. Verf.] haben ja eigentlich immer ein sehr enges Vertrauensverhältnis gehabt, d. h. er hat mich weitgehend machen lassen. Aber natürlich im Rahmen der Grundrichtung. Und die Grundrichtung war deswegen auch nicht problematisch, da ich aus heutiger Sicht – aber mit dem Vorbehalt der Erinnerung – sagen würde, ich habe von Anfang an im Grunde das Prinzip haben können: ich mache das schon richtig, so wie er es wollen würde, wenn er es wüsste. Deswegen haben wir da nie irgendwelche grundsätzlichen Probleme gehabt. Ich habe ihn informiert, meistens im Gespräch, ob nun in seinem Büro oder im Bungalow [gemeint war der Bonner Kanzler-Bungalow; d. Verf.]. Bei ihm ist auch wichtig, man muss ein Gefühl dafür haben, wann er mit was belästigt werden will und mit was nicht. Er darf aber nie das Gefühl haben, dass man ihn hintergeht oder ihm etwas verheimlicht. Das hat er bei mir nie gehabt und nie haben müssen. Und natürlich haben wir über manche Fragen gesprochen, wobei für ihn wichtig war, dass da die Linie klar war, dann musste darüber nicht so viel Abstimmung passieren (...). Im Nachhinein würde ein normaler Mensch das gar nicht glauben können, denn wie gesagt, so furchtbar viel haben wir uns da nicht abgestimmt. Aber was er wissen musste, hat er gewusst, und wenn er mehr gewusst hätte, wäre alles so gemacht worden, wie er es gewollt hätte, weil das dem so entsprach" (zit. n. Korte 1998: 210f).

Kohls Informationsmanagement lief maßgeblich über den Chef des Kanzleramtes. Nicht anders handhabt es Bundeskanzlerin Angela Merkel mit Thomas de Maizière, seit 2005 Chef des Kanzleramtes. Um die tägliche Arbeit zu koordinieren, pflegten alle Kanzler eine morgendliche Lagebesprechung („Morgenlage") anzusetzen (Korte 1998: 27ff; Busse 2001: 122). Diese Lagebesprechung ist primär kein Entscheidungsgremium sondern eine Informationsrunde. Sie ist ausschließlich auf den Kanzler bezogen. Der persönliche Charakter dieser Besprechungrunde dominiert. Die Lage dient der Einordnung der politischen Tagessituation: Welches Thema liegt an? Wie brisant ist die Problematik, dass sich die Lage damit bereits beschäftigen muss? In diesem Kreis werden allerdings Entscheidungen vor-

Die Morgenlage

gezeichnet. Denn durch die Selektion der Informationen ist der Filter geschaffen, um die gesellschaftliche Konstruktion der Wirklichkeit, die Realitätswahrnehmung der Kanzler in diesem Augenblick, zu konstituieren. Jede Neueinschätzung der Lage durch die Beteiligten bedeutet bereits eine Entscheidung. An die Stelle der sogenannten „Kleinen Lage" bei Kanzler Helmut Schmidt[4] bzw. des „Kleeblattes" trat bei Kanzler Kohl die Morgenlage mit veränderter Funktion. Jeden Morgen saßen um 8.30 Uhr im Arbeitszimmer des Kanzlers zusammen:

Die kleine Lage

- der Chef der Bundeskanzleramtes,
- die jeweiligen Staatsminister des Kanzleramtes,
- der Leiter der Abteilung 2 „Außenpolitik",
- die persönliche Referentin des Kanzlers,
- drei bis vier Öffentlichkeitsarbeiter: Abteilungsleiter 5 „Kommunikation und Dokumentation", der Chef des Presse- und Informationsamtes und zusätzlich der Chef-Redenschreiber. Häufig auch der Leiter der Abteilung Inland des Presse- und Informationsamtes der Bundesregierung.

In der Regel eröffnete Eduard Ackermann, später Andreas Fritzenhöffer, mit einem Überblick über die Presselandschaft die Runde. Da Helmut Kohl dem Presse- und Informationsamt als externe Institution großes Misstrauen entgegenbrachte, waren seine engsten Medienberater direkt im Kanzleramt in der Abteilung 5 „Kommunikation und Dokumentation" bzw. im Arbeitsstab „Öffentlichkeit und Medienpolitik" angesiedelt (Mertes 2007: 24). Zum Regierungssprecher, gleichzeitig Chef der Behörde, pflegte der Kanzler hingegen ein eher formelles Verhältnis. Mit ihm wurden lediglich die Verlautbarungen des Tages, Termine und weitere Aufgabenverteilungen abgesprochen. Festzuhalten bleibt aber trotzdem, dass sich die Morgenlage weitestgehend aus seinen engen persönlichen Vertrauten zusammensetzte. Die Morgenlage war nach administrativen Gesichtspunkten heterogen. Staatsminister, Abteilungsleiter, Gruppenleiter saßen zu einer Informationsbesprechung zusammen. Normalerweise trafen sich die Beamten nur auf hierarchisch gleichen Ebenen, also nur Abteilungsleiter, nur Gruppenleiter etc.

Die Morgenlage bei Merkel

Die Morgenlage bei Angela Merkel erfüllt ähnliche Aufgaben. Dem ausgewählten Kreis, der regelmäßig jeden morgen um 8.30 Uhr im Kanzleramt tagt, gehören bis zu zwölf Leute an (Heckel

[4] An der „kleinen Lage" nahmen täglich fast 20 Personen teil. Das „Kleeblatt" – die Chefs des Kanzleramtes und des Presse- und Informationsamtes, der Staatsminister im Kanzleramt und der Kanzler selbst – traf sich einmal in der Woche.

2008). Neben der Kanzlerin und Kanzleramtchef de Maizière sind dies u.a. Merkels Büroleiterin Beate Baumann, Planungschef Matthias Graf von Kielmansegg, Staatsministerin Hildegard Müller, Personalchef Michael Wettengel, Regierungssprecher Ulrich Wilhelm und Medienberaterin Eva Christiansen. Auch der Unionsfraktionsvorsitzende Volker Kauder, der Parlamentarische Geschäftsführer Norbert Röttgen und CDU-Generalsekretär Ronald Pofalla nehmen regelmäßig an den Sitzungen teil. Ferner pflegt Merkel regelmäßigen, informellen Kontakt zur Bundesbildungsministerin Annette Schavan und zu den Parlamentarischen Staatssekretären Peter Altmaier und Peter Hintze. „Es ist eine Gruppe, die nach dem Logenprinzip funktioniert. Nach innen herrscht Offenheit. Man diskutiert über alle Aspekte der Politik, aber auch über die richtige Frisur und das passende Jackett darf hier geredet werden, es gibt keine Sprechverbote. Nach außen herrscht Schweigen. Es gilt die Linie, die Merkel vorgibt" (Neukirch 2006). Als weitere wichtige Merkel-Vertraute sind noch der Europa-Parlamentarier Elmar Brok, Kulturstaatsminister Bernd Neumann und die Integrationsbeauftragte der Bundesregierung Maria Böhmer zu nennen. Während Brok für Merkel den Kontakt zum so genannten Anden-Pakt, in dem mächtige Ministerpräsidenten der Union wie Roland Koch und Christian Wulff schon seit Jahrzehnten zusammengeschlossen sind, aufrechterhält, pflegt Neumann Kontakt zu Helmut Kohl. Böhmer sichert Merkel indes als Bundesvorsitzende die Loyalität der Frauen-Union (Neukirch 2006). Die Aufgabe dieser informellen Kreise und Lagebesprechungen besteht darin, sich ein Bild von der politischen Lage zu machen und Reaktionsmuster darauf zu entwickeln. Führen, Koordinieren, Strippen ziehen, wie es im Kapitel 3.2 bei der Vorstellung des Kanzleramtes problematisiert wurde, verdichtet sich als Aufgabenstellung in solchen handverlesenen Informationsrunden.

Beratung in informeller Gruppe

Gerade die Arbeitsweise des Leitungsbereichs ist wesentlich geprägt durch den wöchentlichen Arbeitsrhythmus von Parlament und Regierung. In der Sitzungswoche von Bundestag und Bundesrat finden typischerweise regelmäßig wichtige Termine statt, auf die sich das Informationsmanagement des Tages ausrichten muss (siehe nachfolgende Seite).

Zurück zum Informationsmanagement, das maßgeblich durch die Personen im Umfeld der Kanzlerin mit sogenannter Maklermacht strukturiert wird. Es muss jedoch keineswegs immer der Behördenchef sein, der über Maklermacht verfügt. Das Aufgabentableau solcher Personen mit Maklermacht ist differenziert:

Das Aufgabentableau der Machtmakler

Regelmäßige Termine für Regierung und Parlament

Montags	
vormittags:	Sitzung der beamteten Staatssekretäre
mittags:	Bundespressekonferenz
nachmittags:	Sitzung der Fraktionsvorstände
Dienstags	
morgens (häufig):	Koalitionsgespräche
vormittags:	Sitzungen der Arbeitsgruppen der Fraktionen
nachmittags:	Sitzung der Fraktionen
außerdem dienstags:	Sitzungen der meisten Landesregierungen
Mittwochs	
vormittags:	Kabinettssitzung
mittags:	Regierungsbefragung Bundespressekonferenz
nachmittags:	Fragestunde im Bundestag
ganztags (vorwiegend vormittags):	Ausschusssitzungen des Bundestages
Donnerstags	Plenar- und gelegentlich Ausschusssitzungen des Bundestages
Freitags	
vormittags:	Plenar- und Ausschusssitzungen des Bundestages
spät-vormittags:	Bundespressekonferenz
außerdem etwa monatlich:	Sitzung des Bundesrats

Quelle: Busse 2001: 123.

Dies macht deutlich, dass Spielräume für sonstige Termine begrenzt sind.

Reziprozität
Das Verhältnis der Personen mit Maklermacht zu ihrem Chef besteht in der wechselseitigen Vermittlung der verabredeten Information und der Weitergabe aufgenommener Informationen während des Vermittlungsprozesses an den Chef. Der Spitzenakteur beauftragt den Vermittler, eine spezifische Aufgabe in seinem Sinne zu erfüllen.

Sonderstatus
Personen mit Maklermacht haben eine exzeptionelle Stellung innerhalb der Organisation oder des Apparates, ohne dass diese in jedem Fall aus dem Organigramm formal abgeleitet werden könnte. Unter Umständen haben die Machtmakler sogar eine geringe positionale Autorität. Das können z.B. Gruppenleiter aus einer Fach-

abteilung sein, zu dem der Spitzenakteur ein vertrauensvolles Verhältnis aufgebaut hat. Kanzler Kohl favorisierte Lagerunden, in denen nicht nur die Spitzen der Leitungsebene mit am Tisch saßen. Helmut Schmidt hielt sich an die Hierarchie des Hauses. Gerhard Schröder räumte diesen Sonderstatus den „Hannoveranern" ein.

Abgeleitete Autorität

Personen mit Maklermacht besitzen eine vom Spitzenakteur abgeleitete Autorität

Personen mit Maklermacht besitzen eine vom Spitzenakteur abgeleitete Autorität. Neben der Beherrschung des bürokratischen Apparates ist ihre Entscheidungsmacht von der Führungsstärke des Spitzenakteurs abhängig. Bei einem personenzentrierten Regierungsstil wird vor allem die Nähe und der direkte Zugang zum Spitzenakteur ihre wichtigste Machtressource.

Informationsvorsprung und Krisen-Sensor

Machtmakler zeichnet die situationsadäquate Flexibilität ihres Einsatzgebietes und eine elastische Interpretation von Handlungsabläufen aus. Sie selektieren wichtige Themen von unwichtigen und entscheiden (mit), welche Sachverhalte und Informationen zu einem bestimmten Zeitpunkt auf dem Tisch ihres Spitzenakteurs landen. Hierbei ist die erfahrungsgesättigte persönliche Einschätzung von Priorität wichtig. Bei der Gewichtung lässt sich der Makler jedoch auch von ganz persönlichen Sympathien, Antipathien, Themenkenntnissen und Interessen leiten. Wenn ein Ressortminister den Chef des Kanzleramtes oder der Staatskanzlei nicht sensibel einbindet, landen die Ressortwünsche eher am Ende der Tagesordnung.

Chef der Netzwerke

Machtmakler besitzen Vermittlungsmacht

Personen mit Maklermacht bilden einen Knotenpunkt von Gesinnungsgemeinschaften, Chef-Netzwerkern oder politischen Vertrauten („alte Kameraden"). In jedem Fall sind sie Mittelpunkt der informellen Organisation von Arbeits-, Kommunikations- und Herrschaftsstrukturen. Machtmakler besitzen vor allem Vermittlungsmacht, was ihnen informale Mitsteuerung ermöglicht. Das bedeutet aber nur teilweise auch Entscheidungsmacht; gerade deshalb verfügen die Machtmakler über große Informationsressourcen. Solche Mitsteuerungsbeziehungen sind immer Machtbeziehungen.

Vertrauensvorsprung/Maklerprovision

Machtmakler und Spitzenakteur bilden ein Erfolgsduo

Machtmakler haben ein über lange Jahre gewachsenes Vertrauensverhältnis zu ihrem Spitzenakteur. Mit ihm zusammen bilden sie ein „Paar", das sich durch reziproke Tauschverhältnisse und wechselseitige Vertrauensübertragung auszeichnet. Sie sind ein zweckorientiertes Erfolgsduo, manchmal sogar eine Schicksalsgemeinschaft: Sie durchlaufen gemeinsame politische Stationen. Karrieresprünge des Spitzenakteurs ziehen Karrieresprünge des Machtmaklers nach sich und sind sein „Erfolgshonorar" bzw. die „Maklerprovision".

Kalkulierte Selbstkasteiung

Die Person mit Maklermacht sollte in der Regel keine eigenen politischen Ambitionen hegen. Scheu vor allzu viel Öffentlichkeit ist ebenso hilfreich wie die Bereitschaft zu Entbehrungen auf Zeit. Chefkoordinatoren mit Maklermacht wissen, „wo gezielt zu schweigen ist, wo kommuniziert werden muss, was zu tun ist, um Besprochenes oder Notwendiges umzusetzen, wo Verbündete gesucht, Gegengeschäfte angeboten und Enttäuschte zumindest verbal aufgefangen werden müssen." So etwas „bedarf einer festen Vertrauensbasis, eingespielter Abläufe und genauer Kenntnis des handelnden Politikers" (Eilfort 2003: 105).

Machtmakler dienen als „Sprachrohr" ihres Herrn oder ihrer Herrin

Vermittler der Botschaft des Herrn

Machtmakler dienen als „Sprachrohr" ihres Herrn oder ihrer Herrin. Sie müssen immer und überall als Ansprechpartner bereit stehen. Gleichzeitig betreiben sie Informationsmanagement als Informationsselektion und minimieren das Risiko von Indiskretionen. Denn wer gute Darstellungspolitik betreiben möchte, muss die dafür benötigten Informationen unter seine Kontrolle bringen. Nur Diskretion sichert Interpretationshoheit – vor allem die Souveränität, den Zeitpunkt der Veröffentlichung einer brisanten Information selber bestimmen zu können. Die Informationsselektion erfolgt jedoch nicht nach objektiven Rationalitätskriterien sondern nach persönlicher Rationalität. Machtmakler managen die Wissenden.

Sparring-Partner

Personen mit Maklermacht sind auch Trainingspartner für den argumentativen Schlagabtausch. Hier kann sich der Spitzenakteur argumentationstechnisch fit machen, ohne dass dieses Üben öffentlich wird. Die Härte des wechselseitigen Austausches ist dabei grenzenlos.

Koordination

Machtmakler sind der Dreh- und Angelpunkt im Policy-Zirkel

Machtmakler sind der Dreh- und Angelpunkt im Policy-Zirkel. Ohne ihre Beteiligung, ohne ihren „Segen" und ihre Kenntnisnahme läuft nichts. Durch ihre Mitsteuerung beeinflussen sie politische Inhalte und die Herbeiführung von verbindlichen Entscheidungen im Allgemeinen. Sie sind Haupt-Netzwerker und betreiben Koordination als Informationsmanagement. Dabei bedeutet die Gewichtung der alltäglichen Informationsflut nicht automatisch Komplexitätsreduktion. Zuweilen muss die Komplexität von Sachverhalten auch ausgehalten oder ihr potentieller Mehrwert bei der Entscheidungsfindung erschlossen werden. Koordination bedeutet auch die konzeptionelle Beteiligung von politischen Akteuren und die prozedurale Abstimmung im Entscheidungsprozess. Die eigenverantwortliche Koordinierung der Linie ist von der Teilhabe am politischen Informationsfluss geprägt. So kommt dem Makler und seinem Stab nicht nur lenkende, sondern auch motivierende Bedeutung zu. Durch seine Koordinationsfunktion trägt er zur Entlastung der formalen Handlungsebene bei. Bevor Kanzler Schröder offiziell eine neue Kommission für Strukturreformen in der Sozial- und Arbeitsmarktpolitik vorschlug und das Kanzleramt zur Umsetzung dieser Entscheidung veranlasste, hatte Steinmeier in Abstimmung mit den zuständigen Ressorts und der Fraktionsspitze (meist mit dem Ersten Parlamentarischen Geschäftsführer der SPD-Bundestagsfraktion Wilhelm Schmidt) längst vorbereitet, wer die Kommission leiten und – nach dem Ausschlussmodell – wer auf keinen Fall Mitglied werden sollte.

Koordination bedeutet die konzeptionelle Beteiligung von politischen Akteuren

Personifiziertes Frühwarnsystem

Zu den wichtigsten Aufgaben der Makler gehört effektives Konfliktmanagement. Dazu bedienen sie sich häufig der „Geheimdiplomatie“. Insbesondere sogenannte „Vorfeldmethoden“ kommen hier zur Anwendung: Telefondiplomatie, Begegnungen mit wichtigen Akteuren, die Inszenierung von Pseudoereignissen, das Arrangieren von Infotainment, das Streuen gezielter Indiskretionen etc. Machtmakler besitzen ein hohes Störpotential für politische Gegner oder Rivalen. Für ihren Spitzenakteur hingegen betreiben sie Konfliktprävention.

Machtmakler besitzen ein hohes Störpotential für politische Gegner oder Rivalen

Abschirmung und karitative Funktion

Der Makler schirmt den Spitzenakteur gegenüber Dritten ab, vor allem auch gegenüber dem eigenen Haus (Ministerium, Kanzleramt, Parteizentrale etc.). Nach langen Arbeitstagen muss er auch als Seelentröster oder, wenn es sich dramatisch zuspitzt, als Blitzableiter für den angestauten Unmut seines Spitzenakteurs dienen. Gerade solche Abschirmungsversuche machen den Makler im eigenen Haus nicht besonders populär.

Das Ausmaß der Maklermacht, ist abhängig von der Persönlichkeit des Spitzenakteurs und von seinem Politikverständnis bzw. seinem Führungsstil (dazu auch Benzner 1989; Merz 2001: 46ff.; Mielke 2003). Dabei kann ein klientelistischer/personenzentrierter von einem legalistischen/positionsorientierten Politikstil unterschieden werden. Der Einfluss des Maklers ist bei dem erstgenannten Führungsstil sicherlich größer als bei einem Spitzenakteur, der sich primär auf die Zuarbeit aus „seinem“ Hause bezieht. Hierbei werden die formalisierten, offiziellen Informationswege eine größere Rolle spielen. Kanzler

Personenzentrierter oder legalistischer Führungsstil

Kohl war, wie Kapitel 5.1.2 zeigte, sicherlich eher personenzentriert ausgerichtet als Kanzler Schmidt, der sich auch angesichts begrenzter Parteimacht (er war als Kanzler kein Parteivorsitzender), primär auf das Kanzleramt und dort positionsorientiert auf die Leitungsebene für sein Informationsmanagement verließ. Schröder wiederum neigte eher dem klientelistischen Modell zu.

Fazit: Information und Entscheidung

Wie dieses Teilkapitel zeigen sollte, sind Information und Entscheidung wechselseitig miteinander verwoben. Die eingangs gestellten drei Fragen – Auf welcher Informationsgrundlage entscheiden die politischen Spitzenakteure? Wie gestalten die handelnden Spitzenakteure das entscheidende Informationsmanagement? Welchen Anteile haben dabei personale, administrative, systemische Faktoren? – sind folgendermaßen zu beantworten:

Die Informationsgrundlage der Spitzenakteure ist äußerst komplex. Schnelligkeit charakterisiert den Informationsweg. Die Entscheidung selbst ist in Abhängigkeit von der Informationslage zu setzen. Je höher die politische Brisanz, desto eher wird sich der Spitzenakteur selbst damit befassen. Welche Informationen er von wem und auf welchem Wege an sich heranlässt und wie er sie gewichtet, ist kennzeichnend für den jeweiligen Regierungs- bzw. Führungsstil.

Für die Gewichtung der Anteile personaler, systemischer und administrativer Faktoren des Informationsmanagements gilt das ebenfalls. Systemisch bedingt, hat die Leitungsebene schnellsten und umfassendsten Informationszugang. Die politische Verwaltung liefert die Informationen organisationsspezifisch und weitgehend unabhängig von den jeweiligen Leitungsebenen. Letztlich hängt es am Duo – Chef und Makler – welches Gewicht der Spitzenakteur den personalen Netzwerken zur Lageanalyse beimisst.

Schreiten die Prozesse der Informalisierung und der Personalisierung des Regierungshandelns als unabhängiges Informationsmanagement voran, dann treten die formalisierten Prozesse der Ministerial- und Regierungsbürokratie dahinter zurück. Alternative Entscheidungsstrukturen sind in der unmittelbaren Nähe der Spitzenakteure durch Personen mit Maklermacht geschaffen worden. Eine Akzentverlagerung von den formalisierten in die informalisierten Strukturen lässt sich auch bei diesem Themenzugang des Politikmanagements feststellen. Die Vitalität der Spitzenakteure im Umgang mit diesem Mix aus formalisierten und informalisierten Informationswegen ist für die Machtsicherung elementar und demokratietheoretisch zwingend. Verkümmern die Informationswege oder wird daraus nur noch „Hofberichterstattung“, dann ist auch die Entscheidungsfindung davon betroffen. Die Entscheidungselite wird zahlenmäßig immer auf einen kleinen Kreis beschränkt und durch persönliche Loyalität zum Spitzenakteur charakterisierbar bleiben. All diese Prozesse der Informationsbeschaffung und Selektion bis hin zur Entscheidungsfindung laufen im Regierungsalltag permanent und pausenlos ab. Das soll der Problemlösung ebenso dienen wie der Machtabsicherung: frühzeitige Information sichert Gefolgschaft (Mitwisser einbinden) während nachlässige, unvollständige und positiv-gefärbte Informationen schnell Widerstände wecken.

5.1.4 Akteursstrategien und politische Rationalität

Machtsicherung durch Führung und Einfluss

Ohne Information ist kein Bild der politischen Lage möglich. Informationsgewinnung und -gewichtung war Gegenstand des vorhergehenden Teilkapitels. Nun soll erarbeitet werden, was darüber hinaus zu den wichtigen Strategien der politischen Akteure gehört, um sowohl Machterwerb zu ermöglichen, als auch Machterhalt zu sichern.

Machtveränderung je nach politischer Konstellation

Regierungssteuerung sollte der Erreichung materieller Ziele dienen. Durch Steuerung kann die Änderung von Zuständen, die gesellschaftliche Probleme erzeugen, erreicht werden. Doch die beste Absicht, problemlösend aktiv zu werden, nutzt wenig, wenn die politische Macht dazu fehlt. Diese ist weder statisch noch ableitbar aus Herrschaftsbeziehungen (z.B. ein Vorsitz in einer Partei oder die Chefposition am Kabinettstisch). Macht verändert sich je nach politischer Konstellation und ist nicht von Posten abhängig. Diese verschaffen in der Regel nur eine formalisierte Machtstruktur der Über- und Unterordnung. Wer jedoch ein politisches Amt erhält, muss sich als Machtjongleur täglich Macht durch Führung und Einflusssicherung erarbeiten. Einfluss wird durch Kommunikation gesichert. Macht zu besitzen bedeutet heute Kontaktstellen zu haben und Netzwerke zu pflegen (Langguth 2001: 7ff.). Der Grundgedanke tauchte schon einmal im Umfeld der vorhergehenden Kapitel auf: intentional, reziprok und antizipativ ist der politische Raum für die Akteure charakterisiert, wenn sie sich ein Bild von der politischen Realität machen.

Einfluss durch Kommunikation

Der Bundeskanzler kann sich keineswegs blind auf die Koalitionsmehrheit seiner Fraktionen verlassen. Für jede kleinste Entscheidung benötigt der Kanzler die Mehrheit der Abgeordneten des Deutschen Bundestages (Eilfort 2003: 93ff.; Kathmann/Kulessa 2003: 79ff.). In den Ausschüssen des Parlaments wird um die Inhalte gerungen. Die Ressortminister müssen die Fraktionskollegen der eigenen Partei von der Sachnotwendigkeit überzeugen. Erst wenn dies gelingt, kann der Kanzler auf eine Mehrheit setzen. So stehen aus Sicht der Regierung die Abgeordneten der eigenen Koalitionsparteien absolut im Zentrum des täglichen Handelns, zweitrangig und nachgeordnet erst die Abgeordneten der Opposition.

Politik ist Tagesintegrationswerk

Als wichtige Kernkompetenz müssen Politiker über die Fähigkeit verfügen, Mehrheiten zu organisieren. Politik ist Tagesintegrationswerk. Mehrheiten müssen aus sehr unterschiedlichen Interessengruppen und verschiedenen Parteiflügeln zusammengefügt werden, mithin Interessenkoalitionen geschmiedet werden. Dies ist ebenso wichtig wie die Fähigkeit zur Mobilisierung von Öffentlichkeiten. Nur wer seinen Einfluss stabilisieren oder erweitern kann, sichert damit auch gleichzeitig die Bedingungen seiner Wiederwahl. Mehrheiten schmieden und Wiederwahl absichern sind die Schlüsselvariablen für politischen Machterwerb und Machterhalt. Die Prozesse der Machtbildung und der Machtsicherung haben deshalb zunächst für die politischen Akteure einen höheren Stellenwert als problemlösende Programmsätze. Das soll nicht bedeuten, dass die politische Macht für die Führung ausschließlich zum Selbstzweck wird. Sachthemen sind untrennbar damit verbunden.

Zentrale Akteursstrategien: Mehrheiten schmieden und die Wiederwahl absichern

Wenn Machterwerb und Machterhalt so dominant sind, dann zeichnen sich Gemeinsamkeiten zwischen den politischen Akteuren ab. Denn die Akteure sind vergleichbar hinsichtlich bestimmter Fähigkeiten, Wahrnehmungen und Präferenzen (Scharpf 2000: 86f). Die politischen Spitzenakteure verfügen meist über institutionelle Regeln, aus denen sie Kompetenz und Partizipationsrechte ableiten können. Ihre Handlungsorientierungen sind an der Wahrnehmung und Präferenz des politischen Raumes ausgerichtet – nicht statischstabil, sondern durchaus lernend und argumentativ veränderbar.

Wann ist Politik rational?

Diese Handlungsorientierungen als Akteursstrategien entsprechen einer politischen Rationalität (Göhler 1999; auch Czerwick 2001: 218ff.). Danach ist Politik rational, wenn sie berechenbar ist. Wer sich sowohl mit dem institutionellen, als auch mit dem akteursspezifischen Umfeld der deutschen Politik auseinandersetzt, kann die Handlungsspielräume und die Handlungsblockaden erkennen. Berechenbarkeit geht auch davon aus, dass Ankündigungen eingehalten werden, mithin Darstellungspolitik auch mit Entscheidungspolitik deckungsgleich ist. Rational ist Politik auch dort, wo sie einem Nutzenkalkül folgt. Machterwerb und Machterhalt sind solche Nutzenkalküle. Die Präferenz und die Prioritätensetzung der Akteure wird sich daran ausrichten, Mehrheiten zu integrieren und die Wiederwahl abzusichern. Politische Rationalität ist insoweit normativ begründbar, als die Ziele der Politik dem Gemeinwohl dienen. Das Wohl des Ganzen und nicht das Interesse eines Verbandes oder eines Unternehmens stehen im Zentrum. Art. 38 Abs. 1 GG für die Abgeordneten und der Amtseid des Bundespräsidenten bzw. der

Mitglieder der Bundesregierung sind der legitimatorische Ausdruck dieser Rationalität.

Im Kapitel über Führungsstile (5.1.2) ist schon erörtert worden, dass politische Stile nur begrenzt mit Führungsstilen in der Wirtschaft vergleichbar sind. Die politische Rationalität ist von der ökonomischen Rationalität zu unterscheiden. Zwar bezeichneten sich Bundeskanzler als „Vorsitzende der Deutschland AG“ (Helmut Schmidt) und die Strategien der politischen Kommunikation in der Vermarktung der Produkte – hier die Partei, dort die Ware – sind durchaus ähnlich geworden. Wirkungsmächtig bleiben jedoch nachhaltig die Unterschiede: Gemeint ist die Differenzierung zwischen politischer und ökonomischer Rationalität (Wiesendahl 1998: 112ff).

Entscheidungsfindung in Politik und Wirtschaft

Grundlage der Entscheidungsfindung

Wirtschaft

PERSÖNLICHE BERATUNG
- Auf Basis von Informationen, die im Rahmen von persönlichen Gesprächen gewonnen werden, treffen alle Befragten oft bis sehr oft Entscheidungen.

AKTENSTUDIUM
- Aktenstudien haben den zweithöchsten Prozentwert: 89 Prozent der Befragten geben an, die Informationen daraus zur Grundlage für Entscheidungen zu machen.

INFORMATIONEN AUS BERATUNGEN IM GRÖSSEREN KREIS
- 61 Prozent der Befragten treffen Entscheidungen auf Grundlage von Informationen aus Treffen in größeren Kreisen (Sitzungen).

EXTERNE BERATUNG
- Hingegen spielen Informationen, die von externen Beratern geliefert werden, nur bei 50 Prozent der Befragten bei der Entscheidungsfindung eine Rolle.

MEDIENBERICHTE
- Nur 11 Prozent der befragten Führungskräfte aus der Ökonomie treffen Entscheidungen auf der Grundlage von Medienberichten.

Politik

PERSÖNLICHE BERATUNG
- Auf Basis von Informationen, die im Rahmen von persönlichen Gesprächen gewonnen werden, treffen alle Befragten oft bis sehr oft Entscheidungen.

INFORMATIONEN AUS BERATUNGEN IM GRÖSSEREN KREIS
- Auch Sitzungen in größerer Runde (Gremiensitzungen) bilden für alle Befragten oft bis sehr oft die Grundlage für Entscheidungsfindungen.

EXTERNE BERATUNG
- Politische Entscheidungsträger treffen Entscheidungen häufiger als ihre Kollegen aus der Ökonomie auch auf Grundlage externer Beratung (75 Prozent)

AKTENSTUDIUM
- Immerhin 71 Prozent der Befragten treffen Entscheidungen auf Grundlage von Aktenstudium

MEDIENBERICHTE
- Deutlich höher ist der Anteil von Personen in der Politik, die auf Grundlage von Medienberichten Entscheidungen treffen (25 Prozent)

Quelle: Grasselt/Korte 2007: 151.

Die jeweiligen Profile treten deutlich hervor: unterschiedliche Legitimationsbasis, differenzierte öffentliche Exponiertheit, Erwählte in der Wirtschaft – Gewählte in der Politik, heterogene Polyarchie (viele Machtzentren) in der Parteienlandschaft – hierarchische Macht- und Steuerungszentralisierung im Unternehmen. Profitkalkül auf der einen Seite steht ergebnisoffenem Ringen um die besten Konzepte und die erforderliche Unterstützung inmitten unterschiedlicher Interessen auf der anderen Seite gegenüber. So macht Führung in der Politik im Gegensatz zur ökonomischen Führung vor allem öffentliche Exponiertheit und tägliche Meinungsbildung aus sehr unterschiedlichen Interessengruppen aus. Zudem sind die Loyalitäten in der Politik nur auf Zeit geliehen (Grasselt/Korte 2007: 195). Wirtschaftsführer können rasch ihre Entscheidung in kleinem Kreis treffen, die Betriebsinteressen sind klar festgelegt, die Öffentlichkeit schaut nicht genauer hin bzw. muss nicht informiert werden: hieraus folgt eine effiziente und hierarchieorientierte Führung. Politiker dagegen stehen mit ihren Handlungen im Scheinwerferlicht und müssen sich in der Verhandlungsdemokratie in etlichen Gremien rechtfertigen (dazu auch Walter/Dürr 2000: 7ff.). Dabei sind Mehrheiten aus Gruppen höchst unterschiedlicher Interessen zusammenzuführen: improvisieren, taktieren und lavieren sind die Handlungsmuster. Zwei Welten stehen sich gegenüber, was die Mechanismen der Handlungsfelder anbelangt. Regieren kann unter diesen Bedingungen nicht nur die Kunst der Machterhalts darstellen, sondern auch die „Kunst des Kuhhandels und Flickwerks“ (Walter 2002).

Die Bedeutung der Durchsetzungs- und Vermittlungsrationalität

Zur angemessenen Akteursstrategie unter den Bedingungen der politischen Rationalität gehört somit die Kenntnis dieser Zusammenhänge. Wer ein Problem politisch lösen möchte, muss nicht nur die Sachrationalität kennen, sondern sie mit der Durchsetzungs- und Vermittlungsrationalität erweitern, wie bereits in vorhergehenden Kapiteln thematisiert wurde. Alles zusammen kennzeichnet übergeordnet die politische Rationalität. Quereinsteigende Spezialisten scheitern häufig genau deshalb, weil sie zu sehr Experte und zu wenig Generalist sind. Die Spezialisten sind positioniert in Argumentationsketten eines abgegrenzten Wissensgebietes. Der Generalist kennt primär die Mechanismen der politischen Steuerung und den Kontext der politischen Rationalität.

Subtil, indirekt, moderierend, informell und Pakete knüpfend sind die Wege des Erfolges einer politischen Akteursstrategie. Die Techniken und Taktiken zum Machterwerb und Machterhalt sind äußert vielschichtig und nur vereinzelt empirisch nachweisbar (Langguth 2001; Pflüger 2000; Korte 1998; Niejahr/Pörtner 2002). Das Schmieden von Sachkoalitionen setzt den professionellen Umgang mit politisch Andersdenkenden voraus. Diese sind zumeist und zuallererst in der eigenen politischen Partei zu finden. Vier Mechanismen, aus einer Fülle von Möglichkeiten, sollen kurz genannt werden, um mit Gegnern politisch umzugehen:

Der Umgang mit politischen Gegnern

Einbinden
Essentiell ist hierbei, wichtige Akteure, die Droh- und Störpotential besitzen, in die Disziplin einer Führungsstruktur einzubinden, also z.B. in die Fraktionsführung, in die Kabinettsdisziplin oder in das Parteipräsidium. In die Räson der Partei eingebunden sind sie auch an die Beschlusslagen gebunden. Das hindert sie zwar nicht grundsätzlich an weiterer Kritik, ermöglicht jedoch Sanktionen.

Beschäftigen
Idealtypisches Beispiel ist das Übertragen von Aufgaben (z.B. Programmkommissionen, Wehrstrukturreformen etc.), die lange Zeit benötigen, höchst kontrovers debattiert und kritisch beurteilt werden. Hier verkämpfen sich in der Regel die politischen Gegner.

Wegloben
Hilft dies alles nichts, sind höher und besser dotierte Posten eine geeignete Strategie, um politische Gegner für die weitere innenpolitische Auseinandersetzung zu neutralisieren.

Isolieren
Als schärfste Gangart hat sich das Isolieren des politischen Gegners herausgestellt. Jedem Parteimitglied muss klar sein, dass eine zukünftige Kooperation mit der Person X der eigenen politische Karriere erheblich schaden wird. Das Umfeld des Gegners wird systematisch ausgetrocknet, indem Lockangebote an das Umfeld gerichtet werden. Die politische Praxis kennt auch die gezielte Indiskretion.

Machtworte als Zeichen der Schwäche

Machtworte zur Durchsetzung eines Zieles sind bei den Konfliktstrategien fast immer Zeichen von Schwäche. Mitleid ist eine viel schärfere Waffe und eine intensive Form der Kritik. Loben kann nur derjenige, der auch über Macht verfügt. Mehrheiten tagespolitisch hinter sich zu scharen, bedarf vieler Künste von der schlichten Überzeugung bis hin zum Zwang. Fast immer ist es besser, wenngleich es dem öffentlichen Schlagabtausch entgegen zu laufen scheint, die Gegner durch Einbinden zu entkräften, als sie durch Ausgrenzung aufzubauen. „Nicht nur bei innerparteilichen Rivalitäten, auch bei Konflikten zwischen den Parteien empfehlen sich (...) Raffinesse statt Rachsucht, Überlegtheit statt Überschwang, kühle Strategie statt heißer Emotion. Und wie im innerparteilichen Konkurrenzkampf ist die Konfrontation auch zwischen Parteien häufig nur die zweitbeste Methode. Weit wirkungsvoller sind oft auch hier Techniken des Umarmens, Umgarnens und Einbindens" (Niejahr/Pörtner 2002: 66).

Prozesse des Machterwerb I: Netzwerke

Systematisch hat sich mit den Prozessen des Machterwerbs der Freiburger Soziologe Heinrich Popitz auseinandergesetzt (Popitz 1986; auch Dettling 1994; Sandner 1992). Popitz geht zunächst von der „produktiven Überlegenheit von Solidaritätskernen" aus. Gemeint ist damit die Nützlichkeit von Seilschaften, von politischen Netzwerken. Sie sind nicht nur zum Austesten von Zustimmung und Ablehnung wichtig. Sie definieren in der Regel die politische Situation und Lage zugunsten des Spitzenakteurs, dessen Netzwerker sie sind. Sie sind schnelle und effiziente Spin-Doctoren. Wann welche Person für welches Amt vorgeschlagen wird, haben sie in der Hand. Das falsche Timing hat schon manchen Personalvorschlag zunichte gemacht. Machtsicherung, Integration und Ausgleich betreiben die Netzwerker hinter den Kulissen. Damit wird Führung ausgeübt, ohne sich öffentlich darauf zu berufen. Hilfreich sind dabei folgende Instrumente:

Instrumente politischer Führung

Alles offen lassen
Inhaltliche Festlegungen möglichst öffentlich vermeiden. Das Offenhalten der Optionen verschafft Handlungsspielräume. Die Regierungserklärungen dienen zur Berufungsgrundlage.

Die Stellvertreter-Rede von Netzwerkern
Mittels abgestimmter öffentlicher Redebeiträge von Netzwerkern testen Minister, Kanzler, Oppositionsführer wie weit sie mit programmatischen Veränderungen gehen können. Die Information, welcher Parteiflügel sich in welcher Intensität wie meldet, ist hilfreich, um Integrationsleistungen rechtzeitig zu starten.

Timing
Die öffentliche Zurückhaltung („eine ganz und gar überflüssige Debatte...") deutet auf Machtverzicht und fehlendes Regierungsmanagement. Doch in Wirklichkeit gebraucht der Spitzenakteur die Macht, ohne sie öffentlich zu demonstrieren, zu einem Zeitpunkt, den er selbst bestimmt: abwarten, nach allen Seiten absichern und aus dem Hintergrund Entwicklungen beeinflussen.

Das Zusammenführen der Kontrahenten
Häufig ließen sowohl Kohl als auch Schröder einen Streit der Ressortminister zu. Die Kontrahenten wurden zumeist unter strikter

Zeitvorgabe, in der sie sich schließlich zu einigen haben, zusammengeführt (Beispiel Arbeitsminister Riester vs. Wirtschaftsminister Müller). Erst wenn die „Kampfhähne“ ermüdet waren und sich eine Einigung abzeichnete, griffen die Kanzler auch öffentlich sichtbar ein.

Der Moderator des Konflikts

Als Schlichter und Moderator in einer Person wird anschließend nach Kompromissformeln gesucht, in denen sich die strittigen politischen Positionen zusammenbinden und auf einer höheren Ebene und mit Hilfe der rhetorischen Figur des „Einerseits-Andererseits“ gegenseitig auflösen lassen. Es gilt, die durch die Netzwerker schon im Vorfeld des Konfliktes eingeholten Vorbehalte der Kritiker zu würdigen, sie abzuschleifen und möglichst in Harmonieformeln aufzulösen.

Prozesse des Machterwerb II: Organisationsfähigkeit der Privilegierten

Ein zweiter von Popitz analysierter Prozess der Machtbildung besteht in der „überlegenden Organisationsfähigkeit der Privilegierten“, die einfach deshalb im Machtspiel privilegiert sind, weil sie „sich gegenseitig unmittelbar etwas zu bieten haben (...). Indem wir den anderen helfen, helfen wir gleichzeitig uns selbst und dem Prinzip“ (Popitz 1963: 124f). Zur machtstabilisierenden Akteursstrategie gehört somit stets klar zu machen, was man an Posten und Aufgaben zu vergeben hat. Prämien für Treue sowie das Gefühl, die Hilfe und das Wohlwollen des Spitzenakteurs weiterhin zu genießen, sind wichtig, um Mehrheiten zu behalten. Ein Putsch, das Interesse für Nachfolger u.ä. sind nur relevant, wenn dadurch die „überlegene Organisationsfähigkeit des Privilegierten“ erhalten bleibt. Dazu Popitz: „Der Zusammenhalt wird für den einzelnen nicht unmittelbar prämiert, die Gemeinsamkeit bedeutet zunächst nur ein Wagnis. Was die Besitzlosen sich gegenseitig zu bieten haben, entscheidet sich erst später. Die Solidarität ist also davon abhängig, dass sich alle Beteiligten auf die übernächste Phase hin orientieren. Nicht auf einen Augenblicksvorteil, sondern auf ein fernes Ziel muss die Organisationsbereitschaft sich konstituieren“ (Popitz 1963: 131).

Was bietet mir der neue Spitzenakteur? Gehöre ich dann noch zu den Privilegierten oder eher nicht? Nutzt oder schadet mir die Nachfolgerin? Zumeist verbinden die Akteure mit den Antworten auf diese Fragen persönliche Nachteile. Das motiviert sie, weiterhin für den im Amt befindlichen Spitzenakteur aktiv zu bleiben. Solche Aspekte verdeutlichen, warum ein politischer Personalwechsel an der Spitze der Parteien eher selten vorkommt.

Wie dieses Teilkapitel zeigen sollte, wird die Lösung materieller Ziele nur in Kenntnis der politischen Rationalität und der dazugehörigen

Fazit: Akteursstrategien und politische Rationalität

Akteursstrategien erreicht. Das Politikmanagement bedarf der Instrumente und Techniken des Machterwerbs und der Machtsicherung. Ohne politische Macht kann kein inhaltliches Ziel durchgesetzt werden.

5.1.5 Die Arenen des Politikmanagements – Das Beispiel des Zuwanderungsgesetzes

Regierungssteuerung kann nur funktionieren, wenn der Kanzler die unterschiedlichen Rollenprofile aktiviert, somit die Mischung aus Hierarchie und Verhandlung zum Politikmanagement einsetzt. Das klassische Repertoire der in der Verfassung zugrundegelegten Institutionen reicht dazu nicht aus. Man könnte sogar noch zuspitzen:

Abb. 32: Drei Arenen des Politikmanagements

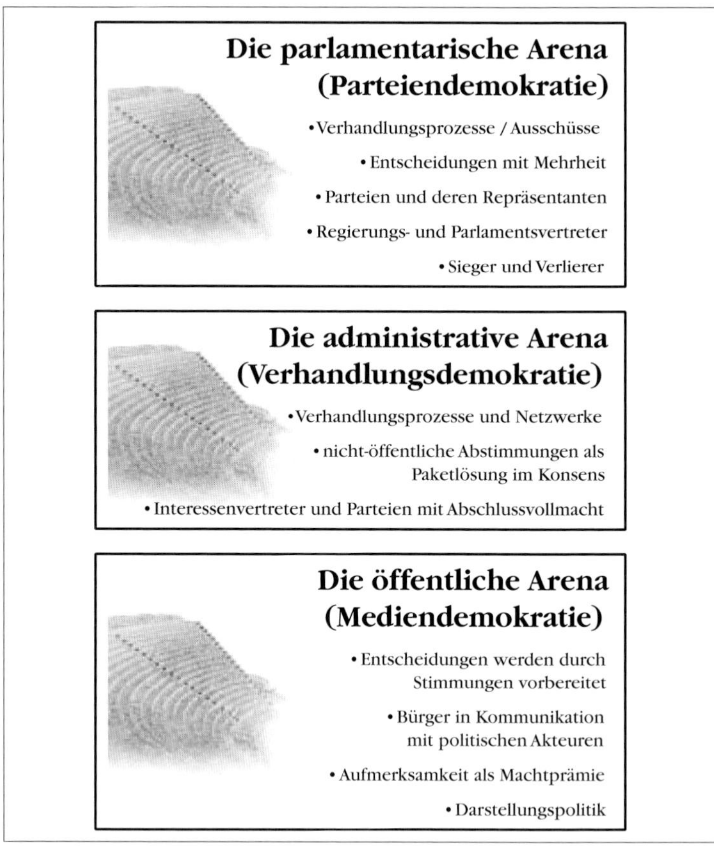

Quelle: Eigene Darstellung.

Die formalen Institutionen sind längst ergänzt – jedoch keineswegs ersetzt – worden durch informelle Netzwerke. Um das Räderwerk der Politik in Schwung zu halten, muss jede Regierung beachten, dass sie je nach Lageeinschätzung höchst unterschiedliche Steuerungsmechanismen aktivieren muss. Wie sich die Regierungssteuerung konkret gestalten kann, ist auch davon abhängig, in welcher Arena sie sich abspielt. Drei Arenen sind dabei grundsätzlich zu unterscheiden: Die parlamentarische, die administrative und die öffentliche Arena (Kriesi 2001: 3ff.; Rucht 1988: 322). Alle drei Arenen wurden in die vorgestellten Strukturmerkmale des Regierens bereits integriert. In diesem Kapitel soll nicht ihre Existenz nochmals beschrieben werden, sondern die daraus ableitbaren Schlussfolgerungen für das Politikmanagement. Alle drei Arenen verfügen über ausdifferenzierte Handlungsebenen mit eigenen Handlungslogiken und Handlungsanforderungen, unterschiedlichen Reichweiten, Grenzen und verschiedenen Beteiligungschancen der Bürger: Die Parteiendemokratie (darunter könnte man aus steuerungstechnischer Sicht die Kanzlerdemokratie und die Koalitionsdemokratie subsumieren), die Verhandlungsdemokratie sowie die Mediendemokratie.

Ausdifferenzierung der Politikarenen

Die Grundthese ist dabei, dass sich diese drei Handlungsebenen des Regierens im Zuge der Professionalisierung von Politik in den letzten Jahrzehnten zunehmend ausdifferenziert haben (vgl. Grande 2000; Marcinkowski 2002). Dadurch ist das Prinzip der repräsentativen Demokratie belastet worden. Denn die Herstellung und Legitimation verbindlicher kollektiver Entscheidungen ist aus der dafür vorgesehenen parlamentarischen Arena ausgewandert und überlagert worden durch Ergänzung und Erweiterung von Regelsystemen der repräsentativen Demokratie (Bergedorfer Gesprächskreis 2001):

Die Arena der Parteiendemokratie

- In der Arena der Parteiendemokratie folgt das politische Steuern den Mehrheitsregeln des Parlamentarismus. Kurzfristige Kalküle dominieren im Dauerwahlkampf. Alle Zuordnungen bei Sachfragen und alle Lösungsoptionen orientieren sich primär am Dualismus Regierung vs. Opposition. Entschieden wird nicht primär nach dem Gesichtspunkt optimaler Problemlösung, sondern nach machtpolitischen-, mehrheits- und wiederwahlsichernden Aspekten. Die parlamentarische Arena bildet zusammen mit der administrativen Arena den Ort, wo sich die politischen Verhandlungsprozesse abspielen. Hier werden die allgemein verbindlichen politischen Entscheidungen gefällt.

- In der Arena der Verhandlungsdemokratie entscheidet der Konsens das institutionelle Arrangement. Wesentliche Entscheidungen

Die Arena der Verhandlungsdemokratie

werden nicht mit Stimmenmehrheit, sondern auf dem Wege von Aushandlungsprozessen getroffen. Sieger und Besiegte sind nicht wie auf der Ebene des Parteienwettbewerbs erkennbar. Im Gegenteil: Der Parteienwettbewerb wird durch konsensdemokratische („gütliches Einvernehmen") und konkordanzdemokratische Arrangements überlagert. Die Steuerung ist nicht-hierarchisch, nicht majoritär. Die freiwillige Einigung charakterisiert das Ergebnis. Der Anteil der Akteure an den Details des geschnürten Verhandlungspakets bleibt gezielt geheim, sie verfügen über eine Abschlussvollmacht. Blockierende Verflechtungsfallen können dennoch ebenso drohen wie Konsensfallen, in welche die jeweilige Opposition geraten kann. Bei der administrativen Arena spielen zusätzlich zu den Parteivertretern die Interessengruppen und die Vertreter der bürokratischen Verwaltungssteuerung eine wichtige Rolle. Verschiedene Dimensionen der Verhandlungsdemokratie sind zu unterscheiden (Czada 2002: 292ff.):

Kooperativer Föderalismus, Konkordanzdemokratie und Räterepublik

a. institutionell erzwungene Formen von Politikverflechtungen: alle Formen des vom Grundgesetz vorgegebenen kooperativen Föderalismus;
b. politisch gebotene Formen der Kooperation: konkordanzdemokratische Arrangements mit Machtdiffusion (viele verschiedene Machtzentren) und der angemessenen Berücksichtigung aller wichtigen sozio-politischen Kräfte z.B. in den Koalitionsregierungen;
c. korporatistische Mechanismen der Beteiligung: Regierung verhandelt mit gesellschaftlichen Interessengruppen;
d. Formen einer „Räterepublik": Runde Tische und ernannte Expertenräte verbinden die Regierung, die Opposition und die gesellschaftlichen Interessengruppen.

Die Arena der Mediendemokratie

– In der Arena der Mediendemokratie ist die politische Entscheidung an den Erfolgsbedingungen der medialen Öffentlichkeit orientiert. Aufmerksamkeit entscheidet, weniger die sachliche Notwendigkeit. Die Zustimmung zu den politischen Akteuren und den von ihnen vertretenen Positionen ist wichtiger als die Lösung von Problemen. Medienadressierte Personalisierung (Darstellungspolitik) ist wichtig, nicht das verschwiegene Aushandeln in der Verhandlungsdemokratie. Die Steuerung läuft über die Beeinflussung und Aktivierung von Stimmungen, nicht über Hierarchie, Mehrheit und Konsens. In dieser Arena findet primär die politische Kommunikation zwischen den politischen Akteuren und den Bürgern statt (Neidhardt 1995). Die politische Kommunikation und die politische Mobilisierung in der öffentlichen Arena sind zur Erlangung von Zustimmung des Publikums für alle Beteilig-

Vgl. dazu auch Korte/Diermann 2009

ten eine entscheidende Voraussetzung zur Durchsetzung ihrer politischen Anliegen (dazu besonders Kapitel 5.2).

Das Steuerungstrilemma der Politik

Man erkennt, dass die Handlungsbedingungen und Funktionslogiken in allen drei Arenen sehr unterschiedlich sind. Inkompatibilität charakterisiert die drei Ebenen. Die Politik steckt offenbar in einem „Steuerungstrilemma". Was sich in der einen Arena als Erfolgsrezept herausbildet, ist schädlich für die Entscheidungsfindung in der anderen Arena.

Abschließend sollen nun die praktischen Instrumente und Techniken, die Gerhard Schröder als Bundeskanzler in den drei Arenen des Politikmanagements einsetzte, mit denen seiner Nachfolgerin Angela Merkel verglichen werden. Verkürzt könnte man für beide Kanzler folgendes formulieren (Grasselt/Korte 2007: 161ff):

- Schröder instrumentalisierte auch in seiner zweiten Legislaturperiode strategisch alle drei Handlungsarenen des Politikmanagements. Er beließ die Funktionslogiken der einzelnen Arenen und spielte nicht die eine Arena gegen die andere aus. Dennoch scheiterte er, weil er alles auf eine Karte setzte und im entscheidenden Moment seine Möglichkeiten innerhalb der Öffentlichen Arena überschätzte, die Parlamentarische Arena unterschätzte und verhandlungsdemokratische Auswege vollkommen verstellt waren.
- Merkel startete indes machtpolitisch geschwächt in ihr erstes Amtsjahr, allerdings sachpolitisch mit außerordentlichen Mehrheiten ausgestattet. Die Kanzlerin verzichtete in der Folge bewusst darauf die Karte der Öffentlichen Arena auszuspielen. Das Vakuum der Darstellungsarmut ersetzte sie durch Moderationsleistungen in der Parlamentarischen und Verhandlungsdemokratischen Arena. Doch auch ihr verstellen sich zunehmend verhandlungsdemokratische Arrangements, insbesondere auf der Ebene der unionsgeführten Länder, was auf die besonderen Schwierigkeiten einer Großen Koalition hinweist.

Das Scheitern von Rot-Grün und die schwierige Startphase der Großen Koalition belegt die Existenz des Steuerungstrilemmas. Um alle drei Arenen für das Politikmanagement nutzen zu können, bedarf es entweder einer festen und belastbaren Verankerung der Machtressourcen in einer der Arenen oder der spielerischen aktiven wechselseitigen Verzahnung der Arenen. Schröder und Merkel bevorzugten im Prozess des Politikmanagements unterschiedliche Machtressourcen. Beiden stand zunächst die Partei nur eingeschränkt als verlässliche Machtbasis zur Verfügung. Schröder hatte zulange von Hannover aus gegen die Parteispitze gearbeitet, ihm war der Vorsitz eher zufällig durch den Abgang Oskar Lafontaines zugefallen (Korte 2004: 84ff.). Schröders krisenerfahrenem Führungsstil war es mit zu verdanken, dass er sich im Bundestagswahlkampf 2002 gegen Edmund Stoiber knapp durchsetzen konnte (Brettschneider u.a. 2004). Aus dieser Not hatte Schröder auch zu Beginn der zweiten Amtszeit die Tugend entwickelt, die jeweils anderen Arenen für die politische Entscheidungsfindung aktiv zu nutzen.

Agenda 2010

Am 14. März 2003 präsentierte Schröder das eigentliche Regierungsprogramm für seine zweite Amtsperiode, die „Agenda 2010“ (mehr dazu in Kapitel 5.2.2). Im Kern beinhaltete sie einen tief greifenden Umbau des Sozialstaates. Die Agenda 2010 kam überfallartig auf die SPD herab. Fast bonarpartistisch von oben wollte Schröder seine Partei für die Wende zum Weniger begeistern. Bereits im März 2004 – somit nur ein Jahr nach Verkündung der Agenda 2010 – musste Schröder den Vorsitz der SPD an Franz Müntefering abgeben (Korte 2003; ders. 2004). Erst danach setzte, teils freiwillig geplant (wie die Regionalkonferenzen der Partei) teils von der Partei erzwungen (wie der Sonderparteitag (Fischer 2005: 145ff.) und der missglückte Versuch eines Mitgliederbegehrens) die innerparteiliche Partizipation an der Agenda 2010 ein. Gerade dieser Prozess deutete einerseits auf brachiale Machtstrategien, andererseits auf Versuche hin, in einen geordneten Dialog mit der Partei zu kommen. Schröder wollte Sachfragen in Machtfragen unter großem Einsatz von Machtressourcen umwandeln, was auf dem Bochumer Parteitag von 2003 sichtbar wurde. Sein Generalsekretär Scholz und auch Superminister Clement wurden bei den Wahlen zum Vorstand der Partei abgestraft (zum Regierungsstil Clements vgl. Delhees 2006). Müntefering genoss flügelübergreifenden Respekt und erntete Ovationen für seine Rede, die er im Stil von Wehner schloss: „Die Fraktion ist gut, die Partei auch“ (Fischer 2005: 149ff.). Doch nicht nur die Parteibasis monierte zunehmend den Reformkurs des Kanzlers und unterstellte den Reformen soziale Kälte. Parallel zur Partei fiel es auch sichtbar schwerer Mehrheiten in der Bundestagsfraktion zu aktivieren. Diese Gründe und die schwierige Blockadesituation durch die unionsgeführten Bundesländer im Bundesrat waren schließlich die Auslöser für die Vertrauensfrage, die Schröder am 1. Juli 2005 stellte.

Ähnlich wie Schröder fiel auch Merkel das Amt des Parteivorsitzes aus einer Krisensituation heraus zu (Langguth 2001). In Folge der CDU-Parteispendenaffäre erklärte Wolfgang Schäuble im Februar 2000 seinen Rücktritt als Partei- und Fraktionsvorsitzender. CDU-Generalsekretärin Merkel befand sich in einer komfortablen Ausgangsposition, um auf den nachfolgenden Regionalkonferenzen der CDU – die eigentlich angesetzt waren, um die Affäre mit der Parteibasis zu diskutieren – Unterstützung für sich selbst als Nachfolge der verlorenen Bundestagswahl 2002 auch den Vorsitz der Bundestagsfraktion zu übernehmen. Beide Machtzentren – Partei und Fraktion – bestückte sie nach und nach mit ihr loyal zuarbeitendem Personal, wodurch sie sowohl zentrale Stellen der Partei als auch der Bundestagsfraktion zu für sie dauerhaft kalkulierbaren Kraftzentren ausbaute (auch Schumacher 2006). Als Oppositionsführerin konnte sie in Berlin ihren Führungsanspruch kontinuierlich erweitern. Merkel startete dennoch 2005 als Kanzlerin unter denkbar ungünstigen machpolitischen Konstellationen, um sachpolitische Problemlösungen anzugehen. Ein „Neuanfang" war auf Grund des Kontinuitätsfaktors SPD in der Koalitionsregierung nicht möglich. Die Erwartungshaltung der eigenen Klientel war hingegen – insbesondere durch den aggressiven und auf Politikwechsel fokussierten Wahlkampf – immens gesteigert. Das schlechte Wahlergebnis und das (beinahe) Comeback des Kanzlers Schröders wurden vor allem den Fehlern der Wahlkampfführung Merkels angelastet (Korte 2005a; Jesse/Sturm 2006).

Neuanfang 2005

Um an einem Fallbeispiel konkret aufzuzeigen, wie das Aktivieren der drei Arenen für die politische Entscheidungsanalyse von Bedeutung ist, soll die Entstehung des Zuwanderungsgesetzes aus dem Jahr 2003 nun näher beleuchtet werden.

Das Fallbeispiel: Zuwanderungsgesetz

Die Auseinandersetzung um ein Zuwanderungsgesetz beschäftigte Politik und Regierung in Deutschland über drei Jahre hinweg, bis mit der Ablehnung des Gesetzes im Bundesrat am 20. Juni 2003 der Gesetzgebungsprozess aber auch das politische Ringen um dieses Gesetz zunächst einen Endpunkt erreicht hatten.[5] Die wesentlichen Stationen der Debatte umfassen sowohl eine Rede des Bundeskanzlers auf der Computermesse CeBIT in Hannover, diverse Expertenkommissionen und ihre Entwürfe, zweifache Einbringung und Beratungen im Bundestag und im Bundesrat (letztere inklusive eines Eklats bei der Abstimmung), eine Diskussion über das Verhalten des Bundespräsidenten sowie eine Rüge des Staatsoberhauptes an die

5 Vgl. zum Folgenden grundsätzlich Heigl 2003, die die Debatte anhand einer intensiven Auswertung der Zeitungsberichterstattung dokumentiert und auf Spezifika politischer Steuerungsmechanismen abhebt. Zum Überblick auch Geiss 2002. Zur Einschätzung nach dem Bundesverfassungsgerichtsurteil vgl. Zuwanderungsgesetz: Die blockierte Reform (2003). Chronologien finden sich in Die Welt v. 23.10.2002 und v. 21.06.2003.

beteiligten Akteure und nicht zuletzt eine Entscheidung des Bundesverfassungsgerichtes (vgl. auch Hennecke 2003: 184ff.). Durch die Fülle von Stationen und Ereignissen durchleuchtet gerade das Zuwanderungsgesetz die angesprochenen Arenen des Politikmanagements und ihre jeweils eigene Handlungslogik.

Das Einwanderungsgesetz im Lichte des Regierungswechsels 1998

Die Regelung der Zuwanderung stand mit dem Regierungswechsel 1998 unmittelbar auf der Tagesordnung der rot-grünen Koalition (Heigl 2002: 40ff.; zum gesellschaftspolitischen Hintergrund auch Bade/Münz 2000). Die Grünen betrachteten gerade diese Frage als wichtige inhaltliche Weichenstellung und Ausweis ihrer Programmatik. Sie hatten bereits 1997 (vergeblich) einen entsprechenden Gesetzesentwurf eingebracht. Und auch die SPD hatte diesen Punkt in ihr Wahlprogramm aufgenommen. Gleichwohl wurde dieser Frage von dem großen und dem kleinen Koalitionspartner jeweils unterschiedliches Gewicht und Dringlichkeit verliehen: Der Betonung auch problematischer Aspekte der Einwanderung auf der einen Seite stand auf der anderen Seite die Leitfigur einer multikulturellen Gesellschaft gegenüber. Das Thema befand sich in dieser Hinsicht also im Zentrum der parteidemokratischen Arena und wurde bei der Koalitionsvereinbarung entsprechend den bei der Bundestagswahl festgelegten Mehrheitsverhältnissen behandelt: Die Grünen konnten sich mit der Forderung nach einer Gesetzesinitiative nicht durchsetzen. Dabei spielte – im Rahmen der verhandlungsdemokratischen Arena bei den Koalitionsverhandlungen – aber auch das parallele Projekt der Reform des Staatsbürgerschaftsrechts eine Rolle, auf das sich beide Regierungsparteien einigen konnten und das sie vorrangig verfolgen wollten. Ebenso wie die Regierungserklärung rang sich die Koalitionsvereinbarung nicht zur Feststellung durch, Deutschland sei ein Einwanderungsland; stattdessen findet sich die Anerkennung, „dass ein unumkehrbarer Zuwanderungsprozess in der Vergangenheit stattgefunden hat" (Koalitionsvereinbarung 1998: 36). Der neue Innenminister Otto Schily ließ darüber hinaus deutlich erkennen, dass er keinen Spielraum für weitere Zuwanderung in Deutschland sehe – und dies nicht zuletzt, um Befürchtungen vor dem Hauptprojekt der Reform des Staatsangehörigkeitsrechts zu mildern (Heigl 2002: 48ff.). Das Thema Zuwanderung war zu Beginn der Legislaturperiode also parteidemokratisch präjudiziert und verhandlungsdemokratisch vorläufig eingehegt.

Die Hessen-Wahl: Übergang zur Ebene der Verhandlungsdemokratie

Das Thema verschwand damit jedoch nicht von der Tagesordnung: Zum einen präsentierte die FDP eigene Überlegungen zu einem Zuwanderungsgesetz und zum anderen beeindruckte die im Kontext des hessischen Landtagswahlkampfs von der CDU geführte Unterschriftenkampagne gegen das neue Staatsangehörigkeitsrecht die Bundesregierung nachhaltig. Mit dem Wahlsieg von Roland Koch (CDU) am 7. Februar 1999 wurde sowohl das Thema Zuwanderung als auch die Staatsbürgerschaftsreform anders wahrgenommen (Heigl 2002: 55f.) – zugleich eröffnete sich auf anderer Ebene die Arena der Verhandlungsdemokratie: Im Bundesrat hatte die Koalition mit dem Verlust Hessens auch die eigene Mehrheit verloren. Von nun an hatte sie die Regeln und Grenzen des kooperativen Föderalismus zu beachten und musste kompromissfähig gegenüber der CDU/CSU bleiben.

Nutzer der Mediendemokratie: Innenminister und Bundeskanzler

In der Folge tat sich Innenminister Otto Schily hervor, der nun eine mögliche Änderung (und Einschränkung) des Asylrechts thematisierte – dies jedoch nicht innerhalb der Gremien von Partei oder Koalition sondern in einer Reihe von Zeitungsinterviews. Damit nutzte er die Möglichkeiten der Mediendemokratie, um an potentiell ablehnenden politischen Akteuren vorbei politische Signale zu setzen. Wichtig bei dieser Initiative des Innenministers war die stillschweigende Unterstützung des Bundeskanzlers (Heigl 2002: 58). Anstelle eines umfassenden neuen Zuwanderungsgesetzes war somit neben die Reform des Staatsbürgerschaftsrechts auch die mögliche Neugestaltung des Asylrechts getreten.

Diese Debattenlage erhielt durch die Rede Gerhard Schröders auf der Hannoveraner Computermesse CeBIT am 22. Februar einen neuen Akzent. Unmittelbar auf eine Anregung des Vorredners und Präsidenten des Bundesverbandes Informationswirtschaft, Volker Jung, eingehend, bot der Kanzler an, über Möglichkeiten zu reden, Spezialisten aus dem Ausland nach Deutschland holen zu können, „die wir benötigen, um den Aufbruch, von dem ich geredet habe, wirklich in Arbeit, in Beschäftigung, in Wirtschaftskraft umzusetzen" (Schröder 2000). Und weiter: „Ich bin dazu bereit. Und die Bundesregierung ist dazu bereit. (...) Wir sind dazu bereit, jene Card zu geben, die in Amerika „Green" heißt, bei uns würde sie „Red-Green" heißen." Im Nachhinein gab es erhebliche Spekulationen darüber, ob Schröder hier situativ reagiert habe oder die Initiative seit Wochen im Kabinett verhandelt wurde (Heigl 2002: 61). Die Textpassage sollte in jedem Fall das Bild eines führungskräftigen, pragmatischen und anpackenden Bundeskanzlers vermitteln, der den wirtschaftlichen Aufschwung unterstützen will und daraus eine „Chefsache" macht – die zuständigen Ressortminister wurden von der Initiative mehr oder weniger überrascht. Als Gerhard Schröder in Hannover sprach, bewegte er sich in der Arena der Mediendemokratie.

Gleichzeitig befand sich das Thema der Zuwanderung aber weiterhin in der Arena der Parteiendemokratie. Die positiven Effekte,

Zuwanderung auf der Ebene der Parteiendemokratie

die Schröder unter mediendemokratischen Gesichtspunkten mit der CeBIT-Rede erreicht hatte, konnten auf der parteidemokratischen Ebene durchaus Negativeffekte haben, wo das Thema unter machtpolitischen und wiederwahlabsichernden Aspekten weiterhin als sensibel galt. Bedingt durch die CDU-Spendenaffäre war die Regierung jedoch aus der Defensive geraten und eine potentielle Wiederauflage der Unions-Kampagne zur Zuwanderung war im nordrhein-westfälischen Landtagswahlkampf unter dem Slogan „Kinder statt Inder" gescheitert. Mit dem Abschneiden der FDP ergab sich zudem die Option auf eine Koalitionsänderung im Bund, wodurch die Position des grünen Koalitionspartners abermals geschwächt wurde. Zugleich markierte die Einführung einer „Blue Card" am 4. Juli in Bayern (Heigl 2002: 67) einen Kurswechsel der Opposition – neue Konsensmöglichkeiten eröffneten sich. Unter dem Aspekt des „Nutzens" geregelter Zuwanderung auch für die bundesdeutsche Wirtschaft näherte sich die Union dem Thema. Die Forderungen nach einem Zuwanderungsgesetz kamen nunmehr aus allen Parteien und auch der Bundespräsident forderte eine umfassende Neuregelung in seiner Berliner Rede am 12. Mai 2000 (Rau 2000) – einzig die SPD zeigte sich zögerlich.

Die Zuwanderungskommission: Versuch der Rückführung zur Verhandlungsdemokratie

Die Einberufung einer Zuwanderungskommission unter dem Vorsitz der Ex-Bundestagspräsidentin und CDU-Politikerin Rita Süssmuth stellte sich für Innenminister Schily in dieser Lage als angemessene Steuerungsmöglichkeit für die Regierung dar (auch Müller-Russel 2002): Ein öffentlichkeitswirksames Handlungssignal wurde gesetzt, die Oppositionspartei wurde mittelbar eingebunden und das Problem zunächst wieder in die Arena der Verhandlungsdemokratie überführt: „In der geschlossenen Arena können leichter Kompromisse erzielt werden, weil die Zahl der Teilnehmer begrenzt ist und die Verhandlungen unter Ausschluss der Öffentlichkeit stattfinden. An die Stelle des Parteienwettbewerbs tritt dann die Orientierung an der sachlichen Problemlösung" (Heigl 2002: 72). Zugleich war Zeit gewonnen; die Kommission legte ihren Bericht erst am 4. Juli 2001 vor. Schily betonte auch gegen die Anliegen des grünen Koalitionspartners während der weiteren Arbeiten und Verhandlungen durchgängig die Gemeinsamkeiten mit der CDU/CSU – eine „pure Notwendigkeit angesichts der Mehrheitsverhältnisse im Bundesrat" (Heigl 2002: 85). Parallel zur Süssmuth-Kommission setzten jedoch auch alle anderen Parteien Zuwanderungskommissionen ein – das Thema war also keinesfalls aus der parteidemokratischen Arena verschwunden. CDU-Fraktionschef Friedrich Merz wandte sich sogar explizit gegen die Verlagerung des Themas in außerparlamentarische Runden: „Mit uns gibt es keine Runden Tische. Der Runde Tisch steht im Parlament." Schily forderte hingegen symptomatisch ein „Bündnis der Vernünftigen" (zit. nach Heigl 2002: 86f.).

Erneute Überlagerung durch die Arena der Parteiendemokratie

Der am 3. August 2001 vorgelegte Referentenentwurf auf der Grundlage der Süssmuth-Kommission fand einstweilen breite gesellschaftliche Zustimmung auch von Seiten der Wirtschaft, der Gewerkschaften und der Kirchen. Trotz deutlicher Referenzen an die Anliegen der Union gab es dagegen in der Opposition unterschiedliche Auffassungen über den Entwurf. Dieser wurde für die Regierung aber auch von anderer Seite zum Problem: Mittlerweile fühlte sich der grüne Koalitionspartner nicht mehr angemessen vertreten. Ein Vorstandsbeschluss der Grünen vom 3. September wies den Referentenentwurf als inakzeptabel zurück (Heigl 2002: 97) und dies in einer Situation, in der die Handlungsfähigkeit der Koalition mit weiteren außenpolitischen Schwierigkeiten (Mazedonien-Einsatz) ohnehin belastet war. Die Bundesregierung zeigte sich weiterhin zurückhaltend, was die Beschlussfassung und Einbringung des Entwurfs anging. Neben dem fehlenden Konsens drohte auch eine Landtagswahl (diesmal am 23. September in Hamburg) das Thema explosiv aufzuladen (Heigl 2002: 83f.). Es ist durchaus festzustellen, dass den Akteuren in der verhandlungsdemokratischen Arena drohte, die „Luft" auszugehen – und zwar in dem Maße, wie parteidemokratische Überlegungen der eigenen Profilierung zunahmen (dazu auch Kropp 2000: 154).

Der Terror-Anschlag vom 11. September 2001 und die Konzentration auf Aspekte der inneren Sicherheit verzögerten und verkomplizierten abermals die Entscheidungsfindung (Heigl 2002: 101ff.). Im Bundesrat stellte sich dagegen durch das Ergebnis der Wahlen zum Berliner Abgeordnetenhaus eine Pattsituation zwischen Regierung und Opposition ein, in der dem Stimmverhalten der großen Koalition in Brandenburg entscheidende Bedeutung zukam.

Der Entwurf wurde schließlich noch mehrmals geändert, bevor er am 7. November 2001 vom Kabinett beschlossen wurde. Der eigentliche Gesetzgebungsprozess war damit eingeläutet, die beteiligten Parteien konnten jedoch auch während der parlamentarischen Beratung keinen übergreifenden Konsens herstellen. Am 1. März 2002 verabschiedete der Bundestag mit rot-grüner Mehrheit schließlich das Gesetz (von der CDU/CSU Fraktion stimmten Rita Süssmuth, Heiner Geißler und Christian Schwarz-Schilling zu; die FDP enthielt sich). Nicht zuletzt verhandlungsdemokratische Mühen der Konsenssuche hatten das Thema mittlerweile allerdings in einer Weise in der parteidemokratischen Arena exponiert, wie es die Regierung eigentlich von Beginn an hatte verhindern wollen. Zusätzlich zur sich abzeichnenden Personalisierung zwischen Kanzler und Kanzlerkandidat stand nun auch noch die „Machtfrage“ Edmund Stoibers innerhalb der Union auf der Tagesordnung des nun entscheidenden Showdowns im Bundesrat. Der damalige niedersächsische Ministerpräsident Siegmar Gabriel sagte in der Debatte vom 22. März 2002: „Hier läuft ein absurdes Theater ab. Es wird eine Debatte eingeleitet, bei der es nicht mehr um die Sache geht, weil sich die gesamte Diskussion zurzeit nicht mehr um die Sache dreht. In Wahrheit geht es natürlich um die Frage: Wer stellt in Deutschland das politische Alpha-Tier?“ (zit. nach Heigl 2002: 123) Die umstrittene Zustimmung des Bundesrates (Seils 2003), die Äußerungen des Bundespräsidenten, die Nichtigkeitserklärung durch das Bundesverfassungsgericht, das die förmliche Unvereinbarkeit des Zustandekommens des Gesetzes mit dem Grundgesetz festhielt (Will 2003) sowie die abermalige Einbringung in Bundestag und schließliche Ablehnung im Bundesrat sollen an dieser Stelle nicht im einzelnen nachgezeichnet werden.

Fazit: Arenen des Politikmanagements

Ausgeleuchtet von den Scheinwerfen der Mediendemokratie und durchaus beeinflusst von ihren Regieanweisungen dokumentierten Regierung und Opposition mit dem „Theater“ der Bundesratsabstimmung am 22. März 2002 nachdrücklich das Steuerungstrilemma bundesdeutscher Politik. Die Verstrickung in diesem Trilemma ist teils durch strukturelle Faktoren begünstigt, teils durch situative Konstellationen befördert, teils aber auch durch politisches Nicht-Handeln und Handeln zu gestalten. Damit gerät die Frage nach den Handlungskorridoren des Regierens ins Blickfeld.

5.1.6 Handlungskorridore des Regierens

Das Fallbeispiel „Zuwanderung“ zeigt exemplarisch, wie die Arenen des Politikmanagement miteinander verflochten sind. Aus den drei Handlungsebenen der Parteien-, Verhandlungs- und Mediendemokratie haben der Kanzler und seine Netzwerker unterschiedliche Sach- und Machtkoalitionen auf Zeit geschmiedet. Ausgangspunkt war eine konkrete Lageanalyse als Problemdiagnose („green-card-coup“/Hennecke 2003: 184ff.), die sich freilich im Verlauf der langen Diskussion inhaltlich und machtpolitisch veränderte.

Interdependenzmanagement

Das Beispiel dokumentiert auch, dass eine traditionelle Sichtweise einer hierarchisch koordinierten Steuerung nicht ins Bild der modernen Regierungsforschung passt. Aber auch die gegenteiligen Vorstellungen von der Unregierbarkeit treffen keineswegs zu. Die Zuwanderungsfrage ist keineswegs im Sinne einer Problemlösung entschieden, doch das moderierende Interdependenzmanagement der vielen Akteure hat erste Reformschritte eingeleitet. Wer Reformvorhaben durchsetzen möchte, steht vor einem „Schachspiel für Großmeister" (Voigt 1995: 33). Staatliche Politik wird heute angesichts einer funktional differenzierten Gesellschaft in Verhandlungen zwischen formal und funktional interdependenten Akteuren und Institutionen formuliert und implementiert (Grande 1995: 327ff.; Korte 2001d: 50ff.). Zeitgleich sind die Erwartungshaltungen der Bürger gegenüber den Regierenden nicht nur gestiegen, sondern auch wesentlich unkalkulierbarer geworden (Glaab/Kießling 2001), wie im Kapitel über die politische Kultur bereits gezeigt werden konnte. Die mittlerweile weitgehend fernsehvermittelte politische Kommunikation schuf für das Regieren einen Resonanzraum fluider Öffentlichkeit, der einer Publikumsgesellschaft gleicht, wie im Kapitel 5.2 noch zu erläutern sein wird.

Regieren unter veränderten Rahmenbedingungen

Wie kann eine Bundesregierung unter diesen veränderten Rahmenbedingungen dennoch regieren? Was ist dazu über das Fallbeispiel der Zuwanderung hinaus systematisch und strategisch ableitbar? Wie kann der Kanzler den Verlust an Handlungsautonomie, wie er in den vorhergehenden Teilkapiteln beschrieben wurde, durch anderweitige Autonomiegewinne kompensieren? Welche Mittel und Instrumente ermöglichen es der Regierung, die drei Handlungsebenen der Parteien-, Verhandlungs- und Mediendemokratie offensiv zur Regierungssteuerung zu nutzen?

Handlungskorridor offen halten

Um solche Fragen zu beantworten, ist es hilfreich, erneut an spezifische Zugänge der Entscheidungsanalyse zu erinnern, die den jeweiligen Handlungskorridor des Regierungschefs stärker berücksichtigen – sozusagen einen „Kanzlerzugang" zur Steuerungsproblematik. Denn möglicherweise bedarf es im verhandelnden Staat um so mehr mächtiger Zentralinstanzen, weil sie allein in der Lage sind, die konsensdemokratische Pluralität und Fragmentierung zu bündeln und einer Entscheidung zuzuführen. Deshalb lautet die Leitfrage für dieses Teilkapitel: Wie konnten sich die Bundeskanzler diesen Handlungskorridor offen halten?

Instrumente des Regierungshandelns

Die nachfolgend skizzierten acht Varianten von Regierungshandeln sind Bestandteile einer modernen Regierungstechnik. Dabei handelt es sich um Instrumente des Regierungshandelns, die im politischen System der Bundesrepublik Deutschland mittlerweile gebräuchlich sind[6]:

[6] Auch in anderen Ländern sind Varianten davon erkennbar: Korte 2001b.

Abb. 33: Handlungsinstrumente des Regierens

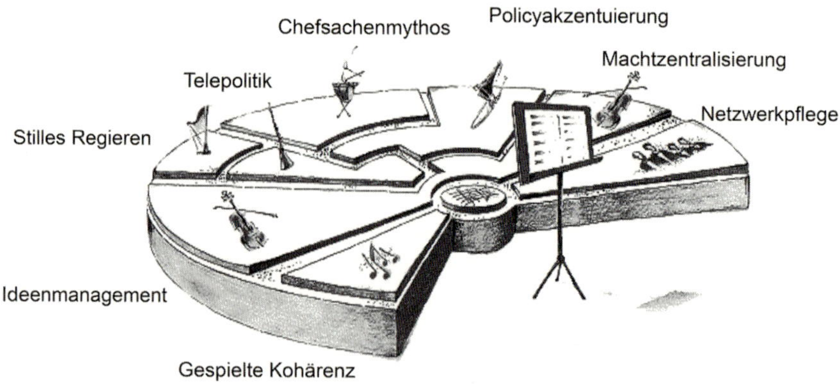

Quelle: Eigene Darstellung.

Entscheidungsalternativen zu besitzen, kennzeichnet politische Macht

Gespielte Kohärenz

Alle acht deutschen Bundeskanzler lassen sich situationsspezifisch als Pragmatiker des Augenblicks charakterisieren, die sich zunächst alle politischen Optionen offen hielten, um verschiedene Möglichkeiten sondieren zu können. Entscheidungsalternativen zu besitzen, kennzeichnet politische Macht. Kurzfristige Entscheidungen wurden häufig nach machtpolitischen Gesichtspunkten und weniger nach inhaltlichen Prämissen getroffen. Dies lässt sich durch den über Adenauer kolportierten Satz: „Was stört mich mein Geschwätz von gestern?“ anschaulich illustrieren. Obwohl Tagessiege und kurzfristige Arrangements häufig ein Charakteristikum politischer Führung sind, lassen sich in dieser Hinsicht in den letzten fünfzig Jahren deutliche Veränderungen feststellen.

Das Regieren in der Kanzlerdemokratie musste auf Herausforderungen institutioneller und gesellschaftlicher Natur reagieren, die durch die zunehmende Binnenkomplexität und das Anwachsen weiterer Vetospieler verursacht wurden. Diese Entwicklungen grenzten den Aktionsraum der Kanzler immer weiter ein und führten zu einer fortgesetzten Fragmentierung der ohnehin begrenzten Steuerungsmöglichkeiten. Diese Verschiebung im Machtgefüge zuungunsten der Kanzler verursachte auch das Scheitern von Reformvorhaben größeren Ausmaßes.

Aber auch gesellschaftlich macht sich die Fragmentierung bemerkbar. Die Pluralisierung von Lebensstilen vervielfältigte die kulturellen und sozialstrukturellen Milieus (Vester 2001). Die weitere

Ausdifferenzierung der Gesellschaft führt zu einer merkwürdigen Ambivalenz für die Politik: Zu einem Zeitpunkt, da der Politik eine Omnipräsenz in praktisch allen gesellschaftlichen Lebenszusammenhängen vorgeworfen wird, verliert diese Politik mehr und mehr ihre allgemein-verbindliche Prägekraft. Partikulares bestimmt den politischen Horizont. Annähernde Omnipräsenz und gleichzeitiger Rückzug des Politischen – diese Dialektik kennzeichnet den Politikbegriff und bestimmt das Regierungshandeln. Denn auf die doppelte Herausforderung – institutionell und gesellschaftlich – reagierten die Regierungschefs mit dem Instrument der gespielten Kohärenz (Walter/Dürr 2000: 7ff.). Was die Kanzler an Handlungsautonomie einbüßten, versuchten sie über den Schein einer Politik der Kohärenz spielerisch als Autonomiegewinn für sich zu verbuchen – auch eine Reaktion auf die Krise der politischen Repräsentation (Korte 2000c: 1ff.). Kanzler müssen geschmeidig, integrativ und anpassungsfähig sein. Sie verkörpern gegenüber den Bürgern den verlässlichen Lotsen, der das Publikum durch Problemfelder begleitet, den die Bürger jedoch jederzeit auch unkalkulierbar wieder von Bord schicken können (Korte 2002a). Moderation ersetzt dabei häufig Steuerung. Ebenso dominiert die Darstellung und Inszenierung gegenüber der Entscheidung. Es ist dieser Urgrund des Politischen sowohl bei den Erwartungshaltungen gegenüber der Regierungspolitik als auch als Instrument der Politik, der die Kanzler zu einem Regierungsstil spielerischer Kohärenz zunehmend antreibt.

Omnipräsenz und gleichzeitiger Rückzug

Spielerische Kohärenz

Hinderlich können deshalb – je nach politischem Zeitklima – langfristige politische Projekte oder gar Visionen sein. Konrad Adenauers Westintegrationspolitik oder die Ost- und Reformpolitik Willy Brandts entsprangen im Zeitalter des Ost-West-Konflikts noch einer langfristigen ideologischen Projektausrichtung. Vorschnell neigt man dazu, den Führungsstil ohne ideologischen Grundboden erstmals auf die Kanzlerschaft Gerhard Schröders zu übertragen, der ganz unterschiedliche Klientel bedient. Doch schon bei Helmut Kohl lässt sich der Versuch des Scheins spielerischer Kohärenz spätestens seit Anfang der 90er Jahre analysieren (Korte 1998; ders. 1998a).

Führungsstil ohne ideologischen Grundboden

Europäische Integrationsfortschritte, die Offenheit der deutschen Frage, feste atlantische Partnerschaft, Stabilitäts- und Vertrauensanker in der Weltpolitik – diese Auflistung markiert die politische Wertewelt des Kanzlers Kohl. Relativ unbeirrbar hielt er an diesen Grundprämissen fest. Keineswegs hatte Kohl einen konkreten außenpolitischen Regieplan. Mit seiner Wahl zum Bundeskanzler am 1. Oktober 1982 begann nicht die Politikgeschichte, die zielgerichtet zur europäischen Währungsunion und zum Euro führte. Eben-

Deutsche und europäische Einheit

so sucht man vergeblich einen konkreten operativen Fahrplan zur deutschen Einheit. Doch als unverrückbare Grundüberzeugungen formten atlantische Wertegemeinschaft, deutsche und europäische Einheit sein politisches Selbstverständnis. Diese Trias pflegte Kohl wie Ikonen: die deutsche Einheit in Freiheit, im Westen verankert, in Europa integriert. Drohten Beschädigungen an der Gesamtausrichtung, kümmerte er sich auch bis ins kleinste Detail um politische Lösungen in Verhandlungskontexten.

In geradezu Adenauerscher Gelassenheit blieb Kohl beim Arsenal der immer wiederkehrenden Grundbegriffe und Sprachbilder (Fröhlich 1997). Der programmatische Wortschatz orientierte sich am Alltagswissen, ohne tiefsinnig zu scheinen, und transportierte in den Vereinfachungen auch stets Vertrautes. Mit der dabei mitschwingenden emotionalen Botschaft, die ohne verbindliche Präzision war, traf er, innenpolitisch angetrieben, durchaus auf Koordinaten bürgerlicher Empfindungen der politischen Mitte, die er mit seiner Politik ansprechen wollte. Dies war die unverstellte, persönliche Essenz der Kohlschen Außenpolitik: mehr Botschaft als Strategie, mehr gemeinschaftsorientiertes Selbstverständnis als konkrete Entscheidungsalternative.

Fehlendes innenpolitisches Konzept

Helmut Kohl wurde erst durch die Ereignisse des Einigungsprozesses zum außen- und weltpolitischen Akteur. Angetreten war er als Innenpolitiker mit eher provinzieller Ausstrahlung. Doch gerade in der Innenpolitik fehlte im Rückblick die klar erkennbare Handschrift. Bereits die ersten Regierungserklärungen 1982 und 1983 deuteten auf Krisenbewältigung: Steuerreform, Bekämpfung der Arbeitslosigkeit und Haushaltskonsolidierung. Diese Politikfelder begleiteten Kohl bis zum Ende seiner Amtszeit. Die fehlende Kontur eines innen-, sozial- und wirtschaftspolitischen Konzeptes hing insbesondere damit zusammen, dass Kohl die Innenpolitik funktional betrachtete: Was ist wichtig, um den Machterwerb nicht zu gefährden? Er kümmerte sich um diese Sachthemen, wenn sie für seinen Machterhalt vorrangig waren. So bleiben beispielsweise die Steuerreformen der 80er Jahre, die Einführung von Erziehungsgeld und Erziehungsjahrrente oder auch die Gründung des Umweltministeriums Teilstücke im unvollendeten Großpuzzle des Machtinhabers. Grenzenloser innenpolitischer Pragmatismus stand so neben Prinzipienfestigkeit in den außenpolitischen Grundkoordinaten der Republik.

Bundeskanzler Kohl war zuallererst der pragmatische Moderator, der versuchte, den Schein der Kohärenz herzustellen. Das erforderte ein subtiles Machtarrangement ohne eigenen programmatischen Anteil. Der Rückblick auf die sechzehnjährige Kanzlerschaft signalisiert, dass nicht erst Schröder, sondern bereits Kohl ein Pragmatiker des Augenblicks war – geboren aus der Notwendigkeit Handlungsautonomie für das Regierungsgeschäft zurückzugewinnen.

Pragmatiker des Augenblicks

Bei Kanzler Schröder war die Regierungssteuerung durch pragmatische Ressourcennutzung zu einem Grundprinzip geworden (Murswieck 2003: 131f.; hierzu auch Helms 2001). Schon als Ministerpräsident von Niedersachsen gehörte der flexible Wechsel von Positionen, die pragmatische Spontaneität und das Verständnis von Politik als eine unideologische Ware zu seinem Kennzeichen. Gerade durch sein Talent zur mediendemokratischen Inszenierung – im Gegensatz zum parteienstaatlichen Kompass des Helmut Kohl – konnte Bundeskanzler Schröder diesen Pragmatismus, dieses inhaltlich Unverbindliche, als ein Instrument des Regierens einsetzen. Das konnte je nach politischer Situation ein taktisches Zeichen von Stärke sein, andererseits konnte er dadurch auch zum Spielball seiner eigenen Performance werden: „Pragmatismus ist gut, aber zugleich bedarf es einer Vision von der Gesellschaft, die man anstrebt“ (Giddens 2002: 8). Insofern ist zu prüfen, ob beim Instrument des Ideen-Managements hier ergänzende Akzente zu setzen sein werden.

Mediendemokratische Inszenierung

Schröders gespielte Kohärenz hing in der zweiten Legislaturperiode ab März 2003 mit der Agenda 2010 zusammen (Korte 2007: 172). Sie ist, nach einer relativ chaotischen zweiten Startphase ab Herbst 2002, bis zum Frühjahr 2005 eine Leitidee seines Regierungshandelns gewesen. Unterschiedliche Reformwerkstätten von der Gemeindefinanzreform bis zum Umbau der Arbeitsämter subsumieren sich unter die Formel der Agenda 2010 – einem technokratischen Begriffscontainer mit der Anmutung zur Optimierung von Modernisierungsprozessen.

Doch auch der vermeintlich neue Politikstil der Kanzlerin Merkel stößt zunehmend an seine Grenzen (Grasselt/Korte 2007: 165f). Sie betonte in ihrer ersten Regierungserklärung 2005 „Verlässlichkeit“ zum Markenzeichen der Politik ihrer Bundesregierung zu machen (Merkel 2005). Ihr Ziel war es, verlässliche politische Entscheidungen wieder in den Mittelpunkt der politischen Führung zu rücken und somit den Bürgern ein Stück Vertrauen in die Politik zurück zu geben. Dabei überwiegt die Wahrnehmung, dass Merkel politische Entscheidungen wichtiger erscheinen als das starrsinnige Festhalten an eigenen Positionen (Schwennicke/Schneider 2006). So arbeitet die Bundesregierung geschäftsmäßig den Koalitionsvertrag ab – eher buchhalterisch als ambitioniert. Notwendige systemverändernde Reformvorhaben verkommen im Tagesalltag des kleinsten gemeinsamen Nenners häufig zur staatlichen Selbstkorrektur. Die Gesundheitsreform ist dafür ein treffendes Beispiel.

Oftmals wurden auch handwerkliche Fehler bemängelt, wie z.B. bei der Neuregelung des „Verbraucherinformationsgesetzes" und dessen Ablehnung durch den Bundespräsidenten, da es nach seiner Auffassung gegen das Grundgesetz verstoße. Solche eher handwerklichen Mängel führten dazu, dass Gesetzesvorhaben modifiziert werden mussten. Déjà-vu stellte sich bei den Beobachtern ein: Wie bei Rot-Grün wird auch bei Schwarz-Rot immerwährend nachgebessert. Gespielte Kohärenz ist unter solchen Umständen schwerlich als Instrument einsetzbar. Gleichwohl schafft es Merkel so, einen Schein von Kohärenz durch präsidentielle Moderation als Grundmelodie ihres Regierungshandelns zu etablieren.

Machtzentralisierung

Im Mittelpunkt des Regierungsmanagements steht zunächst die Machtzentralisierung (grundsätzlich dazu Hirscher/Korte 2001). Die Kanzler erhalten ihre Macht durch tägliche Einflusssicherung, weniger durch ihre Herrschaft. Denn die Herrschaft im Sinne einer hierarchischen Ordnung, z.B. als gewählter Vorsitzender einer Partei, stabilisiert aus dem Amt heraus keinen Machtanspruch. Selbst wenn der Machterwerb zu klaren Mehrheitsverhältnissen führte, ersetzten diese nie die mühsame Tagesarbeit der Machtstabilisierung durch den Aufbau von Kommunikationsnetzwerken, die erst Regierungsarbeit und Machterhalt sichern. Welche strategische Nutzung der vorhandenen Institutionen wurden von den Kanzlern bevorzugt? In Deutschland versuchten bis heute alle Kanzler mit unterschiedlichem Geschick, Steuerungsleistungen im Sinne der hierarchischen Machtzentralisierung über (a) die Machtnahme der Partei und (b) den Ausbau des Kanzleramtes auszuüben (Niclauß 2000; vgl. Korte 1998a; Gros 1998; ders. 2000).

Machtstabilisierung durch den Aufbau von Kommunikationsnetzwerken

a. Die Machtnahme der Partei

Dass der Kanzlermacht durch institutionelle Regelungen oder „Gegenregierungen" Macht abhanden gekommen ist, kann durch den Ausbau der eigenen Parteimacht innerhalb der Bundesorganisation, auf Landesebene oder auch durch verbessertes Zusammenspiel mit der Bundestagsfraktion kompensiert werden. Alle Kanzler übten bereits im Auftrag ihrer Partei wichtige Funktionen als Ministerpräsident (Kiesinger, Brandt[7], Kohl, Schröder), Minister im Bundeskabinett (Erhard, Brandt, Schmidt, Merkel), Fraktionsvorsitzender im Bundestag (Merkel) oder Leiter von wichtigen anderen politischen Einrichtungen (Parlamentarischer Rat bei Adenauer, Zwei-Zonen

Parteimacht

[7] Willy Brandt war von 1957 bis 1966 Regierender Bürgermeister von Berlin.

Verwaltung bei Erhard) aus, bevor sie als Kanzlerkandidaten nominiert wurden.[8] Als Kanzlerkandidaten wurde ihnen parteiintern zumindest im Wahlkampf Folgsamkeit und Loyalität zugesichert. Mit dem Wahlerfolg stabilisiert sich jedoch nur anfänglich die Macht, denn bereits die Auswahl der Bundesminister und die Besetzung wichtiger Ämter durch Parteifreunde können den ersten Testfall der Kanzlerschaft bedeuten.

Bei den Großparteien, die den Kanzler stellen, handelt es sich um vielfach geschichtete Machtstrukturen. Sie sind als Polyarchien (Dahl 1971) zu charakterisieren, die der Parteispitze nur einen begrenzten Verpflichtungscharakter gegenüber den freiwilligen Mitgliedern erlauben (dazu auch Kapitel 4.3). Die großen Parteien werden programmatisch, über bestimmte Persönlichkeiten oder schlichtweg aus Traditionsverbundenheit zusammengehalten. Subtile personale Netzwerke sichern die Zustimmung für den Parteivorsitzenden. Die Konzentration auf den Parteivorsitzenden unter hierarchischen Gesichtspunkten trägt machtpolitisch nicht lange, da sich die Legitimation, die mit der Wahl zum Vorsitzenden oder zum Kanzler einhergeht, als Machtressource in der Regel alltagspolitisch nicht nutzen lässt.

Parteivorsitz lässt sich als Machtressource nicht nutzen

Ein wesentlich geeigneteres Mittel zum Machterhalt liegt in einer umfangreichen Patronagetätigkeit, die auf jeden Fall effektiver ist als der Verweis auf die Legitimität der Herrschaft. Durch Ämterpatronage werden Parteimitglieder für die Dauer der Amtszeit an den Amtsträger gebunden. Innerparteiliche Widersacher müssen eingebunden, weggelobt oder intensiv beschäftigt werden. Ausschalten durch Einbinden heißt die Devise, wie in Kapitel 5.1.4 näher erläutert wurde.

Ausschalten durch Einbinden

Parteimacht hatten die Bundeskanzler mit längerer Amtsdauer fest im Blickfeld. Adenauer schuf sich seine Partei (Lösche 1998; Walter/Dürr 2000: 5ff.). Erst im Alter von siebzig Jahren konnte er selbst Mitglied der Bundespartei (1950) werden. Die grandiosen Wahlsiege 1953 und 1957 zeigten überdeutlich, wie Adenauer zur unumstrittenen Führungspersönlichkeit geworden war (dazu Bösch 2001). Nicht grundlos sprach man später für die 70er Jahre von einer „nachgeholten Parteibildung“ (Scheer 1977). Adenauer war Experte im Umgang mit informellen Entscheidungsmodi. Die gründungsbedingte Fragmentierung der Partei in den Anfangsjahren verhinderte eine konzertierte Opposition gegen den Vorsitzenden. Adenauer soll die Geschäftsräume der Bundes-CDU nie aufgesucht haben. Die Schaffung eines geschäftsführenden Vorsitzenden und die Initiati-

Nachgeholte Parteibildung

[8] Verfahren der Nominierung sind sehr unterschiedlich, vgl. Heise 2001. Streng genommen erhielt zuerst Willy Brandt den formal nicht fixierten Titel des „Kanzlerkandidaten“. Vgl. auch März 2002: 223f.

Parteimacht Adenauers

ven zur Etablierung eines Generalsekretärs deuten seit Anfang der 60er Jahre an, dass die Vitalisierung der CDU gleichzeitig die Erosion der Parteimacht für Adenauer bedeutete. Die Stärke der Bundestagsfraktion hat Adenauer stets bedacht. Seine erste formelle Abstimmungsniederlage erlitt er erst 1962. Partei und Fraktion entzogen ihm im Kontext der Spiegel-Affäre und des weithin fehlinterpretierten deutsch-französischen Vertrages ihre Unterstützung. Das letzte Kabinett Adenauers trug bereits das Signum einer Übergangsregierung.

Sowohl Erhard als auch Kiesinger wurden erst als Bundeskanzler auch Parteivorsitzende.[9] Das gleiche galt für Gerhard Schröder. Erhard griff erst gegen Ende seiner Amtszeit (März 1966) nach diesem Amt. Ebenso wie Kiesinger hatte Erhard wenig Verständnis für Parteimacht. Beide glaubten, dass die Kompetenz als Kanzler – das Kanzlerprinzip – ausreicht, um regieren zu können. Beide hatten eher einen harmoniegeprägten Politikbegriff, der wiederum Erhard als den Anti-Adenauer zeitgemäß erscheinen ließ und Kiesinger beim Vermitteln in der Großen Koalition half. Erhard scheiterte als Kanzler in der Wirtschaftskrise, weil ihm der Rückhalt in der Partei fehlte. Als er im März 1966 zum Parteivorsitzenden gewählt wurde, kündigte das Wahlergebnis (385 Stimmen von 558 Delegierten) bereits den Abstieg des Kanzlers an.

Parteimacht Erhards

Parteimacht Kiesingers

Kiesingers Hausmacht war auf den Landesverband Baden-Württemberg begrenzt. Unter Generalsekretär Bruno Heck beschleunigte sich die Entwicklung einer eigenständigen Parteibasis (Hintergrund bei Niclauß 2004; Görtemaker 1999). Die Bundestagsfraktion dominierte Barzel, der in enger Abstimmung mit Schmidt das komplizierte Regierungshandeln der Großen Koalition erst ermöglichte. Kiesinger gewann zwar die Wahlen von 1969, ihm fehlte jedoch der Koalitionspartner. Seine Partei trennte sich 1971 relativ schnell von ihm als Vorsitzenden, denn die Erneuerung sollte in der Opposition zunächst über die Bundestagsfraktion laufen, in der Barzel das Sagen hatte.

Parteimacht Brandts

Willy Brandt war Parteivorsitzender ab 1964. Anders als nachträgliche Verklärungen erscheinen lassen, hatte Brandt zunächst nicht die Parteibasis hinter sich (Walter 1997: 1302f.). Das Regierungsamt in Berlin schuf ihm die Grundlage seiner Machtstellung. Unumstrittener Vorsitzender konnte er kraft eigener Autorität – und damit nicht primär von der Machtstrategie Wehners abhängig – erst in der Großen

9 Erst 1950 schlossen sich die Landesverbände der CDU zu einer Bundespartei zusammen, so dass formal Adenauer zuerst Kanzler war und dann erst Vorsitzender der CDU wurde.

Koalition sein. Den Zenit seiner Führungsautorität erreichte Brandt von 1969 bis 1973. Er war bislang der einzige Kanzler, der noch viele Jahre nach dem Verlust sowohl seiner Kanzlerschaft (1974) als auch der Regierungsmehrheit (1982) als Parteivorsitzender turnusmäßig wieder gewählt wurde – immerhin bis 1987. Dennoch gaben parteitaktische Überlegungen den Ausschlag zu seiner Entmachtung als Kanzler (Harpprecht 2000). Die Parteimacht war Brandt nach dem Verlust seines deutschland- und ostpolitischen Charismas abhanden gekommen. Wehner drängte zum Rücktritt, als die Mehrheitsfähigkeit des sozial-liberalen Bündnisses auf dem Spiel stand.[10]

Parteimacht Schmidts

Schmidt hat mehrfach öffentlich kundgetan, dass er die Chance verpasst hatte, Parteivorsitzender der SPD zu werden. Seine Parteimacht verdankte er dem Erfolgsmodell der Troika (Willy Brandt, Helmut Schmidt, Herbert Wehner). Wehner als Fraktionsvorsitzender und Brandt als Parteivorsitzender stützten den pragmatischen und weitgehend ideologiefreien Regierungskurs des Kanzlers Schmidt (Walter 1997). Die inhaltliche Heterogenität der SPD wurde durch die Troika personifiziert, wodurch sie ihren politischen Handlungsspielraum erweitern konnte. Schmidt selbst zog einen Teil seiner Popularität bei den Wählern daraus, dass er nur bedingt als SPD-Mann erkennbar war. Schmidt konnte keine Parteimacht nutzen. Seine Machtressourcen erwuchsen ihm aus Kanzleramt und Kabinett. Brandt war zu Beginn der achtziger Jahre nicht mehr willens, die SPD mit der Regierungspolitik zu identifizieren (Jäger 1994). Nachrüstungspolitik und Kernenergie brachten Schmidt in eine politische Lage, in der er sich schließlich von den Beschlüssen seiner Partei distanzieren musste. Das Ende der Kanzlerschaft markierte auch den inhaltlichen Bruch mit Basiswerten der damaligen SPD. Von Parteimacht im Sinne einer unterstützenden Zuarbeit durch die Troika konnte bereits seit 1979 nicht mehr die Rede sein. Nur die Wahlen von 1980 disziplinierten kurzzeitig die parteiinternen Flügelkämpfe (Korte 2003).

Parteimacht Kohls

Sieht man von den Sonderbedingungen der Startphase ab, wie sie sich für Adenauer analysieren lassen, dann kann man Helmut Kohl wohl als den Parteikanzler („integraler Parteipolitiker", so Niclauß 2000: 45) titulieren. Fast symbiotisch verknüpften sich für Kohl Parteimacht ab 1973 mit der Kanzlermacht ab 1982. Kohl nutzte seine Partei fünfundzwanzig Jahre lang als Quelle der permanenten Machterneuerung, als Personalreserve und als Kompass der bürger-

[10] Harpprecht schreibt dazu: „Helmut Schmidt riet dringend, und wie ich meine, auch mit Ehrlichkeit, vom Rücktritt ab. Er fürchtet vielleicht auch ein wenig, nun plötzlich mit der Verantwortung allein zu sein." In: Harpprecht 2000: 541.

lichen Ideenwelt (Korte 1998a; Gros 1998). Seine subtilen Beziehungs- und Kenntnismuster über das lokale Parteigeschehen im Westen waren Legion. Die machtpolitische Absicherung seiner Regierungspolitik lief zuallererst immer über das Parteimandat. Was sich machtpolitisch im Vorfeld von Entscheidungen nicht hinreichend parteitaktisch absichern ließ, kam erst gar nicht auf die Regierungsagenda. Die Ausweitung seiner Parteimacht nach Osten durch die Gründung der „Allianz für Deutschland" sicherte Kohl bereits Monate vor der Bundestagswahl 1990 seine Regierungsmehrheit. Fehlurteile bestanden darin, dem Parteivorsitz eine generelle autokratische oder patriarchalische Ausrichtung zu unterstellen. Bis zur deutschen Einheit führte er seine Partei taktisch klug, aber stets umstritten. Machtpolitische Rivalen saßen im Präsidium. Programmatische Herausforderungen formulierte der Generalsekretär. Die Fraktion hatte Kohl unter dem Fraktionsvorsitzenden Dregger nur im Griff, weil er sich mit dem parlamentarischen Geschäftsführer Wolfgang Schäuble bis ins kleinste Detail arrangierte. Kohls Parteimacht wuchs schubartig seit dem Wahlsieg 1990. Die Amtsdauer ermöglichte ein weitgespanntes machtsicherndes Patronagesystem, bei dem auch, zusätzlich und in Einzelfällen, rechtswidrig parteigebundene Geldzuteilungen des Vorsitzenden als Schmiermittel der Machtsicherung eingesetzt wurden.

Parteimacht Schröders

Gerhard Schröder hatte bei seinem zweiten Amtsantritt 2002 nur oberflächlich betrachtet optimale Startbedingungen. Er hatte nicht nur eine ganz knappe rot-grüne Mehrheit erobert, sondern auch eine zufällige (Falter u.a. 2005). Strategisch geschickt konnte Schröder die Krise im Irak und die Flut im Osten der Bundesrepublik für eine knappe Mehrheit nutzen: strategisches Kalkül und Inszenierung des Zufalls (Tenscher 2005; Falter u.a. 2005). Die Grünen retteten mit einer deutlichen Verbesserung des Wahlergebnisses die Koalitionsmehrheit. Schröder siegte durch extreme Personalisierung. Parteimacht konnte er davon nicht ableiten. Durch den Endspurt im Wahlkampf musste sich die Regierung nach ihrer erneuten Bildung eine nachträgliche Legitimation erarbeiten, was auch nicht für einen machtvollen Start sprach.

Die Grenzen des Schröderschen Politikstils (Korte 2007; auch Thomas 2003), der seine Legitimation aus dem telegenen Schwung ableitete, wurden bereits mehrfach in der ersten Legislaturperiode sichtbar. Spätestens an diesem Punkt holte die SPD ihren neuen Kanzler wieder ein und wies ihm die Grenzen eines überdehnten medialen Politikstils. Die Machtnahme der Partei scheiterte sowohl im Hinblick auf die Parteiorganisation als auch bezüglich der SPD-Bundestagsfraktion. Schröder musste am 6. Februar 2004 den Vorsitz an Franz Müntefering abgeben. Die Geschichte der Erosion der Parteimacht Schröders ist untrennbar mit der Reform-Agenda 2010 verbunden. In der Dramaturgie der Entstehung der Regierungserklärung und vor allem in ihren unmittelbaren Auswirkungen werden die zentralen Strukturelemente des Regierens in Deutschland sichtbar (Korte 2007: 173f). Die Reform Agenda 2010 wurde im Kanzleramt – im sogenannten Steinmeier-Kreis – entwickelt und in einer Regierungserklärung auch der eigenen Partei mitgeteilt (vgl. Kapitel 5.2.2). Erst danach setzte, teils freiwillig geplant, wie die Regionalkonferenzen der Partei, teils von der Partei erzwungen, wie der Sonderparteitag und der missglückte Versuch eines Mitgliederbegehrens, die innerparteiliche Partizipation an der Agenda 2010 ein. Gerade dieser Prozess deutete einerseits auf brachiale Machtstrategien (Führung durch Rücktrittsdrohungen), andererseits auf Versuche hin, in einen geordneten Dialog mit der Partei einzutreten.

Parteimacht Merkels

Die Kanzlerin Angela Merkel zeichnet sich eher durch „Verschlossenheit" aus, trotz anhaltender Querelen war von ihr noch kein Machtwort „Basta" zu vernehmen (Grasselt/Korte 2007: 169ff). Sie lässt lieber andere für sich sprechen, zum Beispiel ihren Generalsekretär Roland Pofalla, oder schwenkt auf die Positionen ihrer Konkurrenten ein, so wie im Fall des Antrages von Jürgen Rüttgers auf dem Dresdner CDU-Parteitag im November 2006. So testet sie innerparteiliche Stimmungen oder nimmt ihren Konkurrenten den Wind aus den Segeln. Mit dieser Art unterscheidet sie sich deutlich von ihren Vorgängern, sogar wenn es darum geht, Gewinne für sich zu verbuchen. Sie lässt ihre Mitstreiter an Erfolgen teilhaben und ihre Vertrauten, auch aus der großen Koalition, wissen dies zu schätzen. Auch sie ist auf personalisierte Netzwerke angewiesen, in dieser machtpolitischen Konstellation vielleicht sogar stärker als ihr Vorgänger. Die Startphase Merkels war durch eine denkbar schlechte Ausgangsbedingung geprägt. Nach der Bundestagswahl blieb die erhoffte Ablösung von Rot-Grün durch Schwarz-Gelb aus. Sogar der fast sicher geglaubte Wahlsieg der CDU/CSU schien zeitweise gefährdet, der Machtverfall der Angela Merkel war nur noch eine Frage der Zeit. Nur der Verbalattacke des Kanzlers auf die Spitzenkandidatin in der Elefantenrunde am Wahlabend ist es zu verdanken, dass die CDU in der Folge geschlossen hinter ihrer Kandidatin stand (Schwennicke/Schneider 2006). Doch unter der einzigen realisierbaren parteipolitischen Konstellation aus Union und SPD – somit der Großen Koalition – war der Führungsanspruch Schröders nicht realisierbar. Die Verhandlungen zur Regierungsbildung 2005/2006 waren geprägt durch die Beteiligung von Abgeordneten mit langjähriger Parlamentserfahrung, was auf eine Stärkung der Parlamentarischen Arena in der Kanzlerschaft Merkels hindeutete. Im Gegensatz zur Regierung Schröder schien es, als würden die Fraktionen wieder an Gewicht gewinnen. Doch gerade weil keine der beiden Volksparteien mit einem eindeutigen Vorsprung aus der Bundestagswahl 2005 hervorgegangen war, zeigte sich der Nachteil einer Großen Koalition in Sachen Prioritätensetzung der Regierungspolitik: Profilschwäche.

Die Gestaltungsmacht der CDU-Vorsitzenden ist in einer Großen Koalition auf gleicher Augenhöhe scheinbar begrenzter als in einer kleinen Koalition. So kündigte die Kanzlerin bereits in ihrer Regierungserklärung vom 30. November 2005 eine Politik der „vielen kleinen Schritte" an, in dem Bewusstsein, dass unter den neuen machtpolitischen Konstellationen „Große Sprünge" nicht zu bewerkstelligen sind. Sicher kann sie das Kanzlerprinzip mit der Richtlinienkompetenz weniger kraftvoll ausfüllen. So wandelt sich das Kanzleramt von der Regierungszentrale zur geschäftsmäßigen Koordinationseinheit – eher geräuschloses Sekretariat als kraftvolles Zentrum (Hildebrandt/Niejahr 2006). Gestaltungsmacht kann die Kanzlerin hingegen deutlicher ins Kabinettsprinzip einbringen. Neben dem Koalitionsausschuss ist das Kabinett zunehmend zum Ort kollektiver Willensbildung geworden, keineswegs mehr Notariat der Bundesregierung. Auch das Ressortprinzip ist in einer Großen Koalition stärker ausgeprägt als in einer kleinen Koalition. Führungspotentiale ergeben sich für die Kanzlerin je intensiver sie sich mit den SPD-Bundesministern einig weiß bzw. „win-win-Situationen" für zwei Ressorts von SPD und Union zeitgleich herstellt.

Politik der kleinen Schritte

Trotz des schlechten Wahlergebnisses 2005 und der anhaltenden Kritik an dem Profil der CDU in der Großen Koalition wurde Merkel 2006 mit deutlicher Mehrheit als CDU-Parteivorsitzende wiedergewählt (93,06 Prozent), was als Indiz dafür gewertet werden kann, dass sie sich des Rückhaltes ihrer Partei sicher sein kann. Nur über das Parteipräsidium der CDU kann Angela Merkel ihre Ministerpräsidenten disziplinieren. Der Dresdner Parteitag hat ihr hierfür ein breites Mandat gegeben. Den Abstand zwischen Merkelianern und den potentiellen Widersachern im eigenen Lager haben die Delegierten mit übergroßer Mehrheit absichtsvoll vergrößert.

b. Ausbau und Aneignung des Kanzleramtes

Wenn somit die Öffentlichkeit als Quelle der Machtsicherung selbst begnadete Kommunikatoren wie Gerhard Schröder langfristig nicht trägt, müssen die anderen Machtressourcen – Partei/Fraktion und Kanzleramt – zielstrebig entwickelt und ausgebaut werden, um so

Kanzleramt als Machtressource

strukturierte Regierungsmacht zu erlangen. Die machtpolitische Aneignung des Kanzleramtes durch Gerhard Schröder erfolgte ruckartig und zügig. Bundeskanzler Helmut Kohl benötigte für den Umbau der Regierungszentrale auf seinen Koordinationsstil fast zwei Jahre. Erst mit der Etablierung Wolfgang Schäubles als Kanzleramtsminister kam das Kanzleramt Ende 1984 aus den Schlagzeilen. Schäuble koordinierte und zentralisierte alle Entscheidungs- und Informationsabläufe. Seine Maklermacht basierte auch auf dem Erfahrungsschatz, den er sich als Geschäftsführer der Fraktion erworben hatte. Kohl brauchte das Kanzleramt nicht zu Beratungszwecken, sondern primär zur Durchsetzung seines Führungsanspruchs.

Entscheidend für die Bedeutung des Kanzleramtes – als weitere Machtquelle – sind die Konstruktion der Leitungsebene, die Person des Chefs des Kanzleramtes und dessen Verhältnis zum Kanzler (Gros 2000; Mertes 2000). Schröders erster Chef des Kanzleramtes, Bodo Hombach, organisierte und mobilisierte einige Monate die Gegenmacht zum Parteivorsitzenden Oskar Lafontaine. Ohne den Gegenpart Lafontaine verlor Hombach seine wichtigste Aufgabe. Auch zur Funktion des Vermittlers und Schlichters in einer permanenten Verhandlungsdemokratie passte seine Rolle als Chefdenker der „Neuen Mitte" nicht. Die Koordination des Kanzleramtes lief seit dem Wegloben von Hombach im Juni 1999 unter dem neuen Kanzleramtschef Frank-Walter Steinmeier nicht nur geräuschloser, sondern auch effizienter. Der neue Staatsminister im Kanzleramt, Hans Martin Bury, sicherte in der ersten rot-grünen Legislaturperiode außerdem durch seine Erfahrungen in der Fraktion die Einbindung derselben. Die „Hannoveraner" waren wieder unter sich: Kanzleramtschef Steinmeier, Regierungssprecher Heye, Büroleiterin Krampitz und der Redenschreiber Steg. Durch die Etablierung eines vierköpfigen Koordinationsgremiums, das die Zusammenarbeit zwischen Partei (Müntefering, dann Scholz), Fraktion (Struck, dann Müntefering und Schmidt) und Kanzleramt (Steinmeier) verbessern sollte, hatte Schröder eine kohärente Handlungseinheit aufgebaut, die als Frühwarnsystem funktionierte (Korte 1999; Murswieck 2003: 126ff.; Gros 2000).

Koordinationsgremium als Frühwarnsystem

Aber selbst eine noch so effizient und loyal ausgerichtete Regierungszentrale sichert nicht den Führungsanspruch, den sich die Kanzler durch ihre parteipolitische Rückbindung und die tägliche Integrationsleistung gegenüber der eigenen Parteibasis permanent erarbeiten müssen. Die von diesem Muster abweichenden plebiszitären Versuche sowohl von Kanzler Helmut Schmidt (SPD) als auch von Ludwig Erhard (CDU) scheiterten gerade an der Ignoranz dieses Sachverhalts, trotz dokumentierter Führungsbereitschaft im und durch das Kanzleramt. Was den Kanzlern schließlich an Kanzlermacht in einer Koalitionsregierung abhanden gekommen ist, konnten sie – mit Ausnahme von Schmidt – durch ihre Rolle als Parteiführer kompensieren. Gerhard Schröder musste unter machttaktischen Gesichtspunkten das Amt des Parteichefs gerade in der Rolle des Bundeskanzlers anstreben. So griff er konsequent nach dieser Machtressource, der Parteimacht, als sich ihm die Chance bot.

Parteimacht kompensiert verlorene Kanzlermacht

Das Kanzleramt war seit der Neubesetzung durch Frank-Walter Steinmeier im Frühjahr 1999 auf dem Weg, seine Rolle als Regierungszentrale, Koordinationsstelle und Frühwarnsystem zurückzuerlangen, wodurch die Kanzlermacht gestärkt wurde. Zu Beginn seiner zweiten Amtszeit straffte Schröder erneut die Arbeit des Kanzleramtes. Er erweiterte durch die Einführung einer Europaabteilung und die Auflösung der Grundsatz- und Planungsabteilung den Kompetenzrahmen des Kanzleramtschefs. Die Grundsatzabteilung hatte sich durchaus zu einer relativ unabhängigen und auch manchmal parteikritischen Ideenbörse („Kreativwerkstatt", so Schlesinger 2000: 50ff.) entwickelt, was nach der Neustrukturierung nicht mehr möglich sein sollte (Murswieck 2003: 129; Der Tagesspiegel v. 24.10.2002).

Angela Merkel konnte relativ schnell nach dem Regierungswechsel das Bundeskanzleramt zu ihrer persönlichen Machtzentrale umbauen. Dazu installierte sie nur an wenigen Stellen politische Vertraute wie beispielsweise die Staatsminister Hildegard Müller, Bernd Neumann oder Maria Böhmer. Als Bundeskanzleramtschef holte sie den ehemaligen sächsischen Finanz-, Justiz- und Innenminister Thomas de Maizière nach Berlin. Er führt die Amtsgeschäfte seitdem nicht wie Steinmeier im Range eines Staatssekretärs, sondern wieder als Bundesminister. Dies soll die besonders wichtige Rolle des Kanzleramts in einer Großen Koalition unterstreichen. De Maizière versteht sich selbst viel eher als Politiker denn als Beamter. Zwar löst er seine Aufgaben weitestgehend effizient und geräuschlos, doch hat er für Merkel nicht die gleiche herausragende Bedeutung wie damals Steinmeier für Schröder. Die „heimliche Chefin" des Kanzleramtes ist eher Merkels Büroleiterin Beate Baumann. Beide lernten sich bereits in den 90er Jahren kennen, als die damalige Bundesministerin Merkel eine Mitarbeiterin suchte. Seitdem begleitet Baumann Merkels Kariere zuverlässig und loyal. „Baumanns Nähe ist wichtig für Merkel. Niemand kennt sie so gut wie sie, keiner hat einen solchen Einfluss auf die Kanzlerin" (Neukirch 2008). So hat Merkel im Kanzleramt um Baumann und de Maizière ein informelles Führungsgremium etabliert, das die wichtigsten Entscheidungen gemeinsam mit der Kanzlerin berät. Dazu zählen mit Christoph Heusgen, Uwe Corsepius, Jens Weidmann und Michael Wettengel auch immerhin vier der sechs Abteilungsleiter (Neukirch 2008).

Zusammenfassend kann festgehalten werden, dass Machtzentralisierung über die Ressourcen Partei und Kanzleramt elementar für die Kanzler sind. Durch die Aneignung und persönliche Formung bestehender Institutionen lassen sich Handlungsspielräume erweitern und Machtstellungen stabilisieren.

Stilles Regieren

Handlungsspielräume werden beim sogenannten Stillen Regieren nicht durch die Prozesse der Hierarchisierung oder einer Neuinterpretation von Institutionen erweitert – wie bei der Machtzentralisierung sondern durch einen Prozess der Informalisierung. Staatliche Steuerung kann nicht mehr ausschließlich über hierarchisch-staatliche Entscheidungen erfolgen, sie muss sich auch weicherer Techniken bedienen: Verhandeln, positive Anreize bieten und Moderieren. Ausdruck dieser weicheren Techniken als Kompensation von Steuerungsverlusten ist das Stille Regieren.

Informalisierung

Es lässt sich nachweisen, dass eine institutionelle Stabilisierung der bundesdeutschen Koalitionsdemokratie gerade durch die Prozesse der Informalisierung und Parteipolitisierung erfolgte (Manow 1997). Denn zumeist verlaufen die Entscheidungsprozesse nach dem Schema: Aushandlung der politischen Kompromisse auf der Ebene der Koalitionsarbeitsgruppen, an denen die Fachleute der Fraktionen beteiligt sind, Weiterleitung an das zuständige Ressort und schließlich Formulierung des Gesetzentwurfs – wodurch der klassische Gesetzgebungsweg im Prinzip auf den Kopf gestellt wird. Die Kanzler forcierten diesen Aushandlungsprozess maßgeblich. So ist ihre jeweilige Machtposition bei der Entscheidungsfindung nicht daran abzulesen, wie sie wichtige Entscheidungen nachvollziehbar gestalteten, sondern wie die Kanzler die Entscheidungen gezielt machtsichernd in der Partei und der Koalition, aber auch in den Medien vorbereiteten. Zum Erfolgsrezept des Stillen Regierens gehört somit eine Art von Verflüssigung der Richtlinienkompetenz: Eine Entscheidungsfindung wird durch informelle Verfahren unterstützt, die aber durch eine relative Offenheit des Kanzlers in Sachfragen gekennzeichnet sind (Korte 1998).

Verflüssigung der Richtlinienkompetenz

Schröder versuchte zunächst, dem institutionalisierten Regierungsapparat seine traditionelle Funktion zurückzugeben (Helms 2001). Die informellen, wenig transparenten Entscheidungsorgane, die im personalisierten und extrem auf die parteipolitischen Abstimmungsmechanismen ausgerichteten System Kohl eine wichtige Rolle spielten, sollten grundsätzlich an Einfluss verlieren. Nicht mehr die Koalitionsrunde, sondern das Kabinett wollte Schröder zur Diskussion und Beschlussfassung nutzen. Der Praxisschock des Regierungsalltags und die Kritik am Koordinationschaos führten jedoch sehr schnell dazu, dass auch Schröder die so verpönten „Kungelrunden" als Horte des Stillen Regierens aktivierte und neue Koordinationsgremien schuf (Rudzio 2006; Korte 1999a). Auch Merkel sinnte zunächst darauf, das Kabinett als eigentliches Entscheidungszentrum zu stärken, was ihr auch teilweise gelang (Grasselt/Korte 2007: 173ff). Die Zahl der Kabinettsausschüsse wurde zum Beispiel auf drei verringert, um effiziente Strukturen zu schaffen. Der Regierungsapparat unter Merkel expandierte auch dadurch, dass es drei zusätzliche parlamentarische Staatssekretäre gab, also insgesamt 30. Zudem blieb mehr als die Hälfte der „Ministerialelite" der rot-grünen Vorgängerregierung in ihrem Amt, was weiterhin für Kontinuität in den Amtsgeschäften spricht. Die organisatorischen Voraussetzungen sind daher gegeben, um auch weiterhin das Kabinett zum Machtzentrum der Großen Koalition auszubauen. Dennoch bildet der Koalitionsausschuss das eigentliche Entscheidungsgremium in den zentralen Fragen, ob Föderalismus- oder Gesundheitsreform. Die Weichen der Schwarz-Roten Reformpolitik werden im Koalitionsausschuss gestellt.

Vergrößerung des Regierungsapparats

personalisierter Machtapparat

In seiner Art gleicht der personalisierte Machtapparat von Angela Merkel hingegen auffällig dem des Kanzlers unter dem sie das Handwerk der politischen Führung erlernt hat, dem von Helmut Kohl. Auch er duldete in seiner späten Kanzlerphase – unter der Angela Merkel als Ministerin in sein Kabinett eintrat – keine charismatischen Führungspersönlichkeiten neben sich. Merkel verfügt aber nicht wie Kohl oder Schröder über langjährige Seilschaften aus Zeiten der Jungen Union bzw. der Jungsozialisten (Schumacher 2006). Ihr fehlt ein starker Landesverband, der Mehrheiten beschafft. Der Landesverband der CDU in Mecklenburg-Vorpommern kann es mit den Verbänden aus NRW oder Niedersachsen nicht einmal ansatzweise aufnehmen. Umso wichtiger sind bei ihr die persönlichen Vertrauten, auf die sie sich vollständig verlassen muss. Merkels Machtapparat funktioniert leise aber effizient: Dies gelingt nur dadurch, dass ihre Vertrauten machtpolitisch auf den Erfolg der Kanzlerin angewiesen sind. Als Transmissions-Riemen in Fraktion und Partei wirken der Fraktionsvorsitzende der Union Kauder, Fraktionsgeschäftsführer Röttgen und CDU-Generalsekretär Pofalla.

Ähnlich wie Krampitz bei Schröder bildet die langjährige Büroleiterin der Kanzlerin, Beate Baumann, das „Nadelöhr" („Machtmaklerin") zur Kanzlerin. Thomas de Maizière, der Kanzleramtschef, hat das Kanzleramt relativ geräuschlos zu einer Geschäftsstelle der Kanzlerin umfunktioniert. Zu den wichtigsten Vertrauten der Kanzlerin gehören ihr Planungschefs Matthias Graf von Kielmanegg aber auch ihr Regierungssprecher Ulrich Wilhelm und sein Stellvertreter Steg. Für Personalfragen ist Michael Wettengel zuständig, Leiter der Zentralabteilung im Kanzleramt, der schon viele Jahre als „Talentscout" für Merkel agiert (Hildebrandt/Niejahr 2006). Als Instrument des Regierens darf das Stille Regieren möglichst nicht in der Öffentlichkeit thematisiert werden. Denn die „Kungelrunden" sind höchst unpopulär. 70% der Bundesbürger empfanden im Jahr 2000 eine Entscheidungsfindung außerhalb der dafür vorgesehenen Gremien als „nicht richtig" (Bürklin/Jung 2001: 704).

Kungelrunden

Netzwerk-Pflege

Ausdruck der pragmatischen Moderation bei der internen Entscheidungsfindung ist die Netzwerk-Pflege. Gemeint ist eine Steuerung durch Integration von Interessengruppen und Konsens der Beteiligten. In Deutschland kommt die Netzwerk-Pflege häufig im Gewande des Neokorporatismus (Streek 1999; kritisch dazu Steinmeier 2001a) daher. Durch Netzwerk-Pflege sollen Entscheidungsblockaden verhindert werden. Die Hauptakteure haben sich damit neue „Institutionen" zur Entscheidungssteuerung geschaffen. Die informellen Netzwerke verbinden unterschiedliche Entscheidungsarenen. Die freiwillige Koordination erfolgt häufig im „Schatten von Hierarchie und Mehrheit" (Scharpf 1992a: 25).

Steuerung durch Integration von Interessengruppen

Mit dem Versprechen, den Runden Tisch, also Bündnisse oder Solidarpakte, zur Dauereinrichtung im Sinne einer „Räte-Republik" (Heinze 2002) werden zu lassen, pflegte Schröder den korporatistischen Führungsstil von Kohl. Je schwieriger es für die Kanzler wurde, Akzeptanz für die Entscheidungen zu erzielen, um so bedachter mussten die Reaktionen der Adressaten von Entscheidungen im Entscheidungsprozess antizipiert werden bzw. die Adressaten von vornherein in den Entscheidungsprozess integriert werden. Das institutionelle Ergebnis dieser korporatistischen Stile ist ein ausgeprägtes Konkordanzsystem von auch gut durch die Medien visualisierbaren Kompromiss- und Konsensrunden: den so genannten Kanzlerrunden. Kaum eine wichtige Entscheidung, die nicht vom Gespräch am Runden Tisch vorbereitend begleitet wird. Schröder bevorzugte dabei fast im Stile Konrad Adenauers Treffen mit Lobbyisten, ohne den zuständigen Fachressortminister am Gespräch zu beteiligen. Der Kanzler konnte sich – nicht ohne Risiko – als Moderator der gegensätzlichen Interessen im

Korporatistischer Führungsstil

Lande profilieren. Er nutzte den Wunsch in der Bevölkerung[11], einen Konsens der Mächtigen zu organisieren (Die Zeit v. 6.07.2000). Angesichts notwendiger Reformeinschnitte im wohlfahrtsstaatlichen Bereich hatten die Kommissionen zusätzlich einen positiven Nebeneffekt: Sie betreiben „outsourcing" von schlechten Nachrichten, die der Kanzler dann nicht als selbst initiierte Reformeinschnitte verkünden musste. Die Problemlösungen in diesen Allianzen auf Zeit waren somit auch primär auf Publikumswirkung ausgerichtet.

Dieser Regierungsstil beruhte auf dem Konsens der Betroffenen. Wer diesen Konsens zustande brachte – in der Regel ein Konsens, der ihm selbst auch nicht gerade schadet – der übte seine Macht auf sanfte Weise aus. Häufig wurden Kommissionsvorsitzende gewählt, die gezielt nicht der Kanzlerpartei entstammen.

Netzwerk-Bildung im Sinne der Ausformung und Ausstattung der Verhandlungsdemokratie ist für die Regierungssteuerung in einer Konsensdemokratie nicht neu. Regierungskommissionen waren schon immer Gremien der Politikberatung und der konkreten Politikvorbereitung. Verändert hat sich jedoch die Zahl der Konsensrunden, die unter Kanzler Schröder deutlich angestiegen war und der damit einhergehende funktionale und machtpolitisch veränderte Entscheidungsprozess (Müller-Russell 2002; Heinze 2002).

Anstieg der Konsensrunden

Kanzler Kohl nahm für die Bundesregierung nicht in Anspruch, das Gemeinwohl zu verkörpern. Er lehnte es ab, Verhandlungen im außerparlamentarischen Raum vor dem Tätigwerden der Regierung soweit vorstrukturiert ablaufen zu lassen, dass praktisch Gesetzestexte vorab entstanden. Enge Abstimmungen im Vorfeld der Gesetzgebung pflegte Kohl fast ausschließlich innerhalb der Koalition und den Ressorts auszuhandeln. Die Koalitionsrunde war Kohls entscheidendes Steuerungsinstrument, weil er hier machtstabilisierend zwischen CSU und FDP vermitteln konnte. Die Interessenverbände konnten hierauf nur von außen Einfluss nehmen (Bannas 2003). Die Meinungsbildung sollte intern verlaufen. Der politische Streit wurde in der parlamentarischen Arena ausgetragen: Gesetzentwurf, Anhörungen mit vielen Interessenvertretern, Koalitionsgespräche, dann die Entscheidung. Schröder agiert anders. Schon im Vorfeld sollen die gesellschaftspolitisch relevanten Gruppen und Grundpositionen gebündelt werden. Eine Vielzahl von Kommissionen zur Zuwanderung, Gentechnologie und Ethik, Bundeswehrreform etc. sollten möglichst bereits vor den eigentlichen Beratungen einen gemein-

[11] 61% der Deutschen erwarteten 2000 von einer guten Opposition, dass sie die Regierung unterstützt und nicht hart kritisiert. In: Bürklin/Jung 2001: 706.

wohlorientierten breiten Konsens herstellen. Als Umarmungskünstler nutzte Schröder den dann ausformulierten Konsens, um ihn in die parlamentarische Arena einzugeben, was zum Bedeutungsverlust der parlamentarischen Gesetzgebung beiträgt.

Bedeutungsverlust der parlamentarischen Gesetzgebung

Expertenkommissionen der rot-grünen Bundesregierung 1998-2005

Kurzname	**Offizieller Titel**	**Zeitraum**	**Mitglieder**
AkEnd	Arbeitskreis Auswahlverfahren Endlagerstandorte	2/1999-12/2002	14
AG Zukunft Zivildienst	Arbeitsgruppe Zukunft des Zivildienstes	5/2000-9/2000	17
Altersvorsorge-Kommission	Sachverständigenkommission zur Neuordnung der steuerrechtlichen Behandlungen von Altersvorsorgeaufwendungen und Altersbezügen	3/2002-3/2003	6
Baugesetzbuch-Kommission	Unabhängige Expertenkommission „Novellierung des Baugesetzbuches“	12/2001-8/2002	13
Biedenkopf-Kommission	Kommission zur Modernisierung der deutschen Unternehmensmitbestimmung	7/2005-12/2006	9
Brago-Kommission	Expertenkommission „BRAGO-Strukturreform“	12/2000-8/2001	10
Brühler Kommission	Kommission zur Reform der Unternehmensbesteuerung	12/1998-4/1999	20
Corporate-Governance-Kommission	Regierungskommission „Corporate Governance: Unternehmensführung – Unternehmenskontrolle – Modernisierung des Aktienrechts“	9/2001-2/2002	22
Hartz-Kommission	Kommission Moderne Dienstleistungen am Arbeitsmarkt	2/2002-8/2002	15
Havarie-Pallas-Kommission	Unabhängige Expertenkommission „Havarie Pallas“	2/1999-2/2000	11
Historiker-Kommission Auswärtiges Amt	Historikerkommission zur Erforschung der Rolle des Auswärtigen Amtes in der NS-Zeit	7/2005-8/2006	5
Impulse-Kommission	Kommission „Impulse für die Zivilgesellschaft“	5/2003-1/2004	16
Kommission Hochschuldienstrecht	Expertenkommission „Reform des Hochschuldienstrechts“	6/1999-4/2000	18
Kommission Lebenslanges Lernen	Expertenkommission Finanzierung Lebenslanges Lernen	10/2001-7/2004	5

Kurzname	**Offizieller Titel**	**Zeitraum**	**Mitglieder**
Kommission Leistungs-störungsrecht	Kommission Leistungsstörungsrecht	k.A.	k.A.
KVI	Kommission zur Verbesserung der informationellen Infrastruktur	10/1999-3/2001	10
Pällmann-Kommission	Kommission Verkehrsinfrastrukturfinanzierung	10/1999-9/2000	12
Radar-kommission	Expertenkommission zur Frage der Gefährdung durch Strahlung in frühen Radareinrichtungen der Bundeswehr und der NVA	9/2002-7/2003	17
Risiko-kommission	Ad hoc-Kommission „Neuordnung der Verfahren und Strukturen der Risikobewertung und Standardsetzung im gesundheitlichen Umweltschutz der Bundesrepublik Deutschland"	10/2000-6/2003	19
Rürup-Kommission	Kommission für die Nachhaltigkeit in der Finanzierung der Sozialen Sicherungssysteme	11/2002-8/2003	26
Schlossplatz-Kommission	Internationale Expertenkommission „Historische Mitte Berlin"	1/2001-4/2002	17
SED-Aufarbeitungs-Kommission	Expertenkommission zur Erarbeitung eines Gesamtkonzeptes für einen Geschichtsverbund „Aufarbeitung der SED-Diktatur"	5/2005-5/2006	10
Süssmuth-Kommission	Unabhängige Kommission „Zuwanderung"	9/2000-7/2001	21
Unternehmens-übernahmen-Kommission	Expertenkommission Unternehmensübernahmen	3/2000-5/2000	18
VVG-Kommission	Kommission zur Reform des Versicherungsvertragsrechts	6/2000-4/2004	21
Weizsäcker-Kommission	Kommission „Gemeinsame Sicherheit und Zukunft der Bundeswehr"	5/1999-5/2000	20
Wohnungs-genossen-schaften-Kommission	Expertenkommission Wohnungsgenossenschaften	8/2002-3/2004	14
Wohnungs-wirtschafts-Kommission	Kommission Wohnungswirtschaftlicher Strukturwandel in den neuen Bundesländern	2/2000-11/2000	17

Quelle: Zusammenstellung nach Siefken 2006: 561ff.

Auch Merkel hat das Instrument der Netzwerk-Pflege für sich entdeckt. So lud sie zum „Integrations-" und zum „Energiegipfel" ins Kanzleramt ein. Doch verfolgt sie mit ihrer Politik eine andere Strategie als ihr Amtsvorgänger (Grasselt/Korte 2007: 176ff). Sie wählt bewusst Politikfelder aus, in denen der bundesstaatliche Einfluss begrenzt ist: Integration, Energie etc. In ihrer Netzwerk-Pflege setzt sie auf Moderation und nicht auf konkrete Verhandlungsergebnisse. Sie ist damit nicht auf die Vermittlung der vorgeschlagenen Reformschritte in den Fraktionen und Parteien angewiesen.

Bei klaren Mehrheiten braucht Merkel die „Räte" nicht zum Regieren, vielmehr führt sie Interessenvertreter in „Gipfeltreffen" zusammen, die nur wenig konkrete Ergebnisse aber auch Verpflichtungen mit sich bringen, so wird Merkels Netzwerk-Pflege zu einem Instrument der symbolischen Politik und dient nicht der Entscheidung.

Grundsätzlich trifft Netzwerkbildung auf die traditionelle Kritik der Parlamentarismusforschung (v. Blumenthal 2002; Schuett-Wetschky 2001). Das Auswandern der Politik aus den Institutionen schwächt die repräsentative Demokratie. Es stärkt die Tendenz zur Exekutivlastigkeit, zur Gouvernmentalisierung der politischen Prozesse. Der Präsident des Bundesverfassungsgerichts Hans-Jürgen Papier hat dies scharf kritisiert: „Die neokorporatistischen, verbändestaatlichen und exekutiv-konsensualen Formen der Politik verhindern vielfach notwendige Sachentscheidungen" (FAZ v. 31.01.2003). Nur wenige gut organisierte große Interessenvereinigungen profitieren von der Ausweitung der „Räterepublik". Die Vertreter der Gruppeninteressen, allein oder in Koalitionen, vertreten im Gegensatz zum Bundestag nur das Wohl ihrer Mitglieder und nicht das Gemeinwohl. Diejenigen, die nicht mit am Tisch sitzen, bleiben unberücksichtigt (vgl. Kapitel 4.2.3). Diese hier angedeutete Kritik macht die Risiken einer Überdehnung dieses Instrumentes deutlich. Gleichwohl liegen auch Chancen darin, den Handlungskorridor der Regierenden durch konsensuale Verfahren zu erweitern.

Auswanderung der Politik aus den Institutionen schwächt die repräsentative Demokratie

Chefsachen-Mythos

Indem ein politischer Sachverhalt zur Chefsache erklärt wird, versuchen die Akteure, Entscheidungskompetenz und Steuerungspotentiale zurückzuerobern. Die Chefsache macht Hierarchie wieder möglich und sprengt die Zwänge der Politikverflechtung, sie schafft somit Optionen, um sich Handlungsspielräume offen zu halten (T. Schmidt 1998: 611ff.; Korte 1998a). Bei diesem Instrument ist bereits wörtlich sowohl die Verengung auf den individuellen Akteur als auch die Zuspitzung auf die Exekutive erkennbar. Beim Chefsachen-Mythos steht nicht die Frage im Mittelpunkt, ob die Bundeskanzler tatsächlich beim Regierungshandeln das letzte Wort behalten. Aber sie müssen zumindest den Eindruck vermitteln, dass sie es könnten, wenn sie nur wollten. So wird aus der faktischen Chefsache ein Mythos. Man kann den Eindruck gewinnen, dass an die Stelle der verfassungsmäßigen, aber für den Kanzler weitgehend unbrauchbaren Richtlinienkompetenz, die Entdeckung der Chefsache getreten ist. Solange man die Richtlinienkompetenz besitzt, muss man sich nicht auf sie berufen. Jede öffentliche Demonstration von Führungsstärke mittels einer Berufung auf die formale Richtlinienkompetenz ist ein Anzeichen von Führungsschwäche. Die Konstruktion von Chefsachen-Zuständigkeiten ist wesentlich wirkungsvoller. Sie suggeriert gegenüber dem Publikum: nun wird es ernst, der Chef packt selbst mit an. Der Chefsachen-Mythos setzt mittels öffentlicher Artikulation und Inszenierung auf Kompetenz- und Steuerungszuwachs. Vom Regierungschef werden beständig „Machtworte" und ein entschiedenes Durchgreifen verlangt. In solchen Situationen ist es für jeden Amtsinhaber eine große Versuchung, diesen Ansprüchen durch plakative Einzelaktionen gerecht zu werden. Wenigstens für einen Moment fallen öffentliche Erwartungen und reale Möglichkeiten des Amtes zusammen.

Ist an die Stelle der Berufung auf die Richtlinienkompetenz die Entdeckung der Chefsache getreten?

Kompetenz- und Steuerungszuwachs

Gerhard Schröder hatte mehrfach zu diesem Instrument gegriffen. Mit „Basta"-Ausrufen versuchte er die Argumentationslinien seiner Partei zu durchkreuzen. Ob bei der Rettungsaktion für den Baukonzern Holzmann (Hennecke 2003: 136ff.) oder beim nächtlichen Stimmenkauf vor der Verabschiedung der Steuerreform vom Sommer 2000 (Grunden 2004: 49ff.; Merkel 2003: 171ff.), beim Streit um das Betriebsverfassungsgesetz, bei der Durchsetzung der Agenda 2010: Schröder agierte mit Machtworten, ohne dass dadurch in der Substanz schon etwas entschieden wäre. Diese Art des Regierens stößt auf große Resonanz. In regelmäßigen, kurzen Abständen fordert der Kurz-Kommentar der Bild-Zeitung auf Seite Zwei den Kanzler persönlich und populistisch-massenmedial auf, mit Machtworten endlich zu punkten. Führung durch permanente Rücktrittdrohungen, wie sie Gerhard Schröder mehrfach im Nachgang seiner Regierungserklärung zur Agenda 2010 popularisierte, verlor als Chefsachen-Instrument seinen Charme (Korte 2007: 186).

Merkels Führungsverhalten zeichnet sich gerade dadurch aus, dass ihr öffentliche „Machtworte" vollkommen fremd sind (Grasselt/Korte 2007: 179). Sie wirkt integrierend, in dem sie die Positionen ihrer Verhandlungspartner analysiert und auf sie eingeht, ohne ihnen ihre eigene Position aufzuzwingen. Dies wirkt wie ein Stilbruch zur ihren Vorgängern im Amt. Wie einst Helmut Schmidt interessiert sich Merkel für Detailfragen. Sie favorisiert es jedoch, diese Details mit den Beteiligten zu erörtern, was die beiden wiederum deutlich unterscheidet. Grundsätzlich bleibt für die Kanzlerin in einer Großen Koalition das Kanzlerprinzip nur unzulänglich nutzbar. Insofern ist der Stellenwert des Instrumentes eines Chefsachen-Mythos auch wesentlich geringer als in einer kleinen Koalition. Als personalisierter Vermittlungsausschuss verkommt die ehemalige Chefsache zum Medien-Mythos.

Telepolitik

Regieren in der Publikumsgesellschaft

Telepolitik bedeutet: Regieren in der Publikumsgesellschaft (Meyer 2001). Komplizierte Aushandlungsdemokratie wird dabei scheinbar durch Telepolitik ersetzt. Wie sich dabei konkret die Politikvermittlung geändert hat, soll im nachfolgenden Kapitel 5.2 näher problematisiert werden. Da politische Entscheidungen kommunikationsabhängiger geworden sind, wird mittels Telepolitik versucht, Entscheidungskompetenz zurückzugewinnen (Korte/Hirscher 2000; Sarcinelli 1999: 395ff.). Entscheidungen sollen über Stimmungen herbeigeführt werden (Korte 2002c). Diese Stimmungen werden auf unterschiedlichen Ebenen bewusst provoziert: zum einen durch einen offenen und medienwirksamen Politikstil, der häufig über medienadressierte Personalisierung vermittelt wird; zum anderen aber auch durch Regierungshandeln im Wahlkampfstil, das als permanente Kampagne mit extremer Demoskopiefixierung und plebiszitären Tendenzen beschrieben werden kann.

Entscheidungen über Stimmungen herbeiführen

Medienpräsenz ist eine politische Machtprämie – allerdings auf sehr instabilem politischem Fundament. Der Amtsbonus der Amtsinhaber ist weitgehend ein Fernsehbonus. Insofern ist es zunächst konsequent, medienvermittelte, symbolische Darstellungspolitik zu betreiben. „Going public“ als Instrument zur Erweiterung des Handlungsspielraums bedeutet dabei für die Amtsinhaber die Möglichkeit, sich direkt an die eigene Bevölkerung zu wenden, um Unterstützung für bestimmte politische Vorhaben zu mobilisieren. Das mag für die amerikanischen Präsidenten schon immer eine systembedingte Option gewesen sein. Für die europäischen Parteiendemokratien ist dies jedoch neu, denn es kreiert einen veränderten Typus von Parteiführerschaft: den „outsider“-Status als Parteiführer, der mittels telegenem Schwung von außen seine Parteigremien antreibt (Korte 2000b; zum „outsider“-Status Foley 1993).

Medienvermittelte, symbolische Darstellungspolitik

Schröder war nicht der erste Kanzler, der sich dies zu Nutzen machte. Auch Helmut Schmidt besaß Fernseh-Charisma, das weit ins gegnerische Lager hineinragte. Schmidt brauchte dieses Instrument um so mehr, als er nur geringe Parteimacht besaß. Kanzler

Kohls Macht war zuallererst Parteimacht, so dass er direkt-plebiszitärer Ergänzungen seiner Macht- und Steuerungsressourcen nicht bedurfte. Schröder suchte plebiszitäre Formen der Abstimmung oder „going public"-Ankündigungen in dem Maße, wie er der Unterstützung seiner eigenen Partei nicht sicher sein konnte. Dadurch konnte man die eigenen Imagewerte verbessern und die Parteigremien vor vollendete Tatsachen stellen. Die Grenzen dieses Politikstils, der seine Legitimation aus dem telegen Schwung ableitet, der das Fernsehen als Kommunikationsorgan bevorzugt, werden schnell sichtbar, wenn diese Medienprominenz nicht in innerparteiliche Zustimmung umgewandelt wird. Gleichermaßen werden Grenzen sichtbar, wenn es bei der Darstellungspolitik bleibt. Fehlt die Ergänzung durch Entscheidungspolitik, fallen die Zustimmungswerte. Symbolische Politikgestaltung hatte bei Kanzler Schröder einen hohen Stellenwert. Die Hartz-Kommission präsentierte ihre Ergebnisse nicht im Arbeitsministerium, sondern im Berliner Dom. Der Koalitionsvertrag von 2002 wurde nicht im Presse- und Informationsamt oder im Kanzleramt unterzeichnet, sondern in der Berliner Nationalgalerie (Murswieck 2003: 119). Auch im Fall der Regierungserklärung zur Agenda 2010 (dazu Kapitel 5.2.2) dominierte monatelang die Darstellung der Vorhaben den öffentlichen Diskurs. Die nachfolgende Klausurtagung des Kabinetts fand auf Schloss Neuhardenberg statt – inklusive der gewünschten Assoziationen mit Reformwerken der großen Koalition. Merkel hingegen präsentierte den Koalitionsvertrag ihrer Regierung im Innenhof des Paul-Löbe-Abgeordnetengebäudes. Auch symbolisch sollte das Parlament gestärkt aus den Neuwahlen 2005 hervorgehen. Große Koalitionen können nur erfolgreich sein, wenn sie heldenlos (es darf keine sichtbaren parteipolitischen Sieger geben) und bildarm (Effizienz der Verhandlungsdemokratie hinter verschlossenen Türen) agieren (Korte 2007a). Sie sind strukturell TV-untauglich. Um so mehr kommt es auf einzelne Bilder an. Auch Große Koalitionen können mit der Macht des Bildes arbeiten: Evidenz auf einen Blick mit der Aura des Repräsentativen. Außer den anfänglichen Honeymoon-Bildern von Merkel und Müntefering gab es auch nicht im Ansatz ein positives Foto, ein nicht inszeniertes authentisches Bild zum Programm der Bundesregierung. Es gehört zu den Auffälligkeiten der Kanzlerschaft Merkels, dass sie offensichtlich noch (nicht) auf den Politikstil der Telepolitik angewiesen ist. Sicherlich ist dies vornehmlich der machtpolitischen Konstellationen im Bundestag und Bundesrat zu schulden. Dennoch unterscheidet sich ihr Politikstil, der weitestgehend auf Telepolitik verzichtet, deutlich von dem ihres Vorgängers. Darstellungsarmut kennzeichnet ihren Stil (Korte 2006). Merkel nutzt bislang an-

Symbolische Politikgestaltung

dere Machtressourcen – weniger die Möglichkeiten, welche die öffentliche Arena und die Telepolitik ihr bieten würde. Aber auch in diesem Bereich schlummern noch ungenutzte Potentiale. Darstellungsarm und bescheiden im Stil protestantischer Armutsästhetik präsentiert sich die Kanzlerin, was stimmig zum Zeitgeist der neuen Sachlichkeit passt. Aufmerksamkeitsmanagement ist in Großen viel schwerer als in kleinen Koalitionen. Denn die öffentlich verordnete Harmonie der beiden Volksparteien hat keinen Unterhaltungswert; die Willensbildung erfolgt ohne Kameraausleuchtung. Wenn jedoch mediale Aufmerksamkeit auch Machtprämien verspricht, müsste vermutlich neue telegene Formate von der Bundesregierung in Zeiten einer Großen Koalition entwickelt werden.

Policy-Akzentuierung

Handlungskorridore kann sich ein Bundeskanzler offen halten, wenn es ihm gelingt, Policy-Akzentuierungen im Regierungshandeln durchzusetzen, d. h. Policy-Arenen zu bevorzugen, in denen die Veto-Spieler-Anzahl sehr gering oder überschaubar ist. In diesen Feldern kann er sich besonders akzentuiert betätigen. Ein solch klassisches Politikfeld ist die Außenpolitik.

Außenpolitik

Die Entscheidungsdynamik und die Entscheidungskompetenz ist im Bereich der Außenpolitik in allen politischen Systemen personenzentriert auf die Staats- und Regierungschefs ausgerichtet. Die Außenpolitik gehorcht grundsätzlich anderen Regelmäßigkeiten, da sie weniger in die „checks and balances" der Innenpolitik eingebunden ist, sondern maßgeblich von internationalen Rahmenbedingungen geprägt wird und zudem das Reservat der Exekutive darstellt (Scharpf 1993: 41f.). Dass alle Amtsinhaber deshalb die Domäne der Außenpolitik für sich reklamierten, ist nachvollziehbar. Das außenpolitische Terrain wurde als entscheidendes Betätigungsfeld gesucht, wobei die permanente Ausweitung dessen, was letztlich zur Außenpolitik gehört, im Verlauf der letzten 20 Jahre sukzessive fortgeschritten ist. Dabei kann auch eine spezifische Zunahme von symbolischer Außenpolitik analysiert werden: multilaterale Arrangements – etwa im Kontext von Gipfelbegegnungen – werden getroffen, die den Eindruck großer Tragweite vermitteln, ohne dass dies den Realitäten entsprechen muss (Maull 1997: 1253).

Reservat der Exekutive

Die Außenpolitik ermöglicht eine öffentlichkeitswirksame Darstellung und eine Distanzierung vom täglichen bürokratischen Politikgeschäft. Im Rampenlicht steht der Staats- bzw. Regierungschef, wodurch eine Mobilisierung der öffentlichen Zustimmung durch die Inszenierung von Krisen und Zuspitzungen ermöglicht wird. Meistens entdeckten die Chefs diese Ressource erst, nachdem innenpolitische Schwächen sichtbar wurden. Gerhard Schröder übernahm ebenso wie sein Vorgänger Kohl das Amt des Bundeskanzlers als Innenpolitiker. Internationale Kontakte und Erfahrungen mussten erst erarbeitet werden. In der Startphase der Regierung Schröder/Fischer konnten die EU-Präsidentschaft und der Krieg im Kosovo vom innenpolitischen Koordinationschaos ablenken (grundsätzlich hierzu Maull 2001). Der neue Kanzler agierte öffentlichkeitswirksam, staatstragend und in der verlässlichen Kontinuität der Vorgängerregierung (Korte 1998b; Janning 2002; Maull 2001). Eine ähnliche Strategie verfolgt seit 2005 auch Angela Merkel. Große, internationale Gipfeltreffen wie beispielsweise der G8-Gipfel in Heiligendamm wurden erfolgreich dazu genutzt, das eigene Image in der Öffentlichkeit abseits des schweren Politikalltags in der Großen Koalition aufzupolieren.

Kriegskanzler

Historisch ist Schröder als erster „Kriegskanzler" der Bundesrepublik Deutschland ins Geschichtsbuch eingegangen. Mit den Kampfhandlungen im ehemaligen Jugoslawien standen zum ersten Mal seit 1945 deutsche Soldaten direkt im Kampfeinsatz, noch dazu ohne UN-Mandat (Pfetsch 2003; Hennecke 2003: 251-302; Florack 2002). Im Krieg gegen den Terror müssen deutsche Soldaten mittlerweile in vielen Ländern als Schutztruppen agieren. Insofern konnte Kanzler Schröder die situative Zuspitzung auf die Außen- und Sicherheitspolitik nicht nur reaktiv für sich nutzen. Aktiv musste er seine Mehrheitsfraktionen im Deutschen Bundestag für die Friedensmissionen gewinnen, was ihm im Falle des Afghanistan-Einsatzes nur mithilfe der Vertrauensfrage gelang (dazu Kapitel 3.1).

Die Konzentration auf die Außenpolitik verringerte die Angriffsflächen der Amtsführung in allen politischen Systemen, womit keinesfalls behauptet werden soll, dass Außenpolitik grundsätzlich wahlentscheidend wäre (Korte 2009; ders. 2000d). Die Politikfelder der Arbeits- und Wirtschaftspolitik bestimmen noch immer die Wahlabsichten. Außenpolitik dient zwar dem Renommee des Regierungschefs, dies kann er jedoch nur unter besonderen Bedingungen in Stimmenmaximierung umsetzen. Solche Sonderbedingungen schuf Kanzler Schröder im August 2002, indem er eine emotionale Schlussmobilisierung des Bundestagswahlkampfes organisierte, die in der polarisierenden Frage „Krieg oder Frieden im Irak" mündete (Korte 2002d).

„window of opportunity"

Der Handlungskorridor wurde durch das „window of opportunity", das ihm vor allem der amerikanische Vizepräsident mit immer neuen und dramatisierenden Vorwürfen gegen das Regime im Irak bot, für Schröder deutlich erweitert. Schröder agierte als „Friedenskanzler". Dieser zeitliche Zufall konnte wahlstrategisch genutzt werden. In den Beziehungen zu den USA und im EU-Kontext hatte Schröder sogar auf einen sogenannten „deutschen Weg" gesetzt. Selbstbewusste und unbefangene Normalität hatte er bereits in seiner ersten Regierungserklärung als Zielperspektive proklamiert: „Das Selbstbewusstsein einer erwachsenen Nation" (Korte 2002: 456).

Dieser außenpolitische Grundduktus blieb in der zweiten Legislaturperiode der Regierung Schröder unverändert und auch die Regierung Merkel wahrt die Grundkonstanten dieser Politik (Grasselt/Korte 2007: 184f). Im Gegensatz zur Vorgängerregierung blieben ihr im ersten Jahr der Kanzlerschaft schwere außenpolitische Bewährungsproben – wie etwa der Irak-Konflikt 2003 – erspart. Den Auftakt ihrer außenpolitischen Aktivitäten bildeten die üblichen internationalen Antrittsbesuche, die sie mit Bravur meisterte, so dass Beobachter von einem „hervorragenden Start" sprachen (Kurbjuweit 2006). Die erste außenpolitische Krise, den Libanon-Konflikt, musste sie dann erst im Sommer 2006 meistern. Israel und die Hisbollah bekriegten sich an der Grenze zum Libanon. Ein Waffenstillstand konnte mit einer internationalen Schutztruppe gesichert werden. Die Bundesrepublik trug durch ihr militärisches Engagement maßgeblichen Anteil, allerdings lediglich zur See, was die Gefahren für die Truppe minimiert. Diese eher defensive Haltung der Bundesregierung zeigt sich auch im NATO-Einsatz der Bundeswehr in Afghanistan. Beim NATO-Gipfel in Riga im November 2006 stellte sich Merkel Forderungen der NATO-Partner entgegen und machte deutlich, dass die Bundesrepublik an der Beschränkung ihres Einsatzes auf den ruhigeren Norden des Landes festhält. Durch ihr internationales Engagement aber auch durch ihre Zurückhaltung wird Merkel als „hervorragend moderierende Außenkanzlerin" wahrgenommen (Posche 2006).

Sicherheitspolitik unter Merkel

Ideen-Management

Ideen, Wertvorstellungen und Überzeugungen kommen in der Politik eine gestaltende Kraft zu. Mittlerweile ist in einigen Politikfeldern nachgewiesen worden, welche problemlösende Kraft Ideen – und eben nicht nur den Interessen – in Verhandlungssituationen zukommt. Ideen reduzieren die Komplexität der gesellschaftlichen Wirklichkeit. Das gilt auch für Entscheidungsfindungen in Verhandlungssituationen.[12] Hinzu kommt, dass Ideen, Wissen und Lernprozesse im Umgang mit Problemlösungen grundsätzlich Einfluss auf Entscheidungsprozesse besitzen. Als weiteres Instrument des modernen Regierens können die Kanzler diesen Zugang nutzen: Sie können als personifizierte Ideenträger auftreten, als die Verkörperung von Ideen und damit Prozesse der Entscheidungsfindung durch ihr Deutungsmuster beeinflussen. Was ist das Signum, das Marken-

[12] Vgl. Wendt 1994, auch Goldstein/Keohane 1993. Zum Kontext des Charisma vgl. Grande 2000.

Personifizierte Ideenträger

zeichen einer Kanzlerschaft? Ideen-Management ist damit auch Teil der außenpolitischen Kultur (Maull 2001). Bei Schröder war es naheliegend, in der ersten Legislaturperiode auf das Projekt des Dritten Weges oder der Neuen Mitte (Fröhlich 2000), ja in Ansätzen auch auf das Reformkanzlertum zu verweisen, was mit der Agenda 2010 eine Prägung in der zweiten Legislaturperiode erfuhr. Auch andere Ideen haben sich in der Vergangenheit (z.B. Europäische Einheit bei Kohl, Westbindung bei Adenauer, Ostpolitik bei Brandt) als Instrumente von Regierungsstilen analysieren lassen (Korte 1998c; Bannas 1999). Deutlicher wurde in der Legislaturperiode seit 2002 auch durchaus, dass Schröder auf die Bindekraft des Patriotismus (der „deutsche Weg“) setzte. Mit seinem bedingungslosen Nein zum Irak-Krieg hat der Kanzler zwar wahlkampftaktisch agiert. Aber sichtbar wurde auch, dass die Souveränität Deutschlands in der Emanzipation von den USA einen außenpolitischen Paradigmenwechsel erfahren sollte (Inacker 2003 FAS v. 6.4.2003).

Merkel setzte zu Beginn ihrer Kanzlerschaft eindeutig andere Prämissen (Grasselt/Korte 2007: 186f). Der Weg eines Neuanfanges war ihr machtpolitisch verbaut. Ein Versuch Politik zu betreiben, die den Ideen der Vorgängerregierung diametral entgegenstünde, wie noch im Wahlkampf propagiert, würde an der Realität des Koalitionspartners scheitern. Aus dieser machtpolitischen Not entwickelte sie schnell die sachpolitische Tugend. Sie wollte den Anteil der CDU/CSU am Erfolg der Großen Koalition mit „Werten“ und zukunftsorientierten Themen in Verbindung zu bringen. Wohingegen es dem Koalitionspartner SPD überlassen wurde, etwaige unpopuläre Maßnahmen zu verkünden und damit zu verantworten. Die Verteilung der Ressorts weist stark darauf hin. Während sich die SPD mit den Finanzen oder auch dem Arbeitsmarkt beschäftigen musste – zwei Ressorts, in denen 2005 nichts positives zu vermelden war – kann Merkel die werteorientierte Familienpolitik (Ursula von der Leyen) oder Bildung und Forschung (Annette Schavan) für die CDU beanspruchen. Im Kern ist jedoch das personenfixierte Ideen-Management der Kanzlerin erkennbar: Von der Leyen für das Familienbild der Union (oder zumindest einer Mehrheit der Bevölkerung), Schavan für die Zukunft des Technologiestandortes Deutschland. Schäuble garantiert innere Sicherheit. Die Person ist idealerweise Träger des Projektes, was gleichzeitig einerseits zum Leitbild von Führung werden kann, andererseits Verhandlungsmargen charakterisiert. Noch fehlt der Kanzlerin ein positives Leitbild ihrer Kanzlerschaft. Eine in sich schlüssige und sich entwickelnde Reformkommunikation, die auf Erklärung und Erläuterung setzt, ist zurzeit nicht erkennbar. Mögliche gute Ideen verkommen in der Hektik einer Tagespragmatik.

Fazit: Handlungsinstrumente des Regierens

Acht unterschiedliche Muster des Regierungshandelns konnten als Handlungsinstrumente des Regierens vorgestellt werden. Sie charakterisieren Formen des modernen Regierens. Diese spezifischen Strategien des Entscheidungsmanagements verschaffen den Regierungschefs Optionen, die ihren jeweiligen Handlungskorridor erweitern. Wie – also in welchem Mischungsverhältnis – sie diese acht Varianten nutzen, kann als persönlicher Regierungsstil des Amtsinhabers charakterisiert werden. Nicht alle acht Typen des Regierungshandelns sind permanent gleichgewichtig im Einsatz. Das Regierungsmanagement bedient sich in unterschiedlichen Phasen situationsgemäß der angebrachten Instrumente. Die vorgestellten Entscheidungskonstellationen charakterisieren Auswege aus der Veränderung von Steuerungspotentialen hinsichtlich politischer Problemlösungen in einem Staat, der über keine klassisch nationalstaatliche Souveränität mehr verfügt. Regieren spielt sich in vernetzten Gesellschaften häufig im Verhandlungsmarathon mit vielfältigen Akteuren ab.

Auf der Entscheidungsebene sind die Regierungschefs die zentralen Akteure, die Institutionen für sich strategisch instrumentalisieren oder gegebenenfalls neue Institutionen schaffen, um politische Optionen zu beeinflussen. Andererseits spinnen die Regierungschefs Akteursnetze um Institutionen, die sie nicht unmittelbar für sich instrumentalisieren können, um den entscheidenden Informationsvorsprung zu gewinnen oder um Vorentscheidungen im Sinne negativer Koordination zu verhindern. Mit anderen Worten werden systembedingte Steuerungsverluste akteursspezifisch durch Steuerungsverlagerung ausgeglichen.

Die akteursbedingten Faktoren – also das Entscheidungsarrangement der Hauptakteure – dokumentieren in der Mehrzahl ihrerseits, inwieweit sich die Kanzler ihrer begrenzten Rolle bei der Entscheidungsfindung bewusst sind. In den vielfältig verflochtenen Verhandlungsdemokratien bietet die Vorliebe für „high politics" und symbolische Politikdarstellung für die politischen Akteure eine der wenigen Möglichkeiten, überhaupt noch sichtbar zu bleiben. Hier zeigt sich, dass auch Regierungschefs in parlamentarischen Demokratien zu Entscheidungsstilen greifen, die eher Präsidenten zugedacht sind, wie beispielsweise „Chefsachen-Mythos" oder „Telepolitik".

Die unterschiedlichen Typen des Regierungshandelns sind nicht risikolos. Sie enthalten zwar handlungsermöglichende Ressourcen, aber bei einseitiger Überdehnung einzelner Varianten – so z.B. im Bereich der Netzwerkbildung (zu viele Kommissionen) oder im Bereich der Telepolitik (zu viel Darstellung, zu wenig Entscheidung) – stellen sich rasch auch Restriktionen ein. Modernes Regieren in spezifischen institutionellen Kontexten bietet somit keineswegs eine

Garantie für immerwährendes Regieren. Dieser Aspekt soll in Kapitel 5.3 „Machtwechsel in Deutschland" eine Rolle spielen.

Literatur

- Benz, Athur (2007) (Hrsg.): Handbuch Governance. Theoretische Grundlagen und empirische Anwendungsfelder, Wiesbaden.
- Falter, Jürgen W. u.a. (Hrsg.) (2005): Wahlen und Wähler. Analysen aus Anlass der Bundestagswahl 2002, Wiesbaden.
- Fischer, Sebastian (2005): Gerhard Schröder und die SPD. Das Management des programmatischen Wandels als Machtfaktor (Schriftenreihe der Forschungsgruppe Deutschland, Bd. 17), München.
- Fischer, Thomas u.a. (Hrsg.) (2008): Politische Reformprozesse in der Analyse. Untersuchungssystematik und Fallbeispiele, Gütersloh.
- Fliegauf, Mark T. u.a. (2008): Leader und Follower – Grundzüge eines interpersonalen Ansatzes zur Analyse politischer Führungsleistung, in: Zeitschrift für Politikwissenschaft (ZPol) 4/2008, S. 399-421.
- Glaab, Manuela (2007): Politische Führung als strategischer Faktor, in: Zeitschrift für Politikwissenschaft, Heft 2, S. 303-332.
- Grasselt, Nico/Korte, Karl-Rudolf (2008): Führung in Politik und Wirtschaft. Instrumente, Stile und Techniken, Wiesbaden.
- Grunden, Timo (2009): Politikberatung im Innenhof der Macht. Zu Einfluss und Funktion der persönlichen Berater deutscher Ministerpräsidenten, Studien der NRW School of Governance, Wiesbaden.
- Hennecke, Hans-Jörg (2003): Die dritte Republik. Aufbruch und Ernüchterung, München.
- Holtmann, Everhard/Patzelt, Werner J. (Hrsg.) (2008): Führen Regierungen tatsächlich? Zur Praxis gouvernementalen Handelns, Wiesbaden.
- Korte, Karl-Rudolf (2007): Der Pragmatiker des Augenblicks. Das Politikmanagement von Bundeskanzler Gerhard Schröder 2002-2005, in: Egle, Christoph/Zohlnhöfer, Reimut (Hrsg.): Ende des rot-grünen Projekts. Eine Bilanz der Regierung Schröder 2002-2005, Wiesbaden, S. 168-196.
- Mertes, Michael (2007): Regierungskommunikation in Deutschland: Komplexe Strukturen, in: Weidenfeld, Werner (Hrsg.): Reformen kommunizieren. Herausforderungen an die Politik, Gütersloh, S. 17-35.
- Murswieck, Axel (2008): Von Schröder zu Merkel – eine Frage des (Regierungs-)Stils? Zu den Machtressourcen der Bundeskanzlerin in einer Großen Koalition, in: Tenscher, Jens/Batt, Helge (Hrsg.): 100 Tage Schonfrist. Bundespolitik und Landtagswahlen im Schatten der Großen Koalition, Wiesbaden, S. 199-214.
- Raschke, Joachim/Tils, Ralf (2007): Politische Strategie. Eine Grundüberlegung, Wiesbaden.
- Schumacher, Hajo (2006): Die zwölf Gesetzte der Macht. Angela Merkels Erfolgsgeheimnis, München.

5.2 Politikvermittlung in der Mediendemokratie

Wahrnehmung und Wirklichkeit

Dass es in der Politik nicht nur darauf ankommt, was „ist", sondern auch darauf, was vermittelt oder wahrgenommen wird, hat im Umfeld des Rücktritts Kurt Becks vom Amt des Parteivorsitzenden im September 2008 eine augenfällige Illustration erfahren. Nachdem durch unterschiedliche Entwicklungen Becks Chancen auf die Kanzlerkandidatur der SPD gesunken waren, wollte dieser zumindest vom traditionellen Recht eines Parteivorsitzenden Gebrauch machen, den Kanzlerkandidaten vorzuschlagen. Die Benennung Frank-Walter Steinmeiers sollte nach einer Reihe von Irritationen in der SPD einen geschlossenen Einstieg in die Wahlkampfauseinandersetzung ermöglichen. Fortbestehende Differenzen in der Frage der personellen Aufstellung der SPD (und insbesondere der Einbindung Franz Münteferings) mündeten dann jedoch im überraschenden Rücktritt Becks vom Amt des Parteivorsitzenden. Interessant ist nun, dass Beck in der Schilderung seiner Beweggründe zum Rücktritt stark auf Medienberichte und Wahrnehmungen eingeht: An der mit Steinmeier bereits einmütig verabredeten Vorgehensweise hatte sich in der Sache eigentlich nichts geändert. Trotzdem schafften es Medienberichte (genauer gesagt Vorberichterstattungen über Medienberichte in den Abendnachrichten), die Lage deutlich zu verändern (Schwennicke 2008). In diesen Berichten wurde der Eindruck erweckt, die Benennung Steinmeiers habe Beck nicht souverän und aus eigenem Antrieb, sondern vielmehr als Getriebener getätigt: Führende Persönlichkeiten aus der SPD – inklusive des prospektiven Kanzlerkandidaten – hätten ihn dazu gedrängt. Mit Blick auf die Medienberichte erinnert sich Beck: „Man ging sogar so weit zu behaupten, dass Steinmeier und Müntefering nun das Kommando übernehmen und den Parteivorsitzenden nur dulden" (Beck 2008a: 16). Noch bevor also die Entscheidung über den Kanzlerkandidaten bei einer Klausurtagung am Schwielowsee öffentlich gemacht werden sollte, stand damit bereits eine Wahrnehmungsschablone fest. Wiederum unterstreicht Beck die seiner Meinung nach verheerende Wirkung dieser Schablone: „Von nun an würde ich (…) den Anschein erwecken, um den Preis der Selbstverleugnung am Stuhl des Vorsitzenden zu kleben." (Beck 2008) In seiner Erklärung zum Rücktritt unterstreicht er nochmals die Wechselwirkung zwischen Politik und Medien: „Ich habe (…) wahrgenommen, dass in den Medien eine Geschichte berichtet wird, die mit der Wirklichkeit nicht übereinstimmt. Wir haben dann recherchiert (…) und dabei ist deutlich geworden, dass den Medien bewusste Fehlinformationen zugespielt worden sind. ‚Spinnen' nennt man das wohl. Pfälzisch würde man es anders nennen – zumindest anders schreiben und aussprechen. Und diese Meldungen und das, was dahinter stand, haben dazu geführt, dass ich eine völlig andere Lage vorfand. Das hat mich dann dazu gebracht, zu überlegen, ob unter diesen Bedingungen die Parteiführung von meiner Seite aus noch möglich ist (...) wenn die Handlungsspielräume so eingeschränkt sind, dass ein zentrales Recht, dass in der Sozialdemokratie dem Parteivorsitzenden immer zugestanden hat, eingeschränkt werden soll – zumindest in der öffentlichen Wahrnehmung eingeschränkt worden ist – einen Vorschlag für die Spitzenkandidatur auf Bundesebene zu machen" (Beck 2008). Abseits der Frage nach den Details einer unterstellten Medienkampagne und dem „was dahinter stand" deuten sich hier mehrere Zusammenhänge an: Politik und Medien scheinen in einem Wechselverhältnis zu stehen; Politiker können Medien nutzen – diese scheinen jedoch auch eine ganz eigene Art von „Macht" ausüben zu können. Schließlich wird überdeutlich, dass die medienvermittelte Wahrnehmung einer bestimmten Sache – auch wenn sie nicht der Wirklichkeit entspricht – wirkmächtiger als die „Realität" sein kann und zu einer neuen „Lage" führt. Die Bedeutung von Medien und Kommunikationsprozessen erscheint als geradezu konstitutiv für Politik und Regieren. Die Politikvermittlung in der Mediendemokratie soll deshalb im Folgenden näher ausgeleuchtet werden. Nach einer grundsätzlichen Annäherung an Strukturmerkmale politischer Kommunikation wird dabei die Rolle politischer Sprache im Zentrum stehen. Ihre Bedeutung für Regierungshandeln wird am exponierten Beispiel der Regierungserklärung entfaltet. Als konkretes Fallbeispiel dient dann die Entstehungsgeschichte der Regierungserklärung Gerhard Schröders vom 14. März 2003, mit der der Bundeskanzler unter anderem auf das Scheitern des Bündnisses für Arbeit und des damit verbundenen Politikkonzeptes der Moderation von Konsensrunden reagierte.

5.2.1 Politische Kommunikation

Ohne Sprache keine Politik

Ohne Sprache keine Politik, so könnte man eine Einsicht nicht nur der Regierungsforschung, sondern vielmehr der politischen Ideengeschichte formulieren. Wolfgang Bergsdorf, langjähriger Leiter des Bundespresseamtes unter Helmut Kohl, verweist in einer seiner Studien darauf, dass „keine Politik (...) darauf verzichten [kann], ihre Ziele in zentralen Begriffen darzulegen und mit ihnen um Zustimmung zu werben" (Bergsdorf 1985: 1245). Bodo

Hombach, langjähriger Berater von Gerhard Schröder variiert diesen Gedanken, indem er darauf hinweist, dass „Formulierung und Kommunikation der politischen Entscheidungen zwei Seiten einer Medaille“ (Hombach 1989: 40) sind. Neben der Transformations- und Transportleistung politischer Sprache für politische Ideen und Programme wird damit zugleich die Verbindung zur Wirkung auf die Öffentlichkeit angesprochen. Politische Kommunikation hat es mit eben diesem Wirkungsfeld zwischen politischen Akteuren und der Öffentlichkeit im weiteren Sinne zu tun. Politik wird zunächst und vor allem „publiziert“, das heißt vorgestellt, zur Diskussion gestellt – eventuell in Frage gestellt. Politische Kommunikation macht Politik publik und öffnet auf diesem Wege die Möglichkeit, geprüft, unterstützt, verworfen oder abgelehnt zu werden. Unzweifelhaft geht mit der Publizierung von Politik also die mögliche Kontrolle und Kritik von Politik einher. Politische Kommunikation ist insofern das kontinuierliche Bemühen um ein politisches Mandat: Nur für diejenigen Anliegen, die öffentlich verkündet, zur Disposition gestellt und begründet wurden, kann der Politiker Handlungskompetenz ableiten: „Dem demokratischen Politiker liefert die Sprache die wichtigste Quelle seiner Wirksamkeit: Legitimität“ (Greiffenhagen 1980: 3). Zumal in demokratischen Gemeinwesen die Regel gilt: „Legitimation durch Kommunikation“ (Sarcinelli 1998: 547). Deshalb bezeichnet politische Kommunikation sowohl ein wesentliches Instrument der Politik und des Regierens als auch eine permanente Anforderung an Politik. Gleichwohl erschöpft sich Politik nicht in politischer Kommunikation. Sie kann jedoch zum maßgeblichen Element von Politik werden. Hierauf zielt u.a. die schon mehrfach erwähnte Unterscheidung von Darstellungs- und Entscheidungspolitik sowie die Kategorie der symbolischen Politik (Sarcinelli 1987; Edelmann 2005).

„Legitimation durch Kommunikation“

Die um Zustimmung werbende politische Sprache folgt dabei einer eigenen Logik und Rationalität. Nur unter Beachtung dieser eigenen Logik erschließt sich die Funktionalität und der handlungsorientierte „Sinn“ politischer Kommunikation. Patzelt plädiert deshalb dafür, die Sprache der Politik „als eine Textgattung sui generis auf[zu]fassen“: „[A]ls ein höchst adaptives System, das sich unter extrem scharfen Konkurrenz- und Selektionsbedingungen äußerst vielfältigen und oft rasch wechselnden Umweltbedingungen anpassen muss. Herausgelöst aus ihren pragmatischen Kontexten ist sie ebenso wenig adäquat zu verstehen wie ein Fußballspiel ohne die Kenntnis seiner Regeln“ (Patzelt 1995: 19). Eine bedeutsame Eigenheit politischer Sprache ist, dass sie eben nicht auf einen un-

Politische Sprache hat eine eigene Logik und Rationalität

strittigen semantischen Haushalt zurückgreifen kann, sondern gerade den Prozess der Deutung, Urteilsfindung und Interpretation sozialer Phänomene spiegelt und (mehr oder minder) transparent macht: „Weil die Sprache der Politik von denen, die sie verwenden, überwiegend dazu benutzt wird, Machtansprüche zu bekräftigen oder zurückzuweisen, wird die antagonistische Struktur der politischen Auseinandersetzung auf das Begriffssystem der Politik übertragen" (Bergsdorf 1983: 28). Eine sinnfällige Ausprägung dieses Zusammenhangs findet sich nicht zuletzt im Begriff des „Machtwortes". Der Kampf um Begriffe wird deshalb nachfolgend im Zentrum der Analyse politischer Sprache stehen.

Kampf um Begriffe

Der politische Kontext lädt Kommunikation mit einer Vielzahl weiterer Bedeutungsebenen und Funktionen auf. Bergsdorf differenziert in diesem Sinne Gesetzgebung, Verwaltung, Verhandlung, Erziehung und Propaganda als Felder politischer Kommunikation, die jeweils ihre eigenen Strukturmerkmale und Sprachanforderungen aufweisen (Bergsdorf 1983: 38). Quer zu dieser Differenzierung unterscheidet Patzelt drei Typen politischer Kommunikation: politische Arbeitskommunikation, Darstellungskommunikation und Durchsetzungskommunikation (Patzelt 1995: 18). Damit weisen beide auf die notwendige Spezifizierung von Form, Funktion und Phase bzw. Ablauf der politischen Kommunikation hin.

Drei Typen politischer Kommunikation

Diese erste Unterteilung wird noch dadurch erweitert, dass unter den Begriff der politischen Kommunikation so unterschiedliche Dinge wie beispielsweise Selbstdarstellung (Laux/Schütz 1996) von Politikern im Bemühen um Glaubwürdigkeit und Authentizität, „Kandidatenimages" (Brettschneider 1995), einschließlich der Bedeutung nonverbaler Kommunikation (Frey 2005), oder aber die „Public Relations"-Arbeit von Parlamenten (Marschall 1999) fallen. Je nach Akteur, Konstellation oder Adressatenkreis kann politische Kommunikation sehr verschiedene Dinge bezeichnen. Die Übergänge zu Kommunikationssphären anderer gesellschaftlicher Bereiche – etwa der Wirtschaftskommunikation, der Werbung oder der Populärkultur (dazu Nieland 2002) – stellen sich dabei gelegentlich als fließend dar.

Der Gegenstand der politischen Kommunikation hat sich gerade in den letzten Jahren erheblich ausdifferenziert – neue Akteure politischer Kommunikation, neue Formen und Kommunikationswege sowie unterschiedliche Wirkweisen politischer Kommunikation sind ins Blickfeld der Forschung geraten (zum Überblick Forum. Medien. Politik 2004; Strohmeier 2004; Sarcinelli 2005; Kamps/Nieland 2006; Vowe/Dohle 2007). Besondere Aufmerksamkeit hat gerade die Frage erhalten, welche spezifischen Anforderungen in der Kommunikation von Reformprojekten zu beachten sind (Weidenfeld 2007; Delhees u.a. 2008; Korte 2008a). Auf neue Wege und Möglichkeiten auch der digitalen politischen Kommunikation wird in Kapitel 6.3 eingegangen. Hier geht es zunächst um die Vermessung und Analyse einiger Grundregeln und Wirkzusammenhänge politischer Sprache und Kommunikation.

Mediatisierung

Zunächst einmal ist davon auszugehen, dass eine jegliche politische Äußerung im politischen Prozess eines modernen demokratischen Staates auf die Vermittlung durch die Medien angewiesen ist. Direkt-Kommunikation mit der Öffentlichkeit und dem Bürger bleibt in der Regel auf einige Aspekte von Wahlkampfveranstaltungen oder Vorträgen begrenzt. Politische Kommunikation findet also grundsätzlich „mediatisiert" statt. Nicht nur Schulz verweist dabei auf die doppelte Bedeutung des Begriffs „Mediatisierung": Darunter kann man zum einen – im engen Sinne – die Vermittlung einer Botschaft durch und mit Hilfe eines Mediums verstehen. Daneben kann man jedoch – in einem weiten Sinne – schon in diesem Begriff einen Hinweis dafür erkennen, dass die Vermittlungsleistung durch das Medium nicht ohne Wirkung auf die Botschaft selbst bleibt: „Die mediale Informationsverarbeitung prägt den Botschaften eine spezifische Medienlogik auf und beeinflusst damit notwendigerweise die durch Kommunikation begründeten Wahrnehmungen und Handlungen" (Schulz 2008: 59). Dadurch ist der Modus der Politikvermittlung als Variable neben den Inhalt der Politikvermittlung getreten. Die effiziente Vermittlung einer politischen Aussage muss, bedingt durch die dominante Medienstruktur und das Mediennutzungsverhalten der Bürger, in erheblichem Maße auf Kriterien wie Nachrichtenwert oder Fernsehtauglichkeit achten, um Gehör zu finden. Schulz listet die Aspekte der Bedeutung von Massenmedien auf:

Massenmedien

„Massenmedien sammeln und selektieren nach medienspezifischen Aufmerksamkeitsregeln politische Informationen und verbreiten diese an ein großes, prinzipiell unbegrenztes Publikum; mediale Information ist oft die ausschließliche Handlungsbasis für Bürger und politische Eliten und zugleich Voraussetzung für das Entstehen einer politischen Öffentlichkeit; sie entscheiden nach medienspezifischen Relevanzgesichtspunkten über den Zugang politischer Akteure zur Öffentlichkeit und bestimmen auf diese Weise deren Handlungs- und Einflussmöglichkeiten; sie interpretieren und bewerten in einer medienspezifischen Weise das politische Geschehen – neben den Akteuren, Ereignissen und Themen auch politische Ansprüche, Unterstützung und Entscheidungen – und strukturieren damit den Systeminput und -output.

Sie interagieren bei der Berichterstattung mit dem berichteten politischen Geschehen und schaffen auf diese Weise ‚Pseudo-Ereignisse' und Realitätsfiktionen, die wiederum Grundlage politischen Handelns werden" (Schulz 2008: 76).

Hierarchie von Medien und Politik: Dependenz- und Instrumentalisierungsthese

Dadurch stellt sich jedoch die Frage nach dem Verhältnis und gar der Hierarchie von Medien und Politik. Als Annahmen stehen sich dabei idealtypisch die so genannte Dependenz- und Instrumentalisierungsthese gegenüber (Schulz 2008: 46ff.). Erstere geht von der Abhängigkeit der Politik von den Massenmedien aus: Diese bewegten sich aus der bloß vermittelnden und ergänzenden Funktion hin zu einer die Politik bestimmenden Stellung. Umgekehrt vertritt die Instrumentalisierungsthese die Meinung, Massenmedien würden sich faktisch in grundsätzlicher Abhängigkeit von der Politik befinden, die sie geschickt nutze und einsetze, um politische Ziele strategisch vorzugeben, darzustellen und zu bewerben. Die Medien hätten sich mithin dem kontinuierlichen Versuch der Vereinnahmung durch politische Propaganda zu erwehren. Beide Thesen gehen damit idealtypisch von einer Ungleichgewichtigkeit von Politik und Medien aus. In dem einen Fall wird die Politik durch die Anforderungen der Medien in ein letztlich unpassendes Korsett gezwängt; im anderen Fall steht die eigenständige, kritische Rolle der Medien in Frage. Parallel dazu liegen Ansätze, die den Medien entweder eine funktionale oder aber eine kausale Rolle im politischen System zuschreiben. Ein solchermaßen beschriebenes Verhältnis von Medien und Politik impliziert jedoch nicht zuletzt ein Maß an Einheitlichkeit der vielfältigen Akteure aus „Medien" und „Politik", das so wohl nicht allgemein angenommen werden kann. Hinzu kommt die ständige Interdependenz zwischen Kommunikator und Rezipient. Die notwendige Annahme, Verarbeitung und Deutung eines jeglichen kommunikativen Aktes durch den Empfänger und Adressaten lässt das „Machen" von Nachrichten als zumindest zweiseitigen Prozess erscheinen. Die Vorstellung von Medien als „Gatekeepern", die über den Zugang zur Öffentlichkeit wachen und diesen zugleich regulieren, ist insofern nur ein Ausschnitt des Kommunikationsprozesses (Schulz 2008: 57). Untersuchungen zum Agenda-Setting (Rössler 1997) bzw. zum Agenda-Building und der Responsivität zwischen Medien, Öffentlichkeit und Politik (Brettschneider 1995) greifen diesen Punkt auf. Die Rückkoppelungsprozesse und unausgesprochenen Annahmen, die Informationsverarbeitung und -weitergabe bestimmen, sind nicht zu unterschätzen.[13] Vor diesem Hintergrund ist die Wahrnehmungsebene des Verhältnisses von Politik und Medien von der – wie auch immer

Rückkoppelungsprozesse zwischen Politik und Medien

[13] Vgl. dazu etwa die Theorie der Schweigespirale von Noelle-Neumann (2001).

gearteten – „tatsächlichen" Ebene des Verhältnisses zu trennen: „Entscheidend ist weniger, ob die Medien tatsächliche Macht haben; entscheidend ist vielmehr, ob allgemein angenommen wird, dass die Medien Macht haben. Wenn das der Fall ist, verhalten sich alle so, als hätten die Medien politische Macht. Und das ist in seinen Folgen gleichbedeutend mit tatsächlicher Macht der Massenmedien" (Schulz 2008: 64).

Die Komplexität der Interaktionsformen, Interessenkonstellationen, Motivlagen, Selbst- und Fremdbilder der beteiligten Akteure dürften also vielmehr eine jeweils auf diese Faktoren eingehende konkrete Untersuchung erfordern, die allzu grobe Generalisierungen vermeiden bzw. relativieren kann. „Das" Verhältnis von Medien und Politik und „die" Regeln politischer Kommunikation werden somit zu einem Set jeweils geltender Regelsysteme und Wirkzusammenhänge, die in unterschiedlichen Phasen des politischen Prozesses unterschiedliche Interaktions- und Vermittlungskonstellationen hervorbringen.

Um diese jeweiligen Vermittlungskonstellationen näher in den Blick zu bekommen, haben Jarren und Donges einen Politikzyklus entwickelt, der durchaus parallel zum eingangs vorgestellten Politikzyklus verläuft und auf diese Art und Weise der bisherigen Analyse von Politik und Regieren einen weiteren, durchgehenden Analyse- und Beobachtungsring hinzufügt (Jarren/Donges 2006: 207ff.). Jarren und Donges unterscheiden die Phasen der Problemartikulation, Problemdefinition, Politikdefinition, Programmentwicklung, Politikimplementation, Politikevaluation und schließlich erneut der Problemartikulation. Die Grafik (Abb. 34) stellt die unterschiedlichen Beiträge und Positionierungen in jeweiligen Interaktionskonstellationen idealtypisch vor.

Einfluss der Medien

Den größten Einfluss der Medien auf den politischen Prozess diagnostizieren Jarren und Donges in den „frühen" Stadien der Problemartikulation und Problem- bzw. Politikdefinition. Die Einspeisung eines Problems in den politischen Prozess scheint damit unter Kommunikationsgesichtspunkten der Teil des politischen Prozesses zu sein, der am deutlichsten „mediatisiert" abläuft. Danach gilt: „Ist ein Problem (...) als politisches Problem mehr oder minder anerkannt, erscheint es bearbeitbar sowie lösbar und wird zudem durch die politischen Institutionen bearbeitet, so geht das Interesse der Medien an der Thematisierung zurück" (Jarren/Donges 2006: 211). Der Einfluss der Medien ist jedoch durch die zu Beginn vorgenommenen Adaptionen und Transformationen des politischen Anliegens und der politischen Aussage auch im weiteren politischen Prozess gegenwärtig. Wie Jarren und Donges selbst betonen, suggeriert die-

Abb. 34: Phasenmodell des politischen Prozesses

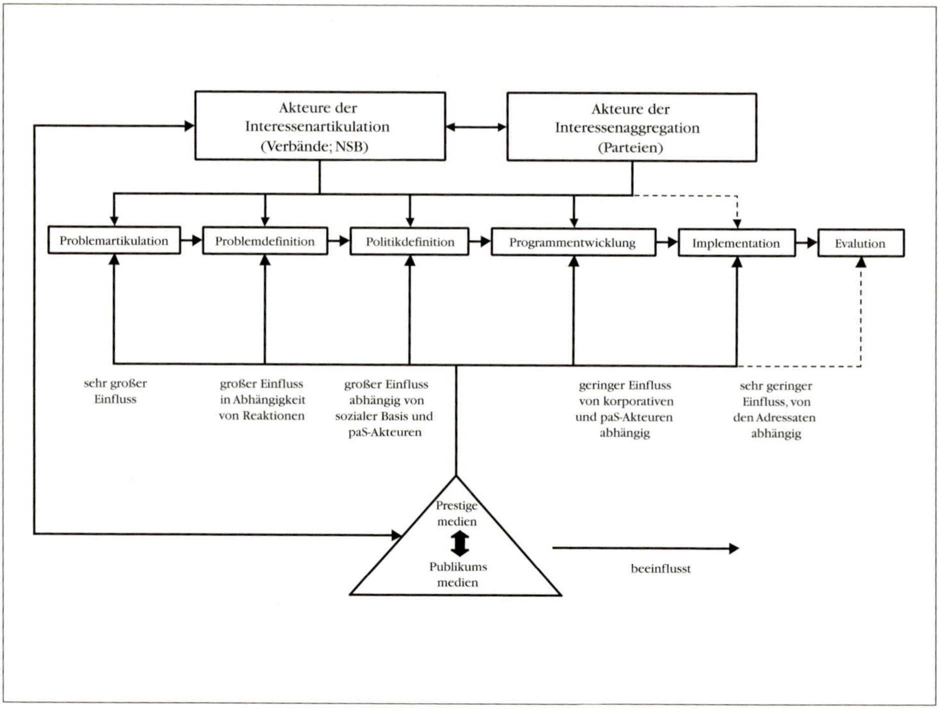

Quelle: Jarren/Donges 2006: 212.

ses Phasenmodell ein Maß an Zielgerichtetheit und Kausalität von einer Phase des Prozesses zur nächsten, die allenfalls im Nachhinein so umfassend rekonstruiert werden kann. Politische Kommunikation eines Anliegens oder eines Akteurs kann mithin zu jedem Zeitpunkt auch abbrechen, versanden oder nicht weitergeführt werden. Zudem sind die dargestellten Interaktionskonstellationen noch insofern zu erweitern, dass ein Vorgang politischer Kommunikation nie singulär, nie abgeschottet von parallel und simultan laufenden, weiteren Vorgängen politischer Kommunikation abläuft. Diese können durchaus miteinander in Interferenz treten und das Verhalten der Akteure von einer Seite aus bestimmen, die in der Perspektive einer einzeln linear verlaufende Abfolge nicht in den Blick geraten würde. Die Simultaneität von Problemen und Politiken macht jedoch die Realität von Politik und Regieren aus. Dieser Umstand erfordert zum einen konkrete Fallstudien und zeigt zum anderen, wie hoch die Anforderungen an gelungene politische Kommunikation inmitten eines solch komplexen Umfeldes sind.

Amerikanisierung, Modernisierung oder Evolution?

Dieser Umstand hat einen nicht unerheblichen Markt für politische Beratung eröffnet. Der Rückgriff auf und die Einflussnahme von so genannten „spin doctors", Kommunikationsexperten, die den politischen Aussagen den nötigen „Dreh" geben, um maximale Aufmerksamkeit, Weitergabe und Wirkung in den Medien zu erzielen, hat sich gerade in den letzten Wahlkämpfen als hervorstechendes Element der politischen Kommunikation hervorgetan (Meinhart/Schmid 2000). Diese Tendenzen fügen einige Autoren zur „Amerikanisierungsthese" zusammen, worunter die mehr oder minder deutliche Übernahme von Mustern der politischen Kommunikation im System der Vereinigten Staaten zu verstehen ist (Schulz 2008: 243ff.). Diese Sichtweise gewichtet jedoch nicht den Umstand, dass es zunächst die Strukturen und Institutionen des jeweiligen politischen Systems (etwa präsidentiell gegen parlamentarisch) sowie die damit verwobene politische Kultur als Wahrnehmungs- und Erwartungsfolie sind, die die Eigenheiten politischer Kommunikation konditionieren (Schulz 2008: 15ff). Der „Amerikanisierungsthese" wird in diesem Sinne die „Modernisierungsthese" (Holtz-Bacha 1999: 19) entgegengestellt, die die beobachtbaren Veränderungen in der politischen Kommunikation nicht als Ausfluss der besonderen amerikanischen Entwicklungen sieht, sondern als Reaktion auf allgemeine Veränderung in Technologie, Wirkung und Nutzung der Massenmedien. Strohmeier spricht im Anschluss an die „Modernisierungsthese" von der „Evolutionsthese" (Strohmeier 2001), wonach „die Modernisierung des Wahlkampfs in Deutschland folglich nicht auf einer Übernahme amerikanischer Wahlkampftechniken, sondern vielmehr auf einer – im Vergleich zu den USA – verzögerten Adaption an veränderte Rahmenbedingungen" beruht. Ausprägungen dieser Adaption sind für ihn die folgenden Merkmalspaare:

- Professionalisierung & Kommerzialisierung
- Medienwahlkampf & Mediatisierungsstrategien
- Angriffswahlkampf & Emotionalisierung
- Umfrageorientierung & Entideologisierung
- Personalisierung & Kandidatenzentrierung

Diese Merkmalsliste ist zunächst auf die besondere Kommunikationssituation des Wahlkampfes zugeschnitten. In dem Maße, in dem die bislang herausgefilterten Tendenzen von Politik und Regierung jedoch auf die Etablierung einer „permanent campaign", eines dauernden Wahlkampfes hinweisen, haben sie allerdings auch Aussagekraft über das begrenzte Umfeld von Wahlen hinaus. Wo politische Kommunikation professionalisiert und auch standardisiert wird, erhöht sie die Chancen, als solche auch Aufmerksamkeit zu bekommen. Typisch für die dynamische Struktur von Kommunikationsprozessen ist also, dass Versuche ihrer bewussten Planung und Steuerung selbst zum Inhalt dieser Prozesse werden: „Was früher allenfalls in heißen Wahlkampfphasen zu beobachten war, nämlich die mediale Politikvermittlung als Thema, also eine Art Metakommunikation, scheint mehr und mehr zur (un)politischen Alltagsrealität zu werden: die Kommunikation als Thema der Kommunikation" (Sarcinelli 2001: 100). Diese potentielle De-Politisierung der Politik nach dem Maße ihrer Mediatisierung hat dabei nicht unerhebliche Auswirkungen auf die Wahrnehmung von Politik und Regieren: „Daraus entsteht der Eindruck einer ‚Doppelbödigkeit' von Politik mit dem öffentlich kaum sichtbaren Teil des alltäglichen politischen Handelns einerseits und den politischen Inszenierungen für die Bühne der Medien andererseits" (Schulz 2008: 14).

„Kommunikation als Thema der Kommunikation"

Gewichtsverschiebungen im politischen Prozess

Abseits pejorativer Wertung der bisherigen Merkmale und Bedingungen hat politische Kommunikation zu beachten, „dass Politik stets in der Doppelrealität von Ereignis und Deutung (…), von Nennwert und Symbolwert vermittelt und wahrgenommen wird" (Sarcinelli 1998: 729). Darstellungs- und Entscheidungspolitik erscheinen dadurch tatsächlich nicht als sich ausschließende Alternativen, sondern jeweils bedingende Ergänzungen von Politik und Regieren. Wichtig ist jedoch die jeweils neu auszutarierende Balance zwischen diesen beiden Elementen, deren Verhältnis auch durch unterschiedliche Gewichtung in verschiedenen Phasen des politischen Prozesses bestimmt sein kann. Sowohl Darstellungs- als auch Entscheidungspolitik sind jedoch auf Politikvermittlung angewiesen und auf diesem Wege werden die Medien – in je unterschiedlicher Intensität und Konstellation – zu einem Faktor von Politik und Regieren, dessen Bedeutung für den politischen Prozess mit dem Stellenwert manch einer etablierten politischen Institution gleichzusetzen ist (vgl. auch Glaab 2000; Korte 2002c).

Mediokratie und Politainment

Das Ausmaß dieser Bedeutung ist jüngst schlagwortartig mit den Begriffen des „Politainment" und der „Mediokratie" beschrieben worden. Beide Begriffe erwachsen aus Untersuchungen zu bestimmenden Trends in der politischen Kommunikation, die im Ergebnis auf die mögliche Dominanz der Medien über die Politik hinauslaufen. Andreas Dörner attestiert einen Auflösungsprozess zwischen den Bereichen der Politik und des Entertainments. Dies gilt dabei interessanterweise sowohl für die Durchdringung der politischen

Sphäre mit Elementen des Entertainments als auch für das Eindringen politischer Problem- und Fragestellungen in die Unterhaltungsindustrie. „[U]nterhaltende Politik und politische Unterhaltung" (Dörner 2001: 31) stehen sich somit idealtypisch gegenüber und bilden zusammen „Politainment": „Politainment bezeichnet eine bestimmte Form der öffentlichen, massenmedial vermittelten Kommunikation, in der politische Themen, Akteure, Prozesse, Deutungsmuster, Identitäten und Sinnentwürfe im Modus der Unterhaltung zu einer neuen Realität des Politischen montiert werden. Diese neue Realität konstituiert den Erfahrungsraum, in dem den Bürgern heutzutage typischerweise Politik zugänglich wird" (Dörner 2001: 31). Folgt man dieser Diagnose, dann könnte der Platz politischer Kommunikation, der sich nach der klassischen Theorie politischer Systeme sowohl auf der Input- wie auf der Output-Seite des Systemmodells findet (Schulz 2008: 42ff.) eine neue Akzentuierung bekommen: Politische Kommunikation als sich selbst genügender Output, als politische Showleistung, die den Erwartungen und Bedürfnissen der Bevölkerung entspricht, ohne notwendigerweise materielle Konsequenzen oder greifbare politische Entscheidungen nach sich ziehen zu müssen.

Politische Kommunikation als politische Showleistung

Thomas Meyer geht in diesem Sinne noch etwas weiter und entwirft das Szenario der „Mediokratie" (Meyer 2001), in der das Mediensystem die Politik kolonisiert habe, da „die dem Mediensystem eigentümlichen Regeln auf das politische System übergreifen und dessen eigentümliche Regeln dominieren oder gar außer Kraft setzen" (Meyer 2001: 10). Der Begriff weist eine deutlich kritische und pessimistische Perspektive auf die Entwicklungstendenzen der Demokratie auf: „Der Begriff der Mediokratie reicht weiter als der der Mediendemokratie, denn er schließt die politisch-kulturelle Diagnose ein, dass auf den Bühnen und für die Bühnen der Massenmedien zunehmend nur noch das in Betracht kommt, was sich mit dem politischen und kulturellen Geschmack der nach unten offenen breitest möglichen Schnittmenge der Gesellschaft verträgt, der wiederum durch seine triumphierende mediale Spiegelung bestätigt, bestärkt und durch die nötige Erhöhung der Dosis enthemmt wird" (Meyer 2001: 11). Unverkennbar erwachsen aus einer solchen Konstellation manifeste Gefahren für die Grundlagen der Demokratie und letztlich die Demokratie selbst. Als Gegengewicht zur rein medial inszenierten Politik spricht auch Meyer von „Politik als Herstellungshandeln" (Meyer 2001: 199), also jenem Komplementär, das oben als Entscheidungspolitik definiert wurde.

Mediokratie

Das Verhältnis von Politik und Medien lässt sich mithin kaum als statisch oder eindeutig hierarchisiert festlegen. Vielmehr ist von einer unterschiedliche Akzentuierungen ermöglichenden Interdependenz (Brettschneider 1995; Schulz 2008: 48f.) auszugehen. Die Tatsache, dass Politik auch Medienpolitik macht und somit ihrerseits durchaus unmittelbare Zugriffsmöglichkeiten auf den Handlungsspielraum der Medien hat (Jarren/Donges 2002: 79) sollte dabei nicht außer Acht gelassen werden. Schulz fasst deshalb zusammen: „Zwischen Medien und Politik gibt es ein Verhältnis wechselseitiger Dominanz und Abhängigkeit" (Schulz 2008: 337). Jarren und Donges sprechen sogar von Interpenetration (Jarren/Donges 2006: 284f.) und plädieren dafür, „die Produktionsgemeinschaft von Politikjournalisten, Politikern und PR-Akteuren als ein Handlungssystem zu begreifen" (Jarren/Donges 2006: 295). In dieser Perspektive erscheinen die Akteure von der Politik- und der Medienseite durch komplementäre Motivlagen und Interessen verbunden, die „Interaktion zum wechselseitigen Nutzen und Vorteil" (Jarren/Donges 2006: 319) nahezu unausweichlich werden lassen. Eine Liste möglicher Nutzenkalküle illustriert diesen Zusammenhang, der sich wohl nicht zuletzt auf die wechselseitige Bestätigung in Rolle und Identität innerhalb der Produktionsgemeinschaft stützen kann:

Medien und Politik: wechselseitige Dominanz und Abhängigkeit

a.) Nutzen des Politikers:

- Persönliche Publicity
- Thematisierung eines ihm nützlichen Themas
- De-Thematisierung eines ihm schadenden Themas
- Informierung durch Journalisten (z.B. über Konkurrenten)
- Gewogenheit des Journalisten (späterer Nutzen)

b.) Nutzen des Journalisten:

- Nützliche Information
- Gewogenheit des Politikers (späterer Nutzen)

„Der politisch-journalistische Komplex"

Der ehemalige Regierungssprecher Uwe-Karsten Heye spricht in Fortführung dieser Interdependenz vom „politisch-journalistischen Komplex" (Heye 2002: 287) und weist darauf hin, dass gerade mit dem Umzug der Regierungszentrale nach Berlin das Verhältnis zwischen Journalisten und Politiker in erheblichem Maße durch die Ökonomisierung der Medien, die Vervielfältigung der Medienangebote und die Einbettung des Wechselspiels zwischen Politik und Medien in eine wiederum durch Eigenheiten und größere Öffentlichkeit aufweisende Hauptstadt bestimmt und verändert worden sei (dazu auch Koelbl 2001; Bruns 2007). Deutliche Dominanz einer Seite lässt sich aber auch in dieser Konstellation nicht ohne weiteres feststellen. Auch Sarcinelli wendet sich gegen die These der Auflösung der Parteiendemokratie in der Mediengesellschaft; vielmehr gehe es um die „vielfältigen medienspezifischen Transformationen von Parteistrukturen, Organisationskultur und Programmatik“ (Sarcinelli 2001: 102). Nicht zu vergessen ist also, dass auch zwischen intermediären Institutionen und innerhalb dieser – beispielsweise in Gruppierungen innerhalb der Parteien – jeweils eigene „interne“ und „externe“ politische Kommunikation betrieben wird, die sowohl mediatisiert wird, als auch den Medien Anlass zur Berichterstattung gibt. In der Perspektive der Regierung ist dabei von einer exponierten Stellung, ja grundsätzlichen Überlegenheit der Exekutive gegenüber allen anderen Akteuren der politischen Kommunikation auszugehen: „In unserem demokratischen Regierungssystem ist es die Regierung, die Initiativen ergreift, die Maßnahmen beschließt und durchsetzt. Ihr kommt deshalb als Vorteil zugute, dass sie selbst Themen bestimmen und in der politischen Diskussion besetzten kann, anstatt immer nur zu reagieren“ (Bergsdorf 1986: 38). Insofern kann die Regierung wesentliche Inhalte und Strukturen der politischen Kommunikation vorgeben. Ihr Anspruch ist jedoch ständig prekär und wird mittels eines die Eigengesetzlichkeiten politischer Kommunikation reflektierenden Einsatzes sprachlicher Mittel durch die Opposition und andere Akteure hinterfragt. Die dabei zu beobachtenden Funktionen und Argumentationsmuster politischer Sprache und ihre Nutzung durch Regierung und Opposition sollen nun näher betrachtet werden.

Überlegenheit der Exekutive

5.2.2 Sprache als zentrales Instrument und Vehikel der Politik

Prozesse politischer Kommunikation bilden das Grundgerüst der Politik und des Regierens. In der bereits erwähnten Studie zum Amt des Bundespräsidenten hat Dolf Sternberger den Satz geprägt, auch Worte seien Taten. Dies zielte in erster Linie auf den Bundespräsidenten, dessen politisches Werkzeug sich in der Tat über öffentliches Reden, also Sprache, manifestiert. Der Satz gilt jedoch in noch viel allgemeinerem Maße für die Politik als solche und nimmt die Erkenntnisse der so genannten Sprechakttheorie von J. L. Austin auf, die dieser unter dem programmatischen Titel „How to do things with words“ (Austin 1975) veröffentlicht hat. Das, was Austin in diesem Buch die performative, handlungssetzende Funktion von Sprache nennt, lässt sich an einigen wenigen Beispielen illustrieren: Die Sätze: „Ich danke Dir.“, „Ich entschuldige mich.“, „Mein herzliches Beileid.“ oder aber auch „Ja, ich nehme Dich zur Frau/zum Mann.“ sind eben nicht nur Aussagen, die etwas be- und umschreiben, sondern Handlungen: In dem Moment, wo solche Sätze gesprochen werden, sagen sie nicht nur etwas, sondern sie tun etwas, es geschieht et-

Worte sind Taten

was. Im ersten Beispiel wird „Dank" geschaffen, den der Gesprächspartner empfängt, im zweiten Satz durch Entschuldigung der Charakter einer vorhergehenden Handlung relativiert, im dritten Beispiel eine gefühlsmäßige Anteilnahme etabliert und im letzten Beispiel ein soziales, religiöses, aber auch juristisches Faktum in die Welt gesetzt. Und genau darum geht es: In die Welt setzen, erschaffen, etablieren. Sprache konstituiert Welt und zumal in demokratischen Systemen ist sie das Medium der Politik.

Sprache konstituiert Welt und in demokratischen Systemen ist sie das Medium der Politik

Sprache ist das wichtigste Herrschaftsinstrument der Politik (dazu Fröhlich 1997; Korte 2002b). Der Beruf des Politikers vollzieht sich in der Sprache – durch Sprechen, Lesen, Schreiben und Verhandeln. Im hypersensiblen Bereich der Deutschlandpolitik beispielsweise (ein fester Bestandteil aller Regierungserklärungen bis 1990) reichte oft ein falsches Wort, um politische Krisen auszulösen, um Gespräche abzubrechen und monatelang auf Eis zu legen. Aber auch umgekehrt gilt: Bestimmte Formulierungen galten als Signale des guten Willens, um die operative innerdeutsche Vertragsagenda weiter voranzubringen. Wer die deutschlandpolitische Sprache nicht beherrschte, konnte auch nicht herrschen. Konzeptionelle politische Änderungen drückten sich zuallererst über die Sprache aus, was auch für andere Politikfelder zutrifft.

„Definitionen schaffen Realitäten"

„Wer die Dinge benennt, beherrscht sie. Definitionen schaffen Realitäten" (Greiffenhagen 1980: 5). Aus dem Wort wird somit die Tat, als eine Form von Wirklichkeitskreation, die es politisch zu gestalten gilt. Politische Kommunikation ist immer zugleich intentional angelegt: Die Rede erfolgt absichtsvoll, und selbst unbedachte Äußerungen werden vom politischen Gegner machtpolitisch-verdachtsbestimmt interpretiert. Jede Äußerung ist in der Politik eine Willensbekundung. Selbst wenn etwas für bedeutungslos erklärt wird, heißt das nicht, dass es bedeutungslos ist. Der Politiker möchte in dem Fall nur nicht wahrhaben, was es bedeutet oder verhindern, dass es sich herumspricht. Die politische Rede steht in einem Interaktionszusammenhang: Mögliche Reaktionen anderer werden schon in der Formulierungsphase antizipiert und bei der Steuerung des eigenen Handelns berücksichtigt. So drückt sich in der politischen Rede kommunikative Macht aus. Die Thematisierungskompetenz ist zugleich politische Führungskompetenz. Denn was sich durch die Rede nach außen als Meinungsbildung transportieren lässt, hat einen internen Entstehungshintergrund, in dem sich der Bundeskanzler bzw. die Bundeskanzlerin mit eigenen inhaltlichen Vorstellungen durchsetzen musste.

Kommunikative Macht

Politik handelt durch Sprache. Sie ist „nicht nur ein wichtiges Mittel des Politikers, sondern das Element, in dem sein Beruf sich vollzieht" (Greiffenhagen 1980: 3). Politische Veränderungen, aber etwa auch der politische Wettbewerb finden zu großen Teilen durch und mit Sprache statt. Hierin zeigt sich im übrigen eine anthropologische Grundkonstante, die das politische Handeln und die Existenz eines öffentlichen Raumes wesentlich an die Möglichkeiten der Kommunikation sowohl zwischen den Bürgern als auch zwischen Regierung und Wählern bindet (hierzu Arendt 1997). Die Kenntnis der Bedeutung von Sprache ist mithin wesentlich für das Verständnis von Regieren und Politik. In der zugespitzten Situation des Ringens um die Macht werden dabei einige grundlegende und wiederkehrende Muster politischer Sprache deutlich, die kurz illustriert werden sollen und zugleich Strategien politischer Kommunikation bezeichnen.

Der Wettbewerb um die politische Macht lässt sich auch als Ringen um die Besetzung zentraler politischer Begriffe darstellen. Parteien bemühen sich darum, Werte, Themen und Konzepte möglichst exklusiv mit ihrem Namen zu verbinden und sie auf diesem Wege zum Kennzeichen ihrer Politik zu machen. Werte wie Freiheit, Gerechtigkeit oder Gleichheit, Themen wie Wohlstand, Zukunft oder Bildung sowie Konzepte wie Westbindung, soziale Marktwirtschaft oder Entspannungspolitik wurden so im Laufe der Zeit in unterschiedlichem Maß mit einer bestimmten Partei und ihrer diesbezüglichen Kompetenz in Verbindung gebracht (Bergsdorf 1983). Begriffe zu besetzen ist Voraussetzung und Ergebnis von Politikgestaltung. Umgekehrt gilt: Der Mangel an erfolgreich reklamierten Begriffen führt zu Sprachlosigkeit und Machtverlust. Der konkrete Gebrauch von Sprache, die kontextabhängige Ausformung eröffnet eine unendliche Variationsbreite, die sich kaum schematisch darstellen lässt. Allein die unterschiedlichen Grade der Intensität des Ausdrucks, die mit einer Sachaussage verbunden sein können, deuten auf das breite Spektrum der Artikulationsmöglichkeiten. Betrachtet man jedoch das Feld der Politik, so lassen sich – ohne den Anspruch auf Vollständigkeit – mindestens fünf Dimensionen von Sprache unterscheiden, die ihrerseits auf Attribute erfolgreichen Regierens zielen und im Folgenden dargestellt werden sollen (vgl. Fröhlich 2004).

Sprachlosigkeit führt zu Machtverlust

Dimensionen politischer Sprache

Dimension politischer Sprache	*Attribute erfolgreichen Regierens*
Inhalte bewerben	Überzeugungskraft
Themen besetzten	Meinungsführerschaft
Realität deuten	Definitionsmacht
Gegner provozieren	Mobilisierung
Verheißung organisieren	Zukunftskompetenz

Quelle: Eigene Darstellung.

Dimension 1: Inhalte bewerben

Unzweifelhaft kann man den Einsatz von Worten, Slogans und Leitbegriffen in einem werbetechnischen Sinn verstehen. Das Motto des „Kürungs"-Parteitages des SPD-Kandidaten im Wahlkampf 1998 bietet hierzu ein gutes Beispiel. Gerhard Schröder wurde in Leipzig vor einer riesigen Plakatwand vorgestellt, die der Slogan „Die Kraft des Neuen" zierte. Mit diesem Werbespruch sollte natürlich der Kandidat Schröder nach der langen Regierungszeit von Helmut Kohl beworben werden. Die beiden Worte appellieren gerade in ihrer unspezifischen Allgemeinheit an die Zustimmung des Publikums: Gegen „neu" hat kaum jemand etwas (insbesondere, wenn der Gegner potentiell mit „alt" assoziiert wird), und „Kraft" hörte sich inmitten schwermütiger Debatten über den Mehltau, der sich über die Republik gelegt habe, auch gut an. Solche Worte wie „neu" oder „Kraft" sind im politischen Wettbewerb dabei nicht urheberrechtlich geschützt. Unverkennbar geht es hier um die Präsentation von Personen und die gefällige Verpackung politischer Inhalte. Diese Dimension politischer Sprache lässt sich unschwer mit Beispielen aus dem ökonomischen Bereich von Werbung und Marketing eines beliebigen „Produktes" verbinden. Es ist insofern kein Zufall, dass die SPD Schwierigkeiten mit ihrem Motto bekam, weil „Die Kraft des Neuen" auch ein Motto des Industrieunternehmens „Siemens" war, das umgehend Copyright-Ansprüche geltend machte. In der Politik wie in der Wirtschaft soll bewerbende Sprache die Überzeugungskraft des Inhalts bzw. „Produkts" erhöhen.

Überzeugungskraft des Inhalts erhöhen

Dimension 2: Themen besetzen

Im Jahr 2001 entfaltete Bundeskanzler Schröder unter der Überschrift „Selbstverwirklichung beginnt in der Familie" in einem ganzseitigen Artikel für eine Tageszeitung seine familienpolitischen Vorstellungen (Schröder 2001). Dort verknüpfte er das eher konservativ besetzte Thema „Familie" mit dem eher sozialdemokratisch geprägten Anspruch der Selbstverwirklichung. In der Summe stellte Schröder klar, dass er die Familie auch und gerade als bisheriges Thema der Unionsparteien zum besonderen Schwerpunkt und Anliegen seiner Partei machen werde. Diese Entdeckung und Reklamation von Begriff und Thema der Familie durch den Bundeskanzler stellt einen typischen Versuch zur Besetzung eines relevanten Feldes im politischen Wettbewerb dar. Der Artikel Schröders hatte der Rationalität dieser Überlegung folgend eine unmittelbare Konsequenz: Nur drei Tage später erschien wieder ein ganzseitiger Beitrag in der Welt. Diesmal von der CDU-Parteivorsitzenden Angela Merkel (2001). In diesem Artikel reagierte Merkel unmittelbar auf Schröder und verteidigte unter der Überschrift „Familie ist mehr als eine Lebensgemeinschaft" eine

„konservative“ Lesart der Familie, indem sie Familienpolitik zur Herzensangelegenheit der CDU erklärte. Eine deutliche Bestätigung dieses Mechanismus kann darin gesehen werden, dass der Wettbewerb um die Besetzung der Begriffe auch unter den Bedingungen der Großen Koalition fortgeführt wurde. Anfang 2006 reklamierte der damalige SPD-Vorsitzende Matthias Platzeck in einem programmatischen Beitrag das Etikett der „Kinder- und Familienpartei“ (Platzeck 2006) für die Sozialdemokraten. Gleichzeitig wollte die CDU jedoch durch verschiedene Initiativen der Familienministerin Ursula von der Leyen ihrerseits den Führungsanspruch in der Familienpolitik betonen. Auch wenn die SPD nicht müde wurde, der CDU „Anpassung“ an ihre Politik vorzuwerfen, verkündete CDU-Generalsekretär Pofalla Anfang 2007: „[W]ir sind die Familienpartei in Deutschland“ (zit. nach Löwenstein 2007: 4). Der Vollständigkeit halber sei erwähnt, dass es auch eine Kleinpartei mit dem Namen „Familien-Partei“ gibt, die jedoch nur vereinzelt kommunalpolitische Mandate erlangt hat. Die Relevanz der Auseinandersetzung auf Bundesebene ist klar:

Politische Sprache zeichnet sich gerade durch ihre vieldeutige Semantik aus. Schröder wie Merkel redeten von der „Familie“ und benutzten dabei beide einen weitgehend positiv konnotierten sowie für die Gesellschaft wichtigen Begriff. Politische Sprache arbeitet viel und gerne mit solchen Begriffen; besteht doch eine ihrer wichtigsten Aufgaben in der Integration verschiedener gesellschaftlicher Vorstellungen. Gesellschaftliche Großbegriffe wie Freiheit, Frieden, Gerechtigkeit, Marktwirtschaft oder Familie werden also genutzt, um unterschiedliche Assoziationswelten der Wähler abzudecken. Im politischen Wettbewerb geht es dann jedoch um die jeweilige Akzentuierung dieser Großbegriffe durch die Bildung von Wortpaaren, Prioritätensetzungen oder die Verbindung mit konkretisierenden Adjektiven. Merkel wie Schröder geht es um die Familie, doch schon in den Überschriften wird deutlich, dass sie beide jeweils Unterschiedliches mit dem Begriff verbinden (wollen). Hinter diesen sprachlich (manchmal geringfügigen) Variationen versteckt sich also handfester Streit um politische Alternativen. Begriffe zu besetzen, ist Voraussetzung für und Ergebnis von Kompetenzzuweisungen. Wenn der Begriff „Familie“ eher mit CDU oder SPD assoziiert wird, hat die jeweilige Partei einen Themenvorteil etabliert, gegen den die andere nur schwer angehen kann. Im Idealfall verfestigt sich erfolgreiche Themensetzung zur Meinungsführerschaft.

Markenzeichen sichern

Dimension 3: Realität deuten

Eine geradezu lehrbuchartige Illustration zu dieser Dimension politischer Sprache findet sich in dem Versuch, einen der umkämpftesten Begriffe des politischen Wettbewerbs in Deutschland ausschließlich an eine Partei zu binden (Fröhlich 2002): Die wahlsoziologische Bedeutung der „Mitte" spiegelt sich in der Auseinandersetzung um das Wort selbst. Gerhard Schröder führte den Wahlkampf 1998 unter dem Slogan „Neue Mitte", die gegen die von Helmut Kohl kontinuierlich als „Koalition der Mitte" bezeichnete „alte" Mitte antrat. Indem die SPD erfolgreich ein Markenkennzeichen der Regierung für sich erobern konnte, legte sie einen Grundstein für ihren späteren Wahlerfolg. Besonders augenfällig wurde diese Strategie auch im „Buch zum Wahlkampf", das Schröders Berater Bodo Hombach unter dem Titel „Aufbruch. Die Politik der Neuen Mitte" veröffentlichte (Hombach 1998). An den zwei bescheidenen Worten „Neue Mitte" lassen sich also eine ganze Reihe von Botschaften und Bedeutungsebenen festmachen: Zunächst einmal ist die Mitte „neu" – eine Vokabel, die wohl besonders im politischen Wettbewerb geschätzt wird (siehe die „Kraft des Neuen"). Daneben impliziert „neu" aber auch, dass es etwas gibt, das als alt und überholenswert angesehen wird – dies also sollte die bürgerlich-liberale Koalition von CDU und FDP unter Helmut Kohl sein: die alte Mitte. Für SPD-Wähler war der Begriff gleichzeitig noch mit einer anderen Bedeutung verbunden: Schon Willy Brandt hatte ihn in seinem Wahlkampf (allerdings als Kennzeichen für die Koalition aus SPD und FDP) herangezogen (vgl. Brandt 1974: 57ff.; Harpprecht 2000: 324ff.). Insofern verbindet der Begriff „Neuheit" und die Pflege sozialdemokratischer Tradition und Identität.

„Neue Mitte"

Der Kampf um das Markenzeichen „politische Mitte"

Die Frage, wer die „Mitte" besetzt, gilt als Symptom der Mehrheitsfähigkeit einer Partei. Die politische Sprache kennt dabei kein garantiertes Urheberrecht; der Kitt zwischen Partei und Begriff ist politischer Erfolg (Fröhlich 2001a: 33ff.). Indem die Wähler einen mit dem Anspruch auf spezifische Begriffe geführten Wahlkampf zugunsten einer Partei entscheiden, schreiben sie dieser Partei besondere Zuständigkeit, Kompetenz und Gestaltungsmöglichkeit zu. Politischer Erfolg geht also einher mit der Definitionsmacht über zentrale politische Begriffe. Wenn es so etwas wie den permanenten Wahlkampf gibt, so ist die ständig prekäre Suche nach Besitzstandswahrung und Erweiterung des semantischen Inventars der Parteien wohl eines der konstitutiven Erscheinungsformen dieses Phänomens. Parteien sind aufgefordert, ihre Politik, ihr Gesellschaftsbild und ihr Staatsverständnis auf den Begriff zu bringen, um so die Alternativen des demokratischen Wettbewerbs zu konturieren und zu dramatisieren. Über die Möglichkeit, mit konkretem Handeln Werte zu füllen, Themen zu besetzen und Konzepte zu etablieren, ist die Regierung der Opposition gegenüber im Vorteil (Korte 2001b: 3ff.). Franz Münteferings These, die Mitte in Deutschland sei dort, wo sich die linke Volkspartei SPD befindet (Müntefering 2001) erregte zu seiner Zeit prompt heftigen Widerspruch von CDU und FDP – war jedoch zugleich eine wichtige Positionierung für den Bundestagswahlkampf 2002. Tatsächlich veranstaltete die SPD im Februar 2002 einen viel beachteten Kongress mit dem Thema „Die Mitte in Deutschland". Doch auch auf Seiten der CDU findet sich der Begriff an prominenter Stelle: Sowohl im Motto des Bundesparteitags 2007 in Hannover („Die Mitte") als auch 2008 in Stuttgart („Die Mitte. Deutschlands Stärke") taucht er auf. Mehr noch: Die Partei entschied sich auch, den Begriff zum integralen Bestandteil ihres Logos zu machen. Deutlicher kann man den Anspruch auf die „Mitte" nicht machen. Gleichzeitig erscheint die „Mitte" jedoch nicht als statisches Konzept sondern als ständiger kommunikativer Prozess.

Dimension 4: Gegner provozieren

Dies ist die wohl am deutlichsten erkennbare Dimension politischer Sprache. Es geht um den kalkuliert eingesetzten Schlachtenlärm, der die politische Auseinandersetzung in verschiedenen Rollen begleitet. Ziel ist die Nutzung eines affektiven, unpolitischen Vorverständnisses, das Sympathien und Antipathien bestärken sollte. Dass der Grad hier schmal ist, zeigt die im Zusammenhang der Rentenreform eilig zurückgezogene Plakataktion der CDU vom Januar 2001 zum „Betrüger" Gerhard Schröder mit Fotos aus einer imaginären Häftlingskartei. Bedeutsamer erscheint neben dieser eher konfliktbezogenen Dimension eine eher konsensbezogene Dimension politischer Sprache, die abschließend unter dem Stichwort „Verheißung" vorgestellt werden soll.

Dimension 5: Verheißung organisieren

Diese Dimension leitet sich aus der schon angesprochenen Integrationsfunktion politischer Sprache ab, die auch gegensätzliche politische Interessen und Wählerpräferenzen ab- und überdecken kann. Wiederum liefert der Wahlkampf 1998 mit dem Motto „Innovation und Gerechtigkeit" ein Beispiel. Indem die SPD beide Begriffe in einer Wahlkampfformel zusammenfügte, sprach sie sowohl Stamm- wie Wechselwähler an. Für die Begriffe standen zudem zwei Personen: der „wirtschaftsfreundliche" Schröder und der sozialstaats-orientierte Lafontaine. Die Vagheit solcher Formeln, ihre Schwammigkeit und potentielle Widersprüchlichkeit ist also ein Teil ihres Erfolges. Dabei geht es nicht nur um die Zuordnung eigener, son-

Vagheit und Widersprüchlichkeit als Erfolgsrezept

dern auch um den Ausschluss fremder „Zuständigkeiten". Das Pendant zur Etablierung von Zuständigkeit ist die Unterstellung von Politikunfähigkeit: Indem der politische Gegner kaum noch Worte zur Vermittlung seiner Politikentwürfe hat, hat er im übertragenen wie im konkreten Sinne „nichts zu sagen". Selbstredend hat nicht nur die Regierung Schröder diesen Mechanismus genutzt. Die Deutlichkeit des Wahlsieges von 1998 fand jedoch ihr Echo in dem Versuch, auch nach der Wahl mit großer Zielstrebigkeit und Konsequenz, Begriff um Begriff aus der Bindung an die CDU/CSU zu lösen und das eigene Inventar an Attributen aufzustocken (siehe das Beispiel der Familienpolitik). Über den Hinweis auf nahezu naturgesetzliche Modernitätsanforderungen einerseits und der Einbindung divergierender Interessengruppen in Konsensrunden andererseits schränkt die „Neue Mitte" die Optionen der Opposition erheblich ein: Wer gegen den pragmatischen Regierungskurs ist, gibt sich zugleich entweder „unmodern" oder „ideologisch". Die vorauseilende Einbindung von oppositionellen Programmen, Begriffen und Konzepten nimmt Kritik aus ihren Reihen die Spitze. Zugleich wurden reihenweise sozialdemokratische Begriffe neu definiert: Gleichheit etwa als Chancengleichheit – um nur ein Beispiel zu nennen (Fröhlich 2001).

Es gilt, die Begriffe des politischen Gegners zu erobern

Neudefinition durch Schlüsseladjektive

Wieder sind die Adjektive wichtig für eine solche Neudefinition zentraler Werte. Sie geschieht meist unter Verweis auf Schlüsseladjektive wie „neu", „modern" oder „innovativ". Von „modern" und „Modernisierung" war etwa in der Regierungserklärung Schröders 1998 allein 28 mal die Rede. Geradezu paradigmatisch wurde diese Anhäufung in dem Satz: „Wir lösen die Probleme der modernen Gesellschaft mit den Mitteln der modernen Gesellschaft" (Korte 2002; dazu auch Fröhlich 1998: 13). Was jedoch „modern" ist, wird wiederum eher in Abgrenzung zum Traditionellen und Althergebrachten, aber nicht aus sich selbst heraus definiert. Bei diesen Schlüsseladjektiven handelt es sich also in erster Linie um zustimmungsevozierende Worte, „die allesamt Alternativlosigkeit und Selbstgängertum suggerieren (...), denen sich kein vernünftiger Mensch verschließen kann" (Ross 1999: 3). Wichtig ist gerade bei suggestiv-motivierenden Apellen die Wiederholung der Botschaft (man denke nur an das wirkmächtige „Yes, we can!" des Obama-Wahlkampfes 2008). Zu Beginn des Wahljahres 2009 wurde der SPD-Vorsitzende Müntefering gefragt, ob ihn seine häufige Verwendung von Sätzen wie: „Wir standen im Morast, dann haben wir den Boden festgetrampelt, die Leiter aufgestellt und steigen nun Schritt für Schritt wieder hoch." nicht selbst nerve. Müntefering antwortete: „Wir haben bei Helmut Schmidt gelernt: Wenn Du etwas Richtiges weißt und nicht den Mut hast, es 30-mal zu sagen, dann verkneif es

Dir ganz. Eimal hat keine Wirkung. Ideal ist es, wenn ich einen Satz anfange wie ‚Wir standen im Morast...', und alle wissen, wie es weitergeht" (Spiegel 10/2009). Seine Dynamik gewinnt der Einsatz unterschiedlicher Nutzungsarten und Dimensionen politischer Sprache jedoch erst in der Interaktion mit dem politischen Gegner. Welche Sprachstrategien lassen sich dabei beobachten?

Sprachstrategien im politischen Wettbewerb

Hier ist festzustellen, dass insbesondere in der Wahlkampfauseinandersetzung weitgehend unabhängig von der parteipolitischen Ausgestaltung von Regierung und Opposition Argumentationstopoi auftauchen (vgl. zum folgenden Fröhlich 2001), die die amerikanische Forschung als „Herausforderer-Stil" und „Amtsinhaber-Stil" bezeichnet (Trent/Friedenberg 1995: 65ff.). Übertragen auf Deutschland lassen sich diese Stile in den Haushaltsdebatten des Bundestages (vgl. Fröhlich 2002a: 3) beobachten, die gerade vor Wahlen zum Aufeinanderprallen von Regierung und Opposition dienen (zum folgenden Fröhlich 2001: 147ff.). Schaut man sich die Reden in der Haushaltsdebatte an, so tauchen zwischen Regierung und Opposition wiederkehrende Argumentationsmuster auf, die unabhängig von der jeweiligen Parteizuordnung eingesetzt werden und die sich in verlässlicher Wiederholung als Orientierung inmitten der Wahlkampfauseinandersetzung anbieten. Schrott nennt unter Bezugnahme auf amerikanische Untersuchungen fünf Strategien für Fernsehdebatten: „Angriff, Verteidigung, Verkauf, Ignorieren sowie ‚ich auch ... aber besser'" (Schrott 1990: 654) und betont die situative Abhängigkeit und das Mischungsverhältnis dieser Strategien. Schütz beobachtet 12 Selbstdarstellungsmuster von „offensiver Verteidigung" über „Umdeutung mit Offenbarung von Privatem" bis zu „Ja, aber ..." (Schütz 1993: 377f.). Auch sie betont die Mischformen.

wiederkehrende Argumentationsmuster bei Opposition und Regierung

Im Amerikanischen ist die „Campaign Communication" in verschiedensten Formen gut untersucht (vgl. zum Überblick Denton/Woodward 1998: 93ff.; Bertelsmann Stiftung 1996). Trent und Friedenberg unterscheiden fünfzehn Strategien eines „Incumbency Style" und sieben Strategien eines „Challenger Style", die deutlich vom amerikanischen System und dem Präsidentenamt geprägt sind (Trent/Friedenberg 1995: 65ff.). Auch hier gehen die Autoren davon aus, dass die Strategien zum Teil ineinander übergehen und ein Herausforderer hin und wieder bewusst die Strategien und den Anspruch des Amtsinhabers aufnimmt. Oppositionsstrategien (vgl. zum Hintergrund Friedrich 1973: 392ff. Sebaldt 2001) und Regierungsstrategien (zum Hintergrund Steffani 1998: 456ff.; Gebauer

Argumentationslehre politischer Reden

1998: 464ff.) sind also nur idealtypisch voneinander zu unterscheiden. Erste Ansatzpunkte für die Analyse und Strukturierung ausgewählter Reden liefert die Argumentationslehre mit schematischen Unterscheidungen der diversen Aufgaben, die eine Rede zu erfüllen habe. Demnach ist für die befürwortende Seite folgendes Muster anzustreben (Schlüter 1997: 48):

„1. Den Hörer dazu bringen, dass er den Zustand so sieht, wie man ihn darstellt,
2. ihn davon überzeugen, dass das Ziel, das man ins Auge fasst, das einzig erstrebenswerte ist,
3. ihm zeigen, dass die vorgeschlagene Maßnahme Erfolg verspricht,
4. ihm zeigen, dass keine andere Maßnahme Erfolg verspricht.“

Demgegenüber müsse die Kritik bzw. Opposition folgende Ziele verfolgen:

„1. Zeigen, dass der Zustand gar nicht so ist, wie ihn der Gegner darzustellen sucht,
2. zeigen, dass es andere, erstrebenswertere Ziele gibt,
3. zeigen, dass die vorgeschlagene Maßnahme von zweifelhaftem Erfolg ist,
4. zeigen, dass es andere und bessere Maßnahmen gibt“.

Ausgehend von diesen Hinweisen erlaubt schon eine erste Sichtung des Materials aus den Haushaltsdebatten im Sinne einer qualitativen Inhaltsanalyse (zur Methode Mayring 2008; Merten 1995) relativ deutlich die Benennung zentraler Themen und Argumentationstechniken, die durchgängig und in diversen Variationen auftreten. Diese sollen nun im Folgenden vornehmlich anhand der vier Begriffspaare „Berechenbarkeit und Kontinuität“, „Staatspolitische Verantwortung und parteipolitisches Kalkül“, „Horrorszenario und Diffamierung“ sowie schließlich „Vergangenheit und Zukunft“ zusammenfassend dargestellt und analysiert werden.

Wettkampf um Beständigkeit und Berechenbarkeit

In fast allen Reden findet sich an prominenter Stelle die Thematisierung der Berechenbarkeit bzw. des Mangels an Berechenbarkeit des Herausforderers und seines Gegners. Unberechenbarkeit kann dabei als persönlicher Vorwurf, als Kritik der Vielstimmigkeit in der gegnerischen Partei oder als Urteil des Auslands bzw. anerkannter Autoritäten vorgetragen werden. Beliebtes Mittel ist dabei das Zitieren divergierender Aussagen aus den Reihen der Gegnerpartei, um mangelnde Eindeutigkeit in der politischen Position zu unterstellen. Tendenziell ist der Vorwurf der Unberechenbarkeit eher an die Adresse der Opposition gerichtet, die im Gegensatz zur amtierenden Bundesregierung nicht schon qua Amt mit der bloßen Aufrechterhaltung der Regierungsgeschäfte über eine „Berechenbarkeit" und „Beständigkeit" verfügt. Da die Opposition aber nur schwerlich einen faktischen Gegenbeweis für berechenbare Regierungspolitik antreten kann, muss sie um so mehr versuchen, den Vorwurf zu entkräften.

Der inhaltlich auslegbare Begriff der Berechenbarkeit wird ab einem bestimmten Zeitpunkt ohne allzu große Schwierigkeiten mit den wesentlichen politischen Orientierungen und Entscheidungen der Regierung gleichgesetzt und somit eingeengt. Mögliche Alternativen werden dadurch über ein implizites Verbot des Wechsels und einen Imperativ zur Kontinuität massiv behindert.

Mit Hilfe der Frage der Berechenbarkeit lässt sich die Option eines Regierungswechsels mithin als Verschiebung der Grundkonstanten der Republik dramatisieren. Die wiederholte Etikettierung der eigenen politischen Grundlinien als feste Berechnungsgrößen von Staat und Gesellschaft hat somit das Potential, über die (scheinbare) Identität von Berechenbarkeit und Kontinuität zu einer Art Selbstläufer gegen den Impuls zum Wechsel zu werden. Die Option eines Regierungswechsels wird als Verschiebung der Grundkonstanten der Republik dramatisiert.

Der im Zuge der CDU-Spendenaffäre des öfteren geäußerte Vorwurf Schröders, die Union sei zur Zeit wegen des Spendenskandals „nicht politikfähig" geht in eine ähnliche Richtung, wobei Schröder spezifizierte, dass sich diese Unfähigkeit schon auf die Aufgabe als Oppositionspartei beziehe.

Die eben beschriebene Strategie wird noch durch den gegenseitigen Vorwurf unterstrichen, die jeweilige Gegenseite stelle parteipolitische Überlegungen vor eine sachbezogene Problemlösung. In den Haushaltsdebatten finden sich unzählige Beispiel für den Vorwurf, der Gegner folge nur seiner verqueren „Ideologie", anstatt sich um die Realität und die Probleme der Menschen zu kümmern. In der Tendenz nutzt eher die Regierung den Ideologie-Vorwurf zur Absicherung der These von der Unberechenbarkeit und Realitätsferne der Opposition. Diese wiederum wirft der Regierung vor, sich durch Abgehobenheit von der Wirklichkeit und den Interessen und Bedürfnissen des Landes und seiner Bewohner entfernt zu haben. Hier wird die fast schon stereotype Bezugnahme auf ähnliche Argumentationsmuster besonders deutlich. Als Amtsinhaber sagte Kohl in der Haushaltsdebatte 1986 (weitere Text- und Belegstellen bei Fröhlich 2001) mit Blick auf die Landtagswahlergebnisse der Opposition: „Meine Damen und Herren, wer solche Wahlniederlagen hat einstecken müssen und sich dann hier hinstellt und derartige Prog-

„Sie reden über ein fremdes Land!" – Der Vorwurf der Realitätsferne

nosen über Zeit und Politik unserer Tage abgibt, der lebt außerhalb der Realität der Bundesrepublik." Rudolf Scharping sagte 1994 dagegen als Herausforderer in durchaus vergleichbarem Tonfall: „Wer es fertig bringt, in der Grundsatzaussprache über seinen eigenen Haushalt und seine eigene Politik nur noch in Nebensätzen über die drängenden Probleme von Menschen in Deutschland zu reden, der ist so weit abgehoben, dass er die Menschen nur noch ameisenhaft wahrnimmt." Schon die Ausgangsposition der Gegenseite wird oftmals durch Unterstellung eines falschen oder zu einseitigen Bild der Wirklichkeit und dessen Instrumentalisierung artikuliert. Kanzler Schmidt hielt dem Herausforderer Kohl 1979 entgegen: „Manchmal hat man das Gefühl, wenn man Ihren wirtschaftspolitischen Ausführungen zuhört, Sie redeten über ein fremdes Land, Herr Ministerpräsident." Der einstmalige Herausforderer Kohl bemüht 1986, nunmehr selbst Amtsinhaber, ein ähnliches Argument: „Sie können solche Horrorszenarien hier im Haus entwickeln, Sie können sich vielleicht auch bei Ihrer Vorstandssitzung daran berauschen; im Land glaubt Ihnen das kein Mensch. (...) Das, was Sie hier gesagt haben hat nichts, aber auch gar nichts, mit der Wirklichkeit der Bundesrepublik Deutschland zu tun." Wie stereotyp die Argumente dabei auch über die Reden von Amtsinhaber und Herausforderer hinaus ausfallen, belegt im direkten Vergleich eine Äußerung Lafontaines in der Erwiderung auf Finanzminister Theo Waigel 1998: „[D]as, was Sie hier vorgetragen haben, hat mit der Wirklichkeit in unserem Lande nichts zu tun." Dem Rollenbild folgend sprach auch Bundeskanzler Schröder 2004 von einem unzutreffenden „Schauergemälde" (Schröder 2004: 11092), das die Union gezeichnet habe, während die Oppositionsführerin Merkel dem Amtsinhaber vorwarf, kein Konzept zu haben: „Wie lohnen sich all die Veränderungen und all die Reformen für die Menschen? Was steht am Ende des Weges? Was für eine Bundesrepublik, was für ein Deutschland möchte ich? Was kommt als Nächstes? Wir haben ihnen eben fast 60 Minuten zugehört. Ich muss sagen: Fehlanzeige! Sie sind – ich glaube, das ist das Kernproblem – nicht in der Lage, zu beantworten, wo das Ganze hinführen soll." (Merkel 2004: 11106)

Nach diesen Ausführungen dürfte klar geworden sein, dass die oben beschriebenen Dimensionen politischer Sprache sich eben nicht nur auf den Werbungs-Aspekt reduzieren lassen, sondern in der Nutzung diverser Klaviaturen das Ergebnis einer hochkalkulierten Sprachstrategie sind. Doch worauf zielen all diese Sprachstrategien? In den Haushaltsdebatten ist der zentrale Begriff „Zukunft".

Strategie „Zukunft"

Die Zukunft, verstanden als politische Gestaltungsaufgabe, wird dabei oft in Verbindung mit der Bilanz von Erfolg und Versagen in der Vergangenheit gebracht. Kohl zeigte sich 1998 des Erfordernisses bewusst, dass die Regierung eine Art Balanceakt zwischen dem stolzen Verweis auf Erreichtes auf der einen Seite und noch mit Handlungsbedarf versehenen Themenfeldern auf der anderen Seite leisten müsse. Die hier seitens der Regierung zu konstruierende Selbstläufer-Eigenschaft der Kontinuität findet ihr Pendant in der oppositionellen Kritik einer Politik des „Weiter so!". Irgendwann wird Zeit für eine Regierung zum Problem, wie man an den 16 Jahren Kohl studieren konnte. Hier könnte die offene Flanke der Regierung liegen und Gerhard Schröder versuchte in geradezu idealtypischer Weise nach den Regeln des Haushaltsdebatten-Diskurses genau dort anzusetzen: „Es war eine Rede über die Vergangenheit. Jeder, der Ihnen zugehört hat, wird gespürt haben, dass Sie mit der Gegenwart Schwierigkeiten haben. Wer mit der Gegenwart Schwierigkeiten hat, wie Sie es hier deutlich gemacht haben, der hat sie natürlich erst recht mit der Zukunft. Sie sind nicht zukunftsfähig."

Der Zukunft noch zugewandt? Zeit wird für eine Regierung zum Problem.

Das sind im politischen Wettbewerb die bedeutendsten Waffen: Zukunftsfähigkeit als Politikfähigkeit und die entsprechende Unfähigkeit, die man dem Gegner unterstellt. Die Vorstellung eines zyklischen Ablaufs lässt sich zudem nicht ganz vermeiden, wenn etwa Schröder 1998 die Regierungserklärung Kohls von 1982 zitiert und deren Aufbegehren gegen die damalige Perspektivlosigkeit zur Zustandsbeschreibung von 1998 macht. Die Titulierung Schmidts zum „Kanzler der Arbeitslosigkeit" wendet Schröder gegen Kohl. Politischer Wettbewerb zeigt sich nicht nur hier als Wettbewerb um Begriffe und Ideen im oben genannten Sinn. Angesichts einer potenziell geringeren Unterscheidbarkeit der Politikangebote, entideologisiertem Pragmatismus und mediengerechter Personalisierung kommt es also auch und gerade für das Objekt dieses Wahlkampfes, den Wähler, darauf an, Sprachkompetenz zu haben, um Sprachkritik zu betreiben und politisch urteilsfähig zu sein.

Für den Politiker ist hier wiederum die entscheidende Frage, ob er eben nicht nur das eine für sich reklamieren kann, sondern ob er auch in der Lage ist, das Gegenargument abweisen zu können. Dort, wo beides gelingt, ist politischer Erfolg in greifbarer Nähe. Das hängt nicht von Sprache alleine ab, aber ohne Sprache könnte man es kaum organisieren. Erst Wort und Kontext zusammen machen eine glaubwürdige Botschaft aus; noch so kunstvoll entworfene Slogans versanden, wenn Sie nicht greifen können, das heißt, wenn sie nicht einen Trend, ein vages Gefühl, einen politischen oder sozialen Missstand oder etwa feste Überzeugungen zum Ausdruck bringen. Damit sei zugleich angedeutet, dass alles „spin-doctoring"

Die Grenzen der „spin-doctors"

immer wieder an die Grenze stößt, dass Realität und Rhetorik irgendwann doch nicht zusammenpassen. Politisch gesehen heißt Kontext neben der Wirkung in der Öffentlichkeit auch immer die Konsequenz für den Gegner im Auge zu haben: Also nicht nur, was sagt das über mich und meine Partei aus, sondern auch, wie positioniere ich mich damit gegenüber dem politischen Mitbewerber: Wildere ich in seinem Terrain, gebe ich ihm Freiräume, sogar Steilvorlagen für Gegenentwürfe. Im Wahlkampf kann man das auf die Formel bringen, dass es in der Regel nützlich ist, sich zu jedem politischen Slogan die potentielle Gegenbotschaft vorzustellen und dann vielleicht noch einmal darüber nachzudenken. Bei dem schönen Beispiel der Rede von der „ruhigen Hand" wäre man damit vielleicht schon früher dazugekommen, dass man über diesen Begriff „vielleicht noch mal nachdenken muss" wie Gerhard Schröder später gestand (Schröder 2002). Noch so ausgefeilte sprachliche Strategien haben aber nur dann Erfolg, wenn Sie in der politischen Wirklichkeit und gesellschaftlichen Grundströmung geerdet sind – eine Frage, die an dieser Stelle nicht systematisch behandelt werden kann. Der Grad zwischen überzeugender und selbstentlarvender Rhetorik ist dabei oft schmal. Glaubwürdigkeit und Authentizität sind vor diesem Hintergrund ebenso wichtig wie – letztlich – uninszenierbar. Das Anliegen, die verschiedenen Dimensionen und Wirkungsmöglichkeiten politischer Sprache einzusetzen, trifft in Deutschland auf eine herausgehobene Redesituation, die nun vertiefend behandelt werden soll – die Regierungserklärung (zum Folgenden Korte 2002; Korte 2002b).

Authentizität lässt sich nicht inszenieren

Die Regierungserklärung

Das herausragende sprachliche Instrument der Regierung ist die Regierungserklärung. Mit personalisierter Kanzlerdominanz wird besonders zu Beginn von Legislaturperioden Führungsstärke und Agenda-Kompetenz suggeriert. Andererseits gehören Regierungserklärungen zum Alltag einer parlamentarischen Demokratie – eben nicht nur in Wahljahren. Regierungshandeln und machtpolitische Konstellationen sowie Führungsstile lassen sich mit der Analyse von Regierungserklärungen belegen. Die funktionale Bedeutung der Regierungserklärung für das Regierungshandeln hat erst in den letzten Jahren etwas mehr Interesse in der Wissenschaft gefunden.[14] Im

[14] Die Erläuterung und Dokumentation von Beymes (1979) galt lange Zeit als einzige einschlägige Publikation. Der Forschungsstand ist mittlerweile durch eine Reihe von Studien erweitert worden: Böhret (1991) erarbeitete eine Reihe von Kategorien zur Erfassung und Analyse der Bedeutung von Regie-

Grundgesetz der Bundesrepublik Deutschland sucht man vergeblich nach einem Artikel, der die Abgabe von Regierungserklärungen ausdrücklich regelt. Nach Interpretation des Artikels 43 Absatz 1 GG kann die Regierung „jederzeit" vor dem Deutschen Bundestag eine Erklärung abgeben. Mitglieder der Bundesregierung müssen auf Antrag dem Bundestag bzw. seinen Ausschüssen Rede und Antwort stehen. In der parlamentarischen Praxis ist es üblich geworden, dass der Bundeskanzler nach vorheriger Abstimmung mit dem Koalitionspartner eine Regierungserklärung im Ältestenrat ankündigt (Ismayr 2004: 352ff.). Zwischen acht (in der dritten Wahlperiode) und 60 (in der 14. Wahlperiode) Regierungserklärungen wurden bisher von den Bundeskanzlern bzw. den Bundesministern abgegeben (Schindler 1999: 1189ff.). Laut dem Dokumentationssystem für parlamentarische Vorgänge liegt die Große Koalition in der 16. Wahlperiode mit ca. 30 Erklärungen im Durchschnitt. Meist sind die Regierungserklärungen Anlass für daran anschließende mehrstündige Debatten, an denen sich die Spitzen aller Fraktionen beteiligen. Die Zunahme der Anzahl von Regierungserklärungen in der Bundesrepublik hängt auch mit der Entwicklung der Mediendemokratie zusammen. Durch jede öffentliche Themen-Präsentation erfahren der Kanzler bzw. seine Minister besondere Aufmerksamkeit, die sich durch medienadressierte Personalisierung trefflich visualisieren lässt. Die Regierungserklärung ritualisiert das alte Refugium der parlamentarischen Demokratie, den Plenarsaal des Deutschen Bundestages. Die Rede zeigt sich resistent gegenüber den modernen Verlockungen und Formaten des Infotainments.

Regierungserklärungen zu jeder Zeit

1. Antrittsreden als Große Regierungserklärungen

Innerhalb der Legislaturperiode greift die Bundesregierung zum Instrument der Regierungserklärung, wenn sich wichtige Voraussetzungen innerhalb der Koalitionsvereinbarungen geändert haben oder eine rasche programmatisch einordnende Reaktion auf wich-

rungserklärungen; Gottschlich u.a. (1989) bearbeiten die Erklärung der österreichischen Kanzler; Fröhlich (1997) bietet eine systematische Untersuchung der Berichte zur Lage der Nation Helmut Kohls in ihrer funktionellen und konzeptionellen Dimenson; Korte (1998) analysiert die Regierungserklärungen Kohls als Teil des Regierungshandelns; König u.a. (1998) legen eine Untersuchung regierungsexterner und -interner Bestimmungsfaktoren vor; eine umfassende quantitative und qualitative Analyse bis zur Antrittserklärung Schröders findet sich bei Korte (2002) sowie bei Stüwe (2002, 2005), der auch einen Vergleich mit der Praxis in den USA, Großbritannien und Frankreich unternimmt (2004).

tige nationale oder internationale Ereignisse erforderlich erscheint. Ein passendes Beispiel wäre etwa die Regierungserklärung Angela Merkels zur Finanzkrise, die sie am 7. Oktober 2008 vor dem Bundestag abgab. Diese Regierungserklärungen sind dem Charakter nach feststellende politische Lageanalysen, in denen es aber auch um Deutung, Orientierung sowie das Werben um Unterstützung und Vertrauen geht. Sie sind zumeist auf eine Ressortthematik begrenzt. Von diesen eher routinemäßig anfallenden Regierungserklärungen heben sich drei Varianten ab: die Regierungserklärungen aus Anlass der jährlichen Haushaltsberatungen; die Berichte zur Lage der Nation im geteilten Deutschland; die Antrittserklärungen zu Beginn der Legislaturperiode.

Regierungserklärungen sind feststellende politische Lageanalysen

Die Haushaltsberatungen gehen in der Regel mit großen Redeschlachten im Bundestag einher. Die Opposition greift dabei zum Mittel der Gesamtabrechung mit der Politik der Bundesregierung. Das Budgetrecht, das sich hinter den Haushaltsberatungen verbirgt, gehört mit zu den wichtigsten Kontrollrechten des Bundestages, denn der Haushalt wird durch ein Parlamentsgesetz beschlossen. Die Debatten finden öffentlich relativ große Beachtung.

Die „Berichte zur Lage der Nation im geteilten Deutschland" kann man als Sonderfall der Regierungserklärungen einstufen (Fröhlich 1997; Korte 1998: 143ff.). Bundeskanzler Kiesinger gab am 3. März 1969 vor dem Deutschen Bundestag den ersten „Bericht zur Lage der Nation im geteilten Deutschland" ab. Zugrunde lag ein Beschluss des Deutschen Bundestages vom 28. Juni 1967 über einen interfraktionellen Antrag der Abgeordneten von CDU/CSU, SPD und FDP, worin die Bundesregierung aufgefordert wurde, jährlich – innerhalb des ersten Vierteljahres – einen Bericht zur Lage der Nation abzugeben, was bis 1989 erfolgte.

Die Antrittsreden der Bundeskanzler

Der dritten Variante von Regierungserklärungen – den Antrittsreden der Bundeskanzler bzw. der Bundeskanzlerin – gilt nachfolgend die ausschließliche Aufmerksamkeit. Nach seiner Wahl durch den Deutschen Bundestag erklärt der Kanzler darin seine Regierungspolitik, die er bis zum Ende der Legislaturperiode durchsetzen möchte. Diese Art von Berichtspflicht und Programmplanung hat sich im Verlauf der Entwicklung der parlamentarischen Systeme als wichtiger Vertrauensmechanismus zwischen Parlament und Regierung etabliert.

Die ersten programmatischen Antrittsreden der Bundeskanzler, die sie im Anschluss an die Wahl durch den Deutschen Bundestag im Plenum des Bundestages halten, kann man als „Große Regierungserklärungen" bezeichnen. Das Adjektiv „groß" bezieht sich nicht normativ-wertend auf Leistungsetiketten, die man diesen Erklärungen anheften könnte. Gemessen an der rhetorischen Strahlkraft und politischen Wirkung manch einer Bundestagsrede – etwa zur Bonn-Berlin-Debatte am 20. Juni 1991 – waren die Großen Regierungserklärungen häufig eher unauffällig und weniger pointiert. Das galt vor allem in dem Maße, in dem die Kanzler mehrere Legislaturperioden amtierten. Sieht man einmal vom Kanzler der Großen Koalition Kiesinger ab, dann gilt: Mit dem Stand von 2008 konnten (bei Ausnahme der amtierenden Bundeskanzlerin Merkel) alle Regierungschefs mindestens zwei (Erhard, Brandt, Schröder) und maximal fünf (Kohl) Antrittsreden halten. Die besondere Aufmerksamkeit der politischen Öffentlichkeit bezog sich auf die allererste Regierungserklärung eines neuen Kanzlers. Zumeist erfüllten diese Reden nicht die in sie gesetzten Erwartungen. Sie klangen dem Medienecho nach zu geschäftsmäßig (Adenauer), wenig brillant (Brandt), zu buchhalterisch (Schmidt), zu bieder-pathetisch (Kohl), zu allgemein (Schröder) oder zu detailliert (Merkel). Aus Gründen der zunehmenden ressortspezifischen Bürokratisierung politischer Prozesse verflachte bei wiederholten Großen Regierungserklärungen des gleichen Kanzlers die Sprache und ließ den Bericht im Extremfall zur politischen Detailauflistung der Ressortwünsche verkommen.

Zumeist erfüllten die Antrittsreden nicht die in sie gesetzten Erwartungen

Dass die Antrittserklärungen dennoch als Große Regierungserklärungen eingeordnet werden, hat einen strukturellen und machtpolitischen Hintergrund. Nur einmal zu Beginn der Wahlperiode hat der Kanzler formell die Möglichkeit, sein Gesamtprogramm im Parlament darzustellen. Der Investitur folgt allerdings weder eine formelle Abstimmung noch ein Misstrauensvotum. Das eröffnet für die Redner einen machtpolitischen Spielraum und erklärt, warum der Duktus der Reden nicht auf einen schnellen Effekt bei den Zuhörern ausgerichtet ist, sondern durchaus langfristig angelegt ist. „Groß" ist die Rede auch, weil sie die Quintessenz der Regierungskoalition in allen wichtigen Politikfeldern – sozusagen die Visitenkarte der neuen Regierung – darstellt. Nicht zuletzt gewinnt die Investiturrede weiterhin an Wert, weil sie in Form einer Berufungsgrundlage das Kondensat der Einigung der Koalitionspartner bildet. Sie markiert den maximalen politischen Handlungsspielraum des Kanzlers. Alles, was inhaltlich über den Kerngehalt der Regierungserklärung hinaus verweist, muss innerhalb der Koalition zunächst neu ausgehandelt werden. Was in dieser Rede steht, trägt bis ins letzte Detail die Handschrift des Kanzlers. Als Führungsinstrument der Regierung eignet sie sich sowohl durch den Entstehungsprozess – das intensive Abklären inhaltlicher Spielräume innerhalb der Koalition und der Ressorts – als auch durch ihren Charakter als Berufungsgrund-

Die Visitenkarte einer neuen Regierung

lage. Bis zum Ende der Legislaturperiode kann der Kanzler mit Verweis auf die Regierungserklärung mögliche Widersacher im eigenen Lager disziplinieren. Klaus Harpprecht hat als Redenschreiber für Willy Brandt dieses Mischungsverhältnis von Visitenkarte und Führungsinstrument folgendermaßen zugespitzt: „(...) [B]ei keinem anderen Bereich der Regierungsarbeit verknüpfen sich die tausend Fäden so intensiv wie bei der Redaktion dieser Erklärung. Das Zentrum der Macht wird hier tatsächlich zum Gehirn der gesamten Exekutive" (Harpprecht 2000: 31).

2. Die politischen Funktionen einer Regierungserklärung

Die Antrittsrede folgt im Wesentlichen einem Modell, das der erste Bundeskanzler, Konrad Adenauer, mit seiner ersten Großen Regierungserklärung vorgegeben hatte (Fröhlich: 1998: 13). Am Anfang der Großen Regierungserklärungen steht danach seit Adenauer die Interpretation des Wählerauftrages. Der Dank geht an die Wähler und häufig auch staatsmännisch an den Vorgänger im Amt. Daran schließt sich unmittelbar die Klage über das schwierige Erbe an. Es ist naheliegend, dass in der Darstellung der neuen Regierung nur ein Dringlichkeitsprogramm Abhilfe schaffen kann. Mit welchen neuen Leitformeln und Grundideen diese Aufgabenstellung der neuen Regierung erfolgen soll, wird bereits gleich am Anfang der Regierungserklärung betont.

Dank an die Wähler und Wehklagen über die Erblast

Nach der Anfangssequenz und den Hinweisen zur Regierungsorganisation folgt zumeist die Wirtschafts- und Finanzpolitik – dicht gefolgt von den anderen Politikfeldern (policies) wie beispielsweise Sozial-, Umwelt- und Gesundheitspolitik. Davon grenzt sich die Außenpolitik und bis 1990 auch die Deutschlandpolitik ab. Sie bilden gegen Ende der Reden nochmals einen besonderen Höhepunkt. Doch der Eindruck wäre falsch, wenn man von diesem Strickmuster gleichzeitig auf die Bedeutung von Regierungserklärungen schließen würde. Die scheinbar schematische Anordnung sagt nichts über die Rollenfunktion der Rede aus. Hinter der Kontinuität des Musters verbirgt sich im Detail der neue Politikentwurf der Bundesregierung bis zum Ende der Legislaturperiode des Deutschen Bundestages.[15] Hierbei könnten die Abweichungen der inhaltlichen Programmatik der einzelnen Regierungserklärungen kaum größer sein.

---

15 Eine Ausnahme bildete die Regierungserklärung von Helmut Kohl nach dem konstruktiven Misstrauensvotum am 1. Oktober 1982. Explizit galt diese Regierungserklärung nur bis zum Wahltag, der für März 1983 angekündigt wurde.

Formell hat die Rede keine unmittelbaren Konsequenzen. Weder Abwahl, Vertrauensabstimmung oder Verlängerung von Amtszeiten sind mit dem Instrument der Regierungserklärung verbunden. Zeitgeschichtlich lässt sich über die angemessene Bewertung streiten. Bundeskanzler Erhards Antrittsrede von 1963 und auch seine Rede nach der Bundestagswahl 1965 erhielten ein überaus positives Echo in der politischen Öffentlichkeit. Nur wenige Monate später wurde Erhard jedoch zur Aufgabe seines Amtes gezwungen, die Große Koalition löste den glücklosen Kanzler Ludwig Erhard ab. Ein entgegensetztes Beispiel: Die Antrittsrede von Kanzler Helmut Kohl wurde 1982 von einem geradezu vernichtenden Urteil in den Medien begleitet, weil man der Provinzialität des Regierungschefs wenig zutraute. Die Resonanz der Rede hatte keinen Einfluss auf die Länge der dann folgenden 16-jährigen Regierungszeit Helmut Kohls.

Die Bedeutung der Großen Regierungserklärungen lässt sich anders als durch Resonanzmessungen oder verfassungsrechtliche Einordnungen besonders mit den politischen Rollenfunktionen erklären, die den Investiturreden im politischen System der Bundesrepublik Deutschland zukommen. Vier Funktionen sind hervorzuheben, die eine Große Regierungserklärung zur Visitenkarte und zum Führungsinstrument des Kanzlers machen:

Vier Funktionen einer Großen Regierungserklärung

1. Die Entfaltung der Programmatik, des Selbstverständnisses und des Standortes der Koalitionsregierung. Das politische Programm der Regierung wird im Parlament und gegenüber der Öffentlichkeit vorgestellt.
2. Die Vorstellung des Entscheidungspaketes bis zum Ende der Legislaturperiode, abzulesen an der Art und Weise der Artikulation von Themen im Kommunikationskontext der Rede, weniger an der Verkündung von konkret anstehenden Entscheidungen. Welche Politikfelder sind wie explizit und mit welchen Worten aufgeführt? Welches Themenarrangement liegt vor? Welche politischen Problemlagen tauchen überhaupt nicht auf? Gleichzeitig wird mit der Rede der Einigungsrahmen der Koalitionsabsprachen dokumentiert.
3. Die Nutzung der Rede als besondere Ausdrucksform seiner Richtlinienkompetenz, bei der seine Vorgaben und das Arbeitsprogramm disziplinierend in den gesamten Koalitionsraum hineinwirken sollen. Diese Funktion ist sowohl an die politischen Akteure als auch an die Ministerialbürokratie gerichtet, die wiederum sowohl für die Prioritätensetzung als auch für die Implementation Vorgaben zur ressortspezifischen Abarbeitung erhält. Die Regierungserklärung bleibt Berufungsinstanz und Referenzpunkt des Regierungshandelns.

4. Die Einordnung der Rede als zeitgeschichtliches Dokument, in dem Inhalte und Sprache zu Quellen ersten Ranges werden, wenn die Interpretation von Kanzlerschaften im Zeitgeschehen ansteht. Wie bringt der Kanzler das spezifische Signum der Zeit auf den Begriff? Wie lassen sich die geweckten Erwartungshaltungen zugespitzt ausformulieren? Sowohl die Problematisierung der Themen als auch die Wahl der Sprache legen ein beredtes Zeugnis vom Zeitgeist der Kanzlerschaften ab. Diese für den Zeitkontext unverwechselbare politische Grundmelodie zählt eher indirekt aus analytisch-interpretativen Gründen zu den politischen Funktionen der Regierungserklärung.

Handschrift des Kanzlers

Standortbestimmung, Entscheidungspaket, Führungsinstrument und Zeitgeist-Quelle – diese Funktionen bündelt die Regierungserklärung des Bundeskanzlers zu Beginn seiner Amtszeit. Sie machen vor dem Hintergrund der Rollenzuteilung die Rede zu einer „Großen Regierungserklärung". So wird die Rede als Handschrift des Kanzlers seismografisch zum authentischen Bild der politischen Kultur der Bundesrepublik. Diese vier Funktionen lassen sich außerdem kommunikativen und integrativen Kategorien zuordnen:

- Nach innen: regierungs-, fraktions-, koalitions- und administrationsinterne Festlegungen auf gesamtpolitische Richtlinien, spezifische Formulierungsvorgaben und Perspektivsetzungen;
- Nach außen: für die Opposition und die deutsche und internationale Öffentlichkeit ein Arbeitsprogramm, an dem man sich messen lassen sollte und auch messen lassen will.

Die Regierungserklärung liegt innerhalb der Schnittmenge der unterschiedlichsten Funktionen des Regierungshandelns

Die Regierungserklärungen gehören somit zu den öffentlichkeitswirksamen und zugleich nach innen koordinierenden Instrumentarien des Regierungshandelns. Die Regierungserklärung liegt innerhalb der Schnittmenge der unterschiedlichsten Funktionen des Regierungshandelns. Trotz mancher Wiederholungen – besonders auffällig bei mehrmaligen Kanzlerschaften – gleicht keine Erklärung der anderen. Jede gibt Zeitläufe wieder. Die oftmals subtilen Andeutungen sind nur aus dem zeithistorischen Kontext in ihrer politischen Brisanz zu verstehen.

3. Die Regierungserklärung im Kontext der Strukturmerkmale des Regierens

Die Große Regierungserklärung trägt nicht nur die unverwechselbare Handschrift des Kanzlers, sie entsteht auch in seinem Verantwortungsbereich. Regierungserklärungen sind wichtige Instrumente des Regierens (grundsätzlich dazu Korte 2001a: 515ff.). Die Kanzler können dieses Instrument optimal zur Erweiterung ihres Handlungsspielraums nutzen, wenn sie sich auf die Eigentümlichkeiten des Regierens in Deutschland einlassen. Die oben entwickelten Strukturmerkmale des Regierens bestimmen auch Einsatz und Wirkung dieses besonderen Instrument des Regierens. Wie schlagen sich diese Strukturmerkmale in der Regierungserklärung nieder? Dies soll anhand von drei Strukturmerkmalen – Kanzler-, Koalitions- und Parteiendemokratie – verdeutlicht werden.

Kanzlerdemokratie

Die Regierungserklärung, die das Kanzleramt zu organisieren hat, ist ein wichtiges, auch außen wahrgenommenes Instrument des Kanzlerprinzips. Die öffentliche Äußerung lässt erkennen, in welche Richtung der Kanzler seine Politik ausrichten möchte. Seine Organisationsgewalt kommt auch zum Ausdruck, wenn detaillierte Hinweise in den Regierungserklärungen zur Ämtervermehrung bzw. Ressortzusammenlegungen vom Kanzler vorgetragen werden – häufig im ersten Drittel der Erklärung.

In einem besonderen Verhältnis zu diesem Kanzlerprinzip stehen das Kabinetts- und Ressortprinzip (Art. 65 GG) (Mertes 2000: 62ff.). Beide Prinzipien spielen im Vorfeld der Entstehung der Regierungserklärungen eine wichtige Rolle. Die Ressorts werden durch den Chef des Kanzleramtes aufgefordert, Beiträge, Wünsche, Planungen etc., die in die Erklärungen aufgenommen werden sollen, bis zu einem vereinbarten Stichtag als Vorlage zu liefern. Diese amtlichen Zulieferungen sind von den verschiedenen Kanzlern im Kontext von Frühkoordinierungen funktional genutzt worden: bei den jeweils ersten Reden der Kanzler eher marginal, bei den zweiten und folgenden Reden der gleichen Kanzler eher ausgiebiger.

In einem besonderen Verhältnis zum Kanzlerprinzip stehen das Kabinetts- und Ressortprinzip

Das Kabinettsprinzip innerhalb des Strukturmerkmals der Kanzlerdemokratie spielt insofern eine Rolle, als die Regierungserklärung in der Regel dem Kabinett vor der Rede im Plenarsaal des Bundestages vorgelegt wurde. Bei der Großen Koalition unter Kiesinger dauerte die Beratung über den Entwurf rund 16 Stunden, um den endgültigen Text zu formulieren (v. Beyme 2001: 95). Bei Kanzler Kohl dauerte die Besprechung des Entwurfs für 1987 – seine dritte Antrittsrede nach 1982 und 1983 – nur eine Stunde. Kohl ließ den Ministern nur eine von ihm vorgegebene begrenzte Zeit zur persönlichen Korrektur im Kabinettsaal (Korte 1998: 313).

Im Zeitraum 1949-2008 hielten die acht Regierungschefs insgesamt 19 Große Regierungserklärungen nach ihrer jeweiligen Wahl bzw. Wiederwahl durch den Deutschen Bundestag. Eine zeitge-

Eine zeitgeschichtliche Verortung des politischen Umfeldes ist für die Interpretation der Regierungserklärungen elementar

schichtliche Verortung des politischen Umfeldes ist für die Interpretation der Regierungserklärungen demzufolge elementar. Handelte es sich um die allererste Regierungserklärung eines Kanzlers bzw. einer Kanzlerin oder bereits eine weitere? Kam er infolge einer Bundestagswahl, eines Koalitionswechsels, des konstruktiven Misstrauensvotums oder eines Austausches des Kanzlers der gleichen Partei ins Amt? Nur vor dem Hintergrund dieser Zeitumstände sind kommunikative Signale und der Aufbau der Reden angemessen einzuordnen.

Koalitionsdemokratie

Alle Bundesregierungen waren bislang Koalitionsregierungen.[16] Der Kanzler muss in seiner Antrittsrede die Politik der Koalition verkünden, also keineswegs nur seine eigenen parteipolitischen Absichtserklärungen. Alle Kanzler waren auf die Koalition als Machtquelle angewiesen. Dies dokumentiert sich auch in den Regierungserklärungen. Grundlage der Antrittsrede sind im Verlauf der Jahrzehnte zunehmend die Koalitionsvereinbarungen geworden. Sie avancierten zur „Magna Charta" (Schreckenberger 1994: 329). Je mehr sich die Koalitionsabsprachen in umfangreichen Koalitionsverträgen niederschlugen, desto wortgleicher wurden in einzelnen Politikfeldern der Koalitionstext und der Redetext des Kanzlers. Die Kanzler übermittelten dem Koalitionspartner durch Boten unmittelbar vor der Rede im Plenarsaal den geplanten Schlusstext zur Regierungserklärung. Im Vorfeld war der Koalitionspartner ohnehin über die Ressortzulieferungen bzw. die Kabinettsbesprechung zur Regierungserklärung informiert und eingebunden worden.

Die „Magna Charta": Koalitionsvereinbarungen sind die Grundlage der Regierungserklärungen

Die Koalitionsdemokratie funktioniert nur im Zusammenspiel der Mehrheitsfraktionen des Deutschen Bundestages mit der Bundesregierung. Sie sind ebenfalls in den Prozess der Regierungserklärung zu integrieren. Dies erfolgt in der Regel keineswegs durch Vorabveröffentlichungen des Textes innerhalb der Bundestagsfraktion, sondern durch eine allgemeine Rede des Kanzlers in der letzten Fraktionssitzung vor dem geplanten Redetermin im Bundestag. Die Kanzler wollen damit zum Ausdruck bringen, dass sie die Anfragen und Wünsche sowie die Erwartungen der Fraktionsmitglieder mit in die Redeplanung einbeziehen. Konkrete Details

[16] Zum Hintergrund: Kropp 2001; s.a. Korte 2000. Auf Bundesebene gab es, ausgelöst durch den Übertritt der Minister der DP zur CDU, vom 01.07.1960 bis zum 14.11.1961 eine Einparteienregierung, dann eine Minderheitsregierung von CDU/CSU zwischen dem 28.10. und dem 01.12.1966 und eine Minderheitsregierung der SPD zwischen dem 17.09. und dem 01.10.1982.

verraten die Kanzler dabei jedoch nicht. Sie wollen sich ihren Handlungsspielraum nicht durch Vorgaben der Fraktion eingrenzen lassen. Häufig erhält der Fraktionsvorsitzende der Kanzlerpartei erst unmittelbar vor der Rede den ausformulierten Schlusstext.

Parteiendemokratie

Kanzler-, Ressort-, Kabinetts- und Koalitionsprinzip müssen noch um das Parteiprinzip ergänzt werden, um die Strukturmerkmale des Regierens aus Sicht des Bundeskanzlers zu markieren. Vor allem in der ersten Phase der jeweiligen Regierungsbildung werden die Regierungen sehr stark von den Parteien und ihren Fraktionen kontrolliert. Das drückt sich auch darin aus, wie der Kanzler die eigene Partei bzw. die Partei des Koalitionspartners an der Entstehung der Großen Regierungserklärung teilnehmen lässt. In der Regel werden mit handverlesenen Parteimitgliedern spezielle Fachüberlegungen oder Positionierungen der geplanten Rede auf ihren Wirkungskontext hin getestet. Häufig ist auch der Ressortzuschnitt der neu gewählten Bundesregierung den parteipolitischen Proporzüberlegungen unterworfen. Die Organisation der Regierung ist wiederum Gegenstand eines Teils der Regierungserklärung. Danach, wenn der Alltag des Regierens einsetzt, lässt in der Regel das Einflusspotential der Parteien wieder nach. Dies leitet über zum systematischen Blick auf den Entstehungsprozess von Regierungserklärungen.

Parteien haben im Vorfeld der Regierungsbildung viele Einflussmöglichkeiten

4. Der Entstehungsprozess von Regierungserklärungen

Die Großen Regierungserklärungen sind Chefsache: Sie tragen die Handschrift des jeweiligen Kanzlers, denn sie entstehen in seinem Verantwortungsbereich des Bundeskanzleramtes. Formal liegt die Zuständigkeit beim jeweiligen Chef des Kanzleramtes, der die Regierungserklärung in Auftrag gibt. Die Beiträge, aus denen sich die Regierungserklärung zusammensetzt, entstammen unterschiedlichen Quellen (Böhret 1991; Fröhlich 1997: 35ff.; Korte 1998: 81ff.; Berg/Vagt 2002: 57ff.).

- Die Bundesministerien (Ressorts) liefern bis zu einem vereinbarten Stichtag ihre zum Teil bereits fertig ausformulierten Textbeiträge, manchmal Auflistungen von Vorhaben, zum Teil auch nur Informationssammlungen als Hintergrundbeilage. Die Fachressorts füllen teilweise die thematischen Vorgaben des Bundeskanzleramtes aus.

- Als wichtige Textgrundlage dient die Koalitionsvereinbarung. Emissäre des Kanzlers oder der Kanzler selbst halten permanent Kontakt zum Koalitionspartner, der vor allem über seine ihm zugefallenen Fachressorts weiter Einfluss auf die Regierungserklärung nehmen kann.
- Textfragmente zu Einzelthemen oder Ideensammlungen liegen häufig auch von externen Beratern (Wissenschaftlern, Zeitzeugen) vor. Sie sind entweder gebeten worden, sich mit Beiträgen zu beteiligen, oder haben von sich aus auch ohne konkreten Auftrag Ideenskizzen übermittelt.
- Eingang finden Umfrageergebnisse, mit denen bestimmte Schlüsselbegriffe und Leitformeln ausgetestet wurden.

Redenschreiber und externe Berater

Wie aus all den Einzelteilen ein Gesamtwerk wird, kennzeichnet den spezifischen Regierungsstil des Kanzlers. Zu welchem Zeitpunkt bringt er seine politischen Absichten mit ein? Wen und zu welchem Zeitpunkt beauftragt er konkret mit dem Abfassen des Textes? Wird nur der formale Prozess über die Koordination des Chefs des Kanzleramtes oder parallel auch ein informeller Prozess mit externen Ratgebern favorisiert?

Zumeist wurde das Team der Redenschreiber im Kanzleramt durch externe Berater verstärkt, die am Gesamtduktus der Rede im Trend der Zeit feilten. So arbeiteten fast bei jeder Großen Regierungserklärung ad-hoc-Arbeitsgruppen mit externen Beratern mit. Jede Große Regierungserklärung hat ihre eigene Geschichte. Das konzeptionelle Niveau der Rede erwies sich in der Art des Zustandekommens: formell oder informell. Dies handhabte jeder Kanzler zum Teil sehr unterschiedlich. Sehr verschieden ist deshalb auch der konkrete Anteil der Kanzler an den Reden zu bewerten. Denn in welcher Phase sie sich konzeptionell einbrachten, wie intensiv sie die Redebesprechungen nutzten und wie viele Eigenformulierungen der Kanzler nachweisbar sind, lässt sich nicht verallgemeinern.

Informelles Informationsmanagement

Die Rolle des persönlichen und professionellen Umfelds, der Redenschreiber (Korte 2002; Hirscher/Korte 2003) und Regierungssprecher (Kamps/Nieland 2006a; Rasumek 2007) kann dabei kaum unterschätzt werden.

Als machtpolitisches Instrument ist nicht nur die Auftragsvergabe der Rede zu werten – Wer darf mitmachen? Wer setzt die Ideen des Kanzlers um? –, sondern auch das informelle Informationsmanagement, denn es kommt auf das spezifische Timing an (Schwarze/Walter: 2002: 33ff.). Meist besteht ein erheblicher Zeitdruck, zumal wenn es die erste Antrittsrede des Kanzlers ist, er somit erst wenige Tage im Amt ist und sich noch nicht auf ein vertrauensvoll eingespieltes

Umfeld des Regierungsapparates verlassen kann. Weniger Zeitdruck bestand, wenn die Kanzler zum wiederholten Male Große Regierungserklärungen zu halten hatten. Hier tauchte dann eher das Problem auf, mit Besitzstandswahrungen oder Ausdehnungsbestrebungen der Ressorts diplomatisch umzugehen (Mayntz 1997a: 60ff.). Nur so konnte verhindert werden, dass die Erklärungen zu einer relativ ideenlosen Auflistung von Regierungsvorhaben verkamen.

Zum Informationsmanagement gehören jedoch auch die Fragen, wer und wann genau in welcher Phase des Entstehungsprozesses einbezogen wird. Welche politischen Akteure werden für Teilaspekte vorab informiert und befragt, oder wer erhält bereits im Vorfeld einzelne Textpassagen? Auch hierbei sind unterschiedliche Regierungsstile erkennbar, so dass sich eine Verallgemeinerung verbietet. Letztlich erhielten die Fraktionsvorsitzenden der Regierungskoalition sowie die Mitglieder des Kabinetts vorab den Redetext, um Einvernehmen herzustellen. Politische Machtfragen und Führungskompetenz der Kanzler entschieden sich genau an dieser Schnittstelle: Wer erhielt wann den Text, und wer konnte noch Änderungswünsche einbringen?

Regierungserklärungen lassen keinen Raum für Beliebigkeit

Die hoch ritualisierte Rede in Form der Regierungserklärungen ist in jedem Wort sensibel kalkuliert. Durchrationalisiert lässt sie keinen Spielraum für Beliebigkeit. Wenn somit sprachlicher Wandel auch politischen Wandel ausdrückt, dann wird verständlich, warum die Kanzler persönlich so viel Zeit aufwendeten, um an den Formulierungen mitzuarbeiten. Als Führungsinstrument enthielt die Rede das machtpolitische Kondensat: Nur diese Formulierungen waren konsensfähig innerhalb der Regierungskoalition. Die Schlüsselwörter und Leitbegriffe gaben die Richtung vor. Die Anordnung der Themen, die konkrete Satzkonstruktion, die Umformulierungen von Standardaussagen, die Nichterwähnung von Sachverhalten und vieles mehr – darin drückt sich die politische Führung des Kanzlers aus. Weitergehende Überlegungen schienen zum Zeitpunkt der Regierungserklärung innerhalb der Regierungskoalition nicht durchsetzbar.

Die Regierungserklärung erfolgt vom Ablaufmuster her als Standardsituation einer parlamentarischen Rede im Deutschen Bundestag. Der generelle Wandel der politischen Kommunikation im Verlauf der Jahrzehnte, vor allem im Hinblick auf ein verfeinertes inszeniertes Marketing der Darstellungspolitik, kommt bei einer Regierungserklärung deshalb nur bedingt zum Tragen. Die mediale Kommunikationsabhängigkeit der Politik hat auf der Zeitachse der Kanzlerschaften zugenommen. Über Telepolitik hat jeder Bundeskanzler ein weitgefächertes Repertoire an zusätzlichen Instrumenten des Regierungshandelns erhalten. Dennoch hat die klassische Form der Regierungserklärung ihren resonanzstarken Stellenwert erhalten. Authentisch, unverstellt und ohne zusätzliches Ereignismanagement wirkt der Redner durch die Kraft seiner Worte.

In welchem Maße aus den Worten politische Taten werden können und inwiefern somit die Regierungserklärung auch als politisches Steuerungsinstrument des Regierungshandelns zu bewerten ist, darüber wacht zum Teil auch die parlamentarische Opposition, indem sie kontrolliert, ob alle Ankündigungen und Versprechungen tatsächlich eingelöst werden. Aber auch die Ministerialbürokratie orientiert sich in an den konkreten Formulierungen der Rede. Im Idealfall kann aus der durch die Rede zum Ausdruck kommenden Darstellungspolitik eine Entscheidungspolitik werden. Gerhard Schröder formulierte in seiner Großen Regierungserklärung 1998: „Wir wollen nicht alles anders, aber vieles besser machen." Angela Merkel kündigte 2005 eine „Koalition der neuen Möglichkeiten" an. Allerdings eignen sich gerade derartig plakative und einprägsame Formeln, um als Messlatte der Bewertung die Wahlentscheidung vier Jahre später mit zu beeinflussen. Im Falle Schröders mag vielleicht gerade hierin ein Grund dafür zu suchen sein, dass seine zweite Regierungserklärung als zu wenig konkret und „visionär" bezeichnet wurde. Die Regierung legte jedoch ihrerseits die Meßlatte für einen weiteren, als notwendig erachteten Versuch des Neubeginns der Bundespolitik relativ kurz nach der zweiten Antrittsrede hoch. Über Wochen hinweg wurden Erwartungen an eine Regierungserklärung geknüpft, die Kanzler Schröder am 14. März 2003 abgab und die seither – in Kritik und Zustimmung – ein zentraler Referenzpunkt von Politik und Regieren in Deutschland wurde.

Im Idealfall wird aus der Darstellungspolitik Entscheidungspolitik

Fallbeispiel Regierungserklärung 14.03.2003: „Agenda 2010"

Die Rede, die der Bundeskanzler für den 14. März angekündigt hatte, gewann in der Vorberichterstattung schnell den Rang einer zweiten, eigentlichen Regierungserklärung der zweiten rot-grünen Bundesregierung. Dieser Eindruck ist durchaus bemerkenswert; fand die Debatte doch kein halbes Jahr nach der Antrittsrede des Bundeskanzlers statt. Doch die Lage für die Regierung hatte sich dramatisch zugespitzt: Die nur knapp gewonnene Bundestagswahl 2002 sowie die Oppositionsmehrheit im Bundesrat eröffneten kaum Handlungsspielraum. Am 2. Februar erzielte die SPD katastrophale Wahlergebnisse in Hessen und Niedersachsen; in Schröders Stammland verfehlte die CDU knapp die absolute Mehrheit. Die Irak-Debatte und die aus dem Wahlkampf übernommene Positionierung der Bundesregierung gegen einen Krieg im Nahen Os-

Die Ausgangslage: Regierung in der Defensive

ten hatte die Koalition in schweres außenpolitisches Fahrwasser gebracht. Zwar war die Zustimmung zur Haltung der Bundesregierung ungebrochen hoch; doch das Irak-Thema konnte die wirtschaftlichen Schwierigkeiten zunehmend weniger verdecken. Die unterstellte Reformfähigkeit befand sich auf einem Tiefpunkt. Schon kurz nach der Wahl sah sich der Kanzler nicht zuletzt durch eine Titelgeschichte des Spiegel als „Genosse Schröder" kritisiert, der unter einer „Art Nebenregierung" (Spiegel 47/2002) der Gewerkschaften nicht zu entscheidenden Reformen fähig sei. Das Bündnis für Arbeit, dem der Kanzler persönlich die Rolle des Reformmotors zugeschrieben hatte, schleppte sich von einer ergebnislosen Vertagung zur nächsten. Damit war nicht zuletzt der auf Konsens und Moderation zielende Politikansatz der rot-grünen Regierung im Kern getroffen (Fröhlich 2001). Im Laufe des neuen Jahres kamen zusätzlich Gerüchte über geplante Kabinettsumbildungen hinzu. Inmitten dieser turbulenten Situation deutete sich mehr und mehr die Forderung nach, aber auch die Vorbereitung einer größeren Rede durch den Kanzler an. Unter diesen Bedingungen wurde die alsbald für den 14. März angesetzte Regierungserklärung zum „Relaunch-Versuch der eigenen Regentschaft" (SZ v. 17.03.2003). Welche Strukturelemente des Regierens lassen sich dabei beobachten?

„Relaunch-Versuch der eigenen Regentschaft"

Am Abend des 5. März kam es zum offen Bruch im Bündnis für Arbeit. Arbeitnehmer- und Arbeitgebervertreter hatten sich nicht auf substantielle Gemeinsamkeiten einigen können. Nach kurzer Zeit löste der Kanzler die Runde auf; selbst das bereits vorbereitete Abschlussessen fiel aus. Der Kanzler schlussfolgerte, dann müsse nun eben er am 14. März „die Antwort geben" (Die Welt v. 05.03.2003). Herausgetreten aus der Moderatorenrolle erklärte er auch die Wirtschaftspolitik nun noch einmal akzentuiert zur Chefsache (vgl. auch Nullmeier 2008). Das Scheitern des Konsens-Ansatzes nutzte Schröder zum Mandat für Reformen. Schnell deutet er auch unangenehme Einschnitte an; sagte sogar „Heulen und Zähneklappern" (Spiegel 12/2003) für die Zeit nach der Rede voraus. Noch am selben Abend betonte er im „heute journal" seine Absicht, nun die Zielvorgaben für Reformen seinerseits zu verkünden. Tempo und Konsequenz der Antwort des Kanzlers auf die gescheiterten Gespräche lassen durchaus den Eindruck vom „vorab inszenierte[n] Scheitern" (Die Welt v. 05.03.2003) gerechtfertigt erscheinen. Vor allen bei den Gewerkschaften weckten der abrupte Abbruch des Bündnisses und die Andeutungen aus dem Kanzleramt Misstrauen. DGB-Chef Sommer fragte noch am Abend des Scheiterns im Bündnis nach: „Was hast Du denn da vor?" Sommer erhielt jedoch keine Antwort und warnte nun seinerseits am nächsten Tag vorsorglich vor Einschnitten in Arbeitnehmerrechte und Tarifautonomie. Wer dies tue, „muss wissen, dass er sich die Gewerkschaften zum Feind macht" (Die Welt v. 05.03.2003). Die Arbeitgeberseite hielt sich auffallend bedeckt, unterstützte den Kanzler jedoch auch nicht. Schröder nahm also das gesamte Ausmaß der Kritik von Befürwortern und Gegnern in Kauf; zugleich schraubte er damit die Erwartungen an die angekündigte Rede sehr hoch. In der Zeit fragte Robert Leicht später: „Wie soll ein Regierungschef solchen propagandistisch aufgeblasenen Erwartungen je gerecht werden?" (Zeit 12/2003)

Die Vorarbeiten für die Rede begannen jedoch nicht erst am 5. März. Der nunmehr von Schröder offiziell verkündete Strategiewechsel war schon lange vorbereitet und ging ins Wahljahr zurück. Die Grundlinien dessen, was Schröder präsentieren wollte, basierten auf Arbeiten einer Planungsrunde auf Beamtenebene unter Vorsitz von Kanzleramtschef Frank-Walter Steinmeier. Ihre Runde hatte schon im Wahlkampf Leitideen für einschneidende Reformen im Wirtschafts- und Sozialbereich formuliert. Ihre Ideen konnten sich jedoch in den Koalitionsverhandlungen (und damit auch in Schröders Antrittsrede) nicht durchsetzen (Die Welt v. 21.12.2002). Auch innerhalb der Runde gab es durchaus Meinungsverschiedenheiten. Insbesondere konnte sich Bernd Pfaffenbach, parteiloser Gruppenleiter in der Abteilung 4 (Wirtschafts- und Finanzpolitik) nicht gegen den Leiter der Abteilung 3 (Soziales), Heinrich Tiemann, durchsetzten, der der Gruppe der „Gewerkschaftler" zugerechnet wurde. Nach der Wahl jedoch wurde Pfaffenbach selbst Leiter der Abteilung 4, während Tiemann Staatssekretär im Sozialministerium wurde. Durchaus gegen die dort entwickelten Pläne zur Gesundheits- und Rentenreform (einschließlich der Rürup-Kommission) kann man verstehen, was dann in den Weihnachtstagen 2002 bewusst an die Presse lanciert wurde. Die Rede ist von einem 24-seitigen Strategiepapier, das unter der Leitung von Steinmeier Anfang Dezember erarbeitet wurde und bislang ungehörte Einschnitte und Reformen forderte. Die Reaktionen auf die Thesen aus dem Kanzleramt waren heftig: Während SPD-Generalsekretär Scholz sie als Teil eines „konsistenten Modernisierungsprogramms" wertete, erklärte der stellvertretende SPD-Fraktionsvorsitzende Michael Müller, es werde „keine neoliberale Politik mit rot-grüner Rhetorik" geben. (Die Welt v. 23.12.2002) Pikanterweise wurde das Papier direkt vom Kanzleramt an den Sozial- und Gesundheitsexperten der Union, Horst Seehofer, weitergeleitet, während die Abgeordneten der eigenen Partei das Strategiepapier zunächst nicht zu Gesicht bekamen. Seehofer betonte denn auch prompt, darin wesentliche Eckpunkte des Programms der Union wie-

Das Kanzleramt als Ideenschmiede

„Konsistentes Modernisierungsprogramm" oder „Politik der sozialen Kälte"?

Das Strategiepapier als Testballon

derzuerkennen, während verdi-Vizechefin Margret Mönig-Raane vor einer „Politik der sozialen Kälte“ warnte (Die Welt v. 23.12.2002). Noch hatte sich der Kanzler mit dem Papier nicht identifiziert, das Kanzleramt hatte er jedoch geradezu exemplarisch als Ideenschmiede eingesetzt und zudem eine Stoßrichtung des Strategiewechsels markiert: Es ging auch um die Zusammenarbeit mit der Opposition angesichts der vorhandenen Blockademehrheit im Bundesrat. Die Thesen, die bald unter dem Signum „Strategie 2010“ diskutiert wurden, waren ein gezielt lancierter Testballon.

Die nunmehr so genannte „Gruppe 2010“ unter Steinmeier verfolgte ihren Ansatz zunächst im Hintergrund konsequent weiter. Am 13. Februar traf sich die Gruppe in der Katholischen Akademie Berlin. Teilnehmer des Treffens waren neben Steinmeier und seinen Mitarbeitern Steinlein, Wendland und Taraf Schröders Büroleiterin Siegrid Krampitz, die Regierungssprecher Bela Anda und Thomas Steg, Schröders Chef-Redenschreiber Reinhard Hesse sowie die Abteilungsleiter aus dem Bundeskanzleramt Pfaffenbach und Günther Horzetzky (Soziales). Dazu geladen waren u.a. der Planungschef von Wirtschaftminister Clement, Cordes, (dagegen kein Vertreter aus dem Sozialministerium) und als Gast der Politikwissenschaftler Herfried Münkler. Hier scheint auch die Idee zu einer Rede geboren worden zu sein. Der Münchner Unternehmensberater Volker Riegger, „früher einer der einflussreichsten Souffleure Willy Brandts und Helmut Schmidts“ (Spiegel 11/2003) brachte die Idee einer großen Rede zur Zusammenführung der innen- und außenpolitischen Herausforderungen auf. Steinmeier stellte die Idee unmittelbar nach dem Treffen in der Katholischen Akademie Schröder vor, der sie aufnahm und schon bald das Motto der nunmehr anvisierten Rede mit einem Arbeitstitel vorgab: „Mut zum Frieden – Mut zur Veränderung“.

Die Wahl des Termins für die Rede ist von entscheidender politischer Bedeutung

Die Wahl des Termins für die Rede ist von entscheidender politischer Bedeutung. Ausgewählt wurde der 14. März, weil an diesem Tag die Beratung der Steuergesetze im Bundesrat angesetzt war – eigentlich eine willkommene Gelegenheit für die Opposition zur Kritik an der Regierung. Das nun neu gesetzte Hauptereignis im Bundestag entzog jedoch nicht zuletzt dem Bundesrat die mediale Aufmerksamkeit. Das Kalkül: Anstelle des Eindrucks von eigener Ohnmacht und Blockade durch die Opposition sollte das Reformer-Image betont werden.

Die Gruppe 2010 hatte neben der Reden-Idee auch schon einige Eckpunkte ihres Inhaltes diskutiert. Münkler plädierte für die intensive sprachliche Nutzung der „Ressource Gemeinsinn“ (FAS v. 23.02.2003); auch die schon mehrfach in Reden Schröders behandelte Konzeption der Zivilgesellschaft wurde diskutiert (FAZ

v. 25.02.2003). Neben der Innen- und Wirtschaftspolitik sollte gleichermaßen die Außen- und Europapolitik stehen. Die FAZ fasste die ersten Hinweise auf den Inhalt zusammen: „Die ‚Weltordnung' dürfe nicht ‚unilateral' gestaltet sein. Der Begriff der ‚Selbstbehauptung' Europas könnte in die Rede Eingang finden. Schröder erwägt dem Vernehmen nach, das europäische Wirtschafts- und Sozialstaatsmodell einer ungezügelten Globalisierung entgegenzustellen. Es gehe um die ‚Dominanz des Politischen'" (FAZ 25.02.2003). Später fand sich in der Rede die Passage: „Wir akzeptieren das [Deutschland als größter Nettozahler der EU, d. Verf.] (…) auch, weil unser europäisches Sozialmodell, das auf Teilhabe beruht statt auf ungezügelter Herrschaft des Marktes, nur gemeinsam gegen die Stürme der Globalisierung wetterfest gemacht werden kann."

Neben der Gruppe 2010 waren spätestens zu diesem Zeitpunkt auch weitere Einzelpersonen in den Vorbereitungsprozess der Rede integriert. Dazu gehörten vor allem der ehemalige Woche-Chefredakteur Manfred Bissinger, der über nahezu direkten und ungehinderten Zugang zum Kanzler verfügte, sowie der Stern-Journalist Heiko Gebhardt (Die Welt a.S. v. 02.03.2003). Ist die Rolle der Ministerien schon bei Erarbeitung der Regierungserklärungen generell deutlich nachgeordnet, so galt dies nun umso klarer für die „große Rede" des 14. März. Die Koordination der Vorbereitungen lag bei Steinmeier; dieser sollte jedoch keineswegs auf üblichem Wege Textpassagen aus den Ministerien anfordern, sondern lediglich Zahlenmaterial: Die komplette Textarbeit wurde im Kanzleramt monopolisiert. Insofern kam den Abteilungsleitern hier wieder die Rolle der Leiter von „Spiegelministerien" zu: Für die wirtschaftspolitischen Passagen zeichnete primär Pfaffenbach verantwortlich, Horzetzky war dementsprechend für Soziales zuständig, der Leiter der Abteilung 2 (Auswärtige Beziehungen), Bernd Mützelburg, betreute die außenpolitischen Teile und Reinhard Silberberg als Leiter der Abteilung 5 die Europapolitik. Die hohen Erwartungen an die Rede wurden keinesfalls heruntergeschraubt. Regierungssprecher Anda kündigte „Leistung und Ausblick" an, die gleichermaßen vorgestellt werden würden (FAZ v. 25.02.2003); Generalsekretär Scholz sprach vom „Gesamtzusammenhang" der Arbeit der Bundesregierung. Wie ein Licht am Ende des Tunnels sollte nun mit dieser Rede all das, was am Neustart der rot-grünen Regierung vermisst worden war, nachgeliefert werden: „Das längerfristige und zielbetonte Ideenmanagement braucht auch begrifflich neue wärmende Leitideen, gerade in Krisenzeiten" (Korte 2005).

Die komplette Textarbeit wird im Kanzleramt monopolisiert

Die erkennbare Nutzung der Möglichkeiten der Kanzlerdemokratie musste jedoch nun mit den Gesetzmäßigkeiten der Parteiendemokratie harmonisiert werden. Hier war der Kanzler mit Vermittlungs- und Überzeugungsarbeit gegenüber der eigenen Partei gefragt. Dabei wandte sich Schröder unter anderem an seinen Vorgänger im Amt des Parteivorsitzenden, Hans-Jochen Vogel (RM v. 13.03.2003). Noch in der letzten Februar-Woche führte der Kanzler Gespräche mit der „Parlamentarischen Linken" und dem eher konservativen „Seeheimer Kreis" (FAZ v. 25.02.2003). Gerade diese beiden Gruppen äußerten eigentlich völlig entgegenstehende Erwartungen an die Kanzlerrede – etwa mit Blick auf den Kündigungsschutz. Die Parteilinke warnte vor einem Zerwürfnis mit den Gewerkschaften, sollte der Kündigungsschutz angetastet werden; der Seeheimer Kreis sah nicht zuletzt hierin ein wichtiges Signal für eine kraftvolle Entflechtung des Arbeitsmarktes. Für zusätzliche Irritationen sorgte eine Äußerung von Arbeits- und Wirtschaftsminister Clement, der in der ZDF-Sendung „halb zwölf" bezüglich der Lockerung des Kündigungsschutzes gesagt hatte: „Werden wir an diesem Punkt scheitern, dann werde ich scheitern" (FAZ v. 25.02.2003). Das Wirtschaftsministerium musste daraus ableitbaren Rücktrittsdrohungen entgegentreten und Schröder versicherte den diversen Gruppen unmittelbar vor der Rede weitere Rücksprache. Daneben traf er sich auch mit dem SPD-Gewerkschaftsrat und den Spitzen des DGB. Hier sicherte er zu, „an der betrieblichen Mitbestimmung keine tief greifenden Veränderungen vorzunehmen". Für die nachhaltige Absicherung und Rückversicherung der neuen Strategie fehlte nun noch die Abstimmung mit dem Koalitionspartner. Eine offizielle Koalitionsrunde zur Diskussion der Rede zwischen SPD und Grünen war zunächst nicht vorgesehen. Die Abstimmung hier fand vor allem mit Vizekanzler und Außenminister Joschka Fischer statt: Kanzler und Vizekanzler hatten am 3. März, zwei Tage vor dem Scheitern des Bündnisses für Arbeit, ein einstündiges Gespräch (Spiegel 11/2003). Dies also machte den Diskussionsstand aus, als Schröder am Abend des 5. März ankündigte, nun selbst „die Antwort zu geben".

Die Gesetzmäßigkeiten von Kanzler- und Parteiendemokratie müssen koordiniert werden

Schröder verspricht diverse Gruppen in die Vorbereitungen einzubeziehen

Zwei Tage später, am 7. März, erhielt Schröder von Redenschreiber Hesse eine erste Version, die er über das Wochenende überarbeitete (Spiegel 11/2003). Kanzleramtsminister Steinmeier verbreitete gleichzeitig, die Rede werde „unangenehme Reformen" enthalten (Die Welt v. 07.03.2003). Die Abstimmung mit der Partei trat in eine neue Runde: Am 10. März führte Schröder eine Reihe von Einzelgesprächen mit Kabinettsmitgliedern, den Spitzen der Landesverbände und den SPD-Ministerpräsidenten. Parallel zu Schröder führte Fraktionschef Müntefering eine Reihe von Gesprächen. In der Partei hatten sich durchaus eigene Initiativen herausgebildet. Sowohl die parlamentarische Linke als auch das „Netzwerk Berlin" legten Ideensammlungen und alternative Reformkonzepte vor (Die Welt v.

In der Partei wird an Alternativentwürfen gearbeitet

07.03.2003). Das Wochenende vor der Rede am Freitag läutete die Endredaktion der Rede ein (hierzu unter anderem SZ v. 15.03.2003). Zum engeren Kreis in diesem Stadium gehörten neben Steinmeier, Hesse, Steg und Krampitz der stellvertretende Kanzlerbüroleiter Albrecht Funk sowie die Frau des Bundeskanzlers. Diese hatte eine durchaus erkennbare Rolle bei der Formulierung des Programms, wie Schröder in seinen Memoiren selbst betont: „Meine Regierungserklärung zu unserem Reformprogramm, die ich am 14. März 2003 abgab, war in einem sehr kleinen Kreis konzipiert worden. Die Schlussredaktion habe ich selbst vorgenommen. Um die Opposition zu überraschen, wurden wichtige Passagen nicht in den tags zuvor versandten Redetext aufgenommen. Ich habe sie im Bundestag mündlich ergänzt. Bis zuletzt hatte die Rede keine eingängige Überschrift. Aber dann hatte meine Frau, mit der ich das Vorhaben am Wochenende vor der Bundestagssitzung diskutierte, einen Namen parat: Agenda 2010. Wichtig war die Nennung des Zieldatums 2010, das deutlich machen sollte, dass die angekündigten Maßnahmen erst dann ihre volle Wirksamkeit erreichen würden. (...) Meine Mitarbeiter fanden den Begriff zunächst zu technokratisch. Gerade wegen der europäischen Anklänge und weil der Begriff ungewöhnlich war, entschied ich, ihn zu benutzen“ (Schröder 2007: 392f.). Die Tage vor der Abgabe der Rede illustrieren sehr deutlich die Beeinflussung- und Abstimmungsversuche sowie das Informationsmanagement der Regierung. Die nun folgende Woche illustriert die intensive Abstimmung und das Informationsmanagement des Kanzlers. Wenn auch die unmittelbare Kausalität der Aufnahme bestimmter Aussagen nicht nachgewiesen werden kann, so lassen sich doch Verbindungen zur tatsächlichen Rede herstellen (zu den folgenden Ereignissen vornehmlich Spiegel 12/2003):

Tag	Ereignisse	Rede
Montag	Am Abend setzt sich Schröder mit den Bezirks- und Landesvorsitzenden seiner Partei im Berliner Willy-Brandt-Haus zusammen und räumt Fehler ein: ‚Wir haben bisher den Eindruck vermittelt, dass wir bei dem, was wir tun, ein schlechtes Gewissen haben. So kann man die Leute nicht überzeugen, dass man das Richtige macht.‘ Als er geht, klopfen alle anerkennend auf den Tisch.	„In dieser Situation muss die Politik handeln, um Vertrauen wieder herzustellen.“

Dienstag	Um 7.30 Uhr trifft die stellvertretende DGB-Vorsitzende Ursula Engelen-Kefer die ‚gewerkschaftlich aktiven' Mitglieder der Fraktion zu einem ‚Arbeitsfrühstück' im Reichstag. Mittags isst DGB-Mann Michael Sommer mit Angehörigen der SPD-Linken im Restaurant der Deutschen Parlamentarischen Gesellschaft – und alle warnen vor Einschnitten in die sozialen Sicherungssysteme. Am Nachmittag geht Gerhard Schröder in die SPD-Fraktionssitzung, wo er seine Pläne in Umrissen erläutert. Unter den Versammelten ist es totenstill, als er viel von ‚Mut' und ‚Balance' spricht. Er sei nicht bereit, ‚aus psychologischen Gründen den Kündigungsschutz aufzugeben', sagt danach der Abgeordnete Peter Dreßen und Fraktionsvize Ludwig Stiegler fordert ein ‚positives Signal an die Gewerkschaften'. Der Kanzler hört sich ein halbes Dutzend Debattenbeiträge an, dann verabschiedet er sich. Nach der Sitzung ist die Stimmung gedrückt. Viele Abgeordnete hatten mehr von ihrem Genossen erwartet – mehr Mut zu Reformen. Jetzt bleibt nur die Hoffnung auf die angekündigten ‚Überraschungen'. Nach der SPD besucht Schröder die Parlamentarier der Grünen, wo er mit freundlichem Applaus begrüßt wird, und abends hält er in Hannover eine Rede zur Eröffnung der CeBit. Der Berliner Regierungschef ist nicht in Form, wirkt müde, liest meist vom Blatt ab und hat im Übrigen wenig Konkretes mitzutei-	„Wir müssen den Mut aufbringen, in unserem Land jetzt die Veränderungen vorzunehmen, die notwendig sind, um wieder an die Spitze der wirtschaftlichen und der sozialen Entwicklung in Europa zu kommen." „Wir werden Leistungen des Staates kürzen, Eigenverantwortung fördern und mehr Eigenleistung von jedem Einzelnen abfordern müssen." „Der Umbau des Sozialstaates und seine Erneuerung sind unabweisbar geworden. Dabei geht es nicht darum, ihm den Todesstoß zu geben, sondern ausschließlich darum, die Substanz des Sozialstaates zu erhalten." „Natürlich gibt es darüber [Begrenzung des Arbeitslosengeldes d. Verf.] keine Begeisterung. Das kann doch gar nicht anders sein und das habe ich überhaupt nicht anders erwartet. Es gibt gelegentlich Maßnahmen, die ergriffen werden müssen und die keine Begeisterung auslösen, übrigens auch bei mir nicht. Trotzdem müssen sie sein. Deswegen werden wir sie auch umsetzen." „Der Kündigungsschutz, wie er zum Wesen unserer sozialen Marktwirtschaft gehört, ist nicht nur eine soziale, sondern auch eine ökonomische und kulturelle Errungenschaft. (…) [Er soll gleichzeitig] besser handhabbar gemacht werden."

	len. Derweil geht die Lobbyarbeit der Gewerkschaften bei der SPD-Fraktion weiter. IG-Metall-Chef Klaus Zwickel hat zu einem ‚Parlamentarischen Abend' ins Restaurant Aigner am Berliner Gendarmenmarkt geladen. Er verlangt, dass die Gewerkschaft bei allen Reformüberlegungen eingebunden wird. Die IG-Metall sei für die SPD ‚schließlich nicht irgendwer'.	
Mittwoch	Während Schröder in London auf Tony Blair trifft, konferiert DGB-Chef Sommer eine Stunde lang mit Kanzleramtschef Frank-Walter Steinmeier. Wenn die Regierung an das Tarifvertragsrecht gehe, werde es Ärger geben, droht er unverhohlen: ‚Dann ist das Tischtuch mit den Gewerkschaften zerschnitten.'	„Es muss aber auch klar sein, dass uns dogmatische Unbeweglichkeit ebenso wenig voranbringt wie aggressive Angriffe auf das Tarifsystem. (...) Hier kann und darf niemand Einzelinteressen über die gesamtgesellschaftliche Entwicklung stellen.“
Donnerstag	Am Nachmittag kommen im Kanzleramt die Spitzen der Koalition zusammen, als sie plötzlich zum ‚Hammelsprung' aufgefordert werden. Im Bundestag wird über die Ausweitung des Ladenschlusses abgestimmt, eine Bewährungsprobe für die Reformbereitschaft des rot-grünen Bündnisses. Weil die Union Zweifel hat, dass die Mehrheit der Regierung steht, lässt sie alle Abgeordneten einzeln zählen – eine Hürde, die SPD und Grüne nehmen. Ins Kanzleramt zurückgekehrt, wirkt der Hausherr entspannt. Er entschuldigt sich bei der grünen Fraktionsvorsitzenden Krista Sager, dass es zur Gesundheitspolitik nicht konkreter werden könne. ‚Wir können doch nicht der Rürup-	„Das heißt auch, dass wir noch in diesem Jahr von Herrn Rürup ergänzende Vorschläge erwarten, wie die Rentenformel angesichts dieser Veränderungen neu zu fassen und entsprechend anzupassen ist.“ „Zur Erneuerung des Gesundheitswesens brauchen wir aber einschneidende Kurskorrekturen. Ein Teil der notwendigen Maßnahmen wird im zuständigen Ministerium vorbereitet. Zum Finanzierungsteil wird die Rürup-Kommission bis Mai ihre Vorschläge vorlegen.“

	Kommission völlig vorgreifen.' Danach arbeitet der Kanzler mit seinen engsten Getreuen und Redenschreiber Reinhard Hesse noch einmal das Manuskript durch. 40 Seiten werden gestrichen. Um 21 Uhr weiß er endgültig, was er sagen will.

Quelle: Eigene Darstellung.

Die Besetzung im Bundestag am Tag der Abgabe der Regierungserklärung ist schließlich bemerkenswert. Wie bei der Antrittserklärung oder der Haushaltsdebatte (die im übrigen in der darauf folgenden Woche stattfindet) hatten eine Reihe von Ministerpräsidenten auf der Bank des Bundesrates Platz genommen. Bayerns Ministerpräsident Stoiber entgegnete neben CDU-Chefin Merkel auf die Rede des Kanzlers. Der Auftritt des Kanzlers bliebt unter den Erwartungen an die Rede: Durchgängig fand sich die Kritik, Schröder habe „gebügelt" (SZ v. 15.03.2003), also die Manuskriptseiten sorgsam gestapelt – Anzeichen für mangelndes persönliches Engagement oder Temperament beim Vortrag selbst: „Schröder trägt Passagen, deretwegen er früher von der SPD-Fraktion ausgepfiffen worden wäre, emotionslos vor" (SZ v. 15.03.2003). Wie genau die Aussagen des Kanzlers wahrgenommen wurden, zeigt auch der Umstand, dass beim Thema der Kürzung der Bezugsdauer des Arbeitslosengeldes die CDU/CSU-Fraktion ostentativ auf die Minen der SPD-Fraktion schaute, wo sich kaum etwas regte. Die Fraktion war andererseits ja mehrfach auf die Aussagen des Kanzlers vorbereitet gewesen. Die Rede des Kanzlers hatte jedoch noch einen anderen Adressaten, der vielleicht symptomatischerweise in einer Passage auftauchte, die nicht im Manuskript stand, sondern unmittelbar von Schröder an den CSU-Landesgruppenchef Michael Glos gerichtet wurde: „Ich sage das doch, weil wir in diesem Bereich [Steuergesetzgebung, d. Verf.] ohnehin nur weiterkommen, wenn die Mehrheit dieses Hauses und die Mehrheit des Bundesrates entschlossen sind, eine durchgreifende Reform auch durchzusetzen; sonst geht es ja nicht. Weil das so ist und weil ich weiß, dass Sie ganz bestimmte – für Sie elementare – Forderungen aufgestellt haben, macht es doch aus meiner Sicht – ich will eine solche Reform – keinen Sinn, so zu tun, als seien die für alle Zeiten indiskutabel. Das brächte doch niemanden weiter. Weil ich weiterkommen will, werde ich die Punkte, die für Sie existentiell sind, zumindest in die Diskussion einbeziehen müssen; das kann doch nur vernünftig sein." Die SZ urteilt, diese Sätze seien „direkt aus dem Bauch" gekommen: „Sie haben nicht erst den Umweg genommen durch das

Der Auftritt des Kanzlers bleibt unter den Erwartungen an die Rede

Hirn des Bundeskanzlers, sind nicht abgeschliffen worden in jenem Labyrinth, das bestimmt wird von Schröders verschiedenen Erscheinungsformen und Rollen – Staatsmann, Egozentriker, Bessermacher, Parteichef, Selbstschutz-Ironiker etc. Sie sind auch nicht mehr gedengelt worden von den Redenschreibern, den Hintersassen, den Interpretationsbaronen und Kanzler-wir-verstehen-dich-Freiherrn. Nein, diese Worte waren ehrlich und haben dreierlei gesagt: Ich habe mich hier und da geirrt. Ich will und muss die Dinge verändern. Ich brauche dazu auch eure Hilfe" (SZ v. 15.03.2003). Die Schwierigkeit von Aussagen mit Mehrfach-Adressaten wird hier überaus deutlich. Die Rede im Ganzen war insofern Disziplinierungsmaßnahme und Kursvorgabe für die eigene Partei (Schröder selbst erklärte wenig später die Agenda 2010 zum „Testfall für die Regierungsfähigkeit" (Spiegel 17/2003)), Kooperationsangebot an die Opposition und eine Mischung aus Appell und Vorschrift für Arbeitnehmer- und Arbeitgeberverbände. DGB-Chef Sommer kritisierte zwar nach der Rede die mangelnde Balance zwischen Einschnitten auf der Arbeitnehmerseite und bloßen Appellen an die Arbeitgeber; doch zeigte sich auch Arbeitgeberpräsident Hundt enttäuscht (Spiegel 12/2003). BDI-Chef Michael Rogowski forderte *nach* der Rede „klare und mutige Zielvorgaben". Der klare Strategiewechsel vom Konsens- und Moderationskanzler zum „Antwort"-Kanzler ist mithin in der Rede selbst nur vermittelt zu beobachten. Der ehemalige Abteilungsleiter im Kanzleramt, Wolfgang Nowak, stellte sogar fest: „Das ‚ja, aber' eines Runden Tisches, an dem alle Interessengruppen vertreten sind, kennzeichnet weite Passagen seiner [Schröders] Regierungserklärung" (Spiegel 12/2003). Ist sie damit gescheitert? Eine Analyse anhand wichtiger Kategorien strategischer Reformpolitik weist – auch im Nachgang zu Rede – eine Reihe von Defiziten nach (Nullmeier 2008). Neben der im Weiteren durchaus kontroversen Umsetzung und Wirkung der Agenda ist für die Perspektive der Regierungskommunikation festzuhalten, dass die öffentlich gemachte Vorbereitung und Ankündigung der Rede über Wochen hinweg zweierlei bewirkte: Zum einen bestimmte sie die Agenda der innenpolitischen Themen und zum anderen entlastete sie die Regierung, gab ihr Zeit zur Absprache und Absicherung des neuen Konzeptes. Das Image eines „Antwort"-Kanzlers, Reformers und Modernisierers wurde nicht zuletzt durch die intensive Berichterstattung schon im Vorfeld aufgebaut.

Disziplinierungsmaßnahme, Kursvorgabe und Kooperationsangebot

Literatur

- Bergsdorf, Wolfgang (1983): Herrschaft und Sprache. Studie zur politischen Terminologie der Bundesrepublik Deutschland, Pfullingen.
- Fröhlich, Manuel (1997): Sprache als Instrument politischer Führung. Helmut Kohls Berichte zur Lage der Nation im geteilten Deutschland, München.

- Fröhlich, Manuel (2004): Die Sprache des Wahlkampfs. Argumentationsmuster und Strategien, in: Forum. Medien. Politik (Hrsg.): Trends der politischen Kommunikation. Beiträge aus Theorie und Praxis, Münster, S. 60-71.
- Jarren, Otfried/Donges, Patrick (2006): Politische Kommunikation in der Mediengesellschaft. Eine Einführung, Wiesbaden.
- Kamps, Klaus/Nieland, Jörg-Uwe (Hrsg.) (2006): Regieren und Kommunikation. Meinungsbildung, Entscheidungsfindung und gouvernementales Kommunikationsmanagement – Trend, Vergleiche, Perspektiven, Köln.
- Korte, Karl-Rudolf (2002) (Hrsg.): „Das Wort hat der Herr Bundeskanzler". Eine Analyse der Großen Regierungserklärungen von Adenauer bis Schröder, Wiesbaden.
- Korte, Karl-Rudolf/Hirscher, Gerhard (Hrsg.) (2000): Darstellungspolitik oder Entscheidungspolitik? Über den Wandel von Politikstilen in westlichen Demokratien, München.
- Rosumek, Lars (2007): Die Kanzler und die Medien: Acht Porträts von Adenauer bis Merkel, Frankfurt.
- Sarcinelli, Ulrich (2005): Politische Kommunikation in Deutschland. Zur Politikvermittlung im demokratischen System, Wiesbaden.
- Schulz, Winfried (2008): Politische Kommunikation. Theoretische Ansätze und Ergebnisse empirischer Forschung zur Rolle der Massenmedien in der Politik, 2., vollst. überarb. und erw. Aufl., Wiesbaden.
- Vowe, Gerhard/Dohle, Marco (2007): Politische Kommunikation im Umbruch – neue Forschung zu Akteuren, Medieninhalten und Wirkungen, in: Politische Vierteljahresschrift, Jg. 48 Heft 2, S. 338-359.
- Weidenfeld, Werner (Hrsg.) (2007): Reformen kommunizieren. Herausforderungen an die Politik, Gütersloh.

5.3 Machtwechsel in Deutschland

Nach den Steuerungsmechanismen und den kommunikativen Aspekten des Regierungshandelns rückt abschließend noch einmal die Machtfrage in den Mittelpunkt unserer Analyse. Wir fragen nach den Bedingungen für Macherhalt und Machterosion, nach den Ursachen und Hintergründen für den Aufstieg und den Fall von Regierungen (grundsätzlich Hirscher/Korte 2001). Wann beginnt der Countdown für Machtwechsel in Deutschland? Woran erkennt man die fortschreitende Machterosion einer Regierung, die schließlich im Machtverlust mündet? Gibt es Zyklen des Regierens, möglicherweise sogar Gesetzmäßigkeiten für die Pendelschläge von rechts nach links und zurück?

Ursachen des Machtverlustes

Der Ausgangspunkt für die Beantwortung dieser Fragen ist zunächst einmal die Feststellung, dass der Machtverlust nicht wie eine Naturkatastrophe über eine Regierung hereinbricht. Machtverfall ist nicht nur die Folge eines zu großen Problemdrucks, der von außen auf eine Regierung einwirkt. Ursachen für Machterosion sind auch innerhalb einer Regierung zu suchen, deren informelle Entscheidungsprozesse Verbindlichkeit verlieren oder deren Spitzenakteure unter fortschreitendem Autoritätsverlust leiden. In den vorangegangenen Kapiteln konnte gezeigt werden, wie regierende Akteure Handlungskorridore zu nutzen wissen müssen, um öffentliche Zustimmung zu mobilisieren und Gesetzgebungsprojekte durchzusetzen. Wie und warum sich die Handlungskorridore im Dreieck aus Steuerung, Kommunikation und Macht derart verengen, dass beides nicht mehr gelingen kann, werden wir im Folgenden herausarbeiten. Dabei sind insbesondere die strukturellen Rahmenbedingungen von Machtwechseln in Deutschland von Interesse, die über die zeitgeschichtlichen Besonderheiten hinausweisen. In den Fokus rücken:

- Zyklen der Politik
- Typen des Machtwechsels
- Vorboten des Machtwechsels

5.3.1 Zyklen der Politik

Gibt es Zyklen in der Politik?

Gibt es überhaupt Rhythmen und Zyklen in der Politik? Wiederholt sich Geschichte, wie der Philosoph Georg Friedrich Wilhelm Hegel glaubte? Sie ereigne sich „das eine Mal als Tragödie, das andere Mal als Farce", lautete die lakonische und mittlerweile zum geflügelten Wort avancierte Antwort von Karl Marx auf diese Frage (Marx 1972: 115). Um es vorwegzunehmen: Politik folgt keinen mechanischen Gesetzmäßigkeiten (Kühnhardt 1996). Nichtsdestotrotz können Geschichts-, Wirtschafts- und Politikwissenschaftler Analogien und Muster in der Geschichte identifizieren und versuchen, die dahinter verborgenen Prozesse aufzudecken, um zumindest Wahrscheinlichkeiten für zukünftige Entwicklungen abschätzen zu können (grundsätzlich dazu Mayntz 2002).

Ökonomen analysieren den Verlauf von Konjunkturzyklen oder den Wandel wirtschaftspolitischer Paradigmen (Kromphardt 2004; Krugman 2008). Der Historiker Paul Kennedy (2005) untersuchte die Wechselwirkungen zwischen wirtschaftlichen Wachstum, technologischem Fortschritt und militärischer Stärke, die er für den wiederkehrenden Zyklus vom Aufstieg bis zum Fall „der großen Mächte" verantwortlich macht. Arthur M. Schlesinger (1986) nahm sogar für sich in Anspruch, die zyklische Abfolge von „progressiver" und „konservativer" Politik in den USA quantifizieren zu können: Etwa alle 30 Jahre, so Schlesinger, komme es zum Pendelschlag, ergreife eine neue Generation die Macht und wende sich gegen die Politik ihrer Vorgänger. Dabei spiele es kaum eine Rolle, welche Partei regiere, sondern dass neue, bisher oppositionelle Wert- und Kausalvorstellungen Dominanz erringen (dazu auch Heideking 2003: 488ff.). Nun muss man schon großzügig und interpretationsfreudig sein, um Schlesingers 30-Jahre-Pendel folgen und fortschreiben zu wollen. Noch schwerer fällt es, den Generationen-Zyklus auf Europa zu übertragen.

Regierungstätigkeit folgt internationalen Mega-Trends

Gleichwohl zeigt der Rückblick auf die vergangenen Jahrzehnte, dass die Staats- und Regierungstätigkeit in Deutschland internationalen Meta-Trends folgte. Das gilt für den expansiven Ausbau des Sozialstaates nach dem Zweiten Weltkrieg genauso wie für den wohlfahrtsstaatlichen Pendelumschwung seit Beginn der 90er Jahre, als Deregulierung, Privatisierung und der Rückbau sozialstaatlicher Leistungen ganz oben auf den Regierungsagenden standen (Schmidt 1982, 2006). Seit den schweren Verwerfungen auf den weltweiten Finanzmärkten 2008 schließt sich der Kreis und der starke Interventionsstaates erlebt eine Renaissance. Ein anderes Beispiel ist die Umweltpolitik: Zwischen 1970 und 1990 entwickelte sie sich von einem Nischenthema zu einem zentralen Politikfeld, das in keinem Wahlprogramm fehlen durfte. Im Verlauf der 90er Jahre verlor der Umweltschutz seinen Nimbus als „Gewinnerthema", wurde als „Wachstumsbremse" kritisiert und galt manchem gar als Symbol für typisch deutschen Regulierungswahn (Schmidt 2007: 418ff.). Seitdem schmelzende Gletscher den globalen Klimawandel ins politische Bewusstsein drängen, ist ökologische Nachhaltigkeit wieder ein Nachweis für Modernität.

Parteien und Staatstätigkeit

Auch für die Innen- und Rechtspolitik, die Bildungs- oder Familienpolitik ließen sich derartige Zyklen der Staatstätigkeit aufzeigen, deren Wirkungen weit über kurzlebige Themenkonjunkturen hinausreichen. Regierungsparteien beschleunigten oder bremsten diese Trends, aber nur selten waren parteipolitische Machtwechsel tatsächlich die Initialzündung für weitreichende Politikwechsel. So fiel die Expansion des Wohlfahrtsstaates in die Regierungszeit der Christdemokraten, während ausgerechnet die Sozialdemokraten auf die sozialpolitische Bremse traten, als die Weltwirtschaftskrise in den 70er Jahren einen weiteren Ausbau unmöglich machte. Das erleichterte der christlich-liberalen Koalition nach 1982 das Regieren, führte aber auch dazu, dass sich die proklamierte „geistig-moralische Wende" weit mehr in der Darstellungs- als in der Entscheidungspolitik niederschlug. Dafür wurden die 80er Jahre „zum schönsten Jahrzehnt

Expansion des Wohlfahrtsstaates

rot-grüner Mentalitäten" (Walter 2006: 103). Während die noch jungen Bundestagsabgeordneten Gerhard Schröder und Joschka Fischer beim Feierabendbier über Kabinettslisten für eine „sozial-ökologische Reformkoalition" brüteten, wurde ökologische Reformpolitik von Helmut Kohl gemacht; der Herbst der alten Bundesrepublik war eine Boomzeit für Umweltschutzgesetze. Endlich an der Macht, mussten Rote und Grüne feststellen, dass ihre alten Kernthemen zu Luxusproblemen mutiert waren. Anstatt sich ökologischen Innovationen und sozialer Gerechtigkeit widmen zu können, waren nun die ökonomischen Spätfolgen der Einheit und die neuen Herausforderungen der Globalisierung zu bewältigen. Angesichts der großen Arbeitslosigkeit sah sich die Regierung Schröder dazu gezwungen, marktliberale Reformen auf den Feldern der Finanz-, Arbeitsmarkt und Rentenpolitik durchzuführen (Egle/Zohlnhöfer 2007; Grunden 2004). Genau das, eine Politik der „marktwirtschaftlichen Erneuerung", hätte eigentlich das große Programm einer schwarz-gelben Koalition unter Angela Merkel werden sollen. Doch am Wahlabend des 18. Septembers 2005 wurde offenkundig, dass die Zeit liberaler Wirtschafts- und Sozialpolitik ihren Höhepunkt bereits überschritten hatte. Soziale Sicherheit und Gerechtigkeit kehrten auf die Regierungsagenda zurück.

Herausforderungen der Globalisierung

All diese Beispiele zeigen, dass Regierungswechsel in der Regel nur den Höhepunkt einer ökonomischen oder gesellschaftlichen Entwicklung markieren, die bereits Jahre zuvor an Fahrt gewonnen hatte (dazu auch Walter 2006: 101ff.). Die neuen Regierungsparteien schlossen diese Entwicklungen ab, indem sie Liegengebliebenes oder absichtsvolle Unterlassungen der Vorgänger abarbeiteten und den „Zauber des Aufbruchs" (Mertes 2001) für einige wenige identitätsstiftende Projekte nutzten. Doch alsbald waren alle Koalitionen mit Herausforderungen konfrontiert, auf die sie programmatisch nicht vorbereitet waren und für die sie im laufenden Regierungsbetrieb Strategien entwickeln mussten.

Politikwechsel und „Policy-Learning"

Der ehemalige CDU-Vorsitzende und Kanzlerkandidat von 1972, Rainer Barzel, antwortete auf die Frage, wie er das Land im Falle einer Kanzlerschaft regiert hätte, mit nur drei Worten: „Wie Helmut Schmidt" (Berliner Zeitung v. 14.11.2005). Das heißt aber nicht, dass Parteien überhaupt keine Effekte in der Staatstätigkeit hinterlassen, die sich nicht auch den programmatisch-ideologischen Differenzen zwischen den Parteifamilien zuordnen ließen (Schmidt 2001; Zohlnhöfer 2003). Doch solche Effekte gibt es nicht auf allen Politikfeldern gleichermaßen. Sie stellen sich in der Regel auch erst langfristig und in kleinteiligen Schritten ein, weil der Spielraum für schlagartige und weitreichende Politikwechsel sehr begrenzt ist. Das gilt erst recht für das Regieren in Deutschland, dessen institutioneller Rahmen ein „Durchregieren" (Angela Merkel) so gut wie unmöglich macht. Die wichtigsten Faktoren, die schnelle und nachhaltige Politikwechsel erschweren, sind:

– *Vetospieler und Nebenregierungen:* Je mehr „checks and balances" ein politisches System aufweist, desto mehr Vetospieler treten auf den Plan, die einer Regierung in den Arm fallen können. In Deutschland ist es vor allem die föderale Politikverflechtung, die die Handlungsfreiheit der im Bund regierenden Koalition oft empfindlich einschränkt. Hinzu kommen sogenannte Nebenregierungen wie die Europäische Union oder das Bundesverfassungsgericht, die mit ihren weitreichenden Kompetenzen als Neben- oder Ersatzgesetzgeber wirken (Kapitel 2 und 3).
– *Politikerbe und Pfadabhängigkeiten:* Bestehende Gesetze und Institutionen verteilen nicht nur materielle und immaterielle Güter, sondern begründen auch langfristig bindende Rechtsansprüche auf diese Güter, die nicht von heute auf morgen aufgehoben werden können (z. B. die beitragsfinanzierte Rentenversicherung). Zudem konstituieren sie auch Erwartungshaltungen der Adressaten und zuweilen sogar Mitspracherechte jener Akteure, die von den bestehenden Gesetzen und Institutionen profitieren. Systemimmanente, kleinteilige Reformen sind folglich mit geringeren materiellen und machtpolitischen Transaktionskosten verbunden als umfassende Systemwechsel (Pierson 2000).
– *Parteienwettbewerb und Koalitionsmarkt:* Für den Machterhalt und den Machterwerb ist die Fähigkeit einer Partei, Wählerkoalitionen aus verschiedenen gesellschaftlichen Schichten und Milieus schmieden können, von elementarer Bedeutung (Kapitel 4.4). Doch die verschiedenen Wählergruppen haben eben auch verschiedene, zum Teil sogar konkurrierende Interessen und Erwartungen. Eine beherzte programmatisch-ideologische Profilierung kann schnell dazu führen, dass die Wählerkoalition von einst auseinanderbricht. Zudem führt der Parteienwettbewerb zu programmatischen Ansteckungseffekten: Parteien neigen dazu, auf Politikfeldern mit relativ geringer Priorität die Positionen der Konkurrenz zu übernehmen, um die Anzahl der innenpolitischen Fronten zu verringern (Zohlnhöfer 2003). Nicht zuletzt dürfen sich Parteien auf dem Koalitionsmarkt nicht isolieren. Ihre Programme müssen zu den Positionen anderer Parteien anschlussfähig bleiben, denn Koalitionsfähigkeit ist gerade in einem Mehrparteiensystem für den Erwerb oder den Erhalt der Re-

gierungsverantwortung genauso wichtig wie gute Wahlergebnisse (Korte 2008d).

– *Materielle Ressourcen:* Die wirtschaftliche Leistungsfähigkeit einer Volkswirtschaft definiert sowohl einen unteren Schwellenwert für den Ausbau der Staatstätigkeit als auch ein Expansionslimit. In etablierten Wohlfahrtsstaaten wie der Bundesrepublik wächst z. B. die Sozialleistungsquote (Anteil der Sozialleistungen am Bruttoinlandsprodukt) langsamer als in Transformationsstaaten oder war in den vergangenen Jahren sogar rückläufig. Das ist die Folge eines „Wachstums zu Grenzen" (Flora 1986), eines natürlichen Sättigungseffektes. Der Wohlfahrtsstaat leidet oberhalb dieser Grenze unter Akzeptanzdefiziten und bremst das wirtschaftliche Wachstum. Allerdings zeigt der internationale Vergleich auch, dass sich das staatliche Leistungsniveau meist knapp unter der Sättigungsgrenze stabilisiert. Der Grund ist in den Präferenzen der Wähler zu suchen, „die oft eher auf ‚Mehr' als auf ‚Weniger' gestellt sind" (Wagschal 2003).

Politikwechsel als Folge parteiübergreifender Lernprozesse

Die genannten Faktoren erklären, warum Regierungen in Deutschland Politikwechsel nur in kleinen Dosierungen anstreben und parteipolitische Machtwechsel meist nicht die Ursache für epochale Richtungsänderungen sind. Pendelumschwünge in der Staatstätigkeit sind die Folge parteiübergreifender Lernprozesse („Policy Learning"), die sich noch dazu über lange Zeiträume hinweg vollziehen, messbar in Dekaden (Sabatier 1993). Parteiübergreifendes Lernen stellt sich immer dann ein, wenn konkurrierende Parteien in ihrer jeweiligen Regierungszeit die gleichen negativen Erfahrungen mit herkömmlichen Policy-Rezepten machen oder das Beharren auf traditionellen Programmpunkten zu sich wiederholenden Wahlniederlagen führt. Denn politische Akteure interpretieren gesellschaftliche Probleme zunächst immer entlang ihrer althergebrachten Kausalvorstellungen über die Funktionsweisen von Politik oder Ökonomie. Erst wenn das Versagen der alten Rezepte offenkundig wird, sei es an der Wahlurne oder durch anhaltende Krisen unter eigener Regierungsverantwortung, kommt es zum Wandel: zu einer „Neuen Ostpolitik", einer „Agenda 2010" oder einem neuen familienpolitischen Leitbild, das sich im Ausbau der staatlich geförderten Kinderbetreuung ausdrückt.

Genauso wie „Imperien" (Münkler 2005), können sich auch politisch-ideologische Paradigmen überdehnen. Ihre Problemlösungskraft von einst erzeugt als Nebenwirkung einen neuen Problemdruck, für den sie blind sind, für den sie keine Lösungsstrategien vorhalten und der irgendwann so groß wird, dass er innerhalb althergebrachter Kausalvorstellungen nicht mehr bewältigt werden kann. Interventionstische Wohlfahrtspolitik scheitert ab einem bestimmten Punkt an Wachstumsschwächen, eine Politik des Laissez-faire-Kapitalismus an sozialen Verwerfungen, die an traditionellen Leitbildern orientierte Familienpolitik an neuen Lebensentwürfen und gewandelten normativen Erwartungen an die Politik.

Wenn auch der Machterwerb und die Machterosion von Regierungen zeitlichen Rhythmen unterliegen, dann folgen sie schnelleren Tempi als die Zyklen der Staatstätigkeit (gemessen in Jahrzehnten) oder als der „Aufstieg und Fall der großen Mächte" (gemessen in Jahrhunderten). Weil die klassische Regierungsforschung die Funktionsroutinen etablierter Institutionen in den Mittelpunkt ihrer Analysen rückt, ist sie für die Bedeutung des Faktors „Zeit" relativ unempfindlich. Anwendungsorientierte Analysen, die Phasen des Regierungshandeln untersuchen, z. B. Transitionsphasen nach Regierungswechseln oder Entstehungsprozesse der Regierungserklärungen zur Investitur (Fröhlich 1997; Korte 1998) sind eher die Ausnahme. Dabei bieten der Neoinstitutionalismus (March/Olson 1989) und seine Variante des akteurzentrierten Institutionalismus (Mayntz/Scharpf 1995) durchaus das theoretische Rüstzeug, um die zeitliche Dynamik des Regierens zu analysieren. Die genannten Ansätze weisen institutionalisierten Rollen, Regelsystemen und Routinen einen großen Einfluss auf das Handeln von Akteuren zu. Aber: „Regelsysteme handeln nicht" (Mayntz/Scharpf 1995: 49). Institutionen strukturieren für Akteure Handlungskorridore, die sich sowohl ausweiten als auch verengen können. Ist der Spielraum einer Regierung zu Beginn ihrer Amtszeit grundsätzlich am größten? Werden die Handlungskorridore mit der Dauer der Regierungszeit zwangsläufig so eng, dass der Machtverlust unausweichlich wird? Wann kann man überhaupt von einem „Machtwechsel" sprechen? Nachfolgend sollen folgende Faktoren für einen strukturellen Erklärungsansatz für Machtwechsel verwendet werden: Steuerung, Kommunikation und Realitätsbezug.

Faktoren des Machtwechsels: Steuerung, Kommunikation, Realitätsbezug

Die institutionellen Rahmenbedingungen für Machtwechsel in Deutschland sind die Strukturmerkmale des Regierens, wie sie in Kapitel 3 beschrieben worden sind sowie die Ausgestaltung der parlamentarischen Demokratie im Grundgesetz. Angesichts der kurzlebigen und oft auch handlungsunfähigen Regierungen in der Weimarer Republik legten die Mitglieder des Parlamentarischen Rates großen Wert auf demokratisch legitimierte Stabilität. Sie sollten ihr Ziel nicht verfehlen. Die konsequente Einführung der repräsentativen Demokratie und die starke institutionelle Stellung des Bundeskanzlers wirkten tatsächlich als Stabilitätsanker: Im internationalen

Vergleich ist die Anzahl der Machtwechsel gering und die Dauer der Regierungszeiten relativ lang (Schmidt 1991a: 287).

Typen des Machtwechsels

Der erste „Machtwechsel": Von Kiesinger zu Brandt

Als erste Annäherung soll ein Machtwechsel als Übernahme der Regierungsverantwortung durch einen Kanzler mit vom Vorgänger abweichender parteipolitischer Zuordnung definiert werden. Allgemein spricht man in Deutschland vom Machtwechsel in Bezug auf den Wechsel von der Großen Koalition zur Sozialliberalen Koalition von 1969 (Baring 1984). Erstmals nach 1949 stellte die SPD den Kanzler. International wird unter Machtwechseln eine signifikante Änderung der parteipolitischen Zusammensetzung einer neuen Regierung verstanden, wobei ein Wechsel zwischen zwei von drei Parteifamilien („Rechtsparteien", „Linksparteien", „Zentrumsparteien") gemeint ist (Cameron 1985). 1969 wechselte jedoch nur die „Zentrumspartei" – die FDP – von der Opposition in die Regierung. Die SPD stellte bereits in der Großen Koalition den Vizekanzler. Legt man somit die Definition von Cameron zugrunde, dann handelte es sich 1969 nicht um einen Machtwechsel. Als Regierungswechsel könnte man, abgrenzend zum Machtwechsel, den Austausch des Kanzlers bezeichnen, ohne das gleichzeitig die bisherige Regierungspartei zur Opposition wird. Es ist eine Veränderung der personellen Zusammensetzung der Regierung, nicht der parteipolitischen – eine Regierungsneubildung. Machtwechsel bedeuten mehr als nur Regierungswechsel.

Die Typologie von Machtwechseln

Um Begriffsklarheit zu erreichen und zur weiteren Operationalisierung sollen anschließend einige Strukturtypen[17] des Machtwechsels in Deutschland benannt werden. Die Reihenfolge ist durch die Anzahl der Wechsel bestimmt:

a. Systemimmante Machtwechsel (viermal): Adenauer-Erhard, Erhard-Kiesinger, Brandt-Schmidt, Schmidt-Kohl
Hierbei erfolgt der Machtwechsel ohne vorausgehende Bundestagswahl. Zweimal als selbsterneuernder Machtwechsel, einmal als dosierter Machtwechsel, einmal durch erfolgreiche Anwendung des konstruktiven Mißtrauensvotums.

b. Dosierte Machtwechsel (viermal): Erhard-Kiesinger, Kiesinger-Brandt, Schmidt-Kohl, Schröder-Merkel
In der neuen Regierung verbleibt ein Koalitionspartner der Vorgängerregierung und verbürgt Kontinuität. Die Besonderheit des dosier-

---

[17] Die nachfolgende Typologie ist nicht trennscharf definiert. Einige Kanzlerwechsel tauchen mehrfach auf. Die Typologie dient als Hilfsmittel, um die konkreten Fälle des Wechsels zu veranschaulichen, die dann anschließend näher interpretiert werden sollen.

ten Machtwechselns ist seine nur moderate politisch-ideologische Veränderung. Es waren Wechsel zwischen Mitte-Rechts- und Mitte-Links-Koalitionen. Die ersten drei dosierten Machtwechsel waren die Folge von Koalitionsbrüchen. Nur der Wechsel von Rot-Grün zu Schwarz-Rot wurde durch die Wähler erzwungen.

c. Selbsterneuernde Machtwechsel (zweimal): Adenauer-Erhard, Brandt-Schmidt
Der Machtwechsel ist im Kern nur ein Regierungswechsel. Die Regierungspartei tauscht den Kanzler aus. An der parteipolitischen Zusammensetzung ändert sich nichts. Doch in der Regel hängt am Personalwechsel auch ein machtpolitischer Umbau bezüglich innerparteilicher Konstellationen.

d. Komplette Machtwechsel (einmal): Kohl-Schröder
Die neue Regierungskoalition wird durch die vormaligen Oppositionsparteien gestellt. Keine Partei aus der alten Koalition bleibt im neuen Regierungsbündnis. Nur 1998 bewirkten die Wähler durch Stimmabgabe den kompletten Machtwechsel. Erstmals löste ein Oppositionspolitiker bei einer Bundestagswahl den Bundeskanzler ab. Bezeichnenderweise bezieht sich die Kategorisierung „Oppositionspolitiker" allerdings nur auf die SPD als Oppositionspartei im Deutschen Bundestag im Wahljahr 1998. Schröder wechselte vom Ministerpräsidenten in das Amt des Kanzlers. Bis 2005 war es keinem Oppositionsführer im Deutschen Bundestag gelungen, durch Bundestagswahlen Kanzler zu werden. Kohl wurde 1982 als Oppositionsführer durch das konstruktive Misstrauensvotum gegen Helmut Schmidt zum Regierungschef. Angela Merkel ist somit die erste parlamentarische Oppositionsführerin, der auch eine erfolgreiche Kanzlerkandidatur vergönnt war.

Eine zweite strukturelle Einteilung wäre die Unterscheidung von Macht- und Regierungswechseln als Folge von Wahlen oder als Folge von Koalitionsbrüchen bzw. in Form der Ablösung des Bundeskanzlers durch die eigene Partei (selbst erneuernder Machtwechsel). Im ersten Fall müssen auch wahlsoziologische Analysen, im zweiten und dritten Fall koalitionstheoretische bzw. parteisoziologische Erklärungen berücksichtigt werden. Wie oben bereits angedeutet, blieben Regierungsparteien in Deutschland bisher ausgesprochen lange im Amt. Die Volksparteien SPD und CDU/CSU regierten bisher mindestens 16 Jahre hintereinander.

Die formalen Regeln des Grundgesetzes binden die Macht des Bundeskanzlers an einen vierjährigen Turnus. Auf Landesebene regeln die Landesverfassungen zum überwiegenden Teil bereits fünfjährige Amtszeiten. Der Bundespräsident ist für fünf Jahre gewählt. Anders als beim Kanzler oder beim Präsidenten des Deutschen Bundestages gilt für den Bundespräsidenten eine Amtszeitbegrenzung: nur eine einmalige Wiederwahl (Art. 54 GG) ist möglich. Machtrhythmen ergeben sich aus der Logik dieser Zahlenarithmetik auf Bundesebene für die Kanzlerschaften im Vierersystem. Die Pendelumschwünge sind ein Indiz für freiheitliche Politik.

– Adenauers Kanzlerschaft erstreckte sich über einen Zeitraum von 14 Jahren (1949-1963). Ergänzt durch die Jahre Erhards im Kanzleramt (1963-1966), ergibt sich eine Zeitspanne von rund 17 CDU-Jahren.

– Die Große Koalition (1966-1969) markierte auch für die SPD einen besonderen Einschnitt. Sie stellte auf Bundesebene erstmals Regierungsbefähigung unter Beweis. Rechnet man diese Zeit auf die folgende sozialliberale Koalition ab 1969 an, dann ergeben sich 16 Regierungsjahre bis 1982.

– Die christlich-liberale Koalition der Mitte startete 1982 durch konstruktives Misstrauensvotum und endete – ebenfalls historisch einmalig – durch die komplette Abwahl bei der Bundestagswahl 1998. 16 Jahre dauerte auch diese Phase. Faktisch muss die sechzehnjährige Regierungszeit für diesen Zeitraum halbiert werden. Denn der Einschnitt der deutschen Einheit hatte Zäsurcharakter. Kohl war 1989 nicht nur amtsmüde, wahlstrategisch abgeschlagen und von gewichtigen Widersachern parteiintern bedrängt, auch die Agenda des Neuanfangs war abgearbeitet. Nach nochmals acht Jahren, gerechnet ab 1990, schien den Wahlbürgern der Auftrag des Neuaufbaus der neuen Bundesländer und damit die Agenda von 1990 beendet zu sein.

Ende der langen Regierungszeiten

Die rot-grüne Koalition unter Gerhard Schröder regierte „nur“ sieben Jahre, doch die SPD blieb auch nach 2005 Regierungspartei. Hatten die Wähler Helmut Kohl 1998 noch einen „Reformstau“ zur Last gelegt, war es 2005 der unpopuläre Reformeifer der Regierung Schröder („Agenda 2010“), der ihre Regierungszeit verkürzte. Doch es gibt auch strukturelle Gründe, die dafür sprechen, dass nach dem Ende der „ultra-stabilen“ Phase des deutschen Parteiensystems auch lange Regierungszeiten von mehr als drei Legislaturperioden nicht mehr zu erwarten sind. Das Wählerverhalten ist volatiler geworden und Mehrparteienbündnisse, die unter den Bedingungen des asymmetrischen Parteiensystems wahrscheinlicher werden, sind weniger stabil. Der Trend zu kürzeren Amtszeiten, bedingt durch Veränderungen des Wählerverhaltens und des Parteiensystems, lässt sich auch von den Regierungsbildungen auf Länderebene ablesen: Zwischen 1960 und 1985 gab es gerade mal drei Machtwechsel (Wechsel der stärksten Regierungspartei). Kein einziger war die Folge von Wahlen, alle drei gingen auf veränderte Koalitionspräferenzen der FDP zurück. Erst nach 1985 stieg die Anzahl der Machtwechsel durch Wahlen deutlich an. Seit Mitte der 80er Jahre sind die Wähler schneller bereit, eine unpopuläre (Bundes-)Regierung bei Landtagswahlen zu bestrafen. Die Lagerpolarisierung eröffnete echte Alternativen und über Machterhalt und Machtverlust entscheidet seitdem nicht mehr allein der Koalitionspoker.

5.3.2 Vorboten des Machtwechsels

Nachdem die Konjunkturen der Macht, die elastischen Wände der Handlungskorridore und die Spezifika der Machtwechsel benannt sind, soll danach gefragt werden, welche signifikanten Merkmale das Ende einer Kanzlerschaft begleiten. Bewusst wird darauf verzichtet, Erklärungen entlang der entwickelten Machtwechsel-Typologie vorzunehmen. Ausgangspunkt soll nicht die Art des Wechsels sein, sondern die Vorgeschichte des Machtwechsels. Vier Variablen als Vorboten des Machtwechsels, die unterschiedlichen Forschungsansätzen entnommen sind, sollen herausgegriffen werden:

Indikatoren eines bevorstehenden Machtwechsels

a. Machterosionen: Fehlende Unterstützung
b. Steuerungsverluste: Endloser Politikstau
c. Kommunikationsdefizite: Anhaltendes Meinungstief
d. Realitätsverluste: Die Stufen der Vereinsamung

Im Umkehrschluss lässt sich daraus folgern, dass sich der politische Machtzyklus unweigerlich dem Ende zuneigt, wenn diese vier Indikatoren nachgewiesen werden können. Kausalitätsbeziehungen zwischen den Indikatoren können hinreichend unterstellt, aber konkrete Korrelationen nur unter dem Gesichtspunkt des historischen Vergleichs beschrieben werden. Von einer wechselseitigen Verstärkung der Indikatoren ist dabei auszugehen. Auch die Ursachengewichtung der vier Variablen bleibt offen. Ebenso wird keine Aussage darüber getroffen, welche ergänzenden exogenen Faktoren, wie z.B. wechselnde internationale Rahmenbedingungen, wirkungsmächtig werden müssen, um eine Regierung zu kippen oder erste leise Versuche des Junior-Koalitionspartners anzubahnen, die Zusammenarbeit mit der Opposition zu verstärken. Vielmehr sollen die im Kontext des akteurs-zentriertem Institutionalismus zu verortenden Strukturtrends, die den Anfang vom Ende begleiten, als Erklärungshilfe vergleichend herausgearbeitet werden. Dabei wird eine komplexe Akteurskonstellation zugrundegelegt, also nicht nur das institutionelle Arrangement in konkreten Entscheidungsstrukturen des Kanzlers berücksichtigt, sondern auch nichtinstitutionellen Faktoren (wie z.B. Umfragedaten) Gewicht beigemessen.

a. Machterosionen: Fehlende Unterstützung

Kanzlermacht speist sich aus vielfältigen Quellen, die nicht zeitgleich üppig sprudeln, aber deren Versiegen das Ende einleiten. Als Machtressource dient in der Parteiendemokratie zuallererst das parteipolitische Mandat des Kanzlers. Von seiner Stellung innerhalb der Bundespartei und gegenüber der eigenen Bundestagsfraktion hängt seine Machtposition entscheidend ab. Hinzu kommen die machtpolitischen Möglichkeiten, die ihm das Kanzleramt zur Instrumentalisierung seiner Richtlinienkompetenz bietet. Die Unterschätzung der Opposition gehört ebenfalls zur Anatomie des Machtabstiegs. Nicht zuletzt kommt den Medien als möglicher Machtressource der Kanzler eine herausgehobene Bedeutung zu.

Parteimacht

Was als Kanzlermacht durch institutionelle Regelungen oder durch die „Gegenregierungen" an Macht abhanden gekommen ist, kann durch Parteimacht innerhalb der Bundesorganisation, auf Landesebene oder auch durch Zusammenspiel mit der Bundestagsfraktion kompensiert werden. Beim Instrument der Machtzentralisierung (Kapitel 5.1.6) ist bereits darauf verwiesen worden. Trotz ganz spezifischer zeitgeschichtlicher Konstellationen lassen sich für die verschiedenen Kanzlerschaften folgende Strukturmuster festhalten:

Parteimacht

– Parteimacht in der Rolle des Partei-Vorsitzenden erleichterte für die Kanzler das Regierungsgeschäft (auch März 2002: 93ff.). Der Parteivorsitz verhalf dem Kanzlerprinzip zu seinem wirkungsvollen und respektierten Recht. Als Machtressource konnten die Kanzler umso stärker über die Partei verfügen, je besser sie die Parteigliederungen kannten und je länger sie Zeit hatten, ihren Einfluss über Personalnetzwerke zu festigen. Das parteipolitische Mandat des Kanzlers zählt zu den wichtigsten Machtressourcen. Kanzlermacht ist immer Parteimacht. Das zeigt sich besonders deutlich an Sonderparteitagen, wie dem der SPD zur „Agenda 2010" im Jahr 2003. Die SPD-Parteipolitik sollte über Parteitagsbeschlüsse zur Regierungspolitik werden. So drohte nach der Parteirebellion und dem aufgezwungenen Parteitag deshalb Kanzler Schröder ein ähnliches Schicksal wie dem damaligen Kanzler Helmut Schmidt. Schröders „Agenda 2010“ schmerzt heute in ähnlicher Weise sozialdemokratische Herzen wie die Kernenergie- und Nachrüstungspolitik von Schmidt. In beiden Fällen richteten die Kanzler ihren Blick auf die potentiellen Wähler, weniger auf Parteitagsbeschlüsse. Mehrheiten wollten beide SPD-Kanzler immer in der sogenannten Mitte finden, weniger im Traditionsmilieu der sozialen Gerechtigkeit.

Kanzlermacht ohne Parteivorsitz

- Kanzlermacht ohne Parteivorsitz (bei Helmut Schmidt; bei Gerhard Schröder nur im ersten Regierungsjahr) ist von Beginn an brüchiger gewesen. Die Abhängigkeiten von der Bundestagsfraktion und vom amtierenden Vorsitzenden sind enorm. Handlungsspielräume erwachsen dem Bundeskanzler daraus nur, wenn sein Führungsanspruch zusätzlich über die Medienöffentlichkeit – sozusagen direkt-plebiszitär – untermauert werden kann. Die SPD-Troika der 70er Jahre kann hierbei als einmaliges Modell gelten. Schmidt war in eine kollektive Führung eingewoben: mit Wehner als dem Zuchtmeister der Fraktion, mit Brandt als charismatischem Parteivorsitzenden und dem ausgeprägten Gespür für neue Strömungen. Schröder war in keine kollektive Führung eingebunden. Er hatte nie einen Zweifel daran, dass die Wahlsiege von 1998 und 2002 in erster Linie ihm zu verdanken waren, nicht der Partei. Schröder entmachtete in der ersten Legislaturperiode durch die Schaffung des Amtes eines Generalsekretärs die stellvertretenden Parteivorsitzenden. Auch als er den Parteivorsitz 2004 an Franz Müntefering abgab, entstand keine „Doppelspitze“. Das Entscheidungsmonopol behielt der Bundeskanzler bis zuletzt, bis zur Entscheidung für Neuwahlen im Mai 2005. Diese waren allerdings auch der Preis, den Schröder für seinen parteifernen Führungsstil zu zahlen hatte. Nach den verlorenen Landtagswahlen in Nordrhein-Westfalen konnte er sich auf die Folgebereitschaft der SPD nicht mehr verlassen.

Innere Emigration der Parteimitglieder

- Lange bevor sich die Wähler vom Kanzler und seiner Partei abwenden, treten die Parteimitglieder aus Gründen der Parteiräson in die „innere Emigration“ („Stillhalteabkommen“ bis zum Wahltag) oder in abgestufte Protestformen gegen den Vorsitzenden und Kanzler. Den größten, offenen Widerspruch erfuhr Schmidt. Hier konnte die Parteikritik ungefiltert und nicht machtgeschützt abgegeben werden, denn Regierungsamt und Parteiamt fielen nicht zusammen. Die Liste der parteiinternen Gründe für die Unzufriedenheit mit der Kanzlerpolitik sah zumeist folgendermaßen aus: Der Kanzler hatte als vermeintliche Wahllokomotive ausgedient, dicht gefolgt von Themen, die den Koalitionszwängen und in nicht hinreichendem Maße der Parteiprogrammatik folgten.

Die Nachfolgerdiskussion

– Die Nachfolgerdiskussion ist ein weiterer treffender Indikator für den Anfang vom Ende. Dabei sind die Diskussionen, die zeitgleich zur Kanzlerschaft von parteiinternen Rivalen gefördert werden, relativ unbedeutend: Die Ministerpräsidenten mit der Parteifarbe des Kanzlers hielten sich mehrheitlich häufig für die besseren Kanzler. Viel brisanter sind die Vorschläge, welche die Kanzler angesichts des drohenden Machtverlustes selber machten. Wenn sie dazu gezwungen sind, öffentlich über Nachfolger nachzudenken, zeigt die Parteimacht Risse. Adenauer verwendete viel Kraft darauf, Erhard als Nachfolger zu verhindern. Adenauers Vorschläge und Kapriolen setzten schon Ende der 50er Jahre ein. Brandts Amtsmüdigkeit und seine längeren Krankheiten lösten immer wieder Nachfolgediskussionen aus. Bundeskanzler Kohl sah sich 1997 genötigt, einen Nachfolger zu benennen, gleichwohl ohne konkreten Zeitplan, als Kronprinz auf Zeit. Obwohl Kohl der einzige Kanzler war, den seine Partei bis zum Wahltag nicht aus dem Amt trieb, setzten deutliche Zeichen der parteipolitischen Machterosion schon vor 1998 ein. Nur die disziplinierende Wirkung des Wahlkampfes 1998 überdeckte die Brüche. Zu erinnern ist an die umstrittene Selbstausrufung Kohls zum Kanzlerkandidaten in seinem Urlaub am Wolfgangsee am 3. April 1997, die Benennung des Nachfolgers Schäuble per Fernsehinterview im Nachgang des Leipziger Bundesparteitags (15. Oktober 1997), die verschiedenen laut artikulierten Gegenpositionen der „Jungen Wilden" und nicht zuletzt die erfolgreiche Fraktionsarbeit von Schäuble, der ein klares Eigengewicht der Fraktion wieder in den Regierungsalltag einbrachte (zum Hintergrund Geissler 2000; Pflüger 2000). Der Parteitag in Leipzig feierte Schäubles Redebeitrag euphorisch. Die Delegierten applaudierten wesentlich länger als nach Kohls Rede. Kohl reagierte mit einem Fernsehinterview auf diese Stimmung: Schäuble sei sein Wunschkandidat für die Nachfolge im Kanzleramt. So sollte der Widersacher als Kronprinz neutralisiert werden. Schäuble war durch diese Benennung nicht mehr Nachfolger aus eigener Kraft oder durch die Autorität eines Parteitages, sondern ein Nachfolger von Kohls Gnaden – für die Zeit nach 2003 (Geissler 2000). Kohls seit 1990 gewonnene triumphale Parteimacht glich einer Eroberung. Sie bröckelte sichtbar seit dem knappen Wahlsieg von 1994 (zum Hintergrund Korte 2000b).

Schröder hatte mehrfach sein ursprüngliches Vorhaben, nur zwei Legislaturperioden zu regieren (Krause-Burger 2000: 143), relativiert und öffentlich kundgetan, möglichst auch für eine dritte Amtszeit zur Verfügung zu stehen. Innerparteiliche Nachfolgediskussionen gab es nicht. Angesichts dramatisch schlechter Umfragewerte nach 2003 war die Popularität des Kanzlers und das Vertrauen in seine Fähigkeiten als Wahlkämpfer der einzige Trumpf, den die SPD noch auf der Hand zu halten glaubte. Das galt erst recht für den Wahlsommer 2005, der mit dramatischen Wahlniederlagen auf Landesebene begonnen hatte. Mit der Entscheidung für vorgezogene Bundestagswahlen hatte Schröder alle Diskussionen um seine Person im Keim erstickt.

Institutionelle Macht

Um die faktische Führungsrolle wahrzunehmen, benötigt der Kanzler einen eigenen Apparat, das Bundeskanzleramt (Busse 2001; Mertes 2000). Es kann Sekretariat des Kanzlers, aber auch Regierungszentrale sein (dazu Kapitel 3.2 und 5.1.6). Die Kanzler haben sehr unterschiedlich mit dieser Schaltzentrale operiert. Die massivste Veränderung erfuhr das Bundeskanzleramt in der Regierungszeit Willy Brandts. Eine Verdopplung des Personalbestandes deutete darauf hin, dass Brandt und besonders der Leiter des Kanzleramtes, Horst Ehmke, aus dem Amt eine umfassende Steuerungs- und Planungseinrichtung machen wollten. Das weckte Widerstand bei den Bundesministern, so dass Brandt in der zweiten Legislaturperiode 1972 Ehmke nicht mehr als Kanzleramtschef durchsetzen konnte. Meistens benötigten die Kanzler zur machtpolitischen Aneignung des Kanzleramtes und zur Ausrichtung auf ihren spezifischen Führungsstil ein bis zwei Jahre. Häufig kam es dabei auch zum Austausch des Chefs des Kanzleramtes. Wenn die Regierungsarbeit geräuschlos verlief, war dies ein Indiz für die effiziente Vorbereitung durch das Kanzleramt. Die Kanzlerschaften sind ohne die jeweiligen Kanzleramtschefs – mal als Staatssekretäre, mal als Bundesminister – nicht hinreichend zu erklären. Den machtpolitischen Rückhalt, den das Kanzleramt als Beratungs- und als Steuerungsinstanz bieten kann, sicherten die jeweiligen Chefs ab. Als zeitgeschichtlich wichtige Paare sind zu nennen: Adenauer-Globke, Brandt-Ehmke, Schmidt-Schüler, Kohl-Schäuble, Schröder-Steinmeier, Merkel-de Maizière. Die Kanzleramtschefs gehören zur „stillen Elite“ (Walter/Müller 2002) in der Schaltzentrale des parlamentarischen Systems.

Machtressource Kanzleramt

Um strukturierte Regierungsmacht zu gewinnen, war es für die Kanzler zwingend notwendig, ihre Richtlinienkompetenz adäquat über eine geräuschlose Instrumentalisierung des Kanzleramtes auszuüben. Es wäre jedoch zu einfach, wenn man das Ende der Kanzlerschaften mit Missmanagement im Kanzleramt in Verbindung bringen würde. Eher am Anfang der Kanzlerschaften steht der mühsame Versuch, diesen administrativen Apparat politisch nutzbringend einzusetzen. Trotzdem können auch Symptome benannt werden, die während einer langen Kanzlerschaft schleichend das Kanzleramt ereilen und als Vorboten des Endes gelten können:

Die besondere Rolle der Kanzleramtchefs

- Die politisch wichtigen Administratoren oder politischen Berater verlassen das Kanzleramt. Adenauer bemühte sich redlich, Globke bis zum Schluss zu halten. Aus gesundheitlichen Gründen wollte Globke schon wesentlich früher das Amt verlassen. Als Manfred Schüler 1980 das Kanzleramt verließ, konnten seine Nachfolger (Lahnstein und Konow) die Krise nicht mehr abwenden. Schüler hatte als Mitglied des Beratungs-„Kleeblattes" für Schmidt einen unschätzbaren Wert. Wolfgang Schäuble wurde im April 1989 Bundesinnenminister. Anders als seine Nachfolger (Seiters und Bohl) brachte Schäuble politisches Gewicht und programmatisches Geschick mit ins Kanzleramt. Die zeitweilige Ideenbörse Bundeskanzleramt verkam danach zur Behörde. Verwaltungseffizienz und nicht politisches Management bestimmte zunehmend den Alltag des Kanzleramtes. Bürokratische Bedenkenträger traten an die Stelle derjenigen, die mit dazu beigetragen hatten, der Regierung ihr ursprüngliches Charisma zu verleihen. Mit dem Wechsel an der Spitze des Kanzleramtes kam es häufig auch zu einem Austausch zentraler Mitarbeiter. Diese hatten nicht mehr den aus dem Erlebnis der „Eroberung" des Amtes resultierenden persönlichen Zugang zum Kanzler. Kampferprobte Solidaritätskerne und Kampfgemeinschaften der sogenannten ersten Stunde mit ähnlichen Sozialisationserfahrungen – darauf konnte der Kanzler nun nicht mehr bauen. Eher hierarchische Beziehungsmuster ersetzten danach die kurzen Dienstwege. Routinetätigkeiten und instrumentelle Aktivitäten dominierten gegenüber Konzeptionsentwicklung und Programmaufstellung.

- Das Bundeskanzleramt blieb auch nach dem Weggang der Stützen des Amtes geräuschlos effizient, zumal sich der Regierungsalltag auf vorgezeichneten Bahnen eingespielt hatte. Aber unter inhaltlichen Gesichtspunkten verkümmerte der machtpolitische Anspruch einer Regierungszentrale. Dem Routinehandeln fehlte die politische Vitalität, die durch neue Herausforderungen entstehen kann (Mayntz 1997a). Der Verlust dieses Sensors kann als Vorbote des Regierungswechsels, als ein Element der Machterosionen, gewertet werden. Höchste Effizienz war nur noch bedingt politisch effektiv.

Die Macht der Opposition

Macht der Opposition

Die Machterosionen aus dem Blickwinkel der Kanzler sind auch auf die Wahrnehmung der parlamentarischen Opposition zu beziehen (Helms 2002). Zwar gehen keine direkten Unterstützungsleistungen der Regierungspolitik von der Opposition aus, sieht man einmal vom verflochtenen Prozedere auf Bundesratsebene ab. Doch spielt die antizipierte Oppositionsstrategie eine machterhaltende Rolle im Regierungsalltag der Bundeskanzler. Denn die vermeintliche Schwäche der Opposition verhalf der Regierungspartei bei zahlreichen Bundestagswahlen zum Sieg. Dabei spielte eben nicht nur der Amtsbonus der Kanzler eine wahlentscheidende Rolle, sondern die unterstellte Schwäche der Herausforderer. Da es nur zwei Mal in der Geschichte der Bundesrepublik durch Bundestagswahlen zur Ablösung des Kanzlers durch die Opposition kam, sind die Beispiele begrenzt (Helms 2002). Dies unterscheidet im Vergleich die Bundesrepublik von Konkurrenzdemokratien wie Großbritannien, in denen die Opposition unter dem Gesichtspunkt von Machtwechseln einen wesentlich dominanteren Faktor darstellt (Euchner 1993).

Kohl hielt sich für unbesiegbar: Realitätsverluste

In Deutschland trat die SPD fünfmal mit wechselnden Spitzenkandidaten gegen Bundeskanzler Kohl an. Bis auf die Wahl 1998 signalisierten jeweils im Vorfeld kurz vor den Wahlen keine Umfragen, dass die SPD siegen würde. Die Gründe hierfür waren innerparteiliche Fehden, fehlende Unterstützung im Wahlkampf, Kompetenz-Defizite – die Liste der Ursachen lässt sich leicht erweitern. Für das Thema der Machterosionen aus Sicht der Kanzler bleibt die Wahrnehmung dieser Erfahrungen zentral. Die Union konnte innerparteilich zerstritten sein, Fehlentscheidungen treffen, reine Darstellungspolitik betreiben: Die Schwäche der SPD war immer größer als die der Union. Kohl konnte bis auf Schröder jeden Kanzlerkandidaten besiegen. Bundeskanzler Kohl schlussfolgerte daraus, dass er unbesiegbar sei. Er blendete Selbstzweifel aus. Dies erklärt zum Teil, warum die CDU im Wahlkampf 1998 der Wahlstrategie der SPD nichts entgegensetzen konnte. Man wartete im Lager der CDU vergebens auf einen Schwächeeinbruch der SPD. Zu den Vorboten des Machtwechsels gehört somit auch die strategische Wahrnehmung der Macht der Opposition. Fehlperzeptionen und fatale Überschätzung sind Indikatoren des drohenden Machtverlustes.

Im Wahlkampf 2002 und auch im Wahlkampf 2005 musste die Union erfahren, wie schwer es ist, einen amtierenden Kanzler durch Wahlen aus dem Amt zu drängen. Der Amtsbonus und die Gestaltungsmöglichkeiten einer Regierungspartei erleichtern schließlich die ad-hoc-Mobilisierung von Wählern in der Schlussphase des Wahlkampfs. Der sicher geglaubte Wahlsieg Edmund Stoibers wurde 2002 auf der Zielgeraden verspielt. Und obwohl Angela Merkel am Ende des Wahljahres 2005 doch noch Kanzlerin wurde, endete der Wahlabend des 18. September zunächst mit einer gefühlten Niederlage. Von einem zweistelligen Vorsprung in allen Umfragen zu Beginn des Wahlkampfsommers war nur noch ein Prozentpunkt übrig geblieben. Der Wahlabend zeigte aber auch, dass der noch amtierende Kanzler die Grenze eines gesunden Selbstbewusstseins bereits überschritten hatte. Nach sieben Jahren im Amt war auch Schröder der Hybris anheim gefallen und wollte seine Niederlage nicht eingestehen. Letztlich war er an der Zerstrittenheit seiner Partei und Steuerungsverlusten seiner Regierungskoalition gescheitert.

b. Steuerungsverluste: Endloser Politikstau

Politik-Blockaden und Reformstau

Politik-Blockaden und Reformstau gehören zu den Metaphern, die den Machtwechsel einläuten. Die Starre des politischen Alltags am Ende der Ära Adenauer, dem zwischen 1959 und 1963 nur noch wenig gelang, führte bei den Wahlbürgern zu dem Eindruck, dass sich politisch nur noch wenig bewegte. Die Krise wurde zum Dauerzustand zwischen den Koalitionspartnern. Willy Brandt stürzte die Republik 1973 in ein depressives Klima. Zu Schmidt kommentierte die ZEIT: „Die zweite Regierung Schmidt/Genscher ist schon in den Startlöchern elend ins Stolpern geraten. Ein Wunder ist es nicht, daß die Bürger sich verschaukelt fühlen. Zynismus, Missmut, Verdrossenheit macht sich breit im Lande“ (Die Zeit v. 02.10.1976). Nach den Wahlen von 1980 musste Schmidt zum Instrument der Vertrauensfrage greifen, um im Bundestag seine Mehrheit zu sichern. Das Ende der Ära Kohl überschattete im Blickfeld der Öffentlichkeit der totale Reformstau, konkret die Unmöglichkeit, eine Steuerreform durchzusetzen (Renzsch 2000; Fröhlich/Schneider 2008). Die Begleitmusik lieferte Bundespräsident Herzog, der mit „Ruck-Reden“ die Blockaden aufbrechen wollte.

Ausweg Machtwechsel

Ganz offensichtlich leiden die Regierungen gegen Ende des bevorstehenden Machtwechsels an deutlichen Steuerungsverlusten, die zu Blockadekonstellationen führen. Die Mechanismen der Verhandlungsdemokratie – geschickt eingesetzt sind es handlungsermöglichende Ressourcen – bieten dann keinen verlässlichen Ausweg mehr aus den Blockade-Situationen. Einen Ausweg aus der Verengung von Handlungskorridoren sehen die Wahlbürger dann nur noch im Machtwechsel. Mehrere Gründe sind hierbei für optionsmindernde Restriktionen des Regierens anzuführen:

1. Vetospieler-Potentiale
2. Policy-Wirkungen
3. Systembedingte Störungen

1. Vetospieler-Potentiale

Die gegenmajoritären Kräfte, institutionelles Gegengewicht und Vetospieler stabilisieren sich, je länger eine Kanzlerschaft dauert. Das kann sich auf die Stärke der sogenannten neokorporatistischen „Räuberkoalitionen" der Großverbände ebenso beziehen wie auf die gegengerichteten Mehrheitsverhältnisse in Bundestag und Bundesrat (dazu Beiträge in Streek/Schmitter 1985). Auf Grund des antigouvernementalen Wahlverhaltens auf Landesebene verlor die Regierungspartei der Bundeskanzler in der Regel die Landtagswahlen: ein langsames vorweggenommenes „Abwählen" der Bundesregierung. Damit veränderte sich die Bundesratsmehrheit (Blumenthal 2002). Ab 1969 stimmten Bundestags- und Bundesratsmehrheit nur noch selten überein (Lehmbruch 2000).

„Räuberkoalitionen" der Großverbände

Die sozialliberale Koalition hatte unter Schmidt während der gesamten Amtszeit ab 1974 keine Mehrheit im Bundesrat. Bundeskanzler Schmidt nutzte dies zum Teil machtstabilisierend, weil er die fehlende Mehrheit auch als disziplinierendes Instument innerhalb seiner eigenen Partei einsetzen konnte. Doch solche „Sachzwänge" nutzen sich argumentativ schnell ab. Helmut Kohl war mit dem gleichen Phänomen einer gegengerichteten Bundesratsmehrheit erst im Zeitraum von April 1991 bis 1998 konfrontiert. Bei den angestrebten Reformprojekten gab es im Rahmen der Gesetzgebung deutliche Probleme für Kanzler Kohl (Steffani 1999). Schmidt steuerte den Prozess maßgeblich über den nichtöffentlich tagenden Vermittlungsausschuss in eine insgesamt weitgehend „positionsausgleichende Kompromissrolle" (Steffani 1999: 994; auch Lehmbruch 2000: 141ff.).

Regieren ohne Mehrheit im Bundesrat

Das gelang zunächst auch Helmut Kohl in den 90er Jahren. Während er in den 80er Jahren das Parteipräsidium, in dem die CDU-Ministerpräsidenten dominierten, nutzen musste, um Vorklärungen zu erreichen, wurde dies nach Verlust der Mehrheit im Bundesrat unwichtiger. Vermittlungsverfahren sollten zwar auch von vornherein verhindert werden, konnten jedoch nicht mehr auf der CDU-Parteiebene alleine geregelt werden. Spitzengespräche der Fraktionsexperten und die außerparlamentarische Variante der Kanzlerrunden sollten der Einbeziehung der SPD in die Gesetzesvorbereitung und damit einer Erweiterung des Steuerungsraumes dienen. Gegen Ende der Kohl-Ära kam es allerdings zu einem weitreichenden und vor allem wahrgenommenen Gesetzgebungsstillstand, den alle maßgeblichen Akteure aller parteipolitischen Seiten mitzuverantworten hatten. Die Nähe des Wahltermins und die geschickte Strategie des SPD-Vorsitzenden Lafontaine bei der Bildung eines Einheitsblocks der SPD-regierten Länder verhinderten die projizierten Reformprojekte der Bun-

Blockade als Strategie

desregierung. Faktisch war die letzte Regierung Kohl erfolgreich: Mit über 800 Gesetzesinitiativen und einem Verabschiedungsrekord an Regierungsvorlagen übertraf die Regierung alle bisherigen Rekorde (König 1999). Entscheidend für das öffentliche Klima war jedoch nicht die Quantität der Aktivitäten, sondern die Qualität. Als Medienthema mit hoher öffentlicher Resonanz bestimmten die Blockaden in der Steuergesetzgebung die Agenda der Jahre 1997/1998.

Der Widerspruch von Konkurrenz und Verhandlung

Verursacht wurde die Blockadestimmung auch dadurch, dass das „Bündnis für Arbeit“ mit dem Auszug der Gewerkschaften 1996 scheiterte. Durch die 20-prozentige Kürzung der Lohnfortzahlung im Krankheitsfall fühlten sie sich provoziert. Die Handlungslogiken des Parteienwettbewerbs (Konkurrenz) und des Bundesstaates (Verhandeln) wirken sich bei konträren Mehrheiten dysfunktional aus. Das gilt besonders für die Schlussphase, nicht für den Beginn einer Kanzlerschaft.

Schröder durchbrach zwar die Blockaden der Opposition 2000 und 2001 mit seiner Steuer- und Rentenreform, doch Erfolge auf dem Arbeitsmarkt und in der Haushaltspolitik stellten sich nicht ein. Dass ihn der erneute Vorwurf des Reformstaus besonders auf dem Arbeitsmarkt bei der Bundestagswahl von 2002 nicht das Amt kostete, lag an außergewöhnlichen Sonderbedingungen der Schlussphase des Wahlkampfes. Kurz nach seiner Wiederwahl war der Vorwurf des Reformstaus eskaliert. Mit der Agenda 2010 initiierte die rot-grüne Koalition im Jahr 2003 ein Reformprogramm, das aufgrund seiner weitreichenden Veränderungen und des enormen Konfliktpotentials zu den historischen Weichenstellungen der deutschen Arbeitsmarkt- und Sozialpolitik zu zählen ist. Die Deregulierung des Arbeitsmarktes und die Kürzung von Sozialleistungen führten zu einer bisher nicht gekannten demoskopischen Krise der SPD. Zahlreiche Landtagswahlen gingen verloren, die SPD verlor in nur zwei Jahren hunderttausend Mitglieder. Gleichzeitig war Schröder auf die Zustimmung der Unionsparteien im Bundesrat angewiesen, um seine „Agenda“ durchsetzen zu können. Die Opposition setzte nicht auf eine direkte Blockadestrategie, sondern trieb den Preis ihrer Zustimmung immer weiter in die Höhe. Sie zwang SPD und Grüne zu einer Verschärfung des unpopulären Reformprogramms, konnte ihre Mitverantwortung dafür aber verschleiern. Über ein Jahr lang musste z. B. Gesundheitsministerin Ulla Schmidt die „Praxisgebühr“ verteidigen, die sie ursprünglich gar nicht gewollt hatte. Der Frust in der SPD wurde immer größer, die Umfragewerte immer schlechter und weil schnelle Erfolge ausblieben, galt die rot-grüne Koalition zu Beginn des Jahres 2005 als eine gescheiterte Regierung.

2. Policy-Wirkungen

Am Anfang einer Regierungszeit nach einem Machtwechsel stehen die Krisenbewältigung und die Aufräumarbeiten, wovon die Regierungserklärungen zu Beginn der Legislaturperiode ein lebendiges Zeugnis ablegen. Die Bundesregierung betritt die redistributive Politikarena: Größere Umverteilungspolitik setzt ein, Gewinner und Verlierer werden sichtbar (Windhoff-Héritier 1987: 22f.). Gleichzeitig nutzt man distributive Programme, um den Dank an die Wählerklientel, zumeist ohne Rücksicht auf knappe Finanzressourcen, zu manifestieren.

Verteilungspolitik im Vorfeld von Wahlkämpfen

Wenn redistributive Programme der Regierung zur ökonomischen Krisenbewältigung aufgezwungen werden, kann das als Vorbote des nahen Endes der Regierungszeit interpretiert werden. Das lässt sich an den verschiedenen Reformvorhaben am Ende der Ära Kohl ebenso nachweisen wie an den gescheiterten Versuchen der Regierung Schmidt und Schröder, die ökonomische Lage nachhaltig zu verbessern. Das Risiko von sogenannten Gerechtigkeitslücken kann dann öffentlich thematisiert werden.[17] Im Vorfeld von Wahlen versuchen Regierungen eher regulative Politikprogramme, die auf gleichmäßige Verteilung zielen, zu initiieren oder konkrete Wahlgeschenke zu verteilen.

3. Systembedingte Störungen

Die Vorstellung von allmächtiger Problemlösungskompetenz des Kanzleramtes

Steuerungsverluste im Regierungsalltag hingen stets auch mit systembedingten Störungen zusammen. Die nach langjähriger Amtszeit angehäufte Macht im Kanzleramt führte aus Sicht der Regierungsmannschaft und der Regierungspartei zu der Vorstellung von allmächtiger Problemlösungskompetenz in der Regierungszentrale. Das Recht zur Letztentscheidung lastete auf dem Parteichef und Kanzler. Das formale Recht – Richtlinienkompetenz – verkam mit der Zeit zum Lösungsmodell für alles. Der Kanzler avancierte zum Problemasyl: Zufluchtsort für alle, die keine politischen Auswege mehr kannten oder nicht bereit waren, verantwortlich selbst zu entscheiden. Häufig verselbstständigte sich auch die Angst, dass eine Sachentscheidung als Loyalitätsbruch zum Kanzler aufgefasst werden konnte.

Das Kanzlerwort entlastete die untergeordneten Gremien und auch die Ressorts von einer oft mühevollen und langwierigen Entscheidungsprozedur. In den Schlussphasen der Kanzlerschaften von Adenauer und Kohl lässt sich beobachten, dass sich die Fallzahl der unentschiedenen Konfliktpunkte, mit denen sich die Kanzler kon-

[17] Schädlich wirken sich beispielsweise Vorabdrucke von Steuertabellen in Boulevardzeitungen aus: Gewinner und Verlieren sind sofort erkennbar; ein hoher Mobilisierungs- und Volatilitätsdruck geht von solchen Maßnahmen aus.

frontiert sahen, drastisch erhöhte. Den niederen Parteigliederungen bzw. den Fachressorts fehlte die Kraft zur Entscheidung. Sie überließen die Entscheidung dankbar der Zentrale, die dann ein erhofftes Machtwort sprechen sollte. Permanente Detailentscheidungen von geringer politischer Tragweite verkomplizierten so zusätzlich den Regierungsalltag. Die Entscheidungskompetenz der Kanzler verkam zur optionsmindernden Restriktion seines Handlungskorridors.

Die Kraft des Neustarts

Um die Steuerungsverluste als Vorboten des Machtverlustes einzuordnen, soll ein Blick auf den Beginn der Regierungszeit verdeutlichen, dass es häufig klimatische Veränderungen sind, die in der Konsequenz zum Politikstau führen. Denn trotz gegengerichteter Mehrheitsverhältnisse zwischen Bundestag und Bundesrat gelingt es zu Beginn einer Regierungszeit häufig, die Gesetzgebung voranzutreiben. Woran liegt das? Um diese Frage zu beantworten, sind keine vertieften Einblicke in spezifische Verhandlungstechniken oder Mehrheitsverhältnisse notwendig. Als Erklärung reicht der Schub, der vom Wählerauftrag ausging. Der Neustart einer Regierung, der als Machtwechsel daherkam, hing immer ursächlich mit einer politischen Agenda zusammen. Das personifizierte Alte wurde nicht nur abgewählt, sondern gleichzeitig votierten die Wähler auch für ein diffuses programmatisches Neues. Der neue Kanzler symbolisierte den Neuanfang. Den Wählern schien klar, was dringend zu erledigen sei. Je eindrucksvoller der Wahlsieg, desto höher die Legitimation zum Politikwechsel. Die Erlahmungsprozesse im Gesetzgebungsalltag hängen mit der Abarbeitung dieser durch das Wählervotum gestützten Agenda zusammen. Wenn der Sanierer den Haushalt sichtbar entlastet hat, wenn die internationale Krise behoben ist, wenn die Arbeitslosigkeit sinkt, erledigt sich allmählich der Wählerauftrag für die Legislaturperiode. Es folgt ein Scheitern am Erfolg.

Scheitern am Erfolg

Zur Umsetzung der angestrebten Policy formierte sich um den Kanzler eine Mannschaft, die in der Regel konkret zum Aufgabenprofil passte. Die Ministerialbürokratie in den Ressorts und im Kanzleramt hatte anfänglich relativ klare Zielvorgaben. Die einigende Dynamik – auch der Vorrat an Gemeinsamkeiten mit dem Koalitionspartner – lässt allerdings nach, wenn wichtige Punkte der Startagenda abgearbeitet sind oder zumindest in der Öffentlichkeit als abgearbeitet dargestellt werden. Der Weg von der Negativ-Projektionsfläche („Wir führen Euch aus der Krise"; distributive Politik) zum Positiv-Programm (Neue Ziele, aber auch neue Einschnitte, Gewinner und Verlierer; redistributive Politik) wird zum alles entscheidenden Faktor, der geschickt genutzt werden kann, um neue Handlungskorridore zu öffnen.

Wie lässt sich das Ende aufhalten oder wie kann man einen Zustand des immerwährenden Anfangs erhalten? Drei Strategien sind dazu ausgewählt worden: Fortschreibung des Projektes, Selbsterneuerung und Neue Agenda.

Wie lässt sich das Ende aufhalten?

Die Fortschreibung des Projektes ist ein schwieriges Unterfangen. Die Resonanz bei den Wählern bleibt begrenzt. Es fehlt der mobilisierende Neuigkeitswert, wenn zum wiederholten Male der Aufbau Ost oder der Abbau der Arbeitslosigkeit zum zentralen Thema gemacht werden.

Wirkungsvoller ist die schubweise Selbsterneuerung der Regierungsmannschaft, was allerdings nie vollends glaubwürdig gelingt, weil sich der Kanzler nicht selbst austauschen kann. Kohl hatte am Ende zwar mehrfach die Minister ausgewechselt – Ausnahme blieb sein Arbeitsminister Blüm –, doch die Logik des immerwährenden Neuanfangs wendete sich schließlich gegen den Kanzler selbst. Die Handlungskorridore verengten sich sowohl zwischen 1986 und 1990, als auch zwischen 1994 und 1998 erheblich. 1989 rettete Kohl nur die deutsch-deutsche Agenda, die dann wiederum ein neues Aufgabenprofil schuf. Auch Helmut Schmidt misslang die Selbsterneuerung ab 1980. Die Basis seines bisherigen Erfolges – seine unbestrittene Kompetenz in Fragen der Wirtschaft und Finanzen – geriet unter dem Druck der neuen Ölpreisexplosion zunehmend ins Wanken (Görtemaker 1999: 593). Die Agenda, die er glaubte abgearbeitet zu haben, bekam er nicht mehr in den Griff.

Selbsterneuerung

Für eine dritte Auswegstrategie, die Neue Agenda, reicht keine Regierungserklärung. Die Neue Agenda kann nur glaubhaft vermittelt werden, wenn der Regierungspartei bzw. dem Spitzenkandidaten vom Wähler auch die Kompetenz für dieses neue Aufgabenfeld zugeschrieben wird. Personal und Programm müssen stimmig sein. Insofern blieb nur das Auswechseln des Kanzlers innerhalb einer Legislaturperiode (Adenauer-Erhard, Brandt-Schmidt), um mit neuem Personal die neuen Aufgabenstellungen angehen zu können.

Neue Agenda

c. Kommunikationsdefizite: Anhaltendes Meinungstief

Kanzler sind Kommunikationstalente. Sie müssen disparate Zielgruppen für sich gewinnen. Politische Entscheidungen sind in der Mediendemokratie zudem kommunikationsabhängiger geworden. PR-orientierte Kanzlerinszenierungen hat es allerdings auch schon unter Adenauer gegeben. Neu ist hingegen, dass Telepolitik durch den Kanzler zunehmend als plebiszitäres Element zur Disziplinierung der Regierungspartei eingesetzt wird (Korte 2000a). Politische Kommunikation kann nach internen und externen Verfahren differenziert werden. Zu den vom Kanzler ausgehenden internen Kommunikationsprozes-

Interne und Externe Kommunikationsprozesse

sen gehen wir unter Punkt d. „Realitätsverluste" näher ein. Die externe, also primär in und an die Öffentlichkeit gerichtete Kommunikation hat sich unter taktischen Gesichtspunkten für die Kanzler erschwert. Die Komplexität der Medienvielfalt und die Pluralisierung der Nutzergewohnheiten erschwert die systematische Bearbeitung des Wählermarktes. Öffentliche Meinung und veröffentlichte Meinung erzeugen Stimmungen, an denen die politischen Akteure mit symbiotischer Wechselwirkung häufig absichtsvoll beteiligt sind: Politiker und Journalisten instrumentalisieren sich wechselseitig.

Popularitätstiefpunkte

Popularitätstiefpunkte lassen sich mit einer wiederkehrenden Regelmäßigkeit in der Halbzeit aller Legislaturperioden für den Regierungschef ermitteln (Rattinger 1998). Gerhard Schröder erlitt mit seinen dramatischen Sympathieverlusten wenige Monate nach Amtsantritt 1998 und auch nach der Wiederwahl 2002 eine Sonderkonstellation (Hennecke 2003: 133). Ebenso ungewöhnlich waren die Umfragedaten im Winter 2002/03: Historischer Tiefstand bei der Leistungsbeurteilung der Regierung – aber auch erstmalig in diesem Ausmaß der Opposition (Politbarometer 12/2002). Seit Beginn des Politbarometers (1977) wurde niemals zuvor eine Bundesregierung gleichermaßen schlecht bewertet. Zum ersten Mal seit 1998 war auch Schröder selbst im Meinungstief: die Deutschen beurteilten ihn mehrheitlich negativ. Als letzter Kanzler hatte Helmut Kohl im Juli 1998 ein negatives Image. Folgt man den demoskopischen Daten, dann stand das Ende der Kanzlerschaft häufig zur Halbzeit schon fest. Die Werte erholten sich allerdings fast schon regelmäßig, wenn sich die subjektive ökonomische Lageeinschätzung der Wahlbürger besserte. Das galt keineswegs in gleichem Maße für die veröffentlichte Meinung, die sich von ihrem Urteil über den Kanzler von den Rahmendaten wenig beeinflussen ließ.

Ein Rhythmus des Machtwechsels ist durch die Messungen der öffentlichen Meinung und die Analyse der veröffentlichten Deutungskulturen allein nicht präzise abzuleiten. Von den historischen Ausnahmejahren 1990 und 1991 abgesehen, können die Wahlerfolge von Helmut Kohl, gemessen am demoskopischen Urteil, nur schwer erklärt werden. Selten hatte ein Kanzler wichtige Meinungsführer so konsequent gegen sich. Dennoch kann festgehalten werden, dass der jeweilige Knick in den Sympathiewerten sowohl der öffentlichen als auch der veröffentlichten Meinung der Ausgangspunkt (der Krisenpunkt) des herannahenden Machtwechsels sein kann. Dies gilt im besonderen Maße, wenn sich das sogenannte Halbzeittief wesentlich früher als erwartet einstellt.

Halbzeittief

Größere Klarheit für diese Argumentation erhält man, wenn man sich die stimmungsmäßige Begleitung – die veröffentlichte Meinung der Informationselite – der Kanzlerschaften von Adenauer, Brandt, Schmidt und Schröder ansieht. Das Ende läutete jeweils auch ein rapider Ansehensverlust in der Öffentlichkeit ein, der, mit Ausnahme von Brandt, auch zum Machtwechsel führte (Glaab 2000a).

- Seit der Spiegel-Affäre urteilten selbst die wohlwollendsten Meinungsmacher negativ über Kanzler Adenauer.
- Brandt überschritt seinen Zenit nach dem großen Wahlsieg von 1972. Die schnell konsumierten Erfolge in der Ostpolitik, der fehlende Realismus vieler innenpolitischer Reformvorhaben und die auch krankheitsbedingte führungslose Amtsausübung brachten den Stimmungsumschwung (Niclauß 2004: 170).
- Seit den Wahlen von 1980 kam Bundeskanzler Schmidt nicht mehr auf besondere Zustimmungswerte für seine Politik. Die im Prinzip der Koalition freundlich gesinnten Medien beurteilten besonders den Wirtschaftskurs äußerst negativ. Auch deutete der Umschwung der veröffentlichten Meinung – vom Positiven ins Negative – ähnlich wie bei Brandt das vorzeitige Ende an.
- Helmut Kohl verlor nach 1994 systematisch die letzten Bastionen wohlgesonnener Medienunterstützer. Anfänglich richtete sich die Kritik überwiegend gegen einen Regierungskurs, der innen- und wirtschaftspolitisch ohne Zielrichtung und Plan verlief. Ab 1996 ließ sich die Kritik eindeutig personifizieren: Kohl stand für Vergangenheit und Reformstau (zum Hintergrund Feist/Hoffmann 1999). Er hatte somit nicht nur die Meinungsmacher gegen sich. Die Kraft der Selbsterneuerung wurde ihm nicht mehr abgenommen. Aus dieser Defensive kam er im Wahlkampf in keiner Phase heraus.
- Schröder war ein Meister der improvisierten Darstellungspolitik. Er verstand es wie kein anderer, durch abrupte Änderungen der Regierungsagenda die Opposition in Verlegenheit zu bringen. Immer dann, wenn er mit dem Rücken zur Wand kämpfen musste, brachte ihn ein medialer Coup wieder in die Offensive. Das änderte sich erst im Zuge seines Reformprogramms der Agenda 2010. Da blieb er standhaft, besaß aber nicht das rhetorische Talent und/oder den Willen, für die Reformpolitik öffentliche Zustimmung zu mobilisieren. „Wir müssen modernisieren, sonst werden wir modernisiert." Punkt und Basta. Der Sprachverlust führte zum Machtverlust.

Die Kanzler zogen die Regierungspartei unaufhaltsam mit in den Abwärtsstrudel

Auch Kommunikationsdefizite im Blick auf die Darstellung der Regierungspolitik brachten die Kanzler zu Fall. Sank das Meinungsklima (öffentliche und veröffentlichte Meinung) dramatisch und konstant über einen längeren Zeitraum, so zeichnete sich der Machtwechsel ab. Die Kanzler zogen die Regierungspartei unaufhaltsam mit in den Abwärtsstrudel.

d. Realitätsverluste: Die Stufen der Vereinsamung

Ohne Informationsmanagement droht Realitätsverlust

Die kontinuierliche Beobachtung der gesellschaftlich konstruierten politischen Realität gehört zur elementarsten Aufgabe des Regierungschefs: Wie ist die Lage? Die professionelle Selektion von Information charakterisiert die Führungsfigur (dazu systematisch Kapitel 5.1.3) Zielgenaue Information ist eine knappe, aber äußerst wichtige Machtressource. Wenn der Kanzler die Lust an dieser mühseligen und zeitaufwendigen Prozedur verliert oder die Mechanismen der Informationsbeschaffung nur noch scheinbar greifen, droht der Realitätsverlust. Die Konsequenz ist unweigerlich der Machtverlust. Dieser kündigt sich an durch die Vereinsamung des Regierungschefs und die Verselbständigung der Macht. Verschiedene Formen auf unterschiedlichen Ebenen des Realitätsverlustes lassen sich nachweisen:

Informationsbeschaffung und Meinungsbildung

Politische Führung sollte bei Schmidt möglichst nach dem Steuermann-Prinzip ablaufen: Demnach gibt nicht die Partei ihrem Kanzler irgendwelche Hausaufgaben auf, sondern umgekehrt, die Initiative für die Politik musste beim Kanzler liegen (Rupps 1997: 171). Er wollte vorhersehen, wie er seine Partei auf zukünftige Konstellationen einzustellen hatte. Mit anderen Worten: Das Agenda-Setting und die Programmatik musste Schmidt selbst überlassen bleiben, nicht den Parteitagen. Das heißt nicht, dass er immer einsame Entscheidungen fällte. Im Gegenteil. Schmidt sagte zur Entscheidungsfindung im sogenannten kleinen Kreis des „Kleeblatts“: „Ich habe höchstens fünf oder sechsmal eine Entscheidung ganz allein getroffen. Ansonsten habe ich persönlich Entscheidungen immer erst nach Beratung mit anderen getroffen. Wir hatten die Übung, dass der Chef des Kanzleramtes, der Staatsminister, der Sprecher der Bundesregierung und ich uns gegenseitig sehr offen kritisiert haben. Davon ist nie ein Wort nach draußen gedrungen. Bisweilen berieten wir uns auch mit den beiden Chefs der Regierungsfraktionen“ (Die Zeit v. 5.03.1998). Der diskursive Stil lieferte das jeweilige Pro und Contra. Das Verfahren diente der Argumentationsfindung, der Meinungsbildung und der Informationsbeschaffung für den Kanzler.

Kanzler Schmidt: „Ich habe höchstens fünf oder sechsmal eine Entscheidung ganz allein getroffen."

Realitätsverluste bei Kanzler Schmidt

Dieser effiziente Arbeitsstil wies viele Gemeinsamkeiten mit Adenauer auf. Schmidts zähe Aktenarbeit und Detailverliebtheit ließen jeden Fachmann das Fürchten lehren. Schmidt bildete mit der virtuosen Handhabung des Staatsapparates ein rational aufgebautes und durchschaubares Machtzentrum. Er lud zur Meinungsbildung regelmäßig auch Repräsentanten der Wirtschaft ein. Diese Konferenzen mit Verbandsführern wurden von Schmidt geradezu institutionalisiert und zu seiner Zeit als Indiz für neokorporatistische Tendenzen interpretiert. Doch schon Adenauer hatte dies vorexerziert. Der Realitätsverlust setzte ein, als die Zuträger im „Kleeblatt" ungenügende Informationen über die sozialdemokratische Konfliktkonstellation weitergaben bzw. den Eindruck erweckten, dass die Partei angeblich weiterhin bereit war, der Regierungsräson zu folgen. So ein kleiner, eminent wichtiger Kreis zeigte natürliche Verschleißmomente. Die Lageeinschätzung entsprach nicht mehr der politischen Realität bzw. täuschte sich über die Standfestigkeit machtpolitischer Allianzen.

Das Frühwarnsystem bei Kanzler Kohl

Informations- und Meinungsbildung liefen unter Kanzler Kohl vollkommen anders ab. Unübersichtlichkeit und stilles Regieren kennzeichneten das System (Korte 1998a; vgl. auch Kapitel 5.1.2). Zuträger arbeiteten als personifiziertes Frühwarnsystem des Kanzlers. So konnte er sich sein eigenes Bild von der jeweiligen Lage machen. Dies war für Dritte nicht transparent, aber es folgte der Prämisse der Machtabsicherung. Erst nach stiller Sondierung durch seine Emissäre und nach eigenen Telefonaten fielen Entscheidungen.

Schröders Kommunikationsmanagement lief im wesentlichen über den Kreis der „Hannoveraner"

Schröders Kommunikationsmanagement verlief im wesentlichen über den Kreis der „Hannoveraner" in der Regierungszentrale. Häufig war zu beobachten, dass am gleichen Reformvorhaben verschiedene Kommissionen, Ressorts und Fraktionskreise nebeneinander arbeiteten, was keineswegs auf Informationshoheit im Kanzleramt schließen ließ. Das Reformmanagement des Jahres 2003 vertrug sich häufig nicht mit den Forderungen der SPD. Die Rebellion der Parteibasis, die schließlich einen Sonderparteitag erzwang, deutete auf ein nicht mehr funktionierendes Frühwarnsystem hin.

Formen des Realitätsverlusts

Realitätsverluste treten in einem so filigranen System auf verschiedene Weise auf:

- wenn die Zuträger nicht mehr basisverbunden, sondern abgehoben sind, wenn sie somit die Stimmungen falsch perzipieren; es folgt eine Verengung der Informationsdichte; der Austausch vieler Emissäre – von dem Kohl durchaus Gebrauch machte – erreichte jedoch nicht mehr die personelle Qualität des Anfangs;
- wenn die Zuträger als Berichterstatter die kritische Offenheit nicht mehr pflegen; als somit gegenüber dem „Denkmal Kohl" seit 1990 nicht mehr schonungslos die Meinung kundgetan wurde.

Realitätsverlust ist für jeden Regierungschef eine latente Gefahr. Wolfgang Nowak, ehemaliger Staatssekretär in Sachsen unter Kurt Biedenkopf und ehemaliger Abteilungsleiter im Kanzleramt unter Schröder, hat dies an beiden Arbeitsstätten beobachten können: „Jeder Mächtige verliert irgendwann den Kontakt zur Realität. Die Realität setzt sich aus persönlichen Referenten und Abteilungsleitern zusammen und aus gelegentlichen Auftritten, wo einem alle zujubeln. (...) Ob jemand einen Machtkoller hat oder nicht, kann man übrigens sehen, indem man sich seine Mitarbeiter anguckt. (...) Schwache Chefs multiplizieren sich selbst, sie fördern das Unwesen von schwachen, intriganten Subchefs, die umso erfolgreicher sind, je besser sie die Neurosen ihrer Chefs widerspiegeln, buckelnde Zwerge, deren Ziel es ist, alles vom Chef zu wissen. Teilweise ist das verständlich: Wenn man Chef ist, kommen ständig Leute, die über Probleme berichten. Da wird man süchtig nach einem guten Wort" (Die Zeit, 17/2005).

Verselbständigung der Macht

Hofzeremoniell mit Personenkult

Die lange Amtsdauer führte bei Adenauer, Schmidt und besonders bei Kohl zur Ausbildung eines spezifischen Hofzeremoniells mit Personenkult. Die Arroganz der Macht schirmte die Regierungschefs für viele ab. Misstrauen richtete sich gegen jeden. Man konnte den Eindruck gewinnen, dass der Machterhalt wichtiger wurde als inhaltliche Auseinandersetzungen. Alle drei Kanzler – Adenauer, Schmidt und Kohl – verlernten nicht nur die Gabe zuzuhören. Darüber hinaus hatten sie auch die Quellen ihrer programmatischen Erneuerung systematisch versiegen lassen. Adenauer legte wenig Wert auf Programmbeiträge seiner Partei. Als Ideenbörse nutzte er die Gespräche mit den Vertretern der Verbände und der Industrie. Kanzler Schmidt profilierte seine Regierungsarbeit häufig dadurch, dass er sich von den ideologischen Reformideen seiner Parteifreunde bewusst absetzte. In beiden Fällen wurden programmatische Anregungen in der Schlussphase als störend und wenig hilfreich für den Machterhalt interpretiert. Am Ende waren beide unfähig, ein klares Konzept zu entwerfen. Im Mittelpunkt stand nur noch das Lavieren und Taktieren bis schließlich Beharrlichkeit zur Starrheit geriet.

„Verschlampte Gremienarbeit" unter Helmut Kohl

Bei Kohl war das sehr ähnlich. Seine Erfolgsbedingungen – die errungene Modernität der CDU in den 70er Jahren und die Professionalität des Parteiapparates – interpretierte Kohl mit dem Amtsbeginn als potentielle Bedrohung seiner Macht über die Partei. Die Entmachtung der Gremien, beispielsweise durch Vergrößerung oder

Schaffung von neuen, vermehrte nicht nur die Machtfülle des Vorsitzenden, sondern diskreditierte alle Formen innerparteilicher Demokratie. Der Vorsitzende führte nicht mit den Parteigremien (Biedenkopf sprach von „verschlampter Gremienarbeit"), sondern mit ausgewählten Einzelpersonen seines Netzwerkes. Nach dem Bremer Parteitag 1989 konnte er systematisch seine Machtposition ausbauen. Dazu der Wegbegleiter Norbert Blüm: „Es würde mich nicht überraschen, dass er danach stärker als vorher den Rückzug auf sich selbst begonnen hat. Wahrscheinlich ist das eine Berufskrankheit. Du wirst in so einem Job schnell Autist. Einer der größten Autisten war Willy Brandt" (zit. n.: Spiegel 14/2000: 34).

Die politische Alltagsrealität nahm Kohl als permanente Wahlkampfkonstellation wahr: Politik als organisierter Machtkampf. Die parteipolitischen Gegner sollten offenbar auch mit unlauteren Mitteln am Machterwerb gehindert werden. Der Zweck heiligte die Mittel. Als moralische Instanz schien er damit über den Gesetzen zu stehen, die er doch selber unterschrieben hatte. Dass Politik auch Macht auf Zeit bedeutete, geriet in Vergessenheit, weil er von guten Absichten und politischen Zielformeln getrieben war. Sein Finanzsystem der illegalen schwarzen Konten hatte den Vorteil, dass Kohl seine Unabhängigkeit wahren konnte – gerade gegenüber Parteigremien, Schatzmeistern und Generalsekretären, die es auch als mögliche Gegenkandidaten in Schach zu halten galt. Abgeschlossene Zirkel förderten mangelndes Unrechtsbewusstsein (Langguth 2001: 160ff.). So kehrte sich am Ende das System Kohl gegen seinen Urheber. Denn der extrem personalisierte unorthodoxe Führungsstil verengte die Realitätswahrnehmung auf den Machtaspekt. Kohl sah sich nur noch von Gegnern umstellt. Die lange Amtsdauer verhinderte zudem, dass seine politische Familie auch neue Mitglieder aufnahm, die außerhalb der Kohlschen Wertewelt politische Erfahrungen hätten sammeln können. Die Verselbständigung der Macht folgt der Logik der Dialektik der Macht. Die Zentralisierung des Machtapparates führt zur Isolierung, weil sich das Zentrum von der politischen Realität schrittweise entfernt, trotz gesteigerter Anstrengungen der Informationsgewinnung.

Dass Politik Macht auf Zeit bedeutet, geriet unter Kohl in Vergessenheit

Gewisse Formen der Machtabschottung konstatierten die Journalisten rasch nach dem Umzug der Bundesregierung von Bonn nach Berlin (Heye 2002: 285ff.). Die Offenheit der rot-grünen Spitzenakteure, gewohnt und eingeübt in Oppositionszeiten, wich einer Strategie der Selbstabschottung. Manch eine Metaphorik erinnerte in der Folgezeit durchaus bereits an Machtarroganz. „Die ruhige Hand" des Kanzlers glich dem Kohlschen Credo, dass er schon alles richten

Anzeichen der Machtarroganz bei Kanzler Schröder

werde. Schröder hatte dies unmittelbar vor der parlamentarischen Sommerpause auf einer Bundespressekonferenz verkündet. Verbunden werden sollten damit eine „taktisch motivierte Reformscheu und ordnungspolitischer Langmut" (Hennecke 2003: 248). Faktisch verselbständigte sich diese Metapher und rief die Kritiker auf den Plan: „Tu was!".

Fazit

Die Vergleichsszenarien der Machtwechsel in Deutschland mussten vom systemisch bedingten Stabilitätsgebot ausgehen. Die Erfahrungen aus der Weimarer Republik ließen ein Grundgesetz entstehen, das sich auf die Stabilisierung der Regierungsmehrheit ausrichtet. Die geringe Intensität der Kanzlerwechsel ist eine Folge daraus. Auch die Art des Wechsels, nämlich nur einen einzigen kompletten Austausch einer Regierung durch Bundestagwahlen, wie er 1998 vonstatten ging, charakterisiert die zahlenmäßig geringen Konjunkturen des Machtwechsels. Die Zyklen und Rhythmen nach rund 16 Jahren erscheinen dagegen eher zufällig. Eine zeitliche Gesetzmäßigkeit ist angesichts der geringen Fallbeispiele nicht herauszuarbeiten.

Hingegen sind die Bedingungsfaktoren, die auf den sukzessiven Verlust der Macht deuten, vergleichend ermittelbar. Für den Anfang vom Ende eines politischen Machtzyklus konnten dabei vier Indikatoren analysiert werden: Der Countdown zum Machtwechsel setzt ein, wenn die politische Macht – vor allem Parteimacht – subtil schwindet, wenn unüberwindbare Steuerungsverluste sichtbar werden, wenn öffentliche und veröffentlichte Meinung konstant Negativtrends verbreiten, wenn institutionelle Sklerosen mit individuellen Realitätseinbußen des Kanzlers zusammenfallen. Damit sind sowohl akteursspezifische wie systemzentrierte Komponenten benannt. Die Erklärungen bleiben eingebettet in den Ansatz der Analyse: Ein begrenzter Ausschnitt weitgehend endogener Faktoren aus dem Blickwinkel der Bundeskanzler. Prüfen könnte man, inwieweit dieser Prozess des Machtverlustes aufzuhalten, umzukehren oder zu verlangsamen wäre.

Literatur

- Egle, Christopher/Zohlnhöfer, Reimut (Hrsg.) (2007): Ende des rot-grünen Projekts. Eine Bilanz der Regierung Schröder 2002-2005, Wiesbaden.
- Hennecke, Hans-Jörg (2003): Die dritte Republik. Aufbruch und Ernüchterung, München.
- Hirscher, Gerhard/Korte, Karl-Rudolf (2001): Aufstieg und Fall von Regierungen. Machterwerb und Machterosion in westlichen Demokratien, München.
- Hirscher, Gerhard/Korte, Karl-Rudolf (2003): Information und Entscheidung. Kommunikationsmanagement der politischen Führung, Wiesbaden.
- Kennedy, Paul M. (2005): Aufstieg und Fall der großen Mächte. Ökonomischer Wandel und militärischer Konflikt von 1500 bis 2000, 5. Aufl.,

Frankfurt a.M.
- Korte, Karl-Rudolf (2000): Konjunkturen des Machtwechsels in Deutschland: Regeln für das Ende der Regierungsmacht?, in: Zeitschrift für Parlamentsfragen, 31. Jg., H. 4, S. 833-855.
- Krugman, Paul (2008): Nach Bush. Das Ende der Neokonservativen und die Stunde der Demokraten, Frankfurt am Main/New York.
- Kühnhardt, Ludger (1996): Rhythmen der Politik, in: FAZ v. 14.05.1996.
- March, James G./Olson, Johan P. (1989): Rediscovering Institutions. The Organizational Basis of Politics, New York.
- Niejahr, Elisabeth/Pörtner, Rainer (2002): Joschka Fischers Pollenflug und andere Spiele der Macht. Wie Politik wirklich funktioniert, Frankfurt a.M.
- Schmidt, Manfred G. (2006): Die Politik des mittleren Weges. Die Wirtschafts- und Sozialpolitik der Bundesrepublik Deutschland im internationalen Vergleich, in Osterhammel, Jürgen/Langewiesche, Dieter/Nolte, Paul (Hrsg.): Wege der Gesellschaftsgeschichte, Göttingen, S. 239-252.
- Walter, Franz (2006): Die ziellose Republik. Gezeitenwechsel in Gesellschaft und Politik, Köln.

6. Aspekte modernen Regierens

6.1 Die Einordnung der Ergebnisse

Aktives Politikmanagement

Das Lehrbuch startete mit drei Fragen: Wer regiert wie in Berlin? Wie nehmen die Wähler Einfluss auf die politische Führung? Wie steuert man Reformen in Staat und Gesellschaft? In fünf Kapiteln sind die jeweiligen Antworten systematisch vorgestellt worden. Die Hinweise zur Steuerbarkeit der politischen Prozesse haben wir mit den Informationen über die Steuerungsfähigkeit der wichtigen politischen Akteure kombiniert. Die Ergebnisse machen transparent, was man unter dem Tun und Lassen einer Regierung versteht und wie jeder einzelne Bürger auf das Regierungshandeln direkt oder indirekt Einfluss nehmen kann. Gleichermaßen dokumentiert die Analyse, dass politische Entscheidungen, beispielsweise in der Arbeitsmarktpolitik, in einer Konsensdemokratie regelmäßig viel Zeit benötigen. Zahlreiche Beteiligte sind zu integrieren, Sach- und Machtfragen gleichrangig zu beachten. Stets vermischen sich sachliche Überlegungen mit machtpolitischen Absichten und persönlichen Profilierungssüchten. Nur wer damit von Beginn an rechnet, kann aktives Politikmanagement betreiben: Das ist der Stoff der Politik. Trotz einer von den Akteuren manchmal inszenierten Dramaturgie der Regierungssteuerung sollte beim Leser nicht der Eindruck entstehen, dass die Spitzenakteure immer zielgerichtet handeln. Viele politische Prozesse verlaufen zufällig, ungeplant und häufig mit unvorhergesehenen Folgeproblemen (Schmidt 2002: 34ff.). Ihnen unterliegen keineswegs Managementstrategien, die einer ökonomischen Rationalität entspringen.

Stets vermischen sich sachliche Überlegungen mit machtpolitischen Absichten und persönlichen Profilierungssüchten

Zuspitzung auf die Exekutive

Die systematische Analyse zur Regierungsforschung kreiste um den Begriff des Regierens. Das Politik- und Entscheidungsmanagement im politischen System der Bundesrepublik Deutschland wurde dabei auf das Handeln der Regierung (Exekutive) zugespitzt. Verwaltung und Parlament, die ebenfalls im Zentrum der deutschen Verfassungsordnung stehen, tauchten – ebenso wie die judikative Gewalt – in ihrer jeweiligen Positionierung im Kontext des Politikzyklus auf. Diese Zuspitzung auf die Exekutive wurde nicht zufällig gewählt. Denn die Analyse des Politikmanagements lässt kein anderes Ergebnis zu: Es existiert ein eindeutiger Trend hin zur Zentralisierung von Macht und Verantwortung bei der Spitze der Exekutive, bis hin zu Formen der Präsidentialisierung („Chefsachen-Mythos" und „going public"). Dies ist kein ausschließlich deutscher Befund, sondern trifft auf viele westliche Demokratien zu (Goetz 1999: 165ff.; auch Hirscher/Korte 2001: 323ff.). Zur Kehrseite der Gouvernementalisierung der Gesetzgebung und dem damit einhergehenden exekutiv-kooperativen Politikstil gehört die schleichende Entmachtung der Parlamente. Internationalisierung, Europäisierung und Globalisierung mögen diesen Trend noch verstärken. Zugleich bringen sie jedoch auch neue Akteure, Einflussfaktoren und Problemfelder mit sich.

Handeln der Spitzenakteure

Gezeigt werden konnte, wie und warum die Spitzenakteure im Institutionengeflecht handeln und wie sie ihren äußerst begrenzten Handlungsspielraum nutzen können. Ihre politischen Entscheidungen sind ein Ergebnis der Interaktionen zwischen strategisch handelnden, aber begrenzt rationalen Akteuren (Scharpf 2000: 319). Das können sowohl neue Bürgerbewegungen, als auch traditionelle Parteien sein. Die Handlungsmöglichkeiten der jeweiligen Akteure, ihre Präferenzen und auch Wahrnehmungen sind weitgehend, aber keinesfalls ausschließlich, durch Normen und Rückwirkungen des institutionellen Rahmens bestimmt, innerhalb dessen sie agieren.

Diese Zusammenhänge machen aus demokratischen Regierungssystemen immer komplexere und kompliziertere Aushandlungssysteme mit vielen Akteuren und Vetospielern. Blockaden sind deshalb ebenso vorhersehbar wie Ausweichstrategien, um Konflikte zu neutralisieren oder stillzulegen. „Unregierbarkeit" (Hennis u.a. 1977/1979) und das Gefühl der politischen Lähmung charakterisieren die öffentliche Debatte in Schüben seit den 70er Jahren. Der Staat erschien als „gefesselter Riese", paralysiert von den Ansprüchen seiner Bürger und eingemauert durch zahlreiche Interessengruppen. Die Steuerungsfähigkeit der Akteure und die Steuerbarkeit der politischen Prozesse sind auch in der Berliner Republik durch hohe Hürden und zahlreiche Vetospieler charakterisiert.

Lang aufgestaute Reformvorhaben in der Wirtschafts- und Sozialpolitik haben durch die weltweite Finanzkrise eine neue Dringlichkeit und einen noch sensibleren Kontext erhalten. Die Halbwertzeiten der jeweiligen politischen Entscheidungen werden immer kürzer. Kraftvoll angekündigte Einschnitte oder „Rettungspakete" sind Befreiungsschläge, die nur kurzzeitig Handlungsspielräume eröffnen. In einem so blockierten, extrem verflochtenen und gefesselten Entscheidungssystem haben Vorschläge zur institutionellen Veränderung nur Chancen zur Realisierung, wenn sich keine machtpolitischen Verlierer finden. Gleichwohl gilt: Regierungen können

Handlungskorridore und Reformfenster

Handlungskorridore öffnen und Reformfenster nutzen. Flexible Instrumente, wie sie hier vorgestellt wurden, sind vorhanden. Die regierenden Akteure müssen sie nur nutzen. Trotz der Mehrebenen-Entscheidungen und des europäischen Regierens wurde beispielsweise beim Irak-Krieg sichtbar, wie Nationalstaaten absolut eigenständige Schlussfolgerungen aus der Bedrohungsanalyse ziehen können. Auch der Umgang mit der Finanzkrise zeigte durchaus unterschiedliche politische Gestaltungswege auf.

Perspektiven des Politikmanagements

Drei mögliche Perspektiven des Politikmanagements bieten sich systematisch an:

- Politisch-steuernde Eingriffe, wobei nicht ausschließlich von hierarchischen Steuerungszentren auszugehen ist, sondern eher ein Nebeneinander von Akteuren mit Eigeninteressen und erheblicher Vetomacht erkennbar ist (z. B. Renten, Gesundheit);
- Netzwerkartige politische Selbstorganisation in zivilgesellschaftlichen Kleinstrukturen; hier steht die Anleitung zur Selbstorganisation im Zentrum (z. B. Kultur, Wissenschaft);
- Suchbewegungen nach neuen Regulierungsmodellen – besonders im sozialstaatlichen Bereich – wie sie in anderen europäischen Staaten bzw. in einigen Bundesländern bereits vorgelebt werden.

Regieren bedeutet in Zukunft die Nutzung dieser drei Entwicklungspfade. Aber in einer hochkomplexen Gesellschaft wird sie auch dann immer mehr integrierendes Moderieren als steuerndes Agieren sein. Ihre Orientierungsleistung kann sie vor diesem Hintergrund nur noch bedingt leisten (dazu Fröhlich 2003). Dafür sprechen folgende Gründe:

- Die Zahl der Akteure im neokorporatistischen Staat wird nicht abnehmen, sondern im Gegenteil eher anwachsen (auch König 2002: 3ff.).
- Die Kräfte des partizipativen Regierens nehmen zu: basisdemokratische Selbstregulierung in zivilgesellschaftlichen Strukturen bildet in verhandlungsdemokratischen Netzwerken ein zunehmend wichtiger werdendes Element.
- Gleichzeitig steigt der Bedarf an Entscheidern, die angesichts des Zerfalls von Orientierungsmilieus, Sicherheit und Vertrauen vermitteln.
- Der Stil, die Technik und die Instrumente des Regierens haben sich weiterhin auf ein völlig verändertes Politikverständnis einzustellen: Der Umgang mit Politik wird spielerischer. Die Orientierung an Politik erscheint nur noch punktuell, situativ, kontextabhängig, erlebnis- und betroffenheitsorientiert. Ohne die

Kontinuität langfristiger Identifikationen und Zuordnungen läuft Politik sozusagen „ohne Netz und doppelten Boden“ ab: „Wenn individuelle Professionalität und nicht die Qualität des Programms zum Gradmesser für gute Politik werden, gibt es keinen Grund mehr, handwerkliche Fehler zu verzeihen“ (Gaus 2002: 120).

- Der Regierungsstil orientiert sich flexibel am Einstellungsprofil der Bürger: Viele Menschen betrachten Politik als Ware und Produkt. Sie bringen der Politik mal ein kommunikatives, mal ein partizipatives, mal ein konsumorientiertes Verständnis entgegen. Langfristige Stilfestlegungen oder eine einseitige Auswahl von Instrumenten des Regierens werden die Handlungskorridore eher verengen.
- Die „Lähmungswirkungen des Wettbewerbs“ führen dazu, dass „Politik auf die Gegenwart fixiert“ ist (Kielmannsegg 2003:11). Diese Gegenwartsfixierung bringt Politik jedoch in ein scherenhaft auseinanderweisendes Dilemma: „[D]ie Beschleunigung der wirtschaftlichen, wissenschaftlichen und technischen Entwicklung kreiert dann wiederum erhebliche Folgeprobleme für die Politik. Diese steht nämlich vor dem paradoxen Problem, dass sich ihre Zeithorizonte gegenüber denen von Wissenschaft und Technik und den damit verknüpften ökonomischen Interessen in gegenläufiger Richtung verschieben. Während die Folgewirkungen neuer Entdeckungen – etwa in der Genforschung oder der Kernenergie – sich auf immer größere Zeiträume erstrecken, wird die Zeit, die zur Verfügung steht, um Steuerungsentscheidungen zu treffen (vor allem aus Gründen des Wettbewerbs) immer kürzer. Für die Organisation und Durchsetzung kollektiver Interessen und Zwecke bleibt dabei keine Zeit mehr, zugleich schwindet die Basis, von der aus sie sich formulieren ließen: Kollektive Interessen und ihre Trägergruppen unterliegen selbst dem beschleunigten sozialen Wandel und erweisen sich dabei als kaum noch organisations- und integrationsfähig“ (Rosa 1999: 406ff.). Politik hat, mit anderen Worten, immer weniger Zeit, um Entscheidungen mit immer längerer Wirkungszeit und Implementationsphasen zu treffen. Hermann Lübbe spricht in diesem Sinne von „Gegenwartsschrumpfung“ und meint damit den „Vorgang der Verkürzung der Extension der Zeiträume, für die wir mit einiger Konstanz unserer Lebensverhältnisse rechnen können“ (Lübbe 1998: 131). Dieser sozialphilosophische Befund findet offensichtlich auch konkrete Manifestationen in der Regierungsarbeit. In einem Kommentar zum Politikmanagement der Finanzkrise seitens der Bundesregierung findet sich der durch-

Gegenwartsfixierung der Politik

Politik hat immer weniger Zeit, Entscheidungen mit immer längeren Wirkungszeiten zu treffen

aus symptomatische Satz: „Im Kanzleramt heißt es, der Wille zum Erklären sei da, es fehle schlicht die Zeit. Mehr als 18 Stunden arbeitet die Kanzlerin am Tag. Sie muss sich selbst die Maßnahmen erklären lassen. Die Folgen können ähnlich fatal sein, wie sie es für Schröder waren: Wer unentwegt empfängt, kann nicht mehr senden. Kommunikation findet nicht statt". (Schmiese 2009: 1)

Einschränkung des politischen Raums

- Politik ist nicht nur in einzelnen Äußerungsformen, Institutionen und Konzepten in Bedrängnis. Standortwettbewerbe, ökonomische Anpassungszwänge und Ressourcenknappheit scheinen den Raum der Politik grundsätzlich einzuschränken. Die Behauptung und Bewahrung der Politik als eigenständige gesellschaftliche Sphäre, die nicht bloß Ausgelieferter, Getriebener oder Erfüllungsgehilfe (etwa der Wirtschaft) sein will, stellt sich als permanente Aufgabe aller politischen Akteure. Die vielfach beschworene Wiederkehr der Politik angesichts des in der weltweiten Finanzkrise offensichtlich werdenden Marktversagens hat diese Aufgabe neu akzentuiert – aber noch nicht entschieden. Gestiegene Verantwortung und erhöhter Handlungsdruck gehen nicht notwendigerweise mit einer Erhöhung von individueller und gesellschaftlicher Autonomie bzw. der freiheitlich-politischen Bestimmung von Handlungsalternativen einher. Wo es keine Alternativen gibt, wird „die Politik" selbstverständlich, das heißt, sie „versteht sich von selbst". Sie braucht eigentlich nicht den Wettstreit, die Interaktion und den Dialog widerstreitender Konzepte – sie braucht, zugespitzt gesagt, keine Parteien, sondern nur Umsetzungsagenturen für das letztlich a priori richtig erkannte. Genau dieses Verständnis ist jedoch die Absage an den einen politischen Raum erst eröffnenden Pluralismus der Meinungen und Überzeugungen (Fraenkel 1991). Erst aufgespannte Alternativen umschreiben den politischen Raum. Dazu gehört auch das entsprechend vitale Engagement jedes einzelnen Bürgers und ein nicht durch die Institutionen alleine zu bewerkstelligender Wandel des öffentlichen Bewusstseins.

Vor diesem Hintergrund sollen in diesem Schlusskapitel zunächst einige Bewertungsmaßstäbe für Politik und Regieren dargestellt werden, bevor der Ausblick einige normative und prozedurale Neuerungen diskutiert, die wir unter das Motto von „Politik und Regieren 2.0" gestellt haben.

6.2 Die Bewertung von Regierungsstilen

Multi-Options-Kanzler

Gespielte Kohärenz herzustellen, wird vor diesem gesellschaftspolitischen Szenario für jeden Bundeskanzler zur zentralen Zukunftsherausforderung. Multi-Options-Kanzler scheinen auch in Zukunft gefordert zu sein. Modernes Regieren verzahnt spielerisch die Arenen. Das zieht normativ aufgeladene Kritik an. Denn Regieren erscheint in dieser Perspektive ohne sinnstiftende Orientierung, ohne ideologischen Hintergrund als die Aufhebung jeglicher Prioritäten. Wenn jedoch die Zeitanalysen übereinstimmend diagnostizieren, dass es keinen einheitlich-kalkulierbaren Wählermarkt mehr gibt, erscheint problemorientiertes, kurzes, temporäres Engagement mit Allianzen auf Zeit eine adäquate Antwort auf die Schwankungen der Wählergunst und knappe Mehrheiten zu sein (auch Müntefering/Machnig 2001; Korte 2008b).

Ein moderner Regierungsstil muss zu konkreten Politikergebnissen führen

Dass dieser moderne Regierungsstil zu konkreten Politikergebnissen führen muss, also nicht nur im marktgerechten Inszenieren verhaftet bleiben darf, verdeutlichen immer wieder die Wahlniederlagen (auch Dettling 2003). Regieren erfordert aus dem Blickwinkel der Wähler mehr als nur strategische Marktbeobachtung und das Management von Öffentlichkeiten. Die Zufriedenheit des Wählers erwächst am Ende durch die konkrete Umsetzung politischer Konzepte und nicht ausschließlich durch Strategien der Darstellungspolitik. Die Formen des populistischen Regierens (Korte 2003b) werden sich erst nachhaltig ändern, wenn die Bürger nicht mehr primär den Tagessaldo der Volksbelauscher belohnen, sondern längerfristige und wertgebundene Projekte honorieren. Die vielfältigen Retro-Reflexe im Kontext der neuen und gewachsenen Sehnsucht nach Sicherheit schließen eine solche Trendwende nicht völlig aus (Korte/Weidenfeld 2001a). Bislang ist allerdings der politische Parteien- und Wählermarkt eher durch Mechanismen zur Angleichung oder zur Nachahmung charakterisiert: Zielrichtung politische Mitte (auch Nullmeier/Saretzki 2002). Sichtbare Akzentuierungen und kraftvolle Impulse werden systematisch populistischen Strömungen überlassen (Decker 2000), die allerdings weder den normativen noch strukturellen Anforderungen des politischen Systems gerecht werden und eher Flucht- als Ausweg sind. Auch im Sinne einer Marketingstrategie kann es aber durchaus mehrheitsfähig werden, wieder ideologisch-programmatisches Profil zu zeigen: durch Neuarrangement, Thematisierung und Personalisierung neuer zentraler politischer Konfliktlinien. Die Wiederbesinnung auf tragende Werte scheint ein Indiz in diese Richtung zu sein (Morris 2002). Erfolgreich ist am Ende diejenige Partei, die als Formation die Kraft besitzt, einem gesellschaftlich bedeutenden Konflikt („cleavage") politischen Ausdruck zu verleihen. Alle Themen sind angesichts der deutschen politischen Kultur mit der Sehnsucht nach allumfassender Sicherheit in Verbindung zu bringen: der Primat der Politik gegen transnationale Herausforderungen könnte das ebenso sein, wie ein Befreiungsschlag gegen den verflochtenen und blockierten Korporatismus in Deutschland (Walter 2003) oder Modelle neuer Gerechtigkeit in Zeiten globalisierter Wohlfahrtsstaaten.

Maßstäbe zur Bewertung des Regierens

Aber was gilt denn nun als Maßstab zur Bewertung des komplizierten Prozesses des Regierens? Das tagessensible Multioptionsmodell oder die langfristige Ausrichtung an Programm und Problemen? Modernes Regieren bedeutet politisches Interdependenzmanagement – gerade angesichts gegenläufiger und ineinander verschlungener Tendenzen. Es sollte sich dennoch an folgenden Maßstäben messen lassen:

- Effektivität und Effizienz: Durch Regieren sollte sich das Leistungsprofil des politischen Systems steigern. Zeitgerechte und ressourcensparende Entscheidungen sollten zu wohlfahrtsstaatlichen Gewinnen für alle Bürger führen.

- Transparenz und Verantwortung: Politische Herrschaft ist zustimmungsbedürftig und rechenschaftspflichtig. Es sollte deshalb deutlich werden, wie und an welcher Stelle die öffentliche Meinung in die politische Entscheidung involviert wird und woran sich primär die Politikentwürfe der Akteure orientieren.

- Partizipation und Repräsentation: Die politische Entscheidung bedarf der Legitimation. Wer ist bei einer rationalen Legitimation der Herrschaft konkret beteiligt? Wer hat die prinzipielle Chance dazu? Ohne das Repräsentationsprinzip existiert keine Kontrolle politischer Macht und keine Kommunikation zwischen Wählern und Gewählten. Repräsentation ist nur möglich, wenn es Akteure gibt, die die jeweiligen Einzelinteressen bündeln.

- Glaubwürdigkeit und Authentizität: Übertriebene Darstellungspolitik ohne Entscheidungspolitik wird von den Bürgern entlarvt. Regieren bedarf der Ausbalancierung von Programm, Person und Vermittlungsformen. Glaubwürdigkeit wird ohne Authentizität verspielt. Beides ist letztlich nicht inszenierbar.

- Machterhalt und Zukunftsfähigkeit: Der Imperativ des Machterhalts als Grundlage jeglichen Anspruchs, Politik zu gestalten, darf nicht zum Verzicht auf unbeliebte Entscheidungen und politische Führung werden. Kevenhörster beschreibt das Dilemma: „Die Diskrepanz zwischen dem interessengeleiteten, ökonomisch-rationalen, kurzfristigen Kalkül der politischen Akteure und den Handlungszwängen des politischen Wettbewerbs unter den Erfordernissen langfristiger Sicherung der Handlungsgrundlagen einer demokratisch verfassten Gesellschaft, die ihr ökonomisches, ökologisches und soziales Kapitel nicht aufzehren will". (Kevenhörster 2008: 377) Der Reflex zur Vorsicht im Angesicht von Unberechenbarkeit und zur Vertagung von Problemen oder Problemkosten auf die nächste Legislaturperiode oder Generation ist eine Versuchung, der Politiker wie Bürger ständig widerstehen müssen (Kielmannsegg 2003).

Die hier im Zentrum stehenden Kanzlerschaften Kohls, Schröders und Merkels zeichnen bieten unterschiedliche Markierungen entlang dieser Maßstäbe. Das in Kapitel 5.1.6 vorgestellte Instrumentarium zur Eröffnung von Handlungskorridoren des Regierens verweist dabei auf Merkmale, die nicht nur einem Amtsinhaber bzw. einer Amtsinhaberin zugeschrieben werden können: Elemente von Präsidialisierung oder Basta-Politik, Nähe oder Distanz zur Partei, Demoskopiefixiertheit oder Werteorientierung, Pragmatismus des Augenblicks oder politische Führung, Aushandeln oder Aussitzen haben die Amtsinhaber in unterschiedlicher Zeit und in unterschiedlichem Mischungsverhältnissen genutzt. Natürlich bilden politische und soziale Herausforderungen sowie die partei- und koalitionspolitischen Konstellationen einen groben Rahmen. Innerhalb dessen kommt dem Faktor Persönlichkeit jedoch ko-konstitutive Bedeutung bei. Dies ermöglicht letztlich die Herausbildung eines politischen Stils, der sich nicht zuletzt in Konfrontation mit und Abgrenzung zum Stil des jeweiligen Vorgängers definiert.

„Durchregieren"

Die Komplexität von Politik und Regieren in Deutschland scheint dabei die Vorstellung vom „Durchregieren" (so die Oppositionsführerin Angela Merkel in ihrer Rede zur Vertrauensfrage 2005) einer als handlungswillig und handlungsfähig gedachten, einheitlichen Exekutive nicht zu ermöglichen. Dagegen sprechen sowohl die politischen Erfahrungen der letzten Jahre (inklusive der Herausbildung des Fünf-Parteien-Systems) als auch grundsätzliche (und bewusst etablierte) Konstruktionsprinzipien des politischen Systems der Bundesrepublik (Merkel 2007; Oppelland 2008). In der Konsequenz besteht Regierungshandeln häufig im „Muddling Through" (grundsätzlich dazu Lindblom 1959; ders. 1979). Als Erfolgsrezept für kurzfristige Alltagskonflikte hat sich dies bewährt. Anders sieht es bei den großen Strukturfragen unserer Gesellschaft (z.B. Demografie, Rente, Klimawandel) aus (vgl. auch Weidenfeld/Turek 2002; Kielmannsegg 2003). Hier führt „Muddling Through" zu Problemverdrängung, zu Darstellungs- statt Entscheidungspolitik, zum Verschieben von Problemlösungen und auch zu Vertrauensstörungen zwischen Bürgern und Politik. Nicht zuletzt führt dies auch zu einer „Vernebelung" des öffentlichen Diskurses und der politischen Kommunikation (Kurbjuweit 2006a: 34f.), in der die gefährliche Suggestion einer „unpolitisch" gedachten Realisierung von Maximalpositionen das Verfolgen des politisch legitimen und erreichbaren Optimum diskreditiert (Münkler 2007: 6).

Aus den ermittelten Instrumentarien und Handlungskorridore des Regierens lassen sich vor diesem Hintergrund eine Reihe von Handlungsempfehlungen formulieren, die auch und gerade für schwierige Reformprozesse zu beachten sind (vgl. Korte 2008a; Delhees u.a. 2008: 208ff.). Sie reichen vom Verfolgen nüchterner Ehrlichkeit über intensive Programmarbeit und wertgebundene Begründungsstrategien bis hin zur Nutzung von politischen Gelegenheitsfenstern (vgl. auch Fischer u.a. 2008; Kronacher u.a. 2008).

kommunikative Komponente der Macht

In der Summe schält sich eine Konstellation heraus, in der Macht eine stark kommunikative Komponente hat. Tatsächlich scheint die Berücksichtigung eben dieses Aspektes von Politik und Regieren zentral zu sein – sowohl für ihr Verständnis als auch ihre Praxis. Es ist der Machtbegriff Hannah Arendts, der gerade diesen Aspekt betont: „Macht entspricht der menschlichen Fähigkeit, nicht nur zu handeln, sondern sich auch mit anderen zusammenzuschließen und im Einvernehmen mit ihnen zu handeln. Über Macht verfügt niemals ein Einzelner; sie ist im Besitz einer Gruppe und bleibt nur solange existent, als die Gruppe zusammenhält" (Arendt 1996: 45; dazu auch Fröhlich 2002b: 95ff.). Daraus folgt: „Macht ist immer ein Machtpotential, und nicht etwas Unveränderliches, Meßbares, Verläßliches wie Kraft oder Stärke (...); [Macht] besitzt eigentlich niemand, sie entsteht zwischen Menschen, wenn sie zusammen handeln, und sie verschwindet, sobald sie sich wieder zerstreuen" (Arendt 1997: 252). Dieses Verständnis eines „kommunikativen Machtbegriff[s]" (Becker 1998: 169; Fröhlich 2002b: 95ff.) verweist abermals auf die Bedeutung öffentlicher Rede und Überzeugung, die einen Schwerpunkt des Buches darstellte. In dieser Perspektive kann das tagtägliche Ringen um Unterstützung und Zustimmung sogar positiv erscheinen. Macht ist in der modernen Gesellschaft eine höchst dynamische, keine statische Größe.

6.3 Politik und Regieren 2.0

Politische Kommunikation, die sich als zentral für den Zugang dieses Lehrbuchs erwiesen hat, ist das kontinuierliche Bemühen um ein politisches Mandat – um Mehrheiten zur Problemlösung zu gewinnen. Dieses, nur in der unmittelbaren demokratischen Auseinandersetzung, in Werbung und Überzeugung zu gewinnende Mandat kann durch noch so klugen Einsatz von Instrumenten und Techniken des Regierens nicht ersetzt werden. Es ist unverzichtbarer Treibstoff und Ressource verantwortlicher Politikgestaltung. Viele Reformprobleme wären gemildert, wenn anstelle von kühlen „Sachnotwendigkeiten" auf den Wählerauftrag oder politisches Vertrauenskapital verwiesen werden könnte. Die Handlungsfähigkeit von Politik ermisst sich eben nicht nur anhand von „Performance"-Anforderungen, sondern auch von inhaltlichen „Substance"-Anforderungen. Letztere zu generalisieren ist sicher schwierig, allgemeine Handlungsempfehlungen strategischer Art ohne Rückbezug auf konkrete Ziele, Werte und Inhalte können jedoch in die Gefahr kommen, gegenstandslos zu werden oder aber unter den Verdacht der bloßen Manipulationstechnik geraten (Raschke 2002: 240).

Kommunikation als konstitutives Merkmal demokratischer Politik

Wie verschiedentlich angedeutet, ist die Problematisierung und der Versuch der Optimierung der Kommunikation zwischen Gesellschaft und Staat, zwischen Regierten und Regierenden ein konstitutives Merkmal demokratischer Politik (vgl. zum Hintergrund auch die Daten bei Niedermayer 2005). Diese Interaktion kann nicht vorausgesetzt werden, sondern muss ständig neu belebt und bestätigt werden. Tatsächlich sieht sich die Demokratie im nationalen wie internationalen Kontext vielfältigen Herausforderungen ausgesetzt (Schmidt 2006). Dazu gehören demokratiepolitische Implikationen der Globalisierung und Europäisierung ebenso wie Verführungen und Verfehlungen einer Ökonomisierung des Politischen. Im Kern geht es um Kritik an politischen und sozialen Eliten, Güte und Einfluss der Medien oder der zunehmenden „Sprachlosigkeit" zwischen Bürgerinnen und Bürgern auf der einen sowie den institutionalisierten Akteuren der Politik (Parteien, Regierung etc.) auf der anderen Seite (Vester 2001). Die Debatte um die Zukunft des Regierungssystems ist dabei nicht selten von düsterem Kulturpessimismus geprägt. Das Vertrauen der Bürger gegenüber der Lösungskompetenz der Politik ist schwer beschädigt, Demokratiedistanz und Desinteresse nehmen zu (Friedrich-Ebert-Stiftung 2008) und äußern sich nicht selten in Verachtung der jeweiligen öffentlichen Repräsentanten: Parteieliten werden zynisch belächelt; Verbands- und Gewerkschaftsvertretern ergeht es nicht besser (zur Problematik Klingemann

2000; Münkler u.a. 2006). Ein Politikstil, der traditionell auf politische Repräsentation und Interessenvertretung setzt, ist offenbar Teil des Problems. Die klassischen Instrumente und Techniken des politischen Entscheidens versagen. Denn über Jahrzehnte lebte die bundesdeutsche Verhandlungsdemokratie innen- und außenpolitisch davon, Zuwächse zu verteilen. Wachstum war Teil der Staatsräson. Mit Geld, das umverteilt wurde, ließen sich Konflikte im Konsens lösen. In deutlichen Worten beschrieb Bundespräsident Horst Köhler diesen Wandel: „Wir können uns nicht mehr hauptsächlich auf wirtschaftliches Wachstum als Problemlöser und Friedensstifter in unserer Gesellschaft verlassen" (Köhler 2009: 8). Die neuen Erfahrungen von ökonomischer Knappheit und Krise bedrohen die Sehnsüchte nach fürsorglichen Angeboten in den Bereichen der Arbeits-, Gesundheits- und Sozialpolitik. „Regieren in Zeiten der Knappheit" (Ulrich 1997: 98) schränkt auch die Parteien in ihrer Handlungsfähigkeit weiter ein. Sinkende Steuereinnahmen sowie steigende Schuldenlast grenzen den Rahmen des Möglichen ein und fordern nicht nur Prioritätensetzungen, sondern auch schlichtweg Absagen an und Einschnitte in teils gewohnte Ansprüche.

„Regieren in Zeiten der Knappheit"

Gleichzeitig steigt das ohnehin schon ausgeprägte Bedürfnis nach Sicherheit und Orientierung. Während bestehende Eliten, Entscheidungsverfahren und Politikangebote als unzureichend empfunden werden, steigt die Erwartungshaltung an die Politik. Der Versprecher des britischen Premierministers Gordon Brown in einer Parlamentsdebatte vom Dezember 2008, man habe „die Welt" (und nicht die „Banken") gerettet, kann in einem Freudschen Sinne als symptomatisch gelten. Die im Jahr 2008 offenkundig werdende Finanzkrise hat innerhalb kürzester Zeit zu einem neuen Blick auf die Möglichkeiten und Grenzen der Politik (auch und gerade gegenüber der Wirtschaft) geführt. Während Regierungen in den westlichen Industriestaaten (unabhängig von parteipolitischer Couleur) nach dem Ende des Ost-West-Konfliktes stark auf die Nutzung (privat-)wirtschaftlicher Kräfte, Organisations- und Steuerungsprinzipien setzten, werden die Eigenlogik und Autonomie der politischen Sphäre gegenüber der Ökonomie wieder neu akzentuiert.

Die Veränderungen im Problemhorizont und die Herausforderungen der Politik treffen also auch auf Veränderungen der Kommunikationswege zwischen Regierten und Regierenden. Akzeptiert man diesen engen Zusammenhang von Demokratie und Kommunikation, so muss man davon ausgehen, dass Veränderungen im Kommunikationssystem (veränderte Massenmedien und veränderter Medienkonsum) immer auch Auswirkungen auf die jeweiligen Möglichkeiten demokratischer Entscheidungsfindung haben. Die bedeutendste Veränderung in diesem Zusammenhang ist sicher die Herausbildung interaktiver, partizipativer und netzwerkartiger Online-Kommunikationsformen, die mit dem Begriff Web 2.0 assoziiert werden.

Web 2.0

Web 2.0 wird die politischen Kommunikation ebenso revolutionieren wie vor einigen Jahrzehnten das Fernsehen (vgl. zum Folgenden Moorstedt 2008; Meckel 2008; Coleville 2008; Bertelsmann-Stiftung 2009). Das neue Internet ist eine technische Innovation, die neue Formen des sozialen und politischen Miteinanders mit all seinen weitreichenden Folgen für die Kommunikation in Politik, Wirtschaft und Gesellschaft provoziert: „Web 2.0 ermöglicht die selbst organisierte Interaktion und Kommunikation der Nutzerinnen und Nutzer durch Herstellung, Tausch und Weiterverarbeitung von nutzerbasierten Inhalten über Weblogs, Wikis, Social Networks". (Meckel 2008: 17) Gerade angesichts der neuen Herausforderungen des Politischen deutet sich damit auch die Perspektive von Politik und Regieren 2.0 als einer neuen Kommunikations- und Interaktionsform an. Fünf Aspekte sind dabei für die Politik besonders relevant, unabhängig davon, ob es sich um Wahlkampf oder um Entscheidungsprozesse handelt (Meckel 2008):

- Partizipation: Jeder kann sich an allen Kommunikationsprozessen beteiligen, völlig unabhängig von Hierarchie oder institutionellen Regimen.
- Transparenz: Alles wird nachvollziehbar, alles kann diskutiert und überprüft werden.
- Emergente Vernetzung: Mit etwas Neuem, Eigenen im Netz kann jeder das Angebot ständig verändern, wodurch sich auch das Gesamt-Angebot für alle Netz-Nutzer permanent verändert („Netzwerkgesellschaft").
- Interaktivität: Mitmach-Aktivitäten bleiben nur lebendig, wenn Interaktivität gesichert ist.
- Reichweite: Mit vergleichsweise geringen Kosten sind viel mehr politische Interessierte („user") als unter Offline-Bedingungen zielgenauer ansprechbar.

Potentiale des „social networking" verändern somit die Rolle und Bedeutung von Informationen im Kommunikationsprozess: es gibt keine traditionelle Aufteilung mehr zwischen Sender und Empfänger. Ziel der Politik muss es sein, zu einem akzeptierten Mitspieler in diesen sozialen Netzwerken zu werden. Web 2.0 ist vor diesem Hintergrund nicht nur eine technische Internet-Innovation, sozusagen ein modernes Werkzeug der Kommunikation, sondern darüber hinaus auch Arena der Politik.

Politikvermittlung ist unter Offline-Bedingungen systemisch bedingt. Spitzenakteure in präsidentiellen Systemen agieren beispielsweise mit „going public“-Stilen anders als Spitzenakteure in parlamentarischen Verhandlungsdemokratien, bei denen die Instrumente des „stillen Regierens“ – des informellen, nicht-öffentlichen Mehrheitsarrangements – dominieren. Es existiert somit eine systembedingte jeweilige Eigenlogik der Politik, aus der eine spezifische Strategie für politische Kommunikation abzuleiten ist, um einen politisch legitimierten Entscheidungsprozess zu strukturieren. Unter Online-Bedingungen (Echtzeit-Kommunikation) ändern sich jedoch die Rahmenbedingungen für Politik und Medien, was zu Konvergenzen in Willensbildungs- und Entscheidungsprozessen führt: Regierungschefs neigen auch in parlamentarisch verfassten Demokratien immer mehr dazu, plebiszitäre Führungstechniken oder „going public“-Stile einzusetzen, um den Aufwand zur Herstellung von Mehrheiten zu reduzieren. Die Problemlösung ist dann zumeist in temporären Allianzen und Netzwerken primär auf Publikumswirkung ausgerichtet. Aus Stimmungen sollen Stimmen werden, was tendenziell auch traditionell parlamentarische Systeme präsidentialisiert.

Echtzeit-Kommunikation

Die wohl bedeutsamste Illustration dieses Zusammenhanges bietet der amerikanische Wahlkampf 2008 (Carr/Stelter 2008; Moorstedt 2008): Barack Obama schickte schon sehr frühzeitig im Vorwahlkampf E-Mails mit einem Link zum Video-Portal „Youtube“. Im entsprechenden Video wurde dem Betrachter beispielsweise die Möglichkeit eröffnet, an einer Mitarbeiterbesprechung mit dem Präsidentschaftskandidaten teilzunehmen. Hierbei handelte es sich nicht nur um ein Wahlkampf-Event, sondern um den Aufbau einer „Partizipations-Architektur“ (Moorstedt 2008: 25), die politische Interessierte in den politischen Prozess zurückholen sollte – das neue Medium zielte auf Partizipation und Transparenz. Das Medium selbst bringt jedoch von sich aus noch keine soziale Veränderung zustande. Tatsächlich ist es in den Worten des Kampagnenchefs Obamas, David Axelrod, als ein „Vehikel für Engagement“ (zit. nach Moorstedt 2008: 54) anzusehen. „Engagement“ kann dabei auch „schlicht“ heißen, eine Wahlkampfspende online abzugeben – eine Funktion, die einen gehörigen Anteil am Erfolg Obamas ausmachte. Der Umstand, dass dabei jedoch eine komplett neue Spender-Schicht aktiviert wurde (weg von großen Einzelspenden hin zu unzähligen, kleinen Spenden) zeigt aber auch hier das Aktivierungspotential des neuen Mediums, das über Spenden hinaus auch die Investition von Zeit und Identifikation mit spezifischen Zielen verlangte. Die Online-Ebene fungierte dabei auch als Organisations-

US-Wahlkampf 2008

und Ausbildungsplattform für die Offline-Ebene persönlicher Besuche, Anrufe und Veranstaltungen vor Ort. Solche Aktionen wandeln den Charakter von Wahlkampagnen, indem sie ein personalisiertes aber breit wirkendes Anreiz-System schaffen, sich selbst mit der Kampagne zu identifizieren und mehr für ihr Gelingen zu tun.

Mobilisierungsstratgie

Obamas Mobilisierungsstrategie verfolgte vor diesem Hintergrund weitergehende Ziele, die auch für die Gestaltung von Willensbildungs- und Entscheidungsprozessen in Deutschland gewinnbringend einsetzbar sind:

- Persönliche Ansprache: Die Kommunikation wird direkt unmittelbar, herzlich und höflich geführt. In Ton, Inhalt und Form stellen die Nachrichten sicher auch ein Produkt „von Zielgruppen-Analysen und Kosten-Nutzen-Rechnungen" (Moorstedt 2008: 7) dar. Der Effekt reicht jedoch deutlich darüber hinaus. Wer als Wähler so persönlich angesprochen wird, spürt förmlich, dass es auch auf ihn persönlich ankommt. Der Nutzer wird gleichsam zum Boschafter der Kampagne umfunktioniert und mit den entsprechenden „Werkzeugen" ausgestattet: Botschaften, Werbemittel etc.
- Soziale Netzwerke: Mit den interaktiven Werkzeugen (von E-Mail bis Podcast) erreichte die Kampagne soziale Netzwerke und damit eine konkrete Governance-Dimension. Was einen Bürger im sozialen Web 2.0 erreicht, hat einen Vertrauens- und Glaubwürdigkeitsvorsprung gegenüber anderen Mails, da es ihn über eine Vernetzung von „Gleichgesinnten" erreicht. Interpersonale Kommunikation unter „Freunden" hat einen Vertrauensvorsprung gegenüber allgemeiner Medienberichterstattung (Moorstedt 2008: 9, 45). Zudem lassen diese Formate viel eigene Kreativität zu („voter" bzw. „user generated content"): der Flair des Selbstgemachten – ein eigenes Foto, ein ergänzter Link etc. – wandelt „top-down" zu „bottom-up" Kommunikation. Netzwerke können von Kampagnenplanern erreicht und personenspezifisch adressiert werden. Man „spamt" die Leute nicht wahllos zu, sondern befriedigt ihre individuellen Informationswünsche und eröffnet ihnen zudem die Möglichkeit, eigenständige Vernetzung und Kommunikation zu erreichen. Politik hat eine Kommunikationschance, wenn sie die Nische dieser sozialen Netzwerke erreicht.
- Schnelligkeit: Mit Online-Mobilisierungen in Echtzeit (von E-Mail bis SMS und Twitter) lassen sich Botschaften quer durch alle Medien sehr schnell übersetzen. Wichtig bleibt dabei, Kernbotschaften zu reduzieren, sie zu fokussieren und gleichzeitig eine populäre, souveräne Unschärfe beizubehalten. Umgekehrt gilt Fehlervermeidung als wichtigstes Prinzip bei jeder öffentli-

chen Aktion. Denn auch die Fehler verbreiten sich sekundenschnell.

- Personalisierung: Personen werben um Unterstützung, weniger die Parteien. Internet-Mobilisierungen funktionieren nur, wenn man über eine Person als Kandidaten verfügt, die auch etwas zu sagen und originelle Inhalte zu transportieren hat. US-Parteien sind ohnehin als Wahlmaschinen organisiert. Doch auch deutsche Parteien werden diesen Weg einschlagen, wenn sich Mitgliederzahlen nicht mehr erhöhen lassen. Auch „Freie Wähler-Vereinigungen" kommen mit der Aura daher, nicht etabliert zu sein und punktuell, zeitlich begrenzt als Problemlöser agieren zu können. Die Vorstellungen von der Politik sind in diesen Kreisen bereits sehr konkret auf themen- und projektbezogene, digitale politische Kommunikation in sozialen Netzwerken ausgerichtet.

Web 2.0 als neue Arena der Politik

Hier liegt also das Potential, dass sich aus der „Zuschauerdemokratie" im Zeitalter des Fernsehens unter den Bedingungen von Web 2.0 eine „Beteiligungsdemokratie" entwickelt. Web 2.0 als neue Arena der Politik hat allerdings weit über Wahlkampf hinaus zukünftige politische Relevanz, denn es verändert die Spielregeln der politischen Öffentlichkeit sowohl in Bezug auf das Verhältnis von Parlament und Öffentlichkeit als auch den Zusammenhang von Regieren und Repräsentieren.

Online-Petitionen und Anhörungen haben sich bereits in einigen Ländern erfolgreich etabliert. Solche Verfahren erhöhen die Transparenz von Gesetzesinitiativen und erlauben neben der interaktiven Mitgestaltung von Gesetzen auch die Kontrolle der Regierung (siehe nachfolgend die Beispiele bei Bertelsmann-Stiftung 2009). Eine „open source"-Legislative (Moorstedt 2008: 159ff.) wird nicht die letztendliche Entscheidung und Beschlussfassung durch gewählte Vertreter im Parlament ersetzen. Sie kann diese jedoch durch Agenda-Setting, die Herstellung von Öffentlichkeit oder die Einspeisung von Fachwissen ergänzen. Flankiert werden solche Prozesse durch zivilgesellschaftlich organisierte Informations- und Monitoring-Plattformen, die den politischen Prozess öffentlicher machen (etwa „Abgeordnetenwatch" zur Beurteilung des Abstimmungsverhaltens von Abgeordneten). Politik und Regieren 2.0 zielt damit wesentlich auf die Erhöhung der Input-Legitimation des Politischen. Gerade in einer Situation, in der eingeübte politische Verfahren und ideologische Antworten zur Bewältigung des Problemdrucks nicht mehr ausreichen, ist eine partizipativere Ausgestaltung des Entscheidungsprozesses eine Möglichkeit zur politisch verantwortlichen Gestaltung von Unwägbarkeiten: „Aufgrund wachsender

Beteiligungsforderungen der Bevölkerung müssen Parteien ebenso wie Regierungen schon während der Themenfindung und Politikformulierung (und nicht lediglich als Teil der nachträglichen PR) eine ernsthafte und systematische Dialogkommunikation mit der Öffentlichkeit betreiben, sofern sie ihre gesellschaftliche Verankerung sichern und ihre Gestaltungskraft bewahren wollen". (Novy/Schwickert 2009: 37) Formen der direkten Demokratie ergänzen so das klassische Modell der parlamentarischen Repräsentation. In einem ähnlich ergänzenden Sinne haben sich „E-Government" und digitale Verwaltung etabliert: Nicht nur Behördenformulare, sondern Prioritäten und Entscheidungszwänge kann die Regierung über die neuen Medien kommunizieren. Webseiten sind ein interaktives Büro, das auf die Rückmeldung der Besucher angewiesen ist. Der Spitzenakteur kann in Internet-Kamingesprächen seine Politik erläutern. Die Distanz zwischen dem Politiker und Bürger kann minimiert werden. Führungsstile ändern sich: aus „going public" wird „going web".

Technische Neuerungen allein können nur bedingt soziale Wirkung entfalten

Nun soll an dieser Stelle nicht der Fehlschluss begangen werden, die sehr spezifische Kampagne Obamas aus dem ebenfalls sehr speziellen Wahlsystem der USA einfach zum Standard jeglicher Form moderner (Regierungs-)Politik zu machen. Technische Neuerungen allein können nur bedingt soziale Wirkung entfalten. Der Umstand aber, dass die sehr erfolgreiche Nutzung des neuen Mediums durch einen Politiker erfolgte, der – auf anderer Ebene und mit anderen Mitteln der Gemeindearbeit und des „community-building" – seine politische Arbeit in Chicago begann, verweist auf die Tiefenstruktur des Oberflächenphänomens Web 2.0 (Moberg 2007; Lizza 2008; vgl. auch Friedman 2006: 116f.).

Schon jetzt kann jedoch konstatiert werden, dass die Veränderung in der Kommunikation das Potential hat, alle drei Dimensionen des Politischen zu verändern:

- Polity: Mit neuen Online-Gemeinschaften entstehen neue und zusätzliche politische Akteure.
- Politics: Willensbildungs- und Entscheidungsprozesse werden interaktiver, transparenter, partizipativer und direkter.
- Policy: Politische Vorhaben und Inhalte werden weit vor der parlamentarischen Befassung im Gesetzgebungsverfahren sichtbar.

Mehr noch: Die in Kapitel 6.2 benannten Maßstäbe modernen Regierens: Effektivität und Effizienz; Transparenz und Verantwortung; Partizipation und Repräsentation; Glaubwürdigkeit und Authentizität sowie Machterhalt und Zukunftsfähigkeit sind offensichtlich sämtlich von der technologischen wie kommunikativen Neuerung betroffen. Diese Betroffenheit konstruktiv für eine Belebung des politischen Raumes und der öffentlichen Debatte zu nutzen, ist die Aufgabe von Politik und Regieren 2.0.

Online-Kommunikation

Online-Kommunikation verändert somit die Spielregeln, den Modus und die Dynamik der politischen Öffentlichkeit: Politik und Regieren 2.0 interagiert auch mit Online-Gemeinschaften einer sich herausbildenden Netzwerkgesellschaft – unter Jetzt-Zeit-Bedingungen und permanent. In Verfolgung einer solchen Entwicklungsperspektive gerät die Demokratie in ihrer bisherigen Verfasstheit jedoch noch mehr unter Kommunikationsstress. Gewichtsverschiebungen im politischen Prozess gehen einher mit dem Kommunikationswandel. Web 2.0 erscheint damit als zukünftige Ressource für eine strategische politische Kommunikation (siehe auch Dowe 2009). Entscheidende Voraussetzung der Aktivierung dieser Ressource ist jedoch auch ein verändertes Kommunikationsverhalten der politischen Akteure: Sie müssen gewillt sein, in der Involvierung neuer Akteure auch einen Teil der Kontrolle über Botschaft und Kampagne abzugeben (Moorstedt 2008: 67ff.; Dowe 2009: 81).

Die Implikationen des neuen Mediums sind mithin noch nicht alle ersichtlich; fraglich bleibt auch die Nachhaltigkeit des politischen Interesses und der Involvierung von Bürgerinnen und Bürgern (Scheufele/Nisbet 2002). Zudem hat auch die Relativierung der Politikvermittlung durch klassische Medien einen Preis: Die mögliche Umgehung professionell-journalistischer Reflektion und Schilderung im Prozess politischer Kommunikation kann zu einer Verflachung des Informationsstandes und Dialogs führen. Mögliche Probleme des Datenschutzes stellen sich angesichts flächendeckender Erhebung und Speicherung von persönlichen Daten ebenso ein. Die Nutzung des Web 2.0 bringt also auch eine ganze Reihe von Gefahren und Nachteilen mit sich: Dazu gehören auch eine weitere politische und gesellschaftliche Beschleunigung (Rosa 2008), ein notwendig höherer Zeitbedarf für Kommunikation im Spannungsfeld von Darstellungs- und Entscheidungspolitik, eine zusätzliche Reduktion von Komplexität sowie vielfältige Möglichkeiten von Manipulation und Missbrauch. Nicht zuletzt ist auch die zentrale politische Frage von politischer Teilhabe, nach Inklusion und Exklusion, nicht durch neue technische Möglichkeiten beantwortet. Vorliegende Daten zum Nutzungs- und Partizpationsverhalten mit Neuen Medien mahnen jedenfalls dazu, nicht unkritisch von einem „Hype" (Novy/Schwickert 2009: 38) webbasierter Politikformen zu reden (siehe die Daten bei Emmer/Wolling 2009). Eine mögliche „Fragmentierung der politischen Öffentlichkeit" (Vowe/Dohle

Gefahren und Nachteile von Web 2.0

2007: 351) könnte bereits bestehende Wissenslücken und Irritationen im politischen Diskurs (Patzelt 2001) verstärken und würde wiederum neue Anforderungen an politische Kommunikation und Integration stellen. Die Netzwerkstruktur des Web 2.0 verbürgt nicht von sich aus demokratische Standards.

Neue Formen der politischen Kommunikation wie die als Podcast übermittelte wöchentliche Videobotschaft der Bundeskanzlerin verändern aber schon jetzt Politik und Regieren in Deutschland. Mit neuen Formaten könnten sich mehr Bürger als bisher, intensiver und direkter als bislang beteiligen. Konstruktiv verstanden bietet das Web 2.0 also einen Ansatzpunkt zur Wiederbelebung des öffentlichen Raumes. Es ist kein Zufall, dass die republikanisch-kommunitaristische Debatte um eine starke Bürgergesellschaft schon in den 80er Jahren auf das heutzutage verstaubt anmutende Instrument des Teletextes hingewiesen hat (Barber 1984). Eine Belebung von Gesellschaft und Demokratie braucht freilich mehr als nur technische Neuerungen: An erster Stelle ist dabei wiederum die Anerkenntnis der Eigengesetzlichkeit des Politischen zu nennen. Die Chancen virtueller Gemeinschaftsbildung sind letztlich auf ganz konkrete und praktische Versuche politischer Bildung angewiesen. Politische Klugheit, Urteilsfähigkeit und Orientierungsvermögen müssen auf hohem Niveau sowohl auf der Seite der Regierenden wie der Regierten vorhanden – und „kompatibel" – sein.

Literatur

- Arendt, Hannah (1996): Macht und Gewalt, 12. Aufl., München.
- Bertelsmann-Stiftung (Hrsg.) (2009): Lernen von Obama? Das Internet als Ressource und Risiko für die Politik, Gütersloh.
- Egle, Christoph/Ostheim, Tobias/Zohlnhöfer, Reimut (Hrsg.) (2003): Das rot-grüne Projekt. Eine Bilanz der Regierung Schröder 1998-2002, Wiesbaden.
- Friedmann, Thomas L. (2006): The World is Flat. A Brief History of the Twenty-First Century, New York.
- Kielmannsegg, Peter Graf (2003): Können Demokratien zukunftsverantwortlich handeln?, in: Merkur, 651, S. 584-594.
- Korte, Karl-Rudolf (2002): In der Präsentationsdemokratie. Schröders Regierungsstil prägt die Berliner Republik, in: FAZ v. 26.7.2002.
- Korte, Karl-Rudolf/Weidenfeld, Werner (Hrsg.) (2001): Deutschland-TrendBuch. Fakten und Orientierungen, Bonn.
- Meckel, Miriam (2008): Aus vielen wird das Eins gefunden – wie Web 2.0 unsere Kommunikation verändert, in: Aus Politik und Zeitgeschichte, 39, S. 17-23.
- Moorstedt, Tobias (2008): Jeffersons Erben. Wie die digitalen Medien die Politik verändern, Frankfurt a.M.

- Nullmeier, Frank/Saretzki, Thomas (Hrsg.) (2002): Jenseits des Regierungsalltags. Strategiefähigkeit politischer Parteien, Frankfurt/New York.
- Rosa, Hartmut (2008): Beschleunigung. Die Veränderung der Zeitstrukturen der Moderne, Frankfurt a.M.
- Scheufele, Dietram A./Nisbet, Matthew C. (2002): Being a Citizen Online. New Opportunities and Dead Ends, in: Press/Politics, 7:3, S. 55-75.
- Schmidt, Manfred (2006): Die Zukunft der Demokratie, in: Zeitschrift für Parlamentsfragen, 4, S. 812-822.
- Weidenfeld, Werner/Turek, Jürgen (2002): Wie Zukunft entsteht. Größere Risiken, weniger Sicherheit, neue Chancen, München.

Abbildungsverzeichnis

Literaturverzeichnis

Alemann, Ulrich von (1989): Organisierte Interessen in der Bundesrepublik, 2. Aufl., Opladen.

Alemann, Ulrich von (2000): Vom Korporatismus zum Lobbyismus?, in: Aus Politik und Zeitgeschichte, 26-27, S. 3-6.

Alemann, Ulrich von (2003): Das Parteiensystem der Bundesrepublik Deutschland, 3. Aufl., Opladen.

Alemann, Ulrich von u.a. (2001): Neue Gesellschaft – alte Parteien? Parteireformen müssen politische Führung und die programmatische Funktion für den Alltag zurückgewinnen, in: Bartels, Hans-Peter/Machnig, Matthias (Hrsg.): Der rasende Tanker. Analysen und Konzepte zur Modernisierung der sozialdemokratischen Organisation, Göttingen, S. 26-34.

Alemann, Ulrich von/Marschall, Stefan (Hrsg.) (2002): Parteien in der Mediendemokratie, Wiesbaden.

Almond, Gabriel A. (1987): Politische Kulturforschung – Rückblick und Ausblick, in: Berg-Schlosser, Dirk/Schissler, Jakob (Hrsg.): Politische Kultur in Deutschland. Bilanzen und Perspektiven der Forschung, Opladen, S. 27-38.

Almond, Gabriel A./Verba, Sidney (1963): The Civic Culture. Political Attitudes and Democracy in Five Nations, Princeton.

Almond, Gabriel A. u.a. (2008): Comparative Politics Today. A Theoretical Framework, 3. Aufl., New York.

Andersen, Uwe (1985): Konjunktur- und Beschäftigungspolitik, in: Grosser, Dieter (Hrsg.): Der Staat in der Wirtschaft der Bundesrepublik, Opladen, S. 375-454.

Arendt, Hannah (1996): Macht und Gewalt, 12. Aufl., München.

Arendt, Hannah (1997): Vita activa oder Vom tätigen Leben, 9. Aufl., München/Zürich.

Arlt, Hans-Jürgen/Nehls, Sabine (Hrsg.) (1999): Bündnis für Arbeit. Konstruktion. Kritik. Karriere, Opladen/Wiesbaden.

Austin, John L. (1975): How to do things with words, Boston.

Axt, Heinz-Jürgen (2000): Solidarität und Wettbewerb – die Reform der EU-Strukturpolitik, Gütersloh.

Bade, Klaus J./Münz, Rainer (Hrsg.) (2000): Migrationsreport 2000. Fakten – Analysen – Perspektiven, Bonn.

Bagehot, Walter (1963): The English Constitution, London.

Ballensiefen, Moritz (2009): Bilder machen Sieger – Sieger machen Bilder. Die Funktion von Pressefotos im Bundestagswahlkampf 2005. Studien der NRW School of Governance, Wiesbaden.

Bannas, Günter (1999): Die dreifache Verantwortung hat Schröders Auftreten im politischen Betrieb verändert, in: Frankfurter Allgemeine Zeitung v. 12.04.1999.

Bannas, Günter (2003): Systemwechsel, in: Frankfurter Allgemeine Zeitung v. 22.01.2003.

Barber, Benjamin (1984): Strong Democracy. Participatory Politics for a New Age, Berkeley u.a.

Baring, Arnulf (1969): Außenpolitik in Adenauers Kanzlerdemokratie, München/Wien.

Baring, Arnulf (1984): Machtwechsel. Die Ära Brandt-Scheel, München.

Beck, Kurt (2008): Dokumentation. Becks Erklärung zum Rücktritt als SPD-Chef, RP-Online, http://www.rp-online.de/public/article/politik/deutschland/612636/Becks-Erklaerung-zum-Ruecktritt-als-SPD-Chef.html, Stand 08.03.2009.

Beck, Kurt (2008a): Ein Sozialdemokrat. Die Autobiografie, München.

Becker, Michael (1998): Die Eigensinnigkeit des Politischen. Hannah Arendt über Macht und Herrschaft, in: Imbusch, Peter (Hrsg.): Macht und Herrschaft. Sozialwissenschaftliche Konzeptionen und Theorien, Opladen, S. 167-181.

Benz, Arthur (1993): Politiknetzwerke in der Horizontalen Politikverflechtung, in: Jansen, Dorothea/Schubert, Klaus (Hrsg.): Netzwerke und Politikproduktion. Konzepte, Methoden, Perspektiven, Marburg, S. 185-204.

Benz, Arthur (2000): Politische Steuerung in lose gekoppelten Mehrebenensystemen, in: Werle, Raymund/Schimank, Uwe (Hrsg.): Gesellschaftliche Komplexität und kollektive Handlungsfähigkeit, Frankfurt a.M., S. 97-124.

Benz, Arthur (Hrsg.) (2004): Governance. Regieren in komplexen Regelsystemen, Wiesbaden.

Benz, Arthur (2007): Verhandlung, in: Ders. u.a. (Hrsg.): Handbuch Governance. Theoretische Grundlagen und empirische Anwendungsfelder, Wiesbaden, S. 106-118.

Benz, Arthur u.a. (Hrsg.) (2007): Handbuch Governance. Theoretische Grundlagen und empirische Anwendungsfelder, Wiesbaden.

Benzner, Bodo (1989): Ministerialbürokratie und Interessengruppen, Baden-Baden.

Berg, Guido von den/Vagt, Silke (2002): Regierungserklärungen im Vergleich. Eine quantitative Analyse, in: Korte, Karl-Rudolf (Hrsg.): „Das Wort hat der Herr Bundeskanzler". Eine Analyse der Großen Regierungserklärungen von Adenauer bis Schröder, Wiesbaden, S. 57-84.

Bergedorfer Gesprächskreis (2001): Verhandlungsdemokratie? Politik des Möglichen – Möglichkeiten der Politik, Protokoll 120, Hamburg.

Berger, Peter L./Luckmann, Thomas (1966): Die gesellschaftliche Konstruktion der Wirklichkeit. Eine Theorie der Wissenssoziologie, Frankfurt a.M.

Berg-Schlosser, Dirk/Schissler, Jakob (Hrsg.) (1987): Politische Kultur in Deutschland. Bilanzen und Perspektiven der Forschung, Opladen.

Bergsdorf, Wolfgang (1983): Herrschaft und Sprache. Studie zur politischen Terminologie der Bundesrepublik Deutschland, Pfullingen.

Bergsdorf, Wolfgang (1985): Kampf um Begriffe – Aufgaben der politischen Semantik, in: Universitas 40, S. 1245-1252.

Bergsdorf, Wolfgang (1986): Deutschland vor dem Wahlkampf: Die politische Ungeduld des bürgerlichen Herzens, in: Die politische Meinung, Heft 227, S. 34-40.

Bertelsmann Stiftung (Hrsg.) (1996): Politik überzeugend vermitteln. Wahlkampfstrategien in Deutschland und den USA, Gütersloh.

Bertelsmann Stiftung (Hrsg.) (2007): Politische Führung in der Europäischen Union. Ergebnisse einer repräsentativen Umfrage in EU-Mitgliedstaaten, Berlin/Brüssel.

Bertelsmann-Stiftung (Hrsg.) (2009): Lernen von Obama? Das Internet als Ressource und Risiko für die Politik, Gütersloh.

Berthold, Norbert/Hank, Rainer: (1999): Bündnis für Arbeit. Korporatismus statt Wettbewerb, Tübingen.

Beyme, Klaus von (1979): Die großen Regierungserklärungen der deutschen Bundeskanzler von Adenauer bis Schmidt, eingeleitet und kommentiert, München.

Beyme, Klaus von (1997): Der Gesetzgeber, Opladen.

Beyme, Klaus von (2001): Koalitionsbildung und Programmsteuerung, in: Derlien, Hans-Ulrich/Murswieck, Axel (Hrsg.): Regieren nach Wahlen, Opladen, S. 85-112.

Beyme, Klaus von (2003): Die Entwicklung des Parteiensystems, in: Egle, Christoph u.a. (Hrsg.): Das Rot-Grüne Projekt. Eine Bilanz der Regierung Schröder 1998-2002, Wiesbaden, S. 53-66.

Bierling, Stephan (1999): Die Außenpolitik der Bundesrepublik Deutschland. Normen, Akteure, Entscheidungen, München.

Billing, Werner (2003): Bundesverfassungsgericht, in: Andersen, Uwe/Woyke, Wichard (Hrsg.): Handwörterbuch des politischen Systems der Bundesrepublik Deutschland, Bonn, S. 104-109.
Birle, Peter/Wagner, Christoph (2006): Vergleichende Politikwissenschaft: Analyse und Vergleich politischer Systeme, in: Mols, Manfred u.a. (Hrsg.): Politikwissenschaft. Eine Einführung, 5., aktualisierte Aufl., Paderborn u.a., S. 99-134.
Bleek, Wilhelm (2001): Geschichte der Politikwissenschaft in Deutschland, München.
Blondel, Jean (1982): The Organization of Governments, London u.a.
Blondel, Jean (1987): Political Leadership. Towards a General Analysis, London.
Blumenthal, Julia von (2002): Auswanderung der Politik aus den Institutionen: Schwächung der repräsentativen Demokratie. Replik auf Eberhard Schuett-Wetschky, in: Zeitschrift für Politikwissenschaft, Heft 1, S. 3-26.
Bogumil, Jörg/Jann, Werner (2009): Verwaltung und Verwaltungswissenschaft in Deutschland. Einführung in die Verwaltungswissenschaft, 2. Aufl., Wiesbaden.
Böhm, Anton (1963): Vor der Ablösung. Unvermeidlicher Stilwandel, in: Die politische Meinung, Heft 84, S. 7-10.
Böhret, Carl (1991): Politische Vorgaben für ziel- und ergebnisorientiertes Verwaltungshandeln aus Regierungserklärungen, in: Hartwich, Hans-Hermann/Wewer, Göttrik (Hrsg.): Regieren in der Bundesrepublik, Bd. III, Opladen, S. 69-82.
Bösch, Frank (2001): Die Adenauer-CDU. Gründung, Aufstieg und Krise einer Erfolgspartei 1945 – 1969, Stuttgart/München.
Bracher, Karl Dietrich (1964): Die Kanzlerdemokratie, in: Ders.: Deutschland zwischen Demokratie und Diktatur, Bern u.a., S. 124-133.
Brandt, Willy (1974): Über den Tag hinaus. Eine Zwischenbilanz, Hamburg.
Braun, Dietmar (1997): Politische Steuerung zwischen Akteurs- und Systemtheorie, in: Politische Vierteljahresschrift, Heft 4, S. 844-854.
Braun, Dietmar (1999): Theorien rationalen Handelns in der Politikwissenschaft, Opladen.
Brettschneider, Frank (1995): Öffentliche Meinung und Politik – Eine empirische Studie zur Responsivität des Deutschen Bundestages zwischen 1949 und 1990, Opladen.
Brettschneider, Frank u.a. (Hrsg.) (2004): Die Bundestagswahl 2002, Wiesbaden.
Bruns, Tissy (2007): Republik der Wichtigtuer. Ein Bericht aus Berlin, Bonn.
Buchheim, Hans (1976): Epilog. Konrad Adenauer oder was Politik ist und wie sie gemacht wird, in: Kohl, Helmut (Hrsg.): Konrad Adenauer 1876-1976, Stuttgart/Zürich, S. 181-188.
Bulmer, Simon u.a. (1998): Deutschlands europäische Diplomatie. Die Entwicklung des regionalen Milieus, in: Weidenfeld, Werner (Hrsg.): Deutsche Europapolitik. Optionen wirksamer Interessenvertretung. Bonn, S. 11-102.
Burkhart, Simone/Manow, Philip (2006): Was bringt die Föderalismusreform? Wahrscheinliche Effekte der geänderten Zustimmungspflicht, Köln (Max-Planck-Institut für Gesellschaftsstudien, Working Paper Nr. 6).
Bürklin, Wilhelm/Klein, Markus (1998): Wahlen und Wählerverhalten, 2. Aufl., Opladen.
Bürklin, Wilhelm/Jung, Christian (2001): Deutschland im Wandel. Ergebnisse einer repräsentativen Meinungsumfrage, in: Korte, Karl-Rudolf/Weidenfeld, Werner: Deutschland-TrendBuch. Fakten und Orientierungen, Bonn, S. 675-711.
Busch, Andreas (2003): Extensive Politik in den Klippen der Semisouveränität: Die Innen- und Rechtspolitik der rot-grünen Koalition, in: Egle, Christoph u.a. (Hrsg.): Das Rot-Grüne Projekt. Eine Bilanz der Regierung Schröder 1998-2002, Wiesbaden, S. 305-327.
Busse, Volker (2005): Bundeskanzleramt und Bundesregierung. Aufgaben - Organisation - Arbeitsweise, 4. Aufl., Heidelberg.

Cameron, David R. (1985): Does Government Cause Inflation? in: Lindberg, Leon/Meier, Charles S. (Hrsg.): The Politics of Inflation and Economic Stagnation. Theoretical Approaches and International Case Studies, Washington, D.C., S. 224-279.

Campbell, Angus (1964): The American voter: An abridgment, New York u.a.

Campbell, John L. u.a. (Hrsg.) (1991): Governance of the American Economy, Cambridge.

Carr, David/Stelter, Brian (2008): Campaigns in a Web 2.0 World, in: The New York Times v. 03.11.2008.

Clemens, Clay/Paterson, William E. (1998): The Kohl chancellorship, London.

Coleville, Robert (2008): Politics, Policy and the Internet, London.

Croissant, Aurel (2006): Regierungssysteme und Demokratietypen, in: Lauth, Hans-Joachim (Hrsg.): Vergleichende Regierungslehre. Eine Einführung, 2., durchgesehene Aufl., Wiesbaden, S. 113-132.

Czada, Roland (1994): Konjunkturen des Korporatismus: Zur Geschichte eines Paradigmenwechsels in der Verbändeforschung, in: Streeck, Wolfgang (Hrsg.): Staat und Verbände, Opladen, S. 37-64.

Czada, Roland (1998): Neuere Entwicklungen der Politikfeldanalyse, in: Ders./Alemann, Ulrich von (Hrsg.): Kongressbeiträge zur politischen Soziologie. Politische Ökonomie und Politikfeldanalyse, Polis Nr. 39/1998, Arbeitspapiere der Fernuniversität Hagen, S. 47-65.

Czada, Roland (2006): Demokratietypen, institutionelle Dynamik und Interessenvermittlung: Das Konzept der Verhandlungsdemokratie, in: Lauth, Hans-Joachim (Hrsg.): Vergleichende Regierungslehre. Eine Einführung, 2., durchges. Aufl., Wiesbaden, S. 247-269.

Czada, Roland/Schmidt, Manfred G. (Hrsg.) (1993): Verhandlungsdemokratie, Interessenvermittlung, Regierbarkeit. Festschrift für Gerhard Lehmbruch, Opladen.

Czada, Roland/Schmidt, Manfred G. (1993a): Einleitung, in: Dies. (Hrsg.): Verhandlungsdemokratie, Interessenvermittlung, Regierbarkeit. Festschrift für Gerhard Lehmbruch, Opladen, S. 7-21.

Czerwick, Edwin (1999): Verhandlungsdemokratie. Ein Politikstil zur Überwindung von Politikblockaden, in: Zeitschrift für Politikwissenschaft, Heft 2, S. 415-438.

Czerwick, Edwin (2001): Bürokratie und Demokratie, Berlin.

Dahl, Robert (1971): Polyarchy. Participation and Opposition, New Haven/London.

Decker, Frank (2000): Parteien unter Druck. Der neue Rechtspopulismus in den westlichen Demokratien, Opladen.

Decker, Frank (2007): Parteiendemokratie im Wandel, in: Ders./Neu, Viola (Hrsg.): Handbuch der deutschen Parteien, Wiesbaden, S. 19-61.

Decker, Frank/Neu, Viola (Hrsg.) (2007): Handbuch der deutschen Parteien, Wiesbaden.

Delhees, Stefanie (2006): Wolfgang Clement im Amt des Ministerpräsidenten von Nordrhein-Westfalen 1998-2002. Eine Regierungsstilanalyse, Diplomarbeit Universität Duisburg-Essen, http://www.forschungsgruppe-regieren.de, Stand 23.12.06.

Delhees, Stefanie u.a. (2008): Wohlfahrtsstaatliche Reformkommunikation. Westeuropäische Parteien auf Mehrheitssuche, Baden-Baden.

Denton, Robert E. Jr./Woodward, Gary C. (1998): Political Communication in America, 3. Aufl., Westport/London.

Derlien, Hans-Ulrich (1996): The Politicization of Bureaucracies in Historical and Comparative Perspective, in: Peters, B. Guy/Rockman, Bert A. (Hrsg.): Agenda for Excellence 2. Administering the State, Chatham, S. 149-162.

Derlien, Hans-Ulrich/Murswieck, Axel (2001): Regieren nach Wahlen, Opladen.

Dettling, Warnfried (1994): Das Erbe Kohls, Frankfurt a.M.

Dettling, Warnfried (2003): Gezeitenwechsel zum Unpopulären?, in: Die Welt v. 31.03.2003.
Dicke, Klaus (2000): Grundlagen des demokratischen Verfassungsstaates, in: Keynes, Edward (Hrsg.): Willensbildungsprozesse und Demokratie. Werner Kaltefleiter zum Gedenken, Frankfurt a.M., S. 11-25.
Ditz, Rüdiger (2005): Kanzler im Siegesrausch, Spiegel Online vom 18.09.2005, http://www.spiegel.de/politik/deutschland/0,1518,375282,00.html, Stand 23.09.08.
Döhler, Marian (2007): Hierarchie, in: Benz, Arthur u.a. (Hrsg.): Handbuch Governance. Theoretische Grundlagen und empirische Anwendungsfelder, Wiesbaden, S. 46-53.
Dörner, Andreas (2001): Politainment. Politik in der medialen Erlebnisgesellschaft, Frankfurt a.M.
Dörner, Andreas/Schicha, Christian (2008): Politik im Spot-Format, Wiesbaden.
Dowe, Christoph (2009): Neue Medien als Ressource strategischen Regierens, in: Bertelsmann Stiftung (Hrsg.): Lernen von Obama? Das Internet als Ressource und Risiko für die Politik, Gütersloh, S. 45-82.
Downs, Anthony (1974): An Economic Theory of Democracy, 13. Aufl., New York.

Easton, David (1965): A Framework for Political Analysis, Englewood Cliffs.
Easton, David (1981): The Political System. An Inquiry into the State of Political Science, 2. Aufl., Chicago u.a.
Edelman, Murray J. (2005): Politik als Ritual. Die symbolische Funktion staatlicher Institutionen und politischen Handelns, 3., erw. Aufl., Frankfurt a.M.
Edinger, Florian (2006): Wer misstraut wem? Die Entscheidung des Bundesverfassungsgerichts über die Vertrauensfrage des Bundeskanzlers und die Bundestagsauflösung 2005, 2 BvE 4/05 und 7/05, in: Zeitschrift für Parlamentsfragen, Nr. 1, S. 28-39.
Egle, Christoph u.a. (Hrsg.) (2003): Das Rot-Grüne Projekt. Eine Bilanz der Regierung Schröder 1998-2002, Wiesbaden.
Egle, Christopher/Zohlnhöfer, Reimut (Hrsg.) (2007): Ende des rot-grünen Projekts. Eine Bilanz der Regierung Schröder 2002-2005, Wiesbaden.
Eilfort, Michael (1994): Die Nichtwähler. Wahlenthaltung als Form des Wahlverhaltens, Paderborn.
Eilfort, Michael (2003): Politische Führung in der CDU/CSU Bundestagsfraktion: Beratung und Information für den Faktionsvorsitzenden, in: Hirscher, Gerhard/Korte, Karl-Rudolf (Hrsg.): Information und Entscheidung. Kommunikationsmanagement der politischen Führung, Wiesbaden, S. 93-121.
Eith, Ulrich (1999): Parteien, in: Weidenfeld, Werner/Korte, Karl-Rudolf (Hrsg.): Handbuch zur deutschen Einheit 1949-1989-1999, Bonn, S. 617-631.
Eith, Ulrich/Mielke, Gerd (Hrsg.) (2001): Gesellschaftliche Konflikte und Parteiensystem, Wiesbaden.
Eith, Ulrich/Mielke, Gerd (2006): Wahlforschung. Zur Bedeutung und Methodik empirischer Sozialforschung in der Politikwissenschaft, in: Mols, Manfred u.a. (Hrsg.): Politikwissenschaft. Eine Einführung, 5., aktualisierte Aufl., Paderborn u.a., S. 315-344.
Elgie, Robert (1995): Political Leadership in Liberal Democracies, Houndsmills.
Ellwein, Thomas (1976): Regieren und Verwalten, Opladen.
Emmer, Martin/Wolling, Jens (2009): „Online Citizenship"? Die Entwicklung der individuellen politischen Beteiligung im Internet, in: Bertelsmann Stiftung (Hrsg.) Lernen von Obama? Das Internet als Ressource und Risiko für die Politik, Gütersloh, S. 83-116.
Eschenburg, Theodor (1955): Herrschaft der Verbände?, Stuttgart.
Eschenburg, Theodor (1979): Die Richtlinien der Politik im Verfassungsrecht und in der Verfassungswirklichkeit, in: Stammen, Theo (Hrsg.): Strukturwandel der modernen Regierung, Darmstadt, S. 361-379.

Euchner, Walter (Hrsg.) (1993): Politische Opposition in Deutschland und im internationalen Vergleich, Göttingen.

Falter, Jürgen u.a. (Hrsg.) (2005): Wahlen und Wähler. Analysen aus Anlass der Bundestagswahl 2002, Wiesbaden.

Faust, Jörg/Lauth, Hans-Joachim (2006): Politikfeldanalyse, in: Mols, Manfred u.a. (Hrsg.): Politikwissenschaft. Eine Einführung, 5., aktualisierte Aufl., Paderborn u.a., S. 289-314.

Feick, Jürgen/Jann, Werner (1988): „Nations matter?" Vom Ekklektizismus zur Integration der vergleichenden Policy-Forschung, in: Schmidt, Manfred G. (Hrsg.): Staatstätigkeit, Opladen, S. 96-220.

Feist, Ursula/Hoffmann, Hans-Jürgen (1999): Die Bundestagswahlanalyse 1998, in: Zeitschrift für Parlamentsfragen, Heft 2, S. 215-251.

Feldkamp, Michael F. (2002): Chronik der Vertrauensfrage von Bundeskanzler Gerhard Schröder, in Zeitschrift für Parlamentsfragen, Heft 1, S. 5-9.

Feldkamp, Michael F. (2006): Deutscher Bundestag 1987 bis 2005: Parlaments- und Wahlstatistik, in: Zeitschrift für Parlamentsfragen, Nr. 1, S. 3-28.

Fischer, Sebastian (2005): Gerhard Schröder und die SPD. Das Management des programmatischen Wandels als Machtfaktor (Schriftenreihe der Forschungsgruppe Deutschland, Bd. 17), München.

Fischer, Thomas u.a. (Hrsg.) (2008): Politische Reformprozesse in der Analyse. Untersuchungssystematik und Fallbeispiele, Gütersloh.

Fischer, Thomas u.a. (2008): Einführung in die Konzeption des Strategietools für politische Reformprozesse (SPR), in: Dies. (Hrsg.) (2008): Politische Reformprozesse in der Analyse. Untersuchungssystematik und Fallbeispiele, Gütersloh, S. 9-84.

Fliegauf, Mark T. u.a. (2008): Leader und Follower. Grundzüge eines interpersonalen Ansatzes zur Analyse politischer Führungsleistung, in: Zeitschrift für Politikwissenschaft, Heft 4, S. 399-421.

Florack, Martin (2005): Kriegsbegründungen. Sicherheitspolitische Kultur in Deutschland nach dem Kalten Krieg, Marburg.

Florack, Martin u.a. (2005): Strategien erfolgreicher Mitgliederrekrutierung der politischen Parteien, in: Schmid, Josef/Zolleis, Udo (Hrsg.): Zwischen Anarchie und Strategie. Der Erfolg der Parteiorganisationen, Wiesbaden, S. 96-113.

Foley, Michael (1993): The Rise of the British Presidency, Manchester.

Folz, Hans-Peter (1998): Demokratie und Integration: Der Konflikt zwischen Bundesverfassungsgericht und Europäischem Gerichtshof über die Kontrolle der Gemeinschaftskompetenzen. Zum Spannungsverhältnis demokratischer Legitimation und Autonomie supranationaler Rechtsordnung, Berlin.

Forschungsjournal Neue Soziale Bewegungen (2003): Sonderheft Bundestagswahlen 2002. Analyse eines Zufalls, Heft 1.

Forum.Medien.Politik (Hrsg.) (2004): Trends der politischen Kommunikation. Beiträge aus Theorie und Praxis, Münster.

Fraenkel, Ernst (1991): Deutschland und die westlichen Demokratien, Frankfurt a.M.

Frey, Siegfried. (2005): Die Macht des Bildes. Der Einfluss der nonverbalen Kommunikation auf Kultur und Politik, 2., korr. Aufl., Bern.

Friedrich, Manfred (1973): Opposition im Deutschen Bundestag: Phasen oppositionellen Verhaltens 1949 bis 1972, in: Zeitschrift für Parlamentsfragen, Heft 3, S. 392-406.

Friedrich-Ebert-Stiftung (2008): Arbeitspapier: Persönliche Lebensumstände, Einstellungen zu Reformen, Potenziale der Demokratieentfremdung und Wahlverhalten, Bonn.

Friedman, Thomas L. (2006): The World is Flat. A Brief History of the Twenty-First Century, New York.

Fröhlich, Manuel (1997): Sprache als Instrument politischer Führung. Helmut Kohls Berichte zur Lage der Nation im geteilten Deutschland, München.
Fröhlich, Manuel (1998): Regierungserklärungen mit Geschichte, in: Das Parlament Nr. 48 v. 20.11.1998, S. 13.
Fröhlich, Manuel (2000): „Dritter Weg" und „Neue Mitte" – Gemeinsame Konsequenzen für das politische Handeln, in: Korte, Karl-Rudolf/Hirscher, Gerhard (Hrsg.): Darstellungs- oder Entscheidungspolitik? Über den Wandel von Politikstilen in westlichen Demokratien, München, S. 125-145.
Fröhlich, Manuel (2000a): Die Modernisierungsmaschine, in: Die Politische Meinung 45:369, S. 73-79.
Fröhlich, Manuel (2001): Sprachstrategien im Kontext von Machteroberung und Machtverlust: Die Haushaltsdebatten in den Wahlkämpfen von 1979 bis 1998, in: Korte, Karl-Rudolf/Hirscher, Gerhard (Hrsg.): Aufstieg und Fall von Regierungen, München.
Fröhlich, Manuel (2001a): Neue Mitte versus Neue Union? Semantische Optionen zwischen Regierung und Opposition, in: Die Politische Meinung Bd. I 79 (Juni), S. 33-40.
Fröhlich, Manuel (2002): Wahlkampf. Die Parteien streiten um die stimmgewaltige Mitte: Hier sitz ich!, in: Rheinischer Merkur Nr. 10 v. 08.03.2002, S. 4.
Fröhlich, Manuel (2002a): Etatdebatten im Deutschen Bundestag: im Haushaltsplan manifestiert sich das politische Programm einer Regierung, in: Das Parlament, Nr. 49-50 vom 16.12.2002, S. 3.
Fröhlich, Manuel (2002b): Dag Hammarskjöld und die Vereinten Nationen. Die politische Ethik des UNO-Generalsekretärs, Paderborn u.a.
Fröhlich, Manuel (2003): Der irritierte Kompass: Gesellschaftlicher Wandel und die Orientierungsfunktion politischer Parteien, in: Glaab, Manuela (Hrsg.): Impulse für eine neue Parteiendemokratie. Analysen zu Krise und Reform, München 2003, S. 169-183.
Fröhlich, Manuel (2004): Die Sprache des Wahlkampfs. Argumentationsmuster und Strategien, in: Forum.Medien.Politik (Hrsg.): Trends der politischen Kommunikation. Beiträge aus Theorie und Praxis, Münster, S. 60-71.
Fröhlich, Manuel (2005): Lesarten der Souveränität, in: Neue Politische Literatur, 50. Jg., Nr. 1, S. 19-42.
Fröhlich, Manuel/Schneider, Stefan (2008): Die „Große Steuerreform" der Regierung Kohl: Versuch und Scheitern, in: Fischer, Thomas u.a. (Hrsg.) (2008): Politische Reformprozesse in der Analyse. Untersuchungssystematik und Fallbeispiele, Gütersloh, S. 253-308.
Fröhlich, Stefan (2001): „Auf den Kanzler kommt es an". Helmut Kohl und die deutsche Außenpolitik. Persönliches Regiment und Regierungshandeln vom Amtsantritt bis zur Wiedervereinigung, Paderborn u.a.

Gabriel, Oscar W. u.a. (Hrsg.) (2002): Parteiendemokratie in Deutschland, 2. Aufl., Bonn.
Gaddum, Eckart (1994): Die deutsche Europapolitik in den 80er Jahren. Interessen, Konflikte und Entscheidungen der Regierung Kohl, Paderborn u.a.
Gallus, Alexander (2002): Demoskopie in Zeiten des Wahlkampfs, in: Aus Politik und Zeitgeschichte, Nr. 15-16, S. 29-36.
Gaus, Bettina (2002): Die scheinheilige Republik. Das Ende der demokratischen Streitkultur, aktualisierte Aufl., München.
Gebauer, Klaus-Eckart (1994): Zur Optimierung von Koordination und Planung in einer Regierungszentrale, in: Verwaltungs-Archiv, Heft 4, S. 485-521.
Gebauer, Klaus-Eckart (1998): Regierungskommunikation, in: Jarren, Ottfried u.a.: Politische Kommunikation in der demokratischen Gesellschaft. Ein Handbuch mit Lexikonteil, S. 464-472.

Geiss, Matthias (2002): Finale im Bundesrat: Die Irrwege des rot-grünen Gesetzes zur Zuwanderung, in: Die Zeit 13/2002.

Geissler, Heiner (2000): Achtet auf die Seele, in: Die Zeit 15/2000.

Gellner, Wieland/Strohmeier, Gerd (Hrsg.) (2001): Identität und Fremdheit. Eine amerikanische Leitkultur für Europa?, Baden-Baden.

Giddens, Anthony (1997): Jenseits von links und rechts. Die Zukunft radikaler Demokratie, Frankfurt a.M.

Giddens, Anthony (1999): Der dritte Weg. Die Erneuerung der sozialen Demokratie, Frankfurt a.M.

Giddens, Anthony (2002): Vorsicht vor den Bossen, Genossen, in: Die Zeit 09/2002, S. 8.

Glaab, Manuela (1998): Deutschlandpolitik in der öffentlichen Meinung. Einstellungen und Regierungspolitik in Westdeutschland 1949-1990, Opladen.

Glaab, Manuela (2000): Mediatisierung als Machtquelle von Regierungschefs, in Korte, Karl-Rudolf /Hirscher, Gerhard (Hrsg.): Darstellungspolitik oder Entscheidungspolitik? Über den Wandel von Politikstilen in westlichen Demokratien, München, S. 106-124.

Glaab, Manuela (2000a): Die Deutschland- und Ostpolitik Willy Brandts in der öffentlichen Meinung, in: Tessmer, Carsten (Hrsg.), Das Willy-Brandt-Bild in Deutschland und Polen, Berlin, S. 41-51.

Glaab, Manuela (Hrsg.) (2003): Impulse für eine neue Parteiendemokratie. Analysen zu Krise und Reform, München.

Glaab, Manuela (2007): Politische Führung als strategischer Faktor, in: Zeitschrift für Politikwissenschaft, Heft 2, S. 303-332.

Glaab, Manuela/Kießling, Andreas (2001): Legitimation und Partizipation, in: Korte, Karl-Rudolf/Weidenfeld, Werner (Hrsg.): Deutschland-TrendBuch. Fakten und Orientierungen, Bonn, S. 571-611.

Glaab, Manuela/Korte, Karl-Rudolf (1999): Politische Kultur, in: Weidenfeld, Werner/Korte, Karl-Rudolf (Hrsg.): Handbuch zur deutschen Einheit 1949-1989-1999, Bonn, S. 642-650.

Glaeßner, Gert-Joachim (1999): Demokratie und Politik in Deutschland, Opladen.

Goetz, Klaus H. (1999): Senior Officials in the German Federal Administration. Institutional Change and Positional Differentiation, in: Page, Edward C./Wright, Vincent (Hrsg.): Bureaucratic Elites in Western European States. A Comparative Analysis of Top Officials, Oxford, S. 147-174.

Göhler, Gerhard (1999): Rationalität und Symbolizität der Politik, in: Greven, Michael Th./Schmalz-Bruns, Rainer (Hrsg.): Politische Theorie heute, Baden-Baden, S. 255-274.

Goldstein, Judith/Keohane, Robert O. (1993): Ideas and Foreign Policy. An Analytical Framework, in: Dies. (Hrsg.): Ideas and Foreign Policy. Beliefs, Institutions, and Political Change, Ithaca/London, S. 3-27.

Görlitz, Axel (2002): Politische Steuerung, in: Greiffenhagen, Martin/Greiffenhagen, Sylvia: Handwörterbuch zur politischen Kultur der Bundesrepublik Deutschland, 2. Aufl., Wiesbaden, S. 459-467.

Görlitz, Axel/Burth, Hans-Peter (Hrsg.) (2001): Politische Steuerung in Theorie und Praxis, Baden-Baden.

Görtemaker, Manfred (2004): Geschichte der Bundesrepublik Deutschland. Von der Gründung bis zur Gegenwart, Frankfurt a.M.

Gottschlich, Maximilian u.a. (1989): Was die Kanzler sagten: Regierungserklärungen der Zweiten Republik 1945-1987, Wien/Köln.

Grande, Edgar (1995): Regieren in verflochtenen Verhandlungssystemen, in: Mayntz, Renate/Scharpf, Fritz W. (Hrsg.): Gesellschaftliche Selbstregulierung und politische Steuerung, Frankfurt a.M., S. 327-368.

Grande, Edgar (2000): Charisma und Komplexität. Verhandlungsdemokratie, Mediendemokratie und der Funktionswandel politischer Eliten, in: Werle, Raymund/Schimank, Uwe (Hrsg.): Gesellschaftliche Komplexität und kollektive Handlungsfähigkeit, Frankfurt a.M., S. 297-319.
Grasselt, Nico/Korte, Karl-Rudolf (2007): Führung in Politik und Wirtschaft. Instrumente, Stile und Techniken. Studien der NRW School of Governance, Wiesbaden.
Green, Robert/Power, Ros Jay (2001): Entscheiden. Top-Tools für Führungskräfte, München.
Greiffenhagen, Martin (Hrsg.) (1980): Kampf um Wörter? Politische Begriffe im Meinungsstreit, München/Wien.
Greiffenhagen, Martin (1998): Politische Legitimität in Deutschland, Bonn.
Greiffenhagen, Martin/Greiffenhagen, Sylvia (1993): Eine Nation: Zwei Politische Kulturen, in: Weidenfeld, Werner (Hrsg.): Deutschland. Eine Nation – doppelte Geschichte. Materialien zum deutschen Selbstverständnis, Köln, S. 29-45.
Greiffenhagen, Martin/Greiffenhagen, Sylvia (1997): Politische Kultur, in: Grundwissen Politik, hrsg. von der Bundeszentrale für Politische Bildung, Bonn, S. 167-238.
Greiffenhagen, Martin/Greiffenhagen, Sylvia (1997a): Politische Kultur, in: Andersen, Uwe/Woyke, Wichard (Hrsg.): Handwörterbuch des politischen Systems der Bundesrepublik Deutschland, 3. Aufl., Bonn, S. 463-467.
Greiffenhagen, Martin/Greiffenhagen, Sylvia (2002): Handwörterbuch zur politischen Kultur der Bundesrepublik Deutschland, 2. Aufl., Wiesbaden.
Gros, Jürgen (1998): Politikgestaltung im Machtdreieck Partei, Fraktion, Regierung, Berlin.
Gros, Jürgen (2000): Das Kanzleramt im Machtgeflecht von Bundesregierung, Regierungsparteien und Mehrheitsfraktionen, in: Korte, Karl-Rudolf/Hirscher, Gerhard (Hrsg.): Darstellungspolitik oder Entscheidungspolitik? Über den Wandel von Politikstilen in westlichen Demokratien, München, S. 85-105.
Grosser, Dieter (1998): Das Wagnis der Währungs-, Wirtschafts- und Sozialunion, Stuttgart.
Grunden, Timo (2004): Nach dem Machtwechsel der Politikwechsel? Die Frage der sozialen Gleichheit in christdemokratischer und sozialdemokratischer Haushalts- und Steuerpolitik 1994-2002, Duisburger Materialien zur Politik- und Verwaltungswissenschaft Nr. 14.
Grunden, Timo (2009): Politikberatung von Innen. Funktion und Einfluss der persönlichen Berater deutscher Ministerpräsidenten, Wiesbaden.
Grunow, Dieter (1988): Bürgernahe Verwaltung: Theorie, Empirie, Praxismodelle, Frankfurt a.M. u.a.
Grunow, Dieter (1994): Bürokratietheoretische Ansätze, in: Nohlen, Dieter (Hrsg.): Lexikon der Politik, Bd. 2 Politikwissenschaftliche Methoden, München, S. 59-63.
Grunow, Dieter (2003): Verwaltungshandeln in Politikfeldern. Politikfeldbezogene Verwaltungsanalyse: Ein Studienbuch, Opladen.
Guilleaume, Emil (1966): Reorganisation von Regierung und Verwaltungsführung, Baden-Baden.

Harpprecht, Klaus (2000): Im Kanzleramt. Tagebuch der Jahre mit Willy Brandt, Berlin.
Hartmann, Jürgen (Hrsg.) (1997): Handbuch der deutschen Länder, 3. Aufl., Bonn.
Hartwich, Hans-Hermann (1990): Regierungsforschung. Aufriss der Problemstellungen, in: Ders./Wewer, Göttrik (Hrsg.): Regieren in der Bundesrepublik 1, Opladen, S. 9-20.
Heckel, Margaret (2008): Wie tickt Angela Merkel?, in: Die Welt am Sonntag Nr. 36.
Heideking, Jürgen (2003): Geschichte der USA, 3. Aufl., Tübingen/Basel.
Heigl, Gundhild (2002): Möglichkeiten und Grenzen politischer Steuerung am Beispiel der Zuwanderungsdebatte in Deutschland, Magisterarbeit, München.
Heinze, Rolf G. (2002): Die Berliner Räterepublik. Viel Rat – wenig Tat?, Wiesbaden.

Heinze, Rolf G. (2003): Das „Bündnis für Arbeit" – Innovativer Konsens oder institutionelle Erstarrung, in: Egle, Christoph u.a. (Hrsg.): Das rot-grüne Projekt. Eine Bilanz der Regierung Schröder 1998-2002, Wiesbaden, S. 137-162.

Heise, Jens Sebastian (2001): Wer wählt den Kanzlerkandidaten?, München.

Helms, Ludger (1996): Das Amt des deutschen Bundeskanzlers in historisch und international vergleichender Perspektive, in: Zeitschrift für Parlamentsfragen, Heft 4, S. 697-711.

Helms, Ludger (1999): 50 Jahre Bundesrepublik Deutschland. Kontinuität und Wandel des politischen Institutionensystems, in: Zeitschrift für Politik, Heft 2, S. 145-172.

Helms, Ludger (2000a): Politische Führung als politikwissenschaftliches Problem, in: Politische Vierteljahresschrift, Heft 3, S. 411-434.

Helms, Ludger (2001): Gerhard Schröder und die Entwicklung der deutschen Kanzlerschaft, in: Zeitschrift für Politikwissenschaft, Heft 11, S. 1497-1517.

Helms, Ludger (2002): Politische Opposition. Theorie und Praxis in westlichen Regierungssystemen, Opladen.

Helms, Ludger (2003): Regieren unter den Bedingungen des institutionellen Pluralismus: Ein deutsch-amerikanischer Vergleich, in: Politische Vierteljahresschrift, Heft 1, S. 66-85.

Hennecke, Hans-Jörg (2003): Die dritte Republik. Aufbruch und Ernüchterung, München.

Hennis, Wilhelm (1965): Aufgaben einer modernen Regierungslehre, in: Politische Vierteljahresschrift, Heft 4, S. 422-437.

Hennis, Wilhelm (1973): Demokratisierung. Zur Problematik eines Begriffs, in: Ders. (Hrsg.): Die missverstandene Demokratie, Freiburg.

Hennis, Wilhelm (2000): Richtlinienkompetenz und Regierungstechnik (1964), in: Ders.: Politikwissenschaftliche Abhandlungen, Bd 1: Regieren im modernen Staat, Tübingen, S. 106-141.

Hennis, Wilhelm u.a. (Hrsg.) (1977/1979): Regierbarkeit. Studien zu ihrer Problematisierung, Bd. 1-2, Stuttgart.

Héritier, Adrienne (Hrsg.) (1993): Policy-Analyse. Kritik und Neubewertung, Opladen.

Herzog, Dietrich, u.a. (Hrsg.) (1993): Parlament und Gesellschaft. Eine Funktionsanalyse der repräsentativen Demokratie, Opladen.

Herzog, Roman (2006): Kooperation und Wettbewerb, in: Aus Politik und Zeitgeschichte, Nr. 50, S. 3-5.

Hesse, Joachim J./Ellwein, Thomas (2004): Das Regierungssystem der Bundesrepublik Deutschland, 9., vollst. neu bearb. Aufl.

Hesselberger, Dieter (2003): Das Grundgesetz. Kommentar für die politische Bildung, 13., überarb. Aufl., Bonn.

Heye, Uwe-Karsten (2002): Alles ist anders, alles bleibt gleich – Journalisten und Politiker im Bonn-Berlin-Vergleich, in: Schatz, Heribert u.a. (Hrsg.), Politische Akteure in der Mediendemokratie. Politiker in den Fesseln der Medien?, Wiesbaden, S. 285-289.

Hildebrandt, Tina/Niejahr, Elisabeth (2006): Die leise Machtmaschine, in: Die Zeit Nr. 24.

Hilmer, Richard (2003): Eine zweite Chance für Rot-Grün, in Zeitschrift für Parlamentswahlen, Heft 1, S.187-219.

Hilmer, Richard/Hilmer-Müller, Rita (2006): Die Bundestagswahl vom 18. September 2005. Votum für Wechsel und Kontinuität, in: Zeitschrift für Parlamentsfragen, Heft 1, S. 183-218.

Hirscher, Gerhard/Korte, Karl-Rudolf (2001): Aufstieg und Fall von Regierungen. Machterwerb und Machterosion in westlichen Demokratien, München.

Hirscher, Gerhard/Korte, Karl-Rudolf (2003): Information und Entscheidung. Kommunikationsmanagement der politischen Führung, Wiesbaden.

Holtmann, Everhard/Voelzkow, Helmut (2000): Das Regierungssystem der Bundesrepublik Deutschland zwischen Wettbewerbsdemokratie und Verhandlungsdemokratie. Eine Einführung, in: Dies. (Hrsg.): Zwischen Wettbewerbs- und Verhandlungsdemokratie, Wiesbaden, S. 10-21.

Holtmann, Everhard/Patzelt, Werner J. (Hrsg.) (2008): Führen Regierungen tatsächlich? Zur Praxis gouvernementalen Handelns, Wiesbaden.

Holtz-Bacha, Christina (1999): Wahlkampf in den Medien – Wahlkampf mit den Medien. Ein Reader zum Wahljahr 1998, Opladen/Wiesbaden.

Hombach, Bodo (1998): Aufbruch. Die Politik der Neuen Mitte, 3. Aufl., Bonn.

Hombach, Bodo/Becker, Horst (1989): Die SPD von innen. Bestandsaufnahme an der Basis der Partei, Bonn.

Hübner, Emil/Münch, Ursula (1999): Das politische System Großbritanniens: Eine Einführung, 2. aktualisierte Auflage, München.

Inacker, Michael (2003): Deutschland soll erwachsen werden, in: Frankfurter Allgemeine Zeitung v. 06.04.2003.

Infratest Dimap (Hrsg.) (2008): ARD DeutschlandTrend 6/2008, Berlin.

Ismayr, Wolfgang (2004): Bundestagspräsident und Präsidium, 3., aktualisierte Aufl., Berlin.

Ismayr, Wolfgang (2006): Der Deutsche Bundestag im politischen System der Bundesrepublik Deutschland, unveränd. Nachdr. der 2. Aufl., Wiesbaden.

Ismayr, Wolfgang (2008): Das politische Systems Deutschlands, in: Ders. (Hrsg.): Die politischen Systeme Westeuropas, 4. Aufl., Wiesbaden, S. 515-565.

Jachtenfuchs, Markus u.a. (1996): Regieren jenseits der Staatlichkeit? Legitimationsideen in der Europäischen Union, Mannheim.

Jäckel, Eberhard u.a. (Hrsg.) (1999): Von Heuss bis Herzog. Die Bundespräsidenten im politischen System, Stuttgart.

Jäger, Wolfgang (1988): Die Wende 1982. Schuldzuweisungen für das Ende der sozial-liberalen Koalition, in: Die politische Meinung, Heft 241, S. 63-68.

Jäger, Wolfgang (1994): Wer regiert die Deutschen? Innenansichten der Parteiendemokratie, Zürich.

Janning, Josef (2002): Lange Wege, kurzer Sinn? Außenpolitische Bilanz von Rot-Grün, in: Internationale Politik, Heft 9, S. 9-18.

Jansen, Dorothea (2006): Einführung in die Netzwerkanalyse. Grundlagen, Methoden, Forschungsbeispiele, Wiesbaden.

Jarren, Otfried/Donges, Patrick (2006): Politische Kommunikation in der Mediengesellschaft. Eine Einführung, Wiesbaden.

Jesse, Eckhard (1997): Die Demokratie der Bundesrepublik Deutschland. Eine Einführung in das politische System, Baden-Baden.

Jesse, Eckhard (2003): Bundespräsident, in: Andersen, Uwe/Woyke, Wichard (Hrsg.): Handwörterbuch des politischen Systems der Bundesrepublik Deutschland, Bonn, S. 56-58.

Jesse, Eckhard/Sturm, Roland (2006): Bilanz der Bundestagswahl 2005, München.

Jochum, Michael (2000): Worte als Taten. Der Bundespräsident im demokratischen Prozess der Bundesrepublik Deutschland, Gütersloh.

Jun, Uwe (2001): Der Bundesrat, in: Westphalen, Raban (Hrsg.): Deutsches Regierungssystem, München, S. 339-361.

Jun, Uwe u.a. (2008): Parteien und Parteiensysteme in den deutschen Ländern, Wiesbaden.

Kaase, Max (1983): Sinn oder Unsinn des Konzepts „Politische Kultur“ für die vergleichende Politikforschung, oder auch: Der Versuch, einen Pudding an die Wand zu nageln, in: Ders./Klingemann, Hans-Dieter (Hrsg.): Wahlen und politisches System. Analysen aus Anlass der Bundestagswahl 1980, Opladen, S. 144-172.

Kaiser, André (2006): Die politische Theorie des Neo-Institutionalismus: James March und Johan Olsen, in: Brodocz André/Schaal, Gary S. (Hrsg.): Politische Theorien der Gegenwart II, 2., erw. und aktualisierte Aufl., Opladen, S. 313-342.

Kathmann, Erhard/Kuleßa, Peter (2003): Politikmanagement in der SPD-Bundestagsfraktion: Koordination innerhalb und außerhalb der stärksten Regierungsfraktion, in: Hirscher, Gerhard/Korte, Karl-Rudolf (Hrsg.): Information und Entscheidung: Kommunikationsmanagement der politischen Führung, Wiesbaden, S. 79-92.

Kämmerlings, Richard (1998): Sternzeichen D – Die Partei als Marke, in: Frankfurter Allgemeine Zeitung v. 16.09.1998.

Kamps, Klaus (2007): Politisches Kommunikationsmanagement. Grundlagen und Professionalisierung moderner Politikvermittlung, Wiesbaden.

Kamps, Klaus/Nieland, Jörg-Uwe (Hrsg.) (2006): Regieren und Kommunikation. Meinungsbildung, Entscheidungsfindung und gouvernementales Kommunikationsmanagement – Trend, Vergleiche, Perspektiven, Köln.

Kamps, Klaus/Nieland, Jörg-Uwe (2006a): Regierungssprecher im Regierungsmanagement, in: Dies. (Hrsg.):Regieren und Kommunikation. Meinungsbildung, Entscheidungsfindung und gouvernementales Kommunikationsmanagement – Trend, Vergleiche, Perspektiven, Köln, S. 215-238.

Karp, Markus/Zolleis, Udo (2004): Politisches Marketing. Eine Einführung in das politische Marketing mit aktuellen Bezügen aus Wissenschaft und Praxis, Münster.

Katz, Richard S./Mair, Peter (Hrsg.) (1992): Party Organizations: A Data Handbook on Party Organizations in Western Democracies 1960-1990, London.

Katzenstein, Peter (1987): Policy and Politics in West-Germany. The Growth of a Semi-sovereign State, Philadelphia.

Kennedy, Paul M. (2005): Aufstieg und Fall der großen Mächte. Ökonomischer Wandel und militärischer Konflikt von 1500 bis 2000, 5. Aufl., Frankfurt a.M.

Keppeler, Johann (2007): Kirchlicher Lobbyismus? Die Einflussnahme der katholischen Kirche auf den deutschen Staat seit 1949, Marburg.

Kevenhörster, Paul (2008): Politikwissenschaft, Bd. 1: Entscheidungen und Strukturen der Politik, 3. Aufl., Wiesbaden.

Kielmansegg, Peter Graf (2002): Mehrheiten sind nicht mehr garantiert, in: Frankfurter Allgemeine Zeitung v. 23.08.2002.

Kielmansegg, Peter Graf (2003): Zukunftsverweigerung, in: Frankfurter Allgemeine Zeitung v. 23.05.2003.

Kielmannsegg, Peter Graf (2003a): Können Demokratien zukunftsverantwortlich handeln?, in: Merkur 651, S. 583-594.

Kießling, Andreas (1999): Politische Kultur und Parteien im vereinten Deutschland. Determinanten der Entwicklung des Parteiensystems, München.

Kirchheimer, Otto (1965): Der Wandel der westeuropäischen Parteiensysteme, in: Politische Vierteljahresschrift, Heft 1, S. 20-41.

Klein, Ansgar/Schmalz-Bruns, Rainer (Hrsg.) (1997): Politische Beteiligung und Bürgerengagement in Deutschland. Möglichkeiten und Grenzen, Bonn.

Klein, Ansgar u.a. (Hrsg.) (1999): Neue soziale Bewegungen. Impulse, Bilanzen und Perspektiven, Opladen/Wiesbaden.

Kleinhenz, Thomas (1995): Die Nichtwähler. Ursachen der sinkenden Wahlbeteiligung in Deutschland, Opladen.
Klingemann, Hans Dieter (2000): Unterstützung für die Demokratie. Eine globale Analyse für die 1990er, in: Lauth, Hans-Joachim u.a. (2000): Demokratiemessung. Konzepte und Befunde im internationalen Vergleich, Wiesbaden, S. 266-297.
Klingemann, Hans Dieter/Kaase, Max (Hrsg.) (2001): Wahlen und Wähler. Analysen aus Anlass der Bundestagswahl 1998, Wiesbaden.
Knoll, Thomas (2004): Das Bonner Bundeskanzleramt. Organisation und Funktion von 1949-1999, Wiesbaden.
Koalitionsvereinbarung zwischen der Sozialdemokratischen Partei Deutschland und Bündnis 90/Die Grünen (1998): Aufbruch und Erneuerung – Deutschlands Weg ins 21. Jahrhundert (www.spd-fraktion.de).
Koelbl, Herlinde (2001): Die Meute. Macht und Ohnmacht der Medien, München.
Koerfer, Daniel (1988): Kampf ums Kanzleramt. Erhard und Adenauer, Stuttgart.
Kohler-Koch, Beate (Hrsg.) (1998): Regieren in entgrenzten Räumen, Opladen.
Köhler, Horst (2009): Der Markt braucht Regeln und Moral, in: Frankfurter Allgemeine Zeitung v. 25.03.2009, S. 8.
König, Klaus (2001): Der Regierungsapparat bei der Regierungsbildung nach Wahlen, in: Derlien, Hans-Ulrich/Murswieck, Axel (Hrsg.): Regieren nach Wahlen, Opladen, S. 15-38.
König, Klaus (2002): Verwaltete Regierung: Studien zur Regierungslehre, Köln u.a.
König, Thomas (1999): Regieren im deutschen Föderalismus, in: Aus Politik und Zeitgeschichte, Nr. 13, S. 24-36.
König, Thomas u.a. (1998): Regierungserklärungen von 1949 bis 1998, in: Zeitschrift für Parlamentsfragen, Heft 3, S. 642-659.
Korte, Karl-Rudolf (1990): Der Standort der Deutschen. Akzentverlagerungen der deutschen Frage in der Bundesrepublik Deutschland seit den 70er Jahren, Köln.
Korte, Karl-Rudolf (1998): Deutschlandpolitik in Helmut Kohls Kanzlerschaft. Regierungsstil und Entscheidungen 1982-1989, Stuttgart.
Korte, Karl-Rudolf (1998a): Kommt es auf die Person des Kanzlers an?, in: Zeitschrift für Parlamentsfragen, Heft 3, S. 387-401.
Korte, Karl-Rudolf (1998b): Unbefangen und gelassen. Über die außenpolitische Normalität der Berliner Republik, in: Internationale Politik, 12/1998, S. 3-12.
Korte, Karl-Rudolf (1998c): Ideen oder Interessen? Integrationsansätze im Kulturraum Europa, in: Europa am Scheideweg, bearb. v. Peter März, München.
Korte, Karl-Rudolf (1999): Das System Schröder. Wie der Kanzler das Netzwerk seiner Macht knüpft, in: Frankfurter Allgemeine Zeitung v. 25.10.1999.
Korte, Karl-Rudolf (1999a): Vom strahlenden Sieger zum Korrektur-Kanzler, in: Fokus 20/1999.
Korte, Karl-Rudolf (2000): Gerhard Schröder ist kein Koalitionskanzler, in: Focus 24/2000, S. 52.
Korte, Karl-Rudolf (2000a): Veränderte Entscheidungskultur. Politikstile der deutschen Bundeskanzler, in: Ders./Hirscher, Gerhard (Hrsg.): Darstellungspolitik oder Entscheidungspolitik? Über den Wandel von Politikstilen in westlichen Demokratien, München, S. 16-37.
Korte, Karl-Rudolf (2000b): Wie Parteien auf komplexe Wählermärkte reagieren. Das Beispiel CDU, in: Blätter für deutsche und internationale Politik, Heft 6, S. 707-716.
Korte, Karl-Rudolf (2000c): Solutions for the decision Dilemma: Political Styles of Germany's Chancellors, in: German Politics, Heft 2, S. 1-22.
Korte, Karl-Rudolf (2000d): Konjunkturen des Machtwechsels in Deutschland. Regeln für das Ende der Regierungsmacht?, in: Zeitschrift für Parlamentsfragen, Heft 4, S. 833-857.

Korte, Karl-Rudolf (2001): Der Anfang vom Ende: Machtwechsel in Deutschland, in: Hirscher, Gerhard/Korte, Karl-Rudolf (Hrsg.): Aufstieg und Fall von Regierungen. Machterwerb und Machterosion in westlichen Demokratien, München, S. 23-64.

Korte, Karl-Rudolf (2001a): Regieren, in: Ders./Weidenfeld, Werner (Hrsg.): Deutschland-Trend-Buch. Fakten und Orientierungen, Opladen, S. 515-546.

Korte, Karl-Rudolf (2001b): Was kennzeichnet modernes Regieren? Regierungshandeln von Staats- und Regierungschefs im Vergleich, in: Aus Politik und Zeitgeschichte, 5, S. 3-13.

Korte, Karl-Rudolf (2001c): Die Entfaltung von Politikstilen nach Wahlen, in: Derlien, Hans-Ulrich/Murswieck, Axel (Hrsg.): Regieren nach Wahlen, Opladen, S. 113-131.

Korte, Karl-Rudolf (2001d): Politisches Entscheiden im parlamentarischen System der Bundesrepublik Deutschland, in: Dicke, Klaus (Hrsg.): Politisches Entscheiden, Baden-Baden, S. 50-69.

Korte, Karl-Rudolf (2002) (Hrsg.): „Das Wort hat der Herr Bundeskanzler". Eine Analyse der Großen Regierungserklärungen von Adenauer bis Schröder, Wiesbaden.

Korte, Karl-Rudolf (2002a): Wie Wahlen in Zukunft gewonnen werden, in: Berliner Republik, Heft 4, S. 28-32.

Korte, Karl-Rudolf (2002b): Die Regierungserklärung als Führungsinstrument der Bundeskanzler, in: Zeitschrift für Parlamentsfragen, Heft 3, S. 452-462.

Korte, Karl-Rudolf (2002c): Regieren in Mediendemokratien. Regierungssteuerung der Staats- und Regierungschefs im Vergleich, in: Schatz, Heribert u.a. (Hrsg.). Politische Akteure in der Mediendemokratie. Politiker in den Fesseln der Medien?, Wiesbaden, S. 21-40.

Korte, Karl-Rudolf (2002d): Die Mitte ist der heilige Gral, in: Die politische Meinung, Nr. 396, S. 15-18.

Korte, Karl-Rudolf (2002e): In der Präsentationsdemokratie. Schröders Regierungsstil prägt die Berliner Republik, in: Frankfurter Allgemeine Zeitung v. 26.07.2002.

Korte, Karl-Rudolf (2002f): Das vereinte Deutschland 1989/1990-2001, Erfurt.

Korte, Karl-Rudolf (2003): Königsmörder. Die SPD und ihre Kanzler, in: Internationale Politik, Heft 5, S. 65-69.

Korte, Karl-Rudolf (2003a): Populismus als Regierungsstil, in: Werz, Nikolaus (Hrsg.): Populismus und Populisten in Übersee und Europa, Opladen, S. 209-222.

Korte, Karl-Rudolf (2004): Parteiendemokratie contra Kanzlerdemokratie. Von Schröder zu Müntefering, in: Internationale Politik, Nr. 3, S. 84-87.

Korte, Karl-Rudolf (2005a): Was entschied die Bundestagswahl 2005?, in: Aus Politik und Zeitgeschichte, Nr. 51-52, S. 12-18.

Korte, Karl-Rudolf (2006): Vorwort. Die neue Berliner Armutsästhetik, in: Schumacher, Hajo: Die zwölf Gesetze der Macht. Angela Merkels Erfolgsgeheimnisse, München, S. 9-12.

Korte, Karl-Rudolf (2006a): Politikberatung von innen. Beratung der Regierungszentralen-Bund, in Falk, Svenja u.a. (Hrsg.): Handbuch Politikberatung, Wiesbaden, S. 175-188.

Korte, Karl-Rudolf (2007): Der Pragmatiker des Augenblicks. Das Politikmanagement von Bundeskanzler Gerhard Schröder 2002-2005, in: Egle, Christoph/Zohlnhöfer, Reimut (Hrsg.): Ende des rot-grünen Projekts. Eine Bilanz der Regierung Schröder 2002-2005, Wiesbaden, S. 168-196.

Korte, Karl-Rudolf (2007a): Koalition der Willigen. Warum die Bundesregierung ihr Potenzial nicht ausschöpft, in: Internationale Politik, Nr. 2, S. 90-91.

Korte, Karl-Rudolf (2009): Das politische System der Bundesrepublik Deutschland, in: Mols, Manfred u.a. (Hrsg.): Politikwissenschaft. Eine Einführung, 6., aktualisierte Aufl., Paderborn, S. 67-98.

Korte, Karl-Rudolf (2008a): Kommunikation und Entscheidungsfindung von Regierungen. Das Beispiel einer Reformkommunikation, in: Sarcinelli, Ulrich/Tenscher, Jens (Hrsg.): Politikherstellung und Politikdarstellung. Beiträge zur politischen Kommunikation, Köln, S. 20-43.

Korte, Karl-Rudolf (2008b): Neue Formeln zur Macht. Parteienwettbewerb in Deutschland, in: Die Politische Meinung, Nr. 465: August, S. 5-9.

Korte, Karl-Rudolf (2008c): Die Praxis regierungsförmiger Steuerung, in: Holtmann, Everhard/Patzelt, Werner J. (Hrsg.): Führen Regierungen tatsächlich? Zur Praxis gouvernementalen Handelns, Wiesbaden, S. 59-71.

Korte, Karl-Rudolf (2008d): Die Kanzlermacher, in: Cicero v. 18.11.2008.

Korte, Karl-Rudolf (2008e): Die Konsensmaschine stottert, in: Die Zeit 43/2008.

Korte, Karl-Rudolf (2009): Wahlen in Deutschland, 6. Aufl., Bonn.

Korte, Karl-Rudolf/Hirscher, Gerhard (Hrsg.) (2000): Darstellungspolitik oder Entscheidungspolitik? Über den Wandel von Politikstilen in westlichen Demokratien, München.

Korte, Karl-Rudolf/Maurer, Andreas (2001): Innenpolitische Grundlagen der deutschen Europapolitik, in: Schneider, Heinrich u.a. (Hrsg.): Eine neue deutsche Europapolitik? Rahmenbedingungen, Problemfelder, Optionen, Bonn, S. 195-230.

Korte, Karl-Rudolf/Weidenfeld, Werner (Hrsg.) (2001): Deutschland-TrendBuch. Fakten und Orientierungen, Bonn.

Korte, Karl-Rudolf/Weidenfeld, Werner (2001a): Die Deutschland-Trends: Einführung, in: Dies. (Hrsg.): Deutschland-TrendBuch. Fakten und Orientierungen, Bonn, S. 7-13.

Korte, Karl-Rudolf/Diermann, Melanie (2009): Politikmanagement und strategische Regierungskommunikation in modernen Demokratien. Fallanalyse am Beispiel wohlfahrtsstaatlicher Entscheidungsprozesse in Deutschland, Schweden, Frankreich, Großbritannien und den USA, Wiesbaden (im Erscheinen).

Krause, Joachim (1998): Die Rolle des Bundestages in der Außenpolitik, in: Eberwein, Wolf-Dieter/Kaiser, Karl (Hrsg.): Deutschlands neue Außenpolitik, Bd. 4, München, S. 137-152.

Krause, Joachim/Wilker, Lothar (1978): Bürokratie und Außenpolitik; in: Haftendorn, Helga u.a. (Hrsg.): Verwaltete Außenpolitik. Sicherheits- und entspannungspolitische Entscheidungsprozesse in Bonn, Köln, S. 39-54.

Krause-Burger, Sibylle (2000): Wie Gerhard Schröder regiert. Beobachtungen im Zentrum der Macht, Stuttgart.

Kriesi, Hanspeter (2001): Die Rolle der Öffentlichkeit im politischen Entscheidungsprozess, WZB Papier P 01-701, Berlin.

Kromphardt, Jürgen (2004): Konzeptionen und Analysen des Kapitalismus, 4. Aufl., München.

Kronacher, Michael u.a. (2008): Kommunikationsreform. Drei Perspektiven auf die Zukunft der Regierungskommunikation, Gütersloh.

Kropp, Sabine (2000): Verhandeln und Wettbewerb in der Regierungspraxis von Länderkoalitionen – Handlungsarenen, Strategien und Konflikte von Koalitionsakteuren, in: Holtmann, Everhard/Voelzkow, Helmut (Hrsg.): Zwischen Wettbewerbs- und Verhandlungsdemokratie. Analysen zum Regierungssystem der Bundesrepublik Deutschland, Wiesbaden, S. 151-182.

Kropp, Sabine (2001): Regieren in Koalitionen, Wiesbaden.

Krugmann, Paul (2008): Nach Bush. Das Ende der Neokonservativen und die Stunde der Demokraten, Frankfurt a.M./New York.

Kühnhardt, Ludger (1996): Rhythmen der Politik, in: FAZ v. 14.05.1996.

Kulessa, Peter/Kathmann, Erhart (2003): Politikmanagement in der SPD-Fraktion, in: Hirscher, Gerhard/Korte, Karl-Rudolf (Hrsg.): Information und Entscheidung. Kommunikationsmanagement der politischen Führung, Wiesbaden.

Kurbjuweit, Dirk (2006): In der Ich-Mühle, in: Der Spiegel v. 30.11.2006.

Kurbjuweit, Dirk (2006a): Die vernebelte Republik, in: Der Spiegel v. 26.09.2006.

Langguth, Gerd (2001): Das Innenleben der Macht. Krise und Zukunft der CDU, Ulm-Juningen.
Lange, Stefan/Braun, Dietmar (2000): Politische Steuerung zwischen System und Akteur, Opladen.
Landfried, Christine (1990): Rechtspolitik, in: Beyme, Klaus von/Schmidt, Manfred G. (Hrsg.): Politik in der Bundesrepublik Deutschland, Opladen, 1990, S. 76-98.
Langguth, Gerd (2001): Das Innenleben der Macht. Krise und Zukunft der CDU, Berlin.
Laufer, Heinz/Münch, Ursula (1997): Das föderative System der Bundesrepublik Deutschland, Bonn.
Lauth, Hans-Joachim (Hrsg.) (2006): Vergleichende Regierungslehre. Eine Einführung, 2., durchgesehene Aufl., Wiesbaden.
Lauth, Hans-Joachim u.a. (2000): Demokratiemessung: Konzepte und Befunde im internationalen Vergleich, Wiesbaden.
Lauth, Hans-Joachim/Wagner, Christoph (2006): Gegenstand und grundlegende Kategorien und Forschungsfragen der „Vergleichenden Regierungslehre“, in: Lauth, Hans-Joachim (Hrsg.): Vergleichende Regierungslehre. Eine Einführung, 2., durchgesehene Aufl., Wiesbaden, S. 15-36.
Laux, Lothar/Schütz, Astrid (1996): „Wir, die wir gut sind“. Die Selbstdarstellung von Politikern zwischen Glorifizierung und Glaubwürdigkeit, München.
Lazarsfeld, Paul Felix (1968): The People´s Choice. How the voter makes up his mind in a presidential campaign, 3. Aufl., New York u.a.
Leggewie, Claus (1999): Böcke zu Gärtnern? Das Bündnis für Arbeit im Politikprozeß, in: Arlt, Hans-Jürgen/Nehls, Sabine (Hrsg.): Bündnis für Arbeit. Konstruktion. Kritik. Karriere, Opladen/Wiesbaden, S. 13-24.
Lehmbruch, Gerhard (2000): Parteienwettbewerb im Bundesstaat. Regelsysteme und Spannungslagen im politischen System der Bundesrepublik Deutschland, 3., aktualisierte und erw. Aufl., Wiesbaden.
Lehner, Franz (1979): Grenzen des Regierens, Königstein.
Leibholz, Gerhard (1974): Strukturprobleme der modernen Demokratie, 3., erw. Aufl., Karlsruhe.
Lijphart, Arend (1999): Patterns of Democracy. Government Forms and Performance in Thirty-Six Countries, New Haven/London.
Limbach, Jutta (2001): Das Bundesverfassungsgericht, München.
Lindblom, Charles E. (1959): The Science of Muddling Through, in: Public Administration Review, Vol. 1, S. 79-88.
Lindblom, Charles E. (1979): Still Muddling, Not Yet Through, in: Public Administration Review, Vol. 6, S. 517-526.
Lipset, Seymour M./Stein, Rokkan (1967): Cleavage Structures, Party Systems and Voter Alignments: An Introduction, Cross-National Perspectives, in: Dies. (Hrsg.): Party Systems and Voter Alignments, New York, S. 1-64.
Lizza, Ryan (2008): Making It. How Chicago shaped Obama, in: The New Yorker v. 21.07.2008.
Loewenstein, Karl (1959): Verfassungslehre, Tübingen.
Löwenstein, Stephan (2007): „Zur Wohngemeinschaft degradiert“, in: Frankfurter Allgemeine Zeitung v. 22.02.2007.
Lösche, Peter (1998): Wirklich nur Kanzlerwahlverein?, in: Frankfurter Allgemeine Zeitung v. 25.08.1998.
Luthardt, Wolfgang (1997): Formen der Demokratie – die Vorteile der Konkordanzdemokratie, in: Jesse, Eckhard/Kailitz, Steffen: Prägekräfte des Jahrhunderts – Demokratie, Extremismus, Totalitarismus, München.
Lübbe, Hermann (1998): Gegenwartsschrumpfung, in: Backhaus, Klaus/Bonus, Holger (Hrsg.): Die Beschleunigungsfalle oder der Triumph der Schildkröte. 3., erw. Aufl., Stuttgart, S. 293-264.

Mair, Peter u.a. (1999): Die Antworten der Parteien auf Veränderungen in den Wählermärkten in Westeuropa, in: Dies. (Hrsg.): Parteien auf komplexen Wählermärkten. Reaktionsstrategien politischer Parteien in Westeuropa, Wien, S. 391-401.
Mair, Peter u.a. (1999a): Veränderungen in den Wählermärkten: Herausforderungen für die Parteien und deren Antworten, in: Dies. (Hrsg.): Parteien auf komplexen Wählermärkten. Reaktionsstrategien politischer Parteien in Westeuropa, Wien, S. 11-29.
Mannheim, Karl (1928): Das Problem der Generationen, in: Kölner Vierteljahreshefte für Soziologie, S. 157-185.
Manow, Philip (1997): Informalisierung und Parteipolitisierung. Zum Wandel exekutiver Entscheidungsprozesse in der Bundesrepublik, in: Zeitschrift für Parlamentsfragen, Heft 1, S. 96-107.
March, James G./Olson, Johan P. (1989): Rediscovering Institutions. The Organizational Basis of Politics, New York.
Marcinkowski, Frank (2002): Was kann die politikwissenschaftliche Kommunikationsforschung zu einer modernen Regierungslehre beitragen?, in: Schatz, Heribert u.a. (Hrsg.): Politische Akteure in der Mediendemokratie. Politiker in den Fesseln der Medien?, Wiesbaden, S. 357-367.
Marschall, Stefan (1999): Öffentlichkeit und Volksvertretung. Theorie und Praxis der Public Relations von Parlamenten, Opladen.
März, Peter (2003): An der Spitze der Macht. Kanzlerschaften und Wettbewerber in Deutschland, 2., überarb. Aufl., München.
Marx, Karl (1972): De achtzehnte Brumaire des Louis Bonaparte, in: Ders./Engels, Friedrich, Werke, Bd. 8, Berlin, S. 123-155.
Maull, Hanns W. (1997): Quo vadis, Germania?, in: Blätter für deutsche und internationale Politik, Heft 10, S. 1245-1256.
Maull, Hanns W. (2001): Außenpolitische Kultur, in: Korte, Karl-Rudolf/Weidenfeld, Werner (Hrsg.): Deutschland-TrendBuch. Fakten und Orientierungen, Bonn, S. 645-672.
Mayntz, Renate (1987): Politische Steuerung und gesellschaftliche Steuerungsprobleme, in: Jahrbuch zur Staats- und Verwaltungswissenschaft 1, S. 89-110.
Mayntz, Renate (1993): Policy-Netzwerke und die Logik von Verhandlungssystemen, in: Héritier, Adrienne (Hrsg.): Policy Analyse, Politsche Vierteljahresschrift. Sonderheft 24, 34. Jg. S. 39-56.
Mayntz, Renate (1997): Politische Steuerung. Aufstieg, Niedergang und Transformation einer Theorie, in: Dies.: Soziale Dynamik und politische Steuerung, Frankfurt a.M., S. 263-292.
Mayntz, Renate (1997a): Soziologie der öffentlichen Verwaltung, 4., durchges. Aufl., Heidelberg.
Mayntz, Renate (2001): Politikwissenschaft in einer entgrenzten Welt, in: Landfried, Christine (Hrsg.): Politik in einer entgrenzten Welt, Köln, S. 29-47.
Mayntz, Renate (Hrsg.) (2002): Akteure – Mechanismen – Modelle. Zur Theoriefähigkeit makrosozialer Analysen, Frankfurt a.M./New York.
Mayntz, Renate/Scharpf, Fritz W. (1973): Planungsorganisation, München.
Mayntz, Renate/Scharpf, Fritz W. (1995): Der Ansatz des akteurszentrierten Institutionalismus, in: Dies. (Hrsg.): Gesellschaftliche Selbstregulierung und politische Steuerung, Frankfurt a.M., S. 40-72.
Mayring, Philipp (2008): Qualitative Inhaltsanalyse. Grundlagen und Techniken, 10., neu ausgestattete Aufl., Weinheim/Basel.
Meckel, Miriam (2008): Aus vielen wird das Eins gefunden – wie Web 2.0 unsere Kommunikation verändert, in: Aus Politik und Zeitgeschichte, Nr. 39, S. 17-23.
Meinhart, Edith/Schmid, Ulla (2000): Spin-Doktoren. Die hohe Schule der politischen Manipulation, Wien.

Merkel, Angela (2001): Familie ist mehr als eine Lebensgemeinschaft, in: Die Welt v. 02.04.2001.

Merkel, Angela (2004): Rede zur Haushaltsdebatte im Deutschen Bundestag am 08.09.2004, Plenarprotokol 15/122, S. 11102-11110.

Merkel, Angela (2005): Regierungserklärung von Bundeskanzlerin Angela Merkel vom 30.11.05, Berlin.

Merkel, Wolfgang (2003): Institutionen und Reformpolitik: Drei Fallstudien zur Vetospieler-Theorie, in: Egle, Christoph u.a. (Hrsg.): Das rot-grüne Projekt. Eine Bilanz der Regierung Schröder 1998-2002, Wiesbaden, S. 163-190.

Merkel, Wolfgang (2006): Systemtransformation. Eine Einführung in die Theorie und Empirie der Transformationsforschung, 2. Aufl., Opladen.

Merkel, Wolfgang (2007): Durchregieren? Reformblockaden und Reformchancen in Deutschland, in: Kocka, Jürgen (Hrsg.), Zukunftsfähigkeit Deutschlands. Sozialwissenschaftliche Essays, Berlin, S. 27-45.

Merten, Klaus (1995): Inhaltsanalyse. Einführung in Theorie, Methode und Praxis, 2., verb. Aufl., Opladen.

Mertes, Michael (2000): Führen, Koordinieren, Strippen ziehen. Das Kanzleramt als des Kanzlers Amt, in: Korte, Karl-Rudolf/Hirscher, Gerhard (Hrsg.): Darstellungspolitik oder Entscheidungspolitik? Über den Wandel von Politikstilen in westlichen Demokratien, München, S. 62-84.

Mertes, Michael (2001): Der Zauber des Aufbruchs – die Banalität des Endes: Zyklen des Regierens, in: Hirscher, Gerhard/Korte, Karl-Rudolf: Aufstieg und Fall von Regierungen. Machterwerb und Machterosionen in westlichen Demokratien, München, S. 65-80.

Mertes, Michael (2003): Bundeskanzleramt und Bundespresseamt: Das Informations- und Kommunikationsmanagement der Regierungszentrale, in: Hirscher, Gerhard/Korte, Karl-Rudolf (Hrsg.): Information und Entscheidung. Kommunikationsmanagement der politischen Führung, Wiesbaden, S. 52-78.

Mertes, Michael (2007): Regierungskommunikation in Deutschland: Komplexe Strukturen, in: Weidenfeld, Werner (Hrsg.): Reformen kommunizieren. Herausforderungen an die Politik, Gütersloh, S. 17-35.

Merz, Hans-Georg (2001): Regierungshandeln im Lichte einer Befragung deutscher Bundesminister, in: Kempf, Udo/Merz, Hans-Georg (Hrsg.): Kanzler und Minister 1949-1998. Biografisches Lexikon der deutschen Bundesregierungen, Wiesbaden, S. 36-81.

Messner, Dirk/Nuscheler, Franz (1996): Global Governance. Organisationselemente und Säulen einer Weltordnungspolitik, in: Dies. (Hrsg.): Weltkonferenzen und Weltberichte, Bonn, S. 12-36.

Meyer, Thomas (2001): Inszenierte Politik und politische Rationalität, in: Korte, Karl-Rudolf/Weidenfeld, Werner (Hrsg.): Deutschland-TrendBuch. Fakten und Orientierungen, Bonn, S. 547-570.

Meyer, Thomas (2002): Mediokratie. Die Kolonisierung der Politik durch die Medien, Frankfurt a.M.

Mielke, Gerd (2003): Politische Planung in der Staatskanzlei Rheinland-Pfalz: Ein Werkstattbericht, in: Hirscher, Gerhard/Korte, Karl-Rudolf (Hrsg.): Information und Entscheidung: Kommunikationsmanagement der politischen Führung, Wiesbaden, S. 122-137.

Mielke, Gerd/Eith, Ulrich (2008): Im Versuchslabor. Der Strukturwandel des deutschen Parteiensystems, in: Blätter für Deutsche und Internationale Politik, Nr. 4, S. 94-103.

Moberg, David (2007): Obama's Community Roots, in: The Nation v. 03.04.2007.

Mols, Manfred u.a. (Hrsg.) (2003): Politikwissenschaft. Eine Einführung, 5., aktualisierte Aufl., Paderborn u.a.

Mols, Manfred u.a. (Hrsg.) (2008): Politikwissenschaft. Eine Einführung, 6., aktualisierte Aufl., Paderborn u.a. (im Erscheinen).

Moorstedt, Tobias (2008): Jeffersons Erben. Wie die digitalen Medien die Politik verändern, Frankfurt a.M.

Morkel, Arnd (1966): Über den politischen Stil, in: Politische Vierteljahresschrift, Heft 1, S. 119-137.

Morris, Dick (2002): Power Plays: Win or Lose. How History's Great Political Leaders Play the Game, New York.

Müller-Russell, Dominik (2002): Kommissionen, Räte, Runde Tische. Kompetenzauszehrung des Deutschen Bundestages? Eine Analyse der vorparlamentarischen Konsensrunden im Gesetzgebungsprozess, Diplomarbeit, München.

Münkler, Herfried (2005): Imperium. Die Logik der Weltherrschaft vom alten Rom bis zu den Vereinigten Staaten, Berlin.

Münkler, Herfried/Straßenberger, Grit/Bohlender, Matthias (Hrsg.) (2006): Deutschlands Eliten im Wandel, Frankfurt a.M.

Münkler, Herfried (2007): Vorsicht vor den Zuckerbäckern, in: Die Zeit v. 11.10.2007, S. 6.

Müntefering, Franz/Machnig, Matthias (Hrsg.) (2001): Sicherheit im Wandel. Neue Solidarität im 21. Jahrhundert, Berlin.

Murswieck, Axel (1989): Parlament, Regierung und Verwaltung. Parlamentarisches Regierungssystem oder Politisches System?, in: Bandemer, Stephan von/Wewer, Göttrik (Hrsg.): Regierungssystem und Regierungslehre, Opladen, S. 149-157.

Murswieck, Axel (1991): Führungsstile in der Politik in vergleichender Perspektive, in: Hartwich, Hans-Hermann/Wewer, Göttrick (Hrsg.): Regieren in der Bundesrepublik, Bd. 2, Opladen, S. 81-95.

Murswieck, Axel (1995): Regieren, Regierbarkeit, Unregierbarkeit, in: Nohlen, Dieter (Hrsg.): Lexikon der Politik, Bd. 1, München, S. 533-539.

Murswieck, Axel (2003): Des Kanzlers Macht. Zum Regierungsstil Gerhard Schröders, in: Egle, Christoph u.a. (Hrsg.): Das rot-grüne Projekt. Eine Bilanz der Regierung Schröder 1998-2002, S. 117-135.

Murswieck, Axel (2003a): Politikberatung in der französischen Regierung: Die cabinets ministeriels als persönliche Machtressource, in: Hirscher, Gerhard/Korte, Karl-Rudolf (Hrsg.): Information und Entscheidung. Kommunikationsmanagement der politischen Führung, Wiesbaden.

Murswieck, Axel (2008): Von Schröder zu Merkel – eine Frage des (Regierungs-)Stils? Zu den Machtressourcen de Bundeskanzlerin in der Großen Koalition, in: Tenscher, Jens/Batt, Helge (Hrsg.): 100 Tage Schonfrist. Bundespolitik und Landtagswahlen im Schatten der Großen Koalition, Wiesbaden, S. 199-214.

Naßmacher, Hiltrud (1991): Vergleichende Politikforschung, Opladen.

Neidhardt, Friedhelm (1995): Prominenz und Prestige. Steuerungsprobleme massenmedialer Öffentlichkeit, in: Berlin Brandenburgische Akademie der Wissenschaften (Hrsg.): Jahrbuch 1994, Berlin, S. 233-245.

Neukirch, Ralf (2006): Die Merkel-Loge, in: Der Spiegel, Nr. 24.

Neukirch, Ralf (2008): Merkels Milieu, in: Der Spiegel, Nr. 2.

Niclauß, Karlheinz (2000): Das Schicksal der Kanzlerparteien, in: Hirscher, Gerhard/Korte, Karl-Rudolf (Hrsg.): Darstellungspolitik oder Entscheidungspolitik? Über den Wandel von Politikstilen in westlichen Demokratien, München, S. 41-49.

Niclauß, Karlheinz (2001): Aufstieg und Fall von Regierungen: Parteien als Kontrollmechanismen der Macht?, in: Hirscher, Gerhard/Korte, Karl-Rudolf (Hrsg.): Aufstieg und Fall von Regierungen. Machterwerb und Machterosion in westlichen Demokratien, München, S. 81-92.

Niclauß, Karlheinz (2001a): Gouvernementale Parlamentskontrolle in der Kanzlerdemokratie? Vortrag vor der Sektion der Deutschen Vereinigung für Politische Wissenschaft in Dresden am 9. November (www.karlheinz-niclauss.de/dresden.htm).

Niclauß, Karlheinz (2002): Das Parteiensystem der Bundesrepublik Deutschland. Eine Einführung, 2. Aufl., Paderborn/München.

Niclauß, Karlheinz (2004): Kanzlerdemokratie: Regierungsführung von Konrad Adenauer bis Gerhard Schröder, 2., vollst. überarb. und erw. Aufl., Paderborn.

Niclauß, Karl-Heinz (2006): Auflösung oder Selbstauflösung? Anmerkungen zur Verfassungsdiskussion nach der Vertrauensfrage des Bundeskanzlers 2005, in: Zeitschrift für Parlamentsfragen, Nr. 1, S. 40-46.

Niedermayer, Oskar (2005): Bürger und Politik. Politische Orientierungen und Verhaltensweisen der Deutschen, 2. Auflage, Wiesbaden.

Niedermayer, Oskar (2007): Die Entwicklung des bundesdeutschen Parteiensystems, in: Decker, Frank/Neu, Viola (Hrsg.): Handbuch der deutschen Parteien, Wiesbaden, S. 114-138.

Niejahr, Elisabeth/Pörtner, Rainer (2002): Joschka Fischers Pollenflug und andere Spiele der Macht. Wie Politik wirklich funktioniert, Frankfurt a.M.

Nieland, Jörg-Uwe (2002): Fiktionalisierung der politischen Kommunikation. Zwischen strategischem Kalkül und Entleerung der Politik, in: Baum, Achim (Hrsg.): Fakten und Fiktionen. Über den Umgang mit Medienwirklichkeiten, Konstanz, S. 499-513.

Noelle-Neumann, Elisabeth u.a. (1999): Kampa, Meinungsklima und Medienwirkung im Bundestagswahlkampf 1998, Freiburg/München.

Noelle-Neumann, Elisabeth (2001): Die Schweigespirale: Öffentliche Meinung – unsere soziale Haut, 6., erw. Neuaufl., München.

Nohlen, Dieter (2007): Wahlrecht und Parteiensystem. Zur Theorie und Empirie der Wahlsysteme, 5., überarb. und erw. Aufl., Opladen.

Novy, Leonard/Schwickert, Dominic (2009): Ressource und Risiko. Potenziale des Internets für die Politik, in: Bertelsmann Stiftung (Hrsg.): Lernen von Obama? Das Internet als Ressource und Risiko für die Politik, Gütersloh, S. 13-43.

Nowak, Wolfgang (2002): Informationsmanagement im Bundeskanzleramt, Vortrag am 05.07.2002 auf der Tagung der Forschungsgruppe Deutschland zum Thema „Politikberatung von innen“, Wildbad Kreuth.

Nullmeier, Frank (2008): Die Agenda 2010. Ein Reformpaket und sein kommunikatives Versagen, in: Fischer, Thomas u.a. (Hrsg.): Politische Reformprozesse in der Analyse. Untersuchungssystematik und Fallbeispiele, Gütersloh, S. 145-190.

Nullmeier, Frank/Saretzki, Thomas (2002): Einleitung, in: Dies. (Hrsg.): Jenseits des Regierungsalltags. Strategiefähigkeit politischer Parteien, Frankfurt/New York, S. 7-22.

Oberndörfer, Dieter u.a. (2002): SPD und Union wirken konzeptionell kraftlos und ausgebrannt. Abweichende Wählerpräferenzen und alte Verhaltensmuster. Eine Detailanalyse der Bundestagswahl, in: Frankfurter Rundschau v. 27.09.2002, S. 20.

Oberreuter, Heinrich (Hrsg.) (1975): Parlamentarische Opposition. Ein internationaler Vergleich, Hamburg.

Oberreuter, Heinrich u.a. (2002): Der Deutsche Bundestag: Konstanz und Wandel eines Parlaments. Zur Einführung, in: Dies. (Hrsg.): Der Deutsche Bundestag im Wandel. Ergebnisse neuerer Parlamentarismusforschung, Wiesbaden, S. 7-25.

Oppelland, Torsten (2001): Parteipolitische Konstellationen und Amtsführung des Bundespräsidenten, in: Zeitschrift für Politikwissenschaft 11:2, S. 551-570.

Oppelland, Torsten (2008): Aushandeln statt Durchregieren. Optionen im Fünf-Parteien-System, in: Die Politische Meinung 53, S. 10-14.

Panebianco, Angelo (1988): Political Parties: Organization and Power, Cambridge.
Papier, Hans-Jürgen (2003): Reform an Haupt und Gliedern. Eine Rede gegen die Selbstentmachtung des Parlaments, in: Frankfurter Allgemeine Zeitung v. 31.01.2003.
Paterson, William E. (1998): Helmut Kohl and „The Vision Thing", in: German Politics, Bd. 1, S. 17-36.
Patzelt, Werner J. (1995): Politiker und ihre Sprache, in: Dörner, Andreas/Vogt, Ludgera (Hrsg.): Sprache des Parlaments und Semiotik der Demokratie. Studien zur politischen Kommunikation in der Moderne, Berlin/New York, S. 153-168.
Patzelt, Werner J. (2001): Verdrossen sind die Ahnungslosen. Viele Deutsche verachten Politik und Politiker – weil sie ihr Regierungssystem nicht verstehen, in: Die Zeit v. 22.02.2001, S. 9.
Pfetsch, Frank R. (2003): Die rot-grüne Außenpolitik, in: Egle, Christoph u.a. (Hrsg.): Das rot-grüne Projekt. Eine Bilanz der Regierung Schröder 1998-2002, Wiesbaden, S. 381-398.
Pfetsch, Frank R. (2006): Verhandeln in Konflikten. Grundlagen, Theorie, Praxis, Wiesbaden.
Pflüger, Friedbert (2000): Ehrenwort. Das System Kohl und der Neubeginn, München.
Pierson, Paul (2000): Increasing Returns, Path-Dependence and the Study of Politics, in: American Political Science Review 94 (2), S. 251-267.
Platzeck, Matthias (2006): „Für eine Partei der Zupacker", in: Welt am Sonntag v. 15.01.2006.
Plück, Kurt (1996): Der schwarz-rot-goldene Faden. Vier Jahrzehnte erlebter Deutschlandpolitik, Bonn.
Politbarometer 12/2002
Popitz, Heinrich (1963): Prozesse der Machtbildung, Tübingen.
Popitz, Heinrich (1986): Phänomene der Macht. Autorität - Herrschaft - Gewalt - Technik, Tübingen.
Posche, Ulrike (2006): Die Turnhallenaussicht der Großen Koalition, in: Der Stern v. 20.12.2006.
Pötzsch, Horst (1995): Die deutsche Demokratie, Bonn.
Pötzsch, Horst (2003): Die deutsche Demokratie, 3., aktualisierte Aufl., Bonn.
Prätorius, Rainer (1997): Institutionen und Regierungsprozess, in: Mohr, Arno (Hrsg.): Grundzüge der Politikwissenschaft, München u.a., S. 487-566.
Precht, Richard David (1998): Wählt den Whopper. Das Fernsehen hat den Wahlkampf gewonnen, in: Die Zeit 40/1998.
Prittwitz, Volker von (1994): Politikanalyse, Opladen.
Pye, Lucien W. (1991): Political Culture Revisited, in: Political Psychology, Nr. 3, S. 487-508.

Raschke, Joachim (2001): Die Zukunft der Volksparteien erklärt sich aus ihrer Vergangenheit. Minimalismus und Konflikte mit der Zivilgesellschaft, in: Bartels, Hans-Peter/Machnig, Matthias (Hrsg.): Der rasende Tanker. Analysen und Konzepte zur Modernisierung der sozialdemokratischen Organisation, Göttingen, S. 14-25.
Raschke, Joachim (2002): Politische Strategie. Überlegungen zu einem politischen und politologischen Konzept, in: Nullmeier, Frank/Saretzki, Thomas (Hrsg.): Jenseits des Regierungsalltags. Strategiefähigkeit der politischen Parteien, Frankfurt a.M., S. 207-241.
Raschke, Joachim/Hurrelmann, Achim (2001): Die Zukunft der Grünen: "So kann man nicht regieren", Frankfurt.
Raschke, Joachim/Tils, Ralf (2007): Politische Strategie. Eine Grundlegung, Wiesbaden.
Rattinger, Hans (1998): Normalwahlanalyse monatlicher Parteipräferenzen in Westdeutschland von 1978 bis 1994, in: Klingemann, Hans-Dieter/Kaase, Max (Hrsg.): Wahlen und Wähler, Opladen, S. 357-390.
Rau, Johannes (2000): Berliner Rede v. 12.05.2000 (www.bundespraesident.de).

Rensing, Mathias (1996): Geschichte und Politik in den Reden der deutschen Bundespräsidenten 1949-1984, Münster/New York

Renz, Thomas (1997): Nichtwähler zwischen Normalisierung und Krise. Zwischenbilanz einer nimmer endenen Diskussion, in: Zeitschrift für Parlamentsfragen Nr. 28, S. 472-591.

Renzsch, Wolfgang (2000): Die große Steuerreform 1989/99, in: Zeitschrift für Parlamentsfragen, Heft 1, S. 187-191.

Renzsch, Wolfgang (2000a): Entscheidungsprozesse zwischen Konsensbildung und Wettbewerb, in: Holtmann, Everhard/Voelzkow, Helmut: Zwischen Wettbewerbs- und Verhandlungsdemokratie, S. 53-78.

Reutter, Werner (1991): Korporatismustheorien. Kritik, Vergleich, Perspektiven, Frankfurt a.M.

Reutter, Werner (2000): Organisierte Interessen in Deutschland, in: Aus Politik und Zeitgeschichte, Nr. 26-27, S. 7-15.

Reutter, Werner (2006): Regieren nach der Föderalismusreform, in: Aus Politik und Zeitgeschichte, Nr. 50, S. 12-17.

Richardson, Jeremy John (1982): Policy Styles in Western Europe, London.

Rosa, Hartmut (1999): Bewegung und Beharrung. Überlegungen zu einer sozialen Theorie der Beschleunigung; in: Leviathan. Zeitschrift für Sozialwissenschaft, Jg. 27, S. 386-414.

Rosa, Hartmut (2008): Beschleunigung. Die Veränderung der Zeitstrukturen in der Moderne, Frankfurt a.M.

Ross, Jan (1999): Ein neuer Glaube, in: Die Zeit v. 15.07.1999, S. 3.

Rosumek, Lars (2007): Die Kanzler und die Medien: Acht Porträts von Adenauer bis Merkel, Frankfurt.

Rössler, Patrick (1997): Agenda-Setting. Theoretische Annahmen und empirische Evidenzen einer Medienwirkungshypothese, Opladen.

Roth, Dieter/Jung, Mathias (2002): Ablösung der Regierung vertagt: Eine Analyse der Bundestagswahl 2002, in: Aus Politik und Zeitgeschichte, 49-50, S. 3-17.

Rothstein, Bo (1996): Political Institutions: An Overview, in: Goodin, Robert E./Klingemann, Hans-Dieter (Hrsg.): A New Handbook of Political Science, Oxford, S. 133-166.

Rucht, Dieter (1988): Themes, Logics, and Arenas of Social Movements: A Structural Approach, in: Klandermans, Bert u.a. (Hrsg.): From Structure to Action, Greenwich, S. 305-328.

Rudzio, Wolfgang (1997), Das politische System der Bundesrepublik Deutschland, in: Stammen, Theo u.a., Grundwissen Politik, 3. Aufl., Bonn, S. 47-89.

Rudzio, Wolfgang (2002): Koalitionen in Deutschland. Flexibilität informellen Regierens, in: Kropp, Sabine u.a. (Hrsg.): Koalitionen in West- und Osteuropa, Opladen, S.44-67.

Rudzio, Wolfgang (2006): Das politische System der Bundesrepublik Deutschland, 7., aktualisierte und erw. Aufl., Wiesbaden.

Rudzio, Wolfgang (2008): Informelles Regieren - Koalitionsmanagement der Regierung Merkel, in: Aus Politik und Zeitgeschichte, 16, S. 11-17.

Rupps, Martin (1997): Helmut Schmidt, Bonn.

Sabatier, Paul A. (1993): Advocacy-Koalitionen, Policy-Wandel und Policy-Lernen. Eine Alternative zur Phasenheuristik, in: Héretier, Adrienne (Hrsg.): Policy-Analyse, Politische Vierteljahresschrift, Sonderheft 24, S. 116-149.

Säcker, Horst (2003): Das Bundesverfassungsgericht, 6. Aufl., Bonn.

Sandner, Karl (1992): Prozesse der Macht, 2. Aufl., Heidelberg.

Sarcinelli, Ulrich (1987): Symbolische Politik, Wiesbaden.

Sarcinelli, Ulrich (Hrsg.) (1998): Politikvermittlung und Demokratie in der Mediengesellschaft. Beiträge zur politischen Kommunikationskultur, Opladen/Wiesbaden.

Sarcinelli, Ulrich (1998a): Parteien und Politikvermittlung: Von der Parteien- zur Mediendemokratie?, in: Ders. (Hrsg.): Politikvermittlung und Demokratie in der Mediengesellschaft. Beiträge zur politischen Kommunikationskultur, Opladen/Wiesbaden, S. 273-296.
Sarcinelli, Ulrich (1999): Teledemokratische Fürstenherrschaft. Ein Jahr nach der Bundestagswahl 1998, in: Gegenwartskunde, 4/1999, S. 395-403.
Sarcinelli, Ulrich (2001): Stilbildung und Machtsicherung – Bundespräsident und Bundeskanzler in der politischen Kommunikation, in: Diekmannshenke, Hajo/Meißner, Iris (Hrsg.): Politische Kommunikation. Politische Kommunikation im historischen Wandel, Tübingen, S. 93-106.
Sarcinelli, Ulrich (2003): Demokratie unter Kommunikationsstress?, in: Aus Politik und Zeitgeschichte, 43, S. 39-46.
Sarcinelli, Ulrich (2009): Politische Kommunikation in Deutschland. Zur Politikvermittlung im demokratischen System, 2. Aufl., Wiesbaden.
Sarcinelli, Ulrich/Tenscher, Jens (Hrsg.) (2003): Machtdarstellung und Darstellungsmacht. Beiträge zu Theorie und Praxis moderner Politikermittlung. Baden-Baden.
Sarcinelli, Ulrich/Tenscher, Jens (Hrsg.) (2008): Politikherstellung und Politikdarstellung. Beiträge zur politischen Kommunikation, Köln.
Sartori, Giovanni (1976): Parties and Party Systems. A Framwork for Analysis, Cambridge.
Scharpf, Fritz W. (1992): Die Handlungsfähigkeit des Staates am Ende des Zwanzigsten Jahrhunderts, in: Kohler-Koch, Beate (Hrsg.): Staat und Demokratie in Europa, Darmstadt, S. 93-115.
Scharpf, Fritz W. (1992a): Zur Theorie von Verhandlungssystemen, in: Benz, Arthur u.a. (Hrsg.): Horizontale Politikverflechtung. Zur Theorie von Verhandlungssystemen, New York/Frankfurt, S. 11-25.
Scharpf, Fritz W. (1993): Versuch über Demokratie im verhandelnden Staat, in: Czada, Roland/Schmidt, Manfred G. (Hrsg.): Verhandlungsdemokratie, Interessenvermittlung, Regierbarkeit. Festschrift für Gerhard Lehmbruch, Opladen, S. 25-49.
Scharpf, Fritz W. (2000): Interaktionsformen. Akteurszentrierter Institutionalismus in der Politikwissenschaft, Opladen.
Scharpf, Fritz W. (2006): Föderalismusreform: Weshalb wurde so wenig erreicht?, in: Aus Politik und Zeitgeschichte, 50, S. 6-11.
Schatz, Heribert u.a. (Hrsg.) (2002): Politische Akteure in der Mediendemokratie. Politiker in den Fesseln der Medien?, Wiesbaden.
Scheer, Hermann (1977): Die nachgeholte Parteibildung und die politische Säkularisierung der CDU, in: Narr, Wolf-Dieter (Hrsg.): Auf dem Weg zum Einparteienstaat, Opladen, S. 149-172.
Scheufele, Dietram A./Nisbet, Matthew C. (2002): Being a Citizen Online. New Opportunities and Dead Ends, in: Press/Politics 7:3, S. 55-75.
Schindler, Peter (1999): Datenhandbuch zur Geschichte des Deutschen Bundestages 1949-1999, Bd. 1, Baden-Baden.
Schlaich, Klaus/Korioth, Stefan (2007): Das Bundesverfassungsgericht. Stellung, Verfahren, Entscheidungen: Ein Studienbuch, 7., neu bearb. Aufl., München.
Schlesinger, Arthur M. jr. (1986): The Cycles of American History, Boston.
Schlesinger, Katja (2000): Ausbau einer Hausmacht im Bundeskanzleramt. Systeme Schmidt, Kohl und Schröder, Magisterarbeit, Köln.
Schlüter, Hermann (1997): Grundkurs der Rhetorik, 14. Aufl., München.
Schmid, Josef/Zolleis, Udo (Hrsg.) (2005): Zwischen Anarchie und Strategie. Der Erfolg von Parteiorganisationen, Wiesbaden.
Schmidt, Manfred G. (1982): Wohlfahrtsstaatliche Politik unter bürgerlichen und sozialdemokratischen Regierungen. Ein internationaler Vergleich, Frankfurt a.M.

Schmidt, Manfred G. (1991): Machtwechsel in der Bundesrepublik (1949-1990), in: Blanke, Bernhard/Wollmann, Hellmut (Hrsg.): Die alte Bundesrepublik. Kontinuität und Wandel, Opladen, S. 179-203.

Schmidt, Manfred G. (1991a): Opposition, in: Ders. (Hrsg.): Westliche Länder (Bd. 3 Lexikon der Politik), München, S. 287.

Schmidt, Manfred G. (1992): Regieren in der Bundesrepublik Deutschland, Opladen.

Schmidt, Manfred G. (2006): Die Zukunft der Demokratie, in: Zeitschrift für Parlamentsfragen, 4, S. 812-822.

Schmidt, Manfred G. (2002): Politiksteuerung in der Bundesrepublik Deutschland, in: Nullmeier, Frank/Saretzki, Thomas (Hrsg.): Jenseits des Regierungsalltags. Strategiefähigkeit der politischen Parteien, Frankfurt a.M., S. 23-38.

Schmidt, Manfred G. (2004): Vergleichende Policy-Forschung, in: Berg-Schlosser, Dirk/Müller-Rommel, Ferdinand (Hrsg.): Vergleichende Politikwissenschaft, 4., überarb. und erw. Aufl., Wiesbaden, S. 261-276.

Schmidt, Manfred G. (2006): Die Politik des mittleren Weges. Die Wirtschafts- und Sozialpolitik der Bundesrepublik Deutschland im internationalen Vergleich, in: Osterhammel, Jürgen u.a. (Hrsg.): Wege der Gesellschaftsgeschichte, Göttingen, S. 239-252.

Schmidt, Manfred G. (2007): Das politische System Deutschlands. Institutionen, Willensbildung, Politikfelder, München.

Schmidt, Manfred G. (2008): Demokratietheorien. Eine Einführung, 4., überarb. und erw. Aufl., Wiesbaden.

Schmidt, Manfred G./Zohlnhöfer, Reimut (Hrsg.) (2006): Regieren in der Bundesrepublik Deutschland. Innen- und Außenpolitik seit 1949, Wiesbaden.

Schmidt, Thomas E. (1998): Die Mythologie der Chefsache, in: Neue Gesellschaft/Frankfurter Hefte, 7/1998, S. 611-613.

Schmiese, Wulf (2009): Was fehlt: Die Erklärkanzlerin, in: FAZ v. 24.02.2009, S. 1.

Schmitt-Beck, Rüdiger (2003): Kampagnenwandel und Wählerwandel. „Fenster der Gelegenheit" für einflussreichere Wählkämpfe, in: Sarcinelli, Ulrich/Tenscher, Jens (Hrsg.): Machtdarstellung und Darstellungsmacht. Beiträge zu Theorie und Praxis moderner Politikvermittlung, Baden-Baden, S. 199-218.

Schmitt-Beck, Rüdiger/Weick, Stefan (2001): Die dauerhafte Parteiidentifikation – nur noch ein Mythos? Eine Längsschnittanalyse zur Identifikation mit politischen Parteien in West- und Ostdeutschland, in: Informationsdienst Soziale Indikatoren, Heft 26, S. 1-5.

Schmitt-Beck, Rüdiger u.a. (Hrsg.) (2008): Governance and Legitimacy in an Globalized World, Baden-Baden.

Schnapp, Kai-Uwe (2001): Politisches Einflusspotential von Regierungsbürokratien in OECD-Ländern, in: Aus Politik und Zeitgeschichte, 5, S. 14-24.

Scholz, Günther/Süßkind, Martin E. (2004): Die Bundespräsidenten. Von Theodor Heuss bis Johannes Rau, 4., neu durchges., überarb. und erg. Aufl., München u.a.

Schreckenberger, Waldemar (1992): Der Regierungschef zwischen Politik und Administration, in: Haungs, Peter u.a. (Hrsg.): Civitas. Widmungen für Bernhard Vogel zum 60. Geburtstag, Paderborn, S. 603-614.

Schreckenberger, Waldemar (1994): Informelle Verfahren der Entscheidungsvorbereitung zwischen der Bundesregierung und den Mehrheitsfraktionen, in: Zeitschrift für Parlamentsfragen, S. 329-346.

Schreyer, Bernhard/Schwarzmeier, Manfred (2005): Grundkurs Politikwissenschaft. Studium der Politischen Systeme: Eine studienorientierte Einführung, 2., durchges. Aufl., Wiesbaden.

Schröder, Gerhard (1998): Regierungserklärung vom 10. November 1998 vor dem Deutschen Bundestag, (www.bundeskanzler.de).
Schröder, Gerhard (1999): Vorwort, in: Presse- und Informationsamt der Bundesregierung (1999): Bündnis für Arbeit, Ausbildung und Wettbewerbsfähigkeit. Ziele, Organisation, Arbeitsweise, Bonn, S. 5-6.
Schröder, Gerhard (1999a): Alte Linke und Neue Mitte, in: Süddeutsche Zeitung v. 13./14.03.1999, S. 13.
Schröder, Gerhard (1999b): Das Bündnis als Fokus unserer Politik der neuen Mitte, in: Arlt, Hans-Jürgen/Nehls, Sabine (Hrsg.): Bündnis für Arbeit. Konstruktion. Kritik. Karriere, Opladen/Wiesbaden, S. 49-56.
Schröder, Gerhard (1999c): Rede des Parteivorsitzenden auf dem Berliner Parteitag der SPD am 07.12.1999.
Schröder, Gerhard (2000): Rede von Bundeskanzler Schröder bei der Eröffnungsfeier der CeBIT 2000 (www.bundeskanzler.de).
Schröder, Gerhard (2000a): Die zivile Bürgergesellschaft, in: SZ v. 24.03.2000
Schröder, Gerhard (Hrsg.) (2000b): Progressive Governance for the XXI Century. Contributions to the Berlin Conference, München u.a.
Schröder, Gerhard (2001): Selbstverwirklichung beginnt in der Familie, in: Die Welt v. 30.03.2001.
Schröder, Gerhard (2001a): Rede des Bundeskanzlers vor dem Bundestag anlässlich der Abstimmung über den Einsatz bewaffneter deutscher Streitkräfte im Kampf gegen den Terrorismus (www.bundeskanzler.de).
Schröder, Gerhard (2002): Interview im ZDF v. 17.01.2002 (www.bundeskanzler.de).
Schröder, Gerhard (2004): Rede zur Haushaltsdebatte im Deutschen Bundestag am 08.09.2004, Plenarprotokol 15/122, S. 11085-11093.
Schröder, Gerhard (2007): Entscheidungen: Mein Leben in der Politik, Berlin.
Schroeder, Wolfgang/Esser, Josef (1999): Modell Deutschland: Von der Konzertierten Aktion zum Bündnis für Arbeit, in: Aus Politik und Zeitgeschichte, 37, S. 3-12.
Schrott, Peter (1990): Wahlkampfdebatten im Fernsehen von 1972 bis 1987: Politikerstrategien und Wählerreaktion, in: Klingemann, Hans-Dieter/Kaase, Max (Hrsg.), Wahlen und Wähler. Analysen aus Anlaß der Bundestagswahl 1987, Opladen 1990, S. 645-674.
Schubert, Klaus/Bandelow, Nils C. (Hrsg.) (2009): Lehrbuch der Politikfeldanalyse 2.0, 2. Aufl., München.
Schuett-Wetschky, Eberhard (1997): Interessenverbände und Staat, Darmstadt.
Schuett-Wetschky, Eberhard (2001): Auswanderung der Politik aus den Institutionen: Schwächung der Demokratie? Zur Legitimation der Parteiendemokratie, in: Zeitschrift für Politikwissenschaft, Heft 1, S. 3-29.
Schuett-Wetschky, Eberhard (2007): Richtlinienkompetenz: Machtgrundlage des Kanzlers?, in: Politische Bildung, 40, Heft 4, S. 24-37.
Schulz, Winfried (2008): Politische Kommunikation. Theoretische Ansätze und Ergebnisse empirischer Forschung zur Rolle der Massenmedien in der Politik, 2., vollst. überarb. und erw. Aufl., Wiesbaden.
Schumacher, Hajo (2006): Die zwölf Gesetze der Macht. Angela Merkels Erfolgsgeheimnisse, München.
Schuppert, Gunnar F. (2003): Staatswissenschaft, Baden-Baden.
Schuppert, Gunnar F. (2008): Politische Kultur, Baden-Baden.
Schüttemeyer, Suzanne S. (1998): Fraktionen im Deutschen Bundestag 1949-1997. Empirische Befunde und theoretische Schlussfolgerungen, Opladen.
Schütz, Astrid (1993): Spitzenkandidaten im Fernsehwahlkampf: Techniken der Selbstdarstellung und Antwortmuster, in: Zeitschrift für Parlamentsfragen, Heft 3, S. 366-384.

Schwarz, Hans-Peter (1976): Die Bundesregierung und die auswärtigen Beziehungen, in: Ders. (Hrsg.): Handbuch der deutschen Außenpolitik, 2. Aufl., München, S. 43-111.
Schwarzmeier, Manfred (2001): Parlamentarische Mitsteuerung, Wiesbaden.
Schwennicke, Christoph/Schneider, Jens (2006): „Wir werden Sie noch lange haben". Ein Jahr Angela Merkel, in: Süddeutsche Zeitung v. 20.11.2006.
Schwennicke, Christoph (2008): Showdown am Schwielowsee. Wie die SPD ihren Vorsitzenden Kurt Beck abschiebt und Franz Müntefering an seine Stelle setzt, in: Spiegel Jahres-Chronik 2008, S. 170-173.
Sebaldt, Martin (1992): Die Thematisierungsfunktion der Opposition. Die parlamentarische Minderheit des Deutschen Bundestags als innovative Kraft im politischen System der Bundesrepublik Deutschland, Frankfurt a.M.
Sebaldt, Martin (2001): Oppositionsstrategien im Vergleich, in: Hirscher, Gerhard/Korte, Karl-Rudolf (Hrsg.): Aufstieg und Fall von Regierungen. Machterwerb und Machterosionen in westlichen Demokratien, München, S. 113-146.
Seemann, Klaus (1976): Entzaubertes Bundeskanzleramt. Denkwürdigkeiten eines Personalratsvorsitzenden, Landshut.
Seils, Christoph (2003): Bundesrat auf Abwegen, in: Blätter für deutsche und internationale Politik, Heft 2, S. 194-198.
Siefken, Sven T. (2006): Regierten die Kommissionen? Eine Bilanz der rot-grünen Bundesregierung 1998-2005, in: Zeitschrift für Parlamentsfragen, Nr. 3, S. 559-581.
Siwert-Probst, Judith (1998): Die klassischen außenpolitischen Institutionen, in: Eberwein, Wolf-Dieter/Kaiser, Karl (Hrsg.): Deutschlands neue Außenpolitik, Band 4: Institutionen und Ressourcen, München, S. 13-28.
Sontheimer, Kurt u.a. (2007): Grundzüge des politischen Systems Deutschlands, völlig überarb. Neuausg., München u.a.
Sorauf, Frank J (1967): Political Parties and Political Analysis, in: Chambers, William u.a. (Hrsg.): The American Party System, New York u.a., S. 33-55.
Steffani, Winfried (1979): Parlamentarische und präsidentielle Demokratie. Strukturelle Aspekte westlicher Demokratien, Wiesbaden.
Steffani, Winfried (1998): Oppositionskommunikation, in: Jarren, Ottfried u.a.: Politische Kommunikation in der demokratischen Gesellschaft. Ein Handbuch mit Lexikonteil, S. 456-463.
Steffani, Winfried (1999): Der parlamentarische Bundesstaat als Demokratie, in: Zeitschrift für Parlamentsfragen, Heft 4, S. 994.
Steinmeier, Frank (1999), Konsens und Konflikt gehören zusammen, in: Süddeutsche Zeitung v. 04.12.1999.
Steinmeier, Frank-Walter (2001): Konsens und Führung, in: Müntefering, Franz/Machnig, Matthias (Hrsg.): Sicherheit im Wandel, Berlin, S. 263-272.
Steinmeier, Frank-Walter (2001a): Abschied von den Machern, in: Die Zeit v. 01.03.2001.
Sternberger, Dolf (1953): Der Wille des Bundeskanzlers. Wo steht die deutsche Demokratie?, in: Die Gegenwart, Heft 8, S. 489-492.
Sternberger, Dolf (1991): Auch Reden sind Taten (1979), in: Sternberger, Dolf: Schriften XI: Sprache und Politik, Frankfurt a.M., S. 52-68.
Stock, Alexander (2008): Neumitglieder im Visier. Das Rekrutierungsmanagement der politischen Nachwuchsorganisationen am Beispiel der NRW-Landesverbände, Marburg.
Straßner, Alexander (2006): Funktionen von Verbänden in der modernen Gesellschaft, in: Aus Politik und Zeitgeschichte, 15-16, S. 10-17.
Streeck, Wolfgang (1994): Einleitung des Herausgebers. Staat und Verbände: Neue Fragen. Neue Antworten?, in: Ders. (Hrsg.): Staat und Verbände, Opladen, S. 7-34.

Streeck, Wolfgang (1999): Korporatismus in Deutschland, Frankfurt a.M.
Streeck, Wolfgang (2001): Tarifautonomie und Politik. Von der Konzertierten Aktion zum Bündnis für Arbeit, in: Gesamtverband der metallindustriellen Arbeitgeberverbände (Hrsg.): Die deutschen Arbeitsbeziehungen am Anfang des 21. Jahrhunderts. Wissenschaftliches Kolloquium aus Anlass des Ausscheidens von Dr. Werner Stumpfe als Präsident von Gesamtmetall, Köln, S. 76–102.
Streeck, Wolfgang/Schmitter, Philippe C. (Hrsg.) (1985): Private Interest Government. Beyond Market and State, London.
Strohmeier, Gerd (2001): Vom Mythos der Amerikanisierung deutscher Wahlkämpfe, in: PIN 2:7.
Strohmeier, Gerd (2004): Politik und Massenmedien. Eine Einführung, Baden-Baden.
Sturm, Roland (2003): Entscheidungs- und Informationsmanagement in der britischen Regierung: Präsentation, Patronage und Politikkontrolle, in: Hirscher, Gerhard/Korte, Karl-Rudolf (Hrsg.): Information und Entscheidung. Kommunikationsmanagement der politischen Führung, Wiesbaden, S. 246-259.
Sturm, Roland/Pehle, Heinrich (2006): Das neue deutsche Regierungssystem. Die Europäisierung von Institutionen, Entscheidungsprozessen und Politikfeldern in der Bundesrepublik Deutschland, 2., aktualisierte und erw. Aufl., Wiesbaden.
Stüwe, Klaus (1997): Die Opposition im Bundestag und das Bundesverfassungsgericht: Das verfassungsrechtliche Verfahren als Kontrollinstrument der parlamentarischen Minderheit, Baden-Baden.
Stüwe, Klaus (2002): Die großen Regierungserklärungen von der deutschen Bundeskanzler von Adenauer bis Schröder, Opladen.
Stüwe, Klaus (2004): Die Inszenierung des Neubeginns. Antrittsreden von Regierungschefs in den USA, Großbritannien, Frankreich und Deutschland, Wiesbaden.
Stüwe, Klaus (2005): Die Rede des Kanzlers: Regierungserklärungen von Adenauer bis Schröder, Wiesbaden.

Tenscher, Jens (2005): Bundestagswahlkampf 2002. Zwischen strategischem Kalkül und der Inszenierung des Zufalls, in: Falter, Jürgen u.a. (Hrsg.): Wahlen und Wähler. Analysen aus Anlass der Bundestagswahl 2002, Wiesbaden, S. 102-133.
Thaysen, Uwe (1996): Helmut Kohl. Garant für Deutschlands Harmlosigkeit, in: Zeitschrift für Parlamentsfragen, Heft 4, S. 733-742.
Thiery, Peter (2006): Moderne politikwissenschaftliche Theorie, in: Mols, Manfred u.a. (Hrsg.): Politikwissenschaft. Eine Einführung, 5., aktualisierte Aufl., Paderborn u.a., S. 209-248.
Thomas, Heiko (2003): Bedingungen und Auswirkungen ausgewählter Regierungsstile auf die Dimensionen Steuerungsfähigkeit, Akzeptanz und Demokratie am Beispiel der ersten Amtsperiode des Bundeskanzlers Gerhard Schröder, Diplomarbeit, Duisburg (www.karl-rudolf-korte.de/regieren.html).
Thumfart, Alexander (2001): Politische Kultur in Ostdeutschland, in: Aus Politik und Zeitgeschichte, 39-40, S. 6-14.
Trent, Judith S./Friedenberg, Robert V. (2008): Political Campaign Communication. Principles and Practices, Lanham u.a.
Tsebelis, George (2002): Veto Players: How Political Institutions Work, New York.

Ulrich, Bernd (1997): Deutsch, aber glücklich. Eine neue Politik in Zeiten der Knappheit, 3. Aufl., Berlin.

Vester, Michael (2001): Milieus und soziale Gerechtigkeit, in: Korte, Karl-Rudolf/Weidenfeld, Werner (Hrsg.): Deutschland-TrendBuch. Fakten und Orientierungen, Bonn, S. 136-183.

Voigt, Rüdiger (1995): Der kooperative Staat. Auf der Suche nach einem neuen Steuerungsmodell, in: Ders. (Hrsg.): Der kooperative Staat. Krisenbewältigung durch Verhandlungen?, Baden-Baden, S. 33-92.

Vorring, Cathrin (2001): Die Führungsstile der Bundeskanzler Willy Brandt und Gerhard Schröder im Vergleich, Magisterbarbeit, Köln (http://www.karl-rudolf-korte.de/regieren.html).

Vowe, Gerhard (2006): Mediatisierung der Politik? Ein theoretischer Ansatz auf dem Prüfstand, in: Publizistik, Jg. 51 Heft 4, S. 437-455.

Vowe, Gerhard/ Dohle, Marco (2007): Politische Kommunikation im Umbruch – neue Forschung zu Akteuren, Medieninhalten und Wirkungen, in: Politische Vierteljahresschrift, Jg. 48 Heft 2, S. 338-359.

Wahl, Rainer (2001): Das Bundesverfassungsgericht im europäischen und internationalem Umfeld, in: Aus Politik und Zeitgeschichte, 37-38, S. 45-54.

Walter, Franz (1997): Führung in der Politik. Am Beispiel sozialdemokratischer Parteivorsitzender, in: Zeitschrift für Politikwissenschaft, Heft 4, S. 1287-1336.

Walter, Franz (2002): Politik in der Vetogesellschaft, in: Die Welt v. 02.11.2002.

Walter, Franz (2003): Das Trüffelschwein als Volkstribun, in: Die Welt v. 08.03.2003.

Walter, Franz (2006): Die ziellose Republik. Gezeitenwechsel in Gesellschaft und Politik, Köln.

Walter, Franz/Dürr, Tobias (2000): Die Heimatlosigkeit der Macht. Wie die Politik in Deutschland ihren Boden verlor, Berlin.

Walter, Franz/Müller, Kay (2002): Die Chefs des Kanzleramtes, in: Zeitschrift für Parlamentsfragen, Heft 3, S. 447-501.

Weber, Werner (1985): Der Staat und die Verbände, in: Steinberg, Rudolf (Hrsg.): Staat und Verbände, Darmstadt, S. 64-76.

Weidenfeld, Werner (Hrsg.) (2007): Reformen kommunizieren. Herausforderungen an die Politik, Gütersloh.

Weidenfeld, Werner/Korte, Karl-Rudolf (1991): Die Deutschen. Profil einer Nation, Stuttgart.

Weidenfeld, Werner u.a. (1998): Außenpolitik für die deutsche Einheit, 1949-1989-1999. Die Entscheidungsjahre 1989/90, Stuttgart.

Weidenfeld, Werner/Korte, Karl-Rudolf (1999): Handbuch zur deutschen Einheit 1949-1989-1999, Neuausgabe, Frankfurt a.M.

Weidenfeld, Werner/Turek, Jürgen (2002): Wie Zukunft entsteht. Größere Risiken, weniger Sicherheit, neue Chancen, München.

Weissenbach, Kristina/Korte, Karl-Rudolf (2006): „Wahlsysteme und Wahltypen". Wahlen als Qualitätskennzeichen einer Demokratie, in: Heberer, Thomas/Derichs, Claudia (Hrsg.): Wahlsysteme und Wahltypen, Wiesbaden, S. 26-48.

Weizsäcker, Richard von u.a. (Hrsg.) (1992): Richard von Weizsäcker im Gespräch mit Gunter Hofmann und Werner A. Perger, Frankfurt a.M.

Wendt, Alexander (1994): Collective Identity Formation and the International State, in: American Political Science Review, 2/1994, S. 384-396.

Wengst, Udo (1986): Rezension, in: Historische Zeitschrift, Bd. 243, S. 748f.

Wessels, Wolfgang (2000): Die Öffnung des Staates. Modelle und Wirklichkeit grenzüberschreitender Verwaltungspraxis 1960-1995, Opladen.

Weßels, Bernhard (2000): Die Entwicklung des deutschen Korporatismus, in: Aus Politik und Zeitgeschichte, 26-27, S. 16-21.

Weßels, Bernhard (2000a): Gruppenbildung und Wahlverhalten, in: Klein, Markus u.a. (Hrsg.): 50 Jahre empirische Wahlforschung in Deutschland. Entwicklung, Befunde, Perspektiven, Daten, Wiesbaden, S.129-158.

Westle, Bettina (2006): Politische Kultur, in: Lauth, Hans-Joachim (Hrsg.): Vergleichende Regierungslehre. Eine Einführung, 2., durchgesehene Aufl., Wiesbaden, S. 270-288.

Wewer, Göttrik (1991): Spielregeln, Netzwerke, Entscheidungen, in: Hartwich, Hans-Hermann/Wewer, Göttrik (Hrsg.): Regieren in der Bundesrepublik 1, Opladen, S. 9-29.

Wewer, Göttrik (1999): Regieren in Bund und Ländern (1948-1998), in: Ellwein, Thomas/Holtmann, Eberhard (Hrsg.): 50 Jahre Bundesrepublik Deutschland. Rahmenbedingungen, Entwicklung, Perspektiven, Opladen, Politische Vierteljahresschrift, Sonderheft 30, S. 496-519.

Wiesendahl, Elmar (1998): Parteien in Perspektive. Theoretische Ansichten der Organisationswirklichkeit politischer Parteien, Wiesbaden.

Wiesendahl, Elmar (2006): Mitgliederparteien am Ende? Eine Kritik der Niedergangsdiskussion, Wiesbaden.

Will, Rosemarie (2003): Karlsruhe und die Berliner Republik, in: Blätter für deutsche und internationale Politik, Heft 2, S. 188-193.

Willems, Ulrich (2001): Bedingungen, Elemente und Effekte des politischen Handelns der Kirchen in der Bundesrepublik Deutschland, in: Zimmer, Annette/Weßels, Bernhard (Hrsg.): Verbände und Demokratie in der Bundesrepublik, Opladen, S. 77-105.

Willke, Helmut (1992): Ironie des Staates. Grundlinien einer Staatstheorie polyzentrischer Gesellschaft, Frankfurt a.M.

Windhoff-Héritier, Adrienne (1987): Policy-Analyse, Frankfurt a.M.

Winkler, Jürgen (2002): Parteien und Parteiensysteme, in: Lauth, Hans-Joachim (Hrsg.): Vergleichende Regierungslehre. Eine Einführung, 2., durchgesehene Aufl., Wiesbaden, S. 181-202.

Ziller, Gebhard/Oschatz, Georg-Berndt (1998): Der Bundesrat, 10., vollst. überarb. Aufl., Düsseldorf.

Zimmer, Matthias (1992): Nationales Interesse und Staatsräson. Zur Deutschlandpolitik der Regierung Kohl 1982-1989, Paderborn.

Zohlnhöfer, Reimut (1999): Die große Steuerreform 1998/99. Ein Lehrstück für Politikentwicklung bei Parteienwettbewerb im Bundesstaat, in: Zeitschrift für Parlamentsfragen, Heft 2, S. 326-345.

Zohlnhöfer, Reimut (2003): Rot-Grüne Regierungspolitik in Deutschland 1998-2002, in: Egle, Christoph u.a. (Hrsg.): Das Rot-Grüne Projekt. Eine Bilanz der Regierung Schröder 1998-2002, Wiesbaden, S. 399-422.

Zohlnhöfer, Reimut (2009): Der Politikverflechtung entwischt? Die Effekte der Föderalismusreform I auf die Gesetzgebung, in: Zeitschrift für Politikwissenschaft, Nr. 1, S. 39-76.

Zuwanderungsgesetz: Die blockierte Reform (2003), in: Blätter für deutsche und internationale Politik, Heft 2, S. 187-206.

Register